Helmut Pollähne

Kriminalprognostik

Helmut Pollähne

Kriminalprognostik

Untersuchungen im Spannungsfeld zwischen Sicherheitsrecht und Rechtssicherheit

De Gruyter

Dr. iur. habil. *Helmut Pollähne*, Rechtsanwalt, Privatdozent Universität Bremen

ISBN 978-3-89949-769-4
e-ISBN 978-3-89949-770-0

Bibliografische Information der Deutschen Nationalbibliothek

Die Deutsche Nationalbibliothek verzeichnet diese Publikation in der Deutschen Nationalbibliografie; detaillierte bibliografische Daten sind im Internet über http://dnb.d-nb.de abrufbar.

Druck: Hubert & Co. GmbH & Co. KG, Göttingen
♾ Gedruckt auf säurefreiem Papier

Printed in Germany

www.degruyter.com

Vorwort

Die hiermit einem breiteren Publikum zugänglich gemachte Arbeit lag dem Fachbereich Rechtswissenschaft der Universität Bremen im Jahre 2008 als Habilitationsschrift vor; das Verfahren wurde Anfang 2009 erfolgreich abgeschlossen. Seit Abschluss des Manuskripts sind nahezu drei Jahre vergangen, weshalb der Text für diese Publikation überarbeitet und insbesondere aktualisiert werden musste. Die am 1. 1. 2011 in Kraft getretenen Neuregelungen (insb. zur Sicherungsverwahrung) fanden noch Berücksichtigung, ebenso einige Publikationen und Gerichtsentscheidungen von Anfang 2011, im Übrigen ist die Arbeit auf dem Stand des Vorjahres.

Veröffentlichungen zur Kriminalprognostik sind eigentlich immer Werkstattberichte – oder wie *Bernd Volckart* es ausdrückte, dem diese Arbeit u. a. gewidmet ist: „Bis man anfängt, was zu begreifen, ist die Amtszeit abgelaufen" (unter Bezugnahme auf Amos Oz).

Die Legitimität weiter Bereiche der aktuellen Kriminalpolitik steht und fällt mit der rechtsstaatlichen Verantwortbarkeit der ihr zugrundeliegenden Kriminalprognostik. Wo verstärkt auf Sicherheitsrecht gesetzt wird, gerät die Rechtssicherheit zunehmend in Gefahr. Inwieweit das kriminalprognostisch zu legitimieren ist, steht im Mittelpunkt dieser Arbeit. Geht es um den Versuch der kriminalprognostischen Legitimation freiheitsentziehender (und noch dazu unbefristeter) Maßnahmen, werden vermehrt Elemente prozeduraler Rechtssicherheit bemüht – es gilt auch zu untersuchen, wie weit dieses Konzept trägt, rechtsstaatlich und menschenrechtlich.

Dieser Werkstattbericht beruht vorrangig auf Erfahrungen, die ich im Maßregelvollzug und in der juristischen und kriminologischen Auseinandersetzung mit der forensischen Psychiatrie gesammelt habe. Ausgangspunkt waren Untersuchungen zur Lockerungspraxis im nordrhein-westfälischen Maßregelvollzug (1994), es folgten Studien zur Legalbewährung nach Entlassung aus der forensischen Psychiatrie (1996) und seit Mitte der 1990er Jahre vermehrt Analysen zur Sicherungsverwahrung; schließlich der Versuch, all dies in einschlägigen Kommentierungen (zum StGB, zur StPO, zum StVollzG und zum Maßregelvollzugsrecht) zur Geltung zu bringen. Mittlerweile bin ich als Rechtsanwalt und Strafverteidiger tätig und sammele neue Erfahrungen, stelle mich gewissermaßen den kriminalprognostischen Herausforderungen in der justiziellen und forensischen Praxis. Auch diese Erfahrungen haben hier ihren Niederschlag gefunden – die Werkstatt bleibt offen …

Diese Arbeit wäre nicht zustande (und nicht in der vorliegenden Fassung zum Abschluss) gekommen ohne die Unterstützung zahlreicher Menschen, denen hiermit gedankt werden soll. Allen voran *Lorenz Böllinger*, ohne dessen Zutun – aber auch Tunlassen – ich weder zwei andere Habilitationsthemen getrost hätte ‚ad acta' legen können noch die Zuversicht gefunden hätte, mich dieser heiklen interdisziplinären Thematik zu stellen (so wie er selbst es bereits Ende der 1970er Jahre vorbildlich getan hatte). Letzteres gilt auch für *Peter-Alexis Albrecht*, ohne den ich diesen wissenschaftlichen Weg – wenn auch mit Umwegen – nie gegangen wäre: Bis zuletzt und auf Weiteres verdanke ich ihm wertvolle Anregungen und den Willen, trotz um sich greifender kriminalpolitischer Frustrationen und rechtsstaatlicher Erosionen durchzuhalten.

Gedankt sei aber auch *Felix Herzog* und *Friedemann Pfäfflin*, nicht nur für die Ko-Begutachtung der Habilitationsschrift: Der Erstere stand im Bremer Institut für Kriminalpolitik (BRIK), der Letztere in der *Recht & Psychiatrie*-Redaktion für einen fachlichen und interdisziplinären Austausch zur Verfügung. Sehr hilfreich waren auch die kollegialen Kontakte zu *Edda Weßlau, Johannes Feest, Peter Thoss, Karl F. Schumann* und *Heino Stöver* sowie ganz besonders die Zusammenarbeit mit *Andrea Kliemann.*

Mein Dank gilt zugleich den Kollegen der gemeinsamen Anwaltskanzlei (*Erich Joester, Reinhold Schlothauer, Wolfgang Müller-Siburg, Thomas Becker* und schließlich *Temba Hoch*), die die Arbeit sowohl im Jahre 2008 als auch zuletzt Anfang 2011 durch eine bemerkenswerte Geduld (gemischt mit einem begrenzten ‚Mitgefühl' für ‚selbst verschuldete Leiden') gefördert haben.

Gedankt sei ferner dem De Gruyter Verlag für die Aufnahme des Werkes in seine „Blaue Reihe" und die Unterstützung bei der Herstellung der Druckfassung.

Ein besonderer Dank gilt schließlich auch *Elke Bahl*, die mich hat machen lassen, wenn und solange es nötig war, und die mir liebevoll durch Krisen geholfen hat, wenn das Manuskript zu sehr in die Nähe des Papierkorbs zu rücken drohte.

Bremen, im März 2011 – gewidmet den Opfern der Kriminalprognostik!

Abkürzungsverzeichnis

a. A./a. M.	anderer Ansicht/Meinung
aaO	am angegebenen Ort
abl.	ablehnend
Abs.	Absatz
AG	Amtsgericht/Arbeitsgruppe
a. E.	am Ende
a. F.	alte Fassung
AfK	*Archiv für Kriminalistik*
AK(-StVollzG)	Alternativkommentar (zum Strafvollzugsgesetz)
allg.	allgemein
Alt.	Alternative
Anm.	Anmerkung
AnwBl	*Anwaltsblatt*
arg.	argumentum
Art.	Artikel
AT	Allgemeiner Teil
Aufl.	Auflage
Ausf./ausf.	Ausführungen/ausführlich
BA	*Blutalkohol*
BAK	Blutalkoholkonzentration
BayObLG	Bayrisches Oberstes Landesgericht
Bd.	Band
bes.	besondere
Beschl.	Beschluss
betr.	betrifft/betreffend
BewHi	*Bewährungshilfe*
BGB	Bürgerliches Gesetzbuch
BGBl.	Bundesgesetzblatt
BGH	Bundesgerichtshof
BGHR	BGH-Rechtsprechung (Loseblattsammlung)
BGHSt	Amtliche Sammlung der Entscheidungen des BGH in Strafsachen
BKA(G)	Bundeskriminalamt(gesetz)
BKatV	Bußgeld-Katalog-Verordnung
BKH	Bezirkskrankenhaus
BMJ	Bundesjustizministerium
Brem	Bremen/Bremisches
BRIK	Bremer Institut für Kriminalpolitik
BT	Besonderer Teil
BT-Drs	Bundestags-Drucksache
BtMG	Betäubungsmittelgesetz
BVerfG(E)	Bundesverfassungsgericht (Amtliche Sammlung der Entscheidungen des)

BVerfGK	Amtliche Sammlung der Kammerentscheidungen des BVerfG
BVerwG(E)	Bundesverwaltungsgericht (Amtliche Sammlung der Entscheidungen des)
BW	Baden-Württemberg
BZR(G)	Bundeszentralregister(gesetz)
bzw.	beziehungsweise
CILIP	*Bürgerrechte & Polizei*
CR	*Computer und Recht*
DAR	*Deutsches Autorecht*
dass.	dasselbe
DAV	Deutscher Anwaltverein
DDR	Deutsche Demokratische Republik
ders./dies.	derselbe/dieselbe
desgl.	desgleichen
diff.	differierend/differenzierend
Diss.	Dissertation
d.h.	das heißt
div.	diverse/divergierend
DNA (IFG)	desoxyribonucleic acid (dt. DNS) (Identitätsfeststellungsgesetz)
dok.	dokumentiert
DRiZ	*Deutsche Richterzeitung*
DSM IV	Diagnostic Standard Manual (4th Ed.)
D/S/S	Diemer/Schatz/Sonnen (Kommentar zum Jugendgerichtsgesetz)
dt.	deutsch
DVJJ(-Journal)	Deutsche Vereinigung für Jugendgerichte und Jugendgerichtshilfen (*Journal*)
ebda	ebenda
ED	Erkennungsdienst(liche Behandlung)
EGMR	Europäischer Gerichtshof für Menschenrechte
ehem.	ehemalig
EMRK	Europäische Menschenrechtskonvention
et al.	et alii (und andere)
etc.	et cetera (usw.)
EuGRZ	*Europäische Grundrechte-Zeitschrift*
evtl.	eventuell
exempl.	exemplarisch
f./ff.	folgende/fortfolgende
FamRZ	*Familienrechtszeitschrift*
Fn.	Fußnote
FPPK	*Forensische Psychiatrie, Psychologie, Kriminologie*
FS	Festschrift
FS	*Forum Strafvollzug (Zeitschrift für Strafvollzug und Straffälligenhilfe)*
GA	*Goltdammer's Archiv für Strafrecht*
ges.	gesamt
GesE	Gesetzentwurf
GG	Grundgesetz
G&G	*Geist & Gehirn*
ggf.	gegebenenfalls
GPS	Global Positioning System
Grdl.	Grundlagen
GS	Gedächtnisschrift
GVG	Gerichtsverfassungsgesetz
H.	Heft

HansOLG	Hanseatisches OLG
HCR-20	Historical, Clinical, Risk Management (Prognosemanual)
Hg.	Herausgeber
HK(-StPO)	Heidelberger Kommentar (zur StPO: Julius, K.-P. et al.)
h. M.	herrschende Meinung
HRRS	*Höchstrichterliche Rechtsprechung im Strafrecht (online)*
Hs.	Halbsatz
ICD-10	International Classification of Diseases (WHO, 10th Ed.)
i. d. F. (v.)	in der Fassung (von/vom)
i. e. S.	im engeren Sinn
IK-EMRK	Internationaler Kommentar zur EMRK (Loseblatt)
ILRV	Integrierte Liste von Risikovariablen (Prognosemanual)
incl.	inclusive/inklusive
insb.	insbesondere
insg.	insgesamt
Int.	International
IPBPR	Internationaler Pakt über bürgerliche und politische Rechte
i. S. d./v.	im Sinne des/von
i. V. m.	in Verbindung mit
J.	Journal
JA	*Juristische Arbeitsblätter*
jew.	jeweilig
JGG	Jugendgerichtsgesetz
JMBl.	Justizministerialblatt
JR	*Juristische Rundschau*
juris	Juristisches Informationssystem
jurisPR-StrafR	*juris-Praxis-Report Strafrecht*
Jura	*Jura (= Juristische Ausbildung)*
JuS	*Juristische Schulung*
Justiz	*Die Justiz = Justizministerialblatt Baden-Württemberg*
JVA	Justizvollzugsanstalt
JZ	*Juristenzeitung*
KG	Kammergericht
KJ	*Kritische Justiz*
Krim	*Kriminalistik*
KrimPäd	*Kriminalpädagogische Praxis*
krit.	kritisch/kritisierend
KritV	*Kritische Vierteljahresschrift für Gesetzgebung und Rechtswissenschaft*
LG	Landgericht
lit.	litera (Buchstabe)
LK(-StGB)	Leipziger Kommentar (zum StGB)
LL	Lebenslänglich/lebenslange Freiheitsstrafe
LR(-StPO)	Löwe-Rosenberg (Kommentar zur StPO)
Ls.	Leitsatz
LSI-R	Level of Service Inventory-Revised (Prognosemanual)
LuftSiG	Luftsicherheitsgesetz
LWL	Landschaftsverband Westfalen-Lippe
m. Anm.	mit Anmerkung
m. a. W.	mit anderen Worten
max.	maximal
MDR	*Monatsschrift für Deutsches Recht*
missv.	missverständlich

MIVEA	Methode der idealtypisch vergleichenden Einzelfallanalyse
MMR	*MultiMedia und Recht*
m.(w.)N.	mit (weiteren) Nachweisen
MRK	Menschenrechtskonvention
MschrKrim	*Monatsschrift für Kriminologie und Strafrechtsreform*
NdsRpfl	*Niedersächsische Rechtspflege*
n.F.	neue Fassung
NJ	*Neue Justiz*
NJW	*Neue Juristische Wochenschrift*
NK	*Neue Kriminalpolitik*
NK(-StGB)	Nomos-Kommentar (zum StGB)
NL	Neue (Bundes)Länder
Nr.	Nummer
NRW/NW	Nordrhein-Westfalen
NS	Nationalsozialismus/nationalsozialistisch
NStZ(-RR)	*Neue Zeitschrift für Strafrecht (-Rechtsprechungs-Report)*
NVwZ	*Neue Zeitschrift für Verwaltungsrecht*
NZV	*Neue Zeitschrift für Verkehrsrecht*
o.Ä.	oder Ähnliches
o.g.	oben genannt
OLG	Oberlandesgericht
OLG-NL	Amtliche Sammlung der OLG-Entscheidungen der neuen Bundesländer
ParlBeilage	Beilage zu *Das Parlament („Aus Politik und Zeitgeschichte")*
PCL	Psychopathy Checklist (Psychopathie-Checkliste: Prognosemanual)
PCL-R/-SV/-YV	PCL-Revised/-Screening-Version/-Youth-Version
PKH	Prozesskostenhilfe
PPD	Psychiatrisch-Psychologischer Dienst (Schweizer Justiz)
probl.	problematisch
PS	*Persönlichkeitsstörungen*
PStR	*Praxis Steuerstrafrecht*
PsychKG	Psychisch-Kranken-Gesetz/Gesetz für Psychisch Kranke
P&W	*Polizei & Wissenschaft*
RAF	Rote Armee Fraktion
red.	redaktionell
resp.	respektive
RiStBV	Richtlinien für das Strafverfahren und das Bußgeldverfahren
Rn.	Randnummer
R&P	*Recht & Psychiatrie*
Rpfleger	*Der Deutsche Rechtspfleger*
S.	Satz/Seite
SaAn	Sachsen-Anhalt
Saarl	Saarland
SchlH	Schleswig-Holstein
SchlHA	*Schleswig-Holsteinische Anzeigen*
SexBG	Gesetz zur Bekämpfung von Sexualdelikten und anderen gefährlichen Straftaten
SH	Sonderheft
SK(-StGB)/(-StPO)	Systematischer Kommentar (zum StGB/zur StPO)
s.o.	siehe oben
sog.	so genannt
SozPsychInfo	*Sozialpsychiatrische Informationen*
spez.	speziell; spezifisch

StA	Staatsanwaltschaft
StGB	Strafgesetzbuch
StPO	Strafprozessordnung
StraFo	*Strafverteidiger-Forum*
StRR	*StrafRechtsReport – Arbeitszeitschrift für das gesamte Strafrecht*
StV	*Strafverteidiger*
StVK	Strafvollstreckungskammer
StVollzG	Strafvollzugsgesetz
s. u.	siehe unten
SV	Sicherungsverwahrung
SVR-20	Sexual Violence Risk (Prognosemanual)
SZ	*Süddeutsche Zeitung*
Thür	Thüringen
TJVU	Tübinger Jungtäter-Vergleichs-Untersuchung
u. a.	und andere/unter anderem
U-Haft	Untersuchungshaft
UN	United Nations
undiff.	undifferenziert
u. U.	unter Umständen
v.	von/vom
VD	*Verkehrsdienst*
VersG	Versammlungsgesetz
VerwArch	*Verwaltungsarchiv*
VG	Verwaltungsgericht
vgl.	vergleiche/vergleichend
VRAG	Violence Risk Appraisal Guide (Prognosemanual)
VRS	*Verkehrsrechtssammlung*
vs.	versus
wistra	*Wirtschaftsstrafrecht*
WsFPP	*Forensische Psychiatrie und Psychotherapie (Werkstattschriften)*
YSL/CMI	Youth level of Service/Case Management Inventory
z. B.	zum Beispiel
ZfJ	*Zentralblatt für Jugendrecht*
ZfPP	*Zeitschrift für Politische Psychologie*
ZfSch	*Zeitschrift für Schadensrecht*
ZfStrVo	*Zeitschrift für Strafvollzug und Straffälligenhilfe*
ZG	*Zeitschrift für Gesetzgebung*
Ziff.	Ziffer
ZIS	*Zeitschrift für Internationale Strafrechtsdogmatik*
ZJJ	*Zeitschrift für Jugendkriminalrecht und Jugendhilfe*
ZKJ	*Zeitschrift für Kindschaftsrecht und Jugendhilfe*
ZPO	Zivilprozessordnung
ZRP	*Zeitschrift für Rechtspolitik*
ZStW	*Zeitschrift für die gesamte Strafrechtswissenschaft*
z. T.	zum Teil
zust.	zuständig/zustimmend
zzgl.	zuzüglich

Inhaltsübersicht

Inhaltsverzeichnis

A. Prognostik in Strafrecht und Kriminalpolitik

Im Mittelpunkt der nachfolgenden Analysen stehen Fragen der Prognostik im Kriminalrecht (Abschnitte B. und D.) und Aspekte der kriminalprognostischen Methodologie (Abschnitte C. und E.), bevor die Ergebnisse dieser Analysen im Spannungsfeld von Sicherheitsrecht und Rechtssicherheit bewertet werden. Vorab bedarf es einiger Anmerkungen zur Aktualität und Brisanz dieser Thematik (I.), zum Anspruch der Untersuchung (II.) und zur Terminologie (III.).

I. Zur Aktualität und Brisanz der Thematik

Kriminalpolitische Zeitgeister[1] setzen im Rahmen strafgesetzgeberischer Hyperaktivitäten[2] immer häufiger auf das Prinzip ‚in dubio Prognose'.[3] Prognostischer Sachverstand und „Gutachterei"[4] sollen die darauf gegründeten strafjustiziellen Entscheidungen wissenschaftlich und prozedural legitimieren[5] – auch dem Betroffenen gegenüber, vor allem aber einer Allgemeinheit gegenüber, die geschützt werden will und soll. Insofern symptomatisch die Begründung des Gesetzentwurfs zum sog. SexBG von 1998, derzufolge mit „einer Erweiterung der gesetzlichen Begutachtungspflicht" der „Sicherungszweck" der Strafe „hervorgehoben" werden sollte[6] – freilich wandelte der Bundesgesetzgeber damit in den Spuren keines Geringeren als *Franz von Liszts*, für den Kriminalprognosen schlechthin Bestandteil einer „rationalen Verbrechensbekämpfung" waren.[7]

---

[1] *Harcourt* 2007 spricht vom „actuarial age" und kommt am Ende seiner Analysen konsequent zur Position „against prediction".

[2] Bilanzierungsversuche bei *Pollähne* 2005a, 2005c und 2008a, vgl. auch *Jansen* 2005, 234 sowie *Klimke/Lautmann* 2006.

[3] Vgl. *G. Hinrichs* 2003a.

[4] *Oetting* 2003, vgl. *Tondorf/Tondorf* 2011, 7ff.

[5] Vgl. *Eisenberg* 2005, 172, *P.-A. Albrecht* 2010a, 23, 92.

[6] BT-Drs 13/7559, 14 (Begründung zum Entwurf eines „Gesetzes zur Bekämpfung von Sexualdelikten und anderen gefährlichen Straftaten"), berechtigte Kritik bei *Schöch* 1999, 225.

[7] Vgl. *Tondorf/Tondorf* 2011, 78, ähnlich *H.J. Schneider* 1998, 439ff. und *Pawlik* 2004, 30f.; *Pelzer/Scheerer* 2006, 202ff. weisen auf das problematisch verkürzte Erkenntnisinteresse anwendungs- (und meist bekämpfungs-)orientierter Prognosen hin.

Ein zunehmend auf Gefahrenabwehr als Folgenorientierung setzendes spezialpräventives Risikostrafrecht kommt ohne Individualprognostik gar nicht aus,[8] lebt aber von einem „fast naiven Vertrauen" resp. „unrealistischen Erwartungen" in deren Leistungsfähigkeit[9] – und doch werden dieser Programmatik entsprechende Entscheidungen als „riskant" wahrgenommen,[10] nicht zuletzt von den Entscheidern selbst.[11] Einerseits gilt die Devise „Vertrauen ist gut – Prognose ist besser", andererseits fehlt oft das nötige Vertrauen gerade in die Prognostik.[12]

Zugleich erfährt die Kriminalprognose-Forschung eine auf diesem „Tummelplatz interdisziplinärer Auseinandersetzungen"[13] noch bis vor kurzem ungeahnte Renaissance[14] und zeichnet sich durch einen pragmatischen Anwendungs- und Verwertungsbezug aus, der nicht nur das Vertrauen praktizierender Prognostiker – und ihrer ‚Kunden' – in die wissenschaftlich fundierte Machbarkeit ihres Vorhabens (wieder) herstellen soll, sondern auch einen Prognostikmarkt hat entstehen lassen, auf dem sich immer mehr Anbieter tummeln, die der Politik, der Justiz, dem Vollzug, den Gutachtern und Therapeuten und letztlich der Allgemeinheit an Sicherheit grenzende Wahrscheinlichkeiten verkaufen wollen.[15]

Die kriminalprognostische Begutachtung sei „eine besonders verantwortungsvolle Aufgabe", weshalb sie „ausgewiesenen Fachleuten der forensischen Psychiatrie und Psychologie vorbehalten" bleiben müsse, jedenfalls aber „nichts für Berufsanfänger, geschweige denn für gutwillige Dilettanten" sei, so der psychiatrische Sachverständige *Hans-Ludwig Kröber*, und er fügte – sicher ebenso berechtigt, wenn auch missverständlich – hinzu: „Zu wünschen ist, dass gleiche Qualifikationen die Entscheider auf juristischer Seite auszeichnen".[16]

Zugleich liegt der Kriminalprognostik ein ganz bestimmtes kriminologisches Verständnis von der Entstehung krimineller Taten und damit ein spezifisches Menschenbild und strafrechtsphilosophisches Modell zugrunde: Umso mehr es für möglich gehalten wird, dass sich der Täter aus freien Stücken (quasi willkürlich) zur Begehung einer kriminellen Tat entschieden hat, desto schwieriger muss die Prognose erscheinen, er werde dies wieder tun.[17] Die Prognoseproblematik ist ge-

---

[8] *Jung* 1986, 256, *Streng* 1995, *Stolpmann* 2001, 304, *M. Walter* 2010, 244, vgl. zum „Siegeszug" auch *Zipf* 1992 (diff. *ders.* 1980, 82f.), krit. *P.-A. Albrecht* 2010a, 92.

[9] *G. Albrecht* 2003, 97, 121, vgl. auch *Kaiser* 1990, 19.

[10] *Prittwitz* 2003, 239.

[11] Ähnlich *Nedopil* 2002b, 349.

[12] Vgl. auch *Schüler-Springorum* 1994 und *Schall* 2003, diff. *P.-A. Albrecht et al.* 2010.

[13] *Jung* 1986, 251.

[14] Vgl. nur *M. Bock* 1992 m.w.N.

[15] Dazu *Pfäfflin* 2003, *Suhling* 2003, *Graebsch* 2009a, 731; ein Münchner Rechtsanwalt wird in der SZ v. 4./5. 6. 2005 S. 10 mit den Worten zitiert, ihm graue vor einer „Gutachter-Industrie", die mit „Textbausteinen" darüber entscheide, ob und wie lange ein Mensch hinter Anstaltsmauern gehalten werde, vgl. auch *Keller* 1999, 269 zur (durchaus ambivalenten) Kommerzialisierung.

[16] *Kröber* 1999, 593.

[17] Exempl. *M. Walter* 2005, 298 und 2010, 246, vgl. bereits *Kerner* 1980, 309.

wissermaßen unweigerlich mit dem Determinismusstreit[18] verknüpft, in dessen fast erloschenes Feuer die Hirnforscher neurobiologisches Öl gegossen haben.[19] Im Prognosekontext wird dabei zugleich die spezifische Dialektik des Determinismus-Diskurses innerhalb der strafrechtlichen Sozialkontrolle deutlich[20]: Ob der Betroffene durch seinen Zustand (Natur, Gene, Gehirn ...) determiniert wird, oder doch eher – wenn überhaupt – durch die darauf ggf. rekurrierenden Prognoseentscheidungen, bleibt eine zentrale Frage der Kriminologie.[21]

Die spezifische Problematik der Kriminalprognostik liegt in der methodologischen Verknüpfung rechtlicher Standards mit empirischen Erkenntnissen bei der Anwendung auf den Einzelfall.[22] Verlangt das Gesetz Prognosen (s.u. B.), dann „zwingt es den Juristen zur Empirie, versucht es jedenfalls".[23] Eine „umstandslose Umsetzung des empirischen Wissens in Präventions- und/oder Interventionsentscheidungen" scheitere aber an „komplexen wissenschaftstheoretischen und mathematisch-statistischen Problemen, die der Laie meist nicht zu verstehen vermag – und manche wollen es anscheinend auch nicht".[24]

Das ebenso Bemerkenswerte wie Beunruhigende am derzeitigen Entwicklungsstand des darin begründeten Spannungsverhältnisses ist, dass sich beide Seiten normativ annähern: prognostische Normierung[25] und normative Prognostik einerseits, Prognoserecht und Verrechtlichung der Prognostik andererseits.[26] Das mag der Gefahr vorbeugen, weiterhin aneinander vorbeizureden und Verantwortlichkeiten hin- und herzuschieben, das mag aber auch neue Gefahren heraufbeschwören, für die Rechtsstaatlichkeit des Verfahrens und für den Rechtsstatus der

---

[18] *Streng* 1995, 105f. m.w.N., *M. Walter* 2005 Rn. 288, *Jung* 2002, 33; vgl. auch *Plack* 1974, 370, *Eisenberg* 1972, 176f. und 2005, 183, *Zipf* 1992, 14, *Volckart* 1998, 5, *Endres* 2000, 68, diff. *Volckart* 2001a, 42 sowie *Steinböck* 1997 m.w.N. zum damit korrespondierenden Kontingenz-Problem. Zur realsozialistisch-kriminologischen Kritik *Buchholz et al.* 1971, 163, zu chaostheoretischen Aspekten *Kobbé* 1996, 185ff.

[19] Exempl. *Singer* 2005, *Roth et al.* 2006, vgl. *Lindenberg/Lutz* 2008 m.w.N., krit. *Günther* 2006 und *Urbaniok et al.* 2009, vgl. auch *Kerner* 2007, 14f. und *Lüderssen* 2006, 364f.

[20] *G. Albrecht* 2004, 477: „eine Art Schizophrenie", ähnlich – wenn auch freilich aus ganz anderer Perspektive – *Singer* 2005, 529f.; dieses kriminologische Determinismus-Problem ist nicht zu verwechseln mit der Unterscheidung zwischen deterministischen und stochastischen (resp. probabilistischen) Prognosen (vgl. nur *Gehmacher* 1971, 11f. und *Dolde* 1993), wobei im kriminalrechtlichen Kontext allenfalls die Letztere in Betracht kommt.

[21] Vgl. *Dolde* 1993, 543; krit. zum „Omnipotenzanspruch" forensischer Psychiater auch *Nedopil* 2004c, und zum Missverständnis einer psychoanalytischen Determinismus-Position *Böllinger* 1980, 301.

[22] Ähnlich *Jung* 1986, vgl. auch *Keller* 1999 und *Pelzer/Scheerer* 2006; zur „empirischen Perspektive" bei v. Liszt *Zabel* 2008, 101.

[23] *Fabricius* 2007, 1.

[24] *G. Albrecht* 2004, 475f.

[25] Exempl. *Boetticher et al.* 2006 (s.u. D. II. 3.), vgl. auch *A. König* 2010, 69 und den Hinweis von *Hartmann/Vogel* 2010, 10 auf die „normativ funktionale" Entwicklung des sozial- und kulturwissenschaftlichen Prognose-Diskurses auf der Suche nach der „best practice" im Gebrauch unterschiedlicher Prognosetechniken und -methoden „ohne deren grundsätzliche Erklärungskraft in Zweifel zu ziehen".

[26] Ähnlich *Fabricius* 2007, 1f., vgl. auch *Keller* 1999, 259f.

„Prognoseobjekte" – auch deshalb muss über die Gefährlichkeit von Gefährlichkeitsprognosen geredet werden und über die Prognoseopfer von Opferschutzprognosen (s.u. E. IV. und F. I.).

Ob „die Normativität der Wissenschaft" in diesem Feld auch weiterhin „von der der Justiz überlagert" wird,[27] muss sich erst noch erweisen: Das Justizsystem müsse „um seiner verfassungsrechtlichen Aufgabe willen im Verhältnis zum Wissenschaftssystem eigenen Rationalitätsstandards folgen bezüglich der Art und Intensität der Kontrolle des wissenschaftlichen Wissens, der Nutzung desselben und (wie bekannt) des Grades der erforderlichen Sicherheit".[28] Welche justiziellen Rationalitätsstandards speziell im kriminalprognostischen Feld entwickelt wurden, steht im Mittelpunkt dieser Untersuchung.

Der mit der Prognose-Programmatik einhergehende, aber – wie noch zu zeigen ist (s.u. E. IV.) – unvereinbare Wunsch, auf „Nummer sicher" zu gehen,[29] macht eine Grundproblematik deutlich, die der Kriminalprognostik ihre besondere Brisanz verleiht, da die Kriminalpolitik einer rechtsstaatlichen Alternative absoluter Sicherheit entbehrt: „Auf Nummer sicher gehen" hieß bei *Franz von Liszt* – ebenso wie 1933 in der Begründung des sog. „Gewohnheitsverbrecherrechts" – Unschädlichmachen, also z.B. physische Vernichtung, sei es als Todesstrafe[30] oder verharmlost als sog. „Euthanasie",[31] auch eine „auf Raten", wie *Rasch* es einmal pointiert ausdrückte, also „Wegschließen, und zwar für immer", sei es als Lebensendstrafe oder Sicherungsmaßregel ohne Entlassungsperspektive.[32]

Solange die Kriminalpolitik auf Folgenorientierung nicht völlig verzichten will, wofür es zwar überzeugende Gründe gäbe,[33] aber bisher, wie es scheint, kein ebenso überzeugendes Gegenmodell,[34] solange wird sie die Prognoseprobleme nicht mit Hilfe absoluter Sanktionen lösen können, auch nicht im Einzelfall – oder doch jedenfalls nicht, ohne zentrale verfassungsrechtliche Grundsätze aufs Spiel zu setzen, allen voran die Unantastbarkeit der Menschenwürde. Auch in dieser Hinsicht befindet sich die herrschende Kriminalpolitik derzeit in einem Risikozu-

---

[27] *Keller* 1999, 259.

[28] *Keller* aaO S. 259/260.

[29] Vgl. *Kunz* 2004, 341 ff. und *M. Walter* 2010, 247; ähnlich die populäre „null Toleranz"-Devise, vgl. *H.-J. Albrecht* 1999, 876f. mit berechtigter Kritik an den „Determinanten" der von ihm sog. „Sexualstrafrechtsreform", vgl. auch *D. Seifert* 2010b, 101 und *Steck-Bromme* 2010, 183 zur „Null-Risiko"-Devise.

[30] Vgl. *Volckart* 2004, 142f. und *Kerner* 2007, 18f.; kritisch zum Einsatz der „Psychopathie Checkliste" (PCL, ausf. u. C. IV. 1.b) in US-amerikanischen „death-trials" *Ross/Pfäfflin* 2005, 8 m.w.N.

[31] Dazu auch *C. Müller* 1997 und *Pollähne* 1999.

[32] Zu diesem programmatischen Kanzler-Unwort z.B. *Greiner* 2001, *Rautenberg* 2001, *Prittwitz* 2003, *Kobbé* 2003, *P.-A. Albrecht* 2010b, 401 ff. und *Steck-Bromme* 2010, 182f., vgl. auch *Brandenstein* 2006, 381 (*Rasch* hier zitiert nach *Pollähne* R&P 1990, 82 m.w.N.); zu internationalen Perspektiven lebenslanger Strafen und Verwahrungen *van Zyl Smit* 2006 und *Kunz* 2004, 353, vgl. auch *Pollähne* 2005a und 2010b.

[33] Exempl. *P.-A. Albrecht* 2010a, 52 ff. m.w.N.

[34] Ähnlich *Jung* 1986, 257, vgl. auch *Kerner* 1980, 308, 327 (Fn. 4) unter Verweis auf Luhmann.

stand, und mancher Akteur – zumindest terminologisch – gar im Kriegszustand.[35] Dass Prognosen z. B. „einen effektiveren und humaneren Umgang mit dem Klientel der Forensischen Psychiatrie ermöglichen und potentielle Opfer besser schützen als der Verzicht auf Prognosen“,[36] kann daher allenfalls dann gelten, solange die eingangs geschilderte „Nummer sicher“-Gefahr nicht aus dem Blick gerät.[37]

II. Zum Anspruch dieser Untersuchung

„Kriminalprognosen werden uns abverlangt, da gibt es kein Ausweichen. Deshalb geht es darum, das Gesetz beim Wort zu nehmen.“

Indem sich *Bernd Volckart*, der diese Devise seinem Standardwerk zur „Praxis der Kriminalprognose“ vorangestellt hat,[38] gegen „das Ausweichen“ verwahrte, hat er „in einem Rechtsgebiet Rechtsgeschichte geschrieben, welches von Ungefährem und Daumenpeilungen, Ungenauigkeiten und Beliebigkeiten durchsetzt war, und praktisch immer noch durchsetzt ist“.[39]

Die vorliegende Untersuchung nimmt nicht für sich in Anspruch, in dieser unendlichen Rechtsgeschichte ein weiteres Kapitel zu schreiben. Aber sicher ist ihr daran gelegen, zur weiteren Präzisierung von ‚Ungefährlichkeiten‘ beizutragen und über die rechtsstaatlichen Grenzen gesetzlich sanktionierter „Daumenpeilungen“ zu räsonieren, die sich freilich auch durch kriminalstatistische ‚Faustformeln‘ nicht adäquat ersetzen lassen. Die der Individualprognostik immanenten „Ungenauigkeiten“ bedürfen umso ‚genauerer‘ juristischer Antworten: Ob es dafür ausreicht, das „Gesetz beim Wort zu nehmen“ (s. o.), wird sich zeigen – vor dem Hintergrund der angedeuteten kriminalpolitischen Entwicklungen könnte es neue Risiken heraufbeschwören, die Gesetze der letzten Jahre „beim Wort“ zu nehmen (von den Gesetzgebern ganz zu schweigen).

Methodologische „Beliebigkeiten“ in der Kriminalprognostik darf man nicht durchgehen lassen: den internen und externen Prognostikern und Prognosesachverständigen nicht, vor allem aber nicht den für die Prognoseentscheidungen juristisch und rechtsstaatlich Verantwortlichen. Das allerdings könnte zurückfallen auf den für diese Untersuchung Verantwortlichen, ist sie doch ihrerseits nicht frei von einer – wiewohl den Rechtswissenschaften, gerade auch den gesamten Strafrechtswissenschaften nicht unvertrauten – gewissen methodologischen ‚Beliebigkeit‘.

Die Untersuchung versteht sich als Beitrag zur Bearbeitung der „Zumutungen an das Strafrecht, Sicherheit zu gewährleisten“: Soweit die vorliegend ausgearbeiteten „dogmatischen und politischen Empfehlungen“ das Recht für sich in An-

---

[35] Zu Risiko- und Sicherheitsstaat u. a. *Prittwitz* 2003 und *Rzepka* 2003; zum sog. „Feindstrafrecht“ vgl. exempl. die Beiträge von *Kunz* 2006 und *P.-A. Albrecht* 2010 a, 74 ff. (ausf. u. F. I.).

[36] *Nedopil* 2006, 6.

[37] Ähnlich *M. Walter* 2010, 247 f., bedenklich insoweit *Schall* 2003, 265.

[38] *Volckart* 1997 a (Vorwort).

[39] *Fabricius* 2007, 1.

spruch nehmen, „gehört oder gar befolgt zu werden“, soll deren Verfasser Auskunft geben über die „tatsächlichen Annahmen,“ von denen er sich leiten lässt, auf dass andere deren „Vernünftigkeit“ prüfen.[40] Diesem Ziel dienen die normativen (s. u. B. und D.) und methodologischen Analysen (s. u. C. und E.), insb. in ihren Wechselwirkungen auf die Kriminalprognostik des Sicherheitsrechts – als Maßstab für die „Empfehlungen“ gilt der menschenrechtliche Grundsatz der Rechtssicherheit (s. u. F.).

III. Terminologische Annäherungen und Präzisierungen

Kriminalprognostik (s. u. 5.) wird hier verstanden als Methodik der kriminaljustiziellen Prognose (ausf. u. C. I.), als juristische Prognosedogmatik im Sinne strafrechtlicher „Regeln prognostischer Kunst“, aber auch – in terminologischer Anlehnung an Diagnostik und Forensik – als umfassender Begriff für die theoretischen, methodologischen und wissenschaftlichen sowie praktischen und forensischen Aspekte prognostischer Begutachtungen, Beurteilungen und Entscheidungen in ihrem Anwendungsbezug und Spannungsverhältnis zum Kriminalrecht.

Im Übrigen herrscht terminologischer Wildwuchs,[41] der nachfolgend kultiviert werden soll, wobei sich die Systematik verschiedener Bezugsgrößen bedient (Personen, Zeiten, Bedingungen, Anwendungen, Ergebnisse); im Vorgriff auf die umfassende normative Analyse (s. u. B.) wird ferner der einschlägige gesetzliche Sprachgebrauch erfasst (s. u. 4.).

1. Bezugsgrößen

Bevor die kriminalprognostische Terminologie in einem System von Anwendungs- und Ergebnisbezügen (s. u. 2. und 3.) verortet wird, sollen vorab Personen, Zeiten und allgemeine Bedingungen als Bezugsgrößen erfasst werden:

a) Personen

Nach den personalen Bezügen sind zu unterscheiden eher kriminalrechtlich orientierte Individualprognosen, die sich konkret auf bestimmte Beschuldigte, Angeklagte, Verurteilte oder Gefangene in Einzelfallentscheidungen[42] beziehen, und eher kriminologisch oder kriminalpolitisch orientierte Kollektiv- bzw. Generalprognosen mit abstrakten Aussagen über Personengruppen, auf die Gesamtgesellschaft oder Teilbereiche bezogene Kriminalitätsprognosen[43] oder viktimologische

[40] So die Aufforderung von *Hassemer* 2006, 328.

[41] Vgl. auch *Nedopil* 2006, 15 ff. und 131 ff. und *Volckart* 2000 b, 196 sowie bereits *Böllinger* 1980, 284.

[42] Zur Prognose der (strafgerichtlichen) Entscheidungen selbst vgl. *Eisenberg* 2007 c.

[43] *Heinz* 1985, vgl. auch *Zipf* 1992, 4 f., *Kube* 1976 und *Geerds* 1960, 113 sowie jüngst *Bornewasser et al.* 2008 und *Gluba/Wolter* 2009.

Opferprognosen.[44] In der vorliegenden Untersuchung stehen Individualprognosen im Mittelpunkt des Interesses.

b) Zeiten

Im Hinblick auf den Bezugszeitraum sind lang-, mittel- und kurzfristige Prognosen zu unterscheiden,[45] Letztere für wenige Stunden oder maximal Tage (von Bedeutung etwa für Vollzugslockerungen), mittelfristige für Wochen oder maximal einige Monate (etwa für Beurlaubungen), langfristige für einige Jahre (also etwa für die Dauer der Bewährungszeit), zum Teil ist auch explizit von Langzeitprognosen die Rede, die sich z.B. auf die Zeit nach Ablauf der Bewährung oder gar auf den Rest des Lebens beziehen. Es liegt auf der Hand, dass die Verlässlichkeit der prognostischen Aussagen mit der Dauer des Bezugszeitraumes abnimmt,[46] und das obwohl – ebenso plausibel – die Wahrscheinlichkeit eines Rückfalls im Zeitverlauf zunimmt (vgl. u.E. IV. 2.).[47] Vorliegend stehen längerfristige Prognosen im Zentrum der Analyse.

c) Bedingungen

Die Unterscheidung zwischen absoluten und relativen Prognosen stellt auf die Bedingungen des prognostischen Erfolges ab: Während etwa die absolute Individualprognose den Eintritt oder Nichteintritt eines Ereignisses unabhängig von etwaigen situativen, persönlichen, zeitlichen oder institutionellen Rahmenbedingungen vorhersagen will, macht die relative Prognose dies vom Vorliegen mehr oder weniger bestimmter und von dem jeweiligen Individuum in der Regel nicht zu beeinflussender Faktoren abhängig. Freilich nimmt mit der Verringerung von Einflussfaktoren nicht nur die Verlässlichkeit der Prognose zu, sondern zugleich ihr Realitätsgehalt ab – et vice versa. So ist etwa die Aussage, eine Person werde wieder rückfällig, egal unter welchen Bedingungen sie lebt, ebenso unsinnig wie die, sie werde nie wieder rückfällig, vorausgesetzt es käme auch nie wieder zu einem Kontakt mit Mitmenschen.

2. Anwendungsbezüge

In der fachwissenschaftlichen Debatte – sei sie juristisch, kriminologisch, psychowissenschaftlich oder schlicht kriminalpolitisch orientiert – kursieren zahlreiche Prognosebegriffe, die sich teilweise überschneiden oder austauschbar erscheinen, deren Gemeinsamkeit aber im Bezug auf den jeweiligen Verwendungszusammenhang liegt. Ohne Anspruch auf Vollständigkeit werden daher im Folgenden Legal-,

---

[44] *Jung* 1986, 253.

[45] *Murach* 1989, vgl. *Nedopil* 2010, 284f.; das Reden von einer „Zukunftsprognose“ (OLG Hamm NStZ-RR 2010, 278) ist freilich tautologisch.

[46] *G. Hinrichs* 2003b, 434, vgl. auch *Pierschke* 2001, 258f. und *Hahn* 2007a, 142f.

[47] *Bischof* 2000, 354.

Kriminal-, Rückfall-, Gefährlichkeits-, Sozial-, Behandlungs- und (Ein)wirkungsprognosen unterschieden:

a) Legalprognose

Eher irreführend ist zunächst der gängige Begriff der Legalprognose,[48] denn dass sich eine Person zukünftig „legal", also gesetzmäßig verhält, ist zu viel des Guten und praktisch unvorhersagbar, nicht zuletzt weil sich keiner immer an alle Gesetze hält resp. halten kann: Ungeachtet dessen hätte dies das Kriminal-Justizsystem ohnehin nichts anzugehen (eigentlich).

b) Kriminalprognose

Geht es hingegen „nur" um kriminalrechtliches Legalverhalten, sollte treffender von einer Kriminalprognose gesprochen werden, die Vorhersage also, ob die jeweilige Person zukünftig eine kriminelle Tat begehen wird.[49] Je nach Fragestellung bzw. rechtlicher Eingrenzung der auf der Grundlage dieser Prognose zu treffenden Entscheidung kann es zudem nötig werden zu bestimmen, um was für kriminelle Taten es dabei gehen muss, ob also etwa rechtswidrige ausreichen (z.B. für §§ 63, 64 StGB) oder ob sie schuldhaft begangen sein müssen, ob jegliche kriminelle Tat genügt (§ 56 Abs. 1 StGB), oder nur eine erhebliche (vgl. §§ 63, 64 StGB), qualifiziert erhebliche (§ 66 Abs. 1 Nr. 3 StGB) oder gar einschlägige (vgl. § 66 Abs. 3 StGB, vgl. auch § 176a Abs. 1 StGB).

c) Rückfallprognose

Letzteres nimmt Bezug auf die sog. Rückfall- oder Wiederholungsprognose, eigentlich nur ein Sonderfall der Kriminalprognose,[50] der sich dadurch auszeichnet, dass die betreffende Person bereits in der Vergangenheit mindestens eine kriminelle Tat begangen hat, womit zugleich klar wird, dass dies der Regelfall der Prognose im Kriminalrecht ist, das ja erst auf den Plan treten kann, wenn bereits eine rechtswidrige Tat begangen wurde (bzw. ein dahingehender Verdacht besteht).[51]

Rückfall ist einer der Schlüsselbegriffe folgenorientierter Kriminalpolitik,[52] jedenfalls in der spezialpräventiven Variante,[53] der es primär nicht auf die Abstra-

---

[48] Damit korrespondierend die – ähnlich inadäquaten – Begriffe „Legalbewährung" und „Legalverhalten".

[49] *Volckart* 1997a, 1, vgl. *Brenneis* 2010, 29ff.

[50] Vgl. auch *G. Albrecht* 2004, 489ff.

[51] *Volckart* 2002, 106; zur besonderen prognostischen Relevanz früherer (vor der sog. Anlasstat) liegender Taten s.u. (D. I. 2.c), auch insofern nicht unproblematisch die Regelung des § 66 Abs. 3 S. 2 StGB, dazu *Fischer* § 66 Rn. 17ff.: letzte Konsequenz der aktuellen Kriminalpolitik in puncto Sicherungsverwahrung wäre allerdings der Verzicht auf eine Anlasstat, vgl. *H.-J. Albrecht* 2006, 209, *Graebsch* 2009a, 735f. und *Pollähne* 2008a, 130.

[52] *Kerner* 1993.

[53] *Schüler-Springorum et al.* 1996, 170, *Heinz* 2004, 16ff.

fung der jeweiligen „Anlasstat" ankommen soll,[54] sondern eben auf die Verhinderung des Rückfalls[55] – es ist gerade diese Orientierung, die der Prognose ihre zentrale Bedeutung verleiht, zugleich aber auch deren „negative Gewandung".[56] Der Rückfallbegriff ist freilich täter- und nicht tatbezogen, denn es soll der Täter sein, der mit Begehung der (Wiederholungs-)Tat in kriminogene Zustände oder kriminelle Verhaltensweisen „zurückfällt", von denen angenommen wird, dass sie auch zu den vorangegangenen Taten wesentlich beigetragen haben.[57] Dabei wird der soziale Rückfall in – überwunden geglaubte – krimino- und viktimogene Lebensbedingungen und Situationen von allzu persönlichkeits- und täterorientierten Analysen allzu leicht übersehen (zu Prognoseaspekten jenseits von „Tat und Täter" s. u. D. II.).

d) Gefährlichkeitsprognose

Irreführend ist auch der gängige Begriff der Gefährlichkeitsprognose,[58] denn es kann nicht um die abstrakte oder generelle Gefährlichkeit eines Menschen gehen, die ihm quasi wie ein Persönlichkeitsmerkmal anhaftet,[59] sondern ‚nur' um die – unter bestimmten Bedingungen – ggf. von ihm ausgehende konkrete Gefahr (hier: der Begehung einer kriminellen Tat), weshalb zumindest der polizeirechtliche Begriff der Gefahrenprognose[60] treffender wäre, zumal eher auf Situationen als auf Persönlichkeitsmerkmale orientiert.

Je stärker hingegen von „Gefährlichkeit" die Rede ist, die der zu Prognostizierende quasi „in sich" trägt, desto konsequenter müsste von Gefährlichkeits-Diagnostik[61] gesprochen werden: In diese Richtung geht der in § 454 Abs. 2 S. 2 StPO

---

[54] Zweifel bei *P.-A. Albrecht* 2010a, 57f.

[55] *Jehle* 2004, vgl. auch *Kerner* 1993 m.w.N. und div. Beiträge in *Heinz/Jehle* 2004; diff. zum „Umgang mit dem Rückfall" *Slobodian/Stiels-Glenn* 2003.

[56] *Jung* 1986, 251, vgl. auch *H.-M. Weber* 1988 und *Quenzer* 2010, 19ff.

[57] Im Gesetz nur erwähnt in § 57 Abs. 1 Nr. 2 StGB („Gewicht des bei einem Rückfall bedrohten Rechtsguts"), im Übrigen lediglich im Kontext Rauschmittelabhängigkeit (§ 64 S. 2 StGB: „Rückfall in den Hang"; § 67h Abs. 1 StGB: „Rückfall in ihr Suchtverhalten"), zu § 176a Abs. 1 StGB vgl. *Fischer* § 176a Rn. 2f.

[58] Exempl. *Kaiser* 1990, 16, *Hinz* 1987, *Nowara* 1995, *F. Weber* 1996, *Woynar* 2000, *D. Seifert* 2007 a/b und *Brenneis* 2010, 37ff., vgl. auch *Kerner* 1980, 325.

[59] Vgl. *Gohde/Wolff* 1992, 165, *Eisenberg* 2011 Rn. 1814 und *Pollähne* in: *Kammeier* 2010 Rn. F4 und 62 m.w.N.; vgl. auch die Kritik von *Fabricius* 2008, 46 an der „Begutachtung der Gefährlichkeitsprognose" (*Leygraf* 2009) und *Horstkotte* 2005; für *Brenneis* 2010, 45 ist „Gefährlichkeit" ohnehin eher politisch als juristisch fassbar.

[60] Exempl. zur polizeirechtlichen Gefahrenprognose *Füllgrabe* 2001, vgl. auch *v. Groote* 2002, 43ff., *Lingemann* 1985, 38ff. und *Nell* 1983, 82ff.; *Volckart* 2002, 106 spricht stattdessen (in Anlehnung an *Prenkty/Burgess*) vom „Risiko künftiger krimineller Taten", was letztlich auf dasselbe hinausläuft.

[61] Vgl. *Streng* 2003, 622 und *Eisenberg* 2011 Rn. 1814a; zur entwicklungspsychologischen „Diagnostik" von Dissozialität vgl. *Endres* 2005 und *Petermann* 2005 sowie zur „Aggressionsdiagnostik" *Petermann/Petermann* 2006; vgl. auch *Hoyer* 2001 zur psychodiagnostischen Kategorisierung von „gefährlichen" Sexualdelinquenten, aber auch *Böllinger* 2007 zur „Gefährlichkeit als iatrogene Krankheit".

formulierte Auftrag für das Prognosegutachten, sich zu der Frage zu äußern, ob „bei dem Verurteilten keine Gefahr mehr besteht, dass dessen durch die Tat zutage getretene Gefährlichkeit fortbesteht“. Die Unschlüssigkeit dieses Ansatzes wird noch zu thematisieren sein (s.u. D. II. 2. b). Jedenfalls dürfte sich der Täter „nur in seltenen Fällen ... per Persönlichkeitsdiagnostik als situationsinvariant ‚gefährlich‘ erweisen“.[62]

e) Sozialprognose

Im Zusammenhang mit den Entscheidungen über die Straf(rest)aussetzung zur Bewährung gemäß §§ 56ff. StGB ist häufig von „Sozialprognosen“ die Rede. Der Begriff ist in seiner Unbestimmtheit kaum zu überbieten und letztlich nur historisch-kriminalpolitisch zu erklären.[63] Einen relevanten Bezugspunkt für die Kriminalprognostik bleibt der Begriff damit zunächst schuldig, lenkt aber immerhin die Aufmerksamkeit auf die sozialen Bedingungen der sog. Legalbewährung (s.o. a) – darauf wird zurückzukommen sein.

f) Behandlungsprognose

Eine ganz eigenständige Bedeutung[64] erlangt im vorliegenden Kontext hingegen die sog. Behandlungsprognose, die allerdings auch nur im Zusammenhang mit i.e.S. behandlungsorientierten Kriminalsanktionen (Maßregeln gemäß §§ 63, 64 StGB,[65] Sozialtherapie gemäß § 9 StVollzG[66]) von Interesse ist. So hat sich der gemäß § 246a StPO vor der Unterbringungsanordnung zu vernehmende Gutachter (s.u. D. II. 2. a) explizit zu den „Behandlungsaussichten“ zu äußern.[67]

g) Wirkungsprognose

Abschließend zu der – mit der o.g. Behandlungsprognose in einem gewissen Zusammenhang stehenden – Wirkungs- oder Einwirkungsprognose: So sind bei der Entscheidung über die Straf(rest)aussetzung die Wirkungen zu berücksichtigen, die davon für den Verurteilten zu erwarten sind (§§ 56, 57 StGB), so wie bei der Strafzumessung die Wirkungen berücksichtigt werden sollen, die von der Strafe zu erwarten sind (§ 46 StGB, vgl. u. 4. a). In anderen Zusammenhängen wird da-

---

[62] *Steller* 2010, 192, der deshalb den Begriff der „Verhaltensprognose“ favorisiert und „irreführende personenbezogenen Konstrukte“ in der forensischen und Kriminalpsychologie kritisiert.

[63] Vgl. *Mrozynski* 1984 auch zu Unterschieden zum Vollzugsziel (§ 2 StVollzG); neutraler wird in diesem Zusammenhang auch von „Entlassungsprognose“ geredet, vgl. nur *Ostendorf* 2009 Grdl. z. §§ 88 und 89a Rn. 3 und *Böllinger* 1980, 284.

[64] Zu den fließenden Übergängen zwischen Behandlungs- und Rückfallprognose (am Beispiel der Sexualstraftäter) vgl. allerdings *Rehder et al.* 2004 sowie *Böllinger* 1980, 284; zu „Klassifikation/Typisierung“ *Kraus/Berner* 2000, *Rehder* 2001 und insb. *Wößner* 2006; zur prognoserelevanten Begutachtung des Behandlungserfolgs *Dahle/Ziethen* 2010.

[65] Exempl. *Eisenberg* 2004, *Fehlenberg* 2003, *Steinböck* 2005, *Leygraf* 2004, diff. *Jöckel* 2004, vgl. auch *Orlob/Gillner* 2001.

[66] Speziell dazu *Dessecker/Spöhr* 2007 m.w.N., vgl. *Bussmann et al.* 2008.

[67] Ausf. dazu *Pollähne* 2005b m.w.N.

rauf abgestellt, ob bzw. in welchem Umfang bestimmte Maßnahmen zur „Einwirkung" auf den Täter erforderlich sind, etwa die kurze Freiheitsstrafe (§ 47 StGB), die Jugendstrafe (§ 18 JGG, vgl. auch § 52a Abs. 1 S. 3 JGG) oder der Strafvollzug (§ 21 JGG, vgl. auch § 154 Abs. 1 StPO).[68]

3. Ergebnisbezüge

Die Begriffspaare positiv/negativ, günstig/ungünstig, gut/schlecht oder auch richtig/falsch sorgen in der Auseinandersetzung über konkrete Prognoseaussagen und Ergebnisse einschlägiger Forschung häufig für Irritationen.

a) positiv vs. negativ

Die Charakterisierung eines Prognoseresultats als positiv oder negativ[69] bezieht sich allgemein auf die Fragestellung und das vorherzusagende Ereignis: Die positive Prognose indiziert dessen Einritt, der Nichteintritt wird nicht vorhergesagt (vgl. u.E. I. 2.). Soll also die Wahrscheinlichkeit eines Rückfalls bestimmt werden, besagt eine positive Kriminalprognose, dass mit einem Rückfall zu rechnen ist – ein Ergebnis, das zumindest aus der Sicht des Betroffenen keineswegs „positiv" beurteilt wird, bedeutet es doch in aller Regel Freiheitsentziehung bzw. deren Fortdauer.

In den Prognosewissenschaften werden immer Ereignisse vorhergesagt, d.h. deren Eintritt, nicht aber deren Nichteintritt. Wenn im juristischen Sprachgebrauch trotzdem Positiv- und Negativprognosen unterschieden werden, dann hat das weniger mit jener empirischen Vorhersagerichtung zu tun, als mit den jeweiligen normativen Konsequenzen (und stiftet zusätzlich Verwirrung, s.u. b): Als positiv werden unter Bezugnahme auf die jeweilige Gesetzesfassung deshalb jene Prognosen bezeichnet, die den Eintritt einer für den Betroffenen günstigen (s.u. b) Rechtsfolge davon abhängig machen, dass bestimmte Gefahren nicht (mehr) bestehen. Dies gilt etwa für die Aussetzung der Vollstreckung der Sicherungsverwahrung zur Bewährung (§ 67d Abs. 2 StGB), wenn „zu erwarten ist, dass der Untergebrachte außerhalb des Maßregelvollzugs keine rechtswidrigen Taten mehr begehen wird" (ungefährlichkeitsbegründend, s.u. B. I. 4. b).

Von einer Negativprognose[70] ist hingegen dort die Rede, wo sie für den Betroffenen eine ungünstige Rechtsfolge legitimieren soll, also etwa bei der Fortdauer der Sicherungsverwahrung über die 10-Jahresgrenze hinaus (§ 67d Abs. 3 StGB), wenn auch umgekehrt formuliert: Die Maßregel ist für erledigt zu erklären, wenn „nicht die Gefahr besteht, dass der Untergebrachte infolge seines Hanges erhebliche rechtswidrige Taten begehen wird" (gefährlichkeitsbegründend). Damit wird zugleich deutlich, dass die unterschiedlichen Formulierungen (und Kategorisierungen) die Beweislastverteilung tangieren, je nachdem ob das Gericht von der

---

[68] Exempl. zu Problemen der Wirkungsforschung *Sutterer/Spiess* 2004 m.w.N.

[69] Vgl. auch *Schüler-Springorum* 1994, 219.

[70] Explizit ist von „Negativprognose" insb. die Rede bei der DNA-Analyse gemäß § 81g StPO (s.u. B. I. 1.b).

„Gefährlichkeit“ oder von der „Ungefährlichkeit“ überzeugt sein muss (ausf. u. D. I. 1. c).

b) günstig/gut vs. ungünstig/schlecht

Der Betroffene wird die „positive“ eher als ungünstige (oder schlechte) Prognose werten, wohingegen die günstige (oder gute) Prognose regelmäßig mit einer negativen Vorhersage korreliert (dass dies zu weiteren Missverständnissen führt, ist leicht nachvollziehbar[71]).

In Anbetracht des teilweise divergierenden juristischen Sprachgebrauchs (s.o. a) wird die Verwirrung perfekt: Eine sog. Positivprognose ist für den Betroffenen günstig, wenn sie negativ ausfällt (Ungefährlichkeitsbejahung), für eine Negativprognose gilt dasselbe (Gefährlichkeitsverneinung). Umgekehrt ist die Positivprognose ungünstig, wenn sie positiv ausfällt (Ungefährlichkeitsverneinung), ebenso die Negativprognose (Gefährlichkeitsbejahung).

c) richtig vs. falsch

Wird schließlich danach gefragt, ob eine Prognose richtig oder falsch war, kann von einem widerspruchsfreien Sprachgebrauch überhaupt keine Rede mehr sein[72]: Als richtig wird etwa die negative (resp. günstige) Prognose dann gewertet, wenn es – wie vorhergesagt – tatsächlich nicht zu einem Rückfall kommt (oder jedenfalls nicht in dem bestimmten Prognosezeitraum, dazu s.o. 1. b).

Das Abstellen auf den Kontrast zwischen früherer Vorhersage und späterer Realität könnte allerdings dazu verleiten, eine solche Prognose nur deshalb nachträglich (!) als falsch (oder gar als „schlecht“) zu bewerten, weil es – vorhersagewidrig – zu einem Rückfall gekommen ist. Einer solchen Falsifizierungs- und Verifizierungs-Logik entspricht vermeintlich auch die gängige (allerdings theoretisch orientierte) Prognosefehler-Systematik, die zwischen positiven und negativen Prognosen einerseits und richtigen und falschen andererseits unterscheidet (ausf. u. E. I. 2.).[73]

Diese Wertung mag sich aus der Sicht etwaiger Opfer eines Rückfalls oder der Allgemeinheit zunächst aufdrängen und löst allzu voreilig den Ruf danach aus, vermeintlich verantwortungslose Prognostiker zur Verantwortung zu ziehen,[74] und wird doch in vielen Fällen unberechtigt sein: Ähnlich dem geflügelten Wort „Operation gelungen – Patient tot“ kann die Prognosestellung durchaus den Regeln der Kunst entsprechen und sich später gleichwohl als – regelgerecht unvermeidbarer – Irrtum erweisen.[75] Umgekehrt muss nicht jede Prognose, die sich im weiteren Verlauf „bewahrheitet“ hat, frei von Fehlern gewesen sein, sei es, dass der Prognosti-

---

71 *Foerster* 2002, 37f.

72 Ähnlich *Prittwitz* 2003, 235.

73 Diff. *Endres* 2002, der „Irrtum“ und „Fehler“ unterscheidet.

74 Vgl. auch *Pollähne* 2004b.

75 *Tondorf/Tondorf* 2011, 80; vgl. auch den Fall StA Paderborn NStZ 1999, 51 m. Anm. *Pollähne* sowie *Verrel* 2001, 184f., *Grünebaum* 1996, *Pollähne* 2004b, *F. Wolf* 2008, 62ff., missv. *Rehder* 2009.

ker schlicht „Glück“ gehabt hat, sei es, dass völlig unvorhergesehene Umstände (möglicherweise aber auch ein positiver „self-fulfilling-prophecy“-Effekt, s. u. E. I. 3.) zur vermeintlichen „Bewahrheitung“ einer eigentlich fehlerhaften Prognose beigetragen haben.[76]

Jede „richtige“ Prognose weist eine mal mehr mal weniger große Fehlerrate auf, weshalb das Auftreten eines Fehlers aus dieser Rate die Prognose nicht retrospektiv falsifizieren kann. Und doch bekommt eine schlechte Presse „immer nur der mutige Prognostiker, der frei läßt, nicht der feige, der einsperrt“,[77] denn „nicht das Erfahrungswissen an sich, sondern die Furcht, u. U. zur Verantwortung gezogen zu werden, führt zu einer (vermutlich allzu) restriktiven Entlassungspraxis“.[78]

In der hier offenkundig werdenden Vermengung von wissenschaftlichem, juristischem und Alltagssprachgebrauch wird sich Einheitlichkeit – oder auch ‚nur‘ Widerspruchsfreiheit – kaum herstellen lassen: Lässt man die Probleme der (insb. medialen) Vermittlung juristischer Entscheidungen – gerade, wenn sie auf vermeintlich „falschen“ Prognosen beruhen – hier einmal außer Betracht, dann bliebe immerhin noch das Bemühen um eine Verständigung zwischen Juristik und Prognostik.[79] Dies wird aber umso mehr erschwert durch einen, gelinde gesagt: wenig hilfreichen strafgesetzlichen Sprachgebrauch:

4. Strafgesetzlicher Sprachgebrauch

„Prognose“ ist (in welcher Konnotation auch immer) kein strafgesetzlicher Rechtsbegriff, was nicht zuletzt der – hier nicht zu kommentierenden – Fremdwortresistenz des geschriebenen Rechts zu verdanken ist. Allerdings findet sich auch der für die Prognose zentrale Begriff der Wahrscheinlichkeit (s. u. E. II.) nur ganz ausnahmsweise und neuerdings, etwa wenn hinsichtlich der nachträglichen Anordnung der Sicherungsverwahrung gemäß § 66b StGB auf die „hohe Wahrscheinlichkeit“ der Begehung erheblicher Straftaten abgestellt wird (s. u. B. I. 4. a).[80] Schließlich sucht man auch einen weiteren Schlüsselbegriff der Folgenorientierung, nämlich den „Rückfall“, in einschlägigen Gesetzen nahezu vergeblich (s. o. 2. c).

---

[76] Vgl. zur Unterscheidung zwischen „guten und schlechten“ Gutachten auch *Kröber* 1994 und *Konrad* 2010; diff. *N. Becker* 1993 (im Hinblick auf die Gutachter).

[77] *Schumann* 1994, 41, vgl. auch *Baltzer* 2005, 232 f., *Jansen* 2005, 234; allg. zum „prognostischen Mut“ *Gehmacher* 1971, 101 ff.

[78] *G. Albrecht* 2004, 511; die „Furcht“ ist allerdings unbegründet, denn das Kriminalisierungsrisiko ist gering, vgl. *Grünebaum* 1996 und *F. Wolf* 2008, 257 ff.

[79] Dazu auch *P.-A. Albrecht et al.* 2010, 1021 ff.

[80] Vgl. §§ 66b Abs. 1 S. 1, Abs. 2 und Abs. 3 Nr. 2 StGB sowie § 106 Abs. 5 JGG; im Übrigen ist von Wahrscheinlichkeit nur die Rede in § 77 JGG (Ablehnung des vereinfachten Jugendverfahrens, weil Jugendstrafe wahrscheinlich ist) und in § 127b Nr. 1 StPO (vorläufige Festnahme wegen der Wahrscheinlichkeit einer unverzüglichen Entscheidung im beschleunigten Verfahren, sog. Hauptverhandlungshaft: zur Berechtigung der Kritik daran HK-*Lemke* § 127b Rn. 2 m. w. N. und *Eisenberg* 2011 Rn. 764b f.).

Was hier übergreifend als Kriminalprognose problematisiert wird (s. u. 5.), verbirgt sich daher in den hier analysierten einschlägigen Gesetzen[81] hinter anderen Begriffen und Umschreibungen, wobei eine stringente terminologische Systematik nicht erkennbar wird[82]:

a) Erwartung

Am häufigsten wird dabei auf die Erwartung abgestellt, dass der Verurteilte – negativ gewendet – „keine Straftaten mehr begehen wird“ (§ 56 Abs. 1, ähnlich § 59 Abs. 1 StGB), wenn es um die Aussetzung der Vollstreckung zur Bewährung geht,[83] bzw. – positiv gewendet – dass er rechtswidrige Taten begehen wird, wenn eine Maßregel angeordnet (§§ 63 ff. StGB) oder deren Aussetzung widerrufen werden soll (§ 67g Abs. 2, vgl. auch § 56f Abs. 1 S. 1 Nr. 1 StGB).[84] Die für das Maßregelrecht zentrale Verhältnismäßigkeitsprüfung[85] stellt in § 62 StGB explizit auf die zu „erwartenden“ Taten ab, zusätzlich jedoch auf „den Grad der von [dem Täter] ausgehenden Gefahr“ (s. u. b).

Auch die „Wirkungen“, die von der Strafe (§ 46 Abs. 1 S. 2 StGB) oder deren Aussetzung (§§ 56 Abs. 1 S. 2, 57 Abs. 1 S. 2 StGB) zu „erwarten“ sind, gehören in diese Kategorie. Ähnlich wird in § 64 S. 2 StGB auf die „konkrete Aussicht“ abgestellt, die Person „durch die Behandlung in einer Entziehungsanstalt zu heilen oder über eine erhebliche Zeit vor dem Rückfall in den Hang zu bewahren und von der Begehung erheblicher rechtswidriger Taten abzuhalten, die auf ihren Hang zurückgehen“; und die Überweisung in den Vollzug einer anderen Maßregel wird gemäß § 67a Abs. 1 StGB davon abhängig gemacht, dass die Resozialisierung „dadurch besser gefördert werden kann“.[86]

b) Gefahr/Gefährdung/Gefährlichkeit

Ohne erkennbaren Unterschied in der rechtlichen Bedeutung wird – insb. bei der Maßregelanordnung – auf die „Gefahr“ abgestellt, der Betroffene werde rechtswidrige Taten begehen (§§ 64, 68 Abs. 1, 70 Abs. 1 StGB, ähnlich § 67d Abs. 3 StGB) bzw. – im Hinblick auf das Absehen oder die Aussetzung – nicht (mehr) begehen (§ 70a Abs. 1 StGB). Darüber hinaus ist zum Teil genereller von Gefährlichkeit – insb. für „die Allgemeinheit“ – die Rede (§§ 63, 66 Abs. 1, 66b Abs. 1 StGB), ähn-

---

[81] StGB, StPO und JGG; das Vollzugsrecht wurde ausgeklammert (s. B. I. vor 1.).

[82] Überblick bei *Boetticher et al.* 2006, 538; vgl. auch *T. Walter* 2006, 341 f.

[83] Ähnlich §§ 67b Abs. 1, 67c Abs. 2, 67d Abs. 2 und 6, 68e Abs. 2, 68f Abs. 2 StGB, vgl. auch § 183 Abs. 3 StGB.

[84] Zu der bisweilen verwirrenden Kategorisierung „positiv“ vs. „negativ“ s. o. 3. a).

[85] Ausf. *Dessecker* 2004, 334 ff.

[86] Bemerkenswert in diesem Zusammenhang, dass dies eine der ganz wenigen Stellen in den div. Strafgesetzen ist, an denen überhaupt „Resozialisierung“ Erwähnung findet, immerhin einer der Schlüsselbegriffe ehedem ‚moderner‘ Kriminalpolitik, vgl. dazu NK-*Pollähne/Böllinger* vor § 67 Rn. 26 m. w. N. und *Pollähne* in: *Kammeier* 2010 Rn. B 69 ff.

lich deren Gefährdung durch „die Begehung weiterer erheblicher rechtswidriger Taten" (in § 68c Abs. 2 und 3 StGB).[87]

Auf die Spitze getrieben hat der Gesetzgeber die ‚gefährliche' Terminologie in § 454 Abs. 2 S. 2 StPO, wo von dem Gutachter (zu dessen Heranziehung s.u. D. II.) erwartet wird, sich zu der Frage zu äußern, ob „bei dem Verurteilten keine Gefahr mehr besteht, dass dessen durch die Tat zutage getretene Gefährlichkeit fortbesteht". Dass der Ausschluss einer fortbestehenden „Gefahr der Gefährlichkeit" praktisch unmöglich ist, wurde wiederholt kritisiert.[88]

Wo Gefahren umgehen, grassiert die Furcht: Die Entfristung der Führungsaufsicht wird gemäß § 68c Abs. 2 und 3 StGB davon abhängig gemacht, dass eine „Gefährdung der Allgemeinheit durch die Begehung weiterer erheblicher Straftaten zu befürchten" ist (s.u. B. I. 4. c)[89]; und es grassieren Bedrohungen[90]: Bei der Strafrestaussetzung ist das Gewicht des durch einen etwaigen Rückfall „bedrohten Rechtsguts" zu berücksichtigen, und die ggf. anzuordnende Fristlosigkeit der Fahrerlaubnissperre und des Berufsverbots (§§ 69a Abs. 1 S. 2, 70 Abs. 1 S. 2 StGB, vgl. u. d) stellt auf die andernfalls „drohende Gefahr" ab.[91]

Auch wenn es beim Widerruf der Strafaussetzung auf die „Besorgnis" ankommt, dass die verurteilte Person „erneut Straftaten begehen wird" (§ 56f Abs. 1 StGB), läuft dies letztlich auf eine Gefahrenprognose hinaus.

c) Verantwortbarkeit

Eine deutliche Akzentverschiebung ergibt sich jedoch dann, wenn das Gesetz darauf abstellt, ob die Strafrestaussetzung „verantwortet" werden kann (§ 57 Abs. 1 S. 1 Nr. 2 StGB, ähnlich § 88 Abs. 1 und Abs. 3 S. 2 JGG), wenn auch „unter Berücksichtigung des Sicherheitsinteresses der Allgemeinheit".[92] Ob solches – letztlich vom Gericht (s.u. D. II. 3.) – verantwortet werden kann, setzt zweifellos

---

[87] Zur „Gefahren"- (exempl. §§ 94ff., 171, 176a ff., 225, 232ff., 250, 306f.), „Gefährdungs"- (exempl. §§ 145a, 170, 224) bzw. „Gefährlichkeits"-Terminologie (exempl. §§ 224, 244) im BT des StGB vgl. *T. Wolf* 2005; zum Begriff der „Gemeingefährlichkeit" in § 211 Abs. 2 StGB *Fischer* § 211 Rn. 59 m.w.N.

[88] Vgl. nur *Nedopil* 1998 und 2002a sowie *Streng* 2003, 619 (ausf. zu dieser Klausel s. u. D. II. 2. b).

[89] Eine solche ‚Furcht' geht ansonsten nur im „Erziehungsstrafrecht" des JGG um: Sind „Nachteile für die Erziehung" zu „befürchten", können dem Verurteilten die Urteilsgründe vorenthalten werden (§ 54 Abs. 2 JGG).

[90] Zum Tatbestandsmerkmal der „Drohung" (insb. in §§ 240, 249ff. StGB) vgl. *Fischer* § 240 Rn. 31ff. m.w.N.

[91] Erneut finden sich Parallelen im Erziehungs-Strafrecht: So können Erziehungsberechtigte und gesetzliche Vertreter von der Hauptverhandlung ausgeschlossen werden, wenn „erhebliche erzieherische Nachteile drohen" (§ 51 Abs. 2 S. 1 Nr. 1 JGG), vgl. zur Neufassung – in der Folge von BVerfG NJW 2003, 2004 – D/S/S-*Schatz* § 51 Rn. 15f., 4ff. m.w.N.

[92] Zur Ablösung der bis 1998 geltenden Klausel von der Verantwortbarkeit der Erprobung außerhalb des Vollzuges (in §§ 57 Abs. 1 und 67d Abs. 2 StGB) vgl. NK-*Dünkel* § 57 Rn. 14f. m.w.N.; während in § 57 Abs. 1 StGB an einer – modifizierten – Erwartungsklausel festgehalten wurde (s.o.), hat der Gesetzgeber in § 67d Abs. 2 StGB mit einer Erwartungsklausel (s.o. a) die Anforderungen verschärft (s.u. B. 4. b).

auch, gewissermaßen zwischen den Zeilen, kriminalprognostische Erwägungen voraus (insb. unter Berücksichtigung der in § 57 Abs. 1 S. 2 StGB genannten Kriterien, s.u. D. I. 2. a), den Ausschlag gibt aber letztlich eine normative Beurteilung.[93]

d) Erforderlichkeit

Ein wieder anderer Ansatz ist das Abstellen auf die „Erforderlichkeit" der jeweiligen Maßnahme, wie es insb. in dem vom Subsidiaritätsprinzip beherrschten Maßnahmerecht[94] an zahlreichen Stellen zu finden ist,[95] wobei zumeist auf den jeweiligen „Zweck der Maßregel" Bezug genommen wird: so bei der Vollstreckbarkeitsentscheidung wegen späteren Beginns der Unterbringung (§ 67c Abs. 1 StGB) oder bei der Widerrufsentscheidung (§ 67g Abs. 1 bis 3 StGB, ähnlich § 67h Abs. 1 StGB für die befristete Wiederinvollzugsetzung und § 70b Abs. 1 und 2 StGB für das Berufsverbot).

Besonders deutlich wird das Subsidiaritätsprinzip, wenn auf die anderweitige Erreichbarkeit des Maßregelzwecks abgestellt wird, wie etwa bei der Aussetzung zugleich mit der Anordnung (§ 67b Abs. 1 StGB, ähnlich § 67c Abs. 2 S. 4 StGB sowie § 67 Abs. 2 S. 1 StGB zur Umkehr der Vollstreckungsreihenfolge) oder im Falle der Maßregelkonkurrenz (§ 72 Abs. 1 StGB, wobei Abs. 2 wiederum auf die Erforderlichkeit abstellt).

Umgekehrt wird die „ewige Fahrerlaubnissperre" gemäß § 69a Abs. 1 S. 2 StGB und das „ewige Berufsverbot" gemäß § 70 Abs. 1 S. 2 StGB davon abhängig gemacht, dass die gesetzliche Höchstfrist (von immerhin fünf Jahren) „zur Abwehr der von dem Täter drohenden Gefahr nicht ausreicht".[96] In die gleiche Richtung geht das Kriterium der Notwendigkeit: Der neuerdings in § 68a Abs. 8 StGB legalisierte Geheimnisbruch auf Seiten der Therapeuten einer forensischen Ambulanz (gemäß § 68b Abs. 5 StGB entsprechend für in Therapieweisungen einbezogene niedergelassene Therapeuten)[97] wird davon abhängig gemacht, dass dies „notwendig ist, um der verurteilten Person zu helfen, nicht wieder straffällig zu werden".[98]

---

93 Vgl. dazu bereits *Frisch* 1983, ihm folgend *Schall* 2003, 261 f.; die Unabhängigkeit der Richter sollte die Übernahme dieser Verantwortung erträglicher machen (zur Verantwortung der Gutachter s. o. 3. c) am Ende).

94 Ausf. dazu *Pollähne* 2004 a m. w. N., vgl. auch NK-*Böllinger/Pollähne* § 61 Rn. 61 f., z. T. diff. *Dessecker* 2004, 345 ff.; zur ursprünglichen Regelung in § 42 f StGB (i. d. F. des sog. „Gewohnheitsverbrechergesetzes" von 1933), wonach die Unterbringung so lange dauerte, als „ihr Zweck es erfordert", vgl. *Pollähne* aaO S. 245 f. m. w. N.

95 Im Straf-Recht hingegen nur ausnahmsweise, etwa bei der „Unerlässlichkeit" kurzer Freiheitsstrafen (§ 47 Abs. 1 StGB), dazu NK-*Streng* § 47 Rn. 3 ff. m. w. N.

96 Vgl. auch § 17 Abs. 2 JGG zur Begründung der Jugendstrafe, weil „Erziehungsmaßregeln oder Zuchtmittel zur Erziehung nicht [mehr] ausreichen", krit. D/S/S-*Sonnen* § 17 Rn. 18.

97 Krit. dazu u. a. *Pollähne* 2007, 417 ff. m. w. N. und *ders.* 2010 c, 16 ff.

98 Ein klassischer Fall der „aufgedrängten Fürsorge" unter Ausschaltung der Einwilligung in die Informationsweitergabe für Personen, die sich offenbar nicht „helfen" lassen wollen (vgl. auch *Pollähne* 2008 c, 97 ff.).

Auch in dem – zumindest in Teilen[99] – vom Subsidiaritätsprinzip beherrschten Jugendstrafrecht wird an zahlreichen Stellen darauf abgestellt, ob die jeweilige Maßnahme (insb. die Jugendstrafe, oder allgemeiner die „erzieherische Einwirkung") „erforderlich" (§§ 18 Abs. 2, 27, 30 Abs. 1 JGG) oder „geboten" ist (§§ 11 Abs. 2, 71 Abs. 2 JGG).

e) Versteckte Prognoseklauseln

Schließlich verbergen sich einige Prognoseklauseln in Gesetzestexten, die dies nicht auf Anhieb erkennen lassen, mit „um zu"-Formulierungen – ähnlich im Zusammenhang mit der „Erforderlichkeit (s. o.) – aber auf ein in die Zukunft gerichtetes Konditionalprogramm verweisen: So etwa (freilich ohne Anspruch auf Vollständigkeit) bei der Erteilung von Weisungen, wenn darauf abgestellt wird, ob die verurteilte Person dieser Hilfe „bedarf, um keine Straftaten mehr zu begehen" (§ 56c Abs. 1 StGB), oder wenn die Bewährungshilfe-Unterstellung davon abhängig gemacht wird, dass dies „angezeigt ist, um [die verurteilte Person] von Straftaten abzuhalten" (§ 56d Abs. 1 StGB).

Bisweilen erhält die Prognostik verdeckten Einzug über den Konjunktiv: So soll der jugendliche Angeklagte für die Dauer solcher Erörterungen von der Hauptverhandlung ausgeschlossen werden, aus denen „Nachteile für die Erziehung entstehen können" (§ 51 Abs. 1 S. 1 JGG).[100] Dass die Frage der (insb. charakterlichen) Eignung in § 69 StGB – obschon als Maßregel deklariert (vgl. § 61 Nr. 5 StGB) – eine Prognoseklausel enthält, erscheint hingegen fraglich.[101] Auch die bloße „Zweckmäßigkeit" (vgl. §§ 16 Abs. 3, 24 Abs. 1, 31 Abs. 3 JGG) stellt letztlich darauf ab, ob die jeweilige Maßnahme geeignet ist, den jeweiligen Zweck zu erreichen.[102]

5. Zentralbegriff: Kriminalprognose

Weder das einschlägige Schrifttum noch der gesetzliche Sprachgebrauch lassen eine kohärente Terminologie erkennen, wobei auf einzelne normative Differenzen noch näher einzugehen sein wird (ausf. u. B. I.). Sicher existieren Klauseln, die dem empirischen Gehalt der Prognostik näherkommen (insb. Erwartung, Gefahr etc.) als andere, die eher normativ orientiert sind (Erforderlichkeit, Verantwortbarkeit), was für die jeweiligen Prognoseentscheidungen nicht ohne Konsequenzen bleiben kann – eine trennscharfe Systematik ist aber nicht in Sicht (s. u. B. II.).

---

[99] *P.-A. Albrecht* 2000, 138, diff. D/S/S-*Diemer* § 5 Rn. 17.

[100] Zur Notwendigkeit restriktiver Auslegung D/S/S-*Schoreit* § 51 Rn. 7 m. w. N., zumal „Geheimniskrämerei" erzieherisch (noch) abträglicher sein könnte.

[101] Ausf. *Haffke* 2008 m. w. N.; allg. zur Problematik der „Eignungs-Delikte" im BT des StGB (z. B. §§ 126, 130a, 164, 186ff., 201, 309) *Zieschang* 1998, 174ff. und *Hefendehl* 2002, 156ff.; zum „Zuverlässigkeits"-Begriff des Verwaltungsrechts vgl. *Schwabenbauer/Kling* 2010.

[102] Krit. u. a. D/S/S-*Schatz* § 31 Rn. 55f. m. w. N.

Insgesamt erscheint es deshalb angebracht, die Gesamtthematik unter der Überschrift „Kriminalprognostik“ zu behandeln.[103] Damit wird zugleich klargestellt, dass es allenfalls um die Einhaltung des gesellschaftlichen Minimalkonsenses gehen kann, also das „Leben ohne Straftaten“, nicht hingegen um einen „rechtschaffenen Lebenswandel“ (so aber noch § 21 Abs. 1 S. 1 JGG[104]), die Wahrnehmung „sozialer Verantwortung“ (§ 2 S. 1 StVollzG)[105] oder gar die Einhaltung bürgerlicher Konventionen – solcherlei zu prognostizieren im Übrigen nicht nur vollends utopisch wäre, sondern einen Rechtsstaat (auch einen sozialen) gar nichts anzugehen hat.

Vorschläge, sich zumindest begrifflich von dem Gefahr- und Kriminaldiskurs und am Ende ganz vom Prognosethema zu trennen, um stattdessen über Regeln der angemessenen Risikokalkulation[106] und -verteilung[107] zu verhandeln, ergänzt durch adäquates Risikomanagement,[108] haben zwar einiges für sich,[109] tragen jedoch letztlich nur scheinbar (weil vorrangig terminologisch) zur Lösung der Prognoseproblematik bei.[110]

---

[103] Ähnlich *Spiess* 1993 und *Brenneis* 2010, 29ff.; vgl. bereits *Geerds* 1960 (dessen Reden von der „kriminellen Prognose“ freilich nahe am Lapsus war) und *Kim* 2000, 5ff.

[104] Vgl. dazu *P.-A. Albrecht* 2000, 265; die ehedem auch in § 91 Abs. 1 JGG enthaltene Klausel („rechtschaffener und verantwortungsbewusster Lebenswandel“) fiel der Föderalismusreform zum Opfer und wurde durch eine (an die BVerfGE 116, 69 angelehnte, vgl. dazu *Goerdeler/Pollähne* 2008, 60f.) neutralere spezialpräventive Klausel in § 2 Abs. 1 JGG ersetzt (dazu D/S/S-*Sonnen* § 2 Rn. 1 m.w.N.).

[105] Dazu AK-StVollzG-*Feest* § 2 Rn. 11, vgl. auch *Mrozynski* 1984; bedenklich weit gehend insofern einige der neuen (insb. Jugend-)Strafvollzugsgesetze der Länder, z.B. „gemeinschaftsfähige Lebensführung“ (§ 3 Abs. 1 S. 2 BremJStVollzG, vgl. dazu D/S/S-*Sonnen* JStVollzG § 3 Rn. 2ff.) – völlig über das Ziel hinausgeschossen wurde in § 22 Abs. 2 JStVollzG-BW (krit. dazu *Sonnen* aaO Rn. 4f.).

[106] *Dittmann* 2003.

[107] *Frisch* 1983 und 1994.

[108] Exempl. *Nedopil/Stadtland* 2006, 22 m.w.N., vgl. auch *Nedopil* 2010; eher krit. (aus der Perspektive der sozialen Arbeit) *Lindenberg/Lutz* 2008, *Bröckling* 2002, 43ff. und *M. Walter* 2010, 248.

[109] Vgl. auch *Pollähne* in: *Kammeier* 2010 Rn. F 30ff. m.w.N. (zum Maßregelvollzug).

[110] *Kühl/Schumann* 1989, *H.-J. Albrecht* 1999, 878, das gilt erst recht für den Begriff der „Risikoprognose“, vgl. etwa *Ostendorf* 2009 Grdl. z. §§ 88 und 89a Rn. 3; krit. zur juristischen „Dogmatisierung“ der Prognostik auch *Jung* 1986, 252 und *Streng* 1995, 118f., diff. *Schall* 2003, 261f.; krit. zur negativen Ausrichtung von „Risiko“-Instrumenten *Hahn* 2007a, 402.

B. Prognostik im Kriminalrecht

Eine erste Annäherung an den Stellenwert der Prognostik im Kriminalrecht bietet – jenseits der terminologischen Klärungen (s.o.) – eine normative Bestandsaufnahme in den einzelnen Strafrechtsgebieten (s.u. I.) mit dem daran anschließenden Versuch einer Systematisierung (II.).

Vorab erscheinen jedoch einige Anmerkungen zum Begriff des „Kriminalrechts" angebracht: Er ist nicht nur nicht geläufig,[111] sondern sogar angetan, Missverständnisse zu provozieren bzw. eine tendenziöse Weichenstellung zu implizieren.[112] Zweifellos konzentriert sich diese Untersuchung auf das „Strafrecht" in seinen unterschiedlichen Erscheinungsformen (materielles/formelles Strafrecht; Verfahrens-, Sanktions- und Vollstreckungsrecht; Jugendstrafrecht). Aber spätestens der Blick auf die sog. „zweite Spur" des Rechtsfolgensystems, die Maßnahmen (§ 11 Abs. 1 Nr. 8 StGB) im Allgemeinen und die Maßregeln der Besserung und Sicherung im Besonderen (§ 61 StGB), lässt erkennen, dass das verbindende Element – jenseits der gesetzestechnischen Verknüpfung in einem Straf-Gesetzbuch[113] und der formalen (insb. zuständigkeitsbegründenden) in einem Straf-Verfahren[114] – die „rechtswidrige Tat" im Sinne einer (Anlass-)Tat ist, die „den Tatbestand eines Strafgesetzes verwirklicht" (§ 11 Abs. 1 Nr. 5 StGB). Dieses „crimen" – geläufig aus dem in Art. 103 Abs. 2 GG verankerten Prinzip „nullum crimen, nulla poena"[115] – gibt dem „Criminalrecht" seinen Namen.[116]

---

[111] Vgl. aber z.B. *Dessecker* 2005.

[112] Vgl. *Haffke* 2006, 90 unter berechtigter Zurückweisung der Konzeption eines „Kriminal-Sicherheitsrechts" (*Tipke*).

[113] Zur historischen Entwicklung dieser Verknüpfung *Kammeier* 1996 und *C. Müller* 1997, vgl. auch *Mushoff* 2008, 9ff. m.w.N.

[114] Zur Ausnahme des sog. „Sicherungsverfahrens" (§§ 413ff. StPO) vgl. *Sëyfi* 2002 und NK-*Pollähne/Böllinger* § 71 Rn. 14f.

[115] Vgl. nur *Paeffgen* 2007.

[116] Ob an der Vorstellung einer Zweispurigkeit (exempl. zur Dreispurigkeit *Roxin* 2006, 100ff., *Naucke* 2002, 1087f. und *Schüler-Springorum* 2008) überhaupt festzuhalten ist, oder ob Strafen und Maßnahmen nicht ohnehin längst (oder jedenfalls vor dem Hintergrund der jüngsten Entwicklungen des Rechts der Sicherungsverwahrung, vgl. *Mushoff* 2008, 576ff. m.w.N.) in einem einheitlichen Kriminalrecht aufgegangen sind, mag hier dahinstehen, vgl. *Naucke* 1989, *Jung* 2002, 33ff., *Haffke* 2008.

Der Begriff des Kriminalrechts[117] findet hier deskriptiv und unabhängig davon Verwendung, dass die zunehmende sicherheitsrechtliche Orientierung des „Straf-Rechts" auf Gefahrenabwehr zu Recht kritisiert wird (s. u. F. I.). Deshalb sei lediglich erwähnt, dass es gute Gründe gab, die Einführung der Maßregeln in das Straf-Recht zu bekämpfen,[118] und dass es weiterhin – ceterum censeo – gute Gründe gibt, deren Elimination aus dem Straf-Recht zu fordern:[119] Damit wären die hier in den Mittelpunkt gestellten Prognoseprobleme freilich nicht gelöst, sondern allenfalls in andere Rechts- und Justizgebiete (insb. ins Polizei- und Unterbringungsrecht) verschoben.[120]

I. Normative Bestandsaufnahme

Einen zentralen Stellenwert nimmt die Prognose zweifellos im Sanktionsrecht ein (s. u. 3. und 4.),[121] also bei Strafbestimmung und -zumessung sowie im Maßregel- und Vollstreckungsrecht,[122] mit einigen Besonderheiten im Jugendstrafrecht (dazu u. 5.). Es sollte aber nicht übersehen werden, dass auch das materielle Straf(barkeits)recht (s. u. 2.) diverse Prognoseentscheidungen oder doch jedenfalls prognostisch „eingefärbte" Tatbestandsmerkmale kennt; zunächst aber zum formellen Straf(verfahrens)recht (s. u. 1.).

Methodisch erfolgt in den einzelnen Themenbereichen (und in ausgesuchten Problemfeldern ohne Anspruch auf Vollständigkeit) jeweils eine Bestandsaufnahme der Rechtslage unter Berücksichtigung (kriminalprognostisch) einschlägiger Rechtsprechung und Fachliteratur, im Anschluss daran jeweils der Versuch einer Zusammenfassung als feldspezifische Prognostik.

---

[117] Vgl. auch die Terminologie „Strafrecht im weiteren Sinne" (BGH R&P 2006, 205 unter Verweis auf BVerfGE 109, 190 >211 ff.<)

[118] Zu den Auseinandersetzungen zu Beginn des letzten Jahrhunderts *Kammeier* 1996, 27 ff. m. w. N.

[119] Exempl. *Naucke* 2002, 99 ff.

[120] *Streng* 2003, 623; zum Unterbringungsrecht vgl. den Exkurs unter I. 6.; zur Prognostik des hier nicht behandelten Polizeirechts u. a. *Hübner/Quedzuweit* 1992 und *Lingemann* 1985, vgl. auch *Steinke* 1994.

[121] *Meier* 2009, 97 ff., *Streng* 2002 Rn. 608 ff., Überblick auch bei *Brenneis* 2010, 17 ff.

[122] Das Vollzugsrecht wurde hier ausgeklammert, exempl. zu Prognosefragen (insb. bei Vollzugslockerungen) des Strafvollzuges: *Dopslaff* 1988, 586 ff., *Murach* 1989, *Warmuth* 1995, *Suhling* 2003, *Rehder/Wischka* 2009 und *Kury/Adams* 2010 – und des Maßregelvollzugs: *Welzel* 1990, *Westf. Arbeitskreis „Maßregelvollzug"* 1991, *Schumann et al.* 1992, *Pollähne* 1994, *G. Heinz et al.* 1996, *Kobbé* 1996, 171 ff., *Grünebaum* 1996, 94 ff., *Schüler-Springorum et al.* 1996, 169 ff., *Dönisch-Seidel* 1998 und *Brenneis* 2010, 103 ff. sowie *Stolpmann* 1996 zu deren Stellenwert in der Qualitätssicherung und *Wendt/Stöver* 2011, 463 ff. zum Jugendmaßregelvollzug.

1. Formelles Straf(verfahrens)recht

Auch das Strafverfahrensrecht fordert Prognose- bzw. prognostisch mitbedingte Entscheidungen, nicht nur im Bereich sanktionsähnlicher Sicherungseingriffe wie der Untersuchungshaft (s. u. d), der einstweiligen Unterbringung (s. u. e) oder anderer vorläufiger Maßregeln.[123] Im Rahmen der Ermittlungseingriffe (s. u. b) werden hier – nicht zuletzt aus Gründen der Aktualität – die DNA-Analyse und der sog. „Lauschangriff" näher untersucht. Neben einigen relevanten Aspekten des allgemeinen Beweisrechts (s. u. c) wird eingangs die auch für die Kriminalprognostik bedeutsame Verdachts-Systematik thematisiert:

a) Verdachtsbegründung

Ein Schlüsselbegriff des Strafprozessrechts (im Hinblick auf den Eintritt in das Ermittlungsverfahren durchaus wörtlich zu nehmen) ist zweifellos der des Tatverdachts: Sobald die Staatsanwaltschaft von dem Verdacht einer Straftat Kenntnis erhält, hat sie zur Vorbereitung der öffentlichen Klage den Sachverhalt zu erforschen (§ 160 Abs. 1 StPO). Die Zulassung dieser öffentlichen Klage und damit die Eröffnung des Hauptverfahrens beschließt das Gericht gemäß § 203 StPO, wenn nach den Ergebnissen des vorbereitenden Verfahrens der Angeschuldigte einer Straftat „hinreichend verdächtig erscheint", seine Verurteilung – so eine gängige Umformulierung – also mit Wahrscheinlichkeit zu erwarten ist.[124]

aa) Verdacht zwischen Vermutung und Wissen

Sowohl die Staatsanwaltschaft bei Anklageerhebung als auch das Gericht im Zwischenverfahren müssen mithin eine Prognose über den weiteren Verfahrensverlauf und das Ergebnis der absehbaren Beweisaufnahme abgeben.[125] In dieser Hinsicht wird der hinreichende Verdacht seiner sprachlichen Wurzel noch am ehesten gerecht, bedeutete doch „verdenken" ursprünglich so viel wie „zu Ende denken" und „verdächtig" so viel wie „überlegt und vorbedacht" – erst später erhielt er den suspekten Beigeschmack des Argwohns. Zumindest etymologisch weisen Verdacht und Prognose also einen durchaus vergleichbaren Bedeutungsgehalt auf.[126]

Naucke beschreibt im Rahmen eines „idealen juristischen Programms" des Verdächtigens[127] den „Grad der Sicherheit des Wissens, der für den Beginn eines Straf-

---

[123] Die hier nicht weiter erörtert werden: zu § 111a StPO (vorläufige Entziehung der Fahrerlaubnis) und § 132a StPO (vorläufiges Berufsverbot) ausf. *Kühne* 2010 Rn. 467ff.; Überblick über strafprozessuale Prognoseentscheidungen bei *Störmer* 1996, 510ff. (in puncto gerichtliche Kontrolldichte im Hinblick auf vermeintliche Beurteilungsspielräume).

[124] *Meyer-Goßner* § 170 Rn. 1f. und § 203 Rn. 2 m. w. N.

[125] *Störmer* 1996, 510; *Fincke* 1983, 925 spricht von „Verurteilungsprognosen"; zur Prognose der Beweisbarkeit *Steinberg* 2006, 1047f.

[126] Ähnlich *Kühne* 2010 Rn. 323 und 327, vgl. auch *Weinbrenner* 2003, 85f.

[127] *Naucke* 1981, 303ff. in Abgrenzung zum „tatsächlichen" (tendenziell täterstrafrechtlich orientierten) Programm als Gegenstand kritischer Kriminologie (aaO S. 305ff. m. w. N.): eine –

verfahrens verlangt wird“, in der „Mitte zwischen Vermutung und Wissen“: Die Vermutung, eine Straftat sei begangen worden, reiche für die Einleitung eines Strafverfahrens nicht, andererseits werde aber „auch nicht das Wissen verlangt, eine Straftat sei tatsächlich begangen worden“; in jedem Fall müsse sich der Verdacht jedoch „auf bestimmte Tatsachen stützen und nicht auf Mutmaßungen, Wünsche oder verschwommene Schlüsse“.[128]

Kühne hat den Verdacht als „retrospektive Prognose“ bezeichnet.[129] Das Gesetz selbst definiere an keiner Stelle, welche Art von Wahrscheinlichkeitsurteil gemeint ist, weshalb jede Definition von Verdachtsgraden scheitern müsse, so dass sich alle gängigen Erläuterungen „bei genauerem Hinsehen auch nur als Leerformeln“ entpuppen, die „die Ungewissheit paraphrasieren und damit der Willkür bei der Anwendung Tür und Tor öffnen“.[130] Der Begriff der Wahrscheinlichkeit, der Ungewissheit als notwendigen Bestandteil impliziert, bereite dem Juristen, der sich „vorwiegend mit der Eliminierung von Ungewissheit beschäftigt“, wohl von vornherein ein Missbehagen. Die Wahrscheinlichkeitsbestimmung unterliege „den gleichen Unsicherheiten wie jede Prognose. Insbesondere hängt ihre Treffsicherheit von der Richtigkeit der bekannten Tatsachen und der angewandten Gesetze ab“.[131] In Anknüpfung an den „prima facie Beweis“ des Zivilprozessrechts sei *Kühne* zufolge letztlich auf Wahrscheinlichkeitsgrade abzustellen, die „fern von einer statistischen Gewissheit das Ausmaß der Überzufälligkeit variieren“: Daher komme es nicht von ungefähr, dass sich „die höchstrichterliche Rechtsprechung seit jeher mit recht vagen Formulierungen, die lediglich an ein allgemeines Evidenzempfinden appellieren, beholfen“ habe, dabei sei „der Rekurs auf verschiedene, mittels Begründungszwang und Kontrollmöglichkeit hervorgebrachte Dimensionen der Plausibilität“ der Dogmatik keinesfalls fremd.[132]

Daraus folgert *Kühne* für die Definition des Verdachts: „Die Regeln, mit deren Hilfe aus – den im Hinblick auf einen Tatnachweis – unvollständigen Tatsachen auf die Wahrscheinlichkeit eines Tatverdachts geschlossen werden soll, müssen als Erfahrungsgrundsatz ausgewiesen werden“; ein Verdacht könne immer nur „auf Grund eines retrospektiv-prognostischen Schlusses aus Tatsachen entstehen“, wobei Unterschiede lediglich „an das Maß der (Un-)Mittelbarkeit der verdachtsbegründenden Tatsachen anknüpfen“ können.[133]

Da der Verdacht sowohl ein retrospektives als auch ein prognostisches Element beinhaltet, habe man es – so *Bach* – mit einem „hybriden Begriff“ zu tun.[134] Mit der retrospektiven Prognose sei jedoch „weder eine Aussage hinsichtlich der die

---

gerade auch für Letztere – spannende Abgrenzung, die im vorliegenden Kontext jedoch keiner Vertiefung bedarf.

[128] *Naucke* aaO S. 303.

[129] *Kühne* 2010 Rn. 327; ähnlich spricht *Fincke* 1983, 925 von der „retrospektiven Wahrscheinlichkeit“, vgl. auch *Fabricius* 2007, 2.

[130] *Kühne* aaO Rn. 324 f.

[131] *Kühne* aaO Rn. 326 f.

[132] AaO Rn. 329 ff. m. w. N.

[133] *Kühne* 2010 Rn. 335 f.

[134] *Bach* 2007, 13, vgl. auch *L. Schulz* 2001, 228, 529 ff.

Verdachtsgrundlage bildenden Faktoren – dem Bezugsobjekt des Verdachts – noch hinsichtlich des dem Verdacht zugrundeliegenden Wahrscheinlichkeitsbegriffs getroffen“; unklar bleibe auch, ob und ggf. „wie der Verdacht gleichmäßig festgestellt werden kann“. Aber „ohne Tatsachen kein Verdacht“,[135] weshalb die Berücksichtigung nicht erwiesener Umstände (Gerüchte, Vermutungen ...) auszuscheiden habe; vielmehr sei Gewissheit hinsichtlich der Verdachtsbasis zu fordern, denn auch ein „Anhaltspunkt“ (vgl. § 152 Abs. 2 StPO) setze „etwas Sicheres voraus, woraus sich weiteres folgern lässt“.[136] Hingegen stützten „bloße Vermutungen“ keinen Verdacht, so dass „weder bei Ermittlungen aufgrund statistischer Erkenntnisse noch beim Ermitteln >ins Blaue<“ ein Verdacht gegeben sei. Freilich bedeute Gewissheit nicht „das gesicherte Vorliegen des Bezugsobjekts“, denn „die den Verdacht begründenden Tatsachen teilen den dem Verfahren inhärenten vorläufigen Charakter und können sich somit nachträglich auch als falsch herausstellen“.[137]

Das Merkmal des Verdachts sei auch dann erfüllt, wenn sich die Prognose im Nachhinein nicht bestätige „und als Fehlprognose herausstellt“, solange der Handelnde „nur genügend tatsächliche Anhaltspunkte anführen kann, die nach kriminalistischer Erfahrung im Zeitpunkt seines Tätigwerdens für seine Prognose sprachen“.[138] Gleichwohl handelt es sich nicht um einen der gerichtlichen Kontrolle entzogenen „Beurteilungsspielraum“: Vielmehr stellen sich die „Regeln, mit deren Hilfe aus den – im Hinblick auf den Tatnachweis – unvollständigen Tatsachen auf die Wahrscheinlichkeit einer Tatbegehung geschlossen wird, als (kriminalistische) Erfahrungssätze dar, die ihrerseits – trotz aller Relativität – einer Überprüfung zugänglich sind“.[139]

Im Übrigen wird aus pragmatischen Gründen für den strafprozessualen Bereich „der logische Wahrscheinlichkeitsbegriff“ vorgezogen: Das, was Staatsanwaltschaft und Gericht vom sicheren Wissen trenne und woraus die dogmatisch-praktischen Probleme des Verdachtsbegriffs resultierten, sei „weniger der Indeterminismus des Alls als vielmehr die begrenzte Kenntnis der Tatsachen“.[140] Dabei beruhe die logische Wahrscheinlichkeit „auf dem logischen Schluss der Induktion“ und bezeichne die „Richtigkeit einer bestimmten Hypothese auf der Basis eines bestimmten Wissens“.[141]

Der Verdacht vereinigt schließlich subjektive und objektive Elemente: Der „persönliche Überzeugungsgrad, d.h. das Maß, in dem der Urteilende eine Hypothese für zutreffend hält“,[142] das „Für-wahrscheinlich-Halten“, sei zunächst einmal nur eine „Behauptung des Verdächtigenden, er sei in dem erforderlichen

---

135 *Bach* ebda.

136 *Bach* ebda.

137 *Bach* aaO S. 13/14.

138 *Störmer* 1996, 514 m.w.N.

139 *Störmer* aaO S. 515 m.w.N.

140 *Steinberg* 2006, 1046.

141 AaO S. 1047.

142 *Bach* 2007, 14.

Maße überzeugt", und insofern einer Überprüfung nicht zugänglich. Deshalb müsse das Verdachtsurteil „eine Objektivierung erfahren. Allerdings liegt jedem Wahrscheinlichkeitsurteil der dem Urteilenden ureigene Erfahrungsschatz zugrunde, so dass es keinen subjektlos definierten objektiven Verdacht geben kann".[143] Die Überzeugungsbildung müsse aber in jedem Fall „intersubjektiv nachvollziehbar sein, d.h. sie muss durch eine rationale Transparenz ausgewiesen sein. Der Verdächtigende muss nicht nur überzeugt sein, er muss auch überzeugt sein dürfen".[144]

Vor dem Versuch einer Verdachts-Prognostik (s.u. cc) sind die verschiedenen strafprozessualen Verdachtsgrade kriminalprognostisch zu analysieren:

bb) Verdachtsgrade

Bei der Unterscheidung verschiedener Verdachtsgrade[145] – Anfangsverdacht (§ 152 Abs. 2 StPO), einfacher Tatverdacht (§ 81 a StPO), Verdacht auf Grund bestimmter Tatsachen (§ 100a StPO), dringender Tatverdacht (§ 112 StPO), hinreichender Tatverdacht (§ 203 StPO) – wird auf den „funktionalen Zusammenhang" abgestellt, denn nur „die Eingriffsintensität der jeweiligen Ermittlungsmaßnahme" könne im Hinblick auf den Verhältnismäßigkeitsgrundsatz „die erforderliche Verdachtsstärke indizieren: Einschneidendere Maßnahmen erfordern prinzipiell einen umso stärkeren Verdachtsgrad".[146] So unterscheiden sich etwa der einfache, der hinreichende und der Verdacht auf Grund bestimmter Tatsachen letztlich nicht wesentlich „in ihrer Intensität" (genauer: in der Intensität der durch sie legitimierten Maßnahmen), sondern vielmehr in der jeweils „erforderlichen Tatsachenbasis".[147] Ungeachtet dessen sei eine „zahlenmäßige Quantifizierbarkeit der Verdachtsgrade" (von eher praxisfernen Konstellationen einmal abgesehen) aber nicht möglich.[148]

(Einfacher) Anfangsverdacht

Der einfache Anfangsverdacht erfordert „zureichende tatsächliche Anhaltspunkte" (§ 152 Abs. 2 StPO) für die Aufnahme von Ermittlungen im Rahmen des Legalitätsprinzips: Er muss es – so eine gängige Formulierung – nach den kriminalistischen Erfahrungen möglich erscheinen lassen, dass eine verfolgbare Straftat vorliegt, wofür tatsächliche Indizien ausreichen mögen, nicht hingegen bloße Vermutungen.[149]

Für den Anfangsverdacht müssen mithin – um jenen Ausgangspunkt zu präzisieren – „konkrete Tatsachen vorliegen, die eine auf Erfahrungssätzen beruhende Ein-

---

143 *Bach* ebda unter Verweis auf Paeffgen, vgl. auch *Upmeier* 2010, 126ff.

144 Ebda unter Verweis auf *Kindhäuser* 1988 und *Fincke* 1983, 925ff.

145 Vgl. auch *Solbach* 1995, 966ff., *L. Schulz* 2001, 527ff., 582ff., *Beulke* 2010 Rn. 114 und *Kühne* 2010 Rn. 322ff.

146 *Steinberg* 2006, 1048, ähnlich *Solbach* 1995, 967 und *Mrozynski* 1978, 256.

147 Ebda, ähnlich *Solbach* aaO; diff. *Bach* 2007.

148 *Steinberg* 2006, 1049, ähnlich *Fincke* 1983, 924, 931f.

149 *Meyer-Goßner* § 152 Rn. 4 m.w.N., vgl. *Roxin/Schünemann* 2009, 288 und *Eisenberg* 2011 Rn. 506 sowie *L. Schulz* 2001, 527ff. und 587.

schätzung rechtfertigen, eine, wenn auch nur sehr geringe Wahrscheinlichkeit sei gegeben, dass eine prozessual verfolgbare Straftat begangen worden sei"; in die Beurteilung, ob ein Anfangsverdacht vorliegt, könnten „kriminalistische Erfahrung, entfernte Indizien und offenkundige Tatsachen des Zeitgeschehens" einfließen.[150] Kriminalistische Erfahrung sei aber keine „subjektive, nicht näher verifizierbare Wertung des Abwägenden",[151] vielmehr seien „die den subjektiven Wertungen zugrunde liegenden (kriminalistischen) Erfahrungssätze einer Überprüfung zugänglich".[152] Ein nicht (bzw. nur auf Vertretbarkeit) überprüfbarer Beurteilungsspielraum ist daher abzulehnen: „Dem Verdächtigenden steht weder ein Ermessen noch ein Beurteilungsspielraum zu, vielmehr gibt es nur eine richtige Entscheidung".[153]

Hinreichender Tatverdacht

Wie bereits erwähnt (s.o. vor aa) erfordern Anklageerhebung und Eröffnung des Hauptverfahrens einen hinreichenden Tatverdacht (§§ 170, 203 StPO), der allgemein definiert wird als „die Wahrscheinlichkeit späterer Verurteilung",[154] deren bloße Möglichkeit also nicht reicht. Das legt die Vermutung nahe, die Beantwortung der Frage nach dieser Wahrscheinlichkeit erfordere eine Prognoseentscheidung. Das stimme nur insoweit, so *Steinberg*, als nicht nur „eine Feststellung über die Wahrscheinlichkeit einer geschehenen Tatbegehung, sondern auch über die der zukünftigen Verurteilung getroffen wird"[155]: Im Hinblick auf die Wahrscheinlichkeit „des eine Verurteilung ermöglichenden Nachweises der Tat mittels der im Strafverfahren zulässigen Beweise" und der „Nichtexistenz von Prozesshindernissen" habe die Entscheidung nur beschränkten Prognosecharakter.[156] Soweit die Verdachtsbestimmung prognostische Komponenten aufweise, werde deren Bedeutung überschätzt, denn „charakteristisch für die Verdachtsbildung" sei vielmehr „die nur lückenhafte Kenntnis des in der Vergangenheit geschehenen Sachverhalts als Entscheidungsgrundlage",[157] mithin eine „hypothetische Beurteilung der Verurteilungswahrscheinlichkeit nach dem gegenwärtigen Stand der Ermittlungen".[158] Wenn eine Verurteilung auf der Grundlage einer „Gesamtschau aller im Ermittlungsverfahren erhobenen Zeugen-, Sachverständigen-, Urkunden- und Augenscheinsbeweise … hinreichend wahrscheinlich" sein müsse, erfordere diese „hinreichende Verurteilungswahrscheinlichkeit" u. a. aber eine „Beweisbarkeitsprognose".[159]

---

[150] *Solbach* 1995, 966.
[151] So ähnlich aber BGH NStZ 1988, 510.
[152] *Bach* 2007, 15 unter Verweis auf *Störmer* 1996, vgl. auch *Steinke* 1994, 17.
[153] *Bach* ebda.
[154] *Steinberg* 2006, 1046 m.w.N.
[155] So *Steinberg* 2006, 1047.
[156] Ebda.
[157] AaO S. 1048.
[158] AaO S. 1049.
[159] Vgl. OLG Bamberg NStZ-RR 2008, 10 im Hinblick auf das Klageerzwingungsverfahren gemäß §§ 172ff. StPO.

Die Entscheidung über die Eröffnung des Hauptverfahrens gemäß § 199 StPO setzt voraus, dass der Angeschuldigte „nach den Ergebnissen des vorbereitenden Verfahrens ... einer Straftat hinreichend verdächtig erscheint“ (§ 203 StPO).[160] Dabei geht es für *Solbach* nicht um eine „an Sicherheit grenzende Wahrscheinlichkeit“, sondern ‚nur‘ um eine „vorläufige Bewertung des bisherigen Ergebnisses der Ermittlungen nach Aktenlage, die es rechtfertigt, den Beschuldigten den Belastungen einer Hauptverhandlung auszusetzen. Dazu muss der Verdacht hinreichen!“[161] Das sei „nur dann – aber auch schon dann – der Fall, wenn eine Verurteilung in der Hauptverhandlung wahrscheinlich ist, d. h. wahrscheinlicher als ein Freispruch“.[162] Da die „Grenze der Wahrscheinlichkeitsbewertung nicht punktgenau bestimmt werden“ könne, bestehe für das Gericht „ein gewisser Beurteilungsspielraum“, ob die Voraussetzungen des unbestimmten Rechtsbegriffs „>hinreichender Tatverdacht< = Wahrscheinlichkeit einer Verurteilung“ vorliegen.[163] Dabei gelte die Regel >in dubio pro reo< zwar nicht, sie könne aber „in die Beurteilung einfließen als prognostizierte Anwendung bei der in den Blick genommenen Entscheidung in der Hauptverhandlung“ (wobei für die Entscheidung der Staatsanwaltschaft gemäß § 170 Abs. 1 StPO nichts anderes gelte).[164]

Dringender Tatverdacht

Bestimmte schwerwiegende Zwangsmaßnahmen und Grundrechtseingriffe fordern noch weitergehend einen dringenden Tatverdacht (vgl. §§ 112, 126a StPO, s. u. d), also eine nach dem jeweiligen Ermittlungsstand begründete hohe bzw. höhere Wahrscheinlichkeit einer späteren Verurteilung, nicht hingegen nur eine gewisse Wahrscheinlichkeit[165] (Ähnliches gilt für die vorläufige Festnahme gemäß § 127 StPO[166]): Da der mit der Anordnung der Untersuchungshaft verbundene Eingriff in die Freiheitsrechte des Beschuldigten schwer wiege, bestehe ein aus Tatsachen abzuleitender dringender Tatverdacht nur, wenn „eine >hohe (große) Wahrscheinlichkeit< besteht, dass der Beschuldigte strafbarer Täter oder Teilnehmer einer prozessual verfolgbaren Straftat ist“.[167] Mehr noch: Auch die spätere Verurteilung wegen dieser Straftat muss „in hohem Maße wahrscheinlich“ sein, dass der Beschuldigte also „in der Hauptverhandlung überführt und bestraft werden wird“.[168] Verschiedene Wahrscheinlichkeitsgrade ergeben sich letztlich nur bei der „Beurteilung der Verurteilungswahrscheinlichkeit“.[169] Ähnlich *Kühne*: „Dringender Tat-

---

[160] Vgl. *Solbach* 1995, 970 und *L. Schulz* 2001, 530 ff., 613.

[161] *Solbach* ebda m. w. N.

[162] Ebda unter Abgrenzung von *Kühne* NJW 1979, 622 (vgl. *ders.* 2010 Rn. 610 sowie LR-*Stuckenberg* § 203 Rn. 12).

[163] *Solbach* aaO S. 971 unter Verweis auf BGH NJW 1970, 1543, diff. *Bach* 2007, 14 m. w. N.

[164] *Solbach* ebda, vgl. auch *Eisenberg* 2011 Rn. 739 zum „genügenden Anlass“.

[165] *Meyer-Goßner* § 112 Rn. 5 ff., vgl. *L. Schulz* 2001, 599.

[166] Diff. *Solbach* 1995, 972 für den „Fluchtverdacht“.

[167] *Solbach* 1995, 968 m. w. N.

[168] AaO S. 968/969 m. w. N.

[169] *Bach* 2007, 14.

verdacht ist ein Verdacht, der eine überzufällige Wahrscheinlichkeit $p > .5$ verlangt. Dort wo der dringende Tatverdacht nicht mehr subsumiert werden darf, weil sich Schuld- und Unschuldsvermutung in etwa die Waage halten, greift der einfache Verdacht noch und entfällt erst bei einem erheblichen Übergewicht der Unschuldsvermutung."[170]

cc) Verdachts-Prognostik?

Offenkundig gibt es nicht den Verdacht, sondern verschiedene Verdachtsgrade, je nachdem um was es geht, und damit korrespondierend verschiedene Wahrscheinlichkeitsgrade – darauf hat sich die (in diesem Bereich allerdings völlig unterentwickelte) Prognose-Methodologie einzustellen und darauf kann die Kriminalprognostik Bezug nehmen (s.u. II.). Im Rahmen der jeweils erforderlichen Verhältnismäßigkeitsprüfung ist zudem die Dringlichkeit des Verdachts bzw. der Grad der Wahrscheinlichkeit – oder eben die Sicherheit der Prognose – in Beziehung zu setzen zur Schwere des Eingriffs, zum Gewicht der Anlasstat und zur Bedeutung des mit dem Eingriff verfolgten Zwecks.[171] Schließlich ist die Verdachtsbestimmung zu trennen von der jeweiligen Tatsachenbasis.

b) Ermittlungsmaßnahmen

Auch im Strafverfahrensrecht ist an keiner Stelle explizit von Prognosen (Vorhersagen o.Ä.) die Rede, die Zulässigkeit zahlreicher Ermittlungsmaßnahmen aber ganz unstreitig von prognostischen Beurteilungen abhängig: Eine körperliche Untersuchung des Beschuldigten (anderer Personen nur unter den Voraussetzungen des § 81c StPO) darf gemäß § 81a Abs. 1 S. 1 StPO z.B. nur angeordnet werden „zur Feststellung von Tatsachen ..., die für das Verfahren von Bedeutung sind". Es bedarf mithin einer doppelten Prognose dahingehend, dass die körperliche Untersuchung erstens zur Feststellung bestimmter Tatsachen führen wird, und dass zweitens diese ggf. ‚tatsächlich' festgestellten Tatsachen für das konkrete Strafverfahren von Bedeutung sind.[172]

Im Folgenden sollen – nicht zuletzt aus Gründen der Aktualität – prognostische Probleme der DNA-Analyse (bb) und des sog. Lauschangriffs (dd) exemplarisch im Mittelpunkt des Interesse stehen; daneben geht es um Fragen der Wohnungsdurchsuchung (cc) und – vorab – um die erkennungsdienstliche Behandlung:

aa) ED-Behandlung

Die sog. „ED-Behandlung" (Aufnahme von Lichtbildern und Fingerabdrücken, Messungen und ähnliche Maßnahmen) darf gemäß § 81b StPO durchgeführt wer-

---

[170] *Kühne* 2010 Rn. 337 m.w.N.

[171] Vgl. zu § 126a StPO *Pollähne* 2002, 239f.; ähnlich § 62 StGB, dazu *Fischer* § 62 Rn. 3ff. und *Streng* 1995, 102, jeweils m.w.N.

[172] Allzu berechtigte Grundsatzkritik an der „Erzeugung prozessualer Gewalt durch die Auslegung materiellen Rechts" am Beispiel § 81a StPO bei *Naucke* 2008.

den, „soweit es für die Zwecke der Durchführung des Strafverfahrens oder für die Zwecke des Erkennungsdienstes notwendig ist“.

Ohne hier auf den Streit über die Einordnung der Maßnahme eingehen zu müssen,[173] bleibt in puncto Kriminalprognostik nur anzumerken, dass die Frage der „Notwendigkeit“ von den Gerichten allenfalls kriminalistisch beantwortet wird: Sie bemesse sich danach, so z. B. das BVerwG, ob der anlässlich des gegen den Betroffenen gerichteten Strafverfahrens festgestellte Sachverhalt „nach kriminalistischer Erfahrung angesichts aller Umstände des Einzelfalls – insbesondere angesichts der Art, Schwere und Begehungsweise der dem Betroffenen im strafrechtlichen Anlaßverfahren zur Last gelegten Straftaten, seiner Persönlichkeit sowie unter Berücksichtigung des Zeitraums, während dessen er strafrechtlich nicht (mehr) in Erscheinung getreten ist – Anhaltspunkte für die Annahme“ biete, dass der Betroffene (so wörtlich) „künftig oder anderwärts gegenwärtig mit guten Gründen als Verdächtiger in den Kreis potentieller Beteiligter an einer noch aufzuklärenden strafbaren Handlung einbezogen“ werden könne und dass die erkennungsdienstlichen Unterlagen „die dann zu führenden Ermittlungen – den Betroffenen schließlich überführend oder entlastend – fördern könnten“.[174] Die Ermittlungen in Sachen Prognostik werden mit solchen Formulierungen sicher nicht gefördert.

In expliziter Anknüpfung daran wurde die Vorladung eines Exhibitionisten zur ED-Behandlung wie folgt gerechtfertigt: Die Gefahr einer Wiederholung ergebe sich „bereits aus der Art des in Rede stehenden Delikts“; es könne „kein vernünftiger Zweifel daran bestehen, dass gerade im hier fraglichen Deliktsbereich mit der häufig festzustellenden, seine Persönlichkeitsstörung ausmachenden Neigung des Täters zu dem abweichenden, unter Strafe gestellten Sexualverhalten regelmäßig von einer signifikant hohen Rückfallgefahr auszugehen sein wird“.[175] Dass die so begründete „Wiederholungsprognose“ des Antragsgegners „substanziiert und im Ergebnis nicht zu beanstanden“ sein soll,[176] stellt die Bezugnahme auf „kriminalistische Erfahrungen“ in Frage:

Es sei ist kaum zu übersehen, so *Kühne*, dass „die Begründung für die Aufbewahrung an Unschärfe kaum zu überbieten ist. Letztlich sind es nur zwei ganz allgemeine Erfahrungswerte, die angeführt werden können: a) Ist ein Schuldvorwurf auf tatsächlicher Ebene nicht vollständig geklärt worden, bleibt die Möglichkeit, dass die Beschuldigung zutreffend war. b) Ein Straftäter begnügt sich oft nicht mit der Begehung einer Straftat.“[177] Die Treffsicherheit solcher Sätze sei aber so gering, dass ihnen „keine überzufällige Wahrscheinlichkeit“ zugesprochen werden könne, was bedeute, dass „die Sätze, in ihr Gegenteil verkehrt, mit ebenso großer Wahrscheinlichkeit richtige Prognosen ermöglichen. Die kriminalistische Erfah-

---

173 Vgl. *Kühne* 2010 Rn. 482 m. w. N.

174 BVerwGE 66, 192 [Abs. 33] m. w. N., vgl. auch *Murmann* 2008 Rn. 353.

175 VG Aachen, Beschluss vom 15. 11. 2005 – 6 L 593/05 – juris, mit div. Nachweisen auf unterschiedlich kolportierte Rückfallraten.

176 So das VG Aachen aaO.

177 *Kühne* 2010 Rn. 483.

rung soll nun beurteilen helfen, ob im Einzelfall (noch) ein Grund für die Aufbewahrung von erkennungsdienstlichen Daten besteht oder nicht. Solange aber diese kriminalistischen Erfahrungen nicht objektiven Nachprüfungen standhalten, sondern nur intuitiven Zusammenfassungen persönlicher Berufserfahrung entspringen, bleibt das unbestrittene Recht des Betroffenen, nach Wegfall des Grundes der Datenaufnahme die Löschung zu verlangen, eine bloß theoretische Position."[178]

Wurde ein Strafverfahren, in dessen Zuge es zu einer ED-Behandlung kam, gemäß § 170 Abs. 2 StPO eingestellt, bedürfe eine Fortdauer der Speicherung „zur präventiv-polizeilichen Verbrechensbekämpfung", so das BVerfG, als Grundlage der Gefahrenprognose einer „Überprüfung, ob noch Verdachtsmomente gegen den Betroffenen bestehen".[179] Zwar begegne ggf. die Annahme keinen Bedenken, gegen den Beschwerdeführer bestehe „ein erheblicher kriminalistischer Restverdacht", die Begründung einer Wiederholungsgefahr müsse jedoch „den aus dem allgemeinen Persönlichkeitsrecht folgenden Anforderungen" gerecht werden: Darauf zu verweisen, bei Sexualstraftätern bestehe „eine weit überdurchschnittliche Wiederholungsgefahr", genüge diesen Anforderungen nicht, denn es handele sich letztlich um einen „formelhaften und unspezifischen Satz, dem ein hinreichender Bezug zu den Umständen des Einzelfalles" fehle: „Weder Art und Ausführung der Tat, derer der Beschwerdeführer verdächtig ist, noch die persönlichen Verhältnisse des Beschwerdeführers oder andere auf ihn bezogene tatsächliche Umstände werden auf diese Weise zur Grundlage der Prognoseentscheidung."[180]

bb) DNA-Identitätsfeststellung

Die sog. DNA-Identitätsfeststellung nach § 81g StPO ist zulässig, wenn „Grund zu der Annahme" besteht, dass gegen den Beschuldigten künftig – wegen einer der in Abs. 1 genannten Straftaten – Strafverfahren „zu führen sind".

Mit Wirkung vom 1. 11. 2005 sind Novellierungen der forensischen DNA-Analyse in Kraft getreten, mit denen der Anwendungsbereich dieses Ermittlungsinstruments ausgeweitet, der Richtervorbehalt eingeschränkt und erstmals eine Vorschrift zur DNA-Reihenuntersuchung eingeführt wurde.[181] Geblieben ist nach § 81g Abs. 1 S. 1 StPO die Regelung der DNA-Identitätsfeststellung für künftige Strafverfahren, also zur Strafverfolgungsvorsorge[182]; nach Wegfall des DNA-IFG gilt dies nun gemäß Abs. 4 auch für bereits rechtskräftig Verurteilte (bis zur Tilgung der BZR-Eintragung; s.u. zu den sog. ‚Altfällen').

---

178 *Kühne* aaO.

179 BVerfGK 8, 165.

180 BVerfG aaO.

181 Vgl. *U. Hinrichs* 2006 sowie *Bergemann/Hornung* 2007, 164 zum Gesetz zur Novellierung der forensischen DNA-Analyse vom 12. 8. 2005 (BGBl. I, 2360, vgl. dazu GesE vom 14. 6. 2005 in BT-Drs 15/5674, 11ff.); weitergehende Vorschläge bei *Pfeiffer et al.* 2005.

182 Ausf. dazu *Pollähne* 2006.

Negativprognose

Nach § 81g Abs. 1 StPO bedarf es einer sog. qualifizierten Negativprognose,[183] derzufolge Grund zu der Annahme besteht, dass gegen den Beschuldigten „künftig Strafverfahren wegen einer Straftat von erheblicher Bedeutung zu führen sind".[184] Soweit der Beschuldigte nicht einwilligt (s.u.), bedarf es einer gerichtlichen Anordnung, in der „einzelfallbezogen" u.a. darzulegen sind „die Erkenntnisse, auf Grund derer Grund zu der Annahme besteht, dass gegen den Beschuldigten künftig Strafverfahren zu führen sein werden" (§ 81g Abs. 3 S. 5 StPO).[185]

Als Straftat „von erheblicher Bedeutung" kann nunmehr auch die „wiederholte Begehung sonstiger Straftaten" gewertet werden (Abs. 1 S. 2),[186] was für verfassungswidrig gehalten wird,[187] hier aber nicht vertieft werden muss. Die wiederholt begangenen Vergehen müssten „bei Würdigung aller Umstände des Einzelfalles ihrem Gewicht nach den nach der [noch] geltenden Rechtslage genannten Regelbeispielen gleichkommen. Dies kann allenfalls bei gewerbsmäßiger und rücksichtsloser Begehungsweise oder bei besonders schweren Tatfolgen der Fall sein, wobei sich hier der Vorsatz des Täters auch auf diese Tatfolgen erstreckt haben müsste. Ansonsten dürfte eine Prognose für künftig zu erwartende Straftaten mit solchen Folgen ohnehin kaum möglich sein".[188] Der Gesetzgeber schloss hingegen aus „kumulierten, nicht notwendig gleichartigen Straftaten" auch dann auf „eine rechtsfeindliche Gesinnung und die damit verbundene Gefahr künftiger strafbewehrter Rechtsgutsverletzungen", wenn die Einzeltaten (noch) keine „erhebliche Bedeutung" haben.[189]

Bereits 2003 war der Anwendungsbereich dahingehend ausgeweitet worden, dass auch Straftaten gegen die sexuelle Selbstbestimmung ohne „erhebliche Bedeutung"[190] als Anlasstat für die DNA-Analyse in Betracht kommen sollten, wenn „Gründe für die Annahme bestehen, dass gegen den Beschuldigten künftig wegen Straftaten von erheblicher Bedeutung zu ermitteln" sein wird. Zwar möge „die Quote der zu Gewalttaten tendierenden Exhibitionisten mit ein bis zwei Prozent für sich genommen gering erscheinen", jedoch gelte es, „zum Schutz der Opfer auch die hieraus resultierenden Straftaten effektiv zu verfolgen und möglichst zu vermeiden", weshalb es „unter Opferschutzgesichspunkten kontraproduktiv" erscheine, dass „ungeachtet der sich im Einzelfall aufdrängenden Negativprognose mit der Prognosestellung gewartet werden muss, bis es tatsächlich zu einer neuen Straftat – dann mit erheblicher Bedeutung – gekommen ist".[191] Aber selbstverständlich solle

---

[183] *Fluck* 2000, 479, *U. Hinrichs* 2006, 63, vgl. BT-Drs 15/5674, 12 und *Rackow* 2001a, 83f. (auch zu divergierenden Begriffen).

[184] Vgl. *Rackow* 2001a, 84ff. und *ders.* 2001b, auch zur Anlehnung an § 8 Abs. 6 Nr. 1 BKAG (dazu BT-Drs 13/10791, 5).

[185] Überblick bei *Murmann* 2008 Rn. 392ff., vgl. *Eisenberg* 2011 Rn. 1689ff.

[186] Vgl. *U. Hinrichs* 2006, 63, krit. *Bergemann/Hornung* 2007, 166, diff. *Rackow* 2003.

[187] *U. Hinrichs* aaO S. 67, 71f.

[188] AaO S. 72, vgl. auch S. 66 m.w.N.

[189] BT-Drs 15/5674, 11.

[190] Insb. exhibitionistische Taten nach § 183 StGB, vgl. BT-Drs 15/350, 11.

[191] Ebda.

es dabei bleiben, dass sich die Gerichte „eingehend mit Tat und Täter auseinander zu setzen [haben], um so zu einer fundierten und belastbar tragfähigen Prognoseentscheidung gelangen zu können".[192]

Die Widersprüchlichkeit dieser Argumentation war offenbar selbst den Autoren des Entwurfs bewusst, weshalb sie sich zu folgendem (letztlich untauglichen) Versuch einer Klarstellung veranlasst sahen: „An die Prognose sind bei Straftaten gegen die sexuelle Selbstbestimmung, die die Erheblichkeitsschwelle nicht überschreiten, besondere Anforderungen zu stellen. Da der Beschuldigte in diesen Fällen durch die Tat allein in aller Regel noch nicht belegt hat, dass er bereit ist, auch erhebliche Straftaten zu begehen, müssen besondere Umstände vorliegen, die dennoch die Prognose künftiger erheblicher Taten rechtfertigen. Da beispielsweise nur ein geringer Teil der wegen Exhibitionismus Verurteilten später wegen schwerer wiegenden Sexualstraftaten auffällig wird, ist hier nur in besonderen Ausnahmefällen eine DNA-Analyse veranlasst. Gerade aber für diese Fälle, in denen besondere Umstände Straftaten von erheblicher Bedeutung erwarten lassen, soll die DNA-Analyse künftig auch eröffnet sein".[193] Für die Bejahung der Negativprognose genüge nach den Gesetzesmaterialien also, so *Fluck*, dass „nach kriminalistischer Erfahrung die Besorgnis künftiger erheblicher Straftaten besteht".[194]

Was für Umstände so „besonders" sein sollen, dass sie eine solch qualifizierte Begehungsgefahr ohne einschlägige Vorbelastung begründen könnten, wurde freilich offen gelassen – die Rechtsprechung ist mittlerweile (wie zu befürchten) ohnehin darüber hinweggegangen:

Die Gefahrenprognose müsse „spiegelbildlich" nicht (mehr) die Befürchtung rechtfertigen, der Beschuldigte werde „aufgrund dieser mehrfachen Begehung sonstiger Straftaten in der Zukunft eine erhebliche Straftat begehen", ausreichend sei vielmehr, so das OLG Bremen, eine „dahingehende Gefahrenprognose, dass gegen ihn Strafverfahren wegen mehrerer sonstiger Straftaten zu führen sein werden, die jede für sich genommen nicht erheblich sind, die aber in ihrer Gesamtheit einer erheblichen Straftat gleichstehen".[195] Im konkreten Fall (Verurteilung wegen gewerbsmäßiger und Bandenhehlerei) sei die Prognose zutreffend u. a. damit begründet worden, dass „der Umfang der Teilnahme des Angeklagten an den zahlreichen kriminellen Handlungen, die nahezu berufsmäßig betrieben worden seien, den Schluss auf eine ganz erhebliche kriminelle Energie zulasse", denn daraus ergebe sich „die Gefahr, dass sich der Angeklagte, etwa bei einem erneuten finanziellen Engpass nach seiner Entlassung aus der Strafhaft, erneut in erhebliche Taten der gleichen Art verstricken ließe", zumal er „erheblich vorbestraft" sei.[196]

---

[192] Ebda unter Verweis auf BVerfGE 103, 21 ff.; erhebliche Zweifel an der Realisierbarkeit bei *Pfeiffer et al.* 2005, 115 f.

[193] AaO S. 23.

[194] *Fluck* 2000, 480 gegen *Senge* 1999 unter Verweis auf BT-Drs 13/10791, i. V. m. 13/1550, 25 f. und 13/7208, 40, vgl. auch *Rackow* 2001 b, 702.

[195] HansOLG Bremen NStZ 2006, 653 unter Verweis auf *Senge* NJW 2005, 3033.

[196] HansOLG Bremen aaO.

Das LG Arnsberg hat von der Verurteilung wegen der Verbreitung kinderpornographischer Schriften in sieben Fällen relativ umstandslos auf „die hohe Wahrscheinlichkeit der Begehung weiterer Straftaten gegen die sexuelle Selbstbestimmung“ geschlossen.[197]

Wegen „der Art und Ausführung der Tat und der insbesondere in ihnen offenbar gewordenen Persönlichkeit“ sah das LG Dresden Grund zu der Annahme, gegen den Beschuldigten würden künftig erneut Strafverfahren wegen vergleichbarer Taten (§§ 176ff. StGB) zu führen sein. Dies folge nicht zuletzt daraus, dass „Beschuldigte, die Straftaten gegen die sexuelle Selbstbestimmung verdächtig sind, nach forensisch-empirischer Erfahrung einer greifbaren Wiederholungsgefahr“ unterlägen, selbst wenn sie „bislang strafrechtlich noch nicht auffällig geworden“ seien.[198] Bestehe der Verdacht („nach Aktenlage“), dass der Beschuldigte insgesamt 31 Taten zum Nachteil von zwei Kindern begangen habe, handele es sich offenbar nicht um „eine einmalige >Entgleisung<“, vielmehr liege es nahe, dass er „entweder bereits in der Vergangenheit weitere Sexualstraftaten zum Nachteil von Kindern begangen hat oder noch begehen wird“.[199]

Die normativen Anknüpfungspunkte der Negativprognose – „Art und Ausführung der Tat“, „Persönlichkeit des Beschuldigten“ – sind zwar konkreter als „sonstige Erkenntnisse“ (§ 81g Abs. 1 S. 1 StPO), müssen aber sicher noch weiter konkretisiert werden. Darum haben sich die beteiligten Exekutiven bemüht und bereits kurz nach Inkrafttreten der Regelungen „Vorläufige Hinweise zum DNA-IFG“ erarbeitet[200]:

- Bei der „Art und Ausführung der Tat“ könne zunächst die „Schwere der Tat“ von Bedeutung sein, da sie im Hinblick auf „die kriminelle Energie“ ein wesentliches Indiz für eine Wiederholungsgefahr sei, weshalb „bei Begehung schwerer Sexual- und Gewaltstraftaten“ – diesen „Handreichungen“ zufolge – grundsätzlich keine weiteren Kriterien hinzutreten müssten, um eine DNA-Analyse zu rechtfertigen.[201] Auch sonst käme im Hinblick auf das Vor-, Bei- und Nachtatverhalten der „kriminellen Energie“ entscheidende Bedeutung zu.[202]
- Bei der „Persönlichkeit des Beschuldigten“ wird auf seine „Gesinnung“, eine „geringe Hemmschwelle“ und auf die „kriminelle Karriere“ abgestellt, insb. die „Häufigkeit seines Auftretens“, die „Zeiträume zwischen den Taten“, das Vorhandensein „einschlägiger Erkenntnisse“, insb. auch über das „soziale Umfeld“ und sonstige Hinweise auf „die Persönlichkeit, Beweggründe und Ziele des Täters“, berufliche und private Lebensumstände und Bindungen, die finanzielle Situation und einschlägige Vorstrafen.[203]

---

[197] LG Arnsberg PStR 2007, 99.

[198] LG Dresden, Beschluss vom 19. 2. 2007 – 3 Qs 19/07 – juris.

[199] LG Dresden aaO.

[200] Auszugsweise wiedergegeben bei *Markwardt/Brodersen* 2000, 694f., vgl. auch *Rackow* 2001a, 100ff.

[201] *Markwardt/Brodersen* 2000, 695; vgl. HansOLG Bremen NStZ 2006, 653, diff. AG Rothenburg StV 1999, 250.

[202] Ebda, vgl. *Rackow* 2001a, 101ff. m.w.N.

[203] *Markwardt/Brodersen* 2000, 694, vgl. *Rackow* 2001a, 104f.

– Als „sonstige Erkenntnisse“ kämen schließlich „namentlich in Betracht kriminalistisch und kriminologisch anerkannte Erfahrungsgrundsätze“, wie etwa „Steigerungsverhalten“.[204]

Wichtig ist, dass das Vorliegen solcher Kriterien „nicht im Sinne eines Automatismus die Bejahung der Negativprognose“ nach sich ziehen kann: Eine „durchgängige Delikts- und modus-operandi-Perseveranz“ könne nicht unterstellt werden, stattdessen sei stets eine „einzelfallbezogene Gesamtbetrachtung“ vorzunehmen.[205] Dabei beziehe sich die Prognose „auf mögliche kriminalistische Notwendigkeiten und nicht auf kriminologisch-spezialpräventive Erfordernisse“ und sei eher mit § 112a StPO vergleichbar, als mit § 56 StGB.[206]

Eine vom OLG Hamm herausgearbeitete Klausel, die nur als Leitsatz veröffentlicht wurde, wird mittlerweile regelmäßig in Anspruch genommen: „Bei Beschuldigten nach § 81g StPO ist für die negative Prognose ausreichend, aber auch erforderlich, dass eine hinreichend konkrete hohe, nicht notwendigerweise überwiegende Wahrscheinlichkeit dafür besteht, dass gegen den Beschuldigten erneut Strafverfahren wegen in der Vorschrift aufgeführter Straftaten zu führen sein werden“; dabei könnten „greifbare Anhaltspunkte dafür genügen, dass es sich bei der Anlasstat nicht um eine auf besondere Lebensumstände zurückzuführende Entgleisung gehandelt hat, sondern dass vielmehr auf Grund der Persönlichkeit des Betroffenen weitere vergleichbare Straftaten von erheblicher Bedeutung zu erwarten sind“.[207]

Bei Jugendlichen und Heranwachsenden „ist eine restriktive Handhabung der Vorschriften über die DNA-Analyse angezeigt, da bei diesen den Delikten und allgemeinen Verhaltensmustern oft ein anderer Stellenwert im Unterschied zu Erwachsenen“ zukomme; es handele sich oft „um eine bloß vorübergehende Phase der Straffälligkeit, die nach gewisser Zeit überwunden ist“, danach sei die weitere Begehung von Straftaten „nicht mehr sehr wahrscheinlich“.[208]

In jedem Fall bedarf es einer zureichenden Sachaufklärung: Dabei seien „sämtliche hierfür bedeutsamen Umstände abzuwägen und eine auf den Einzelfall bezogene Sachentscheidung im Hinblick auf die Annahme einer Wiederholungsgefahr zu treffen“; auch wenn an die Rückfallwahrscheinlichkeit „keine erhöhten Anforderungen zu stellen“ seien, müsse die Entscheidung doch „nachvollziehbar alle wesentlichen Tatsachen dokumentieren, auf denen die getroffene Prognose beruht“, denn eine „nur formularmäßige, den Gesetzeswortlaut wiederholende Begründung“ verbiete sich von selbst.[209]

---

[204] *Markwardt/Brodersen* 2000, 694, vgl. *Rackow* 2001a, 105ff.

[205] *Rackow* 2001a, 101; diff. *Pfeiffer et al.* 2005, grundsätzliche Bedenken bei *Jasch* 2007.

[206] *Schneider* in Anm. zu ThürOLG StV 2001, 5ff., a.A. *Rackow* 2001a, 89ff. m.w.N., der eher auf § 81b StPO verweist.

[207] OLG Hamm Krim 2004, 716, vgl. nur LG Dresden, Beschluss vom 25.9. 2006 – 3 Qs 108/04 – juris, oder LG Arnsberg PStR 2007, 99.

[208] AG Bremen, Beschluss vom 15.5. 2006 – 104 (DNA) Gs 31/06 Hw – juris, m.w.N.

[209] LG Landau StRR 2008, 2 (Ls.), Beschluss vom 30.11. 2007 – 3 Qs 157/07 – juris, unter Verweis auf BVerfG NJW 2001, 879, vgl. auch OLG Köln NStZ-RR 2002, 306.

„Altfälle“

Gemäß § 81g Abs. 4 StPO[210] ist die Maßnahme auch bei Personen zulässig, die wegen einer der in Abs. 1 genannten Taten rechtskräftig verurteilt (oder wegen Schuldunfähigkeit nicht verurteilt) worden sind.[211] Dabei gehe es um „die Vorsorge für die Täteridentifizierung in künftigen Strafverfahren und nicht um solche bezüglich künftiger Straftaten“.[212] Die Erläuterung, dass diese Prognose aus „der Art oder Ausführung der Tat, der Persönlichkeit des Beschuldigten oder sonstiger Erkenntnisse zu gewinnen ist, ist nicht immer hilfreich. Man wird kaum sagen können, dass jede Katalogtat automatisch die Annahme rechtfertigt, dass der deswegen Verurteilte auch künftig vergleichbare Taten begehen wird. Diese Prognose ist vielmehr im Einzelfall zu treffen und ist insbesondere bei den Fällen, in denen nur eine Tat begangen worden ist, schwierig. Noch schwieriger ist es, wenn die letzte Tat einige Zeit zurückliegt und über die Persönlichkeitsentwicklung des Verurteilten letztlich keine Erkenntnisse vorhanden sind.“[213]

Gleichwohl könne die DNA-Analyse „mit der Unschuldsvermutung in Einklang gebracht werden, sofern deren normativer Grundgedanke, das Verbot der Desavouierung des (künftigen) Strafverfahrens respektiert wird. Dies bedeutet konkret, dass die Negativprognose eine Schuldfeststellung im späteren Strafprozess nicht im Sinne des ‚Einmal Täter, immer Täter‘ präjudizieren darf. Der Bedeutungsgehalt dieser Prognose erschöpft sich vielmehr darin, die vorsorgliche Schaffung eines bestimmten Beweismittels zu legitimieren, ohne dadurch ihrerseits Beweiswert zu erlangen.“[214]

Das BVerfG fordert „eine zureichende Sachaufklärung, insb. durch Beiziehung der verfügbaren Straf- und Vollstreckungsakten, des Bewährungshefts und zeitnaher Auskünfte aus dem BZR“, eine Abwägung der bedeutsamen Umstände in den Entscheidungsgründen und „eine auf den Einzelfall bezogene Entscheidung“, denn die „bloße Wiedergabe des Gesetzeswortlauts“ reiche nicht aus.[215] Zwar werde „keine erhöhte Wahrscheinlichkeit für einen Rückfall gefordert“,[216] die Maßnahme setze jedoch voraus, dass sie „im Hinblick auf die Prognose der Gefahr der Wiederholung auf schlüssigen, verwertbaren und in der Entscheidung nachvollziehbar dokumentierten Tatsachen beruht und auf dieser Grundlage die richterliche Annahme

---

[210] Ehedem § 2 DNA-IFG, insb. für sog. „Altfälle“, vgl. *Neubacher/Walter* 2001, 585, aber auch BT-Drs 13/11116, 7.

[211] Vgl. *Senge* 1999, 255 sowie *Beulke* 2010 Rn. 242c.

[212] *Rackow* 2003, 477, vgl. *ders.* 2001b und 2001a, 98f. m.w.N.

[213] *Eißer* 2001, 319, vgl. AG Hamburg-Barmbek, Beschluss vom 16. 12. 2005 – 843-440/05 – juris.

[214] *Wollweber* 2001, 2305 unter Verweis auf *Stuckenberg* 2000.

[215] BVerfGE 103, 21 = NStZ 2001, 328 m. Anm. *Senge*, ebenso BVerfG StV 2001, 378, vgl. *Neubacher/Walter* 2001, 585, *Rackow* 2001b, *Kropp* 2001; im Anschluss daran ständige Rechtsprechung, vgl. nur OLG Köln NStZ-RR 2002, 306 und StV 2006, 517, OLG Celle NStZ 2006, 717, LG Dresden, Beschluss vom 25. 9. 2006 – 3 Qs 108/04 – juris, jew. m.w.N.

[216] Kritik insoweit aber bei *Fluck* 2001, 2293; diff. noch *Senge* 1999, 255 unter Verweis auf §§ 63ff. StGB.

der Wahrscheinlichkeit künftiger Straftaten von erheblicher Bedeutung belegt“[217]; selbstverständlich könne sie nur „auf Umstände gestützt werden, denen Aussagekraft für die Wahrscheinlichkeit einer künftigen Tatbegehung zukommt“, wobei es „positiver, auf den Einzelfall bezogener Gründe für die Annahme einer Wiederholungsgefahr“ bedürfe: „Allein die Annahme, eine Rückfallgefahr eines vor langer Zeit verurteilten Betroffenen sei >nicht sicher auszuschließen<, kann einen Eingriff in das Recht auf informationelle Selbstbestimmung nicht rechtfertigen“[218]; ebenso wenig reiche „der alleinige Hinweis auf einschlägige Vorverurteilungen“.[219] An die Prognosestellung sind „desto höhere Anforderungen“ zu stellen, je länger „die maßgebliche Tat zurückliegt“ – trotz einschlägiger Vorverurteilungen könne es sich aktuell um eine „einmalige Entgleisung“ handeln.[220]

Die geforderte Prognose lässt sich sicherlich nicht darauf reduzieren, eine „Güterabwägung vorzunehmen und die Schwere des Eingriffs durch die Maßnahme einerseits sowie die Wahrscheinlichkeit und das Gewicht einer potenziellen Rechtsgutsbeeinträchtigung andererseits für den Fall des Unterlassens des Eingriffs gegenüberzustellen und zu gewichten“.[221] Die redaktionelle Zwischenüberschrift der Kriminalistik-Redaktion, gefordert wären „prophetische Gaben“,[222] ist aber wohl auch nicht ernst gemeint. Vielmehr gelten „die allgemeinen Grundsätze für Wahrscheinlichkeitsannahmen“, weshalb „allgemeine Lebenserfahrung oder tatsächlich nicht begründbare oder kriminalistische Erfahrungssätze“ nicht ausreichen.[223]

Zusätzlich – insofern bleibt das BVerfG ungenau[224] – sei „die potentielle Aufklärungsrelevanz zu beachten“.[225] Ist es „nach Sachlage und allgemeiner Erfahrung unwahrscheinlich, dass der Täter im Rahmen der (erneuten) Tatausführung Körperzellen abgibt“, sei die DNA-Analyse – entgegen der gesetzlichen Regelvermutung – unverhältnismäßig.[226]

Prognosekonkurrenz

Bei Zugrundelegung unterschiedlicher Prognosemaßstäbe (s.o.) kann es zur sog. „Prognosekonkurrenz“ kommen.[227] Auch wenn im selben Verfahren eine Freiheitsstrafe gemäß § 56 Abs. 1 StGB auf Grund einer günstigen Positivprognose zur Be-

---

[217] BVerfGE 103, 21 m.w.N., vgl. auch *U. Hinrichs* 2006, 66 und AG Hamburg-Barmbek, Beschluss vom 16. 12. 2005 – 843-440/05 – juris.

[218] BVerfG aaO unter Abgrenzung von LG Bremen StV 2000, 303, vgl. auch LG Hamburg StraFo 2004, 321.

[219] BVerfG StV 2001, 378, vgl. auch OLG Köln NStZ-RR 2005, 56 (Episode des Lebens, besondere persönliche Situation ...).

[220] *Kropp* 2001, 578, vgl. *Graalmann-Scheerer* 2000, 334 sowie LG Rottweil StraFo 2004, 322 und LG Dortmund aaO S. 321.

[221] So – zumindest missverständlich – *Kropp* 2001, 577.

[222] In *Graalmann-Scheerer* 2000, 334.

[223] *U. Hinrichs* 2006, 66 m.w.N., vgl. auch *Zopfs* 1999, 303.

[224] *Fluck* 2001.

[225] *U. Hinrichs* 2006, 67, vgl. auch *Beulke* 2010 Rn. 242c.

[226] ThürOLG StV 1999, 640, das im vorliegenden Fall allerdings anders entschieden hat.

[227] Vgl. *Kropp* 2001, 577 m.w.N.

währung ausgesetzt wurde, soll eine DNA-Analyse auf Grund einer ungünstigen Negativprognose gemäß § 81g StPO grundsätzlich zulässig sein.[228] Dies verstoße zwar – so das BVerfG – nicht per se gegen die Verfassung,[229] gegenläufige Prognosen verschiedener Gerichte führten jedoch regelmäßig zu einem erhöhten Begründungsbedarf.[230] Selbstverständlich erlangten die im Rahmen einer Entscheidung nach § 56 StGB relevanten Kriterien auch für § 81g StPO Bedeutung,[231] was insb. gelte für „die Rückfallgeschwindigkeit, den Zeitablauf seit der früheren Tatbegehung, das Verhalten des Betroffenen in der Bewährungszeit oder einen Straferlass, seine Motivationslage bei der früheren Tatbegehung, seine Lebensumstände und seine Persönlichkeit".[232] In der Praxis dürfte eine positive Sozialprognose einer kürzlich ergangenen Bewährungsentscheidung „ein so gewichtiges Kriterium sein, dass eine Negativprognose nach § 81g StPO zu einem wenig späteren Zeitpunkt" kaum begründbar wäre.[233]

Letztlich müsste dies auf eine Beweislastumkehr hinauslaufen, was aber nicht von allen Gerichten so gesehen wird: Trotz Vorliegens einer Bewährungsstrafe hat z.B. das OLG Celle die DNA-Analyse mit der Begründung angeordnet, es sei „ausreichend, dass eine einschlägige Vortat vorliegt und nach den Umständen dieser Tat, der Persönlichkeit des Täters sowie den sonstigen Umständen, etwa aufgrund weiterer Eintragungen im BZR, greifbare Anhaltspunkte dafür fehlen, dass es sich bei der Anlasstat um eine auf ganz besondere Lebensumstände zurückzuführende, einmalige Entgleisung gehandelt" habe.[234] *H. Schneider* hat die gegenteilige Position wie folgt treffend auf den Punkt gebracht: „Ist zu erwarten, dass sich der Verurteilte schon die Verurteilung zur Warnung dienen lässt, wird regelmäßig nicht gleichzeitig eine starke innere Neigung zu gleichartigen Taten zu bejahen sein."[235]

Einwilligung

Die dargestellten prognostischen Probleme haben sich keineswegs erledigt, wenn der Betroffene gemäß § 81g Abs. 3 StPO in die Entnahme der Körperzellen und deren molekulargenetische Untersuchung einwilligt:

---

[228] Krit. *Neubacher/Walter* 2001, 586ff. m.w.N.

[229] BVerfGE 103, 21 unter Verweis auf *Markwardt/Brodersen* 2000, 694, vgl. dazu die Anm. von *Senge* NStZ 2001, 332 sowie *Fluck* 2001, 2293f.

[230] BVerfG aaO unter Verweis auf *Graalmann-Scheerer* 2000, 334, vgl. auch *Fluck* 2001, 2294 sowie LG Bremen, Beschluss vom 15. 5. 2006 – 104 (DNA) Gs 31/06 Hw – juris, m.w.N., und LG Berlin StraFo 2009, 203.

[231] BVerfG aaO, vgl. auch *Neubacher/Walter* 2001, 586; diff. LG Dresden, Beschluss vom 25. 9. 2006 – 3 Qs 108/04 – juris, unter Verweis auf LG Göttingen, Beschluss vom 14. 7. 1999 – 1 Qs 121/99.

[232] BVerfG aaO m.w.N., vgl. auch Anm. *Senge* NStZ 2001, 332 sowie *Kropp* 2001, 577 und *Graalmann-Scheerer* 2000, 334; ungenau OLG Celle NStZ 2006, 717.

[233] *Kropp* 2001, 578.

[234] OLG Celle NStZ 2006, 717.

[235] *Schneider* mit berechtigter Kritik an der gegenteiligen Entscheidung des ThürOLG StV 2001, 5 (aaO S. 7), vgl. auch *Neubacher/Walter* 2001, 587.

Im Ergebnis müssten die Ermittlungsbehörden die Voraussetzungen der DNA-Analyse – mit allen tatbestandlichen Unbestimmtheiten – auch dann prüfen, wenn der Beschuldigte zur Einwilligung bereit ist. Keinesfalls kann die Prüfung auf diesen abgewälzt werden, denn dies hätte z.B. bei der Datenerhebung für künftige Strafverfahren die absurde Folge, dass der Betroffene „sich selbst eine Negativprognose ausstellen“ müsste und dadurch bestätigen würde, dass er „durch ein schwerwiegendes kriminelles Verhalten Anlass für eine Speicherung gegeben hat und von ihm eine Wiederholungsgefahr ausgeht“; es müsse ausgeschlossen werden, dass die Ermittlungsbehörden „das Risiko einer materiellrechtlichen Fehlentscheidung durch das Mittel der Einwilligung auf den Betroffenen verlagern“.[236]

Abgesehen davon erhebt sich „die grundsätzliche Frage, ob das Postulat der ‚zureichenden‘ bzw. der ‚bestmöglichen‘ Sachaufklärung [BVerfG] insb. bei der Negativprognose überhaupt zur Disposition des Betroffenen gestellt“ werden dürfe, denn die ‚freiwillige‘ Preisgabe des DNA-Identifizierungsmusters beinhalte potenziell eine Selbstbezichtigung des Betroffenen: „Je individueller und flexibler die Bewertungskriterien für eine DNA-Analyse, je breiter das Spektrum der auszuwertenden Erkenntnisquellen, desto höher das Risiko eines verifizierbaren prognostischen ‚Fehlgriffs‘ als Folge schematischer Rechtsanwendung. Soll es den Strafverfolgungsorganen erlaubt sein, dieses Risiko qua Einwilligung auf den Betroffenen zu verlagern?“[237]

Durch den Richtervorbehalt soll gewährleistet werden, dass „auch die Gefahrprognose durch den Richter getroffen“ wird. Dabei komme der Entscheidung des Richters trotz Einwilligung des Betroffenen eine eigene materielle Bedeutung zu, denn die Frage, ob „wegen der Art oder Ausführung der Tat, der Persönlichkeit des Betroffenen oder sonstiger Erkenntnisse Grund zu der Annahme besteht, dass gegen ihn künftig erneut Strafverfahren wegen einer der vorgenannten Taten zu führen sind“ [a.F.], könne von dem Betroffenen selbst nur eingeschränkt beantwortet werden, er wäre nämlich gezwungen, sich selbst eine negative Prognose zur Begehung künftiger Straftaten zu stellen: Das begegnet im Hinblick auf den aus dem Schutz der Menschenwürde (Art. 1 Abs. 2 GG, Art. 6 MRK) abzuleitenden Grundsatz ‚nemo tenetur se ipsum accusare‘ Bedenken.[238]

DNA-Massentest

Begründen bestimmte Tatsachen den Verdacht eines schwerwiegenden Verbrechens, dürfen Personen mit ihrer schriftlichen Einwilligung Körperzellen entnommen werden, um sie molekulargenetisch auszuwerten und im Hinblick auf DNA-Identifizierungsmuster mit Spurenmaterial abzugleichen. Dieser sog. „DNA-Massentest“ ist gemäß § 81h Abs. 1 StPO u.a. dann zulässig, wenn diese Personen „bestimmte, auf den Täter vermutlich zutreffende Prüfungsmerkmale erfüllen“.

---

[236] *Bergemann/Hornung* 2007, 167, krit. auch *U. Hinrichs* 2006, 67 ff., zur Realität *Neubacher/Walter* 2001, 588.

[237] *Wollweber* 2001, 2305.

[238] *Busch* 2002, 48.

Mit der „Vermutung“ über Tätermerkmale wird der Bereich der Kriminalistik, insb. des sog. „Profiling“, kaum merklich in Richtung Kriminalprognostik verlassen. Aus der bloßen Verweigerung eines freiwilligen Tests dürften Ermittlungsbehörden und Gericht wegen des Nemo-tenetur-Grundsatzes eigentlich keine Schlüsse ziehen: „Das tut ein kluges Gericht auch nicht; vielmehr wird es das Ausscheiden der vielen anderen Freiwilligen, deren DNA-Proben negativ waren, aus dem Kreis der potentiell Beschuldigten als Grund für eine Fokussierung auf den oder die Verweigerer als nun echten Beschuldigten heranziehen und die Entnahme nach § 81a StPO anordnen.“[239] Der Staat nütze so „die nur Freien im gegenseitigen Kontext zu Gebote stehende Kategorie der Freiwilligkeit eines partnerschaftlichen Verhältnisses auf dem Boden einer fingierten Gleichordnung geschickt aus, um einen Kreis Verdächtiger, nämlich im Ergebnis derjenigen, die ihren freien Willen sperrig ausleben, entstehen zu lassen.“[240]

cc) Wohnungsdurchsuchung (Gefahr im Verzug)

Die Durchsuchung der Wohnung (und ggf. anderer Räume) des Verdächtigen sowie seiner Person und der ihm gehörenden Sachen setzt gemäß § 102 StPO u.a. die Vermutung voraus, dass sie „zur Auffindung von Beweismitteln führen werde“. Jenseits des allgemeinen Tatverdachts (s.o. a) genügt eine Vermutung „aufgrund kriminalistischer Erfahrung“, dass der Zweck der Durchsuchung erreicht werden kann.[241] Das bedarf hier keiner weiteren Erörterung, vielmehr soll an diesem Beispiel[242] die strafprozessrechtliche Grundlage der Eilentscheidung „bei Gefahr im Verzug“ thematisiert werden: Eine Durchsuchung auf der Grundlage der §§ 102–104 StPO darf gemäß § 105 Abs. 1 S. 1 StPO nur „bei Gefahr im Verzug“ ausnahmsweise – also entgegen der Regel der richterlichen Anordnung – auch durch die Staatsanwaltschaft und ihre Ermittlungspersonen angeordnet werden.

Die Anforderungen an die Begründung (und gerichtliche Kontrolle) einer solchen „Gefahr“ hat das BVerfG dahingehend konkretisiert, sie müsse „mit Tatsachen begründet werden, die auf den Einzelfall bezogen sind. Reine Spekulationen, hypothetische Erwägungen oder lediglich auf kriminalistische Alltagserfahrung gestützte, fallunabhängige Vermutungen“ reichten nicht aus.[243] Der Eingriff solle

---

[239] *Giesen* 2008, 116 mit grundlegender Kritik an der „Freiwilligkeits“-Konstruktion des Massen-Screenings.

[240] *Giesen* aaO mit Kritik an *Meyer-Goßner* (§ 81h Rn. 16 unter Verweis auf BGHSt 49, 56 >60< m.w.N.).

[241] HK-*Gercke* § 102 Rn. 3 m.w.N.

[242] Vgl. auch §§ 98 Abs. 1, 100 Abs. 1, 127 Abs. 2 sowie § 81a Abs. 2 StPO. Das BVerfG hat seine Entscheidung zu § 105 StPO (E 103, 142, s.u.) insb. auch auf Art. 13 Abs. 2 GG gestützt; ungeachtet der jeweiligen Eingriffstiefe hat die Entscheidung jedoch zugleich Auswirkungen auf korrespondierende Regelungen zur Beschlagnahme, vgl. auch *Amelung* 2001, 342f. m.w.N. sowie *Solbach* 1995, 972 zu ähnlichen Wahrscheinlichkeitsentscheidungen des Strafverfahrensrechts.

[243] BVerfGE 103, 142 (Ls. 1.b) = StV 2001, 207 m. Anm. *Asbrock* (aaO S. 322) = JZ 2001, 1029 m. Anm. *Gusy* (aaO S. 1035), vgl. *Bittmann* 2001, 452, *Krehl* 2001, 492 und *Amelung* 2001, 339; zum Prognosecharakter dieser „Beurteilung“ *Störmer* 1996, 510f.

ermöglicht werden, wenn „Beweismittel ansonsten gefährdet wären", also immer dann, wenn „die vorherige Einholung der richterlichen Anordnung den Erfolg der Durchsuchung gefährden würde",[244] müsse aber die Ausnahme (von der Regel der richterlichen Anordnung) bleiben. „Erst wenn der Richter nicht oder nur mit (festzustellender) zeitlicher Verzögerung erreichbar sein sollte, ist besonderes Augenmerk auf die Frage zu richten, ob die richterliche Anordnung (ggf. auch fernmündlich) nur um den Preis eingeholt werden kann, dass ein Beweismittelverlust und damit eine Gefährdung des Durchsuchungszwecks eintreten würde".[245] Schließlich könne „Gefahr im Verzug" im Rechtssinne auch nicht dadurch entstehen, dass „die Strafverfolgungsbehörden ihre tatsächlichen Voraussetzungen selbst herbeiführen. Sie dürfen nicht so lange mit dem Antrag an den Ermittlungsrichter zuwarten, bis die Gefahr eines Beweismittelverlusts tatsächlich eingetreten ist, und damit die von Verfassungs wegen vorgesehene Regelzuständigkeit des Richters unterlaufen. An dieser Stelle endet ihr Spielraum, das Ermittlungsverfahren nach kriminalistischen und taktischen Erwägungen frei zu gestalten".[246]

Die Entscheidung hat – jedenfalls insoweit – einhellige Zustimmung erfahren: Dass sich „sowohl der Verdacht selbst als auch die Annahme einer Gefahr im Verzug" auf „einzelfallbezogene Erkenntnisse" beziehen müssten, heiße zwar nicht, dass „die in der Praxis eminent wichtigen >kriminalistischen Erfahrungen< gänzlich ausgeschlossen" seien[247]; hätten sich Verdachtsmomente jedoch „aufgrund allgemeiner Erfahrungen gebildet", dürften unter Richtervorbehalt stehende Aufklärungseingriffe „nur vorgenommen werden, wenn sie durch einzelfallbezogene tatsächliche Erkenntnisse bestätigt" werden könnten.[248] Die „Möglichkeit eines Beweismittelverlusts" reiche eben gerade nicht aus: „Der in der Praxis immer wieder zu findende Hinweis, ein Beschuldigter werde – falls er von den Ermittlungen der Strafverfolgungsbehörden Kenntnis erlange – sofort alle Beweismittel vernichten, kann danach als bloße Alltagserfahrung die Annahme von Gefahr im Verzug nicht länger begründen".[249] Ein Beurteilungsspielraum sei dem entscheidenden Beamten dabei schon deshalb nicht zuzugestehen, weil sonst das „Erfordernis nachträglicher Überprüfbarkeit der Selbstermächtigung" unterlaufen würde: Der Begriff der „Gefahr im Verzug" sei ein unbestimmter Rechtsbegriff, der zwar „einen prognostischen Gehalt" besitze, aber „keine Einschätzungsprärogative", weil eine solche Prärogative der Strafverfolgungsbehörden „von diesen dazu benutzt werden könnte, sich – wie geschehen[250] – der richterlichen Präventivkontrolle zu entziehen" und damit den Zweck des Richtervorbehalts zu vereiteln.[251]

---

[244] BVerfG aaO Rn. 42 m. w. N., vgl. *Amelung* 2001, 338.
[245] Anm. *Asbrock* StV 2001, 323.
[246] BVerfG aaO Rn. 47 m. w. N.
[247] *Gusy* aaO S. 1035.
[248] *Gusy* ebda.
[249] *Krehl* 2001, 492.
[250] Vgl. auch *Bittmann* 2001, 452: Die Befürchtung, der Beschuldigte „könne jederzeit beweiserhebliche Daten löschen, war demnach nur allgemeiner – um nicht zu sagen: theoretischer – Natur: Er hatte ja gar keinen Anlass zur Löschung!"
[251] *Amelung* 2001, 339, vgl. auch *Störmer* 1996, 520 ff.

dd) Wohnraumüberwachung (Lauschangriff)

Gemäß § 100c StPO darf „das in einer Wohnung nichtöffentlich gesprochene Wort mit technischen Mitteln abgehört und aufgezeichnet werden". Diese „akustische Wohnraumüberwachung",[252] auch als „großer Lauschangriff" kritisiert,[253] setzt u. a. voraus, dass „auf Grund tatsächlicher Anhaltspunkte anzunehmen ist, dass durch die Überwachung Äußerungen des Beschuldigten erfasst werden, die für die Erforschung des Sachverhalts oder die Ermittlung des Aufenthaltsortes eines Mitbeschuldigten von Bedeutung sind" (Abs. 1 Nr. 3), und dass Letzteres „auf andere Weise unverhältnismäßig erschwert oder aussichtslos" wäre (Abs. 1 Nr. 4).

Damit sind – jenseits des durch bestimmte Tatsachen begründeten qualifizierten Tatverdachts gemäß § 100c Abs. 1 Nr. 1 StPO[254] – in zweierlei Hinsicht prognostische Einschätzungen des nach § 100d StPO zuständigen Gerichts erforderlich: Einerseits im Hinblick auf den Ermittlungserfolg der geplanten Maßnahme, die dazu führen soll, Äußerungen des Beschuldigten zu erfassen, die für weitere Sachverhaltserforschung von Bedeutung sind; andererseits im Hinblick auf deren Erforderlichkeit, weil diese Sachverhaltserforschung ohne eine solche Überwachungsmaßnahme unverhältnismäßig erschwert oder gar aussichtslos wäre.[255]

Nach der Grundsatzentscheidung des BVerfG zum Lauschangriff[256] wurden dem § 100c StPO die Absätze 4 und 5 eingefügt,[257] um den „Kernbereich privater Lebensgestaltung" besser zu schützen. Danach muss das Gericht nun eine „negative Kernbereichsprognose" stellen,[258] denn die Maßnahme darf nurmehr angeordnet werden, wenn „auf Grund tatsächlicher Anhaltspunkte, insbesondere der Art der zu überwachenden Räumlichkeiten und dem Verhältnis der zu überwachenden Personen zueinander, anzunehmen ist, dass durch die Überwachung Äußerungen, die dem Kernbereich privater Lebensführung zuzurechnen sind, nicht erfasst werden" (Abs. 4 S. 1). Mit anderen Worten müsse „nach subjektiver Einschätzung des anordnenden Gerichts eine gewisse Wahrscheinlichkeit dafür bestehen, dass es nicht zu einem Eingriff kommen wird – nicht weniger, aber auch nicht mehr",[259] oder in den Worten des BVerfG: Es müssten vor Beginn der Maßnahme tatsächliche Anhaltspunkte vorliegen, aus denen „zumindest in typisierender Weise geschlossen werden kann, dass das Gespräch nicht den Bereich des Höchstpersönlichen betrifft".[260]

Das Gesetz verlange – ähnlich wie bei §§ 81b, 81g, 100c Abs. 3 S. 2, 100f Abs. 3 S. 3, 163e Abs. 1 S. 3 und 163f Abs. 1 S. 3 StPO – nicht „auszuschließen", so *Löffelmann*, dass es „zu einem Eingriff kommen wird; dies könnte eine Prognose

[252] Vgl. nur *Löffelmann* 2005.
[253] Exempl. *Roggan* 2004.
[254] Dazu *Steinberg* 2006, s. o. a) bb).
[255] Zu dieser Subsidiaritätsklausel vgl. u. a. *Störmer* 1996, 519 m. w. N.
[256] BVerfGE 109, 279, krit. dazu u. a. *Rogall* 2005, vgl. *Kühne* 2010 Rn. 532 m. w. N.
[257] Vgl. *Löffelmann* 2005 m. w. N.
[258] *Löffelmann* 2005, 2033f.
[259] *Löffelmann* 2005, 2033.
[260] BVerfGE 109, 279 (320), vgl. *Eisenberg* 2011 Rn. 2527a.

als bloße Wahrscheinlichkeitsaussage schon wesensmäßig nicht leisten",[261] weshalb die negative Kernbereichsprognose „in ihrem Kern daher vor allem Begründungserfordernis" sei: Das Gericht „soll seine Entscheidung auf eine tragfähige Tatsachenbasis stellen und nicht eine Anordnung ‚ins Blaue hinein' treffen".[262] Der Prognose müssten „tatsächliche Anhaltspunkte" zu Grunde liegen (vgl. § 152 Abs. 2 StPO), weshalb zwar „bloße Vermutungen" nicht ausreichten, wohl aber „kriminalistische Erfahrungswerte als tatsächliche Anhaltspunkte in Betracht" kämen, die sich zudem häufig aus den „für die Implementierung der Technik erforderlichen ‚Vorermittlungen' ergeben" würden.[263] Dabei würde die Prognosestellung durch die Regelvermutungen der Sätze 2 und 3 (in § 100c Abs. 4 StPO) erleichtert[264] – zugleich aber sicher auch verkompliziert, da das Gericht den Eintritt von Ausnahmen von der „Regel" prognostizieren muss.

Rogall hatte bereits an der Entscheidung des BVerfG kritisiert, dort sei „zum Grad der Wahrscheinlichkeit" leider nichts gesagt worden, das eigentliche Problem habe man also „offen gelassen"[265]; sachlich angemessen könne aber nur eine Regelung sein, die „eine gewisse (hohe, nicht höchste) Wahrscheinlichkeit" erfordere, wobei er selbst eine „überwiegende Wahrscheinlichkeit" vorschlägt.[266] Aufschlussreich sind seine Ausführungen zu den „Mischsituationen", die stets vorliegen werden, in denen also – in jeweils verschiedenen Anteilen – sowohl Kernbereichssachverhalte als auch Gespräche über Katalogtaten zu verzeichnen, genauer: zu erwarten wären. Unter Ausschluss möglicher anderweitiger Gesprächsinhalte (z. B. über Nichtkatalogtaten oder sonstige „belanglose" Themen) entwickelt er in 10%-Schritten ein Kontinuum zwischen einer 100%-Wahrscheinlichkeit für einen Kernbereichssachverhalt (bei 0%-Wahrscheinlichkeit eines Gesprächs über Katalogtaten) bis hin zu einer 100%-Wahrscheinlichkeit eines Gesprächs über Katalogtaten (bei 0%-Wahrscheinlichkeit für Kernbereichssachverhalte). Die Antwort auf die Frage nach der Anordnungsbefugnis versieht er je nach Verteilungsgrad mit einem >!< und/oder mit einem >?<: Nimmt man das >!< einmal als Ausdruck für Entscheidungssicherheit, so sieht er diese offenbar erst bei Werten von jeweils deutlich mehr als 80%.[267] Zurück bleibt ein breites Mittelfeld zwischen 20% und 80%, in dem alle Optionen mit einem >?< versehen sind: Hiermit macht *Rogall* – möglicherweise ungewollt – deutlich, dass die von ihm reklamierten Wahrscheinlichkeitsgrade zu unterschiedlichen Ergebnissen führen, denn während die hohe Wahrscheinlichkeit offenbar erst deutlich jenseits der 80% eintritt, verortet er die „überwiegende" Wahrscheinlichkeit schon bei mehr als 50%. Wohl vor diesem Hintergrund lehnt er die negative Kernbereichsprognose ab, da sie „bei striktem Verständnis die Anordnung der Überwachung einer Privatwohnung, die von dem

---

[261] *Löffelmann* 2005, 2033.
[262] Ebda.
[263] AaO S. 2034.
[264] Ebda, diff. *Roggan* 2004, 25, 33f.
[265] *Rogall* 2005, 176.
[266] AaO S. 176 und 179.
[267] AaO S. 175 und insb. Abbildung 1.

Beschuldigten mit seiner Familie bewohnt wird, schlichtweg unmöglich“ mache, sei doch hier „ein >Kernbereichsgespräch< auf keinen Fall auszuschließen.“[268]

Eine wegen solcher und ähnlicher verbleibender Unsicherheiten gegen die Neuregelung erhobene Verfassungsbeschwerde wurde jedoch nicht zur Entscheidung angenommen.[269] Dass sich der Gesetzgeber für die sog. negative Kernbereichsprognose entschieden habe, sei – so das BVerfG – von dem ihm zustehenden Beurteilungs- und Gestaltungsspielraum gedeckt, der es ihm erlaube, sich auch „unbestimmter, auslegungsbedürftiger Rechtsbegriffe“ zu bedienen.[270] Das im Gesetz festgeschriebene Prinzip, dass „Eingriffe durch die akustische Überwachung von Wohnungen in den Kernbereich privater Lebensgestaltung zu unterbleiben haben“, sei hinreichend konkretisiert worden: Einerseits durch Aufnahme der vom BVerfG „identifizierten Indikatoren für kernbereichsrelevante Gespräche“ (die Art der zu überwachenden Räume sowie der beteiligten Personen) in § 100c Abs. 4 S. 1 StPO, andererseits durch die negativen Regelvermutungen (S. 2 und 3) im Hinblick auf Gespräche in Büro- und Geschäftsräumen bzw. über Straftaten.[271] Eine ausdrückliche Verpflichtung, den Kernbereich privater Lebensgestaltung „durch weitergehende Normierung zu konkretisieren“, gar durch „umfangreiche, detailfreudige Regelungen“, enthalte die Verfassung nicht.[272] Durch die Verwendung gesetzlicher Regelbeispiele erhielte der Rechtsanwender zwar „Anhaltspunkte dafür, in welchen Fällen der Gesetzgeber eine kernbereichsrelevante Situation“ annehme, in allen anderen Fällen bestehe dann aber „die Gefahr, dass die Überwachung wegen Fehlens eines Regelbeispiels fortgesetzt wird, auch wenn die Situation darauf hindeutet, dass möglicherweise der Kernbereich privater Lebensgestaltung betroffen ist“.[273]

ee) Ermittlungs-Prognostik?

Bei all den hier exemplarisch erörterten Maßnahmen sind unterschiedliche prognostische Einschätzungen der Ermittlungsbehörden erforderlich, die ggf. der gerichtlichen Überprüfung, zum Teil auch dem richterlichen Anordnungsvorbehalt unterliegen. Es käme aber keiner der Beteiligten auf die Idee, Prognosegutachten einzuholen oder auch nur über die Methodologie solcher Entscheidungen nachzudenken. Ersteres auch deshalb, weil sich insbesondere die Polizei – institutionell wohl nicht zu Unrecht – für fachkompetent genug halten darf, jedenfalls ‚kriminalistische‘ Prognosen[274] selbst treffen zu können (was für die Staatsanwaltschaft – wiewohl „Herrin des Ermittlungsverfahrens“ – wohl nur bedingt gilt).

---

[268] AaO S. 175.

[269] BVerfG NJW 2007, 2753 = CR 2007, 496 ff. m. Anm. *Geis* = MMR 2007, 570 m. Anm. *Sankol* = StRR 2007, 183 m. Anm. *Jung*.

[270] BVerfG CR 2007, 498.

[271] BVerfG ebda unter Verweis auf *Löffelmann* 2005, 2034.

[272] BVerfG aaO S. 499 m. zust. Anm. *Geis* S. 501, krit. *Rogall* 2005, 174 f.

[273] BVerfG ebda.

[274] Diff. *L. Schulz* 2001, 465.

Problematischer ist dies schon bei der echten Kriminalprognose, die für den „genetischen Fingerabdruck“ nach § 81g StPO erforderlich ist.[275] Dass es darüber hinaus jedoch keinen Anlass gäbe, über die Methodologie kriminalistischer ‚Prognostik‘ (im Strafverfahren) nachzudenken, kann aber nicht richtig sein, denn auch für die Legitimation solcher Grundrechtseingriffe reicht polizeiliche Intuition oder kriminalistischer Spürsinn nicht aus – objektivierbare und damit justiziable Berufserfahrung wäre wohl das Mindeste.[276]

c) Allgemeines Beweisrecht

Von „allgemeinem“ Beweisrecht ist hier die Rede, weil im Hinblick auf die rechtliche Verankerung der Kriminalprognostik das dafür einschlägige Beweisrecht noch einmal gesondert zur Sprache kommen wird (s.u. D. I.). Dass das Beweisrecht seinerseits prognostische Strukturen – und vereinzelt auch evidente Prognoseentscheidungen – aufweist, soll im Rahmen dieser normativen Bestandsaufnahme herausgearbeitet werden. Dabei geht es einerseits um die Reichweite der Amtsaufklärungspflicht bis zum Schluss der Beweisaufnahme (aa), andererseits um die Bedingungen des Beweisantragsrecht (bb) und der sog. „freien Beweiswürdigung“ (cc). Der in den letzten Jahren – gerade auch im Kontext der rechtspolitischen Diskussionen über die Verständigung im Strafverfahren – intensivierte einschlägige strafprozessrechtstheoretische Diskurs[277] kann und muss hier freilich nicht erschöpfend aufgearbeitet werden, geht es doch ‚nur‘ um die prognoserelevanten Details dieser Debatte.

aa) Amtsaufklärungspflicht

Normativer Ausgangspunkt der sog. richterlichen Amtsaufklärungspflicht ist § 244 Abs. 2 StPO, demzufolge das Gericht „zur Erforschung der Wahrheit die Beweisaufnahme von Amts wegen auf alle Tatsachen und Beweismittel zu erstrecken“ hat, die für die Entscheidung „von Bedeutung“ sind. Abgesehen davon, dass das Gericht damit nicht nur den Umfang der Beweisaufnahme bestimmt, sondern zugleich die Grundlage für die Beweiswürdigung legt, für die es ebenfalls zuständig ist (zu § 261 StPO s.u. cc),[278] interessieren im vorliegenden Kontext primär die prognostischen Akzente in der revisionssicheren Wahrnehmung dieser Aufklarungspflicht.

Die Handhabung des Gebots, „im Rahmen des faktisch Möglichen und rechtlich Zulässigen die Sammlung des Beweisstoffes in optimaler Weise zu erfüllen, und das Gebot, den erlangten Beweisstoff (die fundierten Tatsachen) erschöpfend zu würdigen“, dürfe – so *Herdegen* – nicht „dem tatrichterlicher Ermessen anheim-

[275] Näheres bei *Meyer-Goßner* § 81g Rn. 8 m.w.N.

[276] Vgl. auch *Füllgrabe* 2001, krit. *Frankenberg* 2005, 378f. und *Pütter* 2007, 10.

[277] Vgl. nur *Frister* 1993, *Anders* 1998, *Schatz* 1999, *Schulenburg* 2002 sowie *Bender et al.* 2007 Rn. 548ff.

[278] Zu diesem Grundproblem des deutschen Strafprozess-Modells exempl. *Schulenburg* 2002, 53ff. m.w.N., zur Beweislastverteilung *J. Bock* 2001, 47ff.

gestellt werden, maßgebend seien (erkennbare) sachlogische Zusammenhänge: „Das Tatgericht muss einen möglicherweise beweisbaren Sachverhalt zum Gegenstand der Beweiserhebung machen, wenn ein Beweismittel zur Verfügung steht und wenn im Fall des Gelingens des Beweises aus dem erlangten Beweisstoff ableitbare Folgerungen den Schuldvorwurf widerlegen, in relevanter Weise modifizieren, in Frage stellen".[279] Das Beweismaß der hohen Wahrscheinlichkeit verlange, dass „die Schritte von den beschriebenen fundierten Tatsachen zu den Sachverhaltsannahmen und Beweis-Einschätzungen intersubjektiv akzeptabel" und in hohem Maße plausibel sind, und dass sie „auf Schlussregeln (z.B. Erfahrungssätzen) beruhen, die ihnen und der Konklusion einen hohen Grad der argumentativen Stärke verleihen".[280] Persönliche Gewissheit oder Zweifel müssten sich „auf eine intersubjektiv nachvollziehbare, also für jedermann mit Sachverstand kritisch diskutierbare, rationaler Argumentation zugängliche und damit revisionsrechtlich erweitert überprüfbare Tatsachenbasis stützen können".[281]

Die Entscheidung, die Beweisaufnahme zu beenden, enthält eine Prognose, nämlich „die Prognose, dass die Einführung weiterer (zulässiger und erreichbarer) Beweisquellen oder Beweisthemen das entstandene Bild von den entscheidungserheblichen Tatsachen nicht verändern wird"; zum Ende komme ein Strafprozess aber erst dann, wenn „die Prozessbeteiligten hinsichtlich dieser Prognose einen Konsens erzielt haben".[282]

Für das Strafbefehlsverfahren gelte im Übrigen nichts anderes: „Hier wie dort geht es um eine Prognose, nämlich darum, ob die weitere Perfektionierung der Beweisführung überhaupt neue Erkenntnisse hervorzubringen verspricht. Diese Prognose ist im Normalverfahren erst erlaubt, nachdem das Gericht die Beweise in einem unmittelbaren und mündlichen Verfahren aufgenommen hat; im Strafbefehlsverfahren ist das Gericht zu dieser Prognose bereits berufen, bevor es in diese Phase eintritt. Der Prognosezeitpunkt wird vorverlegt. Prognosegrundlage sind die im Ermittlungsverfahren gesammelten Beweise".[283]

Selbstverständlich wäre es auch generell möglich, so *Weßlau*, schon „vor der (vollständigen) Durchführung der Beweisaufnahme in der Hauptverhandlung zu prüfen, ob es übereinstimmende Prognosen über den mutmaßlichen Ausgang des Beweisverfahrens oder Teile des Beweisverfahrens gibt", aber das wäre „ein Verfahren, das im Hinblick auf Prognoseunsicherheiten eine geringere Richtigkeitsgewähr bietet als das Idealverfahren der Strafprozessordnung".[284] Für eine vorzeitige Beendigung des Beweisverfahrens „angesichts übereinstimmender, aber fehleranfälliger Prognosen und für die damit einhergehende Verantwortungsverlagerung" bedürfe es einer Begründung, die nicht im sog. „Konsensprinzip" gefunden werden

---

279 *Herdegen* 2003, 3513f. m.w.N.
280 *Herdegen* aaO S. 3516.
281 *Schulenburg* 2002, 65.
282 *Weßlau* 2007, 4 m.w.N., vgl. *Eisenberg* 2011 Rn. 11.
283 *Weßlau* aaO S. 5/6; zur Bedeutung von Beweisprognosen im Rahmen der Amtsaufklärungspflicht auch *Schatz* 1991a, 230ff., 242.
284 *Weßlau* aaO S. 6.

könne: Die Begründung finde sich im adversatorischen Prozesstyp, der „die Verantwortung für die Legitimität der getroffenen Entscheidung von der Justiz weg und zu den anderen Prozessbeteiligten hin verlagert".[285]

bb) Beweisantragsrecht

Die StPO misstraut dem Gericht offenbar hinsichtlich der objektiven Erfüllbarkeit der Pflicht, die Beweisaufnahme selbständig auf „alle" Tatsachen und Beweismittel zu erstrecken, die für die Entscheidung „von Bedeutung" sind (zu § 244 Abs. 2 StPO s. o. aa), denn anders ist es kaum zu erklären, dass andere Verfahrensbeteiligte das Recht haben, Beweisanträge zu stellen, die über jene von Amts wegen fokussierten Tatsachen und Beweismittel hinausgehen.[286] Das Recht des Gerichts wiederum, solche Beweisanträge zurückzuweisen, ist gemäß § 244 Abs. 3 bis 5 StPO stark eingeschränkt, entsprechende Beschlüsse gemäß Abs. 6 sind revisibel.[287]

Prognoserelevant ist dieses Beweisantragsrecht, genauer: das richterliche Beweisantragsablehnungsrecht, weil einige der zugelassenen Ablehnungsgründe (insb. gemäß §§ 244 Abs. 3 S. 2 und 245 Abs. 2 S. 3 StPO) auf die richterliche ‚Spekulation' darüber abstellen, ob entweder die Beweiserhebung „wegen Offenkundigkeit überflüssig", eine Tatsache, die bewiesen werden soll, für die Entscheidung „ohne Bedeutung", oder ob ein Beweismittel „ungeeignet" bzw. „unerreichbar" ist. Dabei ist im Prinzip unstrittig, dass das Gericht nicht über das Beweisergebnis – insb. auf der Basis des informellen Zwischenergebnisses der eigenen Amtsaufklärung – spekulieren darf, dass also ein sog. Beweisantizipationsverbot gilt.[288]

Während sich die Reichweite der Amtsaufklärungspflicht an einer einzelfallbezogenen Beweisprognose des Tatgerichts orientiere, werde „im Rahmen des Beweisantragsrechts eine Beweisantizipation dank der engen, tatbestandlich ausgeformten Kriterien" nur in den abschließend beschriebenen Fällen gestattet; das Beweisantragsrecht weise damit – so *Schatz* – dem Antragsteller „die Kompetenz zu, seine Relevanz- und Ergebnishypothese auch gegen eine negative Beweisprognose des Gerichts durchzusetzen" – darin liege die eigentliche Bedeutung des Beweisantragsrechts.[289] Ein Schritt zur >Objektivierung< des Erkenntnisvorgangs bestehe darin, die „Vorverständnisse und Sichtweisen" der Verfahrensbeteiligten in „die Herstellung der >Wahrheit< mit einfließen zu lassen", und ein taugliches Instrument hierfür sei das Beweisantragsrecht, das die Realität divergierender Prognosen für die Wahrheitserforschung fruchtbar mache.[290] Nur wenn die subjektive Überzeugungsbildung des Richters auf eine >intersubjektive Objektivität< aufbauen könne, bestehe ein „hinreichend objektives Fundament für das Urteil";

---

[285] AaO S. 6/7.

[286] Exempl. zu den Grundlagen und zur Bedeutung des Beweisantragsrechts *J. Schulz* 1991, *Schatz* 1999, *Schulenburg* 2002, *Weßlau* 2008, jeweils m. w. N.

[287] Dazu im Überblick *Scheffler* 2008 Rn. 768 ff. sowie HK-*Julius* § 244 Rn. 75 ff.

[288] Vgl. dazu *Schulenburg* 2002, 36 ff. und *Eisenberg* 2011 Rn. 237 und 242.

[289] *Schatz* 1999, 233 f. m. w. N., vgl. auch *J. Schulz* 1991, 361.

[290] *Schatz* aaO S. 239, ähnlich *Weßlau* 2008, 306.

dadurch, dass die Beteiligten „ihre jeweiligen >Wirklichkeitstheorien< in einen diskursiven Wahrheitserforschungsprozess einbringen können“, stelle es eine Garantie für ein intersubjektiv diskutables Ergebnis dar.[291]

Ähnlich *Anders*, der im Hinblick auf den „Ablehnungsgrund der völligen Ungeeignetheit“ auf die Möglichkeit des Gerichts verweist, die „Schlüssigkeit des Beweisantrags durch Kontrollen an den Elementen der Beweisprognose und der Glaubhaftigkeit der Aussage“ zu überprüfen: Danach sei die völlige Ungeeignetheit zu bejahen, wenn das Gericht „ohne jede Rücksicht auf das bisherige Beweisergebnis, d. h. im Wege prospektiver Beweiswürdigung, sagen kann, dass sich mit einem solchen Beweismittel die im Beweisantrag in Aussicht gestellte Behauptung nicht erzielen“ lasse – ein Urteil, das sich nur „aus dem Beweismittel selbst, der allgemeinen und sicheren Lebenserfahrung und, im Falle des Sachverständigenbeweises, aus dem Stand der wissenschaftlichen Erkenntnisse“ ergeben dürfe.[292]

Beweisantizipation meine vorrangig „die negative Beurteilung der Erfolgsaussichten eines noch nicht erhobenen Beweises“, so dass ihr Verbot das Gericht verpflichte, bei der Entscheidung über die Beweiserhebung weder das Beweisergebnis noch dessen Wert für die Überzeugungsbildung zu antizipieren: Das Gericht, so *Frister*, dürfe also „weder aufgrund der Prognose, der Zeuge werde die Beweistatsache in seiner Aussage nicht bestätigen, noch aufgrund der Erwägung, auch eine bestätigende Aussage werde das Gericht nicht von der Richtigkeit der Beweistatsache überzeugen, von einer Vernehmung absehen“. Grundlage des so verstandenen Beweisantizipationsverbots sei „die Überlegung, dass das Beweisergebnis niemals zuverlässig prognostiziert und ohne die aus der Beweiserhebung resultierende Anschauung nicht sachgemäß gewürdigt werden“ könne.[293]

Das System der Ablehnungsgründe in § 244 Abs. 3 StPO binde das Gericht „vollständig an die in dem Beweisantrag enthaltene Beweisprognose des Antragstellers“: Ein Beweisantrag dürfe nur abgelehnt werden, wenn die Beweiserhebung „aus rechtlichen oder tatsächlichen Gründen nicht durchführbar“ oder das vom Antragsteller prognostizierte Beweisergebnis „nicht entscheidungserheblich“ ist.[294] Das Beweisantragsrecht gebe den Prozessbeteiligten damit „die Möglichkeit, das Gericht dazu zu zwingen, bei der unumgänglichen Auswahl der zu erhebenden Beweise anhand der als möglich angesehenen Beweisergebnisse nicht nur von seinen eigenen Erwartungen auszugehen, sondern auch ihre Beweisprognose mit zu berücksichtigen“; so „ärgerlich die mit der Bindung des Gerichts an die Beweisprognosen der Prozessbeteiligten sicher verbundenen Missbrauchsmöglichkeiten auch sein mögen, im Strafverfahren muss es bei dem Grundsatz bleiben, dass zwischen den Beteiligten bestehende Meinungsverschiedenheiten über das mögliche Ergebnis einer Beweisaufnahme durch Erhebung des betreffenden Beweises auszuräumen sind“.[295]

---

[291] *Schatz* aaO S. 241 f.
[292] *Anders* 1998, 66 f. m. w. N., vgl. auch *Weßlau* 2008, 302 ff.
[293] *Frister* 1993, 347.
[294] *Frister* 1993, 352.
[295] *Frister* 1993, 360, 363.

Etwas prinzipiell anderes gelte nur im Bereich der Amtsaufklärungspflicht, wo „eine Antizipation des Beweisergebnisses“ grundsätzlich zulässig sei, so *Frister* abschließend: Da eine auf Grund der bisherigen Beweisaufnahme erfolgende Prognose des Beweisergebnisses „nicht prinzipiell unzuverlässiger ist als auf anderen Erkenntnisquellen beruhende Prognosen“, lasse sich ein spezielles Verbot der Antizipation von Beweisergebnissen auf Grund der Ergebnisse der bisherigen Beweisaufnahme auch im Rahmen der gerichtlichen Aufklärungspflicht nicht begründen.[296] Dass das Gericht jedoch nicht die Befugnis haben sollte, die Relevanz von Beweisbehauptungen vorab zu beurteilen, ergibt sich für *Kühl* nicht zuletzt aus der „Unsicherheit der Beweisprognose bzw. Abstraktheit der Beweisbehauptung“,[297] denn „worüber die Beweisaufnahme wird Aufschluss erbringen können“, lasse sich eben gerade nicht genau voraussagen.[298]

cc) Freie Beweiswürdigung

Ist die Beweisaufnahme abgeschlossen, entscheidet das Gericht über deren „Ergebnis“ nach seiner „freien, aus dem Inbegriff der Verhandlung geschöpften Überzeugung“ (§ 261 StPO). Dieses Prinzip der sog. „freien Beweiswürdigung“[299] ist dazu angetan, Missverständnisse zu provozieren. Hier sollen jedoch nur die prognostischen Aspekte zur Sprache kommen: Auch bei der Sachverhaltsermittlung des Gerichts zum Zwecke der Urteilsfindung bedürfe es einer retrospektiven Prognose, um die Frage zu beantworten, ob der Beschuldigte die ihm vorgeworfene Tat wirklich begangen hat.[300]

Bei der Überzeugung gemäß § 261 StPO geht es um die „forensische Wahrheit, nämlich um das, wovon das Gericht aufgrund der Hauptverhandlung voll überzeugt ist“.[301] Dazu sei nach *Solbach* nicht „absolute, unumstößliche Gewissheit erforderlich, dass es so und nicht anders gewesen ist“, vielmehr müssten sich die Entscheidungen „auf einen für das praktische Leben genügenden >Verdacht<, nämlich eine an Sicherheit grenzende Gewissheit gründen, der gegenüber vernünftige Zweifel nicht mehr aufkommen“.[302] Dabei bedeute „freie Beweiswürdigung“ einerseits, dass das Gericht alles bewerten dürfe, was zum Gegenstand der Hauptverhandlung gemacht worden ist, und dass es nicht „in der Zwangsjacke von Beweisvermutungen und Beweisregeln“ stecke.[303] Andererseits sei sie gebunden „an die Gesetze der Logik, Erkenntnisse der Wissenschaften sowie den zweifelsfreien Ergebnissen der Lebenserfahrung“; der Grad der nach diesen Grundsätzen zur

---

[296] *Frister* 1993, 358.
[297] *Kühl* 1984, 81.
[298] AaO S. 74f.
[299] Eigentlich nur die inoffizielle (freilich völlig einhellig verwandte) Überschrift der Vorschrift, in der von „Würdigung“ keine Rede ist, vgl. *Meurer* 1989.
[300] *Kühne* 2010 Rn. 327, vgl. auch *L. Schulz* 2001, 228, 529.
[301] *Solbach* 1995, 965 m.w.N., vgl. *Frister* 1993, 345.
[302] Ebda m.w.N., vgl. *Nack* 1995, 320.
[303] Ebda, vgl. *T. Walter* 2006, 341, *Kindhäuser* 1988, 291, ausf. *Kunert* 1979.

Verurteilung erforderlichen Gewissheit könne „mit an Sicherheit grenzender Wahrscheinlichkeit" umschrieben werden.[304]

Aber diese „Freiheit" der Beweiswürdigung hat Grenzen: Der Richter dürfe „keiner haltlosen Eingebung folgen oder dem Raunen innerer Stimmen",[305] vielmehr müsse er seine Würdigung „nachvollziehbar begründen, und zwar nachvollziehbar anhand eines aufgeklärt-vernunftbestimmten Maßstabs", müsse „allgemein Anerkanntes zugrundelegen" und dürfe „allgemein Anerkanntem nicht widersprechen, weder gefestigten Erfahrungssätzen noch gar den Gesetzen der Logik".[306] Erst wenn der „konkret höchstmögliche Wahrscheinlichkeitsgrad erreicht" sei, gelte er „als Wahrheit": sie sei m. a. W. anzunehmen, wenn „eine so hohe Wahrscheinlichkeit gegeben ist, dass die Möglichkeit eines anderen Geschehensablaufs verschwindet oder völlig entfernt liegt, der bewiesene Geschehensablauf auf einsamer Höhe zu stehen kommt und dem Richter dies bewusst ist".[307]

Die „persönliche Überzeugung" sei zwar eine notwendige, aber „noch keine hinreichende Voraussetzung für eine Verurteilung"; zu der subjektiven Überzeugung des Richters müsse vielmehr noch „eine objektiv tragfähige Tatsachengrundlage" hinzukommen, so *Nack*: Das Urteil müsse „die Prüfung der Beweise aufgrund objektiver, rational einleuchtender, nachvollziehbarer Erwägungen erkennen lassen. Die Beweiswürdigung muss intersubjektiv diskutierbar sein".[308]

Einen wissenschaftstheoretischen Wahrscheinlichkeitsbegriff, an den das Strafprozessrecht ohne Modifikationen zur Bestimmung des Beweismaßes anknüpfen könne, gebe es aber nicht, so *Kindhäuser,* gemeint sein könne vielmehr nur, dass „die Überzeugung des Richters von der Wahrheit der Verdachtshypothese auf Gründe gestützt ist, die zu einer solchen Überzeugung aufgrund der – wie auch immer zu konkretisierenden – Maßstäbe des praktischen Lebens berechtigen", weil es „gute Gründe für die Wahrheit des Behaupteten" gibt, und zwar nicht nur subjektiv, sondern „intersubjektiv gute Gründe": Bei dieser Interpretation sei das Beweismaß nicht die Überzeugung des Richters allein, sondern „eine in dem Sinne berechtigte Überzeugung, dass sie mit dem Anspruch verbunden ist, auf Gründe gestützt zu sein, die die Überzeugung nach den einschlägigen Maßstäben hinreichend rechtfertigen", die also grundsätzlich von einem vernünftigen Dritten akzeptiert werden können.[309]

Im Unterschied zu Prognoseentscheidungen über das Eintreffen künftiger Ereignisse werde bei der Beweisentscheidung von Indiztatsachen auf vergangene Ereignisse geschlossen; in beiden Fällen handele es sich aber um einen „Indizschluss mittels Erfahrungssatz", denn „ohne Erfahrungssätze geht es nicht": Dem Richter bleibe kein anderer Weg, als – ebenso wie bei der Prognose – auf „mehr oder weniger gesicherte Erfahrungssätze zurückzugreifen"; der „für das praktische

---

[304] Ebda, vgl. *Meurer* 1989, 541 und *J. Bock* 2001, 144ff.
[305] *T. Walter* 2006, 341.
[306] Ebda.
[307] *Meurer* 1989, 541 unter Verweis auf Grundlagen der sog. „objektiven Theorie".
[308] *Nack* 1995, 320, vgl. auch *Bender et al.* 2007 Rn. 558ff.
[309] *Kindhäuser* 1988, 295f. m.w.N.

Leben brauchbare Grad von Gewissheit“ müsse jedoch ausreichen, weil die meisten Erfahrungssätze, die der Richter anwendet, statistisch nicht belegt sind.[310]

Auch die Frage nach der Beweiskraft eines Indizes müsse „durch den Rückgriff auf Erfahrungssätze beantwortet werden“, wobei der Richter „aufgrund seiner Erfahrung gedachte Häufigkeitsverteilungen“ schätze; ob ein Indiz belastend ist oder nicht, könne er nicht entscheiden, wenn er nichts über Häufigkeiten wisse: „Wenn der Staatsanwalt nur (gefühlsmäßig) sagt >belastend< und der Verteidiger (gefühlsmäßig) >entlastend<, dann ist die Diskussion schon zu Ende. Wenn aber beide über Häufigkeitsverteilungen streiten, dann wissen sie wenigstens, wo der Dissens liegt und worüber sie streiten sollen. Und das Gericht kann in der Beratung sinnvoll diskutieren. Das meint die intersubjektive Diskutierbarkeit“.[311] Daran, dass man oft sehr wenig über die Häufigkeitsverteilung wisse, könne zwar auch die Beweislehre nichts ändern: „Es führt aber kein Weg daran vorbei, dass der Richter sich wenigstens auf Plausibilitätsniveau Vorstellungen über die Häufigkeitsverteilung machen muss, wenn er die Beweiskraft eines Indizes abschätzen will“; dabei wende jeder Richter „zwangsläufig empirisch nicht abgesicherte Erfahrungssätze“ an: Die Beweislehre könne die Fragen nicht beantworten, aber „helfen, wenigstens die richtigen Fragen zu stellen. Damit kann die Beweiswürdigung auf eine >tragfähige, verstandesmäßig einsehbare Tatsachengrundlage< gestellt werden und das ermöglicht eine >rationale Argumentation<“.[312]

dd) Beweis-Prognostik?

Insbesondere nach dem zuletzt Ausgeführten erscheinen weitere allgemeine Anmerkungen zur ‚Beweis-Prognostik‘ überflüssig, wenn nicht dazu angetan, zusätzliche Verwirrung zu stiften: Ein Einblick in die prekären Übergänge von der Wahrscheinlichkeit zur Wahrheit, in die prozessrechtstheoretisch notwendige Beteiligung anderer Verfahrensbeteiligter und schließlich in die Prinzipien der Intersubjektivität ‚guter Gründe‘ und rationaler Argumentation auf der Grundlage anerkannter Erfahrungssätze bot sich allemal. Inwieweit die hier referierten, zum Teil hoch anspruchsvollen Abhandlungen[313] in der forensischen Praxis Niederschlag finden (können), steht allerdings dahin.

d) Haftrecht

Im Folgenden soll es im Hinblick auf die Untersuchungshaft als schwerwiegendstem Eingriff im Ermittlungsverfahren nur um die Haftgründe gehen: Selbstverständlich erfordert auch die Begründung eines „dringenden Tatverdachts“ eine „mit einer Reihe schwerwiegender Unsicherheitsfaktoren“ belastete Prognose, nämlich dass die Wahrscheinlichkeit groß ist, der Verfolgte sei „nach dem gegenwärtigen

---

[310] *Nack* 1995, 320/321.

[311] *Nack* aaO S. 324.

[312] *Nack* aaO S. 325, vgl. *Bender et al.* 2007 Rn. 573ff.

[313] Exempl. auch die Ausführungen von *Bender et al.* 2007 Rn. 664ff. (m.w.N.) zur Bedeutung der Wahrscheinlichkeitstheorie für die Beweislehre.

Stand der Ermittlungen schuldiger Täter oder Teilnehmer“[314] – dies ist aber bereits im Kontext der Verdachtsgründe abgehandelt worden (s.o. a). Freilich sind die „Unsicherheitsfaktoren“ umso bedenklicher, je schwerwiegender der Eingriff ausfällt: „Allgemein anerkannte rechtliche Kriterien, im weiten Bereich des Wahrscheinlichkeitsbegriffes Abstufungen zwischen >gering, mittel, groß, sehr groß< zu treffen“, sind aber weder von der Rechtsprechung noch vom Schrifttum bis heute entwickelt worden, und es erscheint auch zweifelhaft, ob dies überhaupt möglich ist: „Angesichts des Gewichts des staatlichen Eingriffs in die persönliche Freiheit ist der hier dem Haftrichter und den Folgeinstanzen zugewachsene weite Ermessensbereich rechtsstaatlich bedenklich.“[315]

aa) Haftgründe

Die praktisch vorrangigen Haftgründe[316] der Fluchtgefahr (§ 112 Abs. 2 Nr. 2 StPO) und der Verdunkelungsgefahr (Nr. 3) beinhalten im Kern Prognoseentscheidungen: Ob „bei Würdigung der Umstände des Einzelfalles die Gefahr besteht, dass der Beschuldigte sich dem Strafverfahren entziehen werde“ (Nr. 2), oder ob „das Verhalten des Beschuldigten den dringenden Verdacht begründet, er werde a) Beweismittel vernichten, verändern, beiseite schaffen, unterdrücken oder fälschen oder b) auf Mitbeschuldigte, Zeugen oder Sachverständige in unlauterer Weise einwirken oder c) andere zu solchem Verhalten veranlassen“, und deshalb „die Gefahr droht, dass die Ermittlung der Wahrheit erschwert werde“ (Nr. 3), wird der zuständige Haftrichter nur mit einer – im letzteren Fall sogar doppelten – prognostischen Einschätzung beurteilen können.[317]

Ob „auf Grund bestimmter Tatsachen bei Würdigung der Umstände des Einzelfalls die Wahrscheinlichkeit, dass sich der Beschuldigte dem Strafverfahren entziehen würde, wesentlich gegenüber der Annahme überwiegt, er werde sich ihm stellen“,[318] erscheint fürwahr nur tatbestandlich transparent, hinterlässt im Rahmen der Anwendung des Gesetzes jedoch „Unbehagen, weil es nicht gelungen ist, eine klare Antwort auf die Frage zu finden, welche Faktoren Flucht auslösen und bei welchen man eher vermuten darf, dass sie sich fluchthemmend verhalten“.[319] Jedenfalls bedarf es eines „dringenden Verdachts“ für die Fluchtgefahr: Es muss eine höhere Wahrscheinlichkeit für die Erwartung bestehen, der Beschuldigte „werde sich dem Verfahren entziehen, als für die Erwartung, er werde sich dem Verfahren ohne weiteres stellen“, wobei diese Prognose „unter Berücksichtigung konkreter Umstände des Einzelfalls“ erfolgen muss.[320] Standardfloskeln (kein fester Wohnsitz, Grenznähe ...) sind allenfalls „Kriterien, die in der konkreten Situation eine Indizwirkung

---

[314] Vgl. *Dahs* 1983, 419 und HK-*Lemke* § 112 Rn. 4ff.

[315] *Dahs* 1983, 419, vgl. auch *Kühne* 2010 Rn. 322ff., 337.

[316] Zum Sicherheits-Haftgrund der Wiederholungsgefahr (§ 112a StPO) u. e) aa).

[317] Ausf. dazu *Kühne* 2010 Rn. 419ff. sowie HK-*Lemke* § 112 Rn. 31f. und *Meinen* 2008 Rn. 75, 85.

[318] *Fröhlich* 1999, 331 m.w.N., vgl. OLG Karlsruhe StV 2005, 33 m. Anm. *Hilger*.

[319] *Fröhlich* aaO.

[320] *Kühne* 2010 Rn. 418 m.w.N.

für die Fluchtgefahr haben" könnten, keineswegs könne aber bei Vorliegen eines oder mehrerer dieser Umstände „schematisch die Fluchtgefahr bejaht werden".[321]

Durch die Macht der Entscheidung von Staatsanwaltschaft und Gericht, die sich „auf eine hypothetische Prognose" stütze („wäre der Beschuldigte in Freiheit, würde er mit überwiegender Wahrscheinlichkeit fliehen"), werde dem Verhafteten „jede Chance genommen, das Fehlen einer Fluchtabsicht zu beweisen oder auch nur glaubhaft zu machen".[322] Vor einer etwaigen späteren Freilassung sei „die Diskussion zwischen Verteidiger und Staatsanwalt/Haftgericht nicht unähnlich jener Nonsens-Geschichte, bei der der Postkunde erfolglos versucht, den Schalterbeamten zu bewegen, ihm den Einschreibebrief mit dem irgendwo vergessenen und nachgesandten Personalausweis auszuhändigen, weil Einschreibebriefe nur gegen Vorlage des Personalausweises ausgehändigt oder geöffnet werden dürfen". Der in Untersuchungshaft Befindliche darf nicht in Freiheit, weil er diese nach Ansicht der Justizbehörden zur Flucht nutzen würde – das Gegenteil kann er nicht beweisen, weil er infolge der Haft keine Fluchtmöglichkeit hat.[323]

Angesichts der praktischen „Unmöglichkeit, die Haftgrundprognose der Justiz und die gegenteilige der Verteidigung zu verifizieren oder zu falsifizieren", müsste sich eine seriöse Rechtstatsachenforschung eigentlich die Frage stellen: „Inwieweit ergibt das Quotenverhältnis zwischen den bestätigten und den nicht bestätigten Annahmen vom Bestehen eines Haftgrundes eine Überlegenheit der von den Haftgerichten angewendeten sachlichen Kriterien (z. B. fester Wohnsitz, Auslandsbeziehungen, familiäre Bindungen) gegenüber einer gedachten bzw. mathematisch ermittelten rein stochastischen Entscheidungsmethode?"[324] Eine Analyse jener Entscheidungen des OLG Frankfurt/M. (aus den Jahren 1978 bis 1985), in denen – bei Aufrechterhaltung von Tatverdacht und Haftgrund – gemäß § 121 StPO der Haftbefehl mangels eines wichtigen Grundes aufgehoben wurde, erbrachte, dass sich die Haftgrund-Prognose, also zumeist die Fluchtprognose, nur in 37,5% der Fälle bestätigte: Von einigen Sonderfällen abgesehen stellte sich jeder zweite „Fluchtverdächtige" ordnungsgemäß dem Hauptverfahren.[325]

bb) Fluchtprognose durch Strafprognose?

Vor diesem Hintergrund flüchtet sich die Justizpraxis zum Teil in sog. „apokryphe" Haftgründe,[326] womit die Prognoseprobleme freilich nicht rechtlich gelöst, sondern eher im rechtsfreien Raum aufgelöst werden. Dies als „Methodik" zu bezeichnen, mit der in der Praxis „zumindest ein gewisses Quantum an Sicherheit gewährleistet wird",[327] geht doch etwas weit: Jedenfalls werden die aufgezeigten Prognoseprobleme des Haftrechts durch die häufige – wenn auch häufig umstritte-

321 *Kühne* aaO.
322 *Hamm* 1986, 499.
323 *Hamm* 1986, 500.
324 *Hamm* 1986, 500.
325 *Happel* 1986.
326 *Schlothauer/Weider* 2010 Rn. 661 ff. m. w. N.
327 So – zumindest missverständlich – *Fröhlich* 1999, 332.

ne[328] – Begründung der Fluchtgefahr mit der Straferwartung eher zugespitzt, indem versucht wird, die Fluchtprognose durch eine Strafprognose zu ersetzen.[329]

Jenseits des „Sündenfalls" der pauschalierten Haftbegründung in § 112 Abs. 3 StPO,[330] die eine Prognose gemäß Abs. 2 erübrigt,[331] wird von Gerichten regelmäßig aus der Erwartung einer gewissen Mindeststrafe auf einen daraus resultierenden Fluchtanreiz geschlossen. Ein solcher „Erfahrungssatz" sei aber „keine bestimmte Einzelfall-Tatsache i.S.d. § 112 Abs. 2 Nr. 2 StPO", wie *Dahs* zu Recht betont hat,[332] sondern könne „allenfalls eine Klammer für die nach Maßgabe des Gesetzes festzustellenden Tatsachen bilden oder dazu beitragen, das zur Frage des Haftgrundes gewonnene Ermittlungsergebnis abzurunden und die Schlußfolgerung ‚Fluchtgefahr' zu rechtfertigen". Jedenfalls in Fällen der „Erwartung einer besonders hohen Strafe" werde die Fluchtgefahr jedoch „zu einer fast unwiderleglichen Vermutung hochstilisiert".[333] Darauf abzustellen, der Angeklagte werde „im Falle der Verurteilung zu einer [ggf. hohen] Freiheitsstrafe" nicht bereit sein „dieselbe anzutreten", sei eine Gefahrenprognose, die im jeweiligen Verfahrensstadium regelmäßig „verfrüht und mangels hinreichender Konkretisierung nicht geeignet" sei, den Haftgrund der Fluchtgefahr zu tragen.[334]

Zur Abwendung „einer ebenso angreifbaren wie nichtssagenden >Gesamtwürdigung<, für die es wahrlich nicht nur bei der Formulierung von Haftgründen genügend abschreckende Beispiele" gebe, bedürfe es vielmehr, so *Fröhlich*, „klarer Entscheidungsstrukturen und vorab geordneter Rahmenbedingungen", dazu schweige sich die Literatur aber aus[335]: Die Anzahl der haftrelevanten Geschehensabläufe habe sich „dermaßen vergrößert, dass es faktisch unmöglich geworden ist, grundlegende Aspekte der Bemessung von Fluchtgefahr erst anläßlich jeder einzelnen Vorführung – und dann vermutlich je nach Situation unterschiedlich – zu definieren".[336] Auch deshalb habe die Rechtsprechung eine „Methodik" entwickelt, mit deren Hilfe „ein gewisses Quantum an Sicherheit gewährleistet" werde – ob es sich dabei um eine „Methodik" handelt, mag in Anbetracht des in der juristischen Dogmatik ohnehin inflationären Diskurses über Methoden und Theorien dahinstehen, wer aber von dem „gewissen Quantum an Sicherheit" profitiert, bedarf näherer Erörterung:

Diese Rechtsprechung habe zwar „für sich, dass man auch ohne empirische Untersuchungen in der Lage sein dürfte zu erkennen, dass Strafe, die tendenziell etwas Unangenehmes verkörpert, dazu verleitet, sich ihrer schon zu einem denkbar frühen Zeitpunkt zu entziehen", so *Fröhlich*, es wäre aber „schon notwendig zu wissen, ob der Anreiz nun von jeder noch so geringen Strafe" ausgehe, oder – was wahrschein-

[328] Vgl. auch OLG Karlsruhe StV 2005, 33 m. zust. Anm. *Hilger*.
[329] *Fröhlich* 1999 m.w.N., krit. bereits *Kerner* 1980, 313f.
[330] *Dahs* 1983, 420, vgl. *Hassemer* 2006, 324 („Kuckucksei").
[331] Vgl. *Deckers* 1983 und BVerfGE 19, 342 und 36, 277.
[332] *Dahs* aaO S. 418.
[333] AaO S. 419 m.w.N.
[334] OLG Karlsruhe StV 2005, 33.
[335] *Fröhlich* 1999, 332.
[336] Ebda.

licher sei – erst „von einem bestimmten (welchem?) Strafmaß an spürbar“ werde, weshalb stets im Einzelfall erläutert werden müsse, „unter welchen Voraussetzungen ein bloßer Fluchtreiz in schädliches Prozessverhalten umschlägt“.[337] Soweit „rationale Erwägungen die Entscheidung des Beschuldigten beeinflussen“, laufe der „imaginäre Reizeffekt jedenfalls schnell leer“, was bei der stringenten Methodik der Rechtsprechung leider ebenso unberücksichtigt bleibe wie „die höchst individuelle Strafempfindlichkeit“ oder der Umstand, dass „keine Fluchtgefahr vorliegen kann, wenn der Beschuldigte subjektiv keine Strafe erwartet“; im Übrigen wäre es „rechtsstaatlich vermessen, die Voraussetzungen des § 112 Abs. 2 Nr. 2 StPO gerade daraus abzuleiten, dass man einem Beschuldigten entgegen dessen Überzeugung eine hohe Straferwartung aufdrängt“.[338]

All dies mache deutlich, so *Fröhlich* abschließend, warum „eine Fluchtprognose, die ganz wesentlich von Strafprognosen abhängen soll, ihren derzeit vorzüglichsten Reiz bei der Provokation von Widersprüchen“ entfaltet. Außerdem bleibe eine solche Prognose eine „Drittprognose“, weil für „realistische Erwartungen und Hoffnungen nur die Perspektive der zuständigen Entscheidungsträger maßgeblich sein“ könne, wohingegen der Haftrichter auch Gefahr laufe, wegen „Besorgnis der Befangenheit abgelehnt zu werden, falls er sich zu eingehend mit der Gestaltung von Rechtsfolgen beschäftigt“.[339] Schließlich provoziere eine „Nettostrafberechung“ einen „Zirkelschluss: falls der Fluchtreiz nämlich nur auf konkrete Strafvorhersagen (des Gerichts) reagiert, wäre die dezidierte Prüfung und Formulierung des Haftgrundes der Fluchtgefahr womöglich noch Ursache dafür, dass es überhaupt zur Anordnung von Untersuchungshaft kommt, wobei hier immer vorausgesetzt wird, dass der Beschuldigte rational vorgeht, sich mithin dem Fortgang des Verfahrens frühestens dann zu entziehen gedenkt, wenn er über seine Chancen und Risiken informiert wurde und anschließend gewiss sein kann, dass ihm Schlimmes droht“. Und trotzdem verfolge die Rechtsprechung mit ihrer „zweifelhaften Methodik“ den grundsätzlich richtigen Weg, eine „schematische Beziehung zwischen den im einzelnen noch individualisierbaren Fluchtkriterien herzustellen“ – die Haftentscheidung dürfe jedenfalls „keinen fiktiven oder spekulativen Ansichten über Handlungsweisen der Justiz zum Opfer fallen“, erst recht nicht da bekannt sei, dass jene „(gleich dem Beschuldigten) zu unberechenbarem Verhalten“ neige.[340]

So weit, so gut: Ob sich „bestimmte Tatsachen“, auf Grund derer die Fluchtgefahr zu bestimmen ist (§ 112 Abs. 2 StPO), aber „vielmehr direkt aus dem Umfeld der Tatbegehung“ ergeben, erscheint doch fraglich und droht das ‚Kind mit dem Bade auszuschütten‘: Wer „in erheblichem Maße gegen die geltenden Strafgesetze“ verstoße, signalisiere „Auflehnung und Missachtung in bezug auf die staatliche Ordnung“, und „je intensiver sie in den Hintergrund“ gerate, desto eher werde man zu dem Schluss gelangen müssen, dass „Rechtsflucht auf Rechtsbruch“ folge; deshalb sei „methodologischer Einstieg in die Fluchtprognose … die Fixierung

---

[337] Ebda.
[338] *Fröhlich* aaO S. 332/333.
[339] AaO S. 333.
[340] Ebda.

des – freilich abstrakten – Strafrahmens", bevor „im Zuge einer vorläufigen Beurteilung alle signifikanten Aspekte der Schuld" herauszustellen seien.[341] Es mache jedenfalls „mehr Sinn, das nach Würdigung des Sachverhalts geläufige Tatbild zu erhellen, als die Symmetrie zwischen dringenden Verdachtsmomenten und Haftgründen durch aufgepfropfte Strafprognosen zu brechen" – in sich konsequent wird eine Musterbegründung für den Haftgrund der Fluchtgefahr wie folgt formuliert: Der Beschuldigte werde „schon aufgrund der geschilderten Tatumstände und seiner hieraus abzuleitenden kriminellen Energie der für ihn einschneidenden Strafverfolgung zu entkommen versuchen".[342]

cc) Haft-Prognostik?

Die Problemanalyse hat überzeugt, die angebotene Lösung hinterlässt jedoch eher den Eindruck, eine Chance zur Verbesserung der Haftprognostik vertan zu haben – oder es wurde ein weiteres Mal die Unmöglichkeit eines solchen Unterfangens belegt. Was bleibt ist die Einsicht, die haftprognostischen Probleme mit einer nicht minder problematischen Strafprognose jedenfalls nicht lösen zu können, ohne sich – genauer: dem Betroffenen – weitere Probleme einzuhandeln. Nach wie vor überwiegen offenbar Alltagstheorien, was in Anbetracht kaum validierter Erfahrungssätze nicht überrascht. Was auch bleibt sind die Impressionen ‚apokrypher Prognostik'.

e) Sicherungsmaßnahmen

Der hier gewählte Begriff der „Sicherungsmaßnahmen" ist – trotz zunehmend beklagter Verpolizeilichung[343] – kein dem konventionellen Strafverfahrensrecht geläufiger, womöglich mangels Trennschärfe: Hier werden darunter, jenseits der Untersuchungshaft als dem klassischen Mittel der Verfahrenssicherung (s. o.), zunächst einmal die vorläufigen Sicherungsmaßregeln verstanden, wozu neben der einstweiligen Unterbringung im Maßregelvollzug (§ 126a StPO, s. u. cc) und neuerdings derjenigen im Vorfeld einer nachträglichen Sicherungsverwahrung (§ 275a Abs. 5 StPO, s. u. dd) die vorläufige Fahrerlaubnisentziehung (§ 111a StPO) und das vorläufige Berufsverbot (§ 132a StPO) gehören, die hier aber nicht weiter behandelt werden, stattdessen jedoch – ebenfalls exemplarisch – der dingliche Arrest (§ 111d StPO, s. u. ee). Zum anderen werden unter dem Schlagwort „Sicherungshaft" einerseits diejenige zur Vollstreckungssicherung im Vorfeld eines Aussetzungswiderrufs erörtert (§ 453c StPO, s. u. bb), andererseits die Untersuchungshaft wegen Wiederholungsgefahr:

aa) Sicherungshaft I (§ 112a StPO)

Jenseits der mit § 112 StPO verknüpften Prognoseprobleme (s. o. d) wartet die sog. „Vorbeuge- oder Sicherungshaft" des § 112a StPO[344] mit zusätzlichen Komplika-

---

[341] AaO S. 333/334.
[342] AaO S. 334.
[343] Exempl. dazu *Schünemann* 2007, vgl. auch *P.-A. Albrecht* 2001.
[344] *v. Nerée* 1993.

tionen auf.[345] Es bedarf der Prognose, ob der Beschuldigte „vor rechtskräftiger Aburteilung weitere erhebliche Straftaten gleicher Art begehen oder die Straftat fortsetzen werde", ob diese Haft „zur Abwendung der drohenden Gefahr erforderlich" ist und ob in den Fällen der Nr. 2 (Katalog „die Rechtsordnung schwerwiegend beeinträchtigender" Straftaten jenseits der Sexualstraftaten der Nr. 1) eine „Freiheitsstrafe von mehr als einem Jahr zu erwarten ist".

Einer vorläufigen Maßregel ähnlich (s.o.) und nicht zufällig an die Sicherungsverwahrung gemäß § 66 StGB erinnernd (s.u. 4.a),[346] handelt es sich um eine dem klassischen Strafprozessrecht völlig fremde Maßnahme der polizeilichen Gefahrenabwehr,[347] für die die Prognose der Wiederholungsgefahr konstitutiv ist.[348] Gesetzeszweck sei der „Schutz der Allgemeinheit vor weiteren erheblichen Straftaten besonders gefährlicher Täter", weshalb es nicht darauf ankommen könne, ob „die Gefährlichkeitsprognose sich allein aus den im Haftbefehl angeführten oder auch aus anderen Anlasstaten" ergebe,[349] solange es sich um solche „überdurchschnittlichen Schweregrades und Unrechtsgehaltes" handele bzw. solche, die „mindestens in der oberen Hälfte der mittelschweren Straftaten liegen" und „in ihrer konkreten Ausgestaltung die Rechtsordnung schwerwiegend" beeinträchtigen.[350]

Im Hinblick auf die tatbestandlichen Voraussetzungen (wiederholte oder fortgesetzte Begehung der Anlasstat bei Nr. 2; Begehung weiterer erheblicher Straftaten gleicher Art oder Fortsetzung der Anlasstat) ist der – dem Gesetz nicht eigene – Begriff der „Wiederholungsgefahr" in der Tat missverständlich und irreführend[351]: Die Anlasstat(en) müssten „entweder als Beginn oder Teil einer Serie von Einzeltaten oder Einzelaspekten einer fortgeschrittenen Handlung oder als infolge eines Hanges begangen erscheinen, der auch die Gefahr künftiger weiterer Straftaten gleicher Art begründet. Mit anderen Worten, nur solche Anlasstaten, die nach dem dringenden Tatverdacht auf den gleichen starken inneren Neigungen zur Begehung bestimmter, im Katalog genannter Straftaten beruhen, wie diejenigen, die auch die Gefahr künftiger Taten begründen, genügen den engen Anforderungen".[352] Dabei erfolge der „Schluss auf innere Neigungen" regelmäßig auf Grund der Würdigung äußerer Hilfstatsachen, weshalb es im Einzelfall „der genauen Ermittlung und Gewichtung verschiedener Motive, Kräfte und Umstände [bedürfe], die einzeln oder im Zusammenwirken ursächlich für die Tat sein können", was ei-

---

345 Krit. zur Ausweitung der Katalogtaten (Einführung einer sog. „Deeskalationshaft") im Zuge der umstrittenen Einführung des Stalking-Tatbestandes in § 238 StGB vgl. *Krüger* 2008 m.w.N., der allerdings auch auf die weitgehende praktische Bedeutungslosigkeit der Neuerung hinweist.

346 Vgl. *v. Nerée* 1993, 219.

347 *Dahs* 1995, 555 m.w.N., *Hassemer* 2006, 324, diff. *Kühne* 2010 Rn. 421, 464; krit. zu Vorschlägen für einen polizeirechtlichen „Sicherheitsgewahrsam" *v. Denkowski* 2006 m.w.N. (auch zum prognostischen Fehlerrisiko aaO S. 18ff.).

348 Ähnlich *v. Nerée* 1993 m.w.N., diff. BVerfGE 19, 349 und 35, 185.

349 Vgl. OLG Rostock, Beschluss vom 12. 12. 2002 – 1 Ws 532/02 – juris, m.w.N.

350 OLG Karlsruhe StV 2006, 699 m.w.N.

351 *v. Nerée* 1993, 215.

352 Ebda, vgl. auch OLG Dresden StV 2006, 534.

nen besonderen Sachverstand voraussetze und regelmäßig die Einschaltung eines Sachverständigen erfordere.[353]

Die Wiederholungsgefahr müsse, so das OLG Rostock, durch „bestimmte Tatsachen begründet werden, die eine so starke Neigung des Beschuldigten zu einschlägigen Straftaten erkennen lassen, dass die Gefahr begründet ist, er werde gleichartige Taten, wie die Anlasstaten, bis zur rechtskräftigen Verurteilung in der den Gegenstand des Ermittlungsverfahrens bildenden Sache begehen“; diese Gefahrenprognose erfordere „eine hohe Wahrscheinlichkeit der Fortsetzung des strafbaren Verhaltens; dabei sind auch Indiztatsachen zu berücksichtigen und zu würdigen, wie die Vorstrafen des Beschuldigten und die zeitlichen Abstände zwischen ihnen sowie Persönlichkeitsstruktur und Lebensumstände“.[354]

Verbrechensbekämpfungsrecht?

Während der Gesetzgeber bei der Nr. 1 pauschal auf die deliktspezifische Wiederholungsgefahr bei Sexualstraftätern setzte, die im Einzelfall nur durch „bestimmte Tatsachen“ konkretisiert werden muss,[355] hatte er für die Gefahrenprognose im Falle der Nr. 2 gewissermaßen einen methodischen Hinweis gegeben, nämlich eine positive Regelvermutung: „In den Fällen der Nr. 2 setzt die Annahme einer solchen Gefahr in der Regel voraus, daß der Beschuldigte innerhalb der letzten fünf Jahre wegen einer Straftat gleicher Art rechtskräftig zu Freiheitsstrafe verurteilt worden ist“ (§ 112a Abs. 2 S. 2 StPO a.F.).[356]

Diese Klausel wurde durch das sog. „Verbrechensbekämpfungsgesetz“ vom 28. 10. 1994 ersatzlos gestrichen. Zur Begründung hieß es, dass durch die Streichung die bisher erforderliche „Regelvoraussetzung einer rechtskräftigen Vorverurteilung“ entfalle, womit eine „praxisgerechtere Handhabbarkeit der Vorschrift“ erreicht werde, ohne auf die verfassungsrechtlich gebotenen Beschränkungen verzichten zu wollen: Die Begründung der Annahme von Wiederholungsgefahr habe auch bisher schon durch das Vorliegen anderer Tatsachen erfüllt werden können, weshalb es auch weiterhin erforderlich sei, so die ebenso kryptische wie zirkuläre Begründung, dass „bestimmte Tatsachen die Gefahr der Wiederholung weiterer erheblicher Straftaten gleicher Art begründen“.[357] In der Begründung zur Einführung des § 112a StPO hatte es noch geheißen, mit der Einschränkung solle „das Merkmal der typischen Serientäter, bestimmte einschlägige Straftaten wiederholt zu begehen“, Beachtung finden,[358] um „die Aussagefähigkeit der Wiederholungsprognose“ zu erhöhen,[359] was „zur Absicherung der Richtigkeit der Prognose“ beitrage.[360]

---

[353] Ebda und OLG Dresden aaO m. w. N.

[354] OLG Rostock, Beschl. v. 12. 12. 2002 – 1 Ws 532/02 – juris, m. w. N., vgl. *Meyer-Goßner* § 112a Rn. 14, HK-*Lemke* § 112a Rn. 14, *Meinen* 2008 Rn. 98 ff.

[355] *Diemer-Nicolaus* 1972, 1694, vgl. *Hohmann/Matt* 1989 und *v. Nerée* 1993, 214 m. w. N. sowie *Krüger* 2008, 152.

[356] Vgl. *v. Nerée* 1993, 215.

[357] Vgl. BT-Drs 12/6853, 33, krit. *Kühne* 2010 Rn. 422.

[358] BT-Drs VI/3561, 4, eher krit. insoweit *Diemer-Nicolaus* 1972, 1694 f.

[359] *Hohmann/Matt* 1989, 211.

[360] *v. Nerée* 1993, 215.

Da der zur „wirksameren Bekämpfung der Kriminalität" verkündete Verzicht auf diese Klausel im „Verbrechensbekämpfungsgesetz" als „Erweiterung des Haftgrundes der Wiederholungsgefahr" präsentiert wurde,[361] ist die o.g. Begründung „praxisgerechterer Handhabbarkeit" bei angeblich verfassungsrechtlicher Neutralität kaum glaubwürdig: Argumentativ wenig geschickt wird der „Zweck der Regelvoraussetzung der [rechtskräftigen] Vorverurteilung" auf „die Begründung der Annahme von Wiederholungsgefahr" reduziert[362] – die selbstverständlich auch „durch das Vorliegen anderer Tatsachen erfüllt" werden könne, aber eben nur ausnahmsweise und mit erhöhtem Begründungsaufwand: War innerhalb der letzten fünf Jahre keine rechtskräftige Verurteilung „wegen einer Straftat gleicher Art" zu verzeichnen, sei es dass eine solche länger zurückliegt, sei es dass sie nicht einschlägig war, sei es gar, dass überhaupt keine (oder jedenfalls keine einschlägige) Verurteilung vorlag, dann sollte das Gericht einigen Begründungsaufwand darauf verwenden, warum ausnahmsweise gleichwohl eine qualifizierte Rückfallgefahr vorliege.[363]

Damit steht dieser Haftgrund mehr noch als in der ohnehin umstrittenen – und nicht selten für verfassungswidrig erachteten[364] – Fassung in der Gefahr, dass „in übersteigertem Maße kriminalpolitische Erwägungen in die Bewertung des Einzelfalls einfließen",[365] indem „allzu voreilig von der Prüfung der einzelnen Prognosevoraussetzungen auf die Schiene der vermeintlichen Zwecksetzungen des Gesetzgebers gewechselt wird" – während sich die vom BVerfG reklamierte restriktive Handhabung „vorrangig an den Anforderungen der Prognosesicherheit auszurichten" habe,[366] womit zugleich die Rechtspolitik einmal mehr auf die Justiz verlagert wird.

bb) Sicherungshaft II (§ 453c StPO)

Sind „hinreichende Gründe für die Annahme vorhanden", dass die Aussetzung der Strafe gemäß § 56 StGB oder der Reststrafe gemäß §§ 57, 57a StGB[367] widerrufen wird, so kann das jeweils zuständige Gericht „bis zur Rechtskraft des Widerrufsbeschlusses, um sich der Person des Verurteilten zu versichern, vorläufige Maßnahmen treffen" (§ 453c Abs. 1 Hs. 1 StPO); „notfalls" kann es einen sog. „Sicherungshaftbefehl" erlassen, sei es bei Vorliegen der allgemeinen Haftgründe gemäß § 112 Abs. 2 StPO, sei es, weil „bestimmte Tatsachen die Gefahr begründen, dass der Verurteilte erhebliche Straftaten begehen werde" (Hs. 2). Gemäß § 463 Abs. 1 StPO gilt die Regelung im Falle der Aussetzung freiheitsentziehender Maßregeln

---

361 BT-Drs 12/6853, 2, zust. *König/Seitz* 1995, 6: „deutliches Zeichen".

362 AaO S. 33, krit. *Dahs* 1995, 555.

363 Vgl. *v. Nerée* 1993, 315f. m.w.N.

364 *Hohmann* StV 1997, 312 m.w.N., a.A. OLG Rostock aaO.

365 *Hohmann/Matt* 1989, 211.

366 AaO S. 212.

367 Für das Jugendstrafvollstreckungsrecht gilt gemäß §§ 21, 88 i.V.m. § 2 Abs. 2 JGG Entsprechendes, vgl. D/S/S-*Sonnen* §§ 26, 26a Rn. 24.

(s.u. 4. b) sinngemäß, wobei sachgerecht von einem „Sicherungsunterbringungsbefehl“ gesprochen werden sollte.[368]

Diesseits der für den Widerruf gemäß § 56f StGB (s.u. 3.c) bzw. § 67g StGB (s.u. 4.b) geltenden Ausführungen zu den jeweils erforderlichen Prognoseentscheidungen wird hier – wie bei allen vorläufigen Sicherungsmaßnahmen – eine doppelte Prognose erforderlich: Über den Ausgang des Widerrufsverfahrens einerseits, über das Vorliegen qualifizierter Sicherungshaft- bzw. -unterbringungsgründe andererseits.[369]

cc) Einstweilige Unterbringung I (§ 126a StPO)

Die einstweilige Unterbringung in einem psychiatrischen Krankenhaus oder in einer Entziehungsanstalt kann gemäß § 126a Abs. 1 StPO angeordnet werden, wenn „dringende Gründe für die Annahme vorhanden“ sind, dass der Betroffene eine rechtswidrige Tat im Zustand der §§ 20 oder 21 StGB begangen hat, dass seine Unterbringung gemäß §§ 63 oder 64 StGB „angeordnet werden wird“ und wenn „die öffentliche Sicherheit es erfordert“.[370]

Die Entscheidung, ob „dringende Gründe“ für eine Annahme nach § 126a StPO vorliegen, werde als „Prognose einer möglichen zukünftigen Entscheidung nach §§ 63, 64 StGB getroffen“, die sich insbesondere „auf die speziellen Anordnungsgründe der §§ 63 bzw. 64 StGB beziehe“.[371] Anders als für die Prognose zu dieser Entscheidung sei bei der „Frage, ob eine Gefahr für die öffentliche Sicherheit die einstweilige Unterbringung nach § 126a StPO erfordert, der Zeitpunkt maßgeblich, zu dem über diese Maßnahme entschieden wird“, wobei darauf abzustellen sei, dass „dringende Gründe dafür sprechen, dass der Beschuldigte vor Anordnung der endgültigen Unterbringung weitere erhebliche Straftaten begehen wird und dass gegen sie sofortige Abhilfe geboten ist“, weil sie „schweren Schaden anrichten und den Rechtsfrieden erheblich stören können“.[372] Ganz so einfach ist die Rechtslage denn doch nicht, wie sie hier dargestellt wird, ganz abgesehen davon, dass spezifische Fragen der doppelten Prognosestellung gar nicht berührt werden, außer dem eher beiläufigen Hinweis darauf, dass „in der Regel das Gutachten eines Sachverständigen einzuholen“ sei, nicht zuletzt aus Gründen der Prozessökonomie, denn in Unterbringungssachen sei „spätestens im Hauptverfahren“ ohnehin „gemäß § 415 Abs. 5 StPO[373] ein Sachverständiger über den Zustand des Beschuldigten zu vernehmen“.[374]

---

[368] Vgl. *Volckart/Pollähne/Woynar* 2008 Rn. 297.

[369] HK-*Pollähne* § 453c Rn. 2ff. m.w.N.; noch komplexer wird es bei der „befristeten Wiederinvollzugsetzung“ gemäß § 67h StGB (dazu NK-*Pollähne/Böllinger* § 67h Rn. 24) und dem im Vorfeld möglichen Sofortvollzug gemäß § 463 Abs. 6 S. 2 StPO (dazu HK-*Pollähne* § 463 Rn. 16).

[370] Ausf. *Pollähne* 2002, vgl. auch *Ernst* 2011, 23ff.

[371] So *Westhoff* 1997, 51, vgl. *Solbach* 1995, 969.

[372] *Westhoff* ebda m.w.N.

[373] Naheliegender wäre der Hinweis auf § 246a StPO gewesen, denn das Sicherungsverfahren gemäß §§ 413ff. StPO, auf das hier abgestellt wird, kommt nur relativ selten zur Anwendung.

[374] *Westhoff* aaO S. 52.

Starke unterscheidet hinsichtlich der Anordnungsvoraussetzungen treffend zwischen retrospektiv und prospektiv zu bestimmenden Voraussetzungen.[375] Während Erstere sich auf das Vorliegen einer rechtswidrigen Tat beziehen, die – auf der Grundlage „dringender Gründe“ – im Zustand der §§ 20, 21 StGB begangen worden sein soll, seien darüber hinaus zwei Prognoseentscheidungen erforderlich: Einerseits müssten dringende Gründe für die Annahme sprechen, dass das Gericht eine Unterbringung nach §§ 63, 64 StGB anordnen wird (Zeitpunkt der voraussichtlichen Urteilsfällung), andererseits dürfe die einstweilige Unterbringung nur erfolgen, wenn die öffentliche Sicherheit es aktuell erfordere,[376] wobei hinsichtlich der Symptomtaten, des indiziellen Zusammenhangs und des Wahrscheinlichkeitsgrades dieselben Maßstäbe wie bei §§ 63, 64 StGB zu gelten hätten. Im Vergleich zu § 112a StPO genüge „die zu erwartende Begehung (irgendwelcher) erheblicher rechtswidriger Taten, für die die Anlasstat allerdings symptomatisch sein“ müsse.[377]

Die Besonderheit der „einstweiligen Prognosestellung“ in § 126a StPO lässt sich noch treffender zuspitzen: „Der Haftrichter soll prognostizieren, ob die jeweilige Unterbringung >angeordnet werden wird<, ob also das später erkennende Gericht die erforderliche Gefahr für die Allgemeinheit prognostizieren wird – die Prognose einer Prognose: sicher keine leichte Aufgabe.“[378] Allerdings handelt es sich insoweit doch nur „dem Schein nach um eine Prognoseentscheidung“, denn „es ist lediglich im früheren Zeitpunkt derselbe Gedankengang anzustellen, wie später im Urteil“; es soll m. a. W. nicht „prognostisch darüber spekuliert werden, ob das spätere Tatgericht wohl die Unterbringung anordnen wird oder nicht, sondern lediglich auf den unterschiedlichen zeitlichen Bezugspunkt der Prognose aufmerksam gemacht werden“.[379] In jedem Fall fordert § 126a StPO auch hinsichtlich der ‚prognostizierten‘ Anordnung nach §§ 63, 64 StGB „dringende Gründe“, so dass es also „nicht ausreicht, dass eine solche Unterbringung nicht auszuschließen ist“.[380]

Die „Treffsicherheit“ der haftrichterlichen Voraussagen über die endgültige Anordnung der jeweiligen Maßregel (zumeist § 63 StGB) wurde unlängst empirisch untersucht: Von insg. 78 gemäß § 126a StPO eingewiesenen Patienten (im BKH Kaufbeuren, Vierjahreszeitraum: 1. 1. 2000–31. 12. 2003) konnten 72 in die Untersuchung einbezogen werden.[381] Davon wurde schließlich bei 41 Patienten rechtskräftig eine Maßregel gemäß § 63 StGB (31 Fälle) oder § 64 StGB (10 Fälle) angeordnet (ges. 56,9%), die wiederum in 10 Fällen gemäß § 67b StGB sofort zur Bewährung ausgesetzt wurde (nur 63er-Fälle), so dass letztlich nur 31 Patienten in der Klinik verblieben. Demgegenüber wurde bei einer gleich großen Gruppe (31 Patienten: 43,1%) die einstweilige Unterbringung aufgehoben, ohne dass es zu

---

375 *Starke* 1991, 109ff., vgl. zu der Unterscheidung auch *L. Schulz* 2001, 228.
376 *Starke* aaO S. 111 m. w. N.
377 *Starke* aaO S. 112f. m. w. N.
378 *Pollähne* 2002, 238.
379 *Pollähne* aaO S. 238/239 m. w. N.
380 *Pollähne* aaO S. 239 m. w. N.; zu Darstellungs- und Begründungsmängeln ausf. *Ernst* 2011.
381 *Laugwitz* 2005, 68.

einer Maßregelanordnung kam, wovon wiederum nur 11 in den Justizvollzug verbracht, hingegen 20 Untergebrachte in die Freiheit entlassen wurden.[382]

Die Zahlen belegten nach Ansicht der Forscher, dass „bei 57% der Patienten entweder die einstweilige Unterbringung gar nicht hätte angeordnet werden dürfen oder sich im Laufe der einstweiligen Unterbringung Tatsachen ergaben, die eine Entlassung bzw. Aussetzung der Maßregel bei Anordnung möglich werden ließen“; legte man strenge Maßstäbe an, hätten insb. „61,5% der Psychosekranken nicht nach § 126a StPO untergebracht werden müssen“ – offenbar neigten die Richter gerade hier dazu, auf „Nummer sicher“ zu gehen.[383] Nur bei den Persönlichkeitsgestörten sei das Zahlenverhältnis „noch krasser“, die Treffsicherheit also am geringsten ausgefallen.[384]

dd) Einstweilige Unterbringung II (§ 275a Abs. 5 StPO)

Mit Einführung der vorbehaltenen (2002: § 66a StGB) und der nachträglichen Sicherungsverwahrung (2004: § 66b StGB) wurde in § 275a Abs. 5 StPO eine neue Form der einstweiligen Unterbringung verankert, um die ggf. zwischen Endstrafe und Rechtskraft der SV-Anordnung entstehende „Sicherheitslücke“ zu füllen.[385] Ähnlich dem § 126a Abs. 1 StPO (s.o.) wird darauf abgestellt, ob „dringende Gründe für die Annahme vorhanden [sind], dass die nachträgliche Sicherungsverwahrung angeordnet wird“ (§ 275a Abs. 5 S. 1 StPO), wobei es ersichtlich nur um Anordnungen gemäß § 66b StGB geht (im Falle des § 66a StGB gilt S. 3, was hier keiner weiteren Erörterung bedarf).

Auf eine doppelte Gefahrenprognose wird ausweislich des Tatbestands – hier im Unterschied zu § 126a StPO – verzichtet, da sich die „Gefahr für die öffentliche Sicherheit“ (im Falle einer Entlassung nach Vollverbüßung) offenbar bereits aus der Annahme ergeben soll, die nachträgliche Sicherungsverwahrung werde angeordnet.[386] Es handelt sich gleichwohl einerseits um die Vorhersage des Verfahrensausgangs, andererseits um eine kursorische Vorabprüfung der Voraussetzungen des § 66b StGB, insb. also die Frage, ob neue Tatsachen erkennbar geworden sind, die „auf eine erhebliche Gefährlichkeit des Verurteilten für die Allgemeinheit hinweisen“, und ob die „Gesamtwürdigung des Verurteilten, seiner Taten und ergänzend seiner Entwicklung während des Strafvollzuges ergibt, dass er mit hoher Wahrscheinlichkeit erhebliche Straftaten begehen wird“ (§ 66b Abs. 1 S. 1 und Abs. 2

[382] Vgl. *Laugwitz* 2005, 69, auch zu diagnostischen Differenzen.

[383] AaO S. 69/70.

[384] AaO S. 70.

[385] Im Falle der primären SV-Anordnung gemäß § 66 StGB (s. u. 4.a) wird eine solche ‚Lücke‘ nach Endstrafe auch dann mit Beginn der Verwahrung umgangen, wenn eine rechtskräftige Entscheidung gemäß § 67c Abs. 1 StGB noch nicht vorliegt (krit. dazu NK-*Pollähne/Böllinger* § 67c Rn. 15 m. w. N.). Dass die nachträgliche SV mit Wirkung vom 1. 1. 2011 abgeschafft wurde, macht § 275a Abs. 5 StPO auch insoweit nicht obsolet, denn § 66b StGB a. F. gilt für ‚Altfälle‘ weiter, so wie §§ 7 Abs. 2, 106 Abs. 5 JGG ebenso weiter gelten wie § 66b Abs. 3 StGB a. F.

[386] Vgl. auch *Folkers* 2006, 430 f.

S. 1 StGB, s. u. 4. a). Die prognostischen Risiken bei der Anordnung der nachträglichen Sicherungsverwahrung schlagen hier umso mehr zu Buche: Zu fordern ist ein „hoher Grad von Wahrscheinlichkeit", dass das Gericht die endgültige Maßnahme anordnen wird.[387]

ee) Dinglicher Arrest

Der sog. „dingliche Arrest"[388] gemäß § 111d StPO zur vorläufigen Sicherung von Vorteilen aus einer mutmaßlichen Straftat in Fällen, in denen eine Beschlagnahme ausscheidet, setzt als Arrestgrund gemäß § 917 ZPO u. a. voraus, dass „ohne die Arrestanordnung die künftige Vollstreckung vereitelt oder wesentlich erschwert werden würde"[389]; unter welchen tatsächlichen Voraussetzungen eine derartige Gefährdung anzunehmen ist, werde in der strafprozessualen Kommentarliteratur allerdings, so *Bittmann* und *Kühn*, nicht näher erläutert.[390] Es sei eine „Prognoseentscheidung über das künftige Verhalten von bestimmten Personen oder eines Personenkreises zu treffen", vergleichbar den Wahrscheinlichkeitsaussagen des Haftrechts im Sinne einer „hohen Wahrscheinlichkeit des Eintritts eines schädlichen Erfolges, der nach den Gesetzen der Kausalität und der Lebenserfahrung zu erwarten ist", so dass es etwa genüge, dass „die Umstände Flucht, Verdunkelung oder Wiederholung nahelegen". Im Gegensatz zum Haftrecht, das „bloße Vermutungen" nicht ausreichen lasse, genüge gemäß § 917 ZPO aber schon „die reine ‚Befürchtung' vermögensmindernder Maßnahmen", weshalb die „Besorgnis der (zukünftigen) Vollstreckungsvereitelung" schon dann bestehe, wenn „die nachteilige Veränderung der Vermögensverhältnisse des Schuldners erst noch droht" – solange der Beschuldigte „über die Möglichkeit" verfüge, Vermögensverschiebungen vorzunehmen, könne „die Prognose getroffen werden, dass er zu entsprechenden Maßnahmen auch wirklich greift".[391]

Damit bleibt für eine individuelle Prognoseentscheidung kaum noch Raum, was *Bittmann/Kühn* zufolge durchaus dem Zweck entspreche, „Vermögenswerte frühzeitig und umfassend zu sichern, damit dem Täter das durch strafbares Unrecht Erlangte auch tatsächlich wieder entzogen werden kann", denn anderenfalls liefe die Arrestregelung der §§ 111b und d StPO weitgehend leer. Wenn der Gesetzgeber Anlass sah, sie in die StPO aufzunehmen, so die Autoren, dann wäre es widersprüchlich, ihren Anwendungsbereich „durch überzogene Anforderungen auf ein Minimum zu reduzieren"[392] – um den Preis, die Prognoseanforderungen auf ein Minimum zu reduzieren: „Die möglichen Umstände und in Betracht kommenden Vereitelungs- oder Verschleierungshandlungen" seien „prinzipiell unbeschränkt", könnten in der Person des Beschuldigten bzw. Angeklagten „ebenso liegen wie in

[387] SaarlOLG, Beschluss vom 4. 7. 2007 – 1 Ws 137/07 – juris; vgl. auch *Meinen* 2008 Rn. 31 und *Meyer-Goßner* § 275a Rn. 16.

[388] Vgl. *Bittmann/Kühn* 2002 unter Verweis auf *Achenbach*.

[389] Vgl. *Bittmann/Kühn* 2002, 248 f.

[390] AaO S. 249 m. w. N.

[391] Ebda unter Verweis auf LG Halle v. 27. 11. 2000 – 22 Qs 35/2000.

[392] *Bittmann/Kühn* 2002, 249.

seinem in der Vergangenheit gezeigten Verhalten, dem Milieu, in welchem er sich aufhält, oder dem Bekanntenkreis, mit dem er sich umgibt". Es bedürfe nicht einmal der Annahme, dass er „mit der zu befürchtenden Vereitelung etwas zu tun hätte. Diese Befürchtung kann sich auch auf die Person oder das Verhalten Dritter stützen, z. B. auf den Hintermann".[393]

Umstritten sei nach alledem überhaupt nur, ob „allein schon die Begehung eines strafbaren Vermögensdelikts für sich betrachtet einen Arrestgrund darstellt", was von den Autoren mit der h. M. bejaht wird, wenn „die unerlaubte Handlung nach den Umständen des Einzelfalles die Annahme rechtfertigt, der Schuldner werde seine rechtsfeindliche Verhaltensweise fortsetzen, um den rechtswidrig erlangten Vermögensvorteil zu behalten", was „regelmäßig bei Vorliegen einer gegen den Gläubiger gerichteten Straftat anzunehmen sei".[394] Dies sei auf den strafprozessualen dinglichen Arrest zu übertragen, denn „die Straftat selbst zeigt doch gerade, dass der Täter die erlangten Vermögensvorteile dem Opfer nicht belassen will. Es liegt deshalb nahe, dass er versuchen wird, das Erlangte, seine ‚Beute', für sich oder den begünstigten Dritten zu sichern"; es komme hinzu, dass „die schon begangene Straftat die Hemmschwelle für die nächste Unredlichkeit herabgesetzt haben dürfte".[395] Nach allem sei „die Indizwirkung einer ‚konnexen' Straftat" zu bejahen, so dass es „ohne gegenteilige Anhaltspunkte eher wahrscheinlich [sei], dass der Schuldner danach trachtet, die Wiederherstellung der rechtmäßigen Vermögensverhältnisse zu vereiteln" – nur konsequent, dass es letztlich der Beschuldigte sein soll, der „gegenteilige Anhaltspunkte" zu belegen hat.[396]

Dass all dies mit einem rechtsstaatlichen Strafverfahren wenig gemein hat, ist eine Sache – dass von einer Prognoseentscheidung letztlich gar keine Rede mehr sein kann, eine andere. So gesehen darf es nicht verwundern, dass weder hier noch an anderen Stellen der einschlägigen Fachliteratur oder Rechtsprechung[397] irgendwelche Anhaltspunkte dafür zu finden sind, wie der Arrestgrund methodisch sauber zu ermitteln oder auch nur zu begründen sein soll. Wie die ZPO-Kommentarliteratur auf den „sachlichen Maßstab eines ruhigen verständigen und gewissenhaft prüfenden Menschen" abzustellen,[398] hilft nicht wirklich weiter.

ff) Sicherungs-Prognostik?

Sieht man einmal von den völlig unzureichenden prognostischen Ausführungen zum dinglichen Arrest ab und vernachlässigt die noch kaum ausgeprägte Dogmatik zu § 275 a Abs. 5 StPO, bleibt die Erkenntnis, dass vorläufige strafprozessuale Sicherungsmaßnahmen (im Sinne einstweiliger Maßregeln) mit multiplen Prognoseproblemen belastet sind: Jenseits der Prüfung des dringenden Tatverdachts müssen nicht nur der akute Sicherungsbedarf geklärt, sondern auch die endgültige

---

393 AaO S. 250.
394 Ebda unter Verweis auf die Rechtsprechung des BGH in Zivilsachen.
395 Ebda m. w. N.
396 AaO S. 250/251.
397 Vgl. etwa HK-*Gercke* § 111 d Rn. 2, 9 ff. m. w. N.
398 Exempl. *Baumbach et al.* 2010 § 917 Rn. 6 m. w. N.

Sicherungsentscheidung (insb. Maßregelanordnung) antizipiert werden. Eine darauf eingestellte Prognostik wurde weder in der Theorie noch in der Praxis erkennbar.

f) Sonstige strafprozessuale Entscheidungen

Aus der Vielzahl sonstiger – mal mehr, mal weniger – prognostisch mitbestimmter strafprozessualer Entscheidungen seien abschließend drei herausgegriffen, die in Literatur und/oder Rechtsprechung einschlägige Erörterungen erfahren haben: Fragen der Opportunitätseinstellung (s. u. bb), notwendiger Verteidigung (s. u. cc) und vorab der sachlichen Gerichtszuständigkeit:

aa) Sachliche Gerichtszuständigkeit

Für die Bestimmung desjenigen Gerichts, vor dem Anklage zu erheben ist bzw. erhoben werden darf,[399] muss die Staatsanwaltschaft gemäß §§ 24 Abs. 1 Nr. 2, 74 Abs. 1 S. 2 GVG ggf. prognostizieren, welche Strafe oder Maßregel zu erwarten ist. So kann die Anklage vor dem Landgericht insb. dann gerechtfertigt sein, wenn die Unterbringung gemäß § 63 StGB „zu erwarten" ist; dass diese Möglichkeit lediglich „nicht völlig fern liegt", genügt hingegen nicht.[400] Vielmehr sei die Rechtsfolgenerwartung „aufgrund einer überschlägigen Prognoseentscheidung, ähnlich der Entscheidung über den hinreichenden Tatverdacht i. S. d. § 203 StPO, unter Berücksichtigung aller rechtsfolgenerheblichen Umstände" zu bestimmen; diese Entscheidung müsse „zumindest vertretbar" und dürfe „jedenfalls nicht willkürlich" sein.[401]

Im Hinblick auf § 246a StPO (s. u. D. II. 2. a) werden solche Prognoseentscheidungen „grundsätzlich eine auf ein Sachverständigengutachten gestützte Auseinandersetzung" insb. mit der Frage erfordern, ob „die Wahrscheinlichkeit künftiger Straftaten zumindest im Bereich der mittleren Kriminalität" bestehe.[402] Für die Annahme, die Unterbringung in einem psychiatrischen Krankenhaus sei zu erwarten, müsse somit „ein mit Tatsachen belegter hinreichender Verdacht bezüglich aller die Unterbringung rechtfertigender Tatbestandsmerkmale gegeben", die Anordnung der Unterbringung mithin „mit Wahrscheinlichkeit zu erwarten" sein.[403] Allerdings müssten sie „gerade nicht sicher feststehen" (ähnlich § 126a StPO, s. o. e): Ergibt die Hauptverhandlung „Hinweise auf eine bei dem Angeklagten vorliegende psychische Erkrankung (Schizophrenie) in Verbindung mit der vorgeworfenen Anlasstat und den zahlreichen Vorverurteilungen", seien dies „objektive Anhaltspunkte", die eine Einweisung gemäß § 63 StGB „rechtfertigen könnten", was eine Verweisung gemäß § 270 StPO legitimiere.[404]

---

[399] Überblick bei *Heghmanns* 2008 Rn. 238 ff.
[400] OLG Rostock, Urteil vom 14. 5. 2004 – 1 Ss 44/04 I 20/04 – juris.
[401] OLG Rostock aaO m. w. N.
[402] Ebda.
[403] Ebda.
[404] BbgOLG JMBl BB 2004, 101.

bb) Einstellung wegen geringer Schuld

Die Frage, wann wegen „geringer Schuld“ das Ermittlungsverfahren gemäß § 153 StPO (ohne weitere Folgen i.S.d. § 153a StPO, ggf. auch gemäß § 45 Abs. 1 JGG) – die übrigen Voraussetzungen vorbehalten – eingestellt werden kann, lässt auf den ersten Blick keinen prognostischen Einschlag erkennen. Dieser kommt erst zum Tragen, wenn auf die unterschiedlichen Auffassungen zur Bestimmung der „Geringwertigkeit“ der Schuld abgestellt wird:

Folgt man der in Teilen der Kommentarliteratur vertretenen Meinung,[405] wonach es letztlich auf die „Wahrscheinlichkeit der Feststellung von geringer Schuld“, mithin auf die „im Falle einer Verurteilung zu erwartende Strafe“ ankomme, tritt zu der „an mehreren Einzelparametern konkretisierten Gesamtschau eine Prognoseentscheidung hinzu“, so *Bandemer*: Die notwendige „vorläufige Tatbewertung“ beinhalte die „durch Tatsachen begründete Erwartung, daß dem Beschuldigten die zur Last gelegte Straftat nicht nur nach der objektiven und subjektiven Seite nachgewiesen werden kann, sondern auch zu einer Ahndung im Rahmen einer voraussehbaren Größenordnung“ führen werde; die Bewertung des straf- und strafprozessualen Gewichts einer Tat folge damit „generell aus der Nachschau ihres Ermittlungsergebnisses und der Vorausschau ihrer Verurteilungs-, besser: Ahndungswahrscheinlichkeit“.[406] Maßstab für die geringe Schuld bei § 153 StPO und seinen Bezugsnormen aus dem Jugendstrafrecht könne „nur ein Wahrscheinlichkeitsurteil sein“, da Gewissheit oder Überzeugung ausschieden; der Begriff der Wahrscheinlichkeit beinhalte dabei „eine Tendenzregel, die sich in dem Nahbereich des unsicheren Ausgangs von Tatsachenfeststellungen auf dem bisher Erwiesenen aufbaue und sich von da an in den Fernbereich der Zukunftsprognose der weiteren Erweislichkeit und Wertigkeit“ fortbewege – als „dynamischer Qualitätsbegriff“ fehle ihm gerade die Statik, die Überzeugung und Gewissheit wie eine Erkenntnismauer aufbauten, womit das Ganze „auf eine Zeitpunktfrage“ hinauslaufe. Durch die Fassung der Fragestellung als fiktiv, „wie das Gericht zu entscheiden hätte“ und „zu welcher Strafe verurteilt werden würde“, sei der gesetzgeberischen Fassung („als gering anzusehen“) in vollem Umfang Rechnung getragen.[407]

Die von der Rechtsprechung zur Umschreibung des notwendigen Grades von Wahrscheinlichkeit gerne gebrauchten Formulierungen seien „für den von Zweckmäßigkeitsgesichtspunkten geprägten Wahrheitsbegriff des § 153 StPO zu sicher und hochtourig“, denn seine Wahrheit werde wahr gemacht, d. h. verifiziert, indem sie „von der Tatbewertung in die Wahrscheinlichkeitsrichtung und von da in die Zweckmäßigkeitsüberlegung gesteuert“ werde, weshalb die Einstellung nach § 153 StPO auch als „reale Parallelität“ bezeichnet wurde.[408] Als „substantielle Schlußregel“ könne z.B. formuliert werden: „Alle, die mit 17 geringwertige

---

[405] Exempl. HK-*Gercke* § 153 Rn. 3 m.w.N., diff. *Heghmanns* 2008 Rn. 32ff.

[406] *Bandemer* 1992, 180 m.w.N.

[407] *Bandemer* aaO S. 181f.

[408] Ebda unter Verweis auf Peters.

Sachen stehlen, sollen nicht weiter verfolgt werden, wenn die zur Feststellung, wie die Ahndung der Tat ausfallen würde, notwendigen Ermittlungen getätigt sind und eine Ahndung an unterer Stelle erfolgen würde.“[409] Nach den anspruchsvollen Ausführungen zum Verhältnis von Wahrheit, Wahrscheinlichkeit und Zweckmäßigkeit ein eher enttäuschender Versuch der Normierung, die dem Praktiker kaum über die Unbestimmtheit der Norm und der h. M. hinweghilft.

cc) Notwendige Verteidigung

Die in § 140 Abs. 2 StPO genannte Voraussetzung für eine Verteidigerbestellung, wenn „ersichtlich ist, dass der Beschuldigte sich nicht selbst verteidigen kann“, zielt auf ein Wahrscheinlichkeitsurteil ab, allerdings: „Die Verteidigungsunfähigkeit muss nicht erwiesen oder wahrscheinlich sein; sondern im Gegenteil: Verteidigerbestellung ist immer dann notwendig, wenn die Verteidigungsfähigkeit nicht sicher feststeht.“[410] Einer solchen „überschlägigen Prognoseentscheidung“ bedürfe es (hinsichtlich der Straferwartung) auch bei der Frage, ob gemäß § 418 Abs. 4 StPO im beschleunigten Verfahren vor dem Amtsgericht eine Verteidigung notwendig sei: Diese Prognose habe sich auf die allgemeinen Strafzumessungsgründe zu stützen und müsse „während des gesamten Verfahrens fortlaufend gestellt werden, also insbesondere auch während der laufenden Verhandlung“, etwa weil die Staatsanwaltschaft in ihrem Plädoyer eine Freiheitsstrafe von sechs Monaten beantragt.[411]

2. Materielles Straf(barkeits)recht

Das materielle Strafrecht – hier i. e. S. verstanden als Inbegriff der allgemeinen und besonderen Strafbarkeitsvoraussetzungen – kennt zunächst einmal keine Prognoseentscheidungen im eigentlichen Sinne: Urteile (Schuldsprüche) über die Strafbarkeit eines in der Vergangenheit abgeschlossenen Verhaltens können nicht prognostisch determiniert sein (zum Beweisrecht s. o. 1. c). Dagegen stünde nicht zuletzt Art. 103 Abs. 2 GG, wonach eine Tat nur bestraft werden kann, wenn ihre Strafbarkeit gesetzlich bestimmt war, bevor sie begangen wurde. Und doch gibt es prognostisch eingefärbte Tatbestandsmerkmale, die zwar Aussagen über einen hypothetischen Geschehensablauf verlangen, dies jedoch – im Gegensatz zum prospektiven Ansatz der individuellen Kriminalprognose – retrospektiv:

a) Grundlagen der Strafbarkeit

Aus dem AT des StGB sind Erwägungen zum hypothetischen Kausalverlauf bekannt, die die retrospektive Prognose (sog. „ex ante“-Betrachtung) darüber beinhalten, was sich ereignet hätte, würde der Täter nicht oder nicht so gehandelt ha-

---

409 AaO S. 183 unter Verweis auf juristische Argumentationslehren (Peczenik, Toulmin, Neumann, Alexy).
410 *Solbach* 1995, 967.
411 OLG Braunschweig StV 2006, 493 m. w. N.

ben, wobei die naturwissenschaftlich anmutende, letztlich aber denkgesetzlich begründete Kausalität durch Kriterien objektiver Zuschreibung ergänzt wird.[412] Entsprechendes gilt für die „quasi-Kausalität" bei der Unterlassung.[413]

Einen ähnlich „retrognostischen" Einschlag haben daneben all jene Begriffe, die auf „-barkeit" enden, wie etwa die Vermeidbarkeit des Verbotsirrtums (§ 17 StGB),[414] die Vorhersehbarkeit des Erfolgseintritts bei der Fahrlässigkeit oder die Nichtabwendbarkeit der Gefahr im Notstand (§§ 34, 35 StGB).[415] Auch die Frage nach der schon-Gegenwärtigkeit des Angriffs im Rahmen der Notwehrlage (§ 32 Abs. 2 StGB) kann die ex-ante-prognostische Erwägung erfordern, ob ein solcher unmittelbar bevorstand resp. wie sich das Geschehen weiterentwickelt hätte[416]; ebenso ist die Frage der Erforderlichkeit der Verteidigungshandlung zumindest auch prognostisch determiniert.[417]

b) Objektive Tatbestandsmerkmale

Aus dem BT des StGB sind ähnlich ‚retrognostische' Merkmale bekannt, insbesondere wenn auf Gefahren, Gefährdungen oder Gefährlichkeiten abgestellt wird.[418] Um nur zwei Beispiele herauszugreifen: Ob durch eine Tat für das Opfer die Gefahr des Todes oder einer schweren Körperverletzung herbeigeführt wurde oder ob ein bestimmtes Tatwerkzeug gefährlich war (hierzu u. aa), lässt sich auch rückblickend – so widersprüchlich das anmutet – nur prognostisch beurteilen, denn entscheidend ist nicht, ob etwa ein Schaden eingetreten ist, sondern lediglich, dass er mit einer gewissen Wahrscheinlichkeit eingetreten wäre.[419] Freilich kommt dabei dem realen Schadenseintritt ggf. eine – und zumindest faktisch auch hohe – Indizwirkung zu,[420] vergleichbar dem Rückfall in der Bewährungszeit als (keinesfalls zwingendes, s.u. 3. c) Indiz für eine ungünstige Prognose.

---

[412] Ausf. *Roxin* 2006, 350ff. m.w.N. (aber auch krit. zu statistischen und probabilistischen Kausalitätsmodellen, aaO S. 366ff. m.w.N.), vgl. *Nell* 1983, 68f.

[413] Vgl. dazu NK-*Wohlers* § 13 Rn. 14ff. m.w.N.

[414] Ausf. dazu *Roxin* 2006, 959 m.w.N.

[415] Vgl. *Roxin* 2006, 970ff., LK-*Zieschang* § 34 Rn. 50 und § 35 Rn. 42 sowie NK-*Neumann* § 34 Rn. 58ff. und § 35 Rn. 21ff. und *Nell* 1983, 182f.; vgl. auch *Amelung* 1992, 548ff. zu prognostischen Aspekten wirksamer Einwilligungsentscheidungen.

[416] Ausf. LK-*Rönnau/Hohn* § 32 Rn. 143ff. m.w.N.

[417] LK-*Rönnau/Hohn* § 32 Rn. 180 m.w.N.

[418] Allg. zum Gefährdungs- und Risikostrafrecht *Herzog* 1991 und *Prittwitz* 1993, vgl. auch *Kunz/Mona* 2006, 221ff.

[419] Exempl. zur Notwendigkeit einer „objektiven nachträglichen Prognose" bei den konkreten Gefährdungsdelikten *Fischer* § 315 Rn. 14 m.w.N., vgl. auch NK-*Herzog* § 315 Rn. 24.

[420] *Fischer* § 315c Rn. 15ff. m.w.N.; die (hohe) Indizwirkung bereits eingetretener realer Schäden wirkt sich bei der Kriminalprognose auch direkt aus, wenn etwa aus der Begehung von Taten in der Vergangenheit auf die Gefahr zukünftiger Taten (kurz)geschlossen wird (s.u. D.I.2.c): dahinter verbirgt sich das methodische Problem des Umschlags von einer abstrakten Gefahr – z.B. § 66 Abs. 1 Ziff. 1, 2, Abs. 2, 3 StGB – auf eine konkrete – § 66 Abs. 1 Ziff. 3 StGB (s.u. 4. a), vgl. auch § 112a StPO (s.o. 1.e).

aa) Beispiel: Gefährliche Werkzeuge

Unter der eher irreführenden amtlichen Überschrift „Diebstahl mit Waffen“ ist in § 244 Abs. 1 Nr. 1 lit. a StGB auch jene Diebstahls-Qualifikation aufgeführt, die Rechtsprechung und Fachliteratur seit 1998 umtreibt: Wer einen Diebstahl begeht, bei dem er oder ein anderer Beteiligter ein – im Abgleich zur „Waffe“ anderes – „gefährliches Werkzeug bei sich führt“ (ebenso § 250 Abs. 1 Nr. 1 lit. a StGB beim schweren Raub und § 177 Abs. 3 Nr. 1 StGB bei der schweren sexuellen Nötigung), wird mit einer höheren Freiheitsstrafe belegt.

Auf die besonderen Probleme, die sich nicht zuletzt systematisch aus dem Vergleich zum „gefährlichen Werkzeug“ als Mittel der Körperverletzung in § 224 Abs. 1 Nr. 2 StGB und der Verwendung des gefährlichen Werkzeugs beim besonders schweren Raub gemäß § 250 Abs. 2 Nr. 1 StGB (vgl. auch § 177 Abs. 4 Nr. 1 StGB) ergeben, muss hier nicht eingegangen werden.[421] In der Tat führt der Ausdruck „gefährliches Werkzeug“ in § 244 StGB zu Auslegungsproblemen, die bisher „noch keiner befriedigenden Lösung zugeführt wurden“[422]; eine kriminalpolitisch adäquate Lösung „kann ersichtlich nicht gelingen, jedenfalls keine allseits befriedigende“.[423]

Die Frage, wie die Beschaffenheit eines Werkzeugs beurteilt wird, um es als „gefährliches“ i.S.d. der o.g. Vorschriften einzustufen, verdient jedoch Beachtung: Bei § 224 StGB ist ein Werkzeug nach allgemeiner Auffassung „gefährlich“, wenn es „nach den konkreten Umständen seines Gebrauchs im Einzelfall geeignet ist, eine erhebliche Körperverletzung herbeizuführen“ – auf eine „abstrakte objektive Beschaffenheit“ komme es zwar nicht an, wohl aber gehe es um eine „abstrakte Gefährlichkeit unter Ausschluss konkreter Ungefährlichkeit“; Ähnliches gilt für die Verwendung eines solchen Werkzeugs in den §§ 177 Abs. 4 Nr. 1 und 250 Abs. 2 Nr. 1 StGB: „Diese Tatbestände verwirklicht, wer bei der Tat ein Werkzeug gefährlich gebraucht.“[424]

Demgegenüber gilt – in möglichst weitgehender Verwirklichung der gesetzgeberischen Intention des Abgleichs mit § 224 StGB – bei § 244 Abs. 1 Nr. 1 lit. a StGB (und entsprechend bei §§ 250 Abs. 1 Nr. 1 lit. a und 177 Abs. 3 Nr. 1 StGB): Einen solchen Diebstahl begeht, wer dabei „ein Werkzeug gefährlich bei sich führt“ oder damit „gefährlich droht“.[425] Dabei sei das Beisichführen „gefährlich“, wenn es „nach den konkreten Umständen geeignet ist, eine erhebliche Körperverletzung herbeizuführen“, so dass es nicht nur darauf ankomme, ob der Gebrauch des Werkzeugs gefährlich wäre (wie bei § 224 StGB, s.o.), sondern zusätzlich, ob ein solcher gefährlicher Gebrauch drohte – oder mit anderen Worten, und praxisgerechter: „Bestand die Wahrscheinlichkeit, dass der Täter das Werkzeug, das er bei sich führte [oder mit dem er drohte], gefährlich gebrauchen werde?“ Ob ein gefährlicher Gebrauch droht, sei – so *Hardtung* – „ein objektives Prognosemerkmal, mit allen

[421] Exempl. dazu Fischer § 244 Rn. 6ff. m.w.N.

[422] OLG Schleswig StV 2004, 380.

[423] *Hardtung* 2004, 399.

[424] *Hardtung* 2004, 400 und 401 m.w.N.

[425] AaO S. 400 m.w.N.; ähnlich OLG Stuttgart NJW 2009, 2756 m. Anm. *Sättele*.

Schwierigkeiten, die so ein Merkmal in sich trägt"; will man eine Beweislastumkehr vermeiden, ist für die richterliche Überzeugung jedoch „mehr zu verlangen als die eben doch nur abstrakte Überlegung, man könne ja nie wissen".[426] Wie wahrscheinlich ein gefährlicher Gebrauch des Werkzeugs war, müssen die Gerichte wie immer bei Gefahrmerkmalen unter Berücksichtigung aller ex post ermittelbaren Umstände des Diebstahls aus einer Sicht ex ante bestimmen.[427]

bb) Gegenbeispiel? Abstrakte Gefährdungsdelikte

Eine Besonderheit stellen jene Straftatbestände dar, bei denen der Gesetzgeber dem Rechtsanwender die Last einer individuellen retrospektiv-Prognose konkreter Tatgefährlichkeit abgenommen und sie durch die Kriminalisierung abstrakter Gefährlichkeit ersetzt hat.[428]

So ist (um nur ein Beispiel zu nennen) die Trunkenheit im Verkehr gemäß § 316 StGB bereits dann strafbar, wenn nachträglich festgestellt wird, dass der Fahrzeugführer infolge des Genusses berauschender Mittel nicht (mehr) in der Lage war, das Fahrzeug sicher zu führen – unabhängig davon, ob es zu einer konkreten Gefährdung von Rechtsgütern gekommen ist oder überhaupt kommen konnte.[429] Die Individualprognose einer dem fraglichen Verhalten innewohnenden Gefahr hat der Gesetzgeber normativ vorab entschieden und durch eine Generalprognose ersetzt – ein Vorgehen, das im Übrigen keineswegs per se unwissenschaftlich ist, wie etwa der anhaltende Streit darüber zeigt, auf Grund welcher empirischen Erkenntnisse welcher BAK-Wert generell als Gefährlichkeitsschwelle festgesetzt werden kann.[430]

Man mag einwenden, die Feststellung der Ungeeignetheit[431] impliziere ja gerade die Prognose, die damit begründete abstrakte Gefahr könnte sich konkretisieren (im Sinne des § 315c StGB) und so realisieren (noch deutlicher bei § 69 StGB,[432] s.u. 4. c). Damit handelt es sich aber allenfalls um eine abstrakte Kriminalprognose. Bestraft wird vielmehr die Unterschreitung der (aktuellen) Mindestanforderungen an die „Fähigkeit, unter den jeweiligen Bedingungen des Massenverkehrs Schädigungen fremder Rechtsgüter zu vermeiden".[433] Dabei wird

---

[426] *Hardtung* aaO S. 400/401 m.w.N.

[427] AaO S. 401 ff. unter Benennung einiger Indizien in Bezug auf den Diebstahl, das Werkzeug, das Beisichführen und schließlich die innere Haltung des Täters – zu bes. Problemen der Feststellung des entsprechenden „Eventualvorsatzes, die mitgeführte Sache ggf. gefährlich zu gebrauchen", aaO S. 403.

[428] Zur Terminologie der „Gefährdungsdelikte" vgl. *Zieschang* 1998, zu „Risikodelikten" *Hefendehl* 2002, 204 ff., vgl. auch *Nell* 1983, 65 ff. und *Hassemer* 2006, 326 f. m.w.N.; krit. zur Beweislastumkehr *J. Bock* 2001, 136 ff.

[429] Insbesondere ist bei sog. „absoluter Fahruntüchtigkeit" auch der Gegenbeweis „ungefährlicher" Fahrweise unzulässig, vgl. NK-*Herzog* § 316 Rn. 13 m.w.N.

[430] Exempl. *Haffner/Blank* 2002, *Forster/Joachim* 1997 und *Rissing-van Saan* 2002, diff. *Keller* 1999, 263 ff.

[431] Vgl. zur „Eignung" als Prognosemerkmal o. A. III. 4. e).

[432] Dazu *Haffke* 2008.

[433] *Fischer* § 316 Rn. 7.

der Umschlag von der abstrakten Individualprognose auf die Generalprognose besonders anschaulich, wenn vom gesetzlichen Regelfall der relativen Fahruntüchtigkeit mit BAK-Beweisregeln[434] auf absolute Fahruntüchtigkeit umgeschaltet wird.[435]

c) Subjektive Tatbestandsmerkmale

Auch auf der Ebene subjektiver Tatbestandsmerkmale können ‚retrognostische' Überlegungen Bedeutung erlangen, wenn etwa – ungeachtet etwaiger diesbezüglicher Einlassungen des Verdächtigen resp. Angeklagten – danach gefragt wird, welche Ziele der Täter mit einem bestimmten Vorgehen verfolgte,[436] wie der weitere (z.B. gemeinsame) Tatplan aussah[437] oder was der Täter (z.B. beim Versuch) „eigentlich" vorhatte. Dies wird besonders deutlich, wenn im Rahmen der freien Beweiswürdigung (s.o. 1.c) von objektiven Indizien auf subjektiv-prospektive Merkmale geschlossen wird.

d) Strafbarkeits-Prognostik?

Die Beispiele mögen reichen, um zu illustrieren, dass den beteiligten Juristen und Juristinnen auch im klassischen Feld der Strafbarkeitsprüfung prognostische (wenn auch zumeist retrospektiv orientierte) Erwägungen abverlangt werden, und dies umso mehr, je stärker bereits das materielle Recht im Sinne eines Risikostrafrechts der Gefahrenabwehr dienen soll (s.o. b). Auf die Idee, zur Klärung solcher und ähnlicher Fragen ein Sachverständigengutachten in Auftrag zu geben (von der Entwicklung einer spezifischen Strafbarkeits-Prognostik ganz zu schweigen), käme freilich niemand, und sei es nur aus Gründen der Verfahrensökonomie und Kostendämpfung und/oder wegen der erforderlichen Reduktion von Komplexität.[438] Stattdessen ist offen von Akten der objektiven und subjektiven Zurechnung die Rede[439] mit fließenden Übergängen zur indiziellen Zuschreibung und unter Inkaufnahme faktischer Beweislastumkehrungen. Die dafür erforderliche „Sachkunde" (vgl. § 244 Abs. 4 StPO) traut das Recht dem Richter allemal zu.

---

434 *Fischer* § 316 Rn. 12ff. m.w.N.

435 Vgl. auch NK-*Herzog* § 316 Rn. 13ff.

436 Zu subjektiven Tatbestandsmerkmalen exempl. NK-*Kindhäuser* § 242 Rn. 123f., *Fischer* § 242 Rn. 41ff., vgl. auch *M. Bock* 2007b, 272.

437 Bedeutsam etwa bei § 25 Abs. 2 StGB, vgl. zum „Handlungsprogramm" auch NK-*Schild* § 25 Rn. 125ff. m.w.N.

438 Spannend wären solche Fragen bisweilen schon, obwohl oder auch gerade weil dazu geeignet, gängige strafrechtsdogmatische Grundannahmen und/oder Zuschreibungen in Frage zu stellen; grundlegend zur Rolle der Sozialwissenschaften im Strafrecht *Lüderssen/Sack* 1980 und *Hassemer et al.* 1983, krit. zu den „Alltagstheorien" *Opp* 1973, 55ff., vgl. auch *P.-A. Albrecht* 2010a, 93ff.

439 Zur Zurechnungs-Dogmatik u.a. NK-*Puppe* § 16 Rn. 68ff. m.w.N.

3. Straf-Recht

Die Schwerpunkte der Kriminalprognostik und ihrer Probleme liegen zweifellos im Sanktions- und Vollstreckungsrecht.[440] Hier wird zunächst das Recht der Verhängung und Vollstreckung von Strafen, also Straf-Recht behandelt (zum Maßregel-Recht s.u. 4.), und da beide Rechtsgebiete nahtlos ineinander übergehen,[441] auch gemeinsam:

a) Strafartbestimmung

Bevor Fragen der Bemessung und Vollstreckung der jeweiligen Strafe(n) erörtert werden, ist zu klären, welche Strafart zu wählen ist – eine bemerkenswert unterbelichtete Rechtsfrage.[442] Dabei geht es nicht nur um die Alternativen Freiheits- und/oder Geldstrafe (s.u. aa), ggf. im Zusammenhang mit der Legitimation kurzer Freiheitsstrafen, sondern auch um die Option der Verwarnung mit Strafvorbehalt (s.u. bb) und um das Fahrverbot als (einzige) Nebenstrafe.[443]

aa) Geld- oder Freiheitsstrafe?

Während sich das StGB weitgehend darüber ausschweigt, nach welchen Kriterien das Gericht eigentlich zwischen Geld- und Freiheitsstrafe wählen soll, sofern der jeweilige Strafrahmen beides vorsieht,[444] gibt § 47 StGB immerhin einen Hinweis darauf, dass kurze Freiheitsstrafen unter sechs Monaten „nur in Ausnahmefällen" verhängt werden dürfen, nämlich wenn „besondere Umstände, die in der Tat oder in der Persönlichkeit des Täters liegen," deren Verhängung „zur Einwirkung auf den Täter" oder zur Verteidigung der Rechtsordnung unerlässlich machen (Abs. 1).[445] Wer in einschlägigen Kommentierungen nähere Ausführungen zu der hierfür zweifellos erforderlichen „Einwirkungs"-Prognose[446] zu finden hofft, wird enttäuscht oder allenfalls darauf verwiesen, es handele sich um Strafzumessungsentscheidungen im pflichtgemäßen Ermessen des Gerichts,[447] die nur eingeschränkter Kontrolle unterliegen.[448]

---

[440] Tabellarischer Überblick über die gesetzlichen Prognoseklauseln „und die sich daraus ergebenden Fragen an den Gutachter" bei *Wolf/Nedopil* 2006, 22 und 26ff.

[441] §§ 46ff., 56ff. StGB; für das Jugendstrafrecht gilt im Übrigen nichts anderes, was hier aber außer Betracht bleibt (dazu *P.-A. Albrecht* 2000, 259ff., 298ff.).

[442] Vgl. aber LK-*Häger* vor §§ 40 bis 43 Rn. 35, 39f.

[443] Das ist hier mangels kriminalprognostischer Relevanz nicht näher zu analysieren, vgl. aber LK-*Geppert* § 44 Rn. 27ff. zur Frage der (insb. spezialpräventiven) Erforderlichkeit.

[444] *Streng* 2002 Rn. 139ff., LK-*Theune* § 46 Rn. 311; anders ansatzweise das Jugendstrafrecht in §§ 5 Abs. 2, 17 Abs. 2 JGG, das allerdings die Geldstrafe nicht kennt (vgl. jedoch § 15 JGG).

[445] Dazu u.a. *Frisch* 1983, 83, 128ff.

[446] Zum Begriff s.o. A. III. 2.g), vgl. auch NK-*Streng* § 47 Rn. 4 m.w.N.

[447] BGH NStZ 1983, 20, vgl. *Fischer* § 47 Rn. 7ff., 15 m.w.N.

[448] Vgl. auch *Meier* 2009, 83ff. m.w.N. zur diesbezüglichen ‚Sanktionsprognose' und LK-*Theune* § 47 Rn. 13ff. zu Fragen der „Unerlässlichkeit" (unter Verweis auf OLG Saarbrücken NStZ 1994, 192), legitimer Strafzwecke (Rn. 16ff. unter Verweis auf OLG Zweibrücken StV 1992, 323) und einzelner Kriterien der „Einwirkung" (Rn. 19ff. m.w.N.).

bb) Verwarnung mit Strafvorbehalt

Auch bei der Verwarnung mit Strafvorbehalt bedarf es gemäß § 59 Abs. 1 Nr. 1 StGB einer Prognose, die derjenigen nach § 56 Abs. 1 StGB (s.u. c) weitgehend gleicht, indem diese Option davon abhängig gemacht wird, ob „zu erwarten ist, dass der Täter künftig auch ohne Verurteilung zu Strafe keine Straftaten mehr begehen wird".[449]

Das Gesetz verlange also, so *Wiss*, keine „sichere und unbedingte Gewähr, eine jeden Zweifel ausschließende Gewißheit zukünftiger Straffreiheit, es genügt vielmehr schon eine durch Tatsachen begründete Wahrscheinlichkeit, sei es auch erst mit Hilfe etwaiger nach § 59a Abs. 2, 3 StGB erteilter Auflagen oder Weisungen".[450] Gemäß §§ 59 Abs. 1 S. 2 i.V.m. 56 Abs. 1 S. 2 StGB erfolge die Prognose „aufgrund einer umfassenden Gesamtwürdigung der Person des Täters, in der vor allem seine Persönlichkeit, sein Vorleben, die Umstände seiner Tat, sein Verhalten nach der Tat, seine Lebensverhältnisse und die Wirkungen zu berücksichtigen sind, die von dem Vorbehalt des Strafausspruchs zu erwarten sind". Das Stellen einer solchen Prognose bedürfe folglich „einiger kriminologischer Erfahrung" und sei deshalb in der Praxis „nicht immer einfach zu handhaben"; allerdings gingen „eventuelle Zweifel des Richters bei der Überzeugungsbildung hinsichtlich der Legalbewährung des Täters zu dessen Lasten".[451]

Bemerkenswert ist, dass der Gesetzgeber die negative „Auslegungshilfe" des § 59 Abs. 2 StGB a.F. aufgehoben hat, der zufolge die Verwarnung mit Strafvorbehalt „in der Regel ausgeschlossen" war, wenn der Täter innerhalb der letzten drei Jahre bereits einmal mit Strafvorbehalt verwarnt oder zu irgendeiner Strafe verurteilt worden war: In einem solchen Fall konnte nämlich „in aller Regel keine günstige Täterprognose mehr gestellt werden".[452]

Die Klausel ist Ende 2006 – eher unbemerkt und gegen den allgemeinen kriminalpolitischen Trend – ersatzlos gestrichen worden[453] mit der Begründung, das „bewährte strafrechtliche Sanktionensystem" solle „in Randbereichen ausgebaut" werden. Kein Gehör fanden die massiven Bedenken des Bundesrats: Der durch den Entwurf gerade „begünstigte" Mehrfachtäter würde „einen weiteren Filter der Straflosigkeit durchlaufen können", so dass „erst nachdem viele Stationen einer kriminellen Karriere durchlaufen" wären, das „erste Mal ein Strafübel verhängt" würde.[454]

Um eine „häufigere Anwendung" der Verwarnung mit Strafvorbehalt zu ermöglichen, wurden vielmehr die Voraussetzungen „gelockert, weil sie eine Grenzziehung dort ermöglicht, wo eine Benennung des begangenen Unrechts notwendig ist, und weil sie gleichzeitig der Erkenntnis Rechnung trägt, dass nicht immer auch

---

449 Vgl. *Wiss* 1989, 623.
450 *Wiss* ebda m.w.N.
451 *Wiss* aaO S. 624.
452 So noch *Wiss* 1989, 624.
453 Durch Art. 22 Nr. 5 des 2. Justizmodernisierungsgesetzes vom 22. 12. 2006 (BGBl. I, 3416, 3432).
454 BT-Drs 16/3038, 73.

eine Bestrafung erforderlich" sei.[455] Deswegen wurde nicht nur die „Würdigkeitsklausel" (§ 59 Abs. 1 Nr. 2 StGB) zurückgenommen, sondern auch die Ausschlussklausel der Vorverurteilungen (Abs. 2) gestrichen: Ein „schematischer Ausschluss vorbelasteter Täter" erscheine nicht mehr gerechtfertigt, vielmehr solle auf der Grundlage einer „positiven Sozialprognose" eine „Einzelfallbeurteilung" erfolgen.[456]

b) Strafzumessung

Bei der konkreten Zumessung der Geld- oder Freiheitsstrafe sind u.a. „die Wirkungen, die von der Strafe für das zukünftige Leben des Täters in der Gesellschaft zu erwarten sind", zu berücksichtigen (§ 46 Abs. 1 S. 2, ähnlich §§ 56 Abs. 1 S. 2, 57 Abs. 1 S. 2 StGB), was allgemein als zentrale Verankerung des Resozialisierungsgedankens und als „bedeutsamer Schwerpunkt des kriminalpolitischen Programms der Reformgesetze" gewertet wurde.[457] Eine solche Berücksichtigung der Strafwirkungen kann freilich nur in dem Rahmen erfolgen, den die Schuld des Täters als Grundlage für die Strafzumessung vorgibt, während im Übrigen offen bleibt, ob dieser spezialpräventive Einschlag nur limitierend oder auch extensivierend wirken darf.[458]

Jenseits solcher strafzumessungsdogmatischen Erwägungen[459] – wenngleich mit erheblich kriminalpolitischem Tiefgang – sucht man Ausführungen dazu, wie denn die Wirkungen bestimmt werden sollen, die im konkreten Fall von der Strafe für das zukünftige Leben des Täters in der Gesellschaft zu erwarten sind, abermals vergeblich.[460] Strafzumessungsprognostik? Fehlanzeige! Stattdessen der Verweis auf solche unscharfen Kategorien wie Strafempfindlich- oder -empfänglichkeit[461] und das postwendende Eingeständnis, deren Implementation gelinge im konkreten Strafzumessungsvorgang allenfalls auf der Plausibilitätsebene, entbehre jedoch einer hinreichenden empirischen Basis.[462] Und am Ende wird – für Straf(rechts)-skeptiker durchaus sympathisch – empfohlen, alle möglichen Wirkungen der Strafe im Zweifel so zu werten, dass sie „innerhalb des zur Verfügung stehenden Spielraums am unteren Ende der ‚schon schuldangemessenen' Strafe angesiedelt

---

455 Entwurfsbegründung in BT-Drs 16/3038, 2, 25; eher skeptisch (wohl im Hinblick auf den angestrebten Erfolg einer häufigeren Anwendung) *Fischer* § 59 Rn. 2.

456 BT-Drs aaO S. 59.

457 *Tröndle/Fischer* (50. Aufl. 2001) § 46 Rn. 8 m.w.N., womit – das muss wohl mittlerweile hinzugefügt werden – die sog. „große Strafrechtsreform" von 1969/74 gemeint war (dazu *Frommel* 2008): Zahlreiche Reformen oder Möchtegernreformen der Folgezeit gingen z.T. in eine ganz andere Richtung, vgl. nur *Rzepka* 2003 und *Pollähne* 2005c und 2008a.

458 LK-*Theune* § 46 Rn. 19ff. m.w.N.

459 *Streng* 2002 Rn. 429ff.

460 *Böllinger* 1980, 284 spricht in diesem Zusammenhang von „Urteilsprognose", ohne im weiteren Text jedoch näher darauf einzugehen.

461 *Meier* 2009, 213ff. m.w.N., diff. NK-*Streng* § 46 Rn. 37.

462 *Meier* aaO S. 315; vgl. auch *Keller* 1999, 263 unter Verweis auf die institutionelle „Alltagspragmatik", die diese Prognose dem Richter zuweist und nicht etwa einem kompetenten Psychologen, ähnlich *Kühne* 2010 Rn. 860.

wird".[463] Man reibt sich verwundert die Augen: In Anbetracht des Aufwands, der andernorts in Sachen Prognostik betrieben wird (s.u. c) und 4.), hier die frühzeitige Kapitulation vor den Fallstricken der Empirie.[464]

Ob sich die Urteilsgründe im Sinne des § 46 Abs. 1 S. 2 StGB mit den Wirkungen einer Strafe – z.B. auf einen zum Urteilszeitpunkt noch sehr jungen Angeklagten – ausdrücklich befassen müssen und in welchem Umfang dies ggf. zu geschehen habe, hänge „im Einzelfall von der Höhe der verhängten Freiheitsstrafe sowie dem Alter des Verurteilten und den übrigen Strafzumessungserwägungen ab".[465] Dabei sei insb. der Gefahr vorzubeugen, dass „wegen des Fehlens jeglicher Perspektive für ein eigenverantwortliches Leben die anzustrebende Wiedereingliederung in die Gesellschaft nicht erreicht wird" – gerade bei jungen (insb. zur Tatzeit noch heranwachsenden, gemäß § 105 JGG aber nicht nach JGG abgeurteilten) Angeklagten seien diese Auswirkungen „eingehend zu prüfen".[466]

c) Strafaussetzung zur Bewährung

Der vierte Titel des StGB (im Dritten Abschnitt des AT) spricht explizit von der „Strafaussetzung zur Bewährung", und die einschlägigen Vorschriften sind überschrieben „Strafaussetzung" (§ 56 StGB) und „Aussetzung des Strafrests" (§ 57 StGB „bei zeitiger Freiheitsstrafe" und § 57a, b StGB „bei lebenslanger Freiheitsstrafe"). Dem jeweiligen Gesetzeswortlaut zufolge und vollstreckungsrechtlich korrekt wird jedoch ‚nur' die „Vollstreckung" der Strafe bzw. ihres „Restes" zur Bewährung ausgesetzt, während der Strafausspruch in der Welt bleibt: Im Falle des Widerrufs der Aussetzung wird die Vollstreckung begonnen bzw. fortgesetzt.

Im vorliegenden Kontext entscheidend sind freilich die prognostischen Elemente der jeweiligen Aussetzungsentscheidungen: Die Strafaussetzung zur Bewährung kommt in Betracht, wenn „zu erwarten" ist, dass der Verurteilte künftig keine Straftaten mehr begehen wird (§ 56 Abs. 1 S. 1 StGB, s.u. aa). Für die Bewährungszeit erteilt das Gericht dem Verurteilten „Weisungen, wenn er dieser Hilfe bedarf, um keine Straftaten mehr zu begehen" (§ 56c Abs. 1 S. 1 StGB), und es widerruft die Aussetzung, wenn er „Anlass zu der Besorgnis gibt, dass er erneut Straftaten begehen wird" (§ 56f Abs. 1 S. 1 Nr. 2 StGB, s.u. dd). Den Rest einer zeitigen Freiheitsstrafe setzt das Gericht zur Bewährung aus, wenn dies „unter Berücksichtigung des Sicherheitsinteresses der Allgemeinheit verantwortet werden kann"; bei der Entscheidung sind namentlich „das Gewicht des bei einem Rückfall bedrohten Rechtsguts ... und die Wirkungen zu berücksichtigen, die von der Aus-

---

463 *Meier* aaO S. 215 m.w.N.

464 Die Mutmaßung *Hassemers* (1990, 41), die Gerichte bedienten sich im Rahmen des § 46 Abs. 1 S. 2 StGB sachverständiger Hilfe bis hin zu „Prognosegutachten", in denen „kriminologisches Wissen mit der Einsicht in die künftigen Lebensbedingungen des einzelnen Verurteilten verbunden und zu Wahrscheinlichkeitsaussagen verarbeitet wird", dürfte mit der justiziellen Realität weder anno 1990 noch heute in Einklang zu bringen sein.

465 BGH StV 2003, 222 m.w.N.

466 BGH ebda m.w.N.

setzung für ihn zu erwarten sind" (§ 57 Abs. 1 StGB, s.u. bb)[467]; für die Aussetzung der lebenslangen Freiheitsstrafe gelten einige Besonderheiten (s.u. cc).

aa) Strafaussetzung

Gemäß § 56 Abs. 1 S. 1 StGB setzt das Gericht die Vollstreckung der Strafe zur Bewährung aus, wenn „zu erwarten ist, dass der Verurteilte sich schon die Verurteilung zur Warnung dienen lassen und künftig auch ohne die Einwirkung des Strafvollzuges keine Straftaten mehr begehen wird". Was das Gericht bei dieser Entscheidung zu „berücksichtigen" hat, wird explizit benannt: „die Persönlichkeit des Verurteilten, sein Vorleben, die Umstände seiner Tat, sein Verhalten nach der Tat, seine Lebensverhältnisse und die Wirkungen, die von der Aussetzung für ihn zu erwarten sind" (S. 2).

Die Strafaussetzung wird gängigerweise als „Modifizierung der Freiheitsstrafe im Bereich der Vollstreckung" angesehen.[468] An die „Erwartung" seien „keine allzu strengen Maßstäbe" anzulegen, vielmehr reiche bereits „eine lediglich nicht unbegründete Erwartung".[469] Keines der bisherigen Prognoseverfahren sei allerdings – so die resignative Einschätzung *Dünkels* 1983 – „abgesehen von den Extremgruppen, d.h. gering belasteten Tätern auf der einen und vielfach belasteten Tätern auf der anderen Seite – in der Lage, bedeutend über dem Zufall liegende Trefferquoten zu realisieren". Insbesondere seien die statistischen Prognoseverfahren in diesem Bereich der sog. intuitiven Methode kaum überlegen. Als fruchtbarer erweise sich „eine eher maßnahmebezogene Prognoseforschung, die die Rahmenbedingungen benennt, unter denen an sich ungünstige Prognosen beeinflusst werden" könnten.[470]

Die von *Spieß* so bezeichnete „Interventionsprognose" erscheine schon deshalb den traditionellen Prognoseverfahren überlegen, weil sie die – je nach Bedürfnislage zu gestaltenden – Rahmenbedingungen der Bewährungszeit selbst zum Ausgangspunkt nimmt, und damit „den Zeitraum, innerhalb dessen sich Rückfall und Widerruf ggf. ereignen".[471] Die traditionellen Prognoseverfahren beruhten demgegenüber „auf dem Grundmodell einer Extrapolation von Belastungsmerkmalen der Vergangenheit auf die Zukunft unter der Annahme gesetzmäßiger, d.h. unveränderter Bedingungen" und führten damit zu einer „systematischen Überschätzung des Widerrufsrisikos": Das Problem des „erwartungswidrigen Abbruchs krimineller Karrieren, das als Faktum allein aufgrund der Altersverteilung der Kriminalsta-

---

[467] Vgl. auch *Feuerhelm* 1999; zu den unterschiedlichen Prognosemaßstäben in §§ 56, 57 StGB KG, Beschluss vom 17. 2. 2009 – 1 Ss 547/08 – juris m.w.N. (m. Anm. *Lorenz* in StRR 2009, 275f.).

[468] So schon *Dünkel* 1983, 1046 m.w.N.; ausf. *Herre* 1997 und – auch rechtsvergleichend – *Pieth* 2001.

[469] AaO *Dünkel* S. 1049.

[470] AaO S. 1069; vgl. auch die Ausführungen von *Böllinger* 1980, 285ff. und 296f. zu zwei frühen Entscheidungen des Berliner KG aus den Jahren 1972 und 1973, ebenso *Kerner* 1980, 316ff.

[471] *Dünkel* ebda unter Verweis auf *Spieß* 1982, vgl. auch *Wulf* 2005.

tistiken offenkundig" sei, werde in der herkömmlichen Prognoseforschung „weder angemessen berücksichtigt noch in Vorhersagemodelle integriert".[472]

Das war vor 25 Jahren, viel hat sich in dieser Hinsicht allerdings (noch) nicht getan, einmal abgesehen davon, dass das zuletzt genannte „offenkundige Faktum" mittlerweile mehrfach wissenschaftlich belegt wurde (ausf. u. E.IV.2.). Ob für die seinerzeit ebenfalls beklagte „bedauerliche Stagnation" in der Prognoseforschung, der zufolge „95–97% aller Richter sich auf ihr >Fingerspitzengefühl< verlassen",[473] dasselbe gilt, mag dahinstehen, zumal *Tenckhoff* nicht erkennen lässt, worauf die Zahlen beruhen. Seine fundierte Kritik an den damaligen Prognoseinstrumenten ist aber von nahezu ungebrochener Aktualität – freilich ebenso der Glaube daran, sie ließen sich verbessern.

Dem Gesetz liegt ersichtlich die Annahme zugrunde, dass das Ziel künftiger Straffreiheit „schon durch den auf dem Täter lastenden psychischen Druck, der sich aus der Tatsache der Strafverfolgung und aus der im Falle des Widerrufs der gewährten Strafaussetzung drohenden Strafvollstreckung ergibt, aber auch durch während der Bewährungszeit mögliche Lebenshilfen (§§ 56c und d StGB) erreicht werden kann".[474] Maßstab für die Kriminalprognose nach § 56 Abs. 1 StGB sei – so wurde die Rechtsprechung des BGH zusammengefasst – „die Erwartung künftiger Straffreiheit des Angeklagten", wozu es weder einer „Überzeugung" bedürfe noch eine „sichere Gewähr für ein straffreies Leben" verlangt werden könne; es reiche, dass „die Nichtbegehung weiterer Straftaten wahrscheinlich ist, nicht aber dass sich diese nur nicht ausschließen lässt oder eine entsprechende Hoffnung oder Möglichkeit besteht".[475] Die Prognose müsse sich auf feststehende, also rechtsfehlerfrei festgestellte Tatsachen[476] gründen: Insoweit, nicht dagegen für die Prognose selbst, finde „der Zweifelssatz (in dubio pro reo) uneingeschränkt Anwendung", insbesondere treffe den Angeklagten „keinerlei Darlegungslast" (ausf. u. D.I.2.).[477]

Im Zusammenhang mit der Bekräftigung des Grundsatzes, dass für die Prognoseentscheidung der Zeitpunkt der letzten Hauptverhandlung maßgeblich sei, äußerte sich der BGH 2004 noch einmal explizit zu „Sinn und Zweck einer Prognose": Diese sei „von ihrem Sinngehalt her (Vorhersage einer künftigen Entwick-

---

[472] AaO S. 1069/1070, vgl. auch *Kerner* 1980, 309.

[473] *Tenckhoff* 1982, 101, der die Schuld an jener „bedauerlichen Stagnation" den „modernen Kriminologen" (*Sack*) und dem „Labeling-Ansatz" (*Peters* und *Schöch*) anlastete, die in Prognosemerkmalen nur Stigmatisierungskriterien sähen (vgl. auch *M. Walter* 2010, 246); dass die ‚moderne' Kriminologie von heute die ‚Stagnation der Prognoseforschung' zweifellos beendet hat, dürfte *Tenckhoff* nicht durchweg zufriedenstellen, denn vielerorts werden kriminalprognostische Stigmatisierungskriterien nicht mehr kritisiert, sondern kultiviert.

[474] *Schäfer/Sander* 2000, 188.

[475] *Schäfer/Sander* 2000, 188f. m.w.N. zur BGH-Rechtsprechung.

[476] Die Feststellungen dürfen auch nicht lückenhaft sein und „für die zukünftige Lebensgestaltung des Angeklagten maßgebliche Gesichtspunkte" außer Acht lassen: OLG Karlsruhe StV 2008, 307.

[477] AaO S. 189 m.w.N., vgl. auch *Detter* 2009, 37f.

lung) in die Zukunft“ gerichtet und könne nicht „rückblickend“ erfolgen.[478] Sie beruhe „nicht auf Tatsachen, die abgeschlossen sind, wie bei der nachträglichen Gesamtstrafenbildung“, ihr immanent sei vielmehr, dass es sich „um Tatsachen handelt, die sich mit fortschreitender Zeit ändern können und zwar zu Gunsten wie auch zum Nachteil des Angeklagten“. Eine „allein auf die Vergangenheit abgestellte Entscheidung“ würde darüber hinaus Sinn und Zweck einer Strafaussetzung zur Bewährung widersprechen, da diese eine „Bewährung“ des Verurteilten in Zukunft voraussetze: Würden zwischenzeitlich neue Straftaten begangen, wäre die Prognose bereits widerlegt; andererseits müsste auch eine „Verbesserung der persönlichen Verhältnisse des Angeklagten, auf Grund derer nunmehr eine günstige Prognose gerechtfertigt wäre, unberücksichtigt bleiben“.[479]

Das „Hauptanliegen dieses Rechtsinstitutes“ (§ 56 StGB) liege darin, den Verurteilten durch die gewährte Strafaussetzung „für alle Zukunft und nicht bloß für eine begrenzte Zeit zu einem gesetzmäßigen Leben anzuhalten“.[480] Es sei zwar niemals vorhersehbar, ob der Betreffende erneut straffällig werde, dies gelte aber auch für zeitlich begrenzte Prognosen.[481] Die gemäß § 56 Abs. 1 StGB geforderte Kriminalprognose bezieht sich „auf die gesamte Zukunft des Angeklagten und nicht lediglich auf die Dauer der Bewährungszeit“.[482] In Anbetracht der jeweils absehbaren Entlassung spätestens nach Endstrafe (von den äußerst seltenen Fällen evtl. sich anschließender nachträglicher Sicherungsverwahrung einmal abgesehen, s.u. 4.a), die unter den Voraussetzungen des § 68f StGB allenfalls befristete (und nur in den Ausnahmefällen des § 68c Abs. 2 und 3 StGB ggf. unbefristete) Führungsaufsicht nach sich zieht, macht es jedoch wenig Sinn, von einem ‚ewigen‘ Prognosezeitraum auszugehen: Es mutet nicht nur dem Prognostiker zusätzliche Probleme zu, sondern erhöht auch das statistische Rückfallrisiko (s.u. E.I. und IV.).

Die Möglichkeit der Strafaussetzung könne keinesfalls – so der BGH – für bestimmte Deliktsgruppen (auch nicht für Sexualstraftaten) „generell ausgeschlossen werden“[483]; ebenso wenig schließe eine Tatbegehung während des Laufs der Bewährungszeit „die erneute Strafaussetzung zur Bewährung“ grundsätzlich aus[484] – ausreichend sei, dass „die Wahrscheinlichkeit künftigen straffreien Verhaltens“ größer sei als diejenige neuer Straftaten, weshalb „ein gewisses Maß an Wiederholungsgefahr“ ebenso hinzunehmen sei wie das „weiterhin bestehende Risiko für eine Wiederholung ähnlicher oder gleichartiger Sexualstraftaten“, wenn dieses „gegenwärtig als eher gering anzusehen“ sei.[485]

---

[478] BGH StV 2004, 480; nur insoweit ergibt der im Übrigen eher tautologische Begriff der „Zukunftsprognose“ (OLG Hamm NStZ-RR 2010, 278) einen gewissen Sinn.

[479] BGH aaO in Abgrenzung zu BGHSt 7, 180 >182<.

[480] *Molketin* 1982, 443 unter Verweis auf BayObLG.

[481] *Molketin* ebda.

[482] *Schäfer/Sander* 2000, 188 m.w.N. (h.M.).

[483] BGH NStZ-RR 2005, 38, vgl. BGHR StGB § 56 Abs. 3 Verteidigung 2 (am Beispiel des sexuellen Kindesmissbrauchs).

[484] BGH aaO unter Verweis auf BGHR StGB § 56 Abs. 1 Sozialprognose 15.

[485] BGH aaO unter Verweis auf BGH NStZ 1997, 594.

Freilich geben in der Praxis gerade Wiederholungstaten den Ausschlag für eine ungünstige Prognose und führen faktisch zu einer Beweislastumkehr: Im Hinblick auf „die zahlreichen Vorbelastungen des Angeklagten und sein festgestelltes Bewährungsversagen", die darin zum Ausdruck kommende „Rückfallkonstanz" und ein „derart von Straftaten geprägtes Vorleben" sei – ungeachtet des Umstands, dass einschlägige Vorstrafen „teilweise längere Zeit zurückliegen" – eine erneute Strafaussetzung „in aller Regel" nicht zu verantworten.[486] Zwar könnten nach Begehung der Tat „dennoch neue Tatsachen hervorgetreten sein, die trotz einer so extrem negativen strafrechtlichen Vergangenheit" die weitere Erprobung in Freiheit rechtfertigen, diese müssten jedoch ausdrücklich festgestellt werden.[487] Sei im Vergleich zu früheren Verurteilungen sogar „eine Steigerung der kriminellen Energie" zu erkennen, müssten an die tatsächlichen Voraussetzungen für eine günstige Prognose „höhere Anforderungen" gestellt werden: Es seien die Umstände darzulegen, aus denen das Gericht „trotz der bisher mit dem Täter gemachten schlechten Erfahrungen die positive Erwartung herleitet"[488] (ausf. zur Beweislast s. u. D. I. 1. c).

Selbst wenn gerade die erneute Tatbegehung zwischen Anlasstat und Aburteilung prognostisch ungünstig zu werten sei, müsse ggf. Berücksichtigung finden, dass der Angeklagte deshalb erstmals inhaftiert war, sei es in Untersuchungshaft,[489] sei es wegen des Widerrufs einer vorangegangenen Strafaussetzung. Dies ist in letzter Zeit insb. vom OLG Köln in mehreren Entscheidungen herausgearbeitet worden: Habe der Angeklagte „zwischen Begehung und Aburteilung der Tat durch Haft erstmals einen längeren Freiheitsentzug erlitten", so müsse das Tatgericht bei seiner Prognoseentscheidung auch „darauf eingehen, welche Wirkungen diese Haft auf den Angeklagten hatte", denn „der erste (längere) Freiheitsentzug wird in der Regel am spürbarsten empfunden und kann durchaus eine spezialpräventive Wirkung – z. B. in Form der Nachreifung und Stabilisierung – entfaltet haben", selbst wenn dem ein Bewährungsbruch vorausgegangen sei.[490]

Entsprechendes gelte, wenn der Angeklagte vorher „lediglich den Jugendstrafvollzug kennengelernt" habe und dieser bereits längere Zeit zurückliege.[491] Im Einzelfall müsse das Tatgericht jedenfalls darauf eingehen, „welche Wirkungen diese Haft auf den Angeklagten" gehabt habe, und eine Aussage darüber treffen, „ob eine für die Legalprognose maßgebende Veränderung eingetreten oder noch zu erwarten ist oder nicht".[492]

Dabei sei es nicht zu beanstanden, wenn das Tatgericht „als eine wesentliche, durch die Einwirkung des Strafvollzugs zu schaffende Voraussetzung für eine

---

486 OLG Hamm VRS 111 (2006) 274 m. w. N.

487 OLG Hamm aaO.

488 KG, Beschluss vom 13. 12. 2006 – (5) 1 Ss 305/06 (49/06) – juris, m. w. N.

489 Vgl. BGH NStZ-RR 2005, 38.

490 OLG Köln NStZ 2007, 481 m. w. N., insb. auf BGH NStZ-RR 2005, 38, vgl. OLG Karlsruhe StV 2001, 626 sowie LG Rottweil StraFo 2004, 322 zu § 81 g StPO.

491 OLG Köln StV 2008, 24.

492 OLG Köln NStZ-RR 2007, 266, vgl. OLG Karlsruhe StV 2005, 392: „Warneffekt hinreichend gewichten".

Verhaltensänderung nach langjähriger Delinquenz und damit für eine günstige Prognose“ die „selbstkritische Auseinandersetzung des Inhaftierten mit der eigenen Straffälligkeit“ ansieht: Habe eine solche Auseinandersetzung trotz des Strafvollzugs nicht stattgefunden und fehle dem Angeklagten weiterhin die „notwendige Distanz zu der Erheblichkeit der von ihm begangenen Straftaten“, dürfe die Strafaussetzung verwehrt werden, ungeachtet des Umstandes, dass er – nach dem Eindruck aus der Hauptverhandlung – ein „eher schlichtes Gemüt“ gezeigt habe und ihm „die notwendigen intellektuellen Voraussetzungen fehlen, um unter dem Eindruck des Strafvollzugs die notwendigen Änderungen für eine künftige Straffreiheit vorzunehmen“.[493] Gehe das Tatgericht „aufgrund des persönlichen Eindrucks vom Angeklagten“ davon aus, der bisherige Strafvollzug habe ihn noch nicht hinreichend beeindruckt, so bedürfe es allerdings der tatsächlichen – anhand objektiver Fakten belegten – Mitteilung dieses Eindrucks im Urteil[494] (ausf. u. bb).

Es begegnet grundsätzlichen Bedenken, Elemente der „Lebensführung, die in keinem erkennbaren Zusammenhang zur Tat stehen“, in die Prognoseentscheidung einzubeziehen.[495] Vorrangig oder sogar ausschließlich auf die „ungünstigen Lebensverhältnisse“ abzustellen, insb. dass der Angeklagte „keinen festen Wohnsitz“ und keine „abgeschlossene Berufsausbildung“ habe, ist für eine negative Prognose regelmäßig nicht ausreichend.[496] Soweit gewisse Lebensverhältnisse jedoch einen solchen Tatbezug aufweisen, ist deren Änderung zu beachten: Auch wenn das „strafrechtlich relevante Vorleben des Angeklagten, insbesondere sein bisheriges Bewährungsverhalten“, freilich „ein gewichtiger Prognosefaktor“ sei, weshalb es besonderer Umstände bedürfe, um gleichwohl zu einer positiven Prognose zu gelangen, dürfe eine erneute Strafaussetzung „aber auch nicht von vornherein und nur aufgrund des Bewährungsversagens abgelehnt werden“.[497] So sei im Rahmen einer „umfassenden Abwägung aller Prognosefaktoren“ zu beachten, dass ggf. „neue Umstände vorliegen, die prognostisch günstig sein können, weil sie auf eine Änderung der bisher strafrechtlich relevanten Verhaltensweisen hindeuten“.[498] Selbst bei der „rechtstreuen Bevölkerung“ habe sich im Übrigen die Auffassung durchgesetzt, dass eine „therapeutische Aufarbeitung persönlichkeitsbedingter Regelverstöße eher geeignet ist, künftig Straftaten zu vermeiden, als kurzfristiger Strafvollzug“.[499]

Sonderfall: § 183 StGB

Eine Erweiterung der Aussetzungsmöglichkeiten eröffnet § 183 Abs. 3 StGB für bestimmte Tätergruppen: Ist zu erwarten, dass der Verurteilte „erst nach einer län-

---

493 OLG Köln NStZ-RR 2007, 266.

494 OLG Karlsruhe StV 2001, 626.

495 BGH StV 2007, 298 = StRR 2007, 73 m. zust. Anm. *Burhoff*, vgl. auch *Detter* 2009, 37.

496 BGH aaO m. w. N., vgl. auch BGHSt 5, 124 >132<.

497 OLG Karlsruhe StV 2005, 392 unter Verweis u. a. auf BGH NStZ 1983, 454 und StV 1991, 346.

498 OLG Karlsruhe aaO: Absolvieren einer Alkoholtherapie; längerer Zeitraum eines straffreien Lebens; regelmäßige Arbeit etc.

499 OLG Karlsruhe aaO gegen die Annahme der Vorinstanz, die neunmonatige Freiheitsstrafe sei zur „Verteidigung der Rechtsordnung“ (§ 56 Abs. 3 StGB) zu vollstrecken.

geren Heilbehandlung keine exhibitionistischen Handlungen mehr vornehmen wird", kann die Vollstreckung einer Freiheitsstrafe auch zur Bewährung ausgesetzt werden, wenn die sonstigen Voraussetzungen des § 56 StGB nicht vorliegen, insb. die dargelegte Prognose (s.o.) ungünstig ausfällt[500]: Etwaige Rückfälle vor (erfolgreichem) Abschluss der Heilbehandlung werden hingenommen.[501] Die Regelung gilt gemäß § 183 Abs. 4 StGB auch dann, wenn die exhibitionistische Handlung nicht explizit nach § 183 Abs. 1 StGB bestraft wird, sondern nach einer anderen Vorschrift, die im Höchstmaß Freiheitsstrafe bis zu einem Jahr oder Geldstrafe androht (Abs. 4 Nr. 1, also insb. §§ 123, 185, 241 StGB), oder nach §§ 174 Abs. 2 Nr. 1 oder 176 Abs. 3 Nr. 1 StGB (Abs. 4 Nr. 2).[502]

Ob der Täter erst „nach einer längeren Heilbehandlung keine exhibitionistischen Handlungen mehr vornehmen wird", hängt im Einzelfall von der Prognose ab, ob eine solche Heilbehandlung in seinem Fall einen entsprechenden Erfolg verspricht[503] und ob er sich einer solchen Behandlung „unterziehen" wird (was ggf. nur mit Hilfe eines einschlägigen Sachverständigen zu klären ist).[504] Das bedeute, dass der Täter „behandlungswillig und behandlungsfähig sein muss. Einer günstigen Prognose i.S.d. § 183 Abs. 3 StGB bei Einwilligung des Täters steht auch nicht entgegen, dass ein Therapieplatz nicht gesichert oder die Kostenfrage für eine Therapie noch offen ist." Gelange das Gericht – ggf. nach sachverständiger Beratung – jedoch zu der Überzeugung, dass „auch nach längerer Heilbehandlung mit einem Behandlungserfolg nicht gerechnet" werden könne, komme eine Strafaussetzung nach § 183 Abs. 3 StGB nicht in Betracht; hiermit müsse sich das Gericht – in einer dem Revisionsgericht nachprüfbaren Weise – auseinandersetzen.[505]

Der Gesetzgeber nimmt nur im Falle exhibitionistischer Handlungen (womöglich aus schlechtem Gewissen: immerhin ist die Legitimation dieser Strafbarkeit – mit guten Gründen – immer wieder bezweifelt worden[506]) Rückfälle vor Abschluss einer Erfolg versprechenden Therapie in Kauf. Dass Rückfälle nach (ggf. wiederholter) Verurteilung vorprogrammiert sind, mag aber auch auf anderweitige Delinquenz zutreffen, die im Schweregrad (gemessen am Strafrahmen: max. „Freiheitsstrafe bis zu einem Jahr oder Geldstrafe") dem § 183 StGB gleichstehen. Eine analoge Anwendung auf vergleichbare, von § 183 Abs. 3 und 4 StGB aber nicht erfasste Fälle, wird jedoch abgelehnt.[507]

---

[500] Vgl. *Schäfer/Sander* 2000, 191 m.w.N. und BGH NStZ-RR 2005, 11 (mit weiteren nicht durchweg nachvollziehbaren Ausführungen zur Möglichkeit der Einbeziehung einer Verurteilung nach § 176 Abs. 3 Nr. 1 StGB als Katalogtat für die Anordnung einer Sicherungsverwahrung nach § 66 Abs. 3 StGB).

[501] Vgl. auch OLG Stuttgart StV 2007, 189 m.w.N.

[502] *Fischer* § 183 Rn. 15f. m.w.N.; vgl. auch BGH R&P 2008, 53 zur Relevanz der §§ 176 Abs. 4, 183 StGB für die Unterbringung nach § 63 StGB.

[503] OLG Stuttgart StV 2007, 189.

[504] Ausf. *Fischer* aaO Rn. 13ff. m.w.N.

[505] OLG Stuttgart aaO m.w.N.

[506] Exempl. dazu *G. M. Sander* 1997 m.w.N.

[507] Vgl. auch *Fischer* § 183 Rn. 12.

In der Begründung zur Ausweitung der DNA-Analyse gemäß § 81g Abs. 1 StPO (s.o. 1.b) wurde u.a. explizit – unter Bezugnahme auf eine Göttinger Studie – darauf verwiesen, in Einzelfällen seien exhibitionistische Handlungen die Vorstufe zu schwereren, ggf. sogar gewaltförmigen Sexualdelikten. Von der Kritisierbarkeit jener Studie – genauer: ihrer Instrumentalisierung – einmal abgesehen und ungeachtet der berechtigten Einwände gegen die Ausweitung des § 81g StPO auf nicht erhebliche Anlasstaten (s.o. 1.b), könnte sich im Kontext des § 183 Abs. 3 und 4 StGB die Frage stellen, ob die erweiterte Aussetzungsmöglichkeit unter Verweis auf eine im vorgenannten Sinne ungünstige Kriminalprognose ausgehebelt werden darf: Dass ein solcher Fall schon einmal entschieden wurde, ist nicht ersichtlich, in Anbetracht der äußerst geringen Basisrate (ausf. dazu u. E.III.) dürfte eine dahingehende Individualprognose – zumal ohne einschlägige Auffälligkeiten – kaum vertretbar sein.[508]

Sonderfälle: §§ 21, 27 JGG

Sieht das JGG die Aussetzung der Jugendstrafe gemäß § 21 Abs. 1 S. 1 vor, wenn zu erwarten ist, dass der Jugendliche „sich schon die Verurteilung zur Warnung dienen lassen und auch ohne die Einwirkung des Strafvollzugs unter der erzieherischen Einwirkung in der Bewährungszeit künftig einen rechtschaffenen Lebenswandel führen wird“, so erweisen sich die Unterschiede zu § 56 Abs. 1 S. 1 StGB zunächst einmal als minimal. Die in § 56 Abs. 1 S. 2 StGB genannten Beurteilungskriterien sind mit § 21 Abs. 1 S. 2 JGG identisch.[509] Gerade bei jungen Menschen sind die ggf. bereits von längerer U-Haft ausgehenden Wirkungen auf die weitere Lebensführung zu berücksichtigen, ebenso die besondere „erzieherische Einwirkung der Bewährungszeit“,[510] wobei maßgeblicher Zeitpunkt für die Prognoseentscheidung der der tatrichterlichen Entscheidung, und nicht der der Tat ist, der (auch deshalb) keine zu große Bedeutung – etwa im Hinblick auf die weitere Entwicklung der Persönlichkeit des Angeklagten – beigemessen werden dürfe.[511]

Eher erwartungswidrig ist der Unterschied zwischen § 56 Abs. 2 StGB einerseits und § 21 Abs. 2 JGG andererseits: Danach kann eine Jugendstrafe zwischen einem und zwei Jahren ausgesetzt werden, wenn nicht die Vollstreckung „im Hinblick auf die Entwicklung des Jugendlichen geboten ist“. Beispiele dafür, dass trotz einer positiven Prognose die Vollstreckung „im Hinblick auf die Entwicklung“ geboten ist, hat der Gesetzgeber nicht genannt, sie „lassen sich auch nicht vorstellen“.[512]

---

[508] In BT-Drs 15/315, 11 ist von 1–2% der Exhibitionisten die Rede: Eine so geringe Basisrate treibt die Quote „falscher Positiver“ dermaßen in die Höhe, dass ohne einschlägige Vortaten keine dahin gehende Rückfallprognose zu verantworten wäre.

[509] Vgl. nur D/S/S-*Sonnen* § 21 Rn. 8ff., ausf. *Herre* 1997.

[510] BGH NStZ-RR 2007, 61, vgl. auch OLG Hamm StV 2005, 69, 70.

[511] BGH StV 1991, 424 m.w.N., vgl. auch BGH StV 1993, 533 zur Relevanz des „Nachtat- und Verteidigungsverhaltens“.

[512] D/S/S-*Sonnen* § 21 Rn. 19 m.w.N.

Eine im allgemeinen Strafrecht nicht vorgesehene Option verzeichnet das JGG in § 27: Danach kann schon die Verhängung der Jugendstrafe ausgesetzt werden, wenn „nicht mit Sicherheit beurteilt werden [kann], ob in der Straftat eines Jugendlichen schädliche Neigungen von einem Umfang hervorgetreten sind, dass eine Jugendstrafe erforderlich ist". Die Verhängung der Jugendstrafe wird dann, nach Feststellung der Schuld, für eine zu bestimmende Bewährungszeit ausgesetzt. Eine solche ‚Prognosevertagung' mit Sanktionsvorbehalt ist dem übrigen Strafrecht fremd (vgl. aber zu § 66a StGB u. 4. a).[513]

Schließlich hat die flexible Jugendgerichtsbarkeit auf der Grundlage des § 57 Abs. 2 JGG eine sog. „Vorbewährung" eingeführt: Bevor nachträglich abschließend darüber entschieden wird, ob die Jugendstrafe tatsächlich zur Bewährung ausgesetzt werden kann, erhält der Verurteilte die befristete ‚Chance', sich vorab zu bewähren (Zurückstellung der Vollstreckung). Dies wird spätestens dann zum Problem, wenn diese sog. Vorbewährung auch noch – ohne explizite gesetzliche Grundlage – mit Weisungen und Auflagen versehen wird.[514]

bb) Strafrestaussetzung

Ein nach Teilvollstreckung verbleibender Freiheitsstrafrest kann gemäß § 57 Abs. 1 S. 1 StGB u.a. dann zur Bewährung ausgesetzt werden, wenn dies „unter Berücksichtigung des Sicherheitsinteresses der Allgemeinheit verantwortet werden kann" (Nr. 2), wobei – neben den bereits in § 56 Abs. 1 S. 2 StGB genannten Kriterien (s.o. aa) – insbesondere auch „das Gewicht des bei einem Rückfall bedrohten Rechtsguts" und „das Verhalten der verurteilten Person im Vollzug" zu berücksichtigen sind (§ 57 Abs. 1 S. 2 StGB).[515]

Vorgaben des BVerfG

Die für diese Verantwortbarkeits-Entscheidung nach h.M. ausschlaggebende Kriminalprognose[516] ist in der Konstruktion nicht auf Anhieb zu erkennen. Zu der mit dem sog. SexBG 1998 geänderten Rechtslage hat sich das BVerfG 1999 ausführlich geäußert: Es sei „unverzichtbare Voraussetzung rechtsstaatlichen Verfahrens", dass Entscheidungen, die „den Entzug der persönlichen Freiheit betreffen, auf zureichender richterlicher Sachaufklärung beruhen und eine in tatsächlicher Hinsicht genügende Grundlage haben, die der Bedeutung der Freiheitsgarantie entspricht".[517] Dies gelte auch für Entscheidungen gemäß § 57 StGB, wo „den Strafvollstreckungsrichtern eine prognostische Gesamtwürdigung abverlangt" sei: Für die tatsächlichen Grundlagen der Prognoseentscheidung gelte „von Verfassungs wegen das Gebot bestmöglicher Sachaufklärung"; das verlange, dass der Richter „die Grundlagen seiner Prognose selbständig" bewerte, dies also nicht einer ande-

---

513 Ausf. *Volckart/Pollähne/Woynar* 2008 Rn. 341 m.w.N.

514 AaO Rn. 340 m.w.N.

515 *Feuerhelm* 1999, 468ff. m.w.N.

516 Vgl. nur *Fischer* § 57 Rn. 12ff. m.w.N.; diff. *Feuerhelm* 1999, 475ff. und *Schall* 2003, 261.

517 BVerfG StV 2000, 265.

ren Stelle überlasse, und dass er sich „ein möglichst umfassendes Bild über die zu beurteilende Person“ verschaffe.[518]

Im Hinblick auf den Wahrscheinlichkeitsgrad sei es von Verfassungs wegen „nicht zu beanstanden, dass das Gericht mit Blick auf die im einzelnen dargelegten Umstände“ der Tat grundsätzlich davon ausgehe, dass die Entlassung nur in Betracht komme, wenn „eine erhöhte Wahrscheinlichkeit für künftige Straffreiheit“ bestehe, zumal bereits vor Änderung des § 57 Abs. 1 StGB in Rechtsprechung und Literatur Einigkeit bestanden habe, dass bei Tätern, die „besonders gefährliche Taten begangen haben, der Versuch, sie probeweise zu entlassen, weniger leicht zu verantworten sei als bei anderen Verurteilten“ – insoweit sei die Gesetzesänderung lediglich eine „Klarstellung“ gewesen.[519]

Zwar gebe es „keine festen Regeln darüber, welchen der in § 57 Abs. 1 S. 2 StGB genannten Umstände Vorrang vor anderen einzuräumen“ seien, doch lasse sich festhalten, dass „bei einem lang andauernden Vollzug von Strafe den Umständen der Tat nur noch eine eingeschränkte Aussagekraft“ zukomme, während jene Umstände an Bedeutung gewännen, die „wie das Verhalten im Vollzug oder die augenblicklichen Lebensverhältnisse des Verurteilten“ Erkenntnisse über „das Erreichen des Vollzugsziels gemäß § 2 StVollzG und damit wichtige Informationen für die Kriminalprognose“ vermittelten.[520] Wer dabei einseitig auf die „die Gefährlichkeit“ des Verurteilten „in der Vergangenheit prägenden Umstände“ abstelle, gelange nicht zu einer „auf einer umfassenden Tatsachengrundlage beruhenden realen Einschätzung“ der von dem Verurteilten „heute ausgehenden Gefahr“, denn solche Schlussfolgerungen setzten regelmäßig „differenzierte Erkenntnisse über die Persönlichkeitsstruktur des Betroffenen und deren Entwicklung im Vollzug voraus“.[521]

Diese weitgehend zustimmend aufgenommenen verfassungsrichterlichen Grundsätze, die in der einschlägigen OLG-Rechtsprechung regelmäßig – wenn auch für sich zum Teil widersprechende Entscheidungen – herangezogen werden, sind von *Kröber* heftig kritisiert worden: Dass sich das Gericht „zur Aussagekraft von einzelnen kriminalprognostischen Gesichtspunkten“ geäußert habe, sei zu bedauern, denn „die tatsächliche Kriminalprognose im Einzelfall“ lasse sich nicht „aus der Verfassung ableiten“.[522] Ob etwa den Umständen der Tat nach lang andauerndem Freiheitsentzug nur noch eingeschränkte Aussagekraft zukomme, während das Vollzugsverhalten an Aussagekraft gewinne, sei eine „nur erfahrungswissenschaftlich begründbare Feststellung, die aber gerade erfahrungswissenschaftlich – kriminologisch – so allgemein nicht haltbar“ sei, vielmehr „ersichtlich falsch, und zwar nicht aus Rechtsgründen, sondern aus Sachgründen“: Die Aussage, die in der Tat zutage tretende Gefährlichkeit „verliere im Laufe der Zeit immer mehr an prognostischer Aussagekraft, das Vollzugsverhalten hingegen werde immer bedeutsamer“, sei „nach allen kriminologischen Erkenntnissen logisch schief und sachlich unzu-

---

518 BVerfG aaO Rn. 16 unter Verweis insb. auf BVerfGE 70, 297 >309 ff.<.

519 BVerfG aaO Rn. 21 m. w. N., vgl. *Fischer* § 57 Rn. 13 m. w. N.

520 BVerfG aaO Rn. 22.

521 BVerfG aaO Rn. 23/24.

522 *Kröber* (Anm. zu BVerfG) NStZ 2000, 613.

treffend".[523] Das Gewicht der verschiedenen kriminalprognostischen Kriterien ergebe sich vielmehr „aus dem Einzelfall im Abgleich mit dem kriminologischen Wissen über individuelle Delinquenzverläufe und der forensisch-psychiatrischen Beurteilung von Entwicklungsprozessen": Faktoren, welche „die ursprüngliche, durch die Tat zutage getretene Gefährlichkeit" bedingten, seien stets zu betrachten, zumal „gruppenstatistisch" bei „frühem Delinquenzbeginn, Gewaltdelikten bereits in der Jugend, polytroper Delinquenz, ungeordneten Aufwuchsbedingungen, instabiler Arbeitsvorgeschichte sowie mehrfachem Bewährungsversagen" eine „sehr ungünstige Legalbewährung" zu erwarten sei, und zwar „unabhängig von der Dauer der bisherigen Haft und vom Haftverhalten".[524]

Im Einzelfall müsse geprüft werden, so *Kröber* abschließend, ob trotz der gruppenstatistisch begründeten Erwartung einer ungünstigen Legalbewährung im Haftverlauf Entwicklungsprozesse deutlich geworden seien, die „ein Nachlassen oder Verschwinden der einstigen Gefährlichkeit" verdeutlichen und so zu einer „deutlich anderen, positiven Beurteilung führen können". Sollten sich aus der empirischen Forschung „neue Gesichtspunkte über kriminalprognostisch wichtige Faktoren" ergeben, werde man diese ins Beurteilungskonzept einzuarbeiten haben; von Verfassungs wegen ließen sich solche aber nicht festlegen, sondern allenfalls die Forderung erheben, dass „die Kriminalprognose sorgfältig auf dem etablierten Stand der Wissenschaft zu erfolgen" habe.[525]

Die Kritik ist auch in sich nur zum Teil berechtigt, beruht im Übrigen aber wohl einerseits auf Missverständnissen, andererseits auf falschen Vorstellungen über die ‚Arbeitsteilung' vor Gericht (ausf. u. D.II.3.). So richtig – wenn auch polemisch überzogen – es ist, dass Erfahrungssätze nicht aus der Verfassung abzuleiten sind, so „ersichtlich falsch" ist es zugleich, von dem „kriminologischen Wissen über individuelle Delinquenzverläufe" zu reden, oder anders ausgedrückt: Gerade die Kriminologie belehrt uns darüber, dass die Delinquenzverläufe so individuell sind, dass diesbezüglich allgemeingültige Erfahrungssätze gerade nicht gebildet werden können. Insofern ist der Verweis auf die „gruppenstatistischen" Erkenntnisse aus einschlägigen Prognoseinstrumenten (HCR-20 und SVR-20) bezeichnend, zumal sie belegen, dass die von *Kröber* bemühten Verläufe (Gewaltdelikte bereits in der Jugend etc.) eher die Ausnahme darstellen und dahingehende positive Rückfallprognosen einem erheblichen Fehlerrisiko ausgesetzt sind (ausf. u. C.IV.).

Klarstellungen?

Die der Neufassung des § 57 StGB (seit 1998[526]) folgende Rechtsprechung[527] ist uneinheitlich geblieben – von einer bloßen „Klarstellung" (s.o.) kann rückblickend

---

[523] *Kröber* aaO m. w. N.

[524] *Kröber* aaO S. 614 unter Verweis auf den HCR-20 und den SVR-20 (*Jöckel* 1998, *Müller-Isberner et al.* 1998 und 2000); ausf. zu den in der Praxis relevanten Kriterien *Laule* 2009, 172 ff.

[525] *Kröber* aaO.

[526] Exempl. zur vorherigen Rechtslage *Feuerhelm* 1999, 465 ff. und *Frisch* 1990, 715 ff.; zu den Neuerungen u. a. *Volckart* 2000 b und *Cornel* 2002 b, 425 ff.

[527] Zu Spezialproblemen des Rückwirkungsverbots *H. Schneider* 1999 a/b.

kaum die Rede sein, jedenfalls erweist sich die Rechtslage[528] vor Gericht als weniger klar denn je[529]:

Das mit der Erprobung in Freiheit „zwangsläufig verbundene >Testrisiko<, das nach bisheriger Rechtslage bereits dann in Kauf zu nehmen war, wenn lediglich eine >Chance< für ein positives Erprobungsergebnis bestand“, sei der Allgemeinheit nach der Neufassung „nicht mehr von vornherein zuzumuten“: Die Streichung der Erprobungsklausel bedeute „zumindest in den Fällen, in denen … bei unsicherer Prognose gewichtige Rechtsgüter bedroht sind, eine deutliche Verschärfung der Aussetzungsvoraussetzungen“.[530] Nunmehr müsse in jedem Fall „wahrscheinlich sein“, dass der Verurteilte „in Freiheit keine neuen Straftaten mehr begeht; dass hierfür lediglich eine >Chance< besteht, reicht nicht mehr aus, weil Wahrscheinlichkeit, selbst auf der geringsten Stufe, wesentlich mehr voraussetzt, als das bloße Bestehen einer Chance“.[531]

Die Schuld an einem solch (wenn auch nicht zwingend) restriktiven Verständnis weist *Feuerhelm* auch dem Gesetzgeber zu, der mit „diffusen“ Begriffen dazu beigetragen habe, den „Weg zu einer pauschalen Sicherheitsüberprüfung“ zu ebnen, weil „das Übergewicht des Sicherheitsgedankens die Pflicht der Vollstreckungskammer zur genauen Befassung mit den Prognoseumständen in den Hintergrund zu drängen“ drohe.[532] Mit Wegfall der Erprobungsklausel seien „die gesetzlichen Vorgaben hinsichtlich des nötigen Wahrscheinlichkeitsgrades weggefallen“, so dass „das inhaltlich diffuse Sicherheitsinteresse der Allgemeinheit“ zum dominierenden Faktor werden könne.[533] Die Gefahren lägen auf der Hand: Die Praxis werde sich „behelfen, eventuell mit einem Rückgriff auf bestimmte Straftatengruppen, etwa die des § 66 Abs. 2 StGB“, womit „einem neuen Schematismus Vorschub geleistet“ werde, der sich in der Praxis nur als Abkehr von einer individuell ausgerichteten Entscheidung niederschlagen könne.[534]

Für eine Aussetzung des Strafrests ist es nicht erforderlich, so das OLG Hamm in einer auch im Jahre 10 nach der Neufassung noch erforderlichen Klarstellung, dass „von dem Verurteilten keine Gefahr im Sinne des § 454 Abs. 2 StPO“ mehr ausgehe.[535] In dem angefochtenen (und sodann aufgehobenen) Beschluss der StVK hieß es, sie nehme § 454 Abs. 2 S. 2 StPO als Prüfungsmaßstab und sei der Ansicht, dass „sofern nur ein Faktor, der für eine kriminelle Tätigkeit von Bedeutung werden kann, ersichtlich nicht wirkungslos geworden ist“, nicht von der „Ungefährlichkeit des Verurteilten ausgegangen werden könne“: Alles andere würde „nach Auffassung dieses Vorsitzenden über den Wortsinn des Gesetzes hinausgehen oder hinter

[528] Erhebliche Unterschiede in der Aussetzungspraxis wurden freilich auch früher schon belegt, vgl. *Böhm/Erhard* 1988, 485ff. und *Frisch* 1990, 709f. m.w.N.; zu den Entwicklungen nach 1998 vgl. *Cornel* 2002b.

[529] *Streng* 1999, 834f.

[530] OLG Koblenz NStZ 1998, 591.

[531] OLG Koblenz aaO.

[532] *Feuerhelm* (Anm. zu OLG Koblenz) aaO 1999, 270f.

[533] *Feuerhelm* 1999, 469ff., vgl. auch *Streng* 1999, 834.

[534] AaO S. 478.

[535] OLG Hamm, Beschluss vom 5. 11. 2007 – 3 Ws 635/07 – juris.

ihm zurückbleiben und dem normierten Schutz der Allgemeinheit nicht gerecht werden".[536] Auch wenn diese Ansicht vom OLG Hamm zutreffend als „rechtlich nicht haltbar" eingestuft wurde, wird doch ersichtlich, wie nachhaltig der Gesetzgeber mit seiner der (angeblich irritierten) Öffentlichkeit gegenüber als „Klarstellung" gemeinten Neuregelung zur Irritation der Justiz[537] beigetragen hat: Prüfungsmaßstab war und blieb und ist „allein" § 57 Abs. 1 StGB, ob also die Reststrafenaussetzung „unter Berücksichtigung des Sicherheitsinteresses der Allgemeinheit verantwortet werden" kann; demgegenüber ist § 454 Abs. 2 S. 2 StPO eine „rein prozessuale Norm" und hat keine materielle Wirkung.[538] Eine „Gewissheit zukünftiger Straffreiheit" sei – so das OLG Hamm abschließend – nicht erforderlich, ein „vertretbares Restrisiko" könne verbleiben, die zukünftige Straffreiheit müsse „lediglich wahrscheinlich" sein[539]; es müsse – so das Gericht in einer weiteren Entscheidung – eine „wirklich nahe liegende Chance" für Straffreiheit bestehen.[540]

„sind insbesondere ... zu berücksichtigen"

Der Gesetzgeber hat den Vollstreckungsgerichten (allen voran der StVK) – ähnlich wie dem Tatgericht gemäß § 56 Abs. 1 S. 2 StGB (s.o. aa) – mit auf den Weg gegeben, was bei der Strafrestaussetzung „insbesondere ... zu berücksichtigen" ist (§ 57 Abs. 1 S. 2 StGB). Hierzu hat sich eine reichhaltige Rechtsprechung und dementsprechende Kommentarliteratur entwickelt, die hier nicht referiert werden muss. Da der Beschluss gemäß § 57 Abs. 1 S. 1 Nr. 2 StGB zumindest auch[541] als Prognoseentscheidung gewertet wird, wenn das Gericht prüft, ob die Aussetzung „unter Berücksichtigung des Sicherheitsinteresses der Allgemeinheit verantwortet werden" könne (s.o.), sind alle dabei wiederum zu berücksichtigenden Einzelaspekte letztlich mehr oder weniger kriminalprognostisch relevant:
- „Persönlichkeit des Verurteilten" (incl. „Vorleben"): Dies sind die klassischen Ausgangspunkte der kriminalprognostischen Persönlichkeitsbeurteilung, von der Rechtsprechung nicht selten in der Kategorie „Charaktermängel" gewürdigt.[542]
- „Umstände der Tat" und „Gewicht des bei einem Rückfall bedrohten Rechtsguts": In vielen Entscheidungen stehen diese Gesichtspunkte im Mittelpunkt des

[536] Zit. nach OLG Hamm aaO.
[537] Ob das von *Cornel* 2002b für die Jahre 1998 bis 2001 belegte Resultat, die „Strafverschärfungsabsicht" habe sich im Allgemeinen „nicht in der Praxis durchsetzen können", auch für die Folgejahre aufrechtzuerhalten wäre, steht dahin: Ein weiterer Beleg dafür, dass Gesetzesänderungen nicht unmittelbar auf die Justizpraxis durchschlagen, wäre es so oder so.
[538] OLG Hamm aaO m.w.N., vgl. auch OLG Karlsruhe NStZ-RR 2005, 172 und OLG Braunschweig StRR 2010, 146.
[539] OLG Hamm aaO insb. unter Verweis auf OLG Koblenz NJW 2000, 734 und OLG Hamm NJW 2000, 2453 (zust. Anm. von *Braasch* in jurisPR-StrafR 6/2008, 3 m.w.N.) sowie OLG Braunschweig aaO.
[540] OLG Hamm NStZ-RR 2010, 278, vgl. dass., Beschluss vom 17. 6. 2010 – 2 Ws 139/10 – juris.
[541] Vgl. *Röttle/Wagner* 2009 Rn. 934 (im Gegensatz zur Vorauflage).
[542] Exempl. KG NStZ 2007, 472 m.w.N.

Interesses, zumal sie über die Generalklausel von den zu berücksichtigenden „Sicherheitsinteressen der Allgemeinheit" quasi einer Doppelverwertung zugeführt werden (s. u. ausf. in puncto „Auseinandersetzung mit der Tat I").

- Das „Verhalten im Vollzug" erlangt in mehrfacher Hinsicht Bedeutung, einerseits im Hinblick auf Regelverstöße, andererseits im Umgang mit Vollzugslockerungen: Während die kriminalprognostische Relevanz des letztgenannten Aspekts weitgehend unbestritten ist[543] und auch vom BVerfG immer wieder herausgestellt wird,[544] bleibt die Berücksichtigung von Regelverletzungen[545] resp. beanstandungsfreiem Vollzugsverhalten[546] strittig bzw. widersprüchlich.[547] Ein Erfahrungssatz, dem zufolge „Gesetze in Freiheit erst recht nicht achtet", wer sich „schon unter den überwachten Verhältnissen des Vollzuges Regelverletzungen zuschulden kommen lässt", existiert aber auch unter der Generalklausel „Vereinbarungsfähigkeit" nicht.[548]
- „Lebensverhältnisse" und „Wirkungen", die von der Aussetzung zu erwarten sind: Diese zwei kaum voneinander zu trennenden Aspekte werden oft auch mit dem Schlagwort vom „sozialen Empfangsraum" erfasst. Obwohl bekannt ist, dass er für die Rückfallvermeidung von letztlich entscheidender Bedeutung ist, wird ihm diese in der einschlägigen Rechtsprechung kaum verliehen.[549] Im Übrigen sind nicht nur die Wirkungen zu berücksichtigen, die von einer Strafrestaussetzung zu erwarten sind, sondern vor allem auch jene, die vom bisherigen Vollzug ausgegangen sind, was gerade für sog. „Erstverbüßer" anerkannt wird.[550]

---

543 Vgl. nur OLG Köln StraFo 2005, 478, wonach von der Regel, dass „das Fehlen von Vollzugslockerungen" einer vorzeitigen Entlassung entgegenstehe, Ausnahmen zugelassen werden müssen; diff. ThürOLG NStZ 2006, 354 zur vollstreckungsrichterlichen Prüfungskompetenz im Hinblick auf abgelehnte Lockerungen; anders nach OLG Hamm, Beschluss vom 17. 6. 2010 – 2 Ws 139/10 – juris, wenn die Nichtgewährung dem Gefangenen anzulasten sei.

544 Exempl. BVerfG StV 2009, 708 m. w. N. und zuletzt Beschluss vom 5. 8. 2010 – 2 BvR 729/08 – juris, ihm folgend OLG Hamm, Beschluss vom 11. 2. 2010 – 1 Ws (L) 479/09 – juris, vgl. *P.-A. Albrecht et al.* 2010.

545 Gewaltdelikte gegen Vollzugsbedienstete brächten eine „rechtsfeindliche Gesinnung zum Ausdruck", die auch bei Erstverbüßern einer vorzeitigen Entlassung entgegen stehe, so das OLG Stuttgart Justiz 2007, 115 (dass die Gefangene nicht einschlägig vorbestraft war, sondern wegen Untreue einsaß, blieb unberücksichtigt).

546 KG NStZ 2007, 472 und Beschluss vom 20. 11. 2007 – 2 Ws 505-506/07 – juris: beanstandungsfreies Verhalten (ggf. nur „taktische Anpassung") reiche nicht, es bedürfe einer „günstigen Entwicklung" und „erfolgreicher Tataufarbeitung" (s. u.), ähnlich OLG Karlsruhe, Beschluss vom 24. 1. 2005 – 1 Ws 425/04 – juris.

547 *Röttle/Wagner* 2009 Rn. 937 ff.; vgl. auch BVerfG StV 2000, 265.

548 So aber das KG, Beschluss vom 20. 11. 2007 – 2 Ws 505-506/07 – juris.

549 Das OLG Zweibrücken (Beschluss v. 9. 10. 2007 – 1 Ws 381/07 – juris) wertet es gar als ungünstig, dass der Verurteilte „im Falle seiner Entlassung wohl von sozialen Leistungen leben müsste"; diff. OLG Koblenz StraFo 2006, 209, positiv hingegen OLG Köln StraFo 2005, 478, vgl. auch *P.-A. Albrecht et al.* 2010, 1019.

550 OLG Koblenz StraFo 2006, 209 und OLG Nürnberg StraFo 2007, 431 m. w. N.; zu Ausnahmen: OLG Stuttgart Justiz 2007, 115 (Gewaltdelikt gegen Vollzugsbedienstete, s. o.) und

Da es sich in § 57 Abs. 1 S. 2 StGB um einen offenen („insbesondere“) Katalog handelt, finden selbstverständlich zahlreiche weitere Punkte Berücksichtigung, wobei auffällt, dass ein Aspekt eine immer größere Bedeutung erhält, obwohl er im Gesetz keine explizite Erwähnung fand, nämlich die Auseinandersetzung mit der Tat:

Auseinandersetzungen mit der Tat I

Schon die gesetzlichen Vorgaben machen klar, dass keine Aussetzungsentscheidung an einer Auseinandersetzung mit der Tat vorbeikommt. Dies ist bewusst doppeldeutig gehalten: Einerseits geht es um die Frage, inwieweit sich der Verurteilte (Gefangene) mit der Tat auseinandergesetzt resp. auszusetzen hat und welche Bedeutung dem ggf. zukommen soll (s. u.), andererseits darum, wie sich das Vollstreckungsgericht (ggf. auch der hinzugezogene Gutachter) mit der Tat auseinanderzusetzen hat. Von der Anlasstat ohne Weiteres auf „die Wahrscheinlichkeit der Begehung einer gleichartigen Rückfalltat“ zu schließen, greift ersichtlich „zu kurz“.[551] Anders nicht selten die Praxis:

Die „Umstände seiner Tat“ können dem Verurteilten im Hinblick auf „das Gewicht des bei einem Rückfall bedrohten Rechtsguts“ prognostisch angelastet werden, so das OLG Frankfurt: Eine „Verstrickung in der organisierten Kriminalität in den Bereichen der Schutzgelderpressung“ führe dazu, an das Vorliegen einer günstigen Sozialprognose „strenge Anforderungen“ zu stellen.[552] Die sich aus „dem kriminellen Ursprung der Tat, ihrer Vorgeschichte und ihrer Ausführung ergebende besondere Gefährlichkeit“ habe zur Folge, dass „der Versuch, solche Täter probeweise zu entlassen, weniger leicht zu verantworten ist als bei anderen Verurteilten“.[553]

Ähnlich das OLG München: Dass sich der Verurteilte „bedenkenlos in offensichtlich organisierte Schleuserkriminalität“ habe einbinden lassen, spreche bereits gegen die Annahme, dass er sich in Zukunft straffrei führen wird, denn in der darin zum Ausdruck kommenden „erheblichen kriminellen Energie“ sei auch „der Ansatz zur Wiederholung“ gelegt.[554] Dabei sei – so die berechtigte Kritik von *Wolters* – der Senat die prognostisch erforderliche „Darlegung der Verbindung zwischen abgeurteilter Tat und zukünftigen Straftaten“ jedoch schuldig geblieben.[555] Zwar entziehe sich die „Frage, ob oder wie wahrscheinlich ein Verurteilter zukünftig ein straffreies Leben führen wird, ihrer Natur nach einer konturenscharfen Beantwortung“, denn mehr noch als die inhaltliche Ausfüllung des Rechtsbegriffs der „günstigen Prognose“ sei „die Ebene der Subsumtion mit Schwierigkeiten behaftet“: Der Richter habe nicht nur aus dem Vorliegen einzelner Umstände, der „Basis der Prognose“, auf eine

---

KG, Beschluss vom 20. 11. 2007 – 2 Ws 505-506/07 – juris (schwerwiegende „Charaktermängel“, s. o.).

551 *Jansen* 2000, 80 m. w. N.

552 OLG Frankfurt NStZ-RR 1999, 346.

553 OLG Frankfurt aaO m. w. N.

554 OLG München StV 2000, 683.

555 *Wolters* (Anm. zu OLG München) aaO S. 683.

„zukünftige Entwicklung zu schließen", sondern seine Entscheidung auch „auf der Grundlage einer Abwägung der verschiedenen Umstände zu treffen"; aus der Natur dieser Prognoseentscheidung „als bewertendem Akt" folge, dass dem Gericht hinsichtlich der Gewichtung des einzelnen Umstands ein gewisser Beurteilungsspielraum zuzubilligen" sei.[556] Wenn sich die Ausführungen aber „darauf beschränken, die Umstände der Tat zu beschreiben, ohne herauszuarbeiten, warum nun aus diesen eine Gefährlichkeit des Täters resultieren soll", fehle es an der erforderlichen Nachvollziehbarkeit.[557]

In Fällen, in denen der erstmaligen Strafverbüßung bereits ein Bewährungsbruch vorausgegangen ist, dürfe das Vollstreckungsgericht – so der BGH in einer weiteren Grundsatzentscheidung – nicht „generell einen engeren Beurteilungsmaßstab anlegen" und das „Vorliegen zusätzlicher Tatsachen" verlangen, die eine künftige straffreie Führung des Verurteilten „überwiegend wahrscheinlich machen".[558] Im Gegensatz zu § 56 Abs. 1 StGB stelle die nach § 57 Abs. 1 S. 1 Nr. 2 StGB zu treffende Prognoseentscheidung „nicht auf die Erwartung ab, der Verurteilte werde ohne die Einwirkung – weiteren – Strafvollzugs keine Straftaten mehr begehen"; maßgeblich sei vielmehr, ob die Haftentlassung „verantwortet" werden kann. Dieser unterschiedliche Maßstab beruhe darauf, dass der Verurteilte „die gegen ihn verhängte Strafe bereits teilweise als Freiheitsentzug erlitten hat und im Strafvollzug resozialisierend auf ihn eingewirkt worden" sei. Entscheidend für die Prognose sei demgemäß „eine Abwägung zwischen den zu erwartenden Wirkungen des erlittenen Strafvollzugs für das künftige Leben des Verurteilten in Freiheit einerseits und den Sicherheitsinteressen der Allgemeinheit andererseits", weshalb „isolierte Aussagen über die Wahrscheinlichkeit künftiger Straflosigkeit des Verurteilten" wenig hilfreich seien.[559] Habe (so im vorliegenden Fall) die Verurteilte, deren Taten nicht „der schwereren Kriminalität" zuzuordnen seien, die erstmalige Strafhaft – überwiegend im offenen Vollzug – ohne besondere Beanstandungen durchlaufen und auch die ihr gewährten Haftlockerungen nicht missbraucht, liege es nahe, dass „der Vollzug seine resozialisierenden Wirkungen entfaltet" habe.[560]

Das „Verheimlichen von Tatbeute" mag in einigen Fällen ein Hinweis auf „weiterhin bestehende strafrechtlich relevante Absichten – und damit auf eine Wiederholungsgefahr – sein", so das LG Hamburg, die Gesamtbeurteilung im vorliegenden Fall führe aber zu einem anderen Ergebnis: „Angesichts des Alters des Verurteilten, seiner beruflichen Interessen und der Höhe der Tatbeute ist ein – auch strafrechtlich gesehen – unauffälliges Verhalten eher wahrscheinlich."[561] Der Hinweis des OLG Hamburg, das diese StVK-Entscheidung aufgehoben hat, auf die zu erwartende „Beutekriminalität" überzeuge nicht, so *Geiter* und *Walter* in ihrer kriti-

---

[556] *Wolters* aaO unter Verweis auf *Frisch* 1990, 715 ff.

[557] *Wolters* ebda.

[558] BGH StV 2003, 678.

[559] BGH ebda.

[560] BGH aaO S. 679.

[561] LG Hamburg StV 1989, 210, 211, a. A. OLG Hamburg aaO, vgl. auch OLG Düsseldorf NStZ-RR 2010, 220.

schen Anmerkung: Es frage sich schon, ob der weitere Strafvollzug überhaupt in der Lage wäre, das „drohende Unheil abzuwenden"; es komme nur darauf an, „unter welchen Voraussetzungen die Bewährungschancen relativ besser sind".[562] Im Übrigen könnte „die zu befürchtende Straftat des Verurteilten", also das etwaige Verschweigen von Beute und Zinsen gegenüber Gläubigern und Finanzbehörden, allenfalls „hinausgezögert und der Strafrest als Zwangshaft zu wahrheitsgemäßen Angaben verwendet werden", was aber zweifellos jenseits der Zweckbestimmung des Instituts der Restaussetzung liege.[563] Schließlich ließen sich „Minuspunkte bei der Tatschuld" (strafschärfende Berücksichtigung des „Verhaltens nach der Tat" gemäß § 46 Abs. 2 StGB im Falle der Beuteverheimlichung) nicht in „prognostische Minuspunkte im Sinne des § 57 Abs. 1 StGB umschichten", denn sonst könnten in die Restaussetzungsentscheidung getarnt nachträglich Strafschärfungen einfließen, die seinerzeit im Erkenntnisverfahren mangels handgreiflicher Verweigerungsbelege unterbleiben mussten, vielmehr seien beide Bereiche, „hier Tatschuld, dort Kriminalprognose, deutlich auseinanderzuhalten".[564]

Auseinandersetzungen mit der Tat II

Jenseits der in § 57 Abs. 1 S. 2 StGB explizit genannten, bei der Aussetzungsentscheidung „insbesondere" zu berücksichtigenden Aspekte haben in der Praxis jene der Tatleugnung (aktiv gewendet) bzw. der mangelnden Tataufarbeitung (passiv gewendet) eine zunehmend[565] herausragende Bedeutung erlangt.[566] Tatsituation und -handlung seien „Knotenpunkte in der Biographie des Gefangenen, und die Auseinandersetzung mit diesem einschneidenden Lebensereignis und Selbsterlebnis darf durchaus Aufschlüsse darüber erwarten lassen, wie der Proband sich seither entwickelt hat".[567]

Einigkeit besteht allerdings noch nicht einmal dahingehend, dass ein Erfahrungssatz der kriminalprognostisch ungünstigen Wirkung mangelnder Tataufarbeitung als Regel existiert, von der allenfalls Ausnahmen anerkannt werden könnten[568]: Inwieweit eine unzureichende Tataufarbeitung einen kriminalprognostisch negativen Umstand darstelle, so das OLG Karlsruhe, lasse sich nicht für alle Fallgestaltungen einheitlich beantworten, denn die Ursachen hierfür könnten mannigfaltig sein; manche Täter fänden ihre Tat „derart beschämend, dass sie allein deshalb nicht

[562] *Geiter/Walter* (Anmerkung zu OLG Hamburg) aaO S. 212.

[563] AaO S. 213.

[564] Ebda.

[565] Ausführliche und berechtigte Kritik am Beispiel der Entwicklung in der Rechtsprechung des OLG Koblenz zur „Tatleugnung" bei *Bock/Schneider* 2003; vgl. auch den Hinweis von *Eisenberg* 2011 Rn. 55, Lügen (insb. in der Hauptverhandlung) dürfe prognostisch nicht negativ zu Buche schlagen.

[566] Ausf. *Kröber* 1993, *Bock/Schneider* 2003 und *Brettel* 2007 m.w.N.

[567] *Kröber* 1993, 141 und *ders.* 2007 sowie *Böhm* 2005, 185; spez. zur Leugnung von Sexualstraftaten *Vanhoeck/v. Daele* 2007 m.w.N.

[568] Ausf. *Brettel* 2007 m.w.N., vgl. auch *Heike Schneider* 2010 und inzwischen kritischer auch *Kröber* 2010; im Zweifel bedarf es der Einholung eines externen Gutachtens: BVerfG, Beschluss vom 8. 7. 2010 – 2 BvR 1771/09 – juris.

darüber reden wollen", auch bei Affekttaten und fortwährender Tatleugnung könne „eine fehlende Schuldeinsicht und -verarbeitung als Indiz für eine Tatwiederholung ungeeignet sein".[569] Habe der Verurteilte über ein mehrjähriges Strafverfahren hinweg die Tatbeteiligung geleugnet, müsse ihm im Vollstreckungsverfahren „der Weg offen bleiben, auf andere Art und Weise als durch eine Art >nachträgliches Geständnis< zeigen zu können, dass eine erneute Tatbegehung so unwahrscheinlich ist, dass es gegenüber den Sicherheitsinteressen der Allgemeinheit verantwortet werden kann, den Rest der Strafe zur Bewährung auszusetzen".[570]

Sonderfall: § 57 Abs. 2 StGB

Zur Halbstrafenaussetzung gemäß § 57 Abs. 2 StGB ist zunächst einmal nichts anzumerken, insoweit an die „Umstände"-Klausel des § 56 Abs. 2 StGB angeknüpft wird.[571] Allerdings werden die „besonderen Umstände" dahingehend konkretisiert, dass sie sich aus einer „Gesamtwürdigung von Tat, Persönlichkeit der verurteilten Person und ihrer Entwicklung während des Strafvollzugs" ergeben sollen.

Die Schwere der Straftat allein stehe einer Halbstrafenaussetzung zwar grundsätzlich nicht entgegen, werde im Rahmen der Gesamtwürdigung aber regelmäßig die Haftfortdauer gebieten.[572] Eine von dieser Regel abweichende Beurteilung könne sich jedoch aus einer beim Verurteilten während des Strafvollzuges eingetretenen „nachhaltigen Entwicklung seiner Persönlichkeit" ergeben, wenn sich hieraus eine günstige Sozial- und Kriminalprognose ergebe: Setze sich ein Verurteilter etwa „während der Haft mit dem von ihm begangenen Unrecht nachhaltig auseinander, distanziert er sich hiervon und zeigt durch sein Gesamtverhalten glaubwürdig Einsicht und Reue", so komme dem besondere Bedeutung bei (s. o.).[573]

Ist bei einem (nach längerer, die Halbstrafe erreichenden Untersuchungshaft auf freiem Fuß befindlichen) Ersttäter die Zweidrittelaussetzung „ohnehin kaum zu versagen", sei „nicht ersichtlich, welchen Zuwachs an positiver Prognose eine weitere Verbüßung von neun Monaten" für den Verurteilten und damit für das Sicherheitsinteresse der Bevölkerung bringen sollte.[574]

---

[569] OLG Karlsruhe NStZ-RR 2005, 172 m. w. N., vgl. auch dass. ZfStrVo 2006, 52 und (unklarer) in einem Beschluss vom 3. 12. 2007 – 1 Ws 230/07 – juris (Tatleugnung „nicht grundsätzlich" ungünstig); deutlich restriktiver das KG z. B. in NStZ 2007, 472 (und einer Reihe weiterer nur in juris veröffentlichter Entscheidungen), ähnlich *Böhm* 2005, 185; im Erkenntnisverfahren darf das zulässige Schweigen des Angeklagten (etwa bei Prüfung der prognostischen Voraussetzungen einer Sicherungsverwahrung) ohnehin nicht zu seinen Lasten verwertet werden, vgl. nur BGH, Beschluss vom 15. 1. 2008 – 4 StR 452/07 – juris m. w. N.

[570] OLG Schleswig StV 2008, 33, vgl. auch OLG Koblenz StraFo 2006, 209; zur Beachtung des in einem anderen Verfahren ausgeübten Aussageverweigerungsrechts OLG Celle, Beschluss vom 11. 2. 2008 – 1 Ws 64/08 – juris.

[571] Dazu *Fischer* § 57 Rn. 21 ff. m. w. N.

[572] OLG Karlsruhe StV 2005, 276 m. w. N., ähnlich OLG Schleswig StV 2008, 33.

[573] OLG Karlsruhe aaO m. w. N., vgl. auch OLG Köln OLGSt StGB § 57 Nr. 53 unter Verweis auf einen „Schlussstrich".

[574] OLG Schleswig StV 2008, 33 >35<, vgl. auch *Schüler-Springorum* (Anm. zu OLG Düsseldorf, s. u.) in StV 2003, 682.

In Anbetracht einer von den Vollstreckungsgerichten als „außerordentlich milde“ erachteten Strafe die Halbstrafenaussetzung trotz günstiger Prognose im Rahmen einer „vollstreckungsrechtlichen Gesamtbetrachtung“ letztlich unter Verweis auf einen gerechten Schuldausgleich und die Verteidigung der Rechtsordnung abzulehnen,[575] ist von *Schüler-Springorum* zu Recht kritisiert worden: Abgesehen davon, dass die Prüfungsreihenfolge (erst günstige Prognose, dann besondere Umstände) verkehrt werde, sei die Spezialprävention methodisch unsauber – auch was die Bezugnahme auf das BVerfG betreffe – geopfert worden.[576]

Sonderfall: § 88 JGG

Ähnlich wie bei dem Zusammenspiel zwischen § 21 JGG und § 56 StGB (s.o. aa) ist auch im Hinblick auf die Restaussetzung einer Jugendstrafe gemäß § 88 JGG zunächst einmal auf § 57 StGB zu verweisen, auch wenn es hier deutlichere Abweichungen gibt: Keine Mindestverbüßungsdauer (vgl. auch § 88 Abs. 2 JGG[577]) und Verzicht auf einen Katalog „insbesondere zu berücksichtigender“ Aspekte, stattdessen – neben der Berücksichtigung der Sicherheitsinteressen der Allgemeinheit – vorrangig die Ausrichtung an der „Entwicklung des Jugendlichen“.[578]

In dem durch diese Vorgaben abgesteckten Rahmen setze das mit der Aussetzung verbundene „Erprobungswagnis“ keine Gewissheit künftiger Straffreiheit voraus, erforderlich seien aber eindeutig festzustellende positive Umstände, weshalb insofern verbleibende Zweifel zu Lasten des Verurteilten gingen[579] – ob das danach verbleibende Restrisiko vertretbar ist, sei Gegenstand einer Gesamtwürdigung, bei der insb. die Entwicklung des Jugendlichen während des (im vorliegenden Fall: siebenjährigen) Jugendstrafvollzuges zu berücksichtigen sei.[580]

Sonderfall: §§ 35, 36 BtMG

Die verschiedenen Möglichkeiten der Strafaussetzung bzw. -restaussetzung gemäß §§ 35 Abs. 1, 36 BtMG sind im Wesentlichen an §§ 56, 57 StGB angelehnt, jedoch gibt es – ähnlich wie im Jugendstrafrecht (s.o.) – keinen Mindestverbüßungszeitraum.[581]

Bei der zu treffenden Kriminalprognose stelle das Gesetz, so das OLG Dresden, zunächst maßgeblich auf „den Erfolg einer Behandlung ab, wobei die positive Zu-

---

575 OLG Düsseldorf StV 2003, 679 (unter Verweis auf BVerfG NJW 1995, 713 und 1986, 2241).

576 *Schüler-Springorum* (Anm. zu OLG Düsseldorf) aaO S. 680f.

577 Vgl. *Volckart/Pollähne/Woynar* 2008 Rn. 524 m.w.N.

578 Ausf. (insb. zu den Neuerungen von 1998) *Ostendorf* 2000 m.w.N. und *Hoffmann* 2002, 450.

579 OLG Karlsruhe StV 2007, 12; vgl. auch ThürOLG, Beschluss vom 24. 8. 2005 – 1 Ws 314/05 – juris.

580 OLG Karlsruhe aaO m.w.N., OLG Düsseldorf StV 2001, 183 (m. insoweit zust. Anm. *Hoffmann* 2002); zu restriktiv hingegen OLG Rostock, Beschluss vom 21. 10. 2002 – 1 Ws 430/02 – juris.

581 Vgl. zuletzt OLG Dresden StV 2006, 591 m.w.N. sowie OLG Frankfurt NStZ-RR 2010, 185.

kunftserwartung auch davon abhängt, ob der Verurteilte durch die erfolgte Therapie im Rahmen der Zurückstellung dazu bewegt werden konnte, seine Abhängigkeit weiter behandeln zu lassen".[582] Bestehe danach „eine berechtigte Erwartung, ein Verurteilter sei ausreichend auf ein zukünftiges Leben in Freiheit ohne Drogen vorbereitet, so spricht dies bereits für eine günstige Prognose".[583] Gleichwohl seien „erhöhte Anforderungen" an das Vorliegen einer günstigen Prognose dann zu stellen, wenn „die Gefahr der (erneuten) Begehung schwerer Straftaten aus dem Bereich der Beschaffungskriminalität" drohe: „Bestehen hierfür konkrete Anhaltspunkte, kommt eine Aussetzung nicht in Betracht. Umgekehrt erfordert das Sicherheitsbedürfnis der Allgemeinheit aber keine Gewissheit künftiger Straffreiheit, jedoch müssen die Erfolgsaussichten die Gefahr eines Scheiterns deutlich überwiegen. Ein vertretbares Restrisiko darf dabei aber eingegangen werden."[584]

cc) Aussetzung der lebenslangen Freiheitsstrafe

Da § 57a Abs. 1 StGB hinsichtlich der Voraussetzungen für eine Aussetzung des – nach Ablauf der jeweiligen Mindestverbüßungsdauer – verbleibenden Strafrestes einer lebenslangen Freiheitsstrafe an § 57 Abs. 1 StGB anknüpft (s.o.), wäre zunächst einmal nichts weiter auszuführen. In Anbetracht dessen, worum es für den Betroffenen (nach mindestens 15-jährigem, durchschnittlich [!] aber inzwischen nahezu 20-jährigem Strafvollzug[585]) und im Falle eines einschlägigen Rückfalls für die Allgemeinheit geht, kann es indes nicht verwundern, dass diesbezügliche Prognoseentscheidungen besondere Aufmerksamkeit finden – und verdienen: Da die Legitimität der Fortsetzung des Straf-Vollzuges nach Ablauf der durch die „besondere Schwere der Schuld" programmierten sog. „Mindestverbüßungszeit" aber wiederholt in Frage gestellt worden war,[586] mag zunächst das BVerfG ausführlich zu Wort kommen (nicht zuletzt wegen der Fernwirkung jener Grundsatzentscheidung):

BVerfGE 117, 71

Die Vollstreckung der lebenslangen Freiheitsstrafe „über den durch die besondere Schwere der Schuld bedingten Zeitpunkt hinaus aus Gründen der Gefährlichkeit des Straftäters" verletze weder die Garantie der Menschenwürde (Art. 1 Abs. 1 GG) noch das Freiheitsgrundrecht (Art. 2 Abs. 2 S. 2 GG), so der 2. Senat in einer weiteren Grundsatzentscheidung zur lebenslangen Freiheitsstrafe.[587] Die Vollstreckung sei „auch unter dem Aspekt der Verfolgung des Sicherungszwecks zum Schutz der Allgemeinheit grundsätzlich mit dem Grundgesetz vereinbar", denn es

---

[582] OLG Dresden aaO unter Verweis auf OLG Düsseldorf StV 1990, 214.

[583] OLG Dresden aaO unter Verweis auf Körner.

[584] OLG Dresden aaO m.w.N. (u.a. BVerfG NJW 1998, 2202).

[585] *Dessecker* 2010, 22ff. m.w.N. (auch zu den methodischen Problemen einer Bestimmung der Vollstreckungsdauer).

[586] Nicht zuletzt vom BVerfG selbst in einem – denselben Gefangenen betreffenden – PKH-Beschluss vom 1. 7. 2002 (EuGRZ 2002, 567), vgl. auch *Kreuzer* 2008, 76.

[587] BVerfGE 117, 71 (Ls.) = JR 2007, 160ff.; vgl. auch *Pollähne* 2010b, 86ff.

sei der staatlichen Gemeinschaft „nicht verwehrt, sich gegen einen gemeingefährlichen Straftäter auch durch einen lang andauernden Freiheitsentzug zu sichern“.[588] So könne die Ablehnung bedingter Strafaussetzung im Falle fortbestehender Gefährlichkeit des Strafgefangenen „im Einzelfall zu einem lebenslangen Freiheitsentzug führen“, was aber nur zulässig sei, wenn „der Schutz Anderer oder der Allgemeinheit dies unter Berücksichtigung des Verhältnismäßigkeitsgrundsatzes erfordert“.[589]

Im Hinblick auf die Legitimation einer „über den Zeitraum, in dem bereits die besondere Schwere der Schuld einer bedingten Haftentlassung entgegensteht, hinausgehenden Freiheitsentziehung“ äußert sich das BVerfG ausführlich zur Prognose: Dass der Gesetzgeber die Aussetzung der Vollstreckung der lebenslangen Freiheitsstrafe zur Bewährung von einer „Gefährlichkeitsprognose abhängig“ mache, um den angestrebten Schutz zu erreichen, sei „auch mit Blick auf die Unsicherheit einer Prognose als Grundlage des lang andauernden Freiheitsentzuges“ verfassungsrechtlich unbedenklich.[590] Zwar gebe es keine „Kriterien, die es erlaubten, aus zurückliegenden und gegenwärtigen Beobachtungen eines menschlichen Verhaltens die Frage der Rückfallwahrscheinlichkeit absolut zuverlässig zu beantworten“, weshalb es „eine im Ergebnis perfekte Vorhersage menschlichen Verhaltens nicht geben“ könne; das „Fachgutachten zur Gefährlichkeitsprognose“ sei jedoch „nichtsdestoweniger eine notwendige Hilfe für die zu treffende gerichtliche Entscheidung über die Strafrestaussetzung oder auch für Lockerungsentscheidungen“[591] – alles Weitere sei eine Frage des Übermaßverbots.[592]

Die Klausel von der Verantwortbarkeit der Vollstreckungsaussetzung „unter Berücksichtigung des Sicherheitsinteresses der Allgemeinheit“ schließe es mit ein, so der 2. Senat zu den materiellen Anforderungen an eine solche Prognoseentscheidung, dass „ein vertretbares Restrisiko eingegangen“ werde, wobei die „Vertretbarkeit des Restrisikos“ nicht allein von den „im Falle eines Rückfalls bedrohten Rechtsgütern abhängig“ sei, sondern auch vom „Grad der Wahrscheinlichkeit erneuter Straffälligkeit“, weshalb auch bei schweren Gewalt- oder Sexualdelikten „die bloße theoretische Möglichkeit eines Rückfalls, die angesichts der Begrenztheit jeder Prognosemöglichkeit nie sicher auszuschließen ist, der Aussetzung nicht von vorneherein entgegen“ stehe: „Vielmehr ist die Ablehnungsentscheidung durch konkrete Tatsachen zu belegen, die das Risiko als unvertretbar erscheinen lassen.“[593]

Auf der anderen Seite gelte aber: „Je höherwertige Rechtsgüter in Gefahr sind, desto geringer muss das Rückfallrisiko sein“, weshalb bei Mord (§ 211 StGB)

---

588 BVerfG aaO (Rn. 68/69) m. w. N.

589 BVerfG aaO (Rn. 85) m. w. N.

590 BVerfG aaO Rn. 88 unter Verweis auf die Grundsatzentscheidung zur Sicherungsverwahrung in BVerfGE 109, 133 >157<, vgl. *Pollähne* 2010b, 88f.

591 BVerfG ebda unter Verweis auf *Dessecker* 2004, 187ff. >197<.

592 BVerfG aaO Rn. 89ff. m. w. N., vgl. auch BVerfG StV 2009, 708.

593 BVerfG aaO Rn. 91 unter Verweis auf BVerfG NJW 1998, 2202, vgl. auch Beschluss vom 11. 10. 2004 – 2 BvR 906/04 – juris, dem folgend OLG Stuttgart, Beschluss vom 24. 11. 2008 – 2 StE 5/91 – juris (im Fall des ‚RAF-Gefangenen‘ Christian Klar).

„wegen der Art der im Versagensfalle zu befürchtenden Taten eine bedingte Entlassung aus der lebenslangen Freiheitsstrafe nur unter strengen Voraussetzungen in Betracht“ komme; bestünden „irgendwelche konkreten Anhaltspunkte dafür, dass der Verurteilte ein neues schweres Verbrechen begehen werde, so kommt eine Aussetzung nicht in Betracht“,[594] während „ein gewisses Risiko von Straftaten nur mittleren oder geringeren Gewichts“ die Restaussetzung der lebenslangen Freiheitsstrafe nicht hindere, weshalb der gemäß § 454 Abs. 2 S. 2 StPO hinzuzuziehende Gutachter „lediglich im Hinblick auf die durch die Tat (d.h. im Regelfall das Morddelikt) zu Tage getretene Gefährlichkeit“ Stellung beziehen müsse.[595] Dabei sei zu beachten, dass „mit zunehmendem Alter des Verurteilten oder zunehmender Vollzugsdauer die Tatsituation und Umstände der Tat gegenüber dem Vollzugsverhalten und der augenblicklichen Lebenssituation des Verurteilten an prognostischer Bedeutung verlieren können“.[596]

Die „besonders hohe Wertschätzung des Lebens“ (nicht des Inhaftierten, sondern potenzieller Opfer, so wäre hinzuzufügen) rechtfertige auch dann die weitere (und ggf. ultimative, so wäre erneut hinzuzufügen) Vollstreckung der lebenslangen Freiheitsstrafe, wenn „nach Erfüllung des verfassungsrechtlichen Gebots einer zureichenden richterlichen Sachaufklärung [s. u.] keine günstige Gefährlichkeitsprognose gestellt werden“ könne, zumal es „auch im Hinblick auf den Umstand, dass die verhängte lebenslange Freiheitsstrafe als die schuldangemessene Strafe“ ausgesprochen worden sei, verfassungsrechtlich nicht beanstandet werden könne, wenn „die in diesen Fällen verbleibenden Zweifel an einer hinreichend günstigen Prognose zu Lasten des Verurteilten gehen“.[597]

Ergänzt wird dieses materielle Normprogramm zur Wahrung des Verhältnismäßigkeitsprinzips durch ein prozedurales, nämlich durch „verfahrensrechtliche Anforderungen“[598]:

- Regelmäßige Überprüfungen wegen der zeitlichen Unbestimmtheit, auch wenn diese nicht an sich das Übermaßverbot verletze: Von zentraler Bedeutung für die Verfassungsmäßigkeit des grundsätzlich unbefristet wirkenden Freiheitsentzuges sei aber, dass „die Gefährlichkeit des Verurteilten und damit auch die Verhältnismäßigkeit des weiteren Freiheitsentzuges regelmäßig nach den Grundsätzen bestmöglicher Sachaufklärung überprüft“ werde, zumal „eine Gefährlichkeitsprognose nicht für unbegrenzte Zeit aussagekräftig“ sei. Die wiederkehrende Überprüfung der Aussetzungsreife gewährleiste dem Betroffenen „eine prozedu-

---

[594] BVerfG aaO Rn. 92 m. w. N., insb. auf BVerfG NJW 1992, 2344 und 1998, 2202.

[595] BVerfG aaO Rn. 93 m. w. N. zur einschlägigen Kommentarliteratur.

[596] BVerfG ebda unter Verweis auf BVerfG NJW 2000, 502; vgl. zur prognostischen Bedeutung des Alters auch *T. Wolf* 2009 und *Dahle et al.* 2009 sowie BVerfG R&P 2010, 163 und dass., Beschluss vom 8. 7. 2010 – 2 BvR 1771/09 – juris.

[597] BVerfG aaO Rn. 94 unter erneutem Verweis auf BVerfG NJW 1998, 2202 und 1992, 2344; krit. *Pollähne* 2010 b, 91 ff.

[598] BVerfG aaO Rn. 97 ff. unter Verweis u. a. auf BVerfGE 58, 208 >222 f.<; 70, 297 >308 ff.<; 86, 288 >317, 326<; 109, 133 >162 ff.<; ebenso BVerfG StV 2009, 708, ihm explizit folgend u. a. OLG Stuttgart R&P 2010, 113.

rale Rechtssicherheit und die Perspektive, dass sich seine Chance auf Entlassung in bestimmten Zeitabständen realisieren“ könne.[599]

- Anforderungen an das Verfahren zur Wahrheitserforschung, insb. an „die der Entscheidung über die Strafrestaussetzung zur Bewährung zugrunde liegenden Prognosegutachten“: Es sei unverzichtbare Voraussetzung eines rechtsstaatlichen Verfahrens, dass Entscheidungen, die den Entzug der persönlichen Freiheit betreffen, auf „ausreichender richterlicher Sachaufklärung beruhen und eine in tatsächlicher Hinsicht genügende Grundlage haben“.[600] Gerade in Fällen lang andauernden Freiheitsentzuges habe sich das Gericht „ein möglichst umfassendes Bild von der zu beurteilenden Person zu verschaffen und die Grundlage seiner Prognose selbständig zu bewerten“. Im Rahmen des unbefristet wirkenden Freiheitsentzuges gebiete das Gebot der bestmöglichen Sachaufklärung, einen „erfahrenen Sachverständigen zu Rate zu ziehen, der die richterliche Prognose durch ein hinreichend substantiiertes und zeitnahes Gutachten vorbereitet“, das „anerkannten wissenschaftlichen Standards“ genüge.[601] Zumindest dann, wenn die (ggf. wegen der Schwere der Schuld erhöhte) Mindestverbüßungsdauer deutlich überschritten sei, könne bereits die Frage, ob eine Aussetzung überhaupt zu „erwägen“ sei (vgl. § 454 Abs. 2 S. 1 StPO), nur mit Hilfe eines Sachverständigen beantwortet werden.[602]
- Notwendigkeit rechtzeitiger Prüfung zum Zwecke sachgerechter Entlassungsvorbereitung, insb. zur Durchführung von Vollzugslockerungen, denen in diesem Zusammenhang „eine besondere Bedeutung“ zukomme: „Für den Richter erweitert und stabilisiert sich die Basis der prognostischen Beurteilung, wenn dem Gefangenen zuvor Vollzugslockerungen gewährt worden sind“, weshalb er sich nicht damit abfinden dürfe, dass die Vollzugsbehörde solche Lockerungen ohne hinreichenden Grund „etwa auf der Grundlage bloßer pauschaler Wertungen oder mit dem Hinweis auf eine abstrakte Flucht- oder Missbrauchsgefahr“ verweigere.[603]
- Gesteigerte Begründungsanforderungen mit zunehmendem Gewicht der rechtsstaatlich eingeräumten Chance auf Freiheit bei lang andauerndem Freiheitsentzug: Der Richter müsse „seine Würdigung eingehender abfassen“ und dürfe sich

[599] BVerfG aaO Rn. 100; von „prozeduraler Rechtssicherheit“ im Zusammenhang mit unbefristeter Freiheitsentziehung war – soweit ersichtlich (vgl. *Pollähne* 2010b, 93) – erstmals in den Grundsatzentscheidungen zur Sicherungsverwahrung die Rede (BVerfGE 109, 133 und 190, s.u. F. II. 3.).

[600] BVerfG aaO Rn. 104 unter Verweis insb. auf BVerfGE 86, 288 >317< und 109, 133 >162<, vgl. auch Beschluss vom 11. 10. 2004 – 2 BvR 906/04 – juris.

[601] BVerfG aaO Rn. 106 unter Verweis auf *Boetticher et al.* 2006, *Nowara* 2004, vgl. auch BVerfG, Beschluss vom 15. 12. 2008 – 2 BvR 1656/08 – juris.

[602] BVerfG aaO Rn. 108.

[603] BVerfG aaO Rn. 109f. unter Verweis auf BVerfG NJW 1998, 2202 und StV 2003, 677, vgl. auch Beschluss vom 11. 10. 2004 – 2 BvR 906/04 – und vom 5. 8. 2010 – 2 BvR 729/08 – beide in juris, sowie StV 2009, 708, und die zutreffende Kritik von *Ritter* an der Entscheidung des OLG Hamburg in StV 1996, 677 (aaO S. 680) sowie *Dessecker* 1998, 414ff. und *P.-A. Albrecht et al.* 2010.

nicht „mit allgemeinen Wendungen begnügen“, sondern müsse „seine Bewertung substantiiert offen legen“.

- Beiordnung einer Pflichtverteidigung, von der im Falle der Vollstreckung einer lebenslangen Freiheitsstrafe nur dann abgesehen werden könne, wenn „die Voraussetzungen einer Strafrestaussetzung zweifelsfrei vorliegen“.[604]
- Weniger verfahrens- als vollzugsrechtlich schließlich der Hinweis zu den Auswirkungen des Verhältnismäßigkeitsprinzips auf „die Art und Weise des Vollzuges der Freiheitsentziehung“: Gerade wenn diese „nicht mehr in erster Linie dem Ausgleich zurückliegender Rechtsgutsverletzungen, sondern im Wesentlichen der Verhinderung zukünftiger Straftaten“ diene, deren „Eintrittswahrscheinlichkeit sich zwar sorgfältig, aber regelmäßig nicht sicher prognostizieren“ lasse, müsse dem mit einem „privilegierten Vollzug“ Rechnung getragen werden.[605]

Abschließend äußert sich der 2. Senat zu den Grenzen der – ebenso grundsätzlich wie grundgesetzlich gebotenen – Bestimmtheit einer Norm, die (wie § 57a StGB) auf der Grundlage „prognostischer Erwägungen“ das „Resozialisierungsinteresse des Verurteilten und das Sicherheitsinteresse der Allgemeinheit im Wege einer abwägenden Zuordnung zur Geltung zu bringen“ habe: Die dafür erforderliche „Feststellung höchst individueller und vielschichtiger Lebensumstände“ entziehe sich einer schematischen und kategorisierenden Vorprägung durch den Gesetzgeber. Zudem liege es „im Wesen einer prognoseabhängigen vollstreckungsrichterlichen Entscheidung“, dass nicht präzise vorherbestimmt werden könne, wie das Entscheidungsergebnis im Einzelfall zu lauten hat, weshalb das Bestimmtheitsgebot auch keine gesetzliche Regelung fordere, die „eine absolute Höchstfrist für den Vollzug der lebenslangen Freiheitsstrafe vorsieht“.[606]

Bei der prognostischen Bewertung sei „eine Fülle unterschiedlicher Faktoren zu verarbeiten, die einem dynamischen Prozess unterworfen sind“; die Persönlichkeit des Täters entwickele sich regelmäßig weiter. Dass Prognosen über den Grad künftiger Gefährlichkeit eines Verurteilten „in tatsächlicher Hinsicht mit Schwierigkeiten verbunden“ seien, liege in der Natur der Sache, führe aber „noch nicht zu einer verfassungswidrigen Unbestimmtheit der vom Gesetzgeber normierten Voraussetzungen“. Vielmehr würde „eine absolute zeitliche Höchstgrenze der Vollstreckung der lebenslangen Freiheitsstrafe“ im Widerspruch zu der Zielrichtung des § 57a Abs. 1 S. 1 Nr. 3 StGB stehen, denn „die von einer Person ausgehende Gefahr“ lasse sich nicht „abstrakt-generell durch eine zeitliche Höchstgrenze“ bestimmen: „Die Gefährlichkeit des Täters für die Allgemeinheit entfällt nicht notwendig nach einer bestimmten Zeit.“[607] Darin liege schließlich auch keine Ungleichbehandlung gegenüber Straftätern, die zu einer zeitigen Freiheitsstrafe ver-

---

[604] BVerfG aaO Rn. 112 unter Verweis auf BVerfGE 86, 288 >338<.

[605] BVerfG aaO Rn. 113 unter Verweis auf BVerfGE 109, 133 >166f.< (wo dieser Aspekt zum Vollzug der Sicherungsverwahrung ausgearbeitet wurde; zum sog. „Abstandsgebot“ auch *Bartsch/Kreuzer* 2009, 56).

[606] BVerfG aaO Rn. 122f.

[607] BVerfG aaO Rn. 123.

urteilt worden seien: Mit der Verurteilung zu einer lebenslangen Freiheitsstrafe sei verbunden, dass zum Zeitpunkt der Verurteilung nicht von vornherein feststehe, ob und wann der Verurteilte in Freiheit entlassen werden kann. Dem „Prinzip der Rechtssicherheit und dem Gebot materieller Gerechtigkeit" habe der Gesetzgeber dadurch Rechnung getragen, dass er „die Voraussetzungen, unter denen die lebenslange Freiheitsstrafe ausgesetzt werden kann, und das dabei anzuwendende Verfahren in § 57a StGB hinreichend bestimmt gesetzlich geregelt" habe.[608]

Diskussion

Die Konsequenzen aus der Erkenntnis, dass keine Kriterien existierten, die es erlaubten, aus „zurückliegenden und gegenwärtigen Beobachtungen eines menschlichen Verhaltens die Frage der Rückfallwahrscheinlichkeit absolut zuverlässig zu beantworten", und es daher „eine im Ergebnis perfekte Vorhersage menschlichen Verhaltens" nicht gebe, bleiben „weitgehend im Dunkeln", so die treffende Kritik von *Kinzig*,[609] wenn der Senat lediglich auf ein „Fachgutachten zur Gefährlichkeitsprognose [als] eine notwendige Hilfe für die zu treffende gerichtliche Entscheidung" verweise und die Überlegungen dann abbreche: Ausführungen zu den mit der Kriminalprognose verknüpften methodischen Problemen (Stichwort: Basisrate) „sucht man vergebens".[610] Was den Prognosemaßstab angeht, interpretiere das Gericht zwar „durchaus mutig", dass ein „vertretbares Restrisiko" eingegangen werden könne, konterkariere dieses dann aber gänzlich, wenn kurz darauf betont werde, eine Aussetzung „komme nicht in Betracht, wenn >irgendwelche (sic!) konkreten Anhaltspunkte< dafür beständen, dass >der Verurteilte ein neues schweres Verbrechen begehen werde<".[611]

Zu den vom Senat herausgearbeiteten „sechs Leitlinien" für die aus dem Verhältnismäßigkeitsgrundsatz abgeleiteten „verfahrensrechtlichen Anforderungen an die gefährlichkeitsbedingte Vollstreckung der lebenslangen Freiheitsstrafe" merkt *Kinzig* an: Wenn das Erfordernis einer regelmäßigen Überprüfung der Fortdauer auch ohne gesetzliche Grundlage (wie in § 67e StGB für die Maßregeln) vom Gericht als gewährleistet angesehen werde, hätte man sich doch eine „rechtstatsächliche Überprüfung" der derzeitigen Situation gewünscht. Da gleichwohl gegen die zeitliche Unbestimmtheit der lebenslangen Freiheitsstrafe auch dann keine Bedenken erhoben würden, wenn diese nurmehr aus Gründen fortbestehender Gefährlichkeit vollstreckt würde, wäre „dem Übermaßverbot dadurch stärkere Kontur" zu verleihen gewesen, dass „die Voraussetzungen für eine weitere Vollstreckung aus Gefährlichkeitsgründen ab einem gewissen Zeitpunkt (z.B. wenn der durch die Schuldschwere bestimmte Termin um mehr als 5 Jahre überschritten ist) von einschränkenden gesetzlichen materiellen oder verfahrensrechtlichen Voraussetzungen abhängig gemacht werden".[612]

---

[608] BVerfG aaO Rn. 126 unter Verweis auf BVerfGE 45, 187 >246<.
[609] *Kinzig* (Anm. zu BVerfG JR 2007, 160ff.) aaO S. 167.
[610] *Kinzig* ebda.
[611] *Kinzig* ebda.
[612] *Kinzig* aaO S. 168, der dabei explizit auf § 67d Abs. 3 StGB verweist.

Im Hinblick auf die Verpflichtung, einen „erfahrenen Sachverständigen zu Rate zu ziehen, der die richterliche Prognose durch ein hinreichend substantiiertes und zeitnahes Gutachten vorbereitet“, habe der Senat weder die Ausbildung dieser Sachverständigen präzisiert noch dazu Stellung genommen, ob auch anstaltsinterne Gutachten ausreichten, stattdessen aber u.a. auf die „Mindestanforderungen für Prognoseentscheidungen“[613] und § 454 Abs. 2 StPO verwiesen: In diesem Zusammenhang sei zu begrüßen, dass der Senat über den Wortlaut hinaus auch bei einer beabsichtigten „Versagung der Entlassung“ allein wegen der Gefährlichkeit der Prognoseentscheidung „ein zeitnahes wissenschaftlich fundiertes Gutachten“ fordere.[614] Der berechtigte Hinweis auf die Bedeutung von Vollzugslockerungen für die Prognoseentscheidung, über deren Versagung die StVK auch im Verfahren gemäß § 57a StGB zu wachen habe, bleibe letztlich schwach, soweit darauf abgestellt werde, sie müsse ihre „prozessualen Möglichkeiten“ ausschöpfen, denn diese seien nachwievor „begrenzt“.[615]

Problematisch sei schließlich auch, dass das Gericht (nicht ohne Widerspruch zu seiner – übrigens denselben Gefangenen betreffenden [s.u.] – Entscheidung vom 22. 3. 1998, auf die gleichwohl an zahlreichen Stellen Bezug genommen wird) bestätigt, dass das „Leugnen der Tat durchaus negative Berücksichtigung finden“ dürfe, ohne das Problem zu lösen, „welche prognostischen Auswirkungen es hat, wenn Inhaftierte, ob berechtigt oder nicht, die ihnen zur Last gelegte Straftat (wie hier kontinuierlich über Jahrzehnte) bestreiten“.[616]

Im konkreten Fall genügte dem Gericht die gutachterliche Einschätzung, es bestehe „selbst unter den Bedingungen einer engmaschig überwachten Lockerungsmaßnahme ein zu beachtendes, wenn auch schwer zu kalkulierendes Restrisiko“ (was – so der Senat – nicht gleichzusetzen sei „mit einem bloß theoretischen Risiko“), wobei der Hinweis auf die „fehlende Aufarbeitung der Tat“ für ausreichend erachtet wurde (s.o. bb): Angesichts dieser Begründung sei allerdings die Frage erlaubt – so *Kinzig* zu Recht[617] – wie lange sich der Beschwerdeführer nun noch im offenen Vollzug bewähren müsse: „weitere 5, 10 oder 20 Jahre? Oder könnte ihm ein spätes Geständnis weiterhelfen?“

Die ausführlich dargestellte Grundsatzentscheidung des BVerfG stellt den vorläufigen Schlusspunkt einer Fachdiskussion dar, die hier (auch im Kontext weiterer einschlägiger Entscheidungen des BVerfG) noch einmal kurz nachgezeichnet werden soll: Die hohe Wertschätzung des Lebens bedeute, dass „zumindest das Risiko eines gleichartigen Rückfalls, also eines Angriffs auf das Leben möglichst gering gehalten werden soll“.[618] Bei der Übernahme der Prognoseklausel aus § 57 Abs. 1 Nr. 2 StGB (a.F.) habe „das Problem Pate gestanden, die Prognoseklausel in operationalisierbarer Weise zu formulieren“, weshalb im Rahmen der Strafrechtsreform

---

[613] *Boetticher et al.* 2006, vgl. *dies.* 2009.
[614] *Kinzig* aaO m.w.N.
[615] *Kinzig* ebda, vgl. auch *P.-A. Albrecht* et al. 2010.
[616] *Kinzig* aaO S. 169 und Fn. 18.
[617] AaO S. 169.
[618] *Müller-Dietz* 1983, 632.

ja die alte Fassung durch die Verantwortungsklausel abgelöst worden sei. Sie sei „flexibel genug, um berechtigten Sicherheitsbedürfnissen Rechnung zu tragen, namentlich je nach der Größe des Risikos und der Schwere etwa drohender oder wahrscheinlicher Straftaten abwägen zu können".[619] Dabei bleibe zu berücksichtigen, dass sich „die Gefahr eines gleich schweren Rückfalls jedenfalls statistisch gesehen in relativ engen Grenzen zu halten scheint".[620]

Noch einmal das BVerfG (in der – oben bereits erwähnten – Vorentscheidung zu BVerfGE 117, 71): „Da es sich um Mord (§ 211 StGB) handelt, ist auch das Sicherheitsinteresse der Allgemeinheit hoch zu veranschlagen. Die Strafrestaussetzung darf nicht zu einem Rückfallmord führen. Gleichwohl gilt, dass die von dem Verurteilten ausgehende Gefahr hinreichend zu konkretisieren ist; der Grad der Wahrscheinlichkeit zukünftiger rechtswidriger Taten ist zu bestimmen; deren bloße Möglichkeit vermag die weitere Vollstreckung nicht zu rechtfertigen. Bestehen konkrete Anhaltspunkte dafür, dass der Verurteilte ein neues schweres Verbrechen begehen werde, so kommt eine Aussetzung nicht in Betracht."[621] Dabei komme „dem verfahrensrechtlichen Gebot einer zureichenden richterlichen Sachaufklärung ... die Bedeutung eines Verfassungsgebotes zu".[622]

Für den Richter erweitere sich „die Basis der prognostischen Beurteilung" insbesondere dann, wenn dem Gefangenen „Vollzugslockerungen gewährt worden sind", denn die „Chance, dass das Gericht, das über die Aussetzung zu entscheiden hat (§§ 454, 462a StPO), zu einer zutreffenden Sozialprognose" gelangen werde, verbessere sich „durch die vorherige Gewährung von Vollzugslockerungen", verschlechtere sich aber durch deren Versagung.[623] Die bloße Feststellung des OLG, dass „die durch die narzisstische Persönlichkeitsstruktur des Beschwerdeführers begründeten Zweifel um so ernster zu nehmen seien, als dieser durch sein Gewaltverbrechen bereits einmal die Schwäche der quasi-instinktiven, biologischen Tötungshemmungsbarriere offenbart habe, während dargestellte Veränderungen im Gesamtverhalten mangels Vollzugslockerungen nicht beurteilt werden könnten", könne die Entscheidung ebenso wenig stützen wie der abstrakte Hinweis, dass „die Erprobung dann nicht verantwortet werden könne, wenn auch nur entfernt mit einem neuen schweren Verbrechen gerechnet werden müsse".[624] Die negative Sozialprognose lasse sich schließlich auch nicht darauf stützen, dass der Beschwerdeführer „die Tat leugnet": Dies mag zwar „die Tatbewertung als Indiz fortbestehender Gefährlichkeit erschweren", ein ärztlicher Erfahrungssatz, wonach „aus dem Leugnen der Tat auf den Fortbestand der Gefährlichkeit geschlossen werden dürfe", sei aber nicht dargetan[625] (s.o. bb).

---

619 AaO S. 633, ähnlich *Schall* 2003, 265.
620 Ebda (unter Verweis auf Wulf 1979).
621 BVerfG NJW 1998, 2202 = BewHi 1998, 406ff., 409.
622 BVerfG ebda m.w.N.
623 BVerfG ebda, vgl. *P.-A. Albrecht et al.* 2010.
624 BVerfG aaO S. 411.
625 BVerfG ebda.

Das BVerfG weise deutlich darauf hin, so *Dessecker*, dass „die bloße Möglichkeit neuer – auch schwerer – Straftaten nicht ausreichen kann, eine weitere Vollstreckung der Freiheitsstrafe zu begründen; sonst wäre die gesetzliche Regelung über die Strafrestaussetzung inhaltsleer“.[626] Das Gericht habe aber – so *Eisenberg* zu einer Entscheidung aus 1992[627] – das „Problem, dass gemäß § 454 Abs. 1 S. 5 StPO bei zu lebenslanger Freiheitsstrafe verurteilten Gefangenen eine (vorhanden gewesene) Gefährlichkeit unterstellt wird“, nicht erörtert.[628] Dies bedeute in Durchbrechung der Zweispurigkeit des Rechtsfolgensystems nicht nur eine Verletzung des Schuldprinzips, sondern „zugleich eine Schlechterstellung der zu lebenslanger Freiheitsstrafe Verurteilten“; im Übrigen sei „aus empirischer Sicht unbeschadet vielfältiger methodischer Probleme keineswegs davon auszugehen, dass bei zu lebenslanger Freiheitsstrafe Verurteilten hinreichende Anhaltspunkte für eine generell gesteigerte – oder gar einschlägige – Rückfallgefahr vorliegen würden“, zumal der Begriff der >Gefährlichkeit< „gleichsam artifiziell eine Vielzahl von – nicht zuletzt auch situativen – Dimensionen“ verdecke.[629]

P.-A. Albrecht hatte bereits in den 70er Jahren auf der Grundlage seiner Untersuchungen zur „sozialen Situation entlassener >Lebenslänglicher<“ herausgearbeitet, die „Sozialprognose“ erfordere „eine multidisziplinäre Exploration“, wobei sich die „Konformität mit den offiziellen Normen der Strafanstalt“ als weitgehend irrelevant erwiesen habe. Vielmehr sollten Aspekte verstärkt Berücksichtigung finden, die man heute dem sog. „sozialen Empfangsraum“ zurechnen würde: Es bedürfe eines „Auffangens der mit Strafhaft verbundenen sozialen Abwärtsmobilität“, zum anderen sollte „die Einbettung in die psychoemotionale Schutzzone primärer Bezugsgruppensysteme gewährleistet sein“. Wenn sich so auch „keine Prognosen für das Handeln von Individuen ersetzen“ ließen, so würden damit doch Voraussetzungen genannt, in deren Kontext „die Erstellung einer individuellen Sozialprognose offensichtlich eine hohe [gemeint wohl: höhere] Voraussagegenauigkeit“ erhalte.[630]

dd) Widerruf der Strafaussetzung

Die Strafaussetzung wird im Falle des gröblichen oder beharrlichen Verstoßes gegen Weisungen gemäß § 56f Abs. 1 S. 1 Nr. 2 StGB widerrufen, wenn die verurteilte Person „dadurch Anlass zu der Besorgnis gibt, dass sie erneut Straftaten begehen wird“; hat sie in der Bewährungszeit eine Straftat begangen, erfolgt der

---

[626] *Dessecker* (Anm. zu BVerfG BewHi 1998, 406ff.) aaO S. 414.

[627] Entscheidung vom 3. 6. 1992 – 2 BvR 1041/88 und 78/89 = JZ 1992, 1176ff.

[628] *Eisenberg* (Anm. zu BVerfG JZ 1992, 1176ff.) aaO S. 1190.

[629] *Eisenberg* ebda, vgl. auch *ders.* 2011 Rn. 1817; dass die ehedem ‚nur‘ für § 57a StGB geltende Regelung des § 454 Abs. 2 StPO seit 1998 auch für zahlreiche andere Fälle gilt, ändert an der Berechtigung jener Kritik nichts (s. u. 4. b) aa)).

[630] *P.-A. Albrecht* 1977, 411 und *ders.* 1981 sowie erneut *ders. et al.* 2010, 1019; vgl. auch *Kinzig/Steinhilber* 2010 m. w. N.

Widerruf, wenn die verurteilte Person „dadurch zeigt, dass die Erwartung, die der Strafaussetzung zugrunde lag, sich nicht erfüllt hat".[631]

Der Widerruf erfolge grundsätzlich bei „Scheitern der ambulanten Resozialisierungsbemühungen", weswegen „der Rückfall in der Bewährungszeit allein den Widerruf der Strafaussetzung" noch nicht rechtfertige, so *Mrozynski*: Es müsse sich vielmehr „die Erwartung, die der Strafaussetzung zugrunde lag, nicht erfüllt haben. Entsprechend muss im Falle eines Verstoßes gegen Weisungen der Verurteilte Anlass zu der Besorgnis geben, dass er erneut Straftaten begehen werde".[632] Nicht jedwede „auf Grund neu zutage getretener Tatsachen nachträglich als unrichtig erkannte günstige Legalprognose" könne mit den Mitteln des Aussetzungswiderrufs rückgängig gemacht werden, auch wenn „solchen Tatsachen wie weiterer Delinquenz hohes legalprognostisches Gewicht" zukomme; ein Widerrufsgrund habe aber „die Bedeutung einer Bestrafungsvoraussetzung", denn „die materielle Rechtskraft der Aussetzungsentscheidung" ziehe eine Gestaltungs- und Beendigungswirkung nach sich, die die Rechtsfolgenentscheidung „auf der positiven wie auf der negativen Seite unabänderlich" mache, weshalb es einer ausdrücklichen gesetzlichen Regelung vorbehalten sei, diese Wirkungen zu durchbrechen.[633]

Nach Nr. 2 bedarf es einer „durch den Weisungsverstoß veranlassten neuen und gegenüber dem Zustand im Zeitpunkt der Aussetzungsentscheidung negativ gewordenen Sozialprognose",[634] notwendig sei also, so *E. Horn*, ein Vergleich >vorher< – >jetzt<, denn „ohne die Mitberücksichtigung der Weisungen als begleitende Maßnahmen wäre die Prognose nicht hinreichend günstig ausgefallen"; die Aussetzungsprognose habe nur deswegen abgegeben werden können, weil „die voraussichtliche positive Wirkung der für notwendig erachteten und zugleich angeordneten Weisungen hinzugedacht worden ist". Die Funktion der Nr. 2 gehe dahin, den Richter zu „verpflichten, nicht nur die jetzt tatsächlich vorhandenen, sondern auch hypothetische Umstände zur Prognosebasis hinzunehmen, also zu prüfen, ob die genannte >Besorgnis< wieder beseitigt wird dadurch, dass er auch die etwaige Wirkung anderer Bewährungsmaßnahmen" mit bedenkt.[635] Ein Widerruf nach § 56f Abs. 1 Nr. 2 StGB setzt das tatsächliche Vorhandensein einer schlechten Prognose („Besorgnis") voraus; des Fehlen einer günstigen Prognose genügt hierfür nicht.

Entsprechendes gilt für Abs. 2: Für das Absehen vom Widerruf ist eine positive Prognose nicht notwendig, das Fehlen einer negativen Prognose reicht aus. Der Angelpunkt sei mithin – so *E. Horn* abschließend – „die >Erwartungsformel<: es

---

[631] Das Gericht darf sich nicht von dem Gedanken der „Ahndung von Bewährungsversagen" leiten lassen, sondern muss eine aktuelle Kriminalprognose treffen, vgl. OLG Dresden R&P 2009, 221, wobei eine „Gesamtbewertung der Lebensumstände" vonnöten ist, vgl. KG StRR 2009, 392.

[632] *Mrozynski* 1978, 258, vgl. auch *Wita* 2006, 21 f. m. w. N.

[633] HansOLG Hamburg StraFo 2007, 163 m. w. N.

[634] *E. Horn* 1981, 6.

[635] Ebda.

soll darauf ankommen, dass die Erwartung, die der Strafaussetzung zugrunde lag, sich nicht erfüllt hat".[636] Das Aussetzungsgericht >erwarte< mehr vom Verurteilten als nur Legalbewährung (habe jedenfalls mehr von ihm zu erwarten), nämlich, dass er sich „von Grund auf, dass er seine ganze Lebensführung ändert (sich wenigstens dabei helfen lässt), dass er >sich in die Gesellschaft eingliedert< – und deshalb keine Straftaten mehr (auch nicht nach Ablauf der Bewährungszeit) begeht" – das Begehen einer Straftat in der Bewährungszeit sei dann „nur [ein] Symptom dafür, dass sich der Delinquent in dieser globalen Hinsicht erwartungswidrig nicht geändert hat".[637]

Soll die Aussetzung einer lebenslangen Freiheitsstrafe widerrufen werden (§ 57a Abs. 3 i.V.m. § 56f StGB), muss sich die Entscheidung an der „Erwartung ausrichten", die der Strafaussetzung gemäß § 57a Abs. 1 StGB zugrunde lag: „Sie kann nach keinem anderen Maßstab als demjenigen erfolgen, der bei der Strafaussetzung angelegt worden ist. Hat also das Gericht die Vollstreckung der lebenslangen Freiheitsstrafe zur Bewährung ausgesetzt, obgleich es damit gerechnet hat, dass der Verurteilte nach der Aussetzung Straftaten gegen das Vermögen oder Eigentum begehen wird, so ist für einen Widerruf kein Raum, wenn sich diese Befürchtung bestätigt."[638]

Prognosekonkurrenzen

In Anbetracht einer erneuten Verurteilung wegen einer Straftat unter Bewährung kann es zur ‚Prognosekonkurrenz' kommen: Das Tatgericht erkennt gemäß § 56 StGB (noch mal) auf eine Bewährungsstrafe, das Widerrufsgericht prüft gleichwohl die Voraussetzungen des § 56f Abs. 1 S. 1 Nr. 1 StGB. Die Konsequenzen sind umstritten:

Die „präjudizielle Wirkung einer Strafaussetzung zur Bewährung durch das Tatgericht für das mit dem Widerruf befasste Gericht" sei einfachgesetzlich nicht geboten, so *Peglau*, und verfassungsrechtlich nur „auf Grund des Vertrauensschutzgrundsatzes in bestimmten Fällen, nämlich wenn ausnahmsweise einmal ein schutzwürdiges Vertrauen dahingehend begründet wurde, dass auf Grund der Strafaussetzung wegen einer Straftat, die während der Bewährungszeit begangen wurde, die Strafaussetzung zur Bewährung aus einer früheren Entscheidung nicht widerrufen" werde. Auch hier führe aber das Vorliegen des schutzwürdigen Vertrauens „nicht automatisch" zu einer Bindungswirkung, sondern es sei „gegen die Interessen der Allgemeinheit abzuwägen" – bei von der Bewertung des Tatgerichts abweichenden Entscheidungen des Widerrufsgerichts bestehe aber „ein entsprechender Begründungszwang".[639]

Und doch kann es gegen den Grundsatz von Treu und Glauben (in der Ausprägung des Verbots widersprüchlichen Verhaltens) verstoßen, wenn ein und dieselbe

[636] *E. Horn* aaO S. 6/7.
[637] Ebda.
[638] KG NStZ 2004, 156.
[639] *Peglau* 2004, 292, vgl. auch *J. Seifert* 2008.

Staatsanwaltschaft wegen der neuen Tat „von einer günstigen Prognose ausgeht" (Beantragung eines Strafbefehls mit Freiheitsstrafe zur Bewährung), im Hinblick auf den Widerruf aber von einer ungünstigen.[640] Die Staatsanwaltschaft (als Verfolgungs- und Vollstreckungsbehörde) müsse sich „aus Anlass einer neuen Tat eben eine Einschätzung bilden, ob die frühere positive Prognose nunmehr noch aufrechterhalten werden kann oder nicht, und je nachdem primär für die neue Tat, ggf. durch Anklageerhebung statt durch Strafbefehlsantrag, eine Freiheitsstrafe ohne Bewährung erstreben".[641]

Dass der Prognose im Rahmen des § 64 Abs. 2 StGB (a.F.) „keine präjudizielle Wirkung für eine Widerrufsentscheidung" zukomme,[642] kann alleine mit dem Verweis auf einen unterschiedlichen Prognosemaßstab in § 56 Abs. 1 StGB nicht belegt werden: Abgesehen davon, dass die Behandlungsprognose in § 64 S. 2 StGB (n.F.) durch das Gesetz „zur Sicherung der Unterbringung in einem psychiatrischen Krankenhaus und in einer Entziehungsanstalt"[643] dahingehend präzisiert wurde, dass die „hinreichend konkrete Aussicht besteht, die Person durch die Behandlung in einer Entziehungsanstalt zu heilen oder über eine erhebliche Zeit vor dem Rückfall in den Hang zu bewahren und von der Begehung erheblicher rechtswidriger Taten abzuhalten, die auf ihren Hang zurückgehen" (s.u. 4.a), bemüht *Peglau* mit der „Erwartung eines straffreien Lebens"[644] einen unzutreffenden Maßstab. Entscheidend für den Widerruf gemäß § 56f Abs. 1 S. 1 Nr. 1 StGB ist, dass der Verurteilte durch die in der Bewährungszeit begangene Straftat zeigt, dass „die Erwartung, die der Strafaussetzung zugrunde lag, sich nicht erfüllt hat"[645]; das stellt keinen „geringeren Anspruch dar, als die >Wahrscheinlichkeit< eines straffreien Lebens".[646]

Die ganz überwiegende Meinung in Rechtsprechung und Literatur entnimmt der Regelung von § 56f Abs. 1 S. 1 Nr. 1 StGB im Zusammenhang mit Abs. 2, dass die Begehung einer Straftat in der Bewährungszeit nur dann den Widerruf der Strafaussetzung rechtfertige, wenn sich im Zeitpunkt der Widerrufsentscheidung „unter Berücksichtigung aller dafür maßgeblichen Umstände wegen der neuen Tat ein Anlass für eine Berichtigung der ursprünglich als positiv bewerteten Sozialprognose ergibt"[647] – aber selbst wenn dies zu einem Ergebnis führte, „über dessen >Richtigkeit< sich streiten läßt",[648] geböten weder der Wortlaut noch der Sinnzusammenhang, so das BVerfG, nur „solche Straftaten zum Anlass einer Widerrufsentscheidung zu nehmen, die zugleich die Sozialprognose eines Verurteilten in

---

640 LG Berlin StV 2007, 424.

641 LG Berlin ebda.

642 *Peglau* 2004, 292.

643 BGBl. I 2007, 1327 in Anlehnung an BVerfGE 91, 1, ausf. dazu *Pollähne* 2007, 390ff.

644 *Peglau* aaO S. 293.

645 Ausf. zur Problematik des Widerrufs nach Ablauf der Bewährungszeit *Arnoldi* 2008 m.w.N., vgl. auch *Volckart/Pollähne/Woynar* 2008 Rn. 200f.

646 So aber *Peglau* ebda unter Verweis auf OLG Nürnberg NStZ-RR 2002, 365f.

647 BVerfG NStZ 1994, 558 m.w.N.

648 BVerfG aaO.

Frage stellen".[649] Dem ist mit guten Gründen widersprochen worden: Schon aus der Gesetzgebungsgeschichte ergebe sich, dass in Übereinstimmung mit dem Grundsatz der Verhältnismäßigkeit (vgl. auch § 56f Abs. 2 StGB) „nicht bereits jede erneute Straftat geeignet sein sollte, den Widerruf einer gewährten Strafaussetzung zur Bewährung auszulösen", denn dafür reiche erst „die Widerlegung der mit Aussetzungsentscheidung nach § 56 Abs. 1 StGB anzustellenden günstigen Täterprognose oder – bei Aussetzung des Strafrestes nach § 57 Abs. 1 StGB – die Widerlegung der Verantwortbarkeit der Erprobung".[650]

Es bleibt dabei, dass sich ein Bewährungswiderruf grundsätzlich verbietet, wenn „wegen einer neuen Straftat Strafaussetzung gewährt wurde, da es in der Regel geboten erscheint, sich der sach- und zeitnäheren Prognose des die letzte Straftat beurteilenden Gerichtes anzuschließen"[651]; Ausnahmen seien allenfalls dann zulässig, wenn „die Prognoseentscheidung des zuletzt erkennenden Gerichts von unzutreffenden Voraussetzungen ausgeht oder nicht nachvollziehbar bzw. nicht überzeugend" sei,[652] womit sich die StVK freilich in die ihr so nicht zustehende Rolle eines Obergerichts begäbe.

4. Maßregel-Recht

Wegen der historischen und konzeptionellen Nähe des Maßnahmerechts[653] zum öffentlichen Recht der Gefahrenabwehr[654] kann dessen durchgängige Prognoseabhängigkeit kaum überraschen.[655] Die (Individual-)Prognose konstituiert das Maßregelrecht geradezu.[656] Dabei stehen zumeist – der Intensität des Grundrechtseingriffs angemessen – die freiheitsentziehenden Maßregeln der Besserung und Sicherung im Mittelpunkt des Interesses in puncto Anordnung (§§ 63ff. StGB, s.u. a) und Vollstreckung (s.u. b); kriminalprognostisch relevant sind freilich auch freiheitsbeschränkende Maßregeln (s.u. c).

---

[649] So das hiermit bestätigte OLG Oldenburg in einer Entscheidung vom 26. 2. 1993 – 1 Ws 32/93 – juris.

[650] *Ter Veen* (Anm. zu BVerfG) in NStZ 1995, 437 m.w.N.

[651] OLG Schleswig SchlHA 2003, 183 (Ls.), Beschluss vom 4. 12. 2002 – 1 Ws 432/02 – juris, m.w.N.

[652] OLG Schleswig aaO, insb. unter Verweis auf BVerfG NStZ 1985, 357.

[653] Im Sinne des § 11 Abs. 1 Nr. 8 StGB läge es nahe, durchgehend vom „Maßnahme"-Recht zu sprechen: Da hier aber ‚nur' die Maßregeln der Besserung und Sicherung erörtert werden (zu §§ 73ff. vgl. die Kommentierung von *Herzog* im NK-StGB und zur Vollstreckung *Volckart/Pollähne/Woynar* 2008 Rn. 272ff.), verdient der – ohnehin gängige – Begriff des Maßregel-Rechts hier Vorzug.

[654] *Kammeier* 1996; *C. Müller* 1997.

[655] *Hassemer* 1990, 261.

[656] *Haffke* 2008, 151ff. m.w.N. (als Beleg für die These, dass die Fahrerlaubnisentziehung gemäß § 69 StGB gerade keine Maßregel sei, s.u. c).

a) Maßregelanordnung

Die Unterbringung des Täters in einem psychiatrischen Krankenhaus kommt in Betracht, wenn „von ihm infolge seines Zustands erhebliche rechtwidrige Taten zu erwarten sind und er deshalb für die Allgemeinheit gefährlich ist" (§ 63 StGB, s.u. aa), die Unterbringung in einer Entziehungsanstalt, wenn „die Gefahr besteht, dass er infolge seines Hanges erhebliche rechtswidrige Taten begehen wird" (§ 64 S. 1 StGB, s.u. bb), und die Unterbringung in der Sicherungsverwahrung, wenn er „infolge eines Hanges zu erheblichen Straftaten … für die Allgemeinheit gefährlich ist" (§ 66 Abs. 1 Nr. 3 StGB, s.u. cc). Dementsprechend ist auch das spezielle Maßregelvollstreckungsrecht von zahlreichen Prognoseentscheidungen geprägt (s.u. b).[657]

aa) Unterbringung in einem psychiatrischen Krankenhaus

Für die Unterbringung gemäß § 63 StGB ist „Gefährlichkeit" die zentrale Anordnungsvoraussetzung,[658] also die Erwartung „erheblicher rechtswidriger Taten" infolge eines Zustands gemäß §§ 20, 21 StGB, woraus („deshalb") die Gefährlichkeit für „die Allgemeinheit" folgen soll.[659]

Bei Sichtung einschlägiger (veröffentlichter) BGH-Entscheidungen der letzten Jahre fällt auf, dass die in Rechtsprechung und Literatur in Jahrzehnten entwickelten Standards noch immer bzw. immer wieder oder sogar wieder verstärkt missachtet werden, denn mit den weitaus meisten Entscheidungen mussten Anordnungen gemäß § 63 StGB aufgehoben werden:

Erwartung erfordere – so musste der BGH etwa in Erinnerung rufen – eine „bestimmte Wahrscheinlichkeit" der Begehung weiterer erheblicher rechtswidriger Taten, deren „bloße Möglichkeit" reiche nicht,[660] vielmehr sei eine „Wahrscheinlichkeit höheren Grades" vonnöten.[661] Zwar könne „schon die erste Straftat die Gefährlichkeit des Täters für die Allgemeinheit belegen", jedoch bedürfe die Prognose dann „besonderer Prüfung", insb. wenn es sich nur um eine geringfügige Anlasstat handele; auch „dass der Täter trotz bestehenden Defekts lange Zeit keine Straftaten begangen hat", sei ein gewichtiges Indiz gegen die Wahrscheinlichkeit künftiger gefährlicher Straftaten".[662] Dies gelte auch, wenn zwischen der Anlasstat und der Anordnung ein längerer straffreier Zeitraum liege, in dem sich der Beschuldigte auf freiem Fuß befand.[663]

---

[657] Überblick bei *Volckart/Pollähne/Woynar* 2008 Rn. 286ff., 481ff. m.w.N. und in NK-*Pollähne/Böllinger* vor § 67.

[658] Ausf. *Dessecker* 2004, 214ff. m.w.N., vgl. auch *Kim* 2000, 120ff.; zur justiziellen Handhabung (incl. Kasuistik) *Schönberger* 2002, 43ff. (und S. 166ff. spez. zur „Gefährlichkeit"); exempl. zur maßregelspezifischen „Gefährlichkeitsprognose" *D. Seifert* 2007b, *Rasch/Konrad* 2004, 388ff., jeweils m.w.N., vgl. auch *Rasch* 1984, *Hinz* 1987, sowie *H.-J. Horn* 1989.

[659] Ausf. NK-*Böllinger/Pollähne* § 63 Rn. 75ff. m.w.N.

[660] BGH StV 2005, 21; vgl. zur BGH-Rechtsprechung im Überblick auch *Detter* 2009, 200ff.

[661] BGH StV 2005, 545.

[662] BGH aaO.

[663] BGH StV 2006, 579.

Die Einschätzung, eine „Erkrankung des Beschuldigten gehe per se mit einer deutlich erhöhten Risikohaftigkeit im Hinblick auf fremdaggressive Erheblichkeit seines Verhaltensmusters einher“, könne auch dann keine Unterbringung legitimieren, wenn diese Einschätzung von einem Sachverständigen stammt. Zur Begründung einer Wiederholungsgefahr müssen „über die Verwirklichung der Straftat hinaus greifbare Anhaltspunkte gegeben sein, die eine entsprechende Negativprognose rechtfertigen“, dafür genüge ein „statistisch erhöhtes Delinquenzrisiko eines schizophrenen Erkrankten“ nicht.[664]

Die Gefährlichkeit des Täters muss „in einem symptomatischen, kausalen Zusammenhang mit dem die Anlasstat verursachenden oder mitverursachenden Defektzustand im Sinne der §§ 20, 21 StGB“ stehen; die Mitteilung von „deutlichen fremdaggressiven Tendenzen“ reiche in der Regel nicht aus, zumal wenn der Beschuldigte bisher durch Gewaltdelikte nicht in Erscheinung getreten war.[665] Es müsse ggf. auch Berücksichtigung finden, dass er sich trotz eines mehrjährigen Krankheitsprozesses „immer wieder für längere Zeiten beanstandungsfrei gehalten“ habe, denn für die Prognose sei auch von Bedeutung, unter welchen „Rahmenbedingungen“ er in diesen Zeiten lebte.[666]

Das bloße Vorliegen „der Voraussetzungen von Diagnosekriterien eines der gängigen Klassifikationssysteme“ reiche für die Feststellung eines für § 63 StGB erforderlichen „Zustands“ ebenso wenig aus, wie der unspezifische Hinweis auf „den Krankheitswert der Störung“, so der BGH, auf einer solch unsicheren Grundlage habe auch die Gefährlichkeitsprognose keinen Bestand: Die Annahme, es seien „weitere Konfliktsituationen bereits angelegt“ und es könne zu „mit der Anlasstat vergleichbaren Gewalttaten“ kommen, weil auch in Zukunft „Konflikte des Angeklagten mit Pflegepersonen oder Sorgerechtsinhabern seiner Kinder oder >der Justiz< zu erwarten“ seien, müsse wenigstens in den tatrichterlichen Feststellungen eine hinreichende Grundlage finden.[667] Auch dass der Sachverständige eine „tiefe Strukturstörung“ diagnostiziert und „einen langwierigen therapeutischen Prozess mit >zahlreichen Rückfällen< prognostiziert“ habe, könne die Unterbringung nicht legitimieren, da das Vorliegen „einer behandlungsbedürftigen psychischen Störung“ für sich alleine die „möglicherweise lebenslange Unterbringung“ nicht trage.[668]

Exkurs: Unterbringungsrecht

Gemäß § 1906 Abs. 1 Nr. 1 BGB setzt die sog. betreuungsrechtliche (vormundschaftsgerichtliche) Unterbringung u. a. voraus, dass „die Gefahr besteht, dass [der Betreute] sich selbst tötet oder erheblichen gesundheitlichen Schaden zufügt“. Auch wenn diese sog. Selbstgefährdung für das Strafrecht weitgehend irrelevant ist, sind die Grundprobleme der dabei geforderten Prognoseentscheidung dieselben. Im jeweiligen (polizei- bzw. gesundheitsrechtlichen) Unterbringungsrecht der

[664] BGH StraFo 2005, 509.
[665] BGH StraFo 2006, 295.
[666] BGH NStZ-RR 2007, 300.
[667] BGH NStZ 2007, 29.
[668] BGH aaO m. w. N.

Länder finden sich unterschiedliche Formulierungen zur Selbst- und/oder Fremdgefährdung:

In § 8 Abs. 1 PsychKG-Berlin wird z.B. darauf abgestellt, ob „psychisch Kranke durch ihr krankheitsbedingtes Verhalten ihr Leben, ernsthaft ihre Gesundheit oder besondere bedeutende Rechtsgüter anderer in erheblichem Maße gefährden“.[669] Dabei bedeute „Gefahr“ im üblichen Wortverständnis „Drohen eines Schadens“; sie muss „ernsthaft“ bzw. „ernstlich“ sein, weshalb es nicht ausreiche, wenn der Schadenseintritt bloß „denkbar ist (entfernte Möglichkeit, bloße Vermutung) oder gar eine Eigen- bzw. Fremdschädigung im Rahmen einer psychotischen Symptomatik lediglich nicht ausgeschlossen werden kann“; in zeitlicher Hinsicht müsse der Schadenseintritt „wenigstens bevorstehen, so dass dessen Unvorhersehbarkeit nicht ausreicht“.[670] Zu fordern sei – so *Marschner* zu § 1906 BGB – die „Wahrscheinlichkeit, dass innerhalb kürzester Frist ein Schaden eintritt; die bloße Möglichkeit reicht nicht aus“.[671]

Als „Prognosetatsache“ sei die Gefahr „wie jede subsumtionsfähige Tatsache ... im Beweisverfahren als bestehend oder nicht bestehend festzustellen“.[672] Der Grad der Wahrscheinlichkeit einer Schädigung lasse sich aber nicht „vorab definieren oder quantifizieren“, sondern müsse immer „nach Abwägung der widerstreitenden Interessen im Einzelfall gedeutet werden“. Abzustellen sei auf „die individuelle Gefährlichkeit des Betroffenen“, denn der Gesetzgeber, der eine Prognosetatsache als Tatbestandsmerkmal vorgegeben hat, gehe davon aus, dass eine solche Prognose „möglich ist und der Richter darüber mit sachkundiger Hilfe befinden kann. Dass zukünftiges menschliches Verhalten nicht absolut sicher vorhersehbar ist, steht einer Überzeugungsbildung nicht entgegen“.[673]

Das „Modell der Kollektivhaft ... als Ergebnis der Prognoseforschung“ zuzulassen, indem die Unterbringungsanordnung dadurch gerechtfertigt werde, dass der Betroffene „selbst ungefährlich sein mag, aber als Zugehöriger zu einer Gefährdungsgruppe ein Sicherheitsrisiko bedeutet“, sei hingegen weder akzeptabel noch praktikabel; wie die „individuelle Gefährlichkeit festgestellt werden kann“, sei freilich „weitgehend ungeklärt“.[674] Erforderlich wäre ein Indizienbeweis, der geführt sei, wenn „von der individuellen Sachlage (Gesamtschau aller ermittelten Indizien) auf die Haupttatsache (Wahrscheinlichkeit einer bevorstehenden Rechtsgutsverletzung durch den Betroffenen) mit Sicherheit geschlossen werden“ könne, wobei der Richter diesen indiziellen Schluss in der Regel nicht selbst ziehen könne, da Erfahrungssätze anzuwenden seien, aus denen „der Indizienbeweis seine Kraft herleitet“.[675] Grundsätzlich könne nur „der psychiatrische Sachverständige unter Verwendung der ihm bekannten wissenschaftlichen Erfahrungssätze ausreichend sichere

---

669 Vgl. *Alperstedt* 2001, 468.

670 *Alperstedt* aaO S. 469.

671 *Marschner* in: *Jürgens et al.* 2007 Rn. 503 im Anschluss an OLG Celle NJW 1963, 2377.

672 *Alperstadt* aaO S. 469/470.

673 AaO S. 470.

674 *Alperstedt* ebda unter Bezugnahme auf Saage/Göppinger.

675 AaO S. 470/471.

Schlüsse ziehen", denen jedoch „richterliche Kontrolle" entgegengesetzt werden müsse. Der Sachverständige habe nicht nur Indiztatsachen für die Anwendung des Erfahrungssatzes zu ermitteln (Befundtatsachen der Krankheit, die für die Gefährlichkeit eine Rolle spielen), sondern dem Gericht darüber hinaus die abstrakte Beweiskraft des jeweiligen Indizes und einen auf der Grundlage aller Indizien (Befundtatsachen, vom Gericht festgestellte Zusatztatsachen) beruhenden wissenschaftlichen Erfahrungssatz zu vermitteln, wie sich der Betroffene ohne Unterbringung verhalten wird, also welche Rechtsgutsverletzungen mit welcher Wahrscheinlichkeit durch den Betroffenen drohen oder nicht".[676] Das sei schon deshalb nicht einfach, weil es hauptsächlich um ein Verhalten des Betroffenen außerhalb der Klinik gehe, was „eigentlich nicht primär Gegenstand wissenschaftlicher Forschung" sei: Erfahrungssätze seien insoweit schwer zu ermitteln, da das Verhalten des Betroffenen außerhalb der Klinik nicht beobachtet werden könne, wenn er untergebracht ist. „Untergebrachte, die ungefährlich sind, werden in der Regel nicht bekannt. In der Prognosewissenschaft ist nicht ausreichend geklärt, welche Prognosemethoden anzuwenden sind. Es kommt hinzu, dass der Sachverständige mit der Vorhersage des konkreten bedrohten Rechtsguts oft überfordert sein wird".[677]

Trotzdem müsse die Gefährlichkeit festgestellt werden, so *Alperstedt* abschließend pragmatisch, die „bestehenden Schwierigkeiten sind hinzunehmen: Ihnen kann nur durch eine ausreichende Aufklärung aller konkreten Umstände begegnet werden, um ausreichende Anhaltspunkte für einen wissenschaftlichen Erfahrungssatz zu gewinnen". Der Erfahrungssatz müsse aber nicht unbedingt empirisch abgesichert sein (wenn ausreichende Untersuchungen nicht vorhanden sind), wenn „nur der Sachverständige seine Vorstellungen von der Häufigkeitsverteilung des Vorkommens der Indizien plausibel macht".[678]

bb) Unterbringung in einer Entziehungsanstalt

Zur Gefahr, dass die verurteilte Person „infolge ihres Hanges erhebliche rechtswidrige Taten begehen wird" (§ 64 S. 1 StGB), ist über das zu § 63 StGB Ausgeführte (s.o. aa) hinaus – jenseits der divergierenden Anknüpfung: Zustand gemäß §§ 20, 21 StGB dort, Suchtverhalten hier[679] – nichts zu ergänzen.[680]

Erfolgsaussichten?

Neben der der Einweisung zugrundeliegenden Gefahrenprognose (s.o.) muss das Gericht zusätzlich eine Behandlungsprognose treffen, denn die Anordnung „ergeht nur, wenn eine hinreichend konkrete Aussicht besteht, die Person durch die Be-

---

676 *Alperstedt* aaO S. 471.
677 Ebda.
678 Ebda; krit. zur Übertragbarkeit auf das Strafvollstreckungsrecht *Schöch* 2003.
679 Zum Problem der Komorbidität u. a. *Platz* 1996 m. w. N.
680 Ausf. *Dessecker* 2004, 264ff.; zu Rückfallprognosen nach Entziehungsbehandlung u. a. *Leygraf* 1994, *Horstkotte* 1994, vgl. auch *Schäfer et al.* 1995, zur Legalbewährung *Dessecker* aaO S. 275ff. und *Dimmek et al.* 2010.

handlung in einer Entziehungsanstalt zu heilen oder über eine erhebliche Zeit vor dem Rückfall in den Hang zu bewahren und von der Begehung erheblicher rechtswidriger Taten abzuhalten, die auf ihren Hang zurückgehen" (§ 64 S. 2 StGB). Diese Fassung hat die frühere Klausel der „Aussichtslosigkeit" (§ 64 Abs. 2 StGB a.F.),[681] die bereits mit einer Grundsatzentscheidung des BVerfG von 1994 gegenstandslos geworden war, im Jahre 2007 erhalten.[682]

Da die Erledigungsregelung des § 67d Abs. 5 StGB nunmehr explizit an § 64 S. 2 StGB anknüpft, wird sie hier erörtert (obwohl eigentlich Maßregelvollstreckungsrecht, s.u. b). Liegen die Voraussetzungen des § 64 S. 2 StGB nicht mehr vor, ist die Unterbringung für erledigt zu erklären (§ 67d Abs. 5 S. 1 StGB). Die Anforderungen an die jener Erledigung zugrunde zu legende Behandlungsprognose sind dieselben: Demnach bedürfe es – so unlängst das OLG Hamm – einer „Prognose auf zuverlässiger Erkenntnisgrundlage", dass der Zweck der Maßregel „aller Voraussicht nach nicht mehr erreicht werden kann"[683]; eine „absolute Sicherheit" sei hingegen, „da es sich um eine Prognoseentscheidung handelt", aber nicht zu fordern.[684] Es müsse „der Gesamtverlauf der bisherigen Maßregelvollstreckung berücksichtigt werden"; eine (mögliche) Krise der Unterbringung könne die Beendigung dieser Maßregel nicht „ohne weiteres" rechtfertigen.[685]

cc) Unterbringung in der Sicherungsverwahrung

Trotz der im Vergleich zu anderen stationären Strafrechtsfolgen rein quantitativ eher geringen – wenn auch wieder zunehmenden – Bedeutung[686] hat die Sicherungsverwahrung in den letzten Jahren als Kulminationspunkt einer dem Prinzip „in dubio pro securitate" verhafteten Kriminalpolitik erhebliche Aufmerksamkeit erregt. Im kriminalprognostischen Kontext ist sie nicht zuletzt deshalb von besonderem Interesse, weil auf der Grundlage einer an das Hangtäterschafts-Konstrukt anknüpfenden Gefährlichkeitsprognose die unbefristete Verwahrung nach Endstrafe legitimiert werden soll – eine Legitimation, deren verfassungsrechtliche Legitimität immer wieder in Zweifel gezogen wird.[687]

Aufgrund diverser Ausweitungen des normativen Instrumentariums in den vergangenen zwölf Jahren[688] ist die Materie sehr unübersichtlich geworden[689]: Die

---

[681] Ausf. dazu *Penners* 1987.

[682] Zu BVerfGE 91, 1 vgl. u.a. *Pollähne/Kemper* 2007, 6 m.w.N. sowie *Pollähne* 2007, 391 f.

[683] OLG Hamm, Beschluss vom 3. 1. 2008 – 3 Ws 707-709/07 – juris m.w.N.

[684] OLG Hamm aaO m.w.N. (vgl. auch dass., Beschluss vom 11. 9. 2007 – 3 Ws 533/07 – juris); aus der reichhaltigen Rechtsprechung des BGH vgl. StV 2008, 138.

[685] OLG Hamm aaO mit weiteren Ausführungen insb. zur notwendigen Erkenntnisgrundlage; ausf. *Kemper* 2009.

[686] Vgl. u.a. *Skirl* 2005, *Pollähne* 2008a und *Heinz* 2011 m.w.N.; Überblick zum Normprogramm auch bei *Mushoff* 2008, 55 ff.

[687] Exempl. NK-*Böllinger/Pollähne* § 66 Rn. 34 ff. m.w.N. sowie sehr ausf. *Mushoff* 2008, 305 ff. m.w.N.

[688] Überblick bei *Pollähne* 2008a, vgl. auch *H.-J. Albrecht* 2006.

[689] Das „Gesetz zur Neuordnung des Rechts der Sicherungsverwahrung ..." vom 22. 12. 2010 (BGBl. I 2300, in Kraft seit dem 1. 1. 2011) hat das normative Chaos nicht wirklich gelichtet,

Komplexität der gesetzlichen Konstruktionen insb. der vorbehaltenen und der nachträglichen Sicherungsverwahrung, die dazu veröffentlichte Fachliteratur und ergangene Rechtsprechung stehen in keinem Verhältnis zur strafjustiziellen Relevanz – in Anbetracht dessen, was für den Einzelnen ‚auf dem Spiel' steht, kann diese Rechtsmaterie freilich gar nicht ernst genug genommen werden:

Vorgaben des BVerfG

In zwei Grundsatzentscheidungen aus dem Jahr 2004[690] hat sich das BVerfG unter verfassungsrechtlichen Aspekten u. a. auch zu den rechtsstaatlichen Anforderungen an die kriminalprognostische Legitimation der Sicherungsverwahrung geäußert:

Grundsätzlich sei die Verwahrung dauerhaft gefährlicher Personen „geeignet, den Schutz der Allgemeinheit zu verstärken", der Hinweis auf „Unsicherheiten bei der Prognose, die Grundlage der Unterbringung ist", beseitige weder die Eignung noch die Erforderlichkeit des Freiheitseingriffs.[691] Prognoseentscheidungen bergen zwar stets das Risiko der Fehlprognose, seien aber „gleichwohl unumgänglich"; die Prognose „ist und bleibt daher als Grundlage jeder Entscheidung über eine präventive Freiheitsentziehung unverzichtbar".[692] Dementsprechend verneint das BVerfG die Verhältnismäßigkeit einer prognosegestützten Maßregel auch nicht grundsätzlich, sofern sie „auf hinreichender Sachverhaltsaufklärung beruht und sich auf ein sorgfältig substantiiertes Prognosegutachten stützt".[693] Dabei hänge die Qualität der Prognose aber entscheidend „von der Breite der Prognosegrundlage ab", denn sie verliere an Plausibilität, wenn sie „nur einen schmalen Ausschnitt der Wirklichkeit" zur Grundlage habe: „Deshalb haben Gesetz (vgl. §§ 66 Abs. 1 Nr. 3, 66a Abs. 2 S. 2, 63 StGB) und Rechtsprechung (...) bei freiheitsentziehenden Maßregeln stets eine umfassende Prüfung der Täterpersönlichkeit und der begangenen Taten verlangt."[694] Die Begründung einer Unterbringung bedürfe einer „ausführlichen Erarbeitung und Darstellung der Legalbiographie des Täters"; zu erörtern sei insbesondere, wie es „zu den Taten gekommen ist, ob sie gegebenenfalls auf einem Hang zu delinquentem Verhalten beruhen, welche typischen Begehungsweisen ihnen zu Ei-

---

vgl. auch *Kinzig* 2011 und *Pollähne* 2010d; für ein einheitliches System der vorbehaltenen SV *Kreuzer* 2010.

690 BVerfGE 109, 133 (zur Verfassungsmäßigkeit der rückwirkenden Aufhebung der Zehnjahreshöchstfrist) und 109, 190 (zur Verfassungswidrigkeit von Landesunterbringungsgesetzen).

691 BVerfGE 109, 190 v. 10. 2. 2004 – 2 BvR 834/02 und 1588/02 – Rn. 179 unter Verweis auf *Dünkel/Kunkat* 2001, 17f., *Adams* 2003, 53, *Kinzig* 2001, 1458, *Ullenbruch* 2001, 295, *Nedopil* 2002b, 349.

692 BVerfG aaO unter Verweis auf *Würtenberger/Sydow* 2001, 1206.

693 BVerfG aaO Rn. 180 unter Verweis auf BVerfGE 70, 297 >316<, NJW 1994, 510 und 1992, 2344.

694 BVerfG aaO Rn. 181 unter Verweis auf BVerfGE 70, 297 >310<; BGH NStZ 2001, 103 und 2001, 595f.

gen sind und inwieweit die Opfer durch sie seelisch oder körperlich geschädigt wurden".[695]

Die Gerichte hätten eine „Gesamtwürdigung des Verurteilten, seiner Taten, seines Verhaltens und seiner Entwicklung im Strafvollzug" vorzunehmen, so das BVerfG unter Verweis auf § 66a Abs. 2 StGB, die „dem hohen Rang des Freiheitsrechts gerecht" werde: „Die Fortdauer der Freiheitsentziehung ist nur als letztes Mittel in den seltenen Fällen gerechtfertigt, in denen die Gerichte auf der Grundlage der gebotenen Gesamtwürdigung mit hinreichender Gewissheit zu dem Ergebnis kommen, dass von dem Betroffenen eine gegenwärtige erhebliche Gefahr für das Leben, die körperliche Unversehrtheit, die Freiheit der Person oder die sexuelle Selbstbestimmung anderer ausgeht"; keinesfalls genüge es, wenn lediglich „nicht ausgeschlossen" werden könne, dass der Untergebrachte in Freiheit weitere rechtswidrige Taten begeht, denn „eine bloß abstrakte, auf statistische Wahrscheinlichkeiten gestützte Prognoseentscheidung" reiche nicht aus: „Vielmehr bedarf es unter Ausschöpfung der Prognosemöglichkeiten einer positiven Entscheidung über die Gefährlichkeit des Betroffenen, um die Freiheitsentziehung zu rechtfertigen."[696]

Verfahrensrechtlich müsse gewährleistet sein, so der 2. Senat in der vorangegangenen Entscheidung zur (rückwirkenden) Aufhebung der 10-Jahresfrist,[697] dass der Strafvollstreckungsrichter „die Notwendigkeit weiterer Maßregelvollstreckung regelmäßig überprüft. Hinzu treten Anforderungen an die Wahrheitserforschung, insbesondere an die der Unterbringung zugrunde liegenden Prognosegutachten". Es sei unverzichtbare Voraussetzung rechtsstaatlichen Verfahrens, dass Entscheidungen, die den Entzug der persönlichen Freiheit betreffen, auf „ausreichender richterlicher Sachaufklärung" beruhen (s.o.). Dabei steigen die Anforderungen an die Sachverhaltsaufklärung mit der Dauer des Maßregelvollzugs: „Insbesondere bei länger dauernder Unterbringung bestehe regelmäßig die Pflicht, bei richterlichen Entscheidungen über die Fortdauer der Sicherungsverwahrung einen besonders erfahrenen Sachverständigen zu Rate zu ziehen, der die richterliche Prognose durch ein hinreichend substantiiertes und zeitnahes Gutachten vorbereitet." Überdies sei dem Untergebrachten von Verfassungs wegen „jedenfalls dann ein Pflichtverteidiger beizuordnen, wenn es nach der konkreten Fallgestaltung als evident erscheint, dass er sich angesichts seiner Erkrankung nicht selbst verteidigen kann".[698]

Neben dem Gebot der Transparenz gelte für das psychiatrische Prognosegutachten das Gebot „hinreichend breiter Prognosebasis". Um dem Gericht eine Gesamtwürdigung von Tat und Täter (vgl. § 66 Abs. 1 Nr. 3 StGB) zu ermöglichen, müsse das Gutachten „verschiedene Hauptbereiche aus dem Lebenslängsschnitt und Lebensquerschnitt des Verurteilten betrachten". Zu fordern sei insbesondere „eine Auseinandersetzung mit dem Anlassdelikt, der prädeliktischen Persönlichkeit, der postdeliktischen Persönlichkeitsentwicklung sowie dem sozialen Emp-

---

[695] BVerfGE 109, 190 Rn. 181.

[696] BVerfG aaO Rn. 184.

[697] Mittlerweile ihrerseits ‚aufgehoben' durch EGMR R&P 2010, 38, vgl. *Pollähne* 2010d.

[698] BVerfGE 109, 130 v. 5. 2. 2004 – 2 BvR 2029/01 – Rn. 109 unter Verweis auf BVerfGE 70, 297 >323<.

fangsraum des Täters".[699] Darüber hinaus habe der Gutachter bei Vorbereitung der – nach langjährigem Freiheitsentzug zu treffenden – Entscheidung gemäß § 67d Abs. 3 StGB „besonderes Augenmerk auf die Frage zu richten, wie sich der Verurteilte bei etwaigen Vollzugslockerungen verhält. Denn gerade das Verhalten anlässlich solcher Belastungserprobungen stellt einen geeigneten Indikator für die künftige Legalbewährung des Verurteilten dar".[700]

Ist damit etwas gegen die „rechtspolitische Disponibilität der Prognosekriterien"[701] gewonnen? Auch wenn das BVerfG die Einwände auf Grund der Unwägbarkeiten der Prognosestellung nicht für durchgreifend hält, fragen *Dünkel* und *van Zyl Smit* zu Recht, wie hoch „die Treffsicherheit der Gefährlichkeitsprognose" denn sein müsse, um „der >hohen Wahrscheinlichkeit< weiterer schwerster Straftaten zu genügen? 99%, 95%, 80% oder gar weniger?" Unter Verweis auf die gerade bei solchen Taten besonders niedrigen Basisraten und die damit verknüpften besonderen Schwierigkeiten der Prognosestellung ist die Wahrung des Bestimmtheitsgrundsatzes (Art. 103 Abs. 2 GG) in Frage gestellt.[702]

Die ‚klassische' Sicherungsverwahrung

Neben der sog. „Hangtäterschaft" ist die „Gefährlichkeitsprognose" gemäß § 66 Abs. 1 Nr. 3 StGB[703] die letztlich den Ausschlag gebende materielle Anordnungsvoraussetzung der ‚klassischen' Sicherungsverwahrung: Wenn „die Gesamtwürdigung des Täters und seiner Taten ergibt, dass er infolge eines Hanges zu erheblichen Straftaten, namentlich zu solchen, durch welche die Opfer seelisch oder körperlich schwer geschädigt werden oder schwerer wirtschaftlicher Schaden angerichtet wird, für die Allgemeinheit gefährlich ist", kommt – vorbehaltlich der jeweiligen formellen Voraussetzungen – die Sicherungsverwahrung gemäß § 66 Abs. 1, 2 oder 3 StGB in Betracht. Letztlich verweist aber auch die vorbehaltene Sicherungsverwahrung (§ 66a Abs. 1 StGB, s.u.) auf diese Voraussetzung, während die nachträgliche (§ 66b StGB, s.u.) zum Teil andere Klauseln zugrunde legt.

Gefordert ist die „bestimmte Wahrscheinlichkeit" der Begehung weiterer Taten, die den Rechtsfrieden erheblich stören, wobei sich die „Allgemeingefährlichkeit" aus jener Wahrscheinlichkeit und der besonderen Schwere der drohenden Taten ergeben soll.[704] Die zwischen bloßer Möglichkeit – die niemals ausreiche – und „der (mehr oder weniger absoluten) Sicherheit" angesiedelte Gefährlichkeitsprog-

---

699 BVerfG aaO Rn. 117 unter Verweis auf *Müller-Metz* 2003, 45 und *Nedopil* 1995, 89; *D. Seifert* 2010b, 95 spricht von „poststationären" Prognosemerkmalen.

700 BVerfG aaO unter Verweis auf *Nedopil* 2002b, 348f., BVerfG NJW 1998, 1133 >1134<; NStZ 1998, 373 >374f.<.

701 *Eisenberg/Schlüter* 2001, 1881.

702 *Dünkel/van Zyl Smit* 2004, 55, vgl. *Simons* 2002, 276; ausf. zu den besonderen Prognoseproblemen bei § 66 StGB *Mushoff* 2008, 340ff. m.w.N.

703 *Feltes* 2000, 284, *Lammel* 2004, *K. Becker* 2009, 40ff.; für die Abschaffung des „Hangtäters" u.a. wegen der gutachterlichen Unmöglichkeit, diesen losgelöst von der Gefährlichkeit zu beurteilen (ähnlich *Lammel* aaO S. 45), *Frommel* 2010 (mit berechtigter Kritik am darin liegenden Tätertypen-Konstrukt).

704 *Feltes* aaO m.w.N.

nose müsse näher bestimmt werden, obwohl „von einer auch nur relativen Sicherheit, dass weitere Straftaten zu erwarten sind“, wegen der „generellen Beschränktheit von Prognosen nicht ausgegangen werden“ könne.[705]

Im Zusammenhang mit einer Entscheidung des BGH, die im Hinblick auf § 72 Abs. 1 StGB die Nichtbeachtung des § 64 StGB rügte,[706] hat der 3. Senat grundsätzliche Ausführungen zum Einsatz statistischer Prognoseinstrumente gemacht: Dieser sei zwar revisionsrechtlich grundsätzlich nicht zu beanstanden, der Tatrichter müsse aber darauf Bedacht nehmen, die „insoweit gewonnenen Erkenntnisse der sachverständigen Begutachtung und die hieraus im Rahmen der Gesamtwürdigung gezogenen Schlussfolgerungen in einer Weise darzustellen, dass sie vom Revisionsgericht nachvollzogen und auf Rechtsfehler überprüft werden können“; dies gelte insbesondere dann, wenn letztlich nur eines der angewandten Instrumente ein „hohes Wiederverurteilungsrisiko“ ergebe, die anderen Instrumente demgegenüber „teilweise ein deutlich geringeres Rückfallrisiko“, außerdem müssten die angewandten Instrumente auch passen.[707] Schließlich durchgreifend sind aber die Bedenken des BGH an der Tauglichkeit der eingesetzten Instrumente im konkreten Fall, weil die bei dem Angeklagten vorhandenen „individuellen Risikofaktoren“ nach den mitgeteilten Darlegungen des Sachverständigen „für die Gesamtheit der in den statistischen Untersuchungen auftauchenden Sexualstraftäter untypisch“ gewesen seien. Deshalb sei die Aussagekraft der eingesetzten Instrumente entweder grundsätzlich zweifelhaft oder jedenfalls unschlüssig im Hinblick auf die Prognose, der Angeklagte werde mit „hoher Wahrscheinlichkeit“ wieder Straftaten von erheblichem Gewicht begehen; andererseits belegten die Urteilsgründe aber auch nicht, dass sich das Landgericht „allein aufgrund der beim Angeklagten vorhandenen individuellen Risikofaktoren von dessen Gefährlichkeit für die Allgemeinheit überzeugt“ habe.[708]

Das Grundproblem der Verwendung statischer – zumeist historischer oder unveränderlich zustandsbezogener – Prognosekriterien (s. u. C. IV.) zur Begründung freiheitsentziehender Maßregeln kann freilich auch in entgegengesetzter Richtung wirksam werden: Auf „grundsätzlich günstige kriminogene Faktoren“ (schon sprachlich misslungen) und darauf abzustellen, dass der Angeklagte „über die intellektuellen und charakterlichen Fähigkeiten“ verfüge, ein straffreies Leben zu führen, um die Sicherungsverwahrung abzulehnen, werde dann unschlüssig, so der BGH, wenn der Angeklagte trotz dieser Faktoren und Fähigkeiten in der Vergangenheit wiederholt schwere Straftaten begangen hat.[709] Im Übrigen sei für die Ge-

---

705 *Feltes* aaO S. 285.

706 BGH, Beschluss vom 6. 12. 2007 – 3 StR 355/07 – juris, diff. BGH NJW 2000, 3015 m. krit. Anm. *Neubacher* NStZ 2001, 322.

707 BGH aaO Abs. 9 unter Verweis auf den Einsatz des HCR-20 zur Vorhersage des Rückfalls psychisch Kranker, obwohl nicht festgestellt sei, dass der Angeklagte überhaupt an einer psychischen Erkrankung leide, vgl. auch *Boetticher et al.* 2009.

708 BGH ebda, vgl. auch BGH NStZ-RR 2010, 203 (zum Einsatz des ‚Static 99‘, dazu u. C. IV. 1. c) bb).

709 BGH NStZ-RR 2005, 337 und 2010, 203 (mit berechtigten Zweifeln an der gutachterlichen Punkteverteilung, soweit im Urteil dargestellt, und Kritik am Fehlen einer individuellen Prognose).

fährlichkeitsbeurteilung der Zeitpunkt der Aburteilung maßgeblich, weshalb „die bloße Möglichkeit künftiger Besserung oder die Hoffnung auf sich ändernde Umstände" eine aktuell festgestellte ungünstige Prognose nicht ausräumen könne[710]; zudem müsse dargelegt werden, „welche Straftaten in welchem Zeitraum mit welcher Wahrscheinlichkeit" zu erwarten sind.[711]

Auf der Grundlage einer umfassenden Untersuchung zur „Rückfallgefahr schwerer Gewalttäter" (auf der Suche nach den „Adressaten der Sicherungsverwahrung") führt *Harrendorf* zur Risikoprognose aus: Von besonderer Bedeutung „über fast alle Deliktsgruppen und Rückfallformen hinweg erwies sich die allgemeine Tatfrequenz". Aufgrund der geringen Basisrate sei die Risikoeinstufung der schweren Gewalttäter in Bezug auf die spezifische Rückfälligkeit jedoch gescheitert, auch wenn sich gewisse Risikogruppen identifizieren ließen; aber selbst bei höherer prognostischer Rückfallwahrscheinlichkeit überschreite „die tatsächliche Rückfallquote in der Regel kaum die 50%-Marke" und die hohen Risikogruppen seien „äußerst schwach besetzt".[712] Sein Fazit ist ein doppeltes: Einerseits sei „das Rückfallrisiko schwerer Gewalttäter ... spezifische Taten betreffend" erfreulich gering und „Eskalationseffekte im Verlauf der kriminellen Karriere" kaum zu finden; andererseits werde „der auch zukünftig hochgefährliche schwere Gewalttäter" sicherlich existieren, sei jedoch „derart selten, dass er in einer breit angelegten statistischen Analyse praktisch nicht sichtbar wird".[713] Das bedeute für die Sicherungsverwahrung, dass sie letztlich nur für „Evidenzfälle" in Betracht komme, von denen allerdings nur einer in seiner Untersuchung zu finden war, nämlich ein klarer „Hochrisiko-Sexualtäter": Der wies bereits 1994 mehr als zehn BZR-Eintragungen wegen sexueller Gewalt auf und wurde wieder spezifisch rückfällig[714] – zu welchem Zeitpunkt in jener Karriere dies sicher hätte prognostiziert werden können, bleibt gleichwohl offen.

Rückfallverjährung

Die sog. „Rückfallverjährung" gemäß § 66 Abs. 4 S. 3 StGB findet hier – obwohl von eher geringer praktischer Relevanz – deshalb Erwähnung, weil sie eine bemerkenswerte gesetzliche und rechtsstaatliche Beschränkung der maßregelrechtlichen Gefahrenabwehr darstellt: Soweit im Rahmen der formellen Anordnungsvoraussetzungen auf frühere Taten abgestellt wird (s.o.), bleiben solche „außer Betracht", wenn zwischen ihnen und der folgenden Tat (in der Regel also der Anlasstat) mehr als fünf Jahre verstrichen sind, es sei denn, der Täter war in dieser Zeit „auf behördliche Anordnung in einer Anstalt verwahrt" (S. 4).[715]

---

[710] BGH NStZ-RR 2004, 202; dies wurde in der Neufassung des § 66 Abs. 1 S. 1 Nr. 4 StGB (mit Wirkung vom 1. 1. 2011) nun auch legislativ klargestellt (vgl. dazu *Kinzig* 2011, 178).

[711] BGH NStZ-RR 2010, 203.

[712] *Harrendorf* 2008, 15.

[713] *Harrendorf* aaO unter Verweis auf vergleichbare Erkenntnisse anderer Untersuchungen.

[714] AaO Fn. 70.

[715] Ausf. dazu *Pollähne* 2004d gegen BGHSt 49, 25 = StV 2006, 130 (mit ebenfalls abl. Anm. *Böhm*), diff. *Fischer* § 66 Rn. 21 m.w.N.; seit dem 1. 1. 2011 gilt für Sexualstraftaten eine

Sollte der Täter materiell also nicht nur als sog. „Hangtäter", sondern aktuell auch „für die Allgemeinheit gefährlich" erscheinen, käme eine Sicherungsverwahrung gleichwohl nicht in Betracht, weil er von Gesetzes wegen formal nicht als „Rückfalltäter" gilt. Länger zurückliegende Taten dürften zwar prognostisch Berücksichtigung finden, fünf Jahre „rückfallfreies" Leben in Freiheit (in der Regel seit der letzten Entlassung aus dem Strafvollzug) führen aber zu einer rechtsstaatlichen Sperre: Der Täter mag noch – oder wieder – gefährlich „sein", jedenfalls nach kriminalprognostischer Einschätzung, er „gilt" aber nicht (mehr) als gefährlich (oder doch jedenfalls nicht im Sinne des § 66 StGB).

Sicherungsverwahrung gegen Ersttäter

Die gemäß § 66 Abs. 2 StGB mögliche (Ermessen!) Anordnung der Sicherungsverwahrung ohne Vorliegen der Voraussetzungen des Abs. 1 S. 1 Nr. 2 und 3, also ohne Vorverurteilungen und -verbüßungen (und deshalb „Ersttäter" aus Sicht der Strafjustiz[716]), wenn ‚nur' drei – bzw. gemäß Abs. 3 S. 2: zwei – vorsätzliche Straftaten gemeinsam abgeurteilt werden, verschärft die Prognoseprobleme des Abs. 1 Nr. 3 erheblich:

Die Versuchung, die geforderte hohe Rückfallgefahr unter Verweis auf allgemeine Rezidivraten lediglich aus der Deliktsqualität abzuleiten, ist groß – ihr ist zu widerstehen; der BGH hat eine dahingehende Anordnungsbegründung zurückgewiesen: „Bereits der >statistische< Ausgangspunkt der Überlegungen – es sei >schon grundsätzlich< von einer hohen Rezidivrate auszugehen – ist weder nachvollziehbar belegt noch konkret im Hinblick auf den nicht vorbestraften Angeklagten als Grundlage für die Unterbringungsanordnung tragfähig."[717] Selbst wenn der Angeklagte „statistisch" rückfallgefährdet sein sollte, kann eine Prognoseentscheidung, die sich „lediglich als nicht tragfähige Vermutung erweist", die Maßregel nicht legitimieren.[718]

Im Hinblick auf die Ermessensentscheidung hat der BGH darauf hingewiesen, der Tatrichter solle nach der Vorstellung des Gesetzgebers „die Möglichkeit haben, sich auf die Verhängung einer Freiheitsstrafe zu beschränken, sofern erwartet werden kann, dass sich dieser die Strafe hinreichend zu Warnung dienen" lasse[719]; die „Erwartung einer Haltungsänderung" müsse allerdings mit tragfähigen Gründen belegt sein.[720]

15-Jahresfrist, die ihre rechtsstaatliche Begrenzungsfunktion kaum mehr erfüllen kann (dies aber wohl auch nicht mehr soll).

[716] Die berechtigte Kritik hieran gipfelt nicht selten in dem (in sich konsequenten) Schreckgespenst einer Sicherungsverwahrung ohne Anlasstat, vgl. *H.-J. Albrecht* 2006, 209, *Pollähne* 2008 a, 130 und *Graebsch* 2009 a, 735 f.

[717] BGH, Beschluss vom 15. 1. 2008 – 4 StR 452/07 – juris, mit weiteren bemerkenswerten Monita an einer für die Freiheitsrechte des Betroffenen offenkundig bemerkenswert unsensiblen Strafkammerentscheidung, vgl. auch BGH StraFo 2007, 211 (beides Fälle von innerfamiliärem sexuellem Missbrauch).

[718] BGH NStZ-RR 2008, 70.

[719] BGH StV 2005, 129.

[720] BGHSt 49, 29.

Die vorbehaltene Sicherungsverwahrung

Zum Vorbehalt der Anordnung der Sicherungsverwahrung gemäß § 66a StGB (im Zusammenhang mit § 66 Abs. 3 StGB) gäbe es eigentlich schon deswegen nicht viel zu sagen, weil es sich bisher – eine treffende Charakterisierung von *Ullenbruch* aufgreifend – um eine „Norm ohne Land“ handelte, und dies wohl auch so geblieben wäre, sei es wegen der gesetzestechnischen Geburtsfehler, sei es wegen der äußerst restriktiven Handhabung durch den BGH,[721] wäre die Konstruktion nicht als Ersatz für die der EMRK geschuldete Abschaffung der nachträglichen Sicherungsverwahrung (s. u.) mit Wirkung vom 1. 1. 2011 legislativ aufgewertet und ausgeweitet worden.[722] Der vermeintlichen „Existenz leibhaftiger Paradoxien in Gestalt >ungefährlicher Hangtäter<“[723] wurde sowohl auf der Ebene der Anordnung des Vorbehalts (Abs. 1) – wenn auch zum Teil zugunsten der Anordnung nach § 66 StGB[724] – als auch auf der Ebene der nachträglichen Anordnung einer vorbehaltenen Sicherungsverwahrung (Abs. 2) durch die höchstrichterliche Rechtsprechung der Boden weit gehend entzogen.[725]

Die als kriminalpolitischer Kompromiss zur Abwehr weitergehender Forderungen nach Einführung einer nachträglichen Sicherungsverwahrung (die wenig später ohnehin kam, s. u. zu § 66b StGB) geborene Konstruktion[726] böte zwar Anknüpfungspunkte für weitere Ausführungen zu kriminalprognostischen Spezialitäten (insb. zum Mangel der „hinreichenden Sicherheit“ einer Gefährlichkeitsfeststellung – Abs. 1 – und dessen Behebung durch die „Entwicklung während des Strafvollzuges“ – Abs. 2 S. 2),[727] die weitere Entwicklung bleibt aber abzuwarten: das letzte Wort dazu (auch in puncto Konventionswidrigkeit) ist noch nicht gesprochen.[728]

Die nachträgliche Sicherungsverwahrung

Mit der nachträglichen Sicherungsverwahrung gemäß § 66b StGB verhielt[729] es sich ähnlich wie mit der vorbehaltenen: Sowohl die legislativen Bemühungen um die Konstruktion der komplexen Vorschrift (zzgl. § 275a StPO) als auch die Flut

---

[721] Ausf. *Ullenbruch* 2008 mit allen erforderlichen Nachweisen, vgl. auch *Detter* 2009, 222 ff.

[722] Vgl. dazu *Kinzig* 2011, 178 ff. sowie *Pollähne* 2010d; ähnlich das von *Kreuzer* 2010 vorgestellte Modell.

[723] *Ullenbruch* aaO S. 11.

[724] BGH HRRS 2004 Nr. 146 und 2006 Nr. 666 sowie NStZ 2005, 211 und BGHSt 50, 188 = NStZ 2006, 278 (m. Anm. *Renzikowski*) = JR 2006, 38 (m. Anm. *Zschieschack/Rau* aaO S. 9) sowie zuletzt NStZ 2007, 401.

[725] BGH StV 2007, 73 und NStZ 2007, 327.

[726] Vgl. auch *Pollähne* 2008a, 126 ff. und zur grundlegenden und verfassungsrechtlichen Kritik *Böllinger* 2007 m. w. N.

[727] Ausf. *Mushoff* 2008, 395 ff.

[728] Für Abschaffung noch *Ullenbruch* 2008, vgl. auch *Mushoff* 2008, 424 ff. m. w. N.

[729] Sie wurde in der Folge von EGMR R&P 2010, 136 mit Wirkung vom 1. 1. 2011 abgeschafft, allerdings ‚nur‘ für neue Fälle, nicht im JGG und nicht im Zusammenhang mit einer Maßregelerledigung gemäß § 67d Abs. 6 StGB (ehedem § 66b Abs. 3 StGB) – auch dabei dürfte es sich allerdings nur um legislativen Zwischenstand handeln (vgl. auch *Pollähne* 2010d).

von fachliterarischen und justiziellen Veröffentlichungen[730] stehen in keinem Verhältnis zur bisherigen praktischen Relevanz, gemessen an der Zahl rechtskräftiger Anordnungen: Erwuchsen nicht bereits die tatrichterlichen Anordnungen in wenigen Einzelfällen in Rechtskraft (zum Teil in rechtswidriger Kumulation mit einer Überweisungsanordnung nach § 67 a StGB[731]), wurden bisher – soweit ersichtlich – die weitaus meisten Anordnungen entweder vom BGH[732] oder vom BVerfG[733] aufgehoben; dies jedoch nicht vorrangig wegen der Prognosen, die „kein qualifizierter Gutachter wird verantworten wollen",[734] sondern wegen der ggf. erforderlichen „neuen" Basistatsachen:

Soweit es in den meisten einschlägigen höchstrichterlichen Entscheidungen[735] um die sog. „Nova" ging, bedürfen sie hier keiner Erörterung; allerdings verdient Erwähnung, dass die „Nova" für die Gefährlichkeitsprognose „erheblich" sein müssen, also „in einem prognoserelevanten symptomatischen Zusammenhang mit der Anlassverurteilung stehen" und – so das BVerfG – „nach anerkannten und überprüfbaren Maßstäben auf eine erhebliche Gefährlichkeit des Verurteilten schließen lassen" müssen.[736] Etwaige psychische Erkrankungen im Strafvollzug könnten zwar grundsätzlich als prognoserelevante „Nova" in Betracht kommen,[737] ein solcher Zusammenhang müsse aber ausdrücklich und einzelfallbezogen belegt werden.[738] Persönlichkeitsentwicklungen und Therapiebereitschaft (auch wenn sich diese ggf. erst unter der Drohung nachträglicher Sicherungsverwahrung ergeben haben mag) sind zu berücksichtigen.[739]

Eine fortdauernde Therapieverweigerung könne eine neue Tatsache darstellen, die Maßregel sei letztlich jedoch allenfalls dann verhältnismäßig, wenn „bei der Gefahrenprognose sämtliche entscheidungserheblichen Daten aus der Lebens- und Kriminalitätsgeschichte des Betroffenen berücksichtigt werden".[740] Zudem verliere

---

[730] Vgl. dazu *Braum* 2004, *Goerdeler* 2004, *Dünkel/van Zyl Smit* 2004, *Poseck* 2004 und *Eisenberg* 2011 Rn. 1822 c ff. sowie aus der Vorgeschichte *Würtenberger/Sydow* 2001, zu den verfassungswidrigen Landesgesetzen *Adams* 2003, *Richter* 2003 und *Merk* 2004 und zu zwischenzeitlichen Ausweitungen *Peglau* 2007, 1561 f. und *Eisenberg* 2007 b; Überblick bei *Pollähne* 2008 a, zur Entwicklung in der Schweiz *Stratenwerth* 2008.

[731] Vgl. dazu BGH StV 2006, 413 und StraFo 2007, 120 sowie *Fischer* § 66 b Rn. 46 und § 67 a Rn. 6 m. w. N.

[732] Übersichten bei *Streng* 2006 b, *Zschieschack/Rau* 2006, *Ullenbruch* 2006 und 2007 sowie *Folkers* 2006 und *Detter* 2009, 224 ff., vgl. auch *Kreuzer* 2008, 80.

[733] BVerfG NJW 2006, 3483.

[734] *Stratenwerth* 2008, 24; Überblick zu den besonderen Prognoseproblemen des § 66 b StGB u. a. bei *Mushoff* 2008, 427 ff. m. w. N.

[735] Diff. zu § 66 b Abs. 3 StGB: Grundsatzentscheidung des BGH R&P 2008, 49.

[736] BVerfG R&P 2006, 207 >209<; vgl. auch BGH StV 2006, 243 und BGHSt 50, 275.

[737] Vgl. auch BGH StV 2008, 76.

[738] BGH StV 2007, 181; probl. BGHSt 50, 275 (zum nachträglich erkennbar gewordenen Hirnsubstanzdefekt).

[739] BGH NStZ-RR 2008, 40.

[740] BGHSt 50, 121 m. w. N. = JZ 2005, 1063 (m. Anm. *Kinzig*) = NStZ 2005, 561 (m. Anm. *Ullenbruch*) = StraFo 2005, 300 (m. Anm. *Böhm*) = StV 2005, 388 (m. Anm. *Brettel* aaO 2006, 64), dazu auch *Zschieschack/Rau* 2006.

die Gefährlichkeitsprognose an „Plausibilität“, wenn sie nur „einen schmalen Ausschnitt der Wirklichkeit – die Zeit der Strafverbüßung – zur Grundlage“ habe, denn auch nach Auffassung des Gesetzgebers biete das Merkmal „der Therapieverweigerung oder des Therapieabbruchs eine zu schmale Tatsachenbasis, um die besondere Gefährlichkeit des Täters während des Strafvollzugs zu begründen“.[741] Täterpersönlichkeit und Legalbiographie könnten die Entscheidung ebenso beeinflussen wie konkrete Änderungen physischer Natur, etwa fortgeschrittenes Alter, Krankheiten, ferner Unterkunft, Arbeit und persönliche Bindungen und zuvor erfolgte Lockerungsversuche oder ambulante Therapiemaßnahmen: „Nur wenn die Gesamtwürdigung unter Einschluss der Tatsachen, die die Prüfung ausgelöst haben, die geforderte besondere Gefährlichkeit ergibt“, könne ein über das Strafende hinausgehender Freiheitsentzug gerechtfertigt sein.[742] Durch diese Gesamtwürdigung, so das BVerfG, werde sichergestellt, dass nicht „einzelne Ereignisse und Verhaltensweisen des Verurteilten isoliert als Basistatsachen der Gefährlichkeitsprognose“ herangezogen, sondern diese „eingebettet in den Gesamtzusammenhang der Lebensgeschichte und der Kriminalitäts-, Vollzugs- und gegebenenfalls Suchthistorie des Betroffenen“ wahrgenommen werden. Unter diesen Gesichtspunkten habe das Gericht auch die neuen Tatsachen in ihren gegen die erhebliche Gefährlichkeit des Betroffenen sprechenden Aspekten „wahrzunehmen, aufzuklären und zu erwägen.“[743]

Die Anordnung setze schließlich voraus, dass der Verurteilte „nach Überzeugung des Gerichts künftig mit hoher Wahrscheinlichkeit erhebliche Straftaten begehen“ werde, durch welche die Opfer seelisch oder körperlich schwer geschädigt werden. Dabei müsse es sich um eine konkrete, auf den Einzelfall bezogene hohe Wahrscheinlichkeit handeln: eine „bloß abstrakte, auf statistische Wahrscheinlichkeiten gestützte Prognoseentscheidung“ reiche nicht aus; hinzukommen müsse, dass von dem Betroffenen „eine gegenwärtige erhebliche Gefahr“ ausgeht, denn durch den „Aspekt ihrer Gegenwärtigkeit hebt sich die zu prognostizierende Gefährlichkeit von einer allgemeinen Rückfallwahrscheinlichkeit ab“.[744] Jenseits einer Prognose mit den Bezugspunkten „jetzt“ und „zukünftig“ bedürfe es aber auch einer Diagnose der Prognose mit den Bezugspunkten „jetzt“ und „früher“, insb. einer „entscheidend ungünstigeren Prognose“ als zum Urteilszeitpunkt, wobei sich die allgemeinen kriminalprognostischen Probleme eher noch verschärfen.[745]

---

[741] BGHSt 50, 121 Abs. 13 unter Verweis auf BT-Drs 15/2887, 13, vgl. auch *H. Schneider* 2006, 103f. und die zu Recht krit. Anm. von *Mansdörfer* an BGH (GSSt 1/08) JZ 2009, 1018 (aaO S. 1021).

[742] BGHSt 50, 121 ebda, vgl. auch BGHR StGB § 66 Abs. 1 S. 2 Voraussetzungen 2.

[743] BVerfG R&P 2006, 209 = JR 2006, 474 (m. Anm. *Rau*) = JZ 2007, 582 (m. Anm. *Rosenau*) = NStZ 2007, 87 (m. Anm. *Foth*), vgl. auch *Ullenbruch* 2007 und *Böllinger* 2007, 76f.

[744] BVerfG aaO, ebenso BGHR StGB § 66 Abs. 1 S. 2 Voraussetzungen 2; vgl. auch *Ullenbruch* 2006, 1383 und *Rosenau* 2006, 303ff. sowie OLG Karlsruhe StraFo 2009, 251 zur Anordnung gemäß § 66b Abs. 1 oder 2 StGB nach einer Erledigungsentscheidung gemäß § 67d Abs. 6 StGB.

[745] *Ullenbruch* 2006, 1383, vgl. *Streng* 2006b, 94ff. und *Zschieschack/Rau* 2006, 12 sowie bereits *Braum* 2004, 107, *Goerdeler* 2004, 193f., vgl. auch *Rosenau* 2006, 303f.; a. A. *Würtenberger/Sydow* 2001, 1206f.

Vorbehaltene/nachträgliche SV im Jugendstrafrecht?

Rechtskräftige Anordnungen gemäß § 106 Abs. 3 ff. JGG (vorbehaltene bzw. nachträgliche SV-Anordnung gegen Heranwachsende) sind äußerst selten, weshalb es mit kurzen Anmerkungen sein Bewenden haben mag; für die nachträgliche Sicherungsverwahrung gemäß § 7 Abs. 2 JGG gilt dies erst recht.[746]

Bei jahrelang inhaftierten Personen, die zur Tatzeit Jugendliche bzw. Heranwachsende waren, seien „einschlägig verlässliche Prognosen ... methodisch nicht zu schaffen", so *Eisenberg*, vielmehr würden „deutlich mehr irrtümliche als zutreffende Annahmen" als Grundlage für die Anordnung wahrscheinlich, was gegenüber nach Jugendstrafrecht verurteilten Personen „schon wegen der rechtstatsächlich möglichen Konsequenz einer lebenslangen Unterbringung einen Bruch der Rechtskultur" darstelle.[747] In Anbetracht der bei (zur Tatzeit) Jugendlichen oder Heranwachsenden noch potenzierten Prognoseprobleme, einhergehend mit der Gefahr größerer Fehlerraten, ist – ungeachtet anderer verfassungsrechtlicher und kriminalpolitischer Bedenken – die Verhältnismäßigkeit einer Anordnung nach § 106 JGG prinzipiell zu bezweifeln,[748] was für § 7 Abs. 2 JGG entsprechend gilt.[749]

b) Maßregelvollstreckung

Die Maßregeln der §§ 63, 64 StGB können zugleich mit der Anordnung zur Bewährung ausgesetzt werden, wenn „besondere Umstände die Erwartung rechtfertigen, dass der Zweck der Maßregel auch dadurch erreicht werden kann" (§ 67b Abs. 1 S. 1 StGB),[750] und nachträglich, wenn „zu erwarten ist, dass der Untergebrachte außerhalb des Maßregelvollzugs keine rechtswidrigen Taten mehr begehen wird" (§ 67d Abs. 2 S. 1 StGB); Letzteres gilt auch für die Sicherungsverwahrung. Daneben existieren eine Reihe weiterer Aussetzungsregelungen, ergänzt durch ein nicht konsistentes System von Erledigungsentscheidungen.[751]

Nahezu alle maßregelvollstreckungsrechtlichen Entscheidungen sind prognostisch determiniert, wobei zumeist – terminologisch naheliegend (s.o. A. III. 4. b) – von der Notwendigkeit einer Gefährlichkeitsprognose[752] ausgegangen wird: Immerhin heißt es in den §§ 63 und 66 StGB ausdrücklich, der Betroffene sei unterzubringen, wenn er „für die Allgemeinheit gefährlich" ist[753] – in den §§ 67ff. StGB wird hieran allerdings nicht angeknüpft.

---

746 Vgl. aber BGH StV 2010, 515 (zu § 7 Abs. 2 JGG); ausf. dazu *Brettel* 2010, vgl. *Kreuzer* 2010, 93.

747 *Eisenberg* 2007b, 1143, vgl. auch *Kreuzer/Bartsch* 2008.

748 Ausf. *Mushoff* 2008, 466ff., 473 m. w. N.

749 *Brettel* 2010 m. w. N.

750 Gemäß BGH NStZ-RR 2007, 303 gelten hierfür die Maßstäbe des § 56 StGB entsprechend.

751 Überblick bei NK-*Pollähne/Böllinger* vor § 67 Rn. 43ff. sowie bei *Volckart/Pollähne/Woynar* 2008 Rn. 290ff. und 487ff.

752 Exempl. *D. Seifert* 2007b und *Leygraf* 2009.

753 NK-*Böllinger/Pollähne* § 61 Rn. 15ff., 53, § 63 Rn. 77ff. m. w. N., allg. dazu *Kammeier* 1996 (zur Problematik des Begriffs s. o. A. III. 4. b).

aa) „Fortdauerentscheidungen“ der Kriminalpolitik

Es war kein Zufall, dass der Gesetzgeber mit dem „Gesetz zur Bekämpfung von Sexualdelikten und anderen gefährlichen Straftaten“ 1998 u.a. genau an § 67d Abs. 2 StGB ansetzte (zu § 57 StGB s.o. 3.c) und zur Begründung der vorgenommenen Änderungen ausdrücklich darauf verwies, die bis dahin geltenden „Verantwortungs- und Erprobungsklauseln“ hätten in der Allgemeinheit zu „Irritationen“ geführt.[754]

Die Probleme freiheitsentziehungsbegründender Prognosen waren kein Thema und wurden im Rahmen der §§ 66ff. StGB eher noch vertieft (s.o. a) – für „Irritationen“ sorgten angeblich nur die freiheitsentziehungsbeendenden Prognosen,[755] wobei mehr oder weniger bewusst ausgeblendet wurde, dass die Kehrseite der Nichtbeendigung einer – insb. unbefristeten – Freiheitsentziehung immer deren Fortdauer ist (vgl. auch Art. 104 Abs. 2 GG).[756] Die Fortdauerentscheidung gemäß § 67e StGB beinhaltet nach allgemeiner Auffassung jeweils die aktuelle Bestätigung der Unterbringungsanordnung, so dass sich ungünstige Entlassungsprognosen letztlich immer wieder aufs Neue freiheitsentziehungsbegründend auswirken.[757] Das rechtsstaatliche Korrektiv der Unverhältnismäßigkeit greift nur in Ausnahmefällen – und wenn, dann oft zu spät.[758]

Die Ersetzung der „Verantwortungs- und Erprobungsklausel“ durch eine „Sicherheits- und Verantwortungsklausel“ (in § 57 StGB) bzw. eine „Erwartungsklausel“ (in § 67d Abs. 2 StGB) kann als Paradebeispiel symbolischer Kriminalpopulistik abgetan werden,[759] denn inhaltliche Änderungen waren ausweislich der Gesetzgebungsunterlagen in der Tat nicht beabsichtigt (ausf. o. 3.c).[760] Für die seinerzeit ebenfalls neu gefassten §§ 454 Abs. 2 und 463 Abs. 2 StPO ist jedoch zu differenzieren: Indem die 1982 ursprünglich nur für die Entlassung „Lebenslänglicher“ eingeführte Regelung, wonach das Gericht obligatorisch das Gutachten eines Sachverständigen „namentlich darüber einzuholen hat, ob keine Gefahr mehr besteht, dass dessen durch die Tat zutage getretene Gefährlichkeit fortbesteht“, auf die bedingte Entlassung aus mehr als zweijähriger Strafhaft bei bestimmten Katalog-

---

754 BT-Drs 13/8586, 6, vgl. *Pollähne* 1999, 41.

755 Vgl. auch *Leygraf* 2009, 488.

756 Dazu NK-*Pollähne/Böllinger* § 67e Rn. 6.

757 Das lässt sich auf die Fortdauer der lebenslangen Freiheitsstrafe jenseits der schuldgemäßen Mindestverbüßungsdauer (gemäß § 57a StGB) entsprechend übertragen (zu BVerfGE 117, 71 s.o. 3.c).

758 NK-*Pollähne/Böllinger* vor § 67 Rn. 38ff. und § 67d Rn. 25f.

759 *Kobbé/Pollähne* 1999, vgl. *Feuerhelm* 1999, 473 und *Fischer* § 57 Rn. 13 sowie *Ostendorf* 2009 § 88 Rn. 6 zum JGG; a.A. *Schall* 2003, 262f. unter Verweis auf die Bedeutung des Wortlauts.

760 Vgl. dazu *Fischer* § 67d Rn. 9, NK-*Pollähne/Böllinger* § 67d Rn. 15 sowie *Feuerhelm* 1999 mit aufschlussreichen Ausführungen zum Sicherheits-Begriff des 1998 neu gefassten § 57 StGB und *Rosenau* 1999, 395f.; vgl. auch *Nedopil* 2002a, *Cornel* 2002b, *Schöch* 1998, 1243ff. und *Koller* 2005, 245ff. sowie den Hinweis von *Schnoor/Kemper* 2010, 195, dass das evtl. nicht Beabsichtigte wohl doch eingetreten ist, diff. in der kriminalpolitischen Bewertung auch *P.-A. Albrecht* 2010b, 524.

taten sowie generell auf den Maßregelvollzug ausgedehnt worden ist, wurde ein ehedem kaum thematisiertes Problem[761] zugespitzt: der Widerspruch zwischen dem materiellrechtlichen Prognosemaßstab der §§ 57 Abs. 1 und 67d Abs. 2 StGB einerseits und dem prozessrechtlichen Prognosemaßstab in § 454 Abs. 2 StPO andererseits.

Die Auffassung des Berliner KG, die Neufassung erlaube es den Gerichten „nicht mehr, mit der Entlassung aus der Unterbringung ein Risiko einzugehen",[762] war in dieser Allgemeinheit jedoch „kaum haltbar, denn auch eine >durch Tatsachen begründete Wahrscheinlichkeit straffreier Führung des Verurteilten<" sei nicht frei von jedem Risiko: „Die Frage ist allein, wie groß das vertretbare Restrisiko sein darf."[763]

Spätestens der hinzugezogene Gutachter[764] sieht sich jedoch in dem Dilemma, entweder dazu Stellung nehmen zu sollen, ob die Strafrestaussetzung „unter Berücksichtigung des Sicherheitsinteresses der Allgemeinheit verantwortet werden kann" (§ 57 Abs. 1 S. 1 Nr. 2 StGB) bzw. ob „zu erwarten ist, dass der Untergebrachte außerhalb des Maßregelvollzugs keine rechtswidrigen Taten mehr begehen wird" (§ 67d Abs. 2 S. 1 StGB), oder aber dazu, ob bei dem Verurteilten „keine Gefahr mehr besteht, dass dessen durch die Tat zutage getretene Gefährlichkeit fortbesteht" (§ 454 Abs. 2 S. 2 StPO).

Dass sich die unterschiedlichen Maßstäbe nur mit Mühe zur Deckung bringen lassen, liegt auf der Hand, und es wäre überaus spitzfindig und praktisch wenig hilfreich darauf hinzuweisen, das Gutachten solle die letztgenannte und eigentlich nur zu verneinende Frage ja gar nicht beantworten, sondern sich nur dazu „äußern": Spätestens der damit befasste Richter (zur Arbeitsteilung s.u. D. II.) müsste auf diese Frage eine Antwort finden, soll der Gesetzgeber ernst genommen werden. Was der sich dabei gedacht hat, bleibt freilich ebenso unklar wie das rechtliche Wirrwarr, dass er in § 463 Abs. 3 S. 3 und 4 StPO in Bezug auf die Erledigungserklärung der Sicherungsverwahrung nach § 67d Abs. 3 StGB angerichtet hat.[765] Weitgehende Klarheit besteht in Rechtsprechung und Fachliteratur allerdings insofern, als ausschlaggebend für die gerichtlichen Entlassungsentscheidungen ausschließlich die materiellrechtlichen Prognosemaßstäbe des StGB sein können.[766]

Nimmt man § 454 Abs. 2 S. 2 StPO ernst, so handelt es sich aber immerhin um den gesetzgeberischen Hinweis auf die besondere Relevanz der Ausgangstat für die Entlassungsprognose (insoweit korrespondierend mit einer ebenfalls nur klarstellend gemeinten Ergänzung des § 57 Abs. 1 S. 2 StGB, wonach bei der Entscheidung über die Strafrestaussetzung explizit auch „das Gewicht des bei einem

---

761 Bei *Kleinknecht/Meyer* (StPO, 40. Aufl. 1991, § 454 Rn. 37) z.B. überhaupt nicht; diff. *Laubenthal* 1987, 228ff. m.w.N. (ausf. u. D. II. 2. b).

762 KG, Beschluss vom 31. 3. 1998 – 5 Ws 111/98 – juris = BewHi 1998, 417.

763 *Dessecker* (Anm. zu KG) aaO S. 417.

764 Vgl. *Neubacher* 2001 und ausf. u. D. II. 2.).

765 Verwirrung auch bei *Rosenau* 1999, 396 und *Schöch* 1998, 1247 m.w.N.

766 *Meyer-Goßner* § 454 Rn. 37 m.w.N., *Rosenau* 1999, 396; vgl. auch die Kritik von *Feuerhelm* 1999, 474 an dem polizeirechtlichen Einschlag der Neufassung und *H. Schneider* 1999b, 313f.

Rückfall bedrohten Rechtsguts“ zu berücksichtigen ist[767]). Ob es eines solchen Hinweises, noch dazu in all seiner verzerrenden Selektivität, bedurfte, sei dahingestellt – einen normativ verbindlichen Eingriff in die Prognosemethodologie beinhaltet er jedoch ebenso wenig wie die gesetzliche Festschreibung eines prognostischen Erfahrungssatzes: Dass in jedem Fall des § 454 Abs. 2 StPO „durch die Tat“ eine Gefährlichkeit des Verurteilten „zutage“ getreten war, ist empirisch nicht haltbar und in solcher Pauschalität allenfalls für jene Sicherungsmaßregeln diskutabel, bei denen diese Verknüpfung eine der Unterbringungsvoraussetzungen ist (insb. § 66 StGB, s.o.).

Für das Gros der Fälle von Strafrestaussetzung und gerade auch für die Lebenslänglichen, für die eine etwaige „durch die Tat zutage getretene Gefährlichkeit“ (§ 454 Abs. 2 S. 2 StPO, s.o.) weder Anordnungsvoraussetzung ist noch gemäß § 46 StGB einen zentralen Stellenwert in der dem Schuldprinzip verpflichteten Strafzumessung einnimmt,[768] müsste also überhaupt erst im Einzelfall nachträglich festgestellt werden, dass „durch die Tat“ tatsächlich eine (fortdauernde) Gefährlichkeit „zutage getreten“ war und ggf. welche – das kann der Gesetzgeber gar nicht generell vorab entscheiden, auch wenn er dieser Versuchung immer häufiger erliegt.[769]

Zunächst bedürfte es also einer entsprechenden „ex ante“-individualprognostischen Feststellung, methodisch zweifellos hoch problematisch: Bevor die Frage gestellt werden kann „Worin bestand die zur Tat führende Gefährlichkeit?“,[770] wäre zu klären, dass eine solche „Gefährlichkeit“ überhaupt bestand und auch „zur Tat“ geführt hat – gerade hier besteht die „Gefahr“ eines Kurzschlusses von der Tat auf eine „Gefährlichkeit“ unter Diskriminierung situativer Faktoren.[771] Erst danach könnte sich der Gutachter der Frage zuwenden, ob ggf. die Gefahr besteht, genauer: wie groß die Gefahr ist, dass jene (damalig bereits bestehende) „Gefährlichkeit“ noch fortbesteht. Das Legitimationsproblem einer Fortdauer schuldangemessener Freiheitsstrafen aus Gründen der Gefahrenabwehr, das bei der lebenslangen Strafe besonders prekär wird, wenn sie über die Mindestverbüßungsdauer hinausreicht, und das in der Diskussion um die nachträgliche Sicherungsverwahrung eine weitere Zuspitzung erfahren hat (s.o. a) cc), sei hier nur angedeutet.[772]

---

[767] Dazu *Fischer* § 57 Rn. 12ff. sowie zu § 454 Abs. 2 StPO *Neubacher* 2001.

[768] In LL-Fällen findet zwar keine Strafzumessung gemäß § 46 StGB statt, bei der Prüfung einer ggf. gesondert festzustellenden „besonderen Schwere der Schuld“ (§ 57a Abs. 1 S. 1 Nr. 2 StGB) sind aber ähnliche Überlegungen anzustellen (*Streng* 2002 Rn. 247), jedoch wiederum keine zur etwaigen Gefährlichkeit; die Frage, ob neben der lebenslangen Freiheitsstrafe Sicherungsverwahrung verhängt werden kann, hat der Gesetzgeber mit der Neufassung des § 66 StGB (dazu *Rzepka* 2003) prinzipiell zugunsten der Kumulierbarkeit entschieden, womit noch nichts darüber gesagt ist, in welchen Fallkonstellationen eine solche Doppelanordnung in Betracht kommt (dazu *Kett-Straub* 2009 und *Kinzig/Steinhilber* 2010, 63).

[769] Kritik an § 454 StPO in Bezug auf § 57a StGB auch bei *Eisenberg* 2011 Rn. 1846 und *Leygraf* 2009, 488, vgl. bereits *H.-M. Weber* 1990, 69.

[770] *Kröber* 1999, 597.

[771] So aber *Kröber* aaO, vgl. die Kritik von *Steller* 2010, 192.

[772] Gemäß einem PKH-Beschluss des BVerfG vom 1. 7. 2002 (EuGRZ 2002, 567) deutete sich insofern eine Wende an, als die Fortsetzung der Vollstreckung jenseits der durch die Schwere

Auf die Bedeutung der „Tat“ für die Kriminalprognostik wird noch näher einzugehen sein (s.u. D.I.2.a), eine wichtige Präzisierung des hier verwandten „Gefährlichkeits“-Begriffs erscheint jedoch vorab angebracht: In der konkreten Tat-Situation bildete der Täter für das Opfer offenkundig eine Gefahr, die sich im abgeurteilten Taterfolg realisierte. In dem der lebenslangen Freiheitsstrafe (für die jene Klausel zunächst entwickelt wurde) zugrundeliegenden Tötungsdelikt wird dies besonders deutlich: Nur insoweit war der Täter konkret „gefährlich“ und nur insoweit kann von einer „durch die Tat zutage getretenen Gefährlichkeit“ (§ 454 Abs. 2 S. 2 StPO) die Rede sein – davon zu sprechen, dass diese „Gefährlichkeit“ fortbesteht, macht ersichtlich keinen Sinn. Ob überhaupt durch die Tat eine über sie hinausreichende Gefährlichkeit zutage getreten ist, die ggf. fortbesteht, kann aber lediglich für den Einzelfall kriminalprognostisch entschieden werden: Gerade für Tötungsdelikte gilt das nur in Ausnahmefällen[773] und hätte vom Gesetzgeber nicht als Regel definiert werden dürfen, die allenfalls Ausnahmen zulässt, deren Nachweis der davon und damit Betroffene kaum führen kann (zur Beweislast s.u. D. I. 1.c).

Unterbringung im psychiatrischen Krankenhaus

Nach den vorstehenden Ausführungen bleibt zu § 67d Abs. 2 StGB nicht mehr viel zu sagen,[774] was die Aussetzung der Vollstreckung der Unterbringung gemäß § 63 StGB zur Bewährung betrifft. Der mögliche, aber „nur in einem niedrigen Grade“ wahrscheinliche Rückfall legitimiert die Fortdauer auch dann nicht mehr (zumal nach langjähriger Unterbringung), wenn schwerwiegende Taten drohen (Raub, Brandstiftung).[775] Welche „Verhaltensweisen und Einstellungsänderungen“ ein Patient aus der Sicht der Therapeuten des Maßregelvollzuges vorweisen muss, um „frühzeitig entlassen zu werden“, ist nachzulesen.[776]

Sicherungsverwahrung

Die vorstehend erörterte Aussetzung der Unterbringung gemäß § 67d Abs. 2 StGB gilt auch für die Sicherungsverwahrung. Die Erwartensformel verlange auch hier zwar nicht „eine sichere und unbedingte Gewähr künftiger Straffreiheit“ oder auch nur „die Feststellung, dass ein Rückfall des Untergebrachten in rechtswidrige Handlungen mit hoher Wahrscheinlichkeit auszuschließen“ sei, allerdings sei die bloße Vermutung, dass er „keine rechtswidrigen Taten mehr begehen wird, nicht

der Schuld indizierten sog. „Mindestverbüßungsdauer“ in Frage gestellt und die Alternative einer Maßregellösung in Betracht gezogen wurde: Die Entscheidung in der Hauptsache (BVerfGE 117, 71) hat die zutreffende Erwägung leider verworfen (ausf. dazu o. 3.c)cc), vgl. auch *Kreuzer* 2008, 76.

[773] Vgl. auch *Günter et al.* 2006.

[774] Exempl. zur Rechtslage vor 1998: *Horstkotte* 1986 und *Baur* 1990; zur Neufassung von 1998 *Rosenau* 1999, 395f. – ausf. NK-*Pollähne/Böllinger* § 67d Rn. 1ff.

[775] OLG Karlsruhe R&P 2006, 149; zur Bedeutung des „Verhältnismäßigkeitsprinzips“ in diesem Zusammenhang jüngst BVerfG R&P 2010, 163 m.w.N.

[776] *Seifert et al.* 2003 m.w.N., vgl. bereits *Rasch* 1984.

ausreichend“: Die erforderliche günstige Sozialprognose setze „vielmehr voraus, dass die Wahrscheinlichkeit künftigen straffreien Verhaltens größer ist als diejenige des Rückfalls“.[777]

Dies ändert sich – von Gesetzes wegen – mit Erreichen der 10-Jahresgrenze des § 67d Abs. 3 StGB, womit eine prognostische Beweislastumkehr eintritt: Vorbehaltlich der übrigen Voraussetzungen (Schwere der drohenden Taten) ist die Fortdauer der Sicherungsverwahrung nach Ablauf dieser (ehedem Höchst-)Frist nur mit einer ungünstigen Negativprognose zu legitimieren. Die gesetzliche Ungefährlichkeitsvermutung (Nullhypothese)[778] muss widerlegt werden, die rechtskräftige Gefährlichkeitsvermutung (aus der Anordnung gemäß § 66 StGB und der Vollstreckbarkeitsentscheidung gemäß § 67c StGB) ist quasi verjährt.[779] Dieser Maßstab muss selbstverständlich auch – wenn nicht: erst recht – nach Verstreichen der 10-Jahresfrist bei weiteren Entscheidungen gemäß §§ 67e, 67d Abs. 2 StGB gelten.[780]

bb) Widerruf/Wiederinvollzugsetzung

Zum Widerruf der Maßregelaussetzung gemäß § 67g StGB ist über § 56f StGB hinaus (s.o. 3.c) dd) nicht viel zu sagen, sieht man einmal davon ab, dass die Widerrufsgründe erweitert wurden (§ 67g Abs. 2 und 3 StGB) und zentral darauf abgestellt wird, ob „der Zweck der Maßregel“ die erneute Unterbringung erfordert.[781] Dabei kommt es darauf an, ob „der spezifische Zweck gerade der angeordneten Maßregel“ die Unterbringung (wieder) erfordert, was nur dann der Fall ist, wenn „alle prognostischen Merkmale vorliegen, die Voraussetzung für die Anordnung der in Rede stehenden Maßregel sind“.[782]

Im Gefolge der Reform der Führungsaufsicht (s.u. c) wurde mit § 67h StGB u.a. die Möglichkeit einer „befristeten Wiederinvollzugsetzung“ von gemäß § 67d Abs. 2 StGB ausgesetzten freiheitsentziehenden Maßregeln (§§ 63, 64 StGB) eingeführt[783] und damit „eine höhere Durchlässigkeit zwischen ambulanter und stationärer Betreuung geschaffen“.[784] Entscheidend ist dabei letztlich, ob die Maßnahme „erforderlich ist, um einen Widerruf nach § 67g zu vermeiden“ (§ 67h Abs. 1 S. 1 StGB), womit dem Vollstreckungsgericht – jenseits der Feststellung einer akuten Verschlechterung des Zustands oder eines Rückfalls in Suchtverhal-

---

[777] KG, Beschluss vom 28. 12. 2000 – 5 Ws 770/00 – juris, m.w.N. zur allg. Auffassung; vgl. auch OLG Köln, Beschluss vom 15. 12. 2004 – 2 Ws 521/04 – juris.

[778] Vgl. *Boetticher* 2005, 419f. m.w.N., zu den erhöhten Begründungsanforderungen OLG Karlsruhe R&P 2010, 113; zur Ungefährlichkeitsvermutung *Pollähne* in: *Kammeier* 2010 Rn. B 57ff.

[779] Vgl. OLG Karlsruhe NStZ-RR 2006, 90 und StV 2006, 426 (m. Anm. *Tondorf*) sowie OLG Koblenz, Beschluss vom 19. 11. 2007 – 1 Ws 141/07 – juris.

[780] OLG Hamm R&P 2006, 210 (m. Anm. *Pollähne*).

[781] Ausf. NK-*Pollähne/Böllinger* § 67g Rn. 12ff. m.w.N.

[782] SaarlOLG R&P 2008, 70.

[783] *U. Schneider* 2007, 444, *T. Wolf* 2007, 295; krit. *Pollähne* 2007, 415f. m.w.N.

[784] *Peglau* 2007, 1561.

ten – eine multiple Prognose abverlangt wird: Um festzustellen, ob der Widerruf gemäß § 67g StGB (s.o.)[785] durch die Maßnahme der befristeten Wiederinvollzugsetzung (sog. „Krisenintervention") vermieden werden kann, ist zu prüfen, ob der Widerruf andernfalls gewissermaßen unvermeidlich wäre, weil das Vorliegen der jeweiligen Widerrufsvoraussetzungen bereits absehbar ist.[786]

Dem Gesetzgeber zufolge werde verlangt, dass „eine Risikosituation eingetreten sein muss, die bei ungehinderter Weiterentwicklung voraussichtlich einen Widerruf der Aussetzung zur Verhinderung neuer, erheblicher rechtswidriger Taten (Maßregelzweck) notwendig machen würde".[787] Insoweit mögen die Vollstreckungsrichter „einen umfangreichen kriminalprognostischen Sachverstand" benötigen, nicht jedoch bei der Feststellung einer „Verschlechterung des Zustands".[788] Die Hinzuziehung von Sachverständigen dürfte im Rahmen einer kurzfristigen „Krisenintervention" regelmäßig ausscheiden, wohingegen die Kooperation aller Beteiligten sicher hilfreich ist, solange nicht aus dem Blick gerät, dass hierbei „die Strafvollstreckungskammer als gerichtliche Kontrollinstanz >das letzte Wort< über die freiheitsentziehende Maßnahme behalten muss".[789]

Das „neue Instrument zum Risikomanagement" wird sich in der Praxis erst noch beweisen müssen: Es könnte in der Tat zu einem früheren Zeitpunkt der stationären Behandlung „die Frage aufgeworfen werden, ob das von einem Maßregelpatienten nach Entlassung aus der Unterbringung noch ausgehende Risiko für Straftaten durch die Möglichkeit der >Krisenintervention< als ausreichend beherrschbar eingeschätzt werden kann"; die neue Vorschrift stelle somit „eine Maßnahme dar, die entgegen dem Trend, den Sicherungsaspekt der Unterbringung im Maßregelvollzug zu betonen und die Entlassung von Patienten zu erschweren, Anwendung finden könnte".[790]

In einer der ersten auf § 67h StGB gestützten Entscheidungen hat das LG Göttingen[791] insoweit u.a. ausgeführt, eine „akute gesundheitliche Verschlechterung" könne anzunehmen sein, wenn der Verurteilte „noch nicht psychisch dekompensiert, sondern von einer Dekompensation lediglich akut bedroht" sei; entscheidend sei allein, dass die Verschlechterung des gesundheitlichen Zustands ein Maß erreicht habe, das „bei ungehinderter Weiterentwicklung voraussichtlich einen Widerruf der Aussetzung erforderlich machen würde", weil dann neue erhebliche Straftaten zu erwarten seien.[792]

---

[785] Und im Zusammenhang damit ggf. ein Sicherungsunterbringungsbefehl gemäß §§ 463 Abs. 1 i.V.m. 453c Abs. 1 StPO (dazu u.a. *Volckart/Pollähne/ Woynar* 2008 Rn. 296f. m.w.N.).

[786] Ausf. NK-*Pollähne/Böllinger* § 67h Rn. 21ff.

[787] *Lau/Peters* 2008, 75 u. Verw. auf BT-Drs 16/1933, 17, vgl. *Peglau* 2007, 1561.

[788] Insoweit missv. *Lau/Peters* aaO, die allerdings zu Recht darauf verweisen, es sei offen geblieben, wie „die >Verschlechterung des Zustandes< für das Gericht nachvollziehbar und überprüfbar" festzustellen sei (aaO S. 76).

[789] *Lau/Peters* aaO S. 77.

[790] *Lau/Peters* aaO S. 78, ähnlich *Nedopil* 2006.

[791] LG Göttingen R&P 2008, 64ff. (auch zum Sofortvollzug gemäß § 463 Abs. 5 StPO, aaO S. 66, dazu *Peglau* 2007, 1561).

[792] LG Göttingen aaO S. 64 (red. Ls. 2.b).

Die mit der befristeten Wiederinvollzugsetzung[793] verbundene Flexibilisierung wird durch ein Minus an Rechtssicherheit[794] erkauft. Gegenüber dem besonders flexiblen Instrumentarium der Vollzugslockerungen und ihres Widerrufs gemäß jeweils geltendem Maßregelvollzugsrecht[795] soll sich der Patient nach der rechtskräftigen Aussetzung der Vollstreckung zur Bewährung (§ 67d Abs. 2 StGB) relativ sicher fühlen, nur bei Vorliegen gesetzlich abschließend geregelter gravierender Widerrufsgründe (§ 67g StGB) in die Freiheitsentziehung zurückkehren zu müssen – bei akuter Rückfallgefahr kommt ein Sicherungsunterbringungsbefehl in Betracht (§§ 463 Abs. 1 i.V.m. 453c StPO), der von der Staatsanwaltschaft gemäß § 36 Abs. 2 StPO sofort vollstreckt werden kann; dass es daneben eines zusätzlichen Instrumentariums bedarf, um noch schneller und noch flexibler reagieren zu können, leuchtet nicht ein[796] – die Begründung ist zwiespältig:

Einerseits soll der förmliche Widerruf vermieden werden, andererseits wird die Interventionshürde gesenkt, indem „im Interesse einer effektiven Krisenintervention" eine „konkrete, gegenwärtige Gefahr für Dritte" explizit nicht abgewartet werden soll.[797] Wie ein Gericht im Schnellverfahren prüfen soll, ob eine Wiederinvollzugsetzung „erforderlich ist, um einen Widerruf … zu vermeiden", ohne dabei ausschließlich auf die akute „Verschlechterung des Zustandes" abzustellen (was dem Entwurf zufolge gerade nicht ausreichen sollte), bleibt ein Geheimnis: Schon der Widerrufsbeschluss verlangt eine Prognoseentscheidung, der Sicherungsunterbringungsbefehl eine doppelte. Mit einer Entscheidung nach § 67h StGB (n.F.) wird der Richter hoffnungslos überfordert, wenn er den Eintritt einer „Risikosituation" feststellen soll, die „bei ungehinderter Weiterentwicklung voraussichtlich einen Widerruf der Aussetzung … notwendig machen würde": Der Sicherungsphilosophie des Gesetzentwurfs folgend wird er im Zweifel jeder formlosen Anregung zur „unbürokratischen Rücknahme" stattgeben – einen unsichereren Rechtsstatus des Betroffenen kann man sich kaum vorstellen.[798] Dabei so zu tun, als liege eine solche Maßnahme auch deshalb in seinem (wohlverstandenen?) Interesse, weil der formal in Betracht gezogene Bewährungswiderruf „stigmatisierend" wirke und der Unterbringungsbefehl als „Verhaftung" missverstanden werde, ist nicht frei von Zynismus – zumal es gerade um jene Fälle geht, in denen der Verurteilte „eine ganz andere Sicht der Dinge haben wird". Der Betroffene ist schließlich keinesfalls davor geschützt, dass es rechtzeitig vor Ablauf der max. sechs Monate

---

[793] Der Begriff ist irreführend: Wieder „in Vollzug" setzen kann man nur etwas, was „außer Vollzug" gesetzt wurde – im Falle des § 67d Abs. 2 StGB setzt die StVK aber die „Vollstreckung" aus, so dass gemäß § 67h StGB n.F. also eine Maßregel vollzogen werden soll, die gar nicht mehr vollstreckt wird.

[794] Allg. zu dem Widerspruch zwischen Rechtssicherheit und Flexibilität (Reaktionsbeweglichkeit, Durchlässigkeit etc.) im Maßregelrecht NK-*Pollähne/ Böllinger* vor § 67 Rn. 29ff., vgl. *Pollähne* 2007, 415 m.w.N. (s.u. F. II.), diff. *Schall* 2003, 265.

[795] Ausf. *Pollähne* in: *Kammeier* 2010 Rn. F 122ff. m.w.N.

[796] *Pollähne* 2007, 415 m.w.N., vgl. auch *Schnoor/Kemper* 2010, 200.

[797] BT-Drs 16/1993, 17.

[798] *Pollähne* 2007, 416 m.w.N.

doch noch zum Widerruf kommt[799] – so wie er auch nicht davor geschützt ist, dass es kurz nach Entlassung aus dem ‚Wiedervollzug' zur nächsten max. sechsmonatigen Krisenintervention kommt. Das Maß rechtsstaatlich noch akzeptabler Flexibilität wurde mit der Neuregelung deutlich überschritten.[800]

c) Freiheitsbeschränkende Maßregeln

Von den freiheitsbeschränkenden Maßregeln (§ 61 Nr. 4 bis 6 StGB) werden hier schwerpunktmäßig die Führungsaufsicht (vor dem Hintergrund der Reform von 2007, s.u. aa) und die Entziehung der Fahrerlaubnis (in Anbetracht der erheblichen praktischen Bedeutung, s.u. bb) erörtert, während das Berufsverbot nur gestreift werden muss (s.u. cc):

aa) Führungsaufsicht

Die Anordnung der Führungsaufsicht gemäß § 68 Abs. 1 StGB (in Verbindung mit den jeweiligen Verweisungsnormen im BT des StGB) spielt praktisch keine Rolle und soll hier deshalb außer Betracht bleiben.[801] Neben dem Eintritt „kraft Gesetzes" (§ 68 Abs. 2 StGB) nach Aussetzung bzw. Erledigung der Maßregelvollstreckung (s.o.) ist in der Justizpraxis die Führungsaufsicht gegen sog. „Vollverbüßer" einer längeren Freiheitsstrafe[802] von überragender Bedeutung. Auch sie tritt – bei Vorliegen der Voraussetzungen des § 68f Abs. 1 StGB – „kraft Gesetzes" ein, wird also nicht angeordnet; im Zusammenhang mit der Prüfung des § 68f Abs. 2 StGB (s.u.) und vor allem im Hinblick auf die Folgeentscheidungen (insb. zu Bewährungshilfe und Weisungen gemäß §§ 68a ff. StGB) stellen die zuständigen Strafvollstreckungskammern aber regelmäßig das „Eintreten" der Führungsaufsicht gemäß § 68f Abs. 1 StGB fest.[803]

Nichteintritt

Die Strafvollstreckungskammer ordnet gemäß § 68f Abs. 2 StGB hingegen den Nichteintritt der Führungsaufsicht an, wenn „zu erwarten" ist, dass „die verurteilte Person auch ohne die Führungsaufsicht keine Straftaten mehr begehen wird". Dabei seien die Anforderungen „strenger als diejenigen für eine Prognoseentscheidung nach § 57 Abs. 1 Nr. 2 StGB".[804] Die Anordnung des Nichteintritts habe „Ausnahmecharakter" und setze eine „positive Sozialprognose für den Verurteilten" voraus,

[799] Der Entwurf ging sogar davon aus, die Ausschöpfung der Höchstfrist indiziere den Widerruf (aaO S. 29/30).

[800] *Pollähne* 2007, 416 m.w.N.

[801] Vgl. dazu NK-*Ostendorf* vor §§ 68 bis 68g Rn. 17 und § 68 Rn. 2ff. sowie *Pollähne* 2007, 405 und *Dessecker* 2007, 280.

[802] Zur Praxis *Weigelt/Hohmann-Fricke* 2006; zur Führungsaufsicht nach Vollverbüßung einer Jugendstrafe vgl. *Pollähne* 2008b m.w.N. und *Dessecker* 2007, 281.

[803] Ausf. dazu *Pollähne* 2008b, 6 m.w.N.

[804] ThürOLG, Beschluss vom 2. 3. 2006 – 1 Ws 66/06 – juris, vgl. auch OLG Düsseldorf JR 2003, 168 m. zust. Anm. *Dölling*.

wobei Zweifel an der Prognose „zu dessen Lasten" gingen.[805] Habe der (wie im entschiedenen Fall wg. sexueller Nötigung und sexuellen Missbrauchs) Verurteilte „die Ursachen für diese Delinquenz", wobei auch auf (offenbar einschlägige) Vorverurteilungen abgestellt wird, nicht „in ausreichendem Maße aufgearbeitet" (ausf. dazu o. 3. c) bb) und verfüge er auch sonst über eine „labile Persönlichkeitsstruktur", weshalb er „einen engen äußeren Rahmen und externe Vorgaben" benötige, könne eine günstige Sozialprognose im Sinne des § 68f Abs. 2 StGB nicht gestellt werden.[806] Dies gelte auch, wenn „wegen des Fehlens einer den Verurteilten nach seiner Entlassung ausreichend stützenden sozialen Eingliederung nicht mit der erforderlichen Sicherheit" von Straffreiheit ausgegangen werden könne.[807]

Dauer

Die gemäß § 68c StGB festgelegte Dauer der Führungsaufsicht kann nachträglich geändert, insb. auch verkürzt werden (§ 68d StGB). Das Gericht kann die reguläre Höchstdauer von fünf Jahren (§ 68c Abs. 1 S. 1 StGB) aber auch schon bei Eintritt der Führungsaufsicht abkürzen (aaO S. 2), ohne dass das Gesetz ihm hierfür weitere Entscheidungskriterien an die Hand gäbe. Das ggf. angerufene Beschwerdegericht kann die jeweilige Entscheidung nur daraufhin überprüfen, ob sie gesetzwidrig ist (vgl. §§ 463 Abs. 2, 453 Abs. 2 S. 2 StPO), also – wenn grundsätzlich vom Gesetz vorgesehen – ermessensmissbräuchlich oder unverhältnismäßig.[808]

Dass eine solche Abkürzung bei einer gemäß § 68f Abs. 1 StGB kraft Gesetzes eintretenden Führungsaufsicht „regelmäßig verfehlt" wäre, ist allerdings seinerseits verfehlt: „Namentlich trifft es nicht zu, dass dem Gericht im Zeitpunkt des Beginns der Führungsaufsicht eine zuverlässige Prognose wegen >der Natur der Sache< grundsätzlich nicht möglich sei. Eine prognostische Gefährlichkeitseinschätzung ist in vielen Fällen von Gerichten vorzunehmen, in Strafvollstreckungssachen insbesondere nach § 57 StGB. Es ist nicht ersichtlich, warum dies bei der hier in Rede stehenden Entscheidung grundsätzlich nicht möglich sein sollte."[809] Auch zeige der Umstand, dass der Verurteilte „die Strafe voll verbüßt hat, nicht zwingend eine fortbestehende Gefährlichkeit in einem Maße an, dass nur die Höchstdauer der Führungsaufsicht" in Betracht komme.[810]

Reform der Führungsaufsicht

Mit Wirkung vom 18. 4. 2007 trat die „Reform der Führungsaufsicht" in Kraft,[811] der im Kontext der bisher erörterten Punkte eigentlich keine Beachtung geschenkt

---

[805] ThürOLG aaO, ebenso OLG Zweibrücken, Beschluss vom 11. 11. 2009 – 1 Ws 248/09 – juris; vgl. auch *Fischer* § 68f Rn. 9 m. w. N.

[806] ThürOLG aaO.

[807] OLG Oldenburg NdsRpfl 2007, 59.

[808] OLG Oldenburg aaO unter Verweis auf *Meyer-Goßner* § 453 Rn. 12.

[809] OLG Oldenburg aaO gegen OLG Koblenz NStZ 2000, 92.

[810] OLG Oldenburg aaO.

[811] Ausf. dazu *Pollähne* 2007 und 2008c m. w. N., vgl. auch *Dessecker* 2007, *U. Schneider* 2007, *Hahn* 2007b, *Peglau* 2007, *T. Wolf* 2007 und *Schalast* 2006.

werden müsste. Bemerkenswert ist vielmehr, dass der Gesetzgeber die prognoserelevanten Normen (insb. auch § 68f Abs. 2 StGB) unangetastet ließ, stattdessen aber den Anwendungsbereich der Führungsaufsicht erheblich ausweitete[812] und schärfere Kontrollen der Lebensführung einführte bzw. das bereits bestehende Kontrollinstrumentarium verschärfte[813] – nicht zuletzt unter Verweis darauf, dass es sich um „Täter mit schlechter Prognose" handele, weshalb sich „die Intensität der Führungsaufsicht im Einzelfall an einer sorgfältigen Risikoeinschätzung orientieren" müsse.[814]

So wurden u.a. die Möglichkeiten der unbefristeten Führungsaufsicht gemäß § 68c Abs. 2 und 3 StGB erweitert: Die Höchstdauer kann nunmehr insb. auch dann entfristet werden (Abs. 3), wenn entweder in Fällen der Aussetzung der Unterbringung in einem psychiatrischen Krankenhaus gemäß § 67d Abs. 2 StGB „aufgrund bestimmter Tatsachen Gründe für die Annahme bestehen, dass die verurteilte Person andernfalls alsbald in einen Zustand gemäß § 20 oder § 21 geraten wird, infolge dessen eine Gefährdung der Allgemeinheit durch die Begehung weiterer erheblicher rechtswidriger Taten zu befürchten ist", oder nach Verurteilung wegen einer der in § 181b StGB genannten Taten zu einer Freiheitsstrafe von mehr als zwei Jahren, wenn sich „aus dem Verstoß gegen Weisungen nach § 68b Abs. 1 oder Abs. 2 oder aufgrund anderer bestimmter Tatsachen konkrete Anhaltspunkte dafür ergeben, dass eine Gefährdung der Allgemeinheit durch die Begehung weiterer erheblicher Straftaten zu befürchten ist".[815] Die erst mit dem sog. SexBG 1998 eingeführte Option unbefristeter Führungsaufsicht (§ 68c Abs. 2 StGB) war bisher beschränkt auf jene Fälle, in denen sich der Verurteilte weigerte, einer Behandlungsweisung (§ 56c Abs. 3 Nr. 1 StGB) zuzustimmen oder nachzukommen.

Insgesamt begegnete dieses Instrumentarium schon in der vormaligen Ausgestaltung erheblichen Bedenken.[816] Es darf nicht in Vergessenheit geraten, dass mit einer solchen Regelung nicht einfach ‚nur' die Dauer der Führungsaufsicht verlängert wird,[817] sondern dass dem Betroffenen auf unabsehbare Zeit der Widerruf der Vollstreckungsaussetzung (und im Vorfeld der Sicherungsunterbringungsbefehl gemäß § 453c StPO) droht: Die einstige Unterbringungsanordnung kann aber nicht unendlich gelten – immerhin soll nach zehn Jahren sogar Vollstreckungsverjährung eintreten (vgl. § 79 Abs. 4 StGB n.F.).[818]

---

812 Krit. dazu *Dessecker* 2007, 280ff.

813 Krit. *Pollähne* 2007, 401ff. und 2008c, 89ff. m.w.N.

814 *U. Schneider* 2007, 442, 447.

815 Dazu *Dessecker* 2007, 283ff. m.w.N. und *T. Wolf* 2007, 295, diff. *Hahn* 2007b, 8, noch weitergehend *Peglau* 2007, 1560; eher krit. *Schalast* 2006, 62 und *Pollähne* 2007, 413f. m.w.N.

816 Vgl. *Pollähne* 2007, 413 m.w.N.

817 Eher übersehen von *Hahn* 2007b, 8, der insofern eine „strukturelle Paradoxie des Hilfeangebots" beklagt und auf fortdauernde „Betreuungsbedürftigkeit" abstellt; die unbefristete Führungsaufsicht aus „Sicherheitspunkten" auch während des Vollzuges fortzusetzen, die befristete aber nicht (BT-Drs 16/1993, 22), überzeugt ebenso wenig.

818 Dass nach der Neufassung des § 79 Abs. 4 StGB die unbefristete Führungsaufsicht überhaupt nicht verjähren soll (wie die Sicherungsverwahrung und die lebenslange Freiheitsstrafe), macht praktisch ohnehin keinen Sinn und symbolisiert allenfalls Sicherheitshypertrophie.

Völlig neu ist die Konstruktion in Abs. 3, wonach – insb. auch nachträglich – gerichtlich angeordnet werden kann, die Führungsaufsicht über die Höchstfrist hinaus auf unbestimmte Zeit zu verlängern: Damit sollen einerseits die (angeblich „nicht seltenen") Fälle erfasst werden, dass insb. schizophrene Patienten gegen Ende der langjährigen Führungsaufsicht bereits ankündigen, die Medikamente nicht mehr einnehmen zu wollen, weshalb ein einschlägiger Rückfall prognostiziert wird (Nr. 1).[819] Der darin begründete ambulante Zwang zur Ewigkeitsmedikation ist nicht zuletzt unter Verhältnismäßigkeitsaspekten unerträglich: Es muss beizeiten erprobt werden, welche Folgen das Absetzen der Medikation nach sich zieht, und geübt werden, ohne Psycho-Drogen und perspektivisch auch ohne staatliche Aufsicht zu leben.

Andererseits geht es – wieder einmal pauschal, einem unsäglich populistischen Politikstil vergangener Jahre entsprechend[820] – um Fälle von Sexualdelinquenz: Die Sonderbehandlung dieser Gruppe (in Nr. 2) ist einmal mehr „kriminologisch nicht zu begründen".[821] Mehr ist dazu nicht zu sagen: Diese Detailregelung entbehrt über die grundsätzlichen Bedenken (s.o.) hinaus in all ihrer Selektivität jeglicher Legitimität.[822] Wenn zur Begründung auf kriminologische Befunde verwiesen wird, wonach es auch nach 15 oder sogar 25 Jahren noch zu einschlägigen Rückfällen komme,[823] tritt die Gnadenlosigkeit dieses Präventionsansatzes[824] nur umso drastischer hervor.[825]

bb) Entziehung der Fahrerlaubnis

Bei Vorliegen der übrigen Voraussetzungen entzieht das Gericht dem Angeklagten gemäß § 69 Abs. 1 S. 1 StGB die Fahrerlaubnis, wenn sich „aus der Tat ergibt, dass er zum Führen von Kraftfahrzeugen ungeeignet ist". Die gemäß § 69a Abs. 1 S. 1 StGB regelmäßig für die Dauer von sechs Monaten bis zu fünf Jahren festzu-

---

819 BT-Drs 16/1993, 21; widersprüchlich *Vollbach* 2006, 43 m.w.N., dem zufolge der Gesetzgeber damit zu Recht einem „Bedürfnis der Praxis" nachkomme – während er an anderer Stelle (aaO S. 46) kritisiert, der Gesetzgeber beziehe sich „allein auf Forderungen der Praxis" statt auf die Kriminologie.

820 *Klimke/Lautmann* 2006.

821 Berechtigte Ablehnung bei *Schalast* 2006, 62, ähnlich *Hahn* 2007b, 8; die Kritik dürfte für die Verlängerung der sog. „Rückfallverjährungsfrist" (§ 66 Abs. 4 StGB i.d.F. vom 1. 1. 2011) zu Lasten der Sexualstraftäter entsprechend gelten.

822 *Schalast* 2006, 64 weist zu Recht auch darauf hin, dass – wenn überhaupt – die Entscheidung über die Anordnung unbegrenzter Führungsaufsicht „nicht von einer Beurteilung des Einzelfalles abzukoppeln" sei.

823 Vgl. BT-Drs 16/1993, 21; berechtigte methodische Kritik an den durch *H. J. Schneider* verbreiteten Befunden bei *Schalast* 2006, 62 (zumal sich fragt, für welche Delikte dies eigentlich nicht gilt).

824 *Vollbach* 2006, 44 verweist auf das praktische Bedürfnis „mitunter lebenslanger Beobachtung": dabei auf vermeintliche „Standards der Allgemeinpsychiatrie und -medizin" zu rekurrieren, ignoriert aber die strukturellen Unterschiede zwischen allgemeinem und strafrechtlichem Unterbringungsrecht.

825 *Pollähne* 2007, 414.

setzende Sperre für die Wiedererteilung einer Fahrerlaubnis kann nach S. 2 für immer festgesetzt werden, wenn „zu erwarten ist, dass die gesetzliche Höchstfrist zur Abwehr der von dem Täter drohenden Gefahr nicht ausreicht“. Zugleich kann das Gericht nach Abs. 2 Kraftfahrzeuge von der Sperre ausnehmen, wenn „bestimmte Umstände die Annahme rechtfertigen, dass der Zweck der Maßregel dadurch nicht gefährdet wird“.

Zur Charakterisierung dieser Maßnahmen[826] wird mit starken Worten nicht gespart: „Sie ist entsprechend ihrem Zweck als Maßregel der Sicherung (und Besserung) die Waffe im Kampf gegen gefährliche Kraftfahrer, von denen für längere Zeit eine Gefährdung des Straßenverkehrs zu besorgen ist.“[827] Im Kontext der Grundsatzentscheidung zu den sog. „Zusammenhangstaten“ hat der Große Senat des BGH klargestellt, welchem Ziel die Fahrerlaubnisentziehung dient: „§ 69 StGB bezweckt den Schutz der Sicherheit des Straßenverkehrs.“[828] Deshalb setze die Entscheidung voraus, dass „die Anlasstat tragfähige Rückschlüsse darauf zulässt, ob der Täter bereit ist, die Sicherheit des Straßenverkehrs seinen eigenen kriminellen Interessen unterzuordnen“.[829] Der vierte Senat, der diese Grundsatzentscheidung im Wesentlichen mit herbeigeführt hat, wurde noch deutlicher: „Die Maßregel nach § 69 StGB dient nicht der allgemeinen Verbrechensbekämpfung.“[830]

Die nach Feststellung einer sog. „Zusammenhangstat“ in einem zweiten Schritt zu beurteilende „charakterliche Ungeeignetheit des Täters zum Führen von Kraftfahrzeugen“ könne – so der große Senat – nur „aus der Tat“ hergeleitet werden, wenn dabei „konkrete Anhaltspunkte auf eine mögliche Gefährdung des Straßenverkehrs durch den Straftäter hinweisen“: Maßstab sei „die in die Zukunft gerichtete Beurteilung der Gefährlichkeit des Kraftfahrers für den öffentlichen Straßenverkehr“, die sich aus der Prognose ergebe, dass er bereit sei, das „Interesse der Allgemeinheit an sicherer und verkehrsgerechter Fahrweise den jeweiligen eigenen Interessen unterzuordnen und hieraus resultierende Gefährdungen oder Beeinträchtigungen des Verkehrs in Kauf zu nehmen“.[831]

Der Tatrichter müsse sich eine dahingehende Überzeugung verschaffen: Dass der Täter bereit sei, sich „zur Erreichung seiner kriminellen Ziele über die im Verkehr

---

826 Ob es sich bei der nominell (vgl. §§ 61 Nr. 5, 69 StGB) als Maßregel resp. Maßnahme (vgl. § 11 Abs. 1 Nr. 8 StGB) gehandelten Fahrerlaubnisentziehung letztlich nicht doch um eine Strafe handelt („Etikettenschwindel“, vgl. *Dessecker* 2004, 131 ff. m. w. N.), mag hier offen bleiben: Bejahend mit überzeugenden Gründen *Haffke* 2008 m. w. N. (vgl. insb. aaO S. 147).

827 *Piesker* 2002, 302.

828 BGHSt 50, 93 = JZ 2006, 98 m. Anm. *Duttge* = DAR 2005, 452 m. Anm. *Hentschel*, vgl. auch *Pießkalla/Leitgeb* 2006.

829 BGHSt 50, 93 aaO (Leitsatz).

830 BGH StV 2003, 69 = ZfSch 2003, 151 m. Anm. *Bode* = VD 2003, 98 m. Anm. *Piesker* = NStZ 2003, 213 m. Anm. *Geppert* (aaO S. 288), vgl. *Duttge* JZ 2006, 102.

831 BGHSt 50, 93 = JZ 2006, 100 m. w. N., insb. BVerfG NJW 2002, 2378, 2380; zust. *Pießkalla/Leitgeb* 2006, 187 und *Hentschel* (Anm. in DAR 2005, 457); zu den Widersprüchen in Gesetzgebung und Rechtsprechung bzgl. der Erforderlichkeit einer Gefährlichkeitsprognose *Haffke* 2008, 141 ff., 149 m. w. N. (im Kontext des zweifelhaften Verbots der Verhältnismäßigkeitsprüfung gemäß § 69 Abs. 1 S. 2 StGB).

gebotene Sorgfalt und Rücksichtnahme hinwegzusetzen“, sei „anhand konkreter Umstände festzustellen, die sich aus der Tat unter Berücksichtigung der Täterpersönlichkeit ergeben“; dabei seien auch „Umstände aus dem Vorleben des Täters oder seiner Tatvorbereitung in die Beurteilung einzubeziehen“, wohingegen eine „Prognose, dass der Täter mit Wahrscheinlichkeit auch künftig Zusammenhangstaten begehen und dabei tatsächlich die Sicherheit des Straßenverkehrs beeinträchtigen werde“, nicht zu verlangen sei.[832] Es bedürfe aber einer „Gesamtwürdigung aller dafür >aus der Tat< erkennbar gewordenen rechtserheblichen Anknüpfungstatsachen“, womit zugleich deutlich werde, dass der Gesetzgeber dem Tatrichter damit auch die „eigene Sachkunde“ (§ 244 Abs. 4 S. 1 StPO) zuweise.[833]

Auch wenn die Entscheidung hinsichtlich des tatbezogenen Ansatzes bei der Gefahrenprognose durchaus Zustimmung verdient, kritisiert *Duttge* doch zu Recht, dass der BGH durch eine „weit umfassendere, genaugenommen in ihrer Reichweite gar nicht mehr überschaubare >Gesamtwürdigung<“ sogleich habe deutlich werden lassen, wie wenig die „erstrebte straßenverkehrsbezogene Imprägnierung der Sanktion in Wirklichkeit sichergestellt werden“ könne, wenn man allein bei der Prognose ansetze: „Ebenso wie sich die einer jeden Prognose innewohnenden Unwägbarkeiten nur durch Festlegung konkreter Anknüpfungspunkte auf ein rechtsstaatlich akzeptierbares Maß abmildern lassen, muss eine inhaltliche Spezifikation dieser Prognose in einem dahin geprägten Tatsachenfundament ihren Ausgang nehmen.“[834] Stattdessen werde wiederum auf die „Täterpersönlichkeit“ oder auf „Umstände aus dem Vorleben“ abgestellt, die jedoch mit der Anlasstat gerade nichts zu tun haben.[835]

In einem der dieser Grundsatzentscheidung des großen Senats zugrundeliegenden Fälle ging es um den Parade-Streitpunkt der Drogenkurierfahrten: Die hierzu vom vierten Senat geäußerte Auffassung hat implizit Bestätigung gefunden, dass es nämlich einen „Erfahrungssatz“, wonach jeder Täter, der Betäubungsmittel in seinem Kraftfahrzeug transportiere, deshalb „zu besonders riskanter Fahrweise entschlossen ist, um sich im Zweifel auch um den Preis der Gefährdung anderer durch Flucht seiner Feststellung zu entziehen“, in dieser Allgemeinheit nicht gebe.[836]

Wesentliche Voraussetzung für die Entziehung der Fahrerlaubnis ist in jedem Fall die „Feststellung einer ungünstigen Prognose über die Eignung zum Führen von Kraftfahrzeugen“.[837] Auch wenn das Stellen von Prognosen im Allgemeinen „außerordentlich schwierig“ ist, sei – so *Bode* – „eine fundierte Prognose auch Staatsanwaltschaften und Gerichten möglich“.[838] Grundlagen dafür können sie er-

---

[832] BGH aaO S. 101, diff. *Fischer* § 69 Rn. 18, vgl. NK-*Herzog* § 69 Rn. 32f. und *Eisenberg* 2011 Rn. 1856.

[833] BGH ebda m. zust. Anm. von *Hentschel* (in DAR 2005, 457); vgl. auch die Folgeentscheidung des vierten Senats vom 31. 5. 2005 in wistra 2005, 337.

[834] *Duttge* (Anm. zu BGH JZ 2006, 98) aaO S. 102, diff. *Pießkalla/Leitgeb* 2006, 187.

[835] *Duttge* aaO S. 102/103 m. w. N. zu weiteren Ungereimtheiten.

[836] BGH NStZ-RR 2003, 122 = VD 2003, 119 m. Anm. *Piesker*, ebenso bereits BGH StV 2003, 69 (s. o.).

[837] *Bode* 2004, 10.

[838] Ebda gegen *Piesker* 2002.

langen „durch Einholung eines medizinisch-psychologischen Gutachtens. Den erforderlichen Arbeitsaufwand dafür müssen sie in Kauf nehmen, weil sie zur Aufklärung des Sachverhalts rechtlich verpflichtet sind“.[839]

Die Ungeeignetheit zum Führen von Kraftfahrzeugen wird vorrangig aus einem sog. „Charaktermangel“ hergeleitet,[840] der vorliegen soll, wenn „nicht erwartet werden kann, dass der Täter gewillt und fähig ist, dem Missbrauch des verführerischen Kraftpakets Auto zu widerstehen und den besonderen Gefahren zu begegnen, die sich aus der Führung des Kraftfahrzeugs für ihn bzw. für ihn und die Allgemeinheit ergeben“ – Aufgabe des Strafrichters sei es, „bestehende Risikosachverhalte festzustellen und zu bewerten“.[841] Der Eignungsmangel bedeute „der Sache nach, dass der Angeklagte erneut in Situationen geraten wird, die in ein Verkehrsdelikt münden, so dass eine künftige Gefährdung der Allgemeinheit“ angenommen werden müsse, wobei eine „sichere Gewissheit, dass der Angeklagte die Allgemeinheit durch weitere Straftaten gefährden wird“, nicht zu bestehen brauche, vielmehr genüge die „Wahrscheinlichkeit eines Rückfalls im Sinne einer nahe liegenden, gesteigerten Möglichkeit“.

Für den in § 69 Abs. 2 StGB aufgestellten Katalog von Tatbeständen hat der Gesetzgeber die richterliche Prognose und Bewertung gewissermaßen vorweggenommen, insofern der Täter bei Nachweis eines der dort genannten Vergehen „in der Regel als ungeeignet zum Führen von Kraftfahrzeugen anzusehen“ ist.[842] Auch in diesen Fällen könne der Zweck der Maßregel aber „durch die vorläufige Entziehung der Fahrerlaubnis im Zusammenwirken mit der Teilnahme an einem Aufbauseminar für alkoholauffällige Kraftfahrer im Einzelfall erreicht werden“, auch wenn dies „weder stets noch regelmäßig eine Durchbrechung des Grundsatzes nach § 69 Abs. 2 Nr. 2 StGB“ rechtfertige.[843] Im Übrigen könne trotz Vorliegens einer solchen Katalogtat Anlass dazu bestehen, die Frage der charakterlichen Geeignetheit „genauer zu erörtern“: Das Führen eines Leichtmofas über eine kurze Fahrstrecke bei altruistischer Motivation (der Angeklagte wurde abends zu Hilfe gerufen) erfordere die besonders eingehende Prüfung der Täterpersönlichkeit und „unter Berücksichtigung der gesetzlich bereits vorgenommenen Prognose“ eine Untersuchung der Eignung.[844]

Bestimmung und Aufhebung der Sperre

Auch bei der Bestimmung der Sperrfrist gemäß § 69a StGB (wie bei deren vorzeitiger Aufhebung gemäß Abs. 7 StGB, s.u.) bedarf es einer Prognoseentscheidung,[845] die freilich – auch wegen des zeitlichen Abstands zum pognostischen Bezugszeitpunkt nach Ende der noch zu bestimmenden Sperre – besondere Schwierigkeiten

[839] *Bode* ebda m.w.N.
[840] *Piesker* 2002, 299.
[841] *Piesker* ebda m.w.N. und unter Verweis auf *Frisch.*
[842] *Piesker* ebda, krit. zur Beweislastumkehr *J. Bock* 2001, 135f.
[843] OLG-SaAn ZfSch 2000, 554 m. noch weitergehender Anm. *Bode.*
[844] OLG Nürnberg StraFo 2007, 339.
[845] *Bode* 2004, 10, *Piesker* 2002, 300.

bietet.[846] War gegen den Täter „in den letzten drei Jahren vor der Tat bereits einmal eine Sperre angeordnet worden“, wird die Prognoseentscheidung gemäß Abs. 1 dahingehend eingeengt, dass das Mindestmaß der Sperre ein Jahr beträgt (§ 69a Abs. 3 StGB; Ähnliches gilt gemäß Abs. 7 S. 2 Alt. 2 für die Aufhebung der Sperre).[847]

Dass der „Prognose des Strafrichters, die in der Bemessung einer bestimmten Sperrfrist für die Wiedererteilung der Fahrerlaubnis“ zum Ausdruck komme, „innere Grenzen gesetzt“ seien, weshalb sie „nur in sehr zurückhaltender Form gestellt“ werden könne,[848] mag zwar zutreffen, rechtfertigt aber weder Willkür noch kurzen Prozess: „Eine wirklich fundierte Prognose erfordert erheblichen Arbeitsaufwand, weil sie in der Regel nur nach Einholung eines medizinisch-psychologischen Gutachtens gestellt werden kann.“[849] Von solcher Prognose sollte der Strafrichter entlastet werden, so *Bode* de lege ferenda, indem in § 69a Abs. 1 StGB eine starre Mindestfrist von sechs Monaten eingeführt und alles Weitere der Fahrerlaubnisbehörde überlassen wird.[850]

Die vorzeitige Aufhebung der Sperre stellt „ein Korrektiv dar, das sich aus dem Wesen der richterlichen Prognose als einer (nur) vorausschauenden Beurteilung herleitet und dem präventiven Charakter der Fahrerlaubnisentziehung ebenso Rechnung trägt, wie dem Übermaßverbot“.[851] Dabei genüge die „hinreichende Wahrscheinlichkeit, dass der Täter sich im Straßenverkehr nicht mehr als gefährlich erweisen“ werde, weshalb auch nicht „die sichere Feststellung getroffen werden [müsse], dass der Verurteilte seine Eignung zum Führen von Kraftfahrzeugen wiedererlangt hat“, insb. dürfe nicht „positive Beweisführung hinsichtlich der wiedererlangten Kraftfahreignung gefordert werden“, da es ausreiche, wenn die Teilnahme des Verurteilten am Straßenverkehr „wieder verantwortbar erscheint“.[852]

Sachgerechte Ergebnisse lasse „eine Betrachtung verfestigter Verhaltensweisen des Verkehrsstraftäters erwarten, die in seiner Persönlichkeit tief verwurzelt sind“, wobei es nicht darauf ankomme, „die vorhandene Eignung zum Führen von Kraftfahrzeugen positiv zu beweisen, sondern eine hinreichende Wahrscheinlichkeit dafür zu belegen, dass erneute Verkehrsstraftaten nicht zu erwarten sind“.[853] Auch wenn weitere prognoserelevante Kriterien angeführt werden, zumeist allerdings mit dem Zusatz versehen, sie reichten für sich genommen nicht aus, die Wiederholungsgefahr zu verneinen, schließt *Piesker* mit dem ebenso ernüchternden wie entlarvenden Resumée: „Es kommt darauf an, tragfähige Kriterien herauszubilden, die eine zuverlässige Prognoseentscheidung zur Fahreignung ermöglichen“; ohne-

---

[846] Vgl. bereits BVerwGE 17, 347, dazu *Bode* 2004, 10; *Haffke* 2008, 152 hält die Vorstellung, der Richter könne die Dauer der Sperrfrist unter Sicherungsaspekten bestimmen, für geradezu „absurd“.

[847] Vgl. dazu NK-*Herzog* § 69a Rn. 17ff. m.w.N.

[848] BVerwGE 17, 347.

[849] *Bode* 2004, 10; vgl. auch LG Oldenburg ZfSch 2002, 354f. m. Anm. *Bode*.

[850] AaO S. 11f.

[851] *Piesker* 2002, 300.

[852] Ebda m.w.N.

[853] *Piesker* 2002, 301.

hin sei den Staatsanwaltschaften und Gerichten „eine fundierte Prognose nicht durchweg möglich“, in Anbetracht des erforderlichen Arbeitsaufwandes werde es „sogar nur ausnahmsweise“ dazu kommen.[854]

Die Sperre für die Wiedererteilung einer Fahrerlaubnis (s.o.) kann gemäß § 69a Abs. 7 S. 1 StGB vorzeitig aufgehoben werden, wenn sich „Grund zu der Annahme“ ergibt, dass der Täter „zum Führen von Kraftfahrzeugen nicht mehr ungeeignet ist“; dafür bedürfe es jedoch – „nach nahezu einhelliger herrschender Meinung“, so das OLG Hamburg – neuer Tatsachen, die „eine andere Beurteilung der Eignungsfrage rechtfertigen, als sie nach den im Urteil festgestellten Tatsachen geboten war“.[855]

Die in der Rechtsprechung teilweise vertretene Auffassung, es sei „zu eng zu fordern, der Verurteilte müsse notwendig neue Tatsachen anführen, die eine andere Beurteilung seiner Persönlichkeit“ rechtfertigen, weil sich voraussehbare Umstände denken ließen, die „mit dem Zeitablauf hinreichendes Gewicht für eine Abkürzung der Sperrfrist gewinnen könnten, ohne dass sie im strengen Sinn neu wären“, lehnt das OLG Hamburg ab[856]: Obwohl sich § 69a Abs. 7 StGB „aus dem Wesen der richterlichen Prognose als einer nur vorausschauenden, künftige Entwicklungen naturgemäß nicht sicher vorhersehenden Beurteilung“ rechtfertige, dürfe die rechtskräftig ausgesprochene Rechtsfolge nicht korrigiert werden, ggf. sei der Weg über die Wiederaufnahme zu wählen.[857] Eine solche neue Tatsache kann freilich darin liegen, dass der Verurteilte „durch eine Nachschulung eine risikobewusstere Einstellung zum Straßenverkehr entwickelt“ habe und die behandelnde Therapeutin „das Ziel der Maßnahme, eine Senkung der Rückfallgefahr zu erreichen, als sehr wahrscheinlich“ einschätze.[858]

cc) Berufsverbot

Besteht die „Gefahr“, dass der Angeklagte bei weiterer Ausübung seines Berufs „erhebliche rechtswidrige Taten der bezeichneten Art begehen wird“, kann gemäß § 70 Abs. 1 S. 1 StGB ein befristetes (nach S. 2 ggf. auch unbefristetes) Berufsverbot angeordnet werden. Bei „Grund zu der Annahme, dass die Gefahr, der Täter werde erhebliche rechtswidrige Taten“ begehen, nicht mehr besteht, kann das Berufsverbot gemäß § 70a Abs. 1 StGB nachträglich zur Bewährung ausgesetzt werden, die zu widerrufen ist, wenn der „Zweck des Berufsverbots dessen weitere Anwendung erfordert“ (§ 70b Abs. 1 StGB).

Die Anordnung eines Berufsverbots könne zwar – im Rahmen einer abweichenden Prognoseentscheidung – zugleich eine Strafaussetzung gemäß § 56 Abs. 2 StGB legitimieren, aber auch für die bei § 70 Abs. 1 S. 1 StGB gebotene Gesamtwürdigung bedürfe es „eines Eingehens auf die bisherige Straffreiheit des

---

[854] AaO S. 302.
[855] OLG Hamburg VRS 107, 30ff. m.w.N.
[856] OLG Hamburg aaO gegen OLG Köln, NJW 1960, 2255 sowie OLG Düsseldorf VRS 63, 273 und 66, 347.
[857] OLG Hamburg aaO m.w.N., aber nicht frei von Widersprüchen.
[858] LG Kleve DAR 2004, 470.

Angeklagten, die Schadenswiedergutmachung und sein Alter", um die Gefahr ähnlicher rechtswidriger Taten umfassend zu beurteilen; auch wenn der Angeklagte „hartnäckig" daran festhalte, in dem ihm vorgeworfenen Verhalten keine Untreue zu sehen, dürfe allein aus einem solchen legitimen „Verteidigungsverhalten" keine Wiederholungsgefahr abgeleitet werden.[859]

5. Jugendstrafrecht

Jugendstrafrechtsspezifische Sonderregelungen zur Strafaussetzung (§§ 21 ff., 57 ff., 88 ff. JGG) und zur Sicherungsverwahrung (§ 106 JGG) sind bereits zur Sprache gekommen (s.o. 3.c) und bedürfen keiner weiteren Vertiefung. Auch soll die prognostische Problematik der Verhängung von Jugendstrafe gemäß § 17 Abs. 2 Alt. 1 JGG (Erforderlichkeit der Jugendstrafe wegen sog. „schädlicher Neigungen")[860] und ggf. ihrer Bemessung gemäß § 18 Abs. 2 JGG (Ermöglichung der erforderlichen erzieherischen Einwirkung)[861] ebenso wenig erörtert werden wie weitere kriminalprognostische Spezialfragen des Jugendstrafrechts.[862]

Das Jugendstrafrecht, genauer: den Umgang mit Jugendkriminalität noch einmal unter kriminalprognostischen Aspekten zu erörtern, hat andere Gründe: Einerseits scheint unstreitig, dass es eigentlich ‚nur' die relativ kleine Gruppe der sog. „Mehrfach- und/oder Intensivtäter" unter den Jugendlichen (und nachfolgend Heranwachsenden) ist, die einer nachhaltigen Kriminalpolitik Sorgen bereite, weshalb es darum gehen müsse, diesen ‚harten Kern' beizeiten von den ‚Einmal- bzw. Gelegenheitstätern' zu isolieren[863]; andererseits gilt es kriminalprognostisch als ausgemacht, dass gerade die schwersten „kriminellen Karrieren" besonders früh beginnen, weshalb es darum gehen müsse, diese Verläufe auch besonders frühzeitig zu prognostizieren, um sie beizeiten – so die kriminalpräventive Verheißung – abbrechen zu können.[864]

---

[859] BGH StV 2004, 80 m.w.N.; vgl. NK-*Pollähne* § 70 Rn. 20 ff.

[860] Ausf. dazu etwa *P.-A. Albrecht* 2000, 243 ff., vgl. D/S/S-*Sonnen* § 17 Rn. 18 ff. m.w.N. und OLG Hamm, Beschluss v. 17. 9. 2007 – 2 Ss 380/07 – juris.

[861] Dazu *P.-A. Albrecht* aaO S. 255 ff. und *Sonnen* aaO § 18 Rn. 19 ff. m.w.N., krit. zu § 52 a Abs. 1 S. 3 JGG *Eisenberg* 2010 § 52 a Rn. 8.

[862] Zu § 5 JGG (Subsidiaritätsprinzip) *P.-A. Albrecht* aaO S. 138 und 205, diff. D/S/S-*Diemer* § 5 Rn. 12; zu §§ 51, 54 JGG (Drohen erzieherischer Nachteile) vgl. *Eisenberg* 2010 § 51 Rn. 8 f. und § 54 Rn. 42; zu § 43 JGG (Umfang der Ermittlungen) D/S/S-*Sonnen* § 43 Rn. 5 ff.; zur sog. „Vorbewährung" nach § 57 JGG vgl. *Flümann* 1984, 345 f. und *Volckart/Pollähne/Woynar* 2008 Rn. 340; Überblick zu jugendstrafrechtlichen Prognosefragen u.a. bei *Wulf* 2006 b, 147 und *Goerdeler* 2006, vgl. auch *M. Walter* 2010 (und das ZJJ-Schwerpunktheft 3/2010).

[863] Vgl. nur *Graebsch* 2009 a, 730 f., *Puschke* 2007, *Steffen* 2003 und *H. E. Löhr* 1997, 281 m.w.N. sowie *Rohmann* 2005 zum Forschungsstand; zur Suche nach „Risiko- und Schutzfaktoren" bei jugendlichen und heranwachsenden Sexual- und Gewalttätern *Rotermann et al.* 2009.

[864] Exempl. *Walter/Remschmidt* 2004, *Rohmann* 2005, *Scheitauer et al.* 2007 und *Wendt/Stöver* 2011, jeweils m.w.N.; vgl. zur jugendhilferechtlichen „Kindeswohlprognose" auch *Wulf/Reich* 2007 und *Reich/Wulf* 2007 m.w.N.

a) Kriminelle Kinder – kriminelle Erwachsene?

Optimalerweise sollen auf der Grundlage delinquenter Auffälligkeiten im Kindesalter die Delinquenzentwicklungen für das Jugend- und Erwachsenenalter prognostiziert werden[865] bzw. „Hoch- und Niedrig-Risikokinder" unterschieden werden können.[866]

Die Zirkelschluss-Anfälligkeit dieser Ansätze wurde selten so eindrucksvoll auf den Punkt gebracht, wie von *Wulf* (wenn auch vielleicht unbedacht): „Ein früher Einstieg in eine delinquente und kriminelle Karriere ist aber kriminalprognostisch bedenklich und bedarf spezialpräventiver Intervention."[867] Das was prognostiziert werden sollte (kriminelle Karriere), wird selbst – wie auch immer diagnostiziert – zum entscheidenden Prognosefaktor für die Interventionsentscheidung.

Aus den offiziellen Kriminalstatistiken einen bestimmten (relativ kleinen) Anteil von Tätern herauszurechnen, denen ein vergleichsweise großer Anteil der registrierten Taten angelastet wird, ist noch keine kriminologische Kunst – diese Täter zu sog. „Intensivtätern" zu erklären, erst recht nicht.[868] Die Verlockung, erhebliche kriminalistische und kriminalpolitische Anstrengungen darauf zu verwenden, diesen „harten Kern" der Jugendkriminalität frühzeitig zu identifizieren, um sich abzeichnende kriminelle Karrieren durch gezielte Interventionen im Keim zu ersticken, ist nicht neu, aber nachwievor groß: „Je früher und je sicherer eine entsprechende Prognose möglich ist, desto größer ist der Ertrag – soweit die kriminalpolitische Linie."[869]

Analysen der Mehrfachtätergruppen ergeben immer wieder, so *M. Walter*, dass sie „auch Mehrfachbenachteiligte sind, dass sie oft die bekannte Problemkarriere aufweisen, von dem häufigen Wechsel der Bezugspersonen bis hin zu schulischen und ausbildungsbezogenen Misserfolgen". Daraus könne aber nicht im Umkehrschluss gefolgert werden, „entsprechend belastete Menschen würden zu Mehrfachauffälligen", denn die meisten schaffen es, „trotz ihrer Schwierigkeiten straffrei zu bleiben und nicht aufzufallen" – wer Mehrfachauffälliger ist, „wissen wir erst im Nachhinein".[870] Und trotzdem „imponiert der Intensivtäter" zumal in den Medien als der, bei dem vermeintlich „nicht rechtzeitig intensiv genug strafrechtlich reagiert wurde".[871]

---

[865] Exemplarisch sei auf die prospektive Kohortenstudie von *R. Walter* und *Remschmidt* (2004) verwiesen, mit der die Prognostizierbarkeit krimineller Karrieren von „straffälligen Kindern" analysiert werden sollte (aaO S. 333ff. m.w.N. zum einschlägigen Forschungsstand), vgl. auch *Remschmidt/Walter* 2009.

[866] *Scheitauer et al.* 2007 m.w.N., vgl. *Macha/Petermann* 2006, krit. bereits *Hellerich/Wambach* 1983.

[867] *Wulf* 2006b, 150.

[868] *M. Walter* 2005, 286ff. m.w.N.

[869] *M. Walter* 2004, 26.

[870] *M. Walter* ebda, vgl. auch *Graebsch* 2009a, 729; *Bukowski* 2001 will ihn gleichwohl anhand der JGH-Statistik „identifizieren" können.

[871] *M. Walter* aaO S. 28.

Ob die sog. Intensivtäterforschung überhaupt brauchbare Ergebnisse wird liefern können, erscheint fraglich: „Die Hoffnungen auf ein zuverlässiges und praktikables Prognoseinstrument für die so genannte Karrierekriminalität werden sich wohl nicht erfüllen“, so *Guthke* und *Jasch* vor dem Hintergrund ihrer Begleitforschung zum Projekt der Frankfurter „AG Intensivtäter“.[872] Die im Rahmen zahlreicher Studien herausgearbeiteten Merkmale litten stark unter ihrer retrospektiven Grundlage: „Was bleibt, ist die schlichte Nichtvorhersehbarkeit von individuellen Entwicklungen und Verarbeitungsprozessen. Sowohl die Ausprägung von psychischen oder sozialen Belastungsfaktoren als auch die Entwicklung von persönlichen Coping-Strategien entziehen sich einer Prognose“; nützlicher als die Suche nach möglichst präzisen Vorhersageinstrumenten erscheine, sich den Umständen zu widmen, die zum Abbruch dieser so genannten Karrieren führten.[873]

Eine kritische Bilanz der vielfältigen Forschung zur prognostischen Relevanz „antisozialen Verhaltens“ im Kindesalter bringt *Rohmann* zu folgendem Resumée: „Sicherlich kann jedes einzelne Phänomen auch ein Marker einer ernsthaften antisozialen Entwicklung sein, stellt aber auch für sich jeweils eine Entwicklungsoption dar, ebenso wie es Anerkennung oder Stigmatisierung bedeuten kann. Insofern kann es, muss aber nicht Marker sein, sondern kann selbst ein Einstieg in eine antisoziale Entwicklung oder ein Katalysator bedeuten.“[874]

Die Prognose der Einzel-Gewalttäter, so der Gutachter *Lempp*, sei „meist nicht so schlecht, wie es nach der Vorgeschichte und nach der Art der Tat“ erscheine, denn auch hier könne „die Gewalttat, die aus der bisherigen Dissozialität der Täter herausragt, als ein heilsamer Schock wirken“; die Prognose müsse sich daher „an der schon vor der Tat bestehenden sozialen Integration orientieren und nicht an der Schwere der Gewalttat“, und auch hier machten „langfristige Jugendstrafen die Prognose erst schlecht“.[875] Die Prognose der Gruppen-Gewalttäter müsste „ebenfalls nicht schlecht sein, wenn sie nicht zur Entlastung der gesellschaftlichen Verantwortung zum >Sündenbock< gemacht würden“.[876]

b) Jugendrichterliche Prognoseentscheidungen

Die jugendrichterlichen Sanktionsentscheidungen werden – nicht zuletzt vor dem soeben dargelegten kriminologischen und kriminalpolitischen Hintergrund – zum Teil per se als Prognoseentscheidungen eingestuft.[877] Der berechtigte Hinweis auf „die dadurch bedingte Unsicherheit“ legitimiere freilich „keine dezisionistische Beliebigkeit“, vielmehr sei der Richter gehalten, seine Entscheidung „methodisch abzusichern, will er nicht im Bereich bloßer (unzulässiger) Spekulation verbleiben“.[878] Möglicherweise arbeiten die in der Jugendstrafrechtspflege Tätigen

[872] *Guthke/Jasch* 2003, 177.
[873] *Guthke/Jasch* ebda m. w. N.
[874] *Rohmann* 2005, 338, diff. *Wendt/Stöver* 2011, 445.
[875] *Lempp* 1994, 258, ähnlich *Bresser* 1992, 67.
[876] *Lempp* 1994, 259.
[877] Exempl. *Jung* 1981, 40.
[878] *Jung* ebda.

„verfassungsgemäß und verantwortlich“, wenn sie bei den dort geforderten jugendkriminologischen Beurteilungen wenigstens „eine anerkannte kriminologische Methode anwenden, im Einzelfall gründlich arbeiten, die Entscheidung begründen und dokumentieren“[879] – dass mit einem solchen Minimalprogramm bereits „Qualitätssicherung“ einhergeht, erscheint aber doch fraglich.

Obwohl spätestens seit den Untersuchungen und Publikationen des Ehepaars *Glueck*[880] die Prognoseforschung gerade im Hinblick auf die „Frühkriminalität“[881] und „junge Straffällige“[882] besonders intensiv betrieben wurde, blieben die Ergebnisse bescheiden[883] und die Rezeption in der jugendrichterlichen Praxis dementsprechend dürftig.[884] Einigkeit bestand noch am ehesten dahingehend, dass es sich trotz allem lohne weiterzuforschen. Exemplarisch *Munkwitz*: „Daß trotz kritischer Würdigung kriminologisch relevanter – und auch soziologischer – Prognosefaktoren der bisherigen Kriminalanamnese und der Persönlichkeitsstruktur des jungen Rechtsbrechers in Einzelfällen unvorhersehbare und schicksalhafte Ereignisse (...) zu einer anderen als vorausgesagten Entwicklung geführt haben, schränkt die Bemühungen, mit Hilfe neugewonnener Erkenntnisse zu einem möglichst sicheren prognostischen Wahrscheinlichkeitsurteil zu kommen, nicht ein.“[885]

Letztlich kam man nicht viel weiter, als das prognosehalber zu Diagnostizierende (insb. „schädliche Neigungen“) durch eigene ähnlich unscharfe und abwertende Kategorien zu ersetzen (z.B. Haltschwäche, Gemütsarmut ...).[886] Die Praxis orientiere sich ohnehin an den „im Rahmen des herkömmlichen Mehrfaktorenansatzes eruierten Merkmalen Straffälliger“ und am „commen sense“.[887] Solange man sich in der Prognoseforschung darauf beschränke, „individuell zurechenbare Rückfallwahrscheinlichkeiten zu ermitteln, die für die weitaus überwiegende Zahl der Straffälligen zu unbestimmt sind oder gar noch zu einer Überschätzung der erneuten Straffälligkeiten führen“, biete man den in der Jugendstrafrechtspflege tätigen Richtern und Staatsanwälten „eher Steine statt Brot“.[888]

Sicher ließen sich „besondere Merkmale der vielfach Auffälligen“ feststellen, so *M. Walter*, die „mit einem schon lange bekannten Bündel an sozialen Belastungen und Sozialisationsdefiziten“ imponieren, doch erlaubten diese Merkmale keine „ausreichend treffsichere Benennung der künftig wiederholt Auffälligen“.[889] Die Gruppe der sozial Benachteiligten sei zu groß: „Würde man sie präventiv vorweg erfassen, würde nicht nur den vergangenen Benachteiligungen eine weitere hinzugefügt, außerdem würde auch eine beträchtliche Gruppe von Menschen

---

879 *Wulf* 2006b, 147f.
880 Überblick bei *Munkwitz* 1967, 3ff. m.w.N.
881 *Munkwitz* 1967.
882 *Fenn* 1981.
883 *H. E. Löhr* 1997, 281, vgl. auch *M. Walter* 2005 Rn. 283ff.
884 *Fenn* 1981, 205, vgl. auch *Jung* 1981, 40.
885 *Munkwitz* 1967, 165.
886 *Munkwitz* 1967, 176ff., *Bresser* 1992, 69, 71, vgl. auch *Fenn* 1981, 209.
887 *Fenn* 1981, 210.
888 *Fenn* 1981, 211.
889 *M. Walter* 2005 Rn. 283 und *ders.* 2010, 247, vgl. z.B. *Schmidt et al.* 2009.

betroffen, die zwar große Probleme haben, der Gesellschaft hingegen keine nennenswerten machen."[890]

Neben anderen allgemeinen Problemen bei der Prognosestellung, wie z.B. fehlende, bindende, formale (Wahl des Gutachters) und inhaltliche (Wahl der Instrumente, Diagnostik) Qualitätsanforderungen an die gutachterliche Arbeit mit Jugendlichen, bestehen hier auch weitere spezifische Probleme: „Diese resultieren aus der Besonderheit der Psychopathologie des Jugendalters und der schweren Prognostizierbarkeit der situativen Rahmenbedingungen der weiteren Entwicklung Jugendlicher."[891] Die Ergebnisse der entwicklungspsychopathologischen Forschung sollten stärker einbezogen werden, zudem sei es sinnvoll, bei der prognostischen Einschätzung Jugendlicher „den Schwerpunkt von den üblichen statischen Variablen auf aus der Desistance Forschung bekannte, protektive Faktoren zu verlegen".[892] Für solche (und diverse andere in zahlreichen Studien herausgearbeitete Kriterien) gelte freilich: „Eine falsche Deutung des beobachteten Verhaltens kann zu überzogener Besserungserwartung oder aber auch zu einer fälschlicherweise negativen Prognoseeinschätzung führen", die zudem erschwert werde, durch „das Verhältnis der erhöhten Basisrate allgemeiner Rückfälligkeit Jugendlicher im Vergleich zur (relativ gesehen) niedrigeren Basisrate der Intensivtäter".[893]

II. Versuch einer normativen Kriminalprognose-Systematik

Nach alledem fällt (jenseits einer terminologischen Systematik, s.o. A. III. 4.) eine normative Systematisierung der kriminalprognostischen Anwendungsbezüge schwer.[894] Daran dass es keine „durch Rechtsprechung und Lehre gesicherte ‚Dogmatik' der Prognoseklauseln" gibt, wie *Böllinger* bereits 1980 feststellte, hat sich nichts Entscheidendes geändert: „Durchgängig programmieren lediglich relativ willkürlich aneinandergereihte Topoi und nicht sozialwissenschaftliche Erklärungs- und Verstehenszusammenhänge für die Verhaltensgenese im Einzelfall die juristische Subsumtion."[895] Hier sollen abschließend – vor dem Einstieg in die methodologischen Aspekte der Kriminalprognostik (s.u. C.) und deren Verankerung im Recht – summarisch drei Aspekte herausgestellt werden, die sich im Zuge der normativen Analysen (s.o. I.) wie rote Fäden durch das Kriminalrecht ranken:

Je nachdem, ob die kriminalprognostischen Entscheidungen den jeweiligen Eingriff begründen, aufrechterhalten oder beenden sollen, stellen sich richtungswei-

---

[890] *M. Walter* aaO m.w.N. und *ders.* 2010, 247.

[891] *Karanedialkova-Krohn/Fegert* 2007, 292.

[892] *Karanedialkova-Krohn/Fegert* aaO mit Hinweisen auf weitere Aspekte, deren Relevanz wissenschaftlich aber noch nicht hinreichend abgesichert sei (z.B. Empathiedefizite, neurobiologische und -psychologische Erkenntnisse).

[893] *Karanedialkova-Krohn/Fegert* 2007, 286.

[894] Vgl. auch *Schall* 2003, 260f.

[895] *Böllinger* 1980, 284 und 292, vgl. auch die bei *Lüderssen* 1977, 371ff. wiedergegebenen Fälle im Rahmen einer „unsystematischen Blütenlese" (aaO S. 376).

sende juristische Konsequenzen ein (s.u. 1.). Dabei fallen durchweg die Unterscheidungen zwischen materiell- und formellrechtlichen Aspekten auf, wobei Letztere zunehmend Bedeutung gewinnen (s.u. 2.). Schließlich – ohne dass dieser Reihenfolge eine inhaltliche Bedeutung oder gar die einer Rangfolge zukäme – erhält die jeweilige Eingriffstiefe ein besonderes Gewicht (s.u. 3.).

1. Eingriffsbegründend oder -beendend?

Nicht nur im Bereich freiheitsentziehender Eingriffe (insb. im Sanktionsrecht), sondern auch bei ‚nur' freiheitsbeschränkenden, erhält die Frage, ob sie durch die jeweilige Entscheidung begründet, aufrechterhalten oder beendet werden, für die Anforderungen an die spezifische Kriminalprognostik maßgebliche Bedeutung. Besonders anschaulich wird dies freilich bei der Gegenüberstellung freiheitsentziehungsbegründender und -beendender Prognosen, und gerade bei diesen Dauereingriffen erhalten die sog. „Fortdauerentscheidungen" (vgl. Art. 104 Abs. 2 S. 1 GG) ihre explizite Relevanz.

Dabei wird zunächst einmal im Zusammenhang mit Entscheidungen über die Fortdauer unbefristeter Maßnahmen (insb. die lebenslange Freiheitsstrafe sowie die Unterbringungen nach §§ 63 und 66 StGB) ersichtlich, dass jede kriminalprognostisch determinierte Fortdauerentscheidung die Legitimation der weiteren Freiheitsentziehung erneuern muss: In keinem Fall ist ‚ewiger' Freiheitsentzug durch die rechtskräftige Ausgangsentscheidung hinreichend legitimiert.

Das ist im Fall des § 63 StGB offenkundig, muss für die Sicherungsverwahrung aber gleichermaßen gelten: Auch die Vollstreckbarkeitsentscheidung nach § 67c StGB legitimiert den weiteren Freiheitsentzug nur bis zur nächsten Fortdauerentscheidung (also gemäß § 67e StGB für maximal zwei Jahre), denn die Frage nach der ggf. fortbestehenden „Gefährlichkeit" (vgl. § 454 Abs. 2 StPO) kann immer nur aktuell beantwortet werden und entzieht sich damit der Rechtskraft.

Schließlich muss dies aber auch gelten für die Fortdauer der lebenslangen Freiheitsstrafe über die sog. „Mindestverbüßungsdauer" (§ 57a Abs. 1 StGB) hinaus. Die Ausführungen in BVerfGE 117, 71 überzeugen nicht, wenn darauf verwiesen wird, die nurmehr kriminalprognostisch begründete Freiheitsentziehung sei gleichwohl bis ans Lebensende durch das auf „lebenslange" Freiheits-Strafe lautende rechtskräftige Urteil hinreichend legitimiert; das gilt umso mehr, als diesem Urteil (anders als im Falle des § 66 StGB) gar keine Gefährlichkeitsprognose zugrunde liegt (so wie umgekehrt die Verhängung dieser „absoluten" Strafe nicht unter Verweis auf das Fehlen einer Rückfallgefahr abgewendet werden kann).[896]

Schwieriger ist diese Frage zu beantworten bei Entscheidungen über die Aussetzung der Vollstreckung. Bei der primären Aussetzung (vorrangig bei der Strafaussetzung, gemäß § 67b StGB aber auch bei freiheitsentziehenden Maßregeln) wäre der Freiheitsentzug ‚bis auf Weiteres' durch das rechtskräftige Urteil hinreichend legitimiert; soweit dem im Bereich der §§ 63, 64 StGB eine Gefahrenprog-

---

[896] Diff. *Streng* 2003, 618 und *Kett-Straub* 2009.

nose zugrunde liegt, ist diese noch aktuell genug (andernfalls bedürfte es ohnehin einer Vollstreckbarkeitsentscheidung nach § 67c StGB).

Bei der Strafrestaussetzung gemäß § 57 StGB (zu § 57a StGB s.o.) ist der Grenzfall erreicht: Wenn die Verbüßung des jeweiligen Strafrests generell – einer Maßregel ähnlich – nurmehr kriminalprognostisch begründet ist, weil die Aussetzung „unter Berücksichtigung des Sicherheitsinteresses der Allgemeinheit" (noch) nicht „verantwortet" werden kann, dann stellt sich in der Tat die Frage, warum eine solche „Sicherheits"-Verbüßung durch den „Straf"-Ausspruch noch hinreichend legitimiert sein soll. Aus Gründen der „Ungefährlichkeit" vorzeitig entlassen zu werden, ist keine „Vergünstigung", die sich der Gefangene durch Nachweis der nötigen Voraussetzung (günstigen Prognose) verdienen müsste – vielmehr ist die Vollverbüßung aus Gründen der „Gefährlichkeit" ein schwerer Eingriff, für dessen Voraussetzung (ungünstige Prognose) der Staat die Beweislast zu tragen hat.[897]

Ihre besondere Brisanz erlangen diese Überlegungen – wie gerade der letztgenannten Punkt zeigt – im Hinblick auf die damit unmittelbar verknüpften Fragen der jeweiligen Beweislast resp. der Reichweite des Zweifelsgrundsatzes (ausf. u. D. I. 1. c) und 2. f).

2. Materielle oder formelle Anforderungen?

Versuche, aus den jeweiligen materiellrechtlichen Vorgaben der spezifischen gesetzlichen Kriminalprognoseklauseln in ihrer Auslegung durch Rechtsprechung und einschlägige Fachliteratur hinreichend „rechtssichere" Maßstäbe abzuleiten, haben sich als nicht sonderlich ertragreich erwiesen (zur Relevanz der jeweiligen Eingriffstiefe s.u. 3.).

Zugleich erkennen Lehre und Rechtsprechung durchaus die Grenzen kriminalprognostischer Entscheidungssicherheit: Je schwerwiegender der jeweils gleichwohl zu legitimierende (insb. unbefristet freiheitsentziehende) Eingriff, desto stärker wird auf Einhaltung formeller Anforderungen gedrungen (zum Konzept prozeduraler Rechtssicherheit s.u. F. II.).

3. Eingriffstiefe als Prognosemaßstab?

An zahlreichen Stellen wurde deutlich, dass zunehmende Eingriffstiefe – nicht nur im Gefälle zwischen freiheitsbeschränkenden und -entziehenden Maßnahmen, sondern auch innerhalb dieser Kategorien – den Wahrscheinlichkeitsmaßstab ‚nach oben' verschiebt, was in Rechtssetzung und -sprechung mit einer ausdifferenzierten Terminologie zum Ausdruck gebracht werden soll.[898]

---

[897] Ähnlich *H. Schneider* 1999a, 400f., vgl. auch *Kaiser* 1990, 21 Fn. 58.

[898] *di Fabio* 1994, 68 spricht in diesem Zusammenhang von einer „normativen Flexibilisierung des Wahrscheinlichkeitsurteils"; zur Bedeutung der Eingriffstiefe für die prognostische Methode *Pelzer/Scheerer* 2006, 211, vgl. auch *Mokros et al.* 2010, 79ff. zum „utility"-Ansatz (Folgenorientierung), ähnlich *A. König* 2010, 72.

Dabei reichen bloße Gefahr-„Möglichkeiten“ (Risiken) jedoch keineswegs aus, Grundrechtseingriffe hinreichend zu legitimieren, erst recht nicht der (ohnehin immer zutreffende) Verweis darauf, eine Gefahr sei nicht auszuschließen. Die Wahrscheinlichkeit des Eintritts der jeweils eingriffstatbestandlichen Gefahr muss also – wenn auch nur knapp, soweit sich dies überhaupt präzisieren lässt – über 50% liegen, um die Wahrscheinlichkeit des Nichteintritts hinter sich zu lassen.[899]

Erst von diesem generellen Umschlagspunkt (ausf. u. E. II.) ausgehend müssen die Wahrscheinlichkeitsmaßstäbe in Anbetracht der jeweiligen Eingriffstiefe nach oben (tendenziell in Richtung 100%, diese ‚absolute‘ Sicherheit freilich nie erreichend) verschoben werden. Prekär wird diese Relation am oberen Ende des Eingriffsschwere-Spektrums, bei den unbefristeten Freiheitsentziehungen: In Anbetracht der Unmöglichkeit, eine hundertprozentige Wahrscheinlichkeit zu fordern, bei gleichzeitig rechtsstaatlichem Unbehagen ob der verbleibenden Prognoseunsicherheit, wird – mit verfassungsrichterlichem ‚Achselzucken‘ – auf die Unumgänglichkeit sowohl der Fristlosigkeit als auch der kriminalprognostischen Programmierung verwiesen, um die Rettung in prozeduraler Rechtssicherheit zu suchen (s. o. 2. und ausf. u. F. II.).

---

[899] Diff. *T. Walter* 2006, 243 f.

C. Methodologische Grundlagen der Kriminalprognostik

Eine „kriminalprognostische Methodologie" soll erst versucht werden (s. u. E.), wenn die „Kriminalprognostik im Recht" verankert wurde (s. u. D.) – vorher gilt es, Grundlagen auszubreiten: Da hier weder von den „methodischen" Grundlagen der Kriminalprognostik noch von deren „Methodik" die Rede ist, bedarf es zunächst einiger terminologischer Vorklärungen (s. u. I.). Bevor die methodologischen Grundlagen anhand von Leitfragen entwickelt werden (s. u. III.), sollen kurz die prognosemethodischen Traditionslinien nachgezeichnet werden (s. u. II.). Den Abschluss bildet eine systematische Übersicht zu den aktuellen Prognosemethoden, -instrumenten und -verfahren (s. u. IV.).

I. Terminologische Vorklärungen

Mit „Methode" (von griechisch „Weg" i. S. v. „Gang einer Untersuchung") wird allgemein das planmäßige Verfahren zur Erreichung eines bestimmten Ziels bezeichnet, im wissenschaftlichen Kontext als Charakteristikum für ein spezifisches – etwa induktives, deduktives, experimentelles etc. – Vorgehen. So wie zur Produktion einer wissenschaftlichen Erkenntnis eine anerkannte Methode gewählt, exemplifiziert, angewandt und durchgehalten werden muss, gilt dies auch für individuelle Kriminalprognosen, wollen sie wissenschaftlichen Standards (den Regeln der kriminalprognostischen Kunst) gerecht werden.[900]

„Methodik" ist demgegenüber eher ein Fachbegriff aus der Pädagogik, speziell der Didaktik, und bezieht sich auf Lehr- und Unterrichtsverfahren. Von Prognosemethodik zu reden, ergibt insofern wenig Sinn; wäre damit eine Lehre von den Prognose(methode)n gemeint, kann und soll eine solche hier nicht geleistet werden.[901] Vielmehr ersetzt der – auch in der vorliegenden Untersuchung ver-

---

[900] Dies ließe sich auf die juristische Methode übertragen, wobei über die hermeneutischen „Regeln der juristischen Kunst" (vgl. *Krawietz* 2001, 353 sowie *Hassemer* 2001, 17 ff.) freilich ebenso trefflich gestritten wird, wie über jene der kriminalprognostischen, was hier aber nicht vertieft werden muss (vgl. *Rüthers* 2006 und *Wenzel* 2008 m. w. N.).

[901] Ansatzweise in diese Richtung das „Handbuch für die Praxis" (*Nedopil* 2006) und div. Beiträge im „Handbuch der Forensischen Psychiatrie" (Bd. 3, *Kröber et al.* 2006), insb. von *Dahle* 2006 sowie von *Kröber* 2006 a und 2006 b.

wandte – Begriff der „Prognostik" den der vermeintlichen Prognosemethodik und umfasst die erwähnten Prognosemethoden bzw. -verfahren. Wie nahezu alle auf „-ik" endenden Fach- und Fremdwörter kann damit auch von der „Prognosekunst" gesprochen werden, weshalb im vorliegenden Kontext häufig von den „Regeln der kriminalprognostischen Kunst" (in Anlehnung an die Redewendung von der sog. Behandlung „lege artis" = nach den Regeln der Kunst) die Rede sein wird.

Mit „Methodologie" wird schließlich die Lehre von den Methoden bezeichnet. Sie ist damit als Teil der Logik zentraler Gegenstandsbereich der gegenwärtigen Wissenschaftstheorie nicht einfach mit „Methodenlehre" – und schon gar nicht mit Methodik – gleichzusetzen.[902] Terminologische Trennschärfe ist offenkundig nicht zu haben, schon gar nicht im Einklang mit den Methoden der Linguistik, Semantik und Grammatik, von der Hermeneutik ganz zu schweigen[903]: Wenn hier (gleichwohl) von „methodologischen" Grundlagen der Kriminalprognostik die Rede ist, dann nicht nur in Anknüpfung an den einschlägigen (insb. von *Volckart*[904] beförderten) Fachdiskurs, sondern um deutlich werden zu lassen, dass es um mehr geht als die Vor- und Nachteile der einen oder anderen Kriminalprognose-Methode: Es geht um die erkenntnistheoretischen, kriminologischen und rechtswissenschaftlichen Grundlagen für die Arbeit an „Regeln der kriminalprognostischen Kunst".

II. Prognosemethodische Traditionslinien

Im juristischen Diskurs ist „Sachkunde" gefragt,[905] die das Gericht im jeweils erforderlichen Umfang haben mag oder nicht (ausf. zu § 244 Abs. 4 StPO s.u. D. II.), Intuition ist aber für sich genommen noch keine Sachkunde (eher ‚Bauchkunde'[906]). Noch immer ist – zumindest in der juristischen und kriminologischen Ausbildung – jedoch standardmäßig[907] von den drei „sog."[908] Prognosemethoden

---

902 Vgl. *Regenbogen/Meyer* 2005, 414; in der Rechtstheorie gehen die Begriffe Methode, Methodik und Methodenlehre bisweilen durcheinander (vgl. auch *Krawietz* 2001), während von Rechts-Methodologie keine Rede ist; exempl. zur rechtswissenschaftlichen und -philosophischen Einbettung der Methodenlehre *N. Horn* 2007, 163ff. sowie (auch zu deren rechtssoziologischen Grundlagen) *Pawlowski* 2000.

903 S. dazu nur *Kunz/Mona* 2006, 173ff.

904 *Volckart* 1997a, 1999, 2000a, 2002 und 2004.

905 Und sei es „nur" die zur Beurteilung vorliegender resp. vorgetragener Sachverständigen-Gutachten erforderliche Sachkunde, vgl. dazu u.a. *Huber* 1994, oder die Sachkunde um beurteilen zu können, „wo die Grenzen ihrer Kompetenz liegen", dazu *Böllinger* 1980, 302, ähnlich *Kerner* 1980, 320 zur „Kompetenzkompetenz".

906 *v. d. Haar* brach (auf einer Fachtagung am 3. 11. 2005 in Moringen) eine Lanze für prognostische Lockerungsentscheidungen „aus dem (professionellen) Bauch" – offenbar als rhetorische Reaktion darauf, den „Kopf" des Prognostizierenden mit immer mehr „Instrumenten" (assessments, manuals ..., s. u. IV. 1.) zu verwirren, vgl. auch *Schott* 2002.

907 Die einleitende Anmerkung zur „prognostischen Methodik" von *Grünebaum* 1996, 94, Einigkeit bestehe „lediglich in der begrifflichen Unterscheidung prognostischer Vorgehensweise", erscheint zunehmend fraglich.

908 *Schüler-Springorum* 1994, 220f.

die Rede: intuitiv, klinisch, statistisch ... klassisch.[909] Die sog. „intuitive Prognose“ mag zwar einen erheblichen Teil der justiziellen Prognoseentscheidungen hinreichend erklären,[910] dass sie aber eine hinreichende „Methode“ darstellt (s. u. III. 1.), lässt sich als Erklärung nicht länger aufrechterhalten.[911]

Überhaupt ist diese pseudo-erkenntnistheoretische Dreifaltigkeit einigermaßen obsolet, wenn nicht irreführend,[912] und „allenfalls ein Ordnungsversuch“,[913] zumal mit klinischen und anamnestischen „Kriteriologien“ fließende Übergänge entstehen zu statistischen Prognoseinstrumenten, die klinische Faktoren einbeziehen.[914] Allen gemein dürfte das Ziel sein, „hinreichend gesicherte, also von Commonsense-Erwägungen und Losentscheidungen deutlich abgehobene Vorhersagen“ zu machen.[915]

Dessen ungeachtet wird es dabei bleiben, dass die weitaus meisten juristischen Prognoseentscheidungen resp. prognostisch mitbedingten Entscheidungen des Kriminaljustizsystems im vorgenannten Sinne „intuitiv“ getroffen werden, ohne dafür in Anspruch zu nehmen, eine Methode angewandt zu haben. Die zum Teil heftig geführten Angriffe gegen die „intuitive“ Kriminalprognostik haben ihre grundsätzliche Berechtigung (s. u. III. 1.), machen aber hellhörig: Der Verweis auf methodische Defizite anderer Prognoseverfahren ist noch kein Ausweis eigener methodischer Überlegenheit,[916] möglicherweise aber ein Ablenkungsmanöver. Die Auseinandersetzungen sind eher Spiegel der jeweiligen disziplinären Herkunft der Prognostiker, als Qualitätsparameter konsentierter Kriminalprognosemethodologie.

Es war nicht möglich, die Entwicklung exakt nachzeichnen, aber der Begriff der intuitiven Prognose verdankt seine Entstehung möglicherweise dem Bedürfnis, die aufkommenden Prognosetafeln als statistische Prognosen der ersten Generation aufzuwerten auf dem Umweg über die Diskreditierung einer „unseriösen“[917] tatrichterlichen und kriminalanthropologischen Pragmatik,[918] die – so die implizite

---

[909] Aus der aktuellen Literatur *Eisenberg* 2007 a, 44 ff., *Kaiser/Schöch* 2010, 90 ff. und *Laubenthal* 2008, 175 ff., vgl. auch *Schreiber/Rosenau* 2009, 113 f., *Rudolf/Röttgers* 1997, 76 f., *Rusche* 2004, 59 ff. und *H. Schneider* 1996, 51 ff., diff. *Meier* 2010, 185 ff. sowie *Nedopil* 2006, 42 ff.

[910] *Huber* 1994, 50, *Baltzer* 2005, 222.

[911] *Volckart* 1997 a, 7, ähnlich *Kerner* 1980, 326 f.; vgl. auch Überblick bei *Dahle* 1997 und 2005, 12; z. T. diff. *Herre* 1997.

[912] *Horstkotte* 2005, 20, vgl. auch *Thalmann* 2002, 261, *G. Hinrichs* 2003 b, 434 f. und *Nedopil* 2004 c, 354 f. sowie *Brettel* in *Göppinger* 2008 § 14 Rn. 32 ff.

[913] *Kröber* 1999, 598, vgl. auch *Dahle* 2006, 25 ff.

[914] *Leygraf* 2009, 491, vgl. auch *Wulf* 2006 a, 544 ff.

[915] *Amelang/Zielinski* 2006, 58.

[916] Vgl. schon *Geerds* 1960, 104.

[917] *G. Hinrichs* 2003 a; diff. *Schall* 2003, 261, demzufolge es sich nicht um einen „intuitiven Vorgang“ handele, sondern „in allererster Linie [um] reine Rechtsanwendung“.

[918] Vgl. aber auch den Hinweis von *Schumann* 1994, 35, die intuitive Prognose habe „paradoxerweise ... davon legitimatorisch profitiert“, dass die statistischen Prognosen wegen ihrer Fehlerraten verworfen wurden, „obwohl ihre Treffsicherheit unterlegen ist“ – was den Betroffenen allerdings (in Anbetracht der zunehmenden „Gefährlichkeit“ verfeinerter Prognoseinstrumente) auch zugute kommen kann, vgl. *M. Walter* 2010, 248.

Botschaft – schlichter Eingebung folge: prognostische Intuition „prima facie“. Die Kliniker haben sich (zum Teil unter Verleugnung „kriminalbiologischer“ Wurzeln[919] und nicht minder unseriöser Methoden) hinzugesellt und gleichzeitig versucht, sich herauszuhalten … als kämen sie ohne Intuition aus – und sei es nur als Ausgangshypothese[920] – und als hätten sie die in den diversen Prognosetafeln zwischengelagerten kriminologischen Binsenerkenntnisse nicht längst in ihrem klinischen Erfahrungs‚bauch‘ gespeichert (oder doch jedenfalls speichern können).[921]

All das hilft nicht wirklich weiter, weil die Antworten auf drängende rechtswissenschaftliche und kriminalpolitische Fragen nicht in solchen ‚Schubladen‘ zu finden sind. Insofern dürfte es auch kein Zufall sein, dass gerade in den wieder zunehmenden Auseinandersetzungen der letzten Jahre einerseits die „intuitiven/klinischen/statistischen“ Zuschreibungen durcheinander geraten,[922] andererseits vierte und fünfte Kategorien gebildet werden (ausf. u. IV. 1.).

III. Prognosemethodologische Leitfragen

Eine letztlich sachgerechtere – und zusätzlich prozedural ausgerichtete – Systematik sollte sich an folgenden Fragen orientieren:

1. Anwendung einer Methode?

Wird überhaupt eine Methode angewendet? Bloße Intuition ist – wie gesagt (s.o.) – selbst dann keine, wenn sich ein Psycho- oder Kriminalwissenschaftler ihrer bedient.[923] Freilich folgen die allermeisten sog. „intuitiven“ Prognoseentscheidungen (das zu ihrer ‚Ehrenrettung‘) keineswegs bloßer empathischer Eingebung,[924] sondern greifen auf Erfahrungswissen zurück.[925]

Das eigentliche Problem ist denn auch weniger ein Übermaß an Subjektivität und Intuition, als ein Mangel an Transparenz, Reflexion und Diskursivität; das gilt

---

919 So noch *Geerds* 1960, 100.

920 Vgl. *Leygraf* 1994, 474.

921 Ähnlich *Böllinger* 1980, 300, vgl. auch *Singer* 2005, 534; *Rusche* 2004, 60 spricht von „subjektiver Statistik“.

922 Exempl. *M. Bock* 2007b; zu ganz anderen Prognosemethode-Systemen vgl. (z.B. für die Ökonomie) *Hüttner* 1986, 2ff.

923 *Schumann* 1994, 34ff., vgl. aber auch *Horstkotte* 2005, 20.

924 Vgl. auch *Wenzel* 2008, 347 (unter Verweis auf Strauch) zur berechtigten Bedeutung der Intuition bei Subsumtion und Rechtsfindung als „vernünftiger Gebrauch von Regeln, die man nicht in Regeln fassen kann“, in diesem Sinn womöglich *Schall* 2003, 261.

925 *Schüler-Springorum* 1994, 221, *Jung* 1986, 254, *Weinbrenner* 2003, 33ff., *Fabricius* 2007, 6 und bereits *Böllinger* 1980, 293 („Lebens- und Berufserfahrung“); diff. *P.-A. Albrecht* 2000, 148 und *Leygraf* 2009, 490 (eher „Prophezeiungen“ auf Grund „subjektiver, teils wenig reflektierter Vorerfahrungen“), vgl. auch *Eisenberg* (Anm. zu BVerfG) JZ 1992, 1191, krit. *Steinböck* 1997, 69 zur Bezugnahme auf „Kennerschaft“.

aber gleichermaßen für einen beachtlichen Teil sog. „klinischer" Prognosen,[926] und selbst zahlreiche statistische Verfahren weisen in dieser Hinsicht Mängel auf (s. u. IV. sowie zur Transparenz D. III. 4.).

Diskursivität und Reflexivität sind nicht zwingend die Gegenbegriffe zur Intuition, sicher aber notwendige Ergänzungen auf dem Weg zu Rationalität und Intersubjektivität. Jede Prognosemethode beruht letztlich auf der mehr oder weniger bewussten Verarbeitung vergangener „Fälle"[927] resp. der mit ihnen gesammelten Erfahrungen; umso mehr muss sie sich durch jeden neuen „Fall" tendenziell in Frage stellen lassen, will sie nicht im „Schnee von gestern"[928] versinken: Die fortlaufende Selbstkorrektur im Sinne prospektiven Erfahrungslernens ist unverzichtbarer Methodik-Bestandteil,[929] bekannte Fehlerquoten und -quellen[930] können zum „Motor der Verbesserung" [931] werden (s. u. 2.) – bloße „Recycling"-Prognostik droht hingegen im Sumpf selektiver Wahrnehmungen und sich ständig selbst erfüllender Prophezeiungen[932] unterzugehen.[933] So könnte am Ende das deprimierende Fazit stehen: „Wenn sich jemand auf eine 20-jährige Berufserfahrung beruft, heißt das schlimmstenfalls, dass er seit 20 Jahren dieselben Fehler macht."[934] Solches zeichnet auch eine justizielle Prognosepraxis aus, die (insb. bei Aussetzungsentscheidungen) ebenso notorisch wie reduktionistisch auf die Vorstrafen und das Verhalten im Vollzug abstellt.[935]

Der Hinweis, Erfahrung sei „zwar erwerbbar", aber „kaum vermittelbar", und Erfahrungswissen könne im Feld der Kriminalprognose nicht lediglich nach der Methode „Versuch und Irrtum" erworben werden,[936] ist sicher berechtigt, aber ebenso sicher nicht als Absage an die Notwendigkeit fortwährenden Erfahrungslernens zu verstehen, was ja immer auch das Lernen aus den Versuchen und Irrtümern Anderer einschließt (womit in der fachlichen Auseinandersetzung entsprechend offen umgegangen werden müsste).

Im Streit um das mit Prognoseentscheidungen ggf. einzugehende „Restrisiko", sei es in der Vollstreckung (etwa im Zusammenhang mit der ehem. Verantwortungs- und Erprobungsklausel der §§ 57 und 67 d StGB), sei es im Vollzug (insb. bei

---

926 Vgl. *Dahle* 2005, 12 und seinen Hinweis (1997, 130), das große Problem der intuitiven Prognose sei die Unmöglichkeit, ihre Qualität prüfen zu können (ähnlich *H. J. Schneider* 2002, 259).

927 Ähnlich *Eisenberg* 2005, 172.

928 *Schüler-Springorum* 1994, 221.

929 *Schöch* 1998, 1254, vgl. *Leygraf* 2009, 492 und in grundsätzlicher Perspektive *Hartmann/Vogel* 2010, 7 f. (unter Verweis auf Koselleck): „auch die Zukunft des Gegenwärtigen hat eine Geschichte", skeptisch in puncto Lernfähigkeit *Graebsch* 2009 a, 728.

930 Ausf. *Endres* 2002, 302 ff.

931 *Schumann* 1994, 35 f., vgl. auch *Kerner* 1980, 322 f.

932 *Watzlawick* 2007, vgl. auch *Schöch* 1998, 1253, *Volckart/Pollähne/Woynar* 2008, 57 und *C. Löhr* 2005, 131 ff.

933 Exempl. *Habermeyer* 2005; vgl. *G. Hinrichs* 2003 b, 436 und *Seifert et al.* 2003, 304 (spez. für das Etikett „Persönlichkeitsstörung") sowie *Pfäfflin* 2003 und *Nedopil* 1995, 85 ff.

934 *Nowara* 2004, 158.

935 Das wurde bereits von *Böllinger* 1980, 293 f. kritisiert.

936 *Nedopil* 1995, 83 f.

sog. Vollzugslockerungen), wurde immer wieder klargestellt, dass sich ein Vorgehen nach der „Versuch-Irrtum-Methode“ verbiete.[937] Im Hinblick auf etwaige Opfer solcher „Experimente“ (gemeint sind dabei zumeist die Opfer der sog. „falschen Negativen“, s.u. E. IV.)[938] wäre eine solche Vorgehensweise auch dann nicht zu verantworten, wenn etwaige Zwischenfälle als „soziale Unfälle“ deklariert werden. Das kann aber nicht darüber hinwegtäuschen, dass auch kunstgerechte Prognoseentscheidungen – nicht nur theoretisch, sondern ganz praktisch – immer den „Versuch“ darstellen, sich nicht zu irren (zu den entsprechenden Kategorien von „richtigen/falschen“ Prognosen s.o. A. III. 3.): Aus den ‚kunstgerechten Irrtümern‘ nicht zu lernen, um das Risiko des Scheiterns eines nächsten ‚Versuchs‘ zu minimieren, wäre seinerseits ein Verstoß gegen die Regeln der Kunst.

2. Erfahrungswissenschaftliche Basis?

Beruht die angewandte „Methode“ lediglich auf Erfahrungswissen oder (zumindest auch) auf Erfahrungswissenschaft? Die Gegenüberstellung „Prognose aus Erfahrung“ (statistisch/aktuarisch) vs. „Prognose durch Erklärung“ (klinisch-idiographisch)[939] ist sicher zu schematisch; die bereits 1980 von *Böllinger* formulierte Frage, ob „der durchschnittliche Jurist“ über „ausreichende erfahrungswissenschaftliche Sachkompetenz“ verfüge, weist aber in die richtige Richtung.[940]

Entscheidend dürfte letztlich die wissenschaftlich fundierte Reflexion eigener (und anderweitiger) Erfahrungen sein. Wo Prognose nicht mehr ist als die – lineare, bisweilen sogar progrediente – Extrapolation[941] des bisherigen Lebensweges, genauer: der selektiven (bisweilen auch konjekturalen[942]) Wahrnehmungen dieses Lebensweges durch den Prognostiker, sind die Erfahrungswissenschaften noch weit, dafür die Erfahrung umso näher, unbemerkt immer wieder dieselben Fehler zu begehen.[943] Mit systematischer Fehleranalyse (s.o. 1. und u. E. I.) wäre immerhin der Einstieg in erfahrungswissenschaftliche Absicherungen gefunden (zu den erforderlichen Kontrollüberlegungen s.u. E. IV.).

Der klinischen und der statistischen Prognostik gemeinsam ist sicher die erfahrungswissenschaftliche Grundlage – aber auch die beständige Gefahr, diese (wieder) zu verlassen: Die klinische in Richtung „bloßer“ Erfahrung, die statistische in Richtung eines pseudo-wissenschaftlichen Schematismus.[944] Wer sich auf die Erfahrungswissenschaften beruft, muss sich auch der methodologischen Auseinandersetzung stellen, oder anders ausgedrückt: Nicht überall wo Empirie und Methode

---

937 Vgl. *Pollähne* in: *Kammeier* 2010 Rn. F 60ff. m.w.N. und *Rasch* 1984.

938 Zu den Grenzen von Experimenten in Kriminologie und Kriminalpolitik *Graebsch* 2009b und *Graebsch/BRIK*, vgl. auch *Neubacher/Walter* 2005.

939 So *Dahle/Ziethen* 2010, 180ff.

940 *Böllinger* 1980, 302, vgl. auch *Lüderssen* 1977, 378 und *Kerner* 1980, 320f.

941 *Volckart* 1999, 60, vgl. auch *M. Bock* 2006, 287 und *Kerner* 1980, 309.

942 Vgl. *Kobbé* 1996, 182f. und *de Boor* 2005, 9ff., 56ff.

943 Vgl. *Nowara* 2001, 105.

944 Krit. *Leygraf* 2004, 443f.

„draufsteht“, ist auch methodisch sauber erarbeitete Empirie und empirisch wohl begründete Methode „drin“ – hier scheint nach wie vor manches im Argen zu liegen.[945]

Nicht jeder neuen Prognosetafel, nicht jedem „Assessment“, „Manual“, „Screening“ oder sonst „aktuarischen“ Verfahren auf dem neuen Markt[946] gebührt per se ein erfahrungswissenschaftlicher Vertrauensvorschuss (s. u. IV. 4.).[947] Keinesfalls genügt „der alleinige Rekurs auf statistische Methoden und Instrumente“ den – zumal rechtlichen (s. u. D.) – Anforderungen an Kriminalprognosen.[948] Aufschlussreich insofern die Charakterisierung mancher Verfahren als „aktuarisch“, bedeutet es doch eigentlich „buchhalterisch“ und entstammt der wissenschaftlichen Versicherungsmathematik.[949] Auch wenn in den Entwicklungen zur Sicherheitsgesellschaft (s. u. F. II.) im „aktuarischen Zeitalter“[950] Merkmale einer Versicherungs-Gesellschaft auszumachen sind,[951] kann sich die Kriminaljustiz doch weder mit der ‚Buchhaltung‘ von Risikomerkmalen begnügen noch mit der Binnenlogik versicherungsökonomischer Risikokalkulationen.[952]

3. Interne oder externe Prognostik?

Handelt es sich um eine interne oder eine externe Prognose? Hat der jeweilige Entscheider m. a. W. selbst prognostiziert oder hat er kriminalprognostischen Sachverstand (insb. Gutachten, s. u. D. II.) von außen eingeholt? Erneut ist die Terminologie uneinheitlich:

Von „externen“ ist in der Regel im Zusammenhang mit Gutachten die Rede, die nicht von einem der behandelnden Ärzte (insb. in der forensischen Psychiatrie) oder Psychologen (insb. auch im Strafvollzug) erstattet werden, sondern – wie es jetzt für die Maßregelvollstreckung explizit in § 463 Abs. 4 S. 2 StPO verankert wurde[953] – von einem Sachverständigen, der „weder im Rahmen des Vollzugs der Unterbringung mit der Behandlung der untergebrachten Person befasst gewesen sein noch in dem psychiatrischen Krankenhaus arbeiten“ darf (ausf. u. D. II. 2. b).[954] Prinzipieller gewendet werden hiermit Trennungsgrundsätze etabliert:

---

945 *G. Albrecht* 2003, *Schumann* 1994.

946 Überblick bei *Egg* 2002, krit. zur „Vermarktung“ *Graebsch* 2009 a, 731.

947 *D. Seifert* 2007 a, 27; gegen Methodenreduktion auch *Rasch/Konrad* 2004, 393.

948 *Dahle* 2005, 14.

949 So der Duden, vgl. auch *Nedopil* 2007, 241, krit. *Pfäfflin* 2003, 52 (fast anekdotisch der zusätzliche Hinweis auf die Bedeutung des veralteten Begriffs „Aktuar“: der Gerichtsschreiber).

950 *Harcourt* 2007 spricht vom „actuarial age“.

951 *Ewald* 1989, vgl. auch *Krasmann* 2003, 92.

952 Krit. auch *Schmidt-Semisch* 2000, vgl. *Dorschky/Wagner* 2004, 135 f.; genereller zu dem Zusammenhang zwischen einer „technokratisch mathematisierten Form der Prognostik“ und den „Dynamiken einer modernen, sich industrialisierenden Gesellschaft“ *Hartmann/Vogel* 2010, 8.

953 Dazu *Pollähne* 2007, 395 f. m. w. N. und *Schnoor/Kemper* 2010, 198, vgl. auch *Steck-Bromme* 2010, 206.

954 Zu entsprechenden Regelungen in einigen Maßregelvollzugsgesetzen auch *Pollähne* in: *Kammeier* 2010 Rn. F 142 ff.

a) Therapeutik und Prognostik

Einerseits die Trennung zwischen Therapeutik und Prognostik,[955] was in dieser simplifizierenden Pauschalität sicher Missverständnisse provoziert, denn Therapie ist weder ohne Diagnose noch ohne Prognose denkbar, Kriminaltherapie (resp. sozialtherapeutische Resozialisierung) mithin auch nicht ohne Kriminalprognose et vice versa; ebenso wenig ist eine Abkoppelung der Prognose von der Therapie vertretbar:

Für die Regelüberprüfung (gemäß § 67e StGB) z.B. ein Klinik-„Gutachten" von einigen Zeilen zu erstatten, ist nicht hinzunehmen. Man muss aber auch sehen, dass sich die verantwortlichen Therapeuten in einem Dilemma befinden: Wenn sie versuchen, eine funktionierende therapeutische Beziehung zu ihren Patienten aufzubauen und aufrecht zu erhalten, dann wird das schon dadurch erheblich belastet, dass sie daneben auch Ordnungsaufgaben wahrzunehmen haben. Die der StVK erstatteten Gutachten sind für die gewünschte Beziehung noch gefährlicher: Der Patient wird eine ungünstige Begutachtung von eben dem Therapeuten, der ihm gerade noch „gut zugeredet" hat, um ihm Mut zu machen, als Verrat empfinden. Wenn die Beziehung nicht schon darüber zerbricht, dann wird sie vollends unmöglich, wenn der Therapeut aus falsch verstandener Dienstpflicht gegen seine Schweigepflicht verstößt und Geheimnisse des Patienten offenbart.[956] Die Auflösung dieses Dilemmas geschieht spätestens dann durch ein „externes" Gutachten, also durch Hinzuziehung eines Sachverständigen, der nicht an demselben Krankenhaus tätig ist: Dass dieser zu berücksichtigen hat, was die Therapeuten zur Prognose zu sagen haben, versteht sich von selbst.[957]

b) Prognostik und Juristik

Andererseits die Trennung von Prognostik und Juristik: Der ehedem propagierte Vorteil der statistischen Prognose, sie könne von den (insb. juristischen) Entscheidern selbst angewandt werden, ist inzwischen immerhin der Erkenntnis gewichen, dass ein verantwortlicher Umgang mit solchen Prognoseverfahren[958] die dafür nötige Sachkunde und regelmäßige Fortbildung, ggf. auch Supervision voraussetze,[959] während sich ein dilettantisch-schematischer Umgang damit verbiete.[960]

Allerdings liegt der besondere Reiz gerade der „aktuarischen" Instrumente, der sie nicht zuletzt auch für die Justizpraxis attraktiv machen dürfte,[961] in ihrer vermeintlich einfachen Handhabbarkeit[962] und Nachvollziehbarkeit,[963] was umso

---

[955] *Tondorf* 2000, *Steck-Bromme* 2007, 163, vgl. auch *Kröber* 2003 und *Vanhoeck* 2005.

[956] Ausf. *Volckart/Pollähne/Woynar* 2008 Rn. 500 m.w.N.

[957] *Kröber* 2003, zur Praxis u.a. *P. Müller et al.* 2006, krit. *M. Beier* 2000.

[958] Ausf. *G. Albrecht* 2004, 479ff.

[959] *Egg* 2002, 323, vgl. bereits *Böllinger* 1980, 302.

[960] *Suhling* 2003.

[961] *Huber* 1994, 50, *Boetticher* 2000, 71, vgl. auch *Deutsch* 2005, 43.

[962] Ein Missverständnis, das bereits die Verwendung der diagnostischen Manuale ICD-10 und DSM VI begleitet, die ihrerseits zur „Küchen-Diagnostik" verleiten, vgl. *Rasch/Konrad* 2004, 47f.

[963] Dies betonen für MIVEA u.a. *Brettel* 2005 und *Brettel/Bock* 2005 m.w.N., krit. *Graebsch/Burkhardt* 2006 und *Tondorf/Tondorf* 2011, 118ff. m.w.N. – ob das auf ihn zu-

mehr gilt, je stärker diese Instrumente auf statische „items“ abstellen, für deren quasi-tatbestandliche Feststellung offenbar keine besondere Sachkunde vonnöten sein soll und die zudem nurmehr aufaddiert werden müssten.[964]

4. Profession oder Professionalität?

Qualifiziert sich die Kriminalprognose durch die Profession des Prognostikers oder durch dessen kriminalprognostische Professionalität?

Was wie eine Suggestivfrage anmutet, ist nachwievor von erheblicher Relevanz und Brisanz: Wird ein kriminalprognostisches Gutachten von einem Psychiater erstattet, weiterhin der Regelfall,[965] kann man noch am ehesten von einer klinischen Prognose sprechen. Allerdings bleibt der Einwand berechtigt, dass die Beauftragung eines psychiatrischen „Klinikers“[966] nur dann sachgerecht sein kann, wenn im Einzelfall tatsächlich zureichende Anhaltspunkte für einen Zusammenhang zwischen etwaigen krankhaften Störungen und der Straftatbegehung bestehen,[967] und nur insoweit kann auch behauptet werden, dass „in der Prognostik ausgebildete Psychiater zuverlässigere Prognosen abgeben können als andere mit Straftätern und Rechtsbrechern befasste Berufsgruppen“.[968]

Dies ist nicht der Ort, um den weit ins vorletzte Jahrhundert zurückreichenden „Schulenstreit“ um den kriminalpolitischen (resp. kriminalpsychiatrischen[969]) Krankheitsbegriff nachzuzeichnen, aber sicher wurde ein erheblicher Teil dieses Streits um gutachterliche (und damit korrespondierend: wissenschaftliche) Zuständigkeiten und Märkte geführt, wie insb. am historischen „Psychopathie“-Diskurs deutlich wird.[970]

---

rückgeführte Instrument den von *Göppinger* selbst (1997, 302ff.) gesetzten Standards gerecht werden kann, steht noch dahin (vgl. auch *Meier* 2010, 190f.; ausf. u. IV. 2. a).

964 Krit. *Mauthe* 1999, 271, vgl. auch *A. König* 2010, 67.

965 Zur Auseinandersetzung insb. um die (alternative, mindestens ergänzende) Hinzuziehung psychologischer Prognosegutachten vgl. *Kulisch 2001* und *Baltzer* 2002 sowie *Tondorf/Tondorf* 2011, 173ff.; inzwischen reklamiert auch die „angewandte“ (Einzelfall-)Kriminologie verstärkte forensische Berücksichtigung (vgl. *M. Bock* 2007c, *Wulf* 2006b).

966 Klinik steht ursprünglich für die „Heilkunst für Bettlägrige“ (*Duden*), so dass „klinisch“ zunächst einmal all das umfasste, was in der Klinik (am Bett) stattfand, und später im weiteren Sinne für ärztlich; im vorliegenden Kontext erscheint „klinisch“ eher als Kompetenzzuordnung denn als Methodenwahl. Im Übrigen tun sich psychiatrische Kliniker schon schwer genug mit der Diagnose und Prognose „ihrer“ Krankheitsbilder, was nicht an ihnen, sondern an ihrem „Gegenstand“ liegt – zur Kriminalprognose ist es aber noch einmal ein qualitativer Sprung, der nicht dadurch „kürzer“ wird, dass Kriminalität via „Psychopathie“ oder „Dissozialität“ in neue (alte) psychiatrische Krankheitsbilder einbezogen wird (dazu *Kobbé* 2001 mit zahlreichen Nachweisen), vgl. auch *P.-A. Albrecht* 2010, 15.

967 *H.-J. Horn* 1999, vgl. auch *Mauthe* 1999, 263, *Leygraf* 2009, 484, 492, *Nedopil* 2000, 2004b und *Schumann* 1994, 33 sowie *Feltes/Putzke* 2005 zur Sicherungsverwahrung.

968 Missv. *Nedopil* 2006, 6, der dies aber offenbar auf die forensische Psychiatrie beschränkt wissen will, krit. *M. Bock* 2007b, 271.

969 Ausf. *Moser* 1971.

970 Ausf. *Kammeier* 1996, 34ff. m.w.N. und zum „Schulenstreit“ *Konrad* 1995, vgl. auch *Pollähne* 2010a und *Pfäfflin* 2006b, 274.

Freilich wäre die kriminalprognostische Allzuständigkeit der psychologischen Zunft ebenso wenig zu begründen.[971] Überhaupt ist nicht jeder zum Kriminalprognostiker erkoren, der irgendeinen mehr oder weniger sinnvollen kriminalistischen oder ätiologischen Beitrag zur „angewandten Kriminologie" beizusteuern gedenkt: forensische Hirnforscher und Kriminal-Genetiker,[972] Psychometriker,[973] gar „Phallographiker"[974] oder „Profiler"[975] zur Kriminalprognose heranzuziehen, löst keine Probleme, sondern schafft eher neue (ausf. u. IV. 3.).

5. Individualisierung oder Generalisierung?

Erfolgt die Prognose eher individualisierend-spezifisch oder vielmehr generalisierend-schematisch? Oder in der Diktion von *Dahle*: eher klinisch-idiographisch oder statistisch-nomothetisch, auch wenn das nicht ganz auf dasselbe hinausläuft (ausf. u. IV.)?[976]

Ersteres ist vorrangig bei den klinischen und intuitiven Prognosen zu beobachten und kann zur tendenziellen Überbewertung von Ausnahmemerkmalen und individuellen Risikofaktoren führen, während der generalisierende Ansatz, der vor allem bei der statistischen Prognose zu beobachten ist, zur tendenziellen Ausblendung von Ausnahmekonstellationen und protektiven Faktoren im Einzelfall führen kann.

Damit wird – juristisch und rechtsphilosophisch (s. u. F. II.) gewendet – auch das Spannungsverhältnis von Einzelfallgerechtigkeit vs. Gleichbehandlungsanspruch[977] sichtbar: Prognostisch ungünstig gewertete Typisierungen (Teilgruppenzugehörigkeiten) laufen allerdings ständig Gefahr, zu einer Beweislastumkehr zu führen, die mit der Unschuldsvermutung nicht vereinbar ist (ausf. u. D. I. 2. d), während der Verweis auf generalisierende Gerechtigkeitsaspekte spätestens dann zynisch anmutet, wenn er der Begründung gravierender Grundrechtseingriffe im Einzelfall dient.

---

971 Zur Gutachterauswahl *Tondorf/Tondorf* 2011, 173ff., 185ff. und *Kulisch* 2001, vgl. auch *Müller-Metz* 2003; zur Rolle der Psychologen in der Prognostik auch *Dönisch-Seidel* 1998, *Dahle* 1997, *Rehder* 2001.

972 Vgl. *G. Albrecht* 2004, 503ff.

973 Ohne die Studie *Gebauer/Bartels* 2005 näher prüfen zu können, irritiert, dass die „legalprognostische" Relevanz ihrer persönlichkeitsstrukturellen Psychometrie-Diagnostik aus Korrelationen mit dem HCR-20 folge (aaO S. 102f.).

974 *Rehder* 2001, 99; krit. *Marshall* 2005.

975 Vgl. dazu u.a. die Beiträge in *Musolff/Hoffmann* 2006 und *Köhler et al.* 2005; in der Forensik gehört die „Tatort-Analyse" offenbar bereits zum festen Fortbildungsprogramm (vgl. *Osterheider* 2003 und die bei *Tondorf* 2005, 304ff. wiedergegebene Auseinandersetzung über das „bleibende Böse", ebenso bei *P.-A. Albrecht* 2010b, 401ff.), vgl. auch *Scheiner* 2008 zur „Tathergangsanalyse"; zur Kritik an „Mythos und Mythode" des Profiling *Scheerer* 2006.

976 Vgl. auch die Unterscheidung bei *Pelzer/Scheerer* 2006, 208: „subsumtionslogisch-statistisch" vs. „rekonstruktionslogisch-einzelfalldiagnostisch".

977 Vgl. auch *Streng* 1995, 104, *Henkel* 1958, 16ff.

Dass es einer „individualisierenden Analyse" bedarf, ist sicher richtig,[978] ob das strukturierte Prozessmodell einer „klinisch-idiographischen Beurteilungsmethode", die in der Lage sein soll, die „im vorliegenden Einzelfall relevanten personalen und situationalen Tathintergründe zu analysieren und in ein Erklärungsmodell für das relevante Verhalten des Probanden zu integrieren",[979] schon die „integrative" Prognostik darstellt, die alle Schwächen bisheriger Ansätze ausschließt,[980] steht aber noch dahin: In der Verknüpfung idiographischer und nomothetischer Ansätze ähnelt das von *Dahle* propagierte Vorgehen dem von *Nedopil*,[981] der allerdings ein stärkeres Gewicht darauf legt, hypothesengeleitet zu arbeiten, wenn „das allgemeine Wissen über Risikovariablen und Rückfallprognosen auf den Einzelfall" übertragen werden soll (ausf. u. IV. 3.).[982]

6. Destruktivität oder Konstruktivität?

Eine – auf den ersten Blick irritierende und unwissenschaftlich anmutende – weitere Frage legt *Pfäfflin* nahe: Ist die Prognose destruktiv („vernichtend") oder konstruktiv?[983]

In der Tat wird die Mitverantwortung des Prognostikers – und vor allem die des von ihm ggf. beratenen Entscheiders – für Erfolg oder Misserfolg der Prognose regelmäßig ausgeblendet,[984] zumindest aber werden die Rückkopplungs- und Wechselwirkungseffekte unterschätzt[985] (s.u. vor 3.), weshalb eine Supervision gerade auch in diesem Bereich angezeigt ist (und nicht nur für die Patienten).[986]

---

978 *Dahle* 2005, 14.

979 Ebda; vgl. auch S. 91 zur „klinisch-idiographischen Fallbearbeitung" (wobei zur Vermeidung von Kommunikationsproblemen darauf zu achten wäre, keine ideographische Darstellungsform zu wählen).

980 AaO S. 210ff.

981 2005, 59ff., 195ff.

982 AaO S. 196.

983 *Pfäfflin* 2006 a/b sowie *Ross/Pfäfflin* 2005, 6f.

984 Vgl. *Pollähne* in: *Kammeier* 2010 Rn. F 27 und *Simons* 2002 sowie *Pieth* 2001, 337ff., *M. Walter* 2010, 247 und bereits *Böllinger* 1980, 302 und *Kerner* 1980, 326; zur Bedeutung einer entsprechenden Therapie- und Behandlungsplanung *Hahn* 2007a, 399ff.

985 *G. Albrecht* 2003, 103 und 2004, 484f., 510; vgl. auch die Vorschläge von *Stiels-Glenn* 2003 zur „interaktionellen Risikoprognostik" und von *Brenneis* 2010, 105ff. zur Bedeutung der Patientenrechte in diesem Zusammenhang.

986 Dazu *Nedopil* 2006, 146; bemerkenswert auch die Warnung vor der Gefahr der „Mitleidlosigkeit" bei *Middendorf* 1967, 159 (unter Verweis auf Bockelmann), vgl. auch *Pelzer/Scheerer* 2006, 205ff. zu „affektiven" Störungen des prognostischen Erkenntnisprozesses.

IV. Prognosemethoden: Instrumente & Verfahren (Systematik)

In Anbetracht des – angesichts steigender Nachfragen und korrespondierender Forschungsmittel und -interessen[987] nicht überraschend – rapide zunehmenden Angebots an kriminalprognostischen Methoden, Instrumenten und Verfahren,[988] dementsprechend präsentierter Entwicklungsberichte (denen bisweilen allerdings keine Validierung folgt[989]), zahlreicher Evaluationsstudien (die nicht immer den Namen verdienen) und einiger Metaanalysen sowie anhaltender Weiterentwicklungen und Ausdifferenzierungen, folgt hier keine umfassende Aufarbeitung: Sie bliebe lückenhaft und wäre absehbar (die Prognose sei gewagt) veraltet, wenn nicht in Teilen überholt, kaum dass diese Seiten ausgedruckt sind.

Auch aus diesen Gründen wurde zudem darauf verzichtet, das überbordende (insb. anglo-amerikanische) internationale Spezialschrifttum auszuwerten: Einerseits ist dies häufig genug – wenn auch beinahe ebenso häufig selektiv – bereits geschehen (s.u.), andererseits wurde dabei nicht immer bedacht, inwieweit jene Erkenntnisse (gerade im Verwendungszusammenhang) auf hiesige Verhältnisse übertragen werden können resp. dürfen. Stattdessen werden hier einerseits aktuelle Übersichtsarbeiten ausgewertet, andererseits exemplarisch (und insofern bewusst selektiv) einige wenige Instrumente vorgestellt.

Eine konsensfähige Systematik scheint nicht in Sicht: Lässt man einmal die „schweigenden" Vertreter der Intuitions-Prognostik beiseite, die nachvollziehbar nicht mit Instrumenten aufwarten (können), stehen sich zwar nachwievor klinische und statistische ‚Lager' gegenüber, zugleich nimmt aber offenbar das Bedürfnis zu, entweder beide Ansätze zu vereinen (dann freilich mit unterschiedlichen Schwerpunkten) oder sich außerhalb dieser ‚Lager' zu platzieren.[990]

Unabhängig davon konzentrieren sich die aktuell kursierenden Instrumente entweder auf verschiedene Deliktsgruppen (Sexual-, Gewaltdelikte ...) oder auf unterschiedliche Tätergruppen (Jugendliche, psychisch Kranke ...). Schließlich wäre danach zu differenzieren, ob eher Risikoanalysen, Persönlichkeitsdiagnosen oder Behandlungsprognosen[991] im Vordergrund stehen.[992]

Im Anschluss an *Dahle* werden im Folgenden statistisch-nomothetische (aktuarische) Klassifikationsinstrumente (s.u. 1.) von klinisch-idiographischen Modellen der individuellen Erklärung (s.u. 2.) unterschieden – soweit das trennscharf möglich ist: Die dazwischen angesiedelten Checklisten bzw. Kriterienkataloge als

---

[987] Diese ‚Blütezeit' ist nicht die erste, vgl. nur *M. Bock* 1992 m.w.N.; Überblick zu früherer Prognoseforschung auch bei *Geerds* 1960, *Middendorf* 1967, 11ff., *Eisenberg* 1972, 175ff., *Mannheim* 1974, 164ff., *Hinz* 1987, 27ff.

[988] Aktueller Überblick bei *Dahle et al.* 2007, *Bliesener* 2007, *Noll* 2007, 53ff., *Nedopil/Stadtland* 2006, *Nedopil* 2006, 99ff., *Tondorf/Tondorf* 2011, 94ff. – unter dem Aspekt „Tatverleugnung" auch bei *Brettel* 2007, 37ff.

[989] Überblick bei *Dahle et al.* 2007, 23.

[990] *Böllinger* unterschied bereits 1980, 298ff. statistische, klinische und strukturelle Methoden.

[991] Exempl. der Streit um die Behandelbarkeit der „Psychopathen" zwischen *Nuhn-Naber/Rehder* 2005 und *Thalmann* 2007 m.w.N.

[992] Zur Systematik auch *Dahle et al.* 2007, *Bliesener* 2007 und *Noll* 2007, 46ff.

diagnostisch-prognostische „Hilfsmittel" wurden letzterer Kategorie zugeschlagen.[993] Daneben verdienen eine Reihe weiterer Verfahren und Kriterien wenigstens Erwähnung (s. u. 3.), bevor ein Fazit präsentiert wird (s. u. 4.).

1. Statistisch-nomothetische Instrumente: aktuarische Klassifikation

In diese Kategorie gehören Verfahren, die darum bemüht sind, personen- und/oder tatbezogene Merkmale, die sich in empirischen Untersuchungen als hoch mit Rückfälligkeit korrelierend erwiesen haben, zu identifizieren und systematisch zusammenzustellen – in der Annahme, sie seien geeignet, für vergleichbare Personengruppen ebenfalls zukünftige Rückfälle vorherzusagen. Je nach Ausgestaltung wird in der Anwendung auf den Einzelfall ein (ggf. gewichteter) Summenscore gebildet, der zur Zuordnung der Zielperson zu einer statistischen Teilgruppe der Normstichprobe führt: „Die eigentliche Prognose beruht dann auf der (bekannten) durchschnittlichen Rückfallquote dieser Teilgruppe aus der Normstichprobe; diese wird gewissermaßen als individuelle Rückfallwahrscheinlichkeit interpretiert."[994]

a) Generalisierende Instrumente

Stellvertretend für eine Reihe klassischer Prognosemanuale[995] und aktuellerer generalisierender Instrumente – der sog. „dritten Generation" – sei hier das „Risk and Needs Assessment" (LSI-R)[996] vorgestellt:

Das LSI-R wurde für Strafgefangene (und insb. für die Bewährungshilfe nach der Entlassung) entwickelt und basiert auf einer „kognitiv-behavioralen Theorie kriminellen Verhaltens".[997] Die Items werden teils dichotomisiert, teils auf einer vierstufigen Ratingskala bewertet und können zu einem Gesamtscore verrechnet werden, für den Rückfallnormwerte männlicher Strafgefangener vorliegen. Die bisherigen Analysen und Metaanalysen erbrachten sowohl international als auch in Deutschland – jedenfalls für kurze und mittlere Vorhersagezeiträume – bei der „allgemeinen Rückfallprognose gute Gütewerte", die mit längerer Katamnesedauer dann allerdings nachließen.[998]

---

[993] Ausf. *Dahle* 2005, 39ff., vgl. *ders.* 2008, ähnlich *Nedopil* 2004c, 354ff., diff. *Urbaniok* 2005, 144 (kriteriengeleitet vs. risk assessment).

[994] *Dahle* 2005, 41/42; *Eisenberg* 2011 Rn. 1814a spricht in diesem Zusammenhang von „nicht validierten Einschätzungskatalogen", zu den rechtlichen Grenzen dieses Vorgehens auch BGH StraFo 2011, 62 im Anschluss an *A. König* 2010, 69.

[995] Vgl. *Dahle* 2005, 48ff. m. w. N.

[996] Als YSL/CMI auch für Jugendliche, vgl. *Noll* 2007, 95 sowie *Wendt/Stöver* 2011, 451 und 455.

[997] *Dahle et al.* 2007, 18, vgl. auch *Nedopil* 2006, 117f., *Bliesener* 2007, 332 und insb. *Noll* 2007, 89ff., eher krit. zum „Theorie"-Konstrukt *Brenneis* 2010, 64ff.

[998] *Dahle et al.* 2007, 18 (unter Verweis auf die eigene CRIME-Studie, vgl. *Dahle* 2005, 112ff.), zurückhaltender *Nedopil* 2006, 117.

Bemerkenswert ist, dass das Instrument offenbar über alle Tat- und Tätergruppen hinweg (also insb. sowohl für Sexual- als auch für Gewalttäter) valide sein soll.[999] Durch die Betonung dynamischer Faktoren eigne sich das Instrument zugleich zur Behandlungsplanung und -evaluation und zur Vermeidung sog. „Überklassifizierung".[1000] Die „in vielen Validierungsstudien erzielten guten Werte", so *Noll* abschließend, habe der LSI-R wohl vor allem „seiner großen Aussagekraft bei Fragen zu Supervision und Bewährungshilfe zu verdanken", während er sich – nicht zuletzt wegen dieser Orientierung – nur begrenzt im geschlossenen Vollzug einsetzen lasse.[1001]

b) Psychopathie-Checkliste(n)

Die Zuordnung der sog. „Psychopathie-Checkliste" (PCL) zu einer der Kategorien fällt schwer: Dem Namen (und Anspruch) nach könnte sie als ‚bloßer' Kriterienkatalog gehandelt werden (s.u. 2.c), wegen des diagnostischen Anspruchs auch als klinisches Instrument.[1002] Die Gründung des Instruments auf ein spezifisches Persönlichkeitskonstrukt (nach *Cleckley* und *Hare*), ein neues „Paradigma",[1003] lässt den statistischen Charakter jedoch nicht in den Hintergrund treten: Clou des Ansatzes ist es ja gerade, aus der selbst konstruierten ‚Diagnose' im Handumdrehen auf die (ungünstige) Prognose zu schließen.

Die Urfassung der PCL wurde mehrfach weiterentwickelt, eine revidierte Fassung publiziert (PCL-R)[1004] sowie eine sog. „Screening-Version" (PCL-SV)[1005] und eine „Youth-Version" (PCL-YV)[1006] erarbeitet. Die PCL taucht zudem in zahlreichen anderen Instrumenten auf (z.B. im HCR-20) und findet in diversen anderen Verfahren ergänzende Anwendung.[1007] Schon deshalb erscheint es angebracht, ausführlicher darauf einzugehen:

aa) Neue Psychopathie?

Im aktuellen deutschen Schrifttum wird durchgängig darauf verwiesen, dass vom „psychopathy"-Konzept nach *Hare* und *Cleckley*, nicht aber vom Psychopathie-Konstrukt eines *Kurt Schneider* die Rede sei: >Psychopathy< unterscheide sich „trotz gewisser Parallelen zum gemütsarmen Psychopathen *Kurt Schneiders* (1950) vom Psychopathiebegriff der deutschsprachigen Tradition", so *Habermeyer et al.*; um dies zu unterstreichen, sollte „von der >psychopathy< nach *Hare*

---

[999] *Noll* 2007, 91 m.w.N. (diff. aaO S. 97), vgl. auch *Rossegger et al.* 2010.
[1000] *Noll* 2007, 93ff. m.w.N.
[1001] *Noll* 2007, 96, eher krit. *Dahle et al.* 2008b.
[1002] So – mit Relativierungen – *Dahle* 2005, 65ff. und *ders. et al.* 2007, 19f.
[1003] *Thalmann* 2007, 45.
[1004] Vgl. aus dem reichhaltigen deutschen Schrifttum nur *Freese* 1998, *Kraus et al.* 1999, *Habermeyer et al.* 2004, *Stadtland/Nedopil* 2004, *Schmidt et al.* 2004, *Ross/Pfäfflin* 2005 sowie *Nedopil* 2006, 99ff., *Noll* 2007, 68ff. und *Dahle et al.* 2007, 19f.
[1005] Dazu *Noll* 2007, 84ff.
[1006] *Sevecke/Krischer* 2006 m.w.N.
[1007] Vgl. auch *Nedopil* 2006, 124 und *Kröner* 2005 zum VRAG.

durchweg in englischer Schreibweise und in Anführungszeichen die Rede sein“.[1008]

Dies wird freilich nicht von allen Autoren beachtet, weshalb auch innerhalb des kriminologischen und juristischen Diskurses mit einer neuen Unbefangenheit von „Psychopathie“ (und sogar von „Psychopathen“), mal mit, mal ohne Anführungszeichen, mal mit mal ohne den Zusatz „sog.“ die Rede ist – der Hinweis auf *Hare* verkommt dabei nicht selten zur Markenbezeichnung oder verschwindet gänzlich. Und dabei hatte *Kaiser* noch 1990 festgestellt, der „einst funktionskräftige Psychopathenbegriff“ habe „auch international einen empfindlichen Bedeutungsverlust erfahren“.[1009]

Im Vorwort zur deutschen Ausgabe des ersten Hauptwerkes von *Hare* „Psychopathie und Soziopathie“[1010] merkt der Übersetzer an, man habe es hier „mit einem recht engen und speziellen Psychopathiebegriff“ zu tun in der „in angloamerikanischen Ländern üblichen Begriffsverwendung: Als Psychopath gelte eine abnorme Persönlichkeit, die man präziser als >Soziopath< oder >soziopathische Persönlichkeit< bezeichnet und deren auffälligstes Merkmal ein durchgehend antisoziales Verhalten ist, verbunden mit einer außerordentlichen Egozentrizität, Verantwortungslosigkeit und Gefühlsverarmung“.[1011]

Hare selbst stellte seinerzeit – ausweislich seines Vorwortes – keine eigenen Forschungsergebnisse vor, sondern eine systematische Zusammenstellung anderweitiger Forschungen „an“ oder „über Psychopathen“, die z.T. ihrerseits bereits Übersichtsarbeiten – heute würde man hochtrabender sagen ‚Meta-Analysen‘ – darstellten. Es ging *Hare* nach eigenem Bekunden um einen „experimentalpsychologischen Ansatz zur Erforschung der Psychopathie“, einer „Verhaltensstörung und einem sozialen Problem, das gerade erst die verdiente Aufmerksamkeit von naturwissenschaftlich orientierten Forschern auf sich zu ziehen“ beginne. Jenseits der Fokussierung auf eine bestimmte Art weiterer Forschung bekundete *Hare* recht offen, dass sein Buch auch „von Interesse“ sein dürfte für „jene, die mit Psychopathen arbeiten: Psychologen, Psychiater, Erziehungsberater, Sozialarbeiter, Bewährungshelfer und Erzieher“.[1012]

>Psychopathy< soll eine „eigenständige psychiatrische Störungsentität“ der Diagnostik sein, für die sich nur „noch keine adäquate deutschsprachige Übersetzung gefunden“ habe; sie bezeichne eine „bereits in der mittleren bis späten Kindheit feststellbare soziale Fehlfunktion, die sich in der Unfähigkeit zur Anpassung an soziale Normen“ niederschlage.[1013] In der sog. „Screening-Version“ (PCL-SV) wird der „psychopath“ charakterisiert durch die Items „oberflächlich“, „grandios“

[1008] *Habermeyer et al.* 2004, 66f., vgl. auch *Frädrich/Pfäfflin* 2000, 101; zur 15. Aufl. der „Klinischen Psychopathologie“ von *K. Schneider* 2007 vgl. immerhin den krit. Kommentar der Herausgeber *Huber* und *Gross* zu den „Psychopathischen Persönlichkeiten“ (aaO S. 89ff.).

[1009] *Kaiser* 1990, 15f. m.w.N.

[1010] Frankfurt/M. 1978, engl. Original 1970.

[1011] AaO S. 5f., vgl. auch *Mannheim* 1974, 315ff.

[1012] AaO S. 9.

[1013] So die Zusammenfassung von *H. Schneider* 2006, 100 m.w.N.

und „betrügerisch", ihm fehle es an „Reue" und „Empathie", er übernehme „keine Verantwortung", sei „impulsiv", habe eine „schlechte Verhaltenssteuerung" und ihm fehlten „Lebensziele"; ferner sei er „verantwortungslos" und zeige „antisoziales Verhalten in der Adoleszenz" sowie „im Erwachsenenalter".[1014]

Hare kann es dem Publikum auch einfacher nahebringen, etwa im Vorwort seines Bestsellers „Gewissenlos: Die Psychopathen unter uns": Psychopathen seien „soziale Raubtiere, die sich mit Charme und Manipulation skrupellos ihren Weg durchs Leben pflügen und eine breite Schneise gebrochener Herzen, enttäuschter Erwartungen und geplünderter Brieftaschen hinter sich lassen. Ein Gewissen und Mitgefühl für andere Menschen fehlt ihnen völlig, und so nehmen sie sich selbstsüchtig, was sie begehren und machen, was sie wollen. Dabei missachten sie gesellschaftliche Normen und Erwartungen ohne jegliches Schuldbewusstsein oder Reuegefühl". In den letzten Jahrzehnten sei es, nicht zuletzt Dank seiner Forschungsarbeit gelungen, „den Schleier um das tödliche Rätsel der Psychopathie ein wenig zu lüften".[1015] Der auffälligste Ausdruck von Psychopathie bestehe in abscheulichen und kriminellen Verletzungen der gesellschaftlichen Regeln, so dass es nicht überraschend sei, dass „viele Psychopathen Verbrecher" sind; vielen von ihnen gelinge es allerdings, dem Gefängnis zu entgehen[1016] – man kann den Streitschriften dieses Patrons der >new psychopathy< eines mit Sicherheit entnehmen, nämlich dass er Letzteres soweit möglich verhindern möchte.

Die Psychopathie sei neben der sog. Charakterneurose – so *Rasch* und *Konrad* – ein Synonym für den Begriff der Persönlichkeitsstörung und gleichbedeutend mit dem Terminus ‚abnorme Persönlichkeit', der in der Begutachtungspraxis gern herangezogen wurde, um die vielfach als abwertend verstandene Diagnose der Psychopathie zu vermeiden, die als ordnendes Konzept einen wichtigen Platz in der forensischen Psychiatrie hatte.[1017] Die Diagnose der Persönlichkeitsstörung werde weitgehend von dem Maße abgeleitet, in dem eine Persönlichkeit nicht sozial konfliktfrei lebt und nicht akzeptiert wird. Stärker noch als bei anderen psychiatrischen Diagnosen hänge die Feststellung einer Persönlichkeitsstörung von gesellschaftlicher Situation und gesellschaftlicher Wertung ab. Dabei sei die Diagnose Psychopathie traditionellerweise mit dem Begriff der Anlage verknüpft worden, während der Ausdruck Charakterneurose auf die Bedeutung von Umwelteinflüssen verweist. Als Extrempositionen würden diese Auffassungen allerdings seit Längerem nicht mehr vertreten. *Bräutigam* etwa habe nicht mehr von Psychopathen gesprochen, sondern von psychopathischen Entwicklungen, um zu verdeutlichen, dass sich eine Psychopathie erst in bestimmten Lebensphasen oder unter bestimmten Bedingungen manifestiere.[1018]

[1014] PCL-SV-Handbuch zit. nach *H. Schneider* 2006, 100.

[1015] Ebda; allzu berechtigte Zweifel an der Seriosität solcher Darstellungen bei *Eisenberg* 2006a, 142.

[1016] *Hare* 2005, xi; zum PCL-Einsatz in „death trials" *Ross/Pfäfflin* 2005, 8 m.w.N.

[1017] *Rasch/Konrad* 2004, 279.

[1018] *Rasch/Konrad* aaO unter Verweis auf Bräutigam (1995).

Am Anfang der „Psychopathenlehre" habe das wissenschaftliche Konzept der hirnorganischen Degeneration gestanden, d. h. die psychischen Auffälligkeiten der Psychopathen wurden als Ausdruck einer Hirnkrankheit angesehen. Bereits die Schaffung des Psychopathiekonzepts hatte einen negativen Wertakzent; die Überschrift des 1891 erschienenen Buchs von *Koch* lautete ‚Die psychopathischen Minderwertigkeiten'. Diese sog. Degenerationslehre sei verlassen bzw. gelte als überholt – die Suche nach neurobiologischen Korrelaten psychopathologischer Auffälligkeiten hält freilich an,[1019] ebenso die Suche nach genetischen Korrelaten, wäre hinzuzufügen: Unabhängig von den verschiedenen begrifflichen Differenzierungen zieht sich die stereotype Betonung des „Angeborenen" wie ein roter Faden durch die deutsche psychiatrische Literatur, resümierte *Kargl*, ob es sich um *Lombrosos* „geborenen Verbrecher", *Birnbaums* „amoralischen Psychopathen", *Kraeplins* „Gesellschaftsfeinde" oder *Schneiders* „Gemütlose" handelt.[1020] Auch insoweit hat sich bis in heutige Tage offenbar vorrangig die Terminologie geändert.[1021]

bb) „Psychopathie" und Sicherungsverwahrung

Die Geschichten der Sicherungsverwahrung und der Psychopathie sind eng miteinander verknüpft.[1022] Sowohl bei den Auseinandersetzungen um die Grenzen der Schuldfähigkeit bzw. des dem heutigen § 20 StGB zugrundeliegenden Krankheits- oder Störungsbegriffs, als auch bei der daran anknüpfenden Verteilung der Klientel gefährlicher Strafrechtsbrecher auf die verschiedenen Maßregeln (Psychiatrie, Entziehungsanstalt, Sicherungsverwahrung – zwischenzeitlich Sozialtherapie) spielte das Psychopathie-Konstrukt eine zentrale Rolle:

Die Legitimation der Sicherungsverwahrung auf dem Umweg über die Kreation des „gefährlichen Gewohnheitsverbrechers" durch den nationalsozialistischen Gesetzgeber ist ohne den Psychopathie-Diskurs nicht denkbar – ebenso wie die kriminalpsychiatrische Konstruktion des „Psychopathen" nahezu zwangsläufig im kriminalpolitischen Konzept der Sicherungsverwahrung enden musste. Die „Psychopathie"-Latenz der Sicherungsverwahrung liegt damit ebenso auf der Hand wie die SV-Latenz der „Psychopathie". Daran hat sich nicht viel geändert. Die anhaltenden Auseinandersetzungen um den sog. „Hangtäter", gewissermaßen Rechtsnachfolger des „gefährlichen Gewohnheitsverbrechers", und die Begründung einer die SV von Gesetzes wegen legitimierenden Gefährlichkeitsprognose finden im „psychopathy"-Konstrukt neue Nahrung.[1023]

Kröber hat vier typische Konstellationen herausgearbeitet, die sich bei der Begutachtung zur Sicherungsverwahrung einstellen: Neben 1) aktuellen Serientätern ohne einschlägige Vorgeschichte, 2) sog. „Berufsverbrechern" und 3) denjenigen, die aufgrund ihrer einschlägigen Vorgeschichte mit wiederholten Gewalt- und/

1019 *Rasch/Konrad* 2004, 279 f., vgl. auch *Habermeyer/Herpertz* 2005 und *Urbaniok et al.* 2009.
1020 *Kargl* 1975, 561.
1021 Ausf. zu den (nicht nur) terminologischen Traditionslinien der „Psychopathie" in der Nachkriegsrechtsprechung bis in die heutige Zeit *Pollähne* 2010 a.
1022 Ausf. *Pollähne* 2008 e m. w. N.
1023 Vgl. auch *Mushoff* 2008, 289 und zum Konstrukt auch *Strasser* 1984.

oder Sexualdelikten sog. „Hochrisikogruppen“ zuzuordnen sind, gebe es schließlich 4) den „polytrop straffälligen, entweder haltschwachen oder aber auch antriebsreichen und durchsetzungsfähigen Täter, der die Kriterien der dissozialen Persönlichkeitsstörung“ erfülle.[1024] Sofern dieser zu den „antriebsstark-durchsetzungsfähigen und skrupellosen Tätern gehöre, die mit der PCL (*Hare*) recht zuverlässig zu identifizieren“ seien, werde man sagen, oder sagt zumindest *Kröber*: Just für diese Täter sei die Sicherungsverwahrung erfunden und vom BVerfG bestätigt worden,[1025] womit er Recht haben mag – aber wie sieht die Praxis aus?

cc) Einsatz der Psychopathie-Checkliste (PCL)

In einer retrospektiv-Analyse von zehn ehedem selbst erstellten Gutachten im Zusammenhang mit der Anordnung oder Vollstreckung von Sicherungsverwahrung fanden *Habermeyer et al.* bei Anwendung der PCL-R einen Gesamtscore von 16,6 (von insg. max. 40 möglichen) Punkten, womit es sich insg. um sog. „low scorer“ gehandelt habe: High scorer würden für den anglo-amerikanischen Bereich mit 30 und mehr Punkten, für den europäischen Bereich mit mehr als 25 Punkten ausgewiesen. Nach beiden cut-off-Werten gab es überhaupt nur einen „high-scorer“, der gemäß PCL-R als „psychopath“ zu bezeichnen wäre. Es handelte sich um einen Sexualstraftäter mit einer kombinierten „antisozialen, narzisstischen und emotional-labilen“ Persönlichkeitsstörung[1026] – den man ebenso gut im psychiatrischen Maßregelvollzug antreffen könnte, wäre hinzuzufügen. Vor dem Hintergrund der Forschungslage zur PCL-R, wonach diese „bereits mehrfach bei Häftlingen angewandt“ worden sei und sich dabei als „geeignet zur Erfassung von Insassen mit einer hohen kriminellen Rückfallgefährdung“ erwiesen habe,[1027] stellen die Autoren leicht resigniert fest: „Der Anteil an >psychopaths< in unserer Gruppe war also geringer als erwartet“, die Werte lagen sogar noch deutlich unter dem von *Hare et al.* für die US-amerikanische Gefängnispopulation errechneten Gesamtscore von 23,4.[1028]

Von daher muss es eigentlich überraschen, dass *Habermeyer et al.* die offenkundig sehr weitgehende Irrelevanz der PCL für die Charakterisierung der von Sicherungsverwahrung Betroffenen (sieht man einmal von der viel zu kleinen Stichprobe und anderen methodischen Problemen ab) nicht zum Anlass nehmen, das Instrument insgesamt zu verwerfen. Die niedrigen Durchschnittswerte stellten die Verwertbarkeit dieser Skala im Kontext der Sicherungsverwahrung „nicht in Frage, da der dimensionale Charakter der >psychopathy< zu beachten“ sei, denn auch niedrige Werte könnten „prognostisch relevante Hinweise auf problematische Persönlichkeitszüge oder Verhaltensstile“ geben.[1029] Dies gelte insb. für die Sexual-

---

[1024] *Kröber* 2004, 268 f., vgl. auch *Habermeyer et al.* 2007 zu den „kriminologischen und diagnostischen Merkmalen“ von Häftlingen mit latenter SV.

[1025] *Kröber* aaO S. 260.

[1026] *Habermeyer et al.* 2004, 68 f.

[1027] AaO S. 66, 70 unter Verweis auf Hare et al. (2000) sowie Hamphill et al. (1998).

[1028] *Habermeyer et al.* aaO S. 70.

[1029] AaO S. 70 unter Verweis auf Hare et al. (1991 und 2000).

straftäter, wo die PCL-R „hilfreich“ sein könnte, da sie „den Blick auf Faktoren lenkt, die bei Sexualstraftätern ein besonderes Rückfallrisiko anzeigen“.[1030]

Alleine die Bejahung „der Faktor-2-items >Verletzung von Bewährungsauflagen<, >Jugendkriminalität< und >schwache Verhaltenskontrolle<“ gäben im Zusammenspiel mit dem „Faktor-1-item >Unvermögen, Verantwortung für eigene Handlungen zu übernehmen< deutliche Hinweise auf einen kriminellen Lebensstil und problematische Verleugnungsstrategien“.[1031] Auf dem Umweg über die Metaanalyse von *Hanson* und *Bussière* (1998), wonach „die kriminelle Lebensführung“ wiederum einen „wesentlichen Risikofaktor für erneute Sexualstraftaten, Aggressionsdelikte und generelle Kriminalität“ darstelle, kommen *Habermeyer et al.* am Ende dann doch zur hohen prognostischen Relevanz der PCL-R.

Dass ihnen die „höheren Scores beim Faktor 2 der PCL-R“ auffielen, kann eigentlich nicht überraschen, handelt es sich doch um jene Items, die weniger bestimmte Persönlichkeitseigenschaften („affektive/interpersonelle Merkmale“) in den Blick nehmen, als vielmehr die sog. „antisozialen Verhaltensweisen“, oder auch „Verhaltensstile“ und „Persönlichkeitszüge“ oder schlicht „kriminelles Verhalten“ und „Substanzmissbrauch“,[1032] m. a. W. die klassische kriminelle Karriere im Sinne des Kriminaljustizsystems,[1033] an dessen radikalem Eskalationsende eben die Sicherungsverwahrung eintritt. Jene „psychopathischen“ Verhaltensstile seien nicht an „biologisch nachweisbare Auffälligkeiten bei der Verarbeitung emotional-affektiver Reize“ gekoppelt, weshalb deren Einstufung als sog. „schwere andere seelische Abartigkeit“ im Sinne der Schuldunfähigkeitsregelung des § 20 StGB – und damit auch die Unterbringung im psychiatrischen Maßregelvollzug – in der Regel ausscheide.[1034]

Resümierend stellen *Habermeyer et al.* dementsprechend fest: „Die Anwendung der PCL-R ermöglicht eine erste psychiatrische Näherung an den Hangbegriff und kann dazu beitragen, dass die von *Rasch* (1999) und *Leygraf* (2000) befürchtete zufällige bzw. willkürliche Zuordnung rezidivierender Straftäter zu den Maßregeln gemäß § 63 bzw. 66 StGB ausbleibt.“[1035] Ein Hangtäter könne „unter Berücksichtigung des >psychopathy<-Konzepts von *Hare* demnach als Person mit wiederholten kriminellen Verhaltensauffälligkeiten beschrieben werden, die eine Vorgeschichte früherer Verhaltensprobleme bzw. Jugendkriminalität und Verletzung von Bewährungsauflagen“ aufweise und darüber hinaus „einen hohen Erlebnishunger bei schwacher Verhaltenskontrolle, Impulsivität und Verantwortungslosigkeit in Verbindung mit einem Mangel an realistischen Zielen“ zeige.[1036]

Um im Hinblick auf die Qualität der PCL-R aber nicht fehlinterpretiert zu werden, fügt *Habermeyer* in einer späteren Publikation hinzu, PCL-R und HCR-20

[1030] AaO S. 71.
[1031] Ebda.
[1032] AaO S. 67.
[1033] Vgl. *Leygraf* 2006, 274.
[1034] *Habermeyer et al.* aaO S. 71.
[1035] AaO S. 72.
[1036] AaO S. 73.

dürften „nicht als Kriterienkataloge mit kriminalprognostisch verbindlichen Schwellenwerten missverstanden werden“, denn es gehe „einzig und allein darum, die Begutachtung auf eine standardisierte Datenerfassung zu stützen und dem Gericht auf diese Weise eine solide fachlich-fundierte Grundlage für die abschließende juristisch-normative Bewertung zu geben“[1037] – nachdem er wenige Zeilen vorher noch attestiert hatte, die Fremdbeurteilungsskala des HCR-20 erfasse eine „kriminalprognostisch bedeutsame Gruppe von Persönlichkeiten mit emotionalen Auffälligkeiten und hartnäckigen antisozialen Verhaltensstilen“, weil damit „auch das Vorliegen einer >psychopathy< nach *Hare* geprüft“ werde.[1038]

Genug der Widersprüchlichkeiten: Wie geht die forensische Praxis damit um? Die PCL-R hat – zum Teil via HCR-20 – ihren Weg in kriminalprognostische Gutachten und schließlich auch in juristische Entscheidungen gefunden.[1039] In einem Urteil des LG Kaiserslautern vom 16. 2. 2005 wurde die Anordnung der Sicherungsverwahrung u. a. wie folgt begründet[1040]:

Es sei „davon auszugehen, dass der Angeklagte auch weiterhin erhebliche Straftaten begehen wird“, was durch „die nachvollziehbaren Ausführungen der Sachverständigen bestätigt“ werde. Diese habe „im Rahmen der standardisierten Diagnostik die Psychopathie-Checkliste Version PCL-SV nach *Hart, Cox* und *Hare* 1995 und den HCR-20 als Instrumente zur Einschätzung des Rückfallrisikos“ eingesetzt. Bei dem PCL-Score handele es sich „um ein Instrument zur Erfassung von 12 psychopathologischen Symptomen bzw. Verhaltenstendenzen, die für das Persönlichkeitskonstrukt der Psychopathie nach *Hare* typisch sind und der infantil-egozentrischen Persönlichkeitsstörung nach *Luthe* nahe“ ständen, das Ergebnis fließe dann „als ein Kriterium in den HCR-20 ein“. Im Rahmen dieser Psychopathie-Checkliste erreichte der Angeklagte „mit 18 von 24 möglichen Punkten einen Wert im deutlich auffälligen Bereich“. Aus Gründen höherer Anschaulichkeit sollen jene Kriterien hier exakt so dargestellt werden, wie sie in den schriftlichen Urteilsgründen wiedergegeben wurden[1041]:

„Es handelt sich hierbei um die nachfolgenden zwölf Items. Davon sind sechs Merkmale persönlichkeitsimmanent. Die übrigen sechs Merkmale sind der Biographie des Angeklagten zuzuordnen. Jedes Item kann je nach seiner Ausprägung mit 0 (nicht vorhanden) bis zu 2 Punkten (voll ausgeprägt) bewertet werden.

- Das erste Merkmal (Oberflächlich) bewertet die Sachverständige mit 0 Punkten, da der Angeklagte nicht versuche, sich in einem besonders guten Licht darzustellen.
- Im Rahmen des zweiten Merkmals (Grandios), geht es darum, ob der Proband über ein selbstsicheres und rechthaberisches Auftreten verfügt und die aktuellen

[1037] *Habermeyer* 2005, 21.
[1038] Ebda, vgl. auch *Knecht* 1996, 443 f.
[1039] Vgl. auch *Eisenberg* (Anm. zu OLG Frankfurt/M.) StV 2005, 345 ff.
[1040] LG Kaiserslautern, Urteil v. 16. 2. 2005 – 6035 Js 19586/04 – juris.
[1041] AaO Abs. 247 ff.

Umstände als Pech betrachtet. Sie geht beim Angeklagten von einer Ausprägung mit einem Punkt aus.

- Bei dem dritten Kriterium (Betrügerisch-manipulativ) ist zu beurteilen, ob der Angeklagte ohne Rücksicht auf die Rechte anderer die Wahrheit verdreht und wie ein Hochstapler, Betrüger oder Schwindler wirkt. Dies wird von der Sachverständigen mit 0 Punkten bewertet.
- Im Rahmen des vierten Merkmals, welches das Fehlen von Schuldbewusstsein und Reue zum Inhalt hat, geht die Sachverständige von einer starken Ausprägung mit 2 Punkten aus. Der Angeklagte zeige angesichts seiner Taten nur wenig emotionale Beteiligung und mache sich die Auswirkungen seines Verhaltens auf andere nicht bewusst.
- Bei dem Merkmal Nr. 5 (Fehlen von Empathie; Gefühlskälte) erfolgt eine Bewertung mit zwei Punkten durch die Sachverständige; denn der Angeklagte zeige sich unfähig, die emotionalen Auswirkungen seiner Handlungen zu erkennen, und seine ausgedrückten Gefühle seien oberflächlich.
- Im Rahmen des sechsten Merkmals (übernimmt keine Verantwortung für eigene Handlungen), sieht sie zum Zeitpunkt ihrer Untersuchung eine Ausprägung mit einem Punkt. Der Angeklagte projiziere die Schuld auf andere.
- Dem siebten Kriterium (Impulsiv) liegt die Beurteilung zugrunde, ob der Angeklagte häufig Lebenssituationen wechselt und dabei ziel- und planlos vorgeht, d.h. sich unstet durchs Leben treiben lässt. Diese Verhaltensmuster sieht sie beim Angeklagten als stark ausgeprägt an und bewertet daher das Kriterium mit 2 Punkten.
- Im Rahmen des achten Merkmals (Schlechte Verhaltenssteuerung) geht sie ebenfalls von einer Ausprägung mit 2 Punkten aus, denn der Angeklagte werde schnell wütend, verärgert bzw. cholerisch und zeige sich unter Alkoholeinwirkung häufig körperlich und verbal aggressiv.
- Bei dem neunten Merkmal (Fehlende Lebensziele) sieht sie eine Ausprägung mit zwei Punkten, denn der Angeklagte verfüge über eine schlechte Schul- und Berufsausbildung, habe keine konkreten Zukunftspläne und habe sich in der letzten Zeit auch von seiner Mutter aushalten lassen.
- Das zehnte Kriterium (Verantwortungslos) wird von der Sachverständigen mit zwei Punkten als stark ausgeprägt bewertet; denn der Angeklagte zeige sich verantwortungslos gegenüber Dritten, so z.B. den Opfern seiner Gewalttaten gegenüber. Auch bei seinen eigenen Kindern sei nur wenig Verantwortungsbereitschaft erkennbar, denn um ein Kind kümmere er sich gar nicht und um das andere nur sporadisch.
- Das elfte Merkmal (antisoziales Verhalten in der Adoleszenz) bewertet sie mit 2 Punkten, da der Angeklagte bereits Zuhause und in der Schule Störungen in seinem Sozialverhalten, u.a. bedingt durch seinen frühzeitigen Alkoholkonsum, gezeigt habe. Bis zum Alter von 18 Jahren sei er auch schon straffällig geworden.
- Ebenfalls beim zwölften Merkmal (Antisoziales Verhalten im Erwachsenenalter) nimmt sie wegen der zahlreichen Gesetzesverstöße des Angeklagten eine Bewertung mit 2 Punkten vor.“

Es folgt eine dementsprechende Darstellung der Ergebnisse aus der HCR-20-Prognostik,[1042] um abschließend festzustellen: „Bei der medizinischen [sic] Bewertung des Gesamtergebnisses (32 von 40 Punkten) kommt die Sachverständige zu dem Ergebnis, dass ein erhebliches Rückfallrisiko beim Angeklagten besteht" – danach geht das Gericht unversehens zur Verhältnismäßigkeitsprüfung über (die erwartungsgemäß zu Gunsten der Sicherungsverwahrung ausfällt). Nicht nur, dass die Gefährlichkeitsprognose (offenbar, jedenfalls ausweislich der veröffentlichten Urteilsgründe) auf die Anwendung der Instrumente PCL-R und HCR-20 reduziert wird, zudem geraten die Urteilsgründe – als Spiegelbild der Beweisaufnahme, so muss unterstellt werden – selbst zur Checkliste, in die nurmehr die ‚sachverständigen' Zuschreibungen von Psychopathie-Werten (resp. HCR-20-Werten) einzutragen sind.[1043]

Das OLG Frankfurt bestätigte in einem Beschluss vom 4. 1. 2005 eine einstweilige Unterbringung gemäß § 275a StPO im Vorfeld der Anordnung einer nachträglichen Sicherungsverwahrung und führte zur Begründung u. a. aus[1044]: Die Sachverständige habe – im Rahmen der Prüfung einer bedingten Entlassung zum Zweidrittelzeitpunkt – in ihrem Gutachten ausgeführt, eine „psychotische oder hirnorganische Erkrankung bestehe nicht. Es liege jedoch eine Persönlichkeitsstörung im Sinne der ICD-10 oder DSM-IV vor.[1045] Im Rahmen des PCL-R, welcher bei einem hohen Wert stärkster einzelner Prädiktor für zukünftige Gewalttätigkeiten sei, weise der Betroffene einen hohen, im Bereich >Psychopath< liegenden Wert auf". Hierin sei zugleich eine sog. „neue Tatsache" im Sinne des § 66b StGB zu sehen … die letztlich dann doch nicht zur Anordnung der nachträglichen Sicherungsverwahrung geführt hat, aber das ist die ‚Schuld' des BGH.[1046]

Das OLG Köln verweigerte mit einem Beschluss vom 15. 12. 2004 die Aussetzung einer Sicherungsverwahrung zur Bewährung u. a. mit folgender Begründung: Zwar gebe es zahlreiche positive Aspekte insb. aus dem langjährigen Vollzugsverhalten, die zuständige Psychologin der Justizvollzugsanstalt stelle allerdings „immer noch erhöhte Psychopathiewerte fest: >Dies bedeutet, dass Herr M. zwar einerseits seine Interessen zielstrebig und energisch verfolgt und durchzusetzen weiß, dies aber ggf. egozentrisch und rücksichtslos tut, engeren emotionalen Kon-

---

[1042] LG Kaiserslautern aaO Abs. 260 ff.; vgl. auch LG Marburg NStZ-RR 2006, 156 Abs. 14 (Rn. 23).

[1043] Dass dies den richterlichen Begründungsanforderungen keineswegs genüge, hat der BGH unlängst mit deutlichen Worten klargestellt: „Mit der Feststellung, der Angeklagte weise bei Anwendung irgendeines statistischen Prognoseinstruments [hier: des ‚Static 99'] eine bestimmte Anzahl von Risikopunkten auf", sei „nichts Entscheidendes gewonnen" (BGH NStZ-RR 2010, 203).

[1044] OLG Frankfurt, Beschluss vom 4. 1. 2005 – 3 Ws 1278/04 – StraFo 2005, 123 = NStZ-RR 2005, 106 = StV 2005, 142 m. Anm. *Eisenberg* aaO S. 345.

[1045] Vgl. zum Zusammenhang der Diagnosen auch *Kraus et al.* 1999, zur Relevanz für Entscheidungen gemäß §§ 20, 21 StGB *Schmidt et al.* 2004.

[1046] Vgl. nur *Ullenbruch* 2006.

takten gegenüber vorsichtig ist und sich insgesamt nicht gerne kontrollieren und einschränken lässt< (aus der Stellungnahme der JVA)."[1047]

Es wird nicht nur deutlich, wie unversehens an die „psychopathischen" Traditionslinien angeknüpft wird: Sehr viel bedenklicher ist der unkritische Schematismus, mit dem hier aus Psychopathie- (und ähnlichen) Werten die für die Anordnung resp. Aufrechterhaltung einer unbefristeten Sicherungsverwahrung erforderliche Gefährlichkeitsprognose abgeleitet wird.[1048]

dd) Die PCL-R auf dem Prüfstand

Man sollte meinen, dass die nahezu einhellig gepriesene prognostische Diagnosequalität der PCL[1049] gerade in solchen Fällen die sichersten Erträge bringt, und darauf vertraut offenbar auch die Justiz. Bei der speziellen Untersuchung seltener Rückfallereignisse, also insbesondere bei gravierenden Gewalttaten, ergeben sich regelmäßig aber auch beträchtliche Quoten sog. falsch positiver Einschätzungen, also Personen mit >psychopathy<-Etikett, die zwar mit geringfügigen Delikten rückfällig wurden, aber gerade nicht in jener gravierenden Form. Die Rate dieser spezifisch falsch Positiven wird jedoch mit 50–75% angegeben, das Instrument erweist sich damit schlechter als der Zufall.[1050]

Der PCL-R wohnt eine – insoweit typisch für die meisten aktuarischen Instrumente mit einem Schwerpunkt auf statischen Items – Zirkularität inne, die bisweilen erstaunlich deutlich zum Ausdruck gebracht wird: „Wer nicht bereuen kann, keine Empathie aufweist, dem fehlt es eben auch an normalen Barrieren zum Schutz vor weiterem nonkonformen, dissozialem oder kriminellem Verhalten, dessen Behandelbarkeit ist schlechter, die Wahrscheinlichkeit eines Rückfalls höher. Er *stellt* kriminologisch das größere Risiko dar, er *muss* konsequenterweise in der ‚Psychopathy Checklist' höher scoren."[1051] Bereits der Ansatz erscheint jedoch problematisch, denn er führt „anhand allgemeiner Psychomerkmale zu einer Einteilung in >gute< und >schlechte< Verbrecher" und fördert „eine >Wegsperrideologie<, ohne auf den Einzelfall einzugehen".[1052]

Nedopil resümiert den Stand der Forschung wie folgt: „Die Korrelation der Diagnose Psychopathie unter Verwendung der PCL-R mit krimineller Rückfälligkeit beträgt maximal 0,4; der Anteil an erklärter Varianz liegt damit unter einem Fünftel. >Clearly, given the high false-positive rates, the PCL-R should not be

---

[1047] OLG Köln, Beschluss vom 15. 12. 2004 – 2 Ws 521/04 – juris, vgl. NStZ-RR 2005, 191 (Ls.).

[1048] Vgl. auch *Horstkotte* 2005, 19, ähnlich krit. *H. J. Schneider* 2001, 412 (wenn auch aus anderer Perspektive).

[1049] Vgl. auch *Petermann/Petermann* 2006, 524ff.; diff. zum aktuellen Forschungsstand (resp. zu dessen Widersprüchlichkeiten) *Thalmann* 2007 m. w. N.

[1050] Exempl. der von *Ross* und *Pfäfflin* 2005 präsentierte Überblick über den Forschungsstand (ausf. u.), vgl. auch *Noll et al.* 2006, 30 und (z. T. diff.) *Stadtland/Nedopil* 2004, 84; *Reichel/Marneros* 2008 berichten von 62% Fehleinschätzungen, auch *Urbaniok et al.* 2007 halten die PCL nicht für ein valides Prognosekriterium.

[1051] *Freese* 1998, 91 (Hervorhebung im Original), vgl. auch *Brettel* 2007, 39ff.

[1052] *Frädrich/Pfäfflin* 2000, 101.

used in forensic or clinical settings where life and liberty decisions are at stake. The PCL-R may be, as its proponents argue, the strongest in a field of weaklings, but it is by no means reliable and valid in the prediction of future dangerousness.< Diese Warnung gilt nicht nur für die PCL-R, sondern für alle Prognoseinstrumente und noch mehr für Prognosen, die ohne Verwendung des empirisch fundierten Wissens, wie es in den Prognoseinstrumenten enthalten ist, abgegeben werden. Zwar lassen sich die typologische Beschreibung und die Prognose gerade bei Dissozialen Persönlichkeitsstörungen heute auf eine breitere, empirisch fundierte Grundlage stellen, zu welcher die Forschung mit der PCL-R wesentlich beigetragen und klarere Grenzen gezogen hat, jedoch müssen sich die Anwender des Instruments weiterhin dessen begrenzter Validität bewusst bleiben."[1053]

Ross und *Pfäfflin* zogen nach einer gründlichen Auswertung der einschlägigen Fachliteratur folgendes Fazit zum Einsatz psychometrischer Verfahren im Maßregelvollzug, exemplifiziert an der PCL-R: Das Instrument eigne sich zur Selektion einer mit den bisher erprobten therapeutischen Mitteln schwer beeinflussbaren Personengruppe nur bedingt und „die prädiktive Validität" sei insgesamt „nicht so hoch wie häufig angenommen"; ein wesentliches Problem aller psychometrischen Prognoseinstrumente – d.h. auch PCL-R – sei „die hohe Rate an fälschlich als gefährlich und nicht behandelbar eingestuften Patienten (false positives)".[1054] Vertreter des >psychopathy<-Konstrukts müssten eigentlich erklären, warum so viele vermeintliche Psychopathen nicht einschlägig rückfällig werden …

Mehr als auf eine „standardmäßig verordnete Anwendung des Instruments" komme es aber darauf an, die PCL-R und andere psychometrische Prognoseinstrumente „selektiv im Rahmen eines breit gefächerten und ausgewogenen diagnostischen Instrumentariums, das auch behandlungssensitive Methoden enthält, ihrem inhaltlichen Schwerpunkt entsprechend als diagnostisches Hilfsmittel einzusetzen, vor allem wenn es darum geht, klinisch gewonnene Eindrücke empirisch zu untermauern". Dabei sollte man aber nicht allzu sehr „auf kategorialem Denken verpflichteten Gesamtscores" vertrauen, sondern der jeweiligen Fragestellung angepasst inhaltliche Gewichtungen vornehmen: „Grundsätzlich scheint eine weitere Ungleichgewichtung der gängigen Prognosekriterien zugunsten der historisch-aktuarischen Variablen, die letztlich durch die obligatorische Anwendung der PCL-R stattfinden wird, für die praktische Arbeit mit Patienten – über die Selektion besonders schwieriger Fälle hinaus – wenig nützlich, lässt sie doch bei der noch immer vorherrschenden pessimistischen Stimmungslage wenig Raum für therapeutische Einflussnahme."[1055] Ob jene „besonders schwierigen Fälle" nicht auch ohne PCL-R hätten ‚selektiert' werden können, steht dahin.

[1053] *Nedopil* 2004b, 129f. (zit. Freedman 2001, 94); der Einwand von *Dahle* 2007, 106, die PCL-R würde von (vornehmlich juristischen) Kritikern als „Prognosecheckliste" missverstanden, ist vor diesem Hintergrund nicht recht nachvollziehbar (zumal er damit sich selbst – aaO S. 107 – widerspricht: PCL-R mittelbar für prognostische Zwecke zu nutzen).

[1054] *Ross/Pfäfflin* 2005, 8.

[1055] AaO S. 9, vgl. auch *Kröner* 2005, 54.

ee) Jugendliche Psychopathen?

Sevecke et al. halten die PCL-YV für hilfreich zur „besseren Differenzierung antisozialer Verhaltensweisen" bei Jugendlichen und Heranwachsenden,[1056] was sie meinen mit einem – insoweit methodisch klassischen – Vergleich zwischen Inhaftierten und einer Schul-Kontrollstichprobe belegt zu haben. Der „Aspekt des Labelings bzw. der Stigmatisierung jener Heranwachsenden, die Persönlichkeitsdimensionen der >Psychopathy< aufweisen", müsse zwar bedacht werden, das „Denkmodell, Jugendliche nicht mit stigmatisierenden Diagnosen" zu beschreiben, scheine in diesem Fall aber die „Möglichkeiten einer präziseren Diagnostik, einer Prävention der Komorbiditäten, einer differenzierteren Prognose und einer adäquaten Therapie einzuschränken".[1057] Demgegenüber bestehe „die praktische Relevanz des >Psychopathy<-Konzepts darin, durch gezielte Interventionen die Entwicklung einer späteren >Psychopathy< bei durch familiäre und soziale Risikofaktoren gefährdeten Kindern und Jugendlichen aufzuhalten oder zu beeinflussen".[1058]

ff) PCL-Etikettierung

So alt wie die Bemühungen um eine Beschreibung und Typologisierung von >Psychopathen< sind die Versuche, die Ätiologie des jeweiligen Konstrukts lebenswissenschaftlich zu untermauern. Zahlreiche Forschungsaktivitäten in den letzten Jahren zu den biologischen Grundlagen, zur Bedeutung psychosozialer Faktoren und insb. zu psychophysiologischen Besonderheiten, aus der Kognitionsforschung und von evolutionspsychologischer Seite, haben aber (noch?) nichts daran ändern können, dass die eigentlichen Ursachen von >psychopathy< letztlich noch immer ungeklärt sind.[1059]

Bemerkenswert sind die vielfältigen Bemühungen, das Konstrukt auf Störungen im Vermeidungslernen und in der Verarbeitung affektiver Informationen zurückzuführen, wonach Personen mit psychopathy nicht aus Strafe lernen könnten, daher kein wirksames Gewissen entwickelten und sich ohne diese Kontrollinstanz entsprechend leicht sozial deviant verhielten.[1060] Bemerkenswert ist daran einerseits der ungebrochene Glaube an den Beitrag aversiver Strafreize zur Vermeidung sozialer Devianz, andererseits der offenkundige Zirkelschluss: Eines der Schlüssel-Items zur Zuschreibung von >psychopathy<, nämlich die wiederholte Begehung von Straftaten trotz Bestrafung, soll zugleich eine der Schlüssel-Ursachen sein. Diese Binnenlogik führt freilich direkt in die unbefristete sichere Verwahrung, die sich um Behandlung und Resozialisierung nicht mehr bemühen muss.[1061]

1056 *Sevecke/Krischer* 2006 und *Sevecke et al.* 2005 m. w. N. (und Nachweis erheblicher Unterschiede zwischen Jungen und Mädchen), vgl. auch *Quenzer* 2010, 213 ff.

1057 AaO S. 463.

1058 *Sevecke/Krischer* 2006, 463 m. w. N. (u. a. auf „early home visiting programs" und Farrington, ausf. u. B. I. 5.).

1059 *Dahle/Haase* 2008, 70 f.

1060 AaO S. 79.

1061 Vgl. auch die Hinweise bei *Pfäfflin* 2007, 51 f. zur Geschichte (und Wiederauflage) der sog. „Sexual Psychopath Laws" in den USA.

Hare war in seinem Nachwort zu „Gewissenlos“ auch insoweit recht offen: „Die Strafjustiz wendet jedes Jahr Milliarden von Dollar in dem vergeblichen Versuch auf, Psychopathen und andere notorische Delinquenten zu >rehabilitieren< oder >resozialisieren<. Aber diese Begriffe sind wenig mehr als Schlagworte. Wir müssen lernen, sie zu sozialisieren und nicht, sie zu resozialisieren. Und das erfordert ernsthafte Anstrengungen in der Forschung und bei frühen Interventionsmaßnahmen.“[1062] Davon ausgehend ist es konsequent, dass mittlerweile eine Jugendversion der PCL entwickelt wurde (s.o.) und dass daran gearbeitet wird, >psychopaths< bereits in der Kindheit zu identifizieren sowie das Einstiegsalter in Sicherungsmaßnahmen zu senken.[1063] Und in sich konsequent ist auch, die Etikettierung als >psychopath<[1064] in der Regel mit fehlender therapeutischer Beeinflussbarkeit gleichzusetzen. Aus der Analyse weniger Einzelfälle in einem therapeutisch fragwürdigen Gruppensetting wurde gar die Gefahr beschrieben, >Psychopathen< würden dadurch evtl. noch gefährlicher. Und unlängst wurde ein heftiger Schlagabtausch ausgetragen über die Frage, ob die Diagnose einer >psychopathy< nicht nur Kontraindikation für psychiatrische und psychotherapeutische Therapien im engeren Sinne, sondern sogar für die Aufnahme in die Sozialtherapie sei.[1065]

„Begriffe wie der von *Lombrosos* geborenem Verbrecher, der einer besonderen Menschenrasse angehören sollte, und des angeborenen negativ abartigen >Psychopathen< waren zwar nach dem Selbstverständnis ihrer Schöpfer völlig rational“, so *Anne-Eva Brauneck* im Rückblick 1974, dienten aber „anderen Wissenschaftlern und Praktikern – *Lombroso* wohl auch selbst – dazu, das emotionsgeladene Bild des durch und durch minderwertigen Kriminellen darauf zu projizieren“.[1066] Sie hat den unverbesserlichen ‚Hang‘ solcher Wissenschaftler und Praktiker zum „Psychopathie“-Konstrukt möglicherweise unterschätzt, jedenfalls ist ihre Charakterisierung von ebenso beklemmender Aktualität[1067] wie die Studie von *Strasser* über die „kriminalwissenschaftliche Erzeugung“ des (insb. psychopathischen) „Verbrechermenschen“.[1068]

c) Tatspezifische Prognoseinstrumente

Hier interessieren vorrangig – der aktuellen kriminalpolitischen Fokussierung entsprechend – die für Gewalt- und Sexualtäter entwickelten Instrumente,[1069] wobei einige speziell für Jugendliche und psychisch gestörte Täter konzipiert wurden

[1062] *Hare* 2005, 192.

[1063] Vgl. nur *Eisenberg* 2007b und *Pollähne* 2008a, 128f.

[1064] Anschaulich auch *Grubitzsch* 1983 zur politischen Instrumentalisierung.

[1065] *Nuhn-Naber/Rehder* 2005 vs. *Thalmann* 2007, jeweils m.w.N.

[1066] *Brauneck* 1974, 24.

[1067] Vor den gravierenden stigmatisierenden (und in der Folge nicht ausschließbar auch kriminogenen) Folgen einer „prediction“-Politik „in an actuarial age“ warnt auch *Harcourt 2007*: wenngleich entstanden vor dem Hintergrund spez. US-amerikanischer Entwicklungen (z.B. „racial profiling“) besticht die Analyse mit dem Verweis auf intendierte wie kontraproduktive Effekte radikal-präventiver Prognose-Strategien.

[1068] *Strasser* 1984, insb. S. 102ff. und 127ff.

[1069] Zur Prognose des Täterverhaltens bei Geiselnahmen *v. Groote* 2002.

(s.u. d). Dabei führt die Plausibilität, für spezielle Subpopulationen – zur täterspezifischen Differenzierung s.u. – auch spezifische Instrumente entwickeln zu müssen (die ihrerseits aus der Analyse vergleichbarer Subpopulationen gewonnen wurden), in ein Dilemma. Wenn etwa darauf hingewiesen wird, für unterschiedliche Sexualstraftäter-Gruppen (Vergewaltiger, Inzesttäter, Missbrauchstäter etc., jeweils homo- und/oder heterosexuell, jeweils mit oder ohne physische Gewalt, verschiedene Altersgruppen auf Täter und/oder Opferseite etc.) bedürfte es eigentlich jeweils spezifischer Instrumente, die es aber – von Ausnahmen abgesehen – noch nicht gebe,[1070] so stellt dies nicht nur die Validität der eingesetzten „Standardinstrumente" für die Deliktsgruppe insgesamt in Frage (diff. zum LSI-R s.o. a): Das Ende dieser Logik wäre vielmehr ein unübersehbares Sammelsurium extrem ausdifferenzierter Instrumente, für die es wiederum eines ‚Meta-Instruments' bedürfte, um die jeweilige Treffsicherheit zu prognostizieren (vgl. u. E. III. zur Spezifizierung der Basisraten).[1071]

aa) Gewalttaten

Auf die weitaus meisten Gewalttäter im Kriminaljustizsystem dürften – wenn überhaupt – die Standardinstrumente Anwendung finden (zur PCL-R s.o. b, zum LSI-R s.o. a). Daneben wurden einige spezielle Verfahren für diese Gruppe entwickelt,[1072] von denen hier nur der VRAG kurz vorgestellt werden soll:

Der VRAG basiert auf der Analyse der Daten und Rückfälle einer Gruppe von männlichen Straftätern, die aus einem kanadischen Hochsicherheitsgefängnis entlassen worden waren; es wurden letztlich zwölf prognostisch bedeutsame Variablen ausgewählt und zu einem Index aggregiert,[1073] wobei es sich ausschließlich um statische Variablen (zzgl. PCL-R-Wert) handelt. Der jeweilige – aus den unterschiedlich gewichteten Items ermittelte[1074] – Summenscore führt zur Einordnung in eine von neun Risikoklassen, die mit unterschiedlichen Rückfallwahrscheinlichkeiten korrelieren (sollen). Für den VRAG liegen „international vielfältige Validierungsstudien vor, die überwiegend moderate bis gute Ergebnisse erbrachten".[1075]

In einer Schweizer Studie wurden jene Ergebnisse im Prinzip bestätigt, etwas über 50% liegende Rückfallquoten aber erst bei den höchsten Summenscores ermittelt (58,3%), die wiederum sehr gering besetzt waren (15% der Gesamtpopulation, n = 12).[1076] Damit mag – einmal mehr – zunehmende Rückfallwahrscheinlichkeit mit höheren VRAG-scores belegt worden sein: Das Risiko des gewalttätigen Rückfalls habe von einer Gruppe zur nächsten um 110% zugenommen, und von einer

---

1070 Exempl. *Noll et al.* 2006, 30, vgl. auch *Eher et al.* 2008, 86.

1071 Zu weiteren methodischen Problemen vgl. *Bliesener* 2007, 334.

1072 Dazu u.a. *Nedopil* 2006, 106ff., *Dahle et al.* 2007, 18f. und *Noll* 2007, 56ff.; zum SVG-10 *Rettenberger et al.* 2010.

1073 *Bliesener* 2007, 327, ausf. *Noll* 2007, 56ff.

1074 Dazu *Nedopil* 2006, 106f. m.w.N.

1075 *Dahle et al.* 2007, 19 m.w.N., vgl. auch *ders.* 2005, 54ff. und *Kröner* 2005.

1076 *Noll* 2007, 63ff.

Kategorie zur nächsten um 10%[1077]; auch hier gilt jedoch einmal mehr, dass das Instrument im breiten Mittelfeld (s.u. E. II. 3.) nicht weiter hilft, und im Einzelfall ohnehin nicht (s.u. 4.), weshalb die vermeintlich „hohe Aussagekraft“[1078] doch deutlich relativiert werden muss.

bb) Sexualtaten

Soweit im Hinblick auf die Rückfallgefahr von Sexualstraftätern der Einsatz allgemeiner Prognose-Instrumente wegen der damit tendenziell ausgeblendeten diagnostischen und prognostischen Besonderheiten kritisiert wurde, lag die Entwicklung spezifischer Instrumente nahe.[1079] Inzwischen existiert eine ganze Palette mit zum Teil verstörenden Markennamen[1080]; stellvertretend soll hier der „Static-99“ vorgestellt werden.

Der Static-99 ist ein aktuarisches Prognoseinstrument zur Vorhersage sexuell motivierter und gewalttätiger Rückfälligkeit von Sexualstraftätern, das auch in Europa zunehmend Verwendung findet.[1081] Inzwischen liegen deutschsprachige Validierungsstudien vor:

Aktuarische Instrumente hätten aus methodischen Gründen Vor- und Nachteile, so *Noll et al.* in ihrem Fazit zur „Risikokalkulation mit dem Static-99“: Zu den Stärken gehörten „die klare Operationalisierung, die Einfachheit der Anwendung und die empirische Validierung über Outcome-Statistiken“, während typische Schwächen „die Informationsreduktion bei nur wenigen Items, der starke Abstraktionsgrad der Items, der eine differenziertere Abbildung des Einzelfalls verunmöglicht, die Überrepräsentation statistisch-historischer Variablen sowie das >Populationsproblem<“ seien, wobei Letzteres so erklärt wird: „Streng genommen kann ein statistisch generiertes Instrument nur Aussagen über die Ursprungspopulation machen, an der es entwickelt wurde“.[1082] Daher scheinen aktuarische Instrumente vor allem „als einfach anwendbare Screeningverfahren und zur Identifizierung von Höchstrisikogruppen geeignet“ – all das treffe auch auf den Static-99 zu und spiegele sich in den in der Literatur diskutierten Aspekten wider.[1083]

Die Ergebnisse ihrer eigenen Evaluation fassen *Stadtland* und *Nedopil* wie folgt zusammen: „Euphemistisch formuliert“ konnten mit dem Static-99 „immerhin 46

[1077] *Noll* aaO S. 65 unter Verweis auf Odds Ratio-Werte.

[1078] *Noll* aaO S. 67, ähnlich *Kröner* 2005.

[1079] Zu Anwendung spez. auf Jugendliche und Heranwachsende *Quenzer* 2010, die (aaO S. 215f.) aber auch auf die besonderen Probleme einer solchen Anwendung verweist, vgl. auch *Dahle et al.* 2008a.

[1080] SONAR, ERASOR, J-SOAP etc., vgl. dazu *Dahle et al.* 2007, 20f. und *Bliesener* 2007, 330f., m.w.N.; zum SONAR u.a. *Nedopil* 2006, 120f.; zu SORAG vgl. *Nedopil* 2006, 109, *Rettenberger/Eher* 2007, *Eher et al.* 2008 und *Rettenberger et al.* 2009; zum SVR-20 vgl. *Müller-Isberner et al.* 2000, *Nedopil* 2006, 112 und *Brettel* 2007, 48ff.; zum RRS vgl. *Rehder* 2001 und *Nedopil* 2006, 122.

[1081] Dazu *Noll et al.* 2006, *Noll* 2007, 98ff., *Stadtland/Nedopil* 2007; *Rettenberger/Eher* 2006 und *Eher et al.* 2008.

[1082] *Noll et al.* 2006, 29 (und Fn. 4).

[1083] Ebda m.w.N., vgl. auch *Rettenberger et al.* 2009.

der gewalttätigen Rückfälle richtig vorausgesagt werden (>Richtige Positive<)“, eine Trefferquote von fast der Hälfte, die von keinem anderen Instrument übertroffen wurde. „Mehr als die Hälfte (54%) der Täter mit einem Score über dem Schwellenwert“ seien aber nicht mit neuen Gewalttaten rückfällig geworden (>Falsche Positive<).[1084] Ihr Fazit: Bei einer sorgfältigen Begutachtung müssten „bei komplexen Fragestellungen“ immer „mehrere Instrument parallel angewendet werden“, denn in aller Regel würden „Schwächen einzelner Instrumente durch Stärken anderer ausgeglichen“.[1085] Das mag sein, aber wie der Gutachter ausschließen will, dass sich – zumal im Einzelfall – jene „Schwächen einzelner Instrumente“ zu einer noch größeren Schwäche in der Parallelanwendung aufaddieren (sog. ‚Meta-score‘), bleibt offen.

Das Instrument lädt „aufgrund seiner vordergründigen einfachen Handhabbarkeit“ dazu ein, auch „Laien glauben zu lassen, sie könnten Sexualstraftäter prognostisch einschätzen“, wovor *Rettenberger* und *Eher* ausdrücklich warnen, nicht zuletzt weil der Static-99 allenfalls eine „gruppenspezifische Basisrate der Rückfallwahrscheinlichkeit“ biete, aber keinesfalls eine „fachlich fundamentierte Prognosebegutachtung“ ersetzen könne.[1086] Im Rahmen einer prospektiven Rückfallstudie des Static-99 (und zusätzliche des SORAG) haben sie diese Warnung untermauert:

Die schlechte bis fehlende Validität der Instrumente für die Kategorie der „Hands-on“-Sexualdelikte sei einerseits möglicherweise „auf die in unserer Studie besonders niedrige Rückfallrate von nur 3,3% zurückzuführen. Andererseits muss man aber aus den Daten wohl den Schluss ziehen, dass die Treffsicherheit der Instrumente gerade bei dieser so relevanten Rückfallkategorie gering ist“. Sowohl SORAG als auch Static-99 konnten in jener Studie den sexuell motivierten Rückfall in der Subkategorie der Vergewaltiger nicht vorhersagen, was einerseits an der niedrigen Rückfallrate gelegen habe, ähnliche Probleme seien aber auch in anderen Studien beschrieben worden. Es habe sich gezeigt, dass „selbst in der Gruppe der Täter mit höchstem Risiko nach etwa 3,6 Jahren Nachbetrachtung nur etwa jeder 5. bis 10. Täter mit einem sexuell motivierten „Hands-on“-Delikt, und nur etwa jeder 2.–10. Täter mit einem Gewaltdelikt wiederverurteilt war (je nach Indexdelikt und Prognoseinstrument)“; die Vorhersage der Verhängung einer Haftstrafe auf Grund derartiger Rückfallereignisse war ebenso ungenau: „Die höchste Risikokategorie identifizierte lediglich jeden 4.–10. Rückfälligen diesbezüglich richtig.“[1087]

Für die Vorhersage des Rückfalls fanden *Eher et al.* fast für jede Delikt- und Rückfallkategorie – was die Absolutzahl betrifft – gleich viele „Falsch Negative“ (also Täter, die bei Vorhersage einer günstigen Prognose dennoch rückfällig werden) wie „Richtig Positive“ (deren Rückfall richtig vorhergesagt wird; dazu u. E. I.): „Die Gesamtzahl der Täter also, denen ein niedriges Risiko vorhergesagt wird, die aber dennoch rückfällig werden, ist (wenngleich prozentual gering) ebenso

---

[1084] *Stadtland/Nedopil* 2007, 62, vgl. auch *Eher et al.* 2008, 85.
[1085] AaO S. 63.
[1086] *Rettenberger/Eher* 2006, 363, vgl. auch *Eher et al.* 2009.
[1087] *Eher et al.* 2008, 85.

groß wie die Gesamtzahl derer, die aus der Gruppe der hoch Rückfallgefährdeten tatsächlich rückfällig werden. Wenngleich der Prozentsatz der >Falsch Negativen< auf Grund der höheren Gesamtzahl von als nicht rückfällig Prognostizierten zwar deutlich geringer ist, so spielen gerade diese Täter insofern in der forensischen Praxis eine relevante Rolle, als man diesen ja gerade ein nicht erhöhtes Risiko vorhergesagt hat, obwohl sie dann dennoch rückfällig werden. Dies lässt beim Laien den Glauben und das Vertrauen in die Professionalität der Prognosegutachter schwinden." Die Analyse der Daten und auch die Ergebnisse anderer Studien zeigen, dass man „selbst in den mit höchstem Gefährlichkeitsgrad definierten Untergruppen oftmals weit von der 50%igen geforderten Wahrscheinlichkeit einer negativen Prognose entfernt ist".[1088]

Eher et al. stellen abschließend fest, dass die genannten Prognoseinstrumente „in den bisherigen Studien auf ihre Vorhersagekraft im Hinblick auf die wohl relevantesten Rückfallkategorien – nämlich sexuell motivierte >hands-on<-Delikte und schwere Gewaltdelikte, die mit Haftstrafen geahndet werden – bislang nicht ausreichend validiert waren". Des Weiteren sei auf die Gefahr hinzuweisen, die Prognostizierbarkeit der einschlägigen Rückfälle bei Sexualstraftätern durch aktuarische Prognoseinstrumente zu überschätzen: „Das unkritische Propagieren von Validitätsindizes kann eine derartige Überschätzung vorantreiben. Validitätsindizes alleine sind keine ausreichende Beschreibung der tatsächlichen Brauchbarkeit einer bestimmten Methode, und schon gar nicht erlaubt der Rückgriff auf noch so gute Validitätsindizes verlässliche Aussagen über das zukünftige Verhalten einzelner Täter." Dass bisher ausreichende Validitätsnachweise für die relevantesten Rückfallkategorien (sexuelle „hands-on-Delikte" und Gewalttaten, die zu Haftstrafen führen) fehlen, gebe zwar Anlass für zusätzliche Kritik, so das Fazit, man dürfe nun „das Kind allerdings nicht mit dem Bade ausschütten und aus den vorgelegten Daten den Schluss ziehen, die Anwendung aktuarischer Instrumente zur Gefährlichkeitseinschätzung sei damit etwa vollkommen nutzlos oder gar obsolet. Im Gegenteil, sie ist zur Einschätzung des Basisrisikos unterschiedlicher Tätertypen und Rückfallkategorien von großem Nutzen. Denn darauf können und sollen die weiteren individuellen Beurteilungen und Vollzugsentscheidungen Bezug nehmen".[1089]

So überzeugend die empirisch belegte Kritik an den geprüften Instrumenten auch ist, das Fazit ist nicht recht nachvollziehbar: Wie die „individuellen Beurteilungen und Vollzugsentscheidungen" auf das jeweilige „Basisrisiko" Bezug nehmen sollen, ohne die Validitätsprobleme schlicht zu übergehen, bleibt leider völlig offen.

d) Täterspezifische Prognoseinstrumente

Einige Instrumente sind auf spezifische Tätergruppen fokussiert, wobei zumeist zwei Populationen im Mittelpunkt des Interesses stehen, nämlich einerseits psychisch gestörte Straftäter (s.u. bb), andererseits Jugendliche resp. junge Täter[1090]:

1088 *Eher et al.* 2008, 86.

1089 *Eher et al.* aaO S. 87, vgl. *Wendt/Stöver* 2011, 456f.

1090 Speziell zu älteren Tätern *T. Wolf* 2009 und *Dahle et al.* 2009, vgl. auch BVerfG R&P 2010, 163; zu Geschlechtsunterschieden exempl. *Lück et al.* 2005, 61ff.

aa) Jugendliche

Jenseits intuitiver und klinischer Prognosen wurde gerade die Jugendstrafrechtspflege immer wieder mit Instrumenten beliefert zur jugendkriminologischen Beurteilung, Diagnose und Prognose (s. o. B. I. 5.). Der allgemein zu beobachtende Prognostik-Aufschwung hat – nicht überraschend – auch hier diverse neue Instrumente eingeführt, von denen exemplarisch nur MIVEA vorgestellt werden soll (allerdings unten: 2. a); die „Jugendversion" der Psychopathie-Checkliste (PCL-YV)[1091] wurde bereits erwähnt (s. o. b).[1092]

bb) Psychisch Kranke

Für die Klientel der forensischen Psychiatrie sind eine ganze Reihe von einschlägigen Instrumenten[1093] entwickelt worden, wobei für bestimmte Patientengruppen (delikt- oder diagnosespezifisch) oft noch andere Verfahren hinzugezogen werden. Hier sei stellvertretend der >HCR-20< vorgestellt:

Das „Historical Clinical Risk Assessment" mit seinen 20 Items (deshalb: HCR-20) wurde besonders für die Risikodiagnose bei psychisch gestörten (vorrangig Gewalt-)Tätern entwickelt.[1094] Es umfasst zehn „historische", also statische Items (incl. PCL-R-Wert, s. o. b), und je fünf aktuelle „klinische" sowie auf die Zukunft bezogene „Risiko"-Items, die jeweils mit einem Punktwert von >0< (liegt nicht vor), >1< (liegt möglicherweise vor) oder >2< (liegt sicher vor) ‚gescort' und sodann zu einem Summenscore (von max. 40 Punkten) zusammengefasst werden.[1095] Grenzwerte oder Richtwerte des Summenscores, die auf ein erhöhtes Rückfallrisiko hinweisen, wurden bislang aber nicht definiert.[1096]

Die Evaluation von *Nedopil* und *Stadtland* (die sich parallel auf den PCL-R, s. o. b) und ihr eigenes Instrument ILRV[1097] bezog) hat zwar einerseits die – im Hinblick auf gewalttätige kriminelle Rückfälle – relativ hohe Treffsicherheit der Instrumente belegt, erbrachte zugleich aber auch eine sowohl beunruhigende (im Hinblick auf die kriminalprognostische und juristische Praxis) als auch beruhigende (im Hinblick auf frühere Befunde) Bestätigung der hohen Fehlerquoten: Wende man den

---

[1091] *Sevecke/Krischer* 2006, krit. *M. Walter* 2005, 294 ff. und *ders.* 2010.

[1092] *Quenzer* 2010, 206 ff.; Überblick bei *Karanedialkova-Krohn/Fegert* 2007, 288 ff. und *M. Walter* 2005, 294 f., vgl. auch *Wendt/Stöver* 2011, *Dahle et al.* 2007, 21 und *Bliesener* 2007, 330; zu dem in Holland entwickelten BARO als „Screeninginstrument zur Erstbeurteilung von jugendlichen Straftätern" *Gutschner et al.* 2006; zu „aggressionsdiagnostischen" Ansätzen *Biedermann* 2007 und *Petermann/Petermann* 2006.

[1093] Zum EFP 63 vgl. *Gretenkord* 2000; zum HPB vgl. *Eucker et al.* 1994 sowie *Eucker* 1998 (zum HCR-20 s. u.); zum BEST-Index für die Therapieplanung *Ross* 2005, zur vermeintlichen „therapeutischen Wende" in der forensischen Prognoseforschung *Steinböck* 2005.

[1094] Dazu *Müller-Isberner et al.* 1998 sowie *Dahle et al.* 2007, 18 f., *Stadtland/Nedopil* 2004 und bereits *Jöckel* 1998; zum Einsatz in Zusammenhang mit der Sicherungsverwahrung *Habermeyer* 2005 (s. o. b) cc).

[1095] Zur Weiterentwicklung des Instruments und der deutschen Adaption *Nedopil* 2006, 109 ff., vgl. auch *Dahle* 2005, 54 f.

[1096] *Bliesener* 2007, 328; vgl. auch *Brettel* 2007, 37 ff. (in puncto Tatverleugnung).

[1097] Ausf. dazu *Nedopil* 2006, 122 ff.

HCR-20 schematisch an, so liege der Anteil der falsch positiven Prognosen (mit – je nach cut-off – 64% bis 78%) noch deutlich höher als bei der PCL-R.[1098] Zugleich sei aber auch der Anteil der Falsch-Negativen (Rückfälle von rückfallfrei Prognostizierten) erheblich: Der „Überlappungsbereich zwischen Rückfälligen und Nicht-Rückfälligen" sei wesentlich größer „als die theoretischen Annahmen und die signifikanten Unterschiede in verschiedenen methodischen Modellen" dies vermuten ließen, erschwere deshalb die prognostische Entscheidung und sollte daher „den Prognostiker zur Zurückhaltung mahnen und ihn davor bewahren, sein Können zu überschätzen".[1099]

2. Klinisch-idiographische Verfahren: individuelle Erklärung

Diese von *Dahle* entwickelte Kategorie umfasst einerseits die ‚klassischen' klinischen Verfahren (soweit es sich nicht lediglich um intuitive Ansätze handelt), andererseits typologieorientierte (s. u. a) sowie dimensionale und strukturelle Ansätze (s. u. b).[1100] Die Übergänge – insb. der dimensionalen Konzepte – zu ‚bloßen' Checklisten oder Kriterienkatalogen (s. u. c) sind fließend.

a) Typologieorientierte Ansätze

Ob an Idealtypen orientierte Modelle per se in der Kategorie der klinisch-idiographischen Herangehensweise richtig aufgehoben sind, mag dahinstehen: Die Zuordnung von Einzelfällen zu Typologien oder Klassifizierungen ähnelt im Grundsatz stark den statistischen Ansätzen. Vom eigenen Anspruch her ist insbesondere das – einzige hier näher erörterte – Verfahren der MIVEA in dieser Kategorie zunächst einmal angemessen verortet:

aa) MIVEA

Die „Methode der idealtypisch vergleichenden Einzelfallanalyse" (MIVEA)[1101] geht zurück auf die Tübinger Jungtäter-Vergleichsuntersuchung (TJVU) von *Göppinger et al.*[1102] und versteht sich als Paradebeispiel einer „angewandten"[1103] bzw. „Einzelfall-Kriminologie".[1104]

Im Gegensatz zu dem generalisierenden Ansatz statistischer Prognosen setze MIVEA auf Individualisierung und zwinge den Anwender, die „individuellen Stärken und Schwächen des Probanden zu erkennen und prognostisch zu verwerten", was sich auch in einer „grundsätzlichen Offenheit für mögliche aktuelle Veränderungen" auswirke, wodurch jenes „gewissermaßen automatische Fortschrei-

---

1098 *Nedopil/Stadtland* 2006, 19, methodische Kritik hieran bei *Dahle* 2005, 56.

1099 AaO S. 20.

1100 *Dahle* 2005, 64 ff.

1101 *M. Bock* 1995 und 2006, daran angelehnt *Wulf* 2006 b, vgl. *Vollbach* 2006, 325 ff.

1102 *M. Bock* 1995, 3 ff. und 2007 a, 111 ff., vgl. auch *Meier* 2010, 189 f.

1103 *Vollbach* 2006, 325 ff., *M. Bock* 2007 c, 34 ff., nahezu euphorisch *Wulf* 2006 b, 149 (dazu gebe es „keine Alternative").

1104 *Wulf* 2006 b, 148.

ben der bisherigen Lebensentwicklung vermieden wird, das die Kriminalprognose insgesamt in Verruf gebracht hat".[1105] Dabei erfolge die Individualisierung durch den Abgleich mit „idealtypischen Begriffen", nämlich durch die „Prüfung, wie das Verhältnis des jeweiligen konkreten Falles zum Idealtypus tatsächlich aussieht, wo es Annäherungen, vor allem aber auch, wo es Differenzen gibt".[1106] Wolle sich ein Fall „den Kriterien der Methode der idealtypisch-vergleichenden Einzelfallanalyse gar nicht fügen", sei dies „ein deutliches Signal mit der Aufforderung, fachwissenschaftlichen Sachverstand in Form eines [klinischen Prognose-]Gutachtens in Anspruch zu nehmen", etwa bei psychiatrisch oder psychologisch auffälligen Personen sowie bei Gewalt- und Sexualstraftätern: Die „Domäne der Angewandten Kriminologie" sei die „massenhaft auftretende sogenannte klassische Kriminalität, insbesondere die Eigentums- und Vermögenskriminalität von psychisch unauffälligen Tätern mit sozial auffälligem Lebenszuschnitt".[1107]

M. Bock ist daran gelegen, vor dem Hintergrund durchweg fundierter Kritik an den gängigen Prognosemethoden (statistisch, intuitiv, klinisch)[1108] MIVEA als eigenständige – und offenbar gegenüber all jener Kritik immune – Prognosemethode darzustellen: Sie genüge einerseits „den Kriterien wissenschaftlicher Gültigkeit",[1109] entspreche aber andererseits – was ebenso offenbar noch wichtiger ist – dem „Bedarf der Strafrechtspflege an individuellen, aktuellen und interventionsbezogenen kriminologischen Beurteilungen".[1110]

Da MIVEA – insbesondere im Unterschied zur klinischen Prognose[1111] – nicht an eine psychologische oder psychiatrische Fachausbildung gebunden sei, stehe sie „allen in der Strafrechtspflege tätigen Berufsgruppen und darüber hinaus allen mit Kindern und Jugendlichen befassten Personen" offen, habe aber gleichwohl nichts mit intuitiven Prognosen gemein, denn „im Lichte der verstehenden Soziologie" zeige sich ihr „erfahrungswissenschaftlich abgesicherter Hintergrund" und ihre klar ausgearbeitete Systematik. Nur bei MIVEA – „weder terminologisch noch theoretisch noch vom Erfahrungswissen her an den Hintergrund einer besonderen Wissenschaftsdisziplin gebunden" – stehe „der straffällig gewordene Mensch, der Täter in seinen sozialen Bezügen im Mittelpunkt des Erkenntnisinteresses".[1112]

Während der klinischen Kriminalprognose eine „typische Kombination von statistischen und intuitiven Elementen" vorgehalten wird,[1113] erscheint MIVEA von all diesen Elementen (und damit auch von der jeweiligen Kritik) frei. Das ist kaum

---

1105 *M. Bock* 1995, 17, vgl. auch *M. Walter* 2010, 248.

1106 *M. Bock* 1995, 16.

1107 *M. Bock* 1995, 19, vgl. auch *ders.* 2007 a, 112.

1108 *M. Bock* 2007 a, 108 ff., vgl. *ders.* 2007 b zum „Elend der klinischen Prognose".

1109 *M. Bock* 2007 a, 111 unter Verweis auf *H. Schneider* 1996, der diese Kriterien freilich selbst entwickelt hat, ähnlich *Vollbach* 2006.

1110 *M. Bock* ebda.

1111 Diff. *Meier* 2010, 189, der MIVEA für eine „Sonderform der klinischen Prognose" hält, die „im internationalen Raum keine Entsprechung" habe.

1112 *M. Bock* 2007 a, 111.

1113 *M. Bock* 2007 a, 112, vgl. *ders.* 2007 b und *H. Schneider* 2006, 100; vgl. zu Kombinationen auch *Weinbrenner* 2003, 35 ff., krit. *Pieth* 2001, 326 ff.

nachvollziehbar: Die idealtypisch-vergleichende Analyse ist gerade im Hinblick auf die diagnostischen Anteile – zumal in Anbetracht der als Vorteil propagierten Hyper-Disziplinarität des Vorgehens – keineswegs frei von Intuition: kann der klinische Zugang nicht selbst geleistet werden, soll auf andere Quellen oder Fachleute zurückgegriffen werden (s.o.); und warum der keineswegs nur qualitative, sondern auch quantitative (mehr oder weniger „Annäherung") Vergleich mit empirisch-retrospektiv erzeugten „Idealtypen" (Extrempole[1114]) kein statistischer Risikogruppenvergleich sein soll, bleibt unerfindlich.

Die von *M. Bock* angebotene Erklärung ist mindestens unergiebig, eigentlich aber entlarvend: Um „von Korrelationen zu Idealtypen" vorzudringen, weil man „mit Korrelationen nur Risikogruppen beschreiben kann, aber keine Einzelfälle analysieren", und weil man mit der Beschreibung von Risikogruppen „in einem Strafrecht, das auf den Individualisierungsgrundsatz verpflichtet ist, nichts anfangen" könne, habe es einer „zweiten Auswertungsschiene" bedurft, die bisher allerdings nicht nur weithin ignoriert worden sei, vielmehr lasse sich auch deren Erkenntnisweg „nicht mehr in allen Einzelheiten rekonstruieren": Aber „wir haben sein Ziel, sein Prinzip und seine Ergebnisse".[1115]

Damit lassen TJVU und MIVEA nicht nur „die internationale Vergleichs- und Langzeitforschung der Gegenwart" hinter sich, wie *M. Bock* (offenbar ohne Ironie) vermerkt,[1116] sondern auch konventionelle wissenschaftliche Standards (durch Konstruktion eines eigenen unkonventionellen „wirklichkeitswissenschaftlichen" Ansatzes[1117]). Und doch beharrt er darauf, dass es bei der MIVEA „für kein einziges Merkmal oder Verhaltensmuster einen generellen Zusammenhang mit der Wahrscheinlichkeit zukünftiger Delinquenz" gebe, und dass es keinesfalls angehe, „irgendwelche Kritik an den >Daten< der TJVU, egal ob berechtigt oder nicht, im direkten Durchgriff auf MIVEA zu übertragen".[1118]

Die von *Wulf* in Umlauf gebrachte Methode „KrimCD-Einzelfall-Kriminologie" ist stark an MIVEA angelehnt, wenn auch von deren Vertretern offenbar nicht (mehr?) „autorisiert". Der Autor stellt klar, dass „eine breite erfahrungswissenschaftliche Evaluation" bislang fehle, womit (zumindest auch) MIVEA gemeint ist; abgesehen von speziellen mathematisch-statistischen Prognosemanualen sei aber „keine andere Methode in Sicht, für die das bereits geleistet wurde".[1119] Müsse es schnell gehen oder sei ein zu großer Aufwand unangemessen, könne man auch „im Kriterienkatalog ankreuzen und Stichworte ergänzen", das sei immer noch besser als „eine rein intuitive Stellungnahme oder ein wenig transparentes klinisches Vor-

---

[1114] Vgl. auch *Gutschner et al.* 2006, 136.

[1115] *M. Bock* 2006, 283f. mit weiteren (aber ebenfalls nicht weiterhelfenden) Nachweisen; vgl. zu den Problemen dieser „Methodik" u.a. *Graebsch/Burkhardt* 2006, 146 m.w.N.

[1116] *M. Bock* 2006, 284 unter Verweis auf die von ihm betreuten Dissertationen von *H. Schneider* 1996, *Vollbach* 2006 und *Brettel* 2007.

[1117] Ihm folgend *H. Schneider* 1996, 106ff.

[1118] *M. Bock* 2006, 286f. (und Fn. 50), überhaupt sei ihm der Begriff >Prognose< zunehmend suspekt (aaO S. 287).

[1119] *Wulf* 2006b, 152, vgl. auch *ders.* 2005, seiner eigenen „einheitlichen Methode" kurzerhand den Qualitätsausweis „gute kriminologische Prognose" ausstellend.

gehen".[1120] Er selbst (als Referatsleiter >Jugendstrafvollzug< im Baden-Württembergischen Justizministerium) setze die Methode aber seit Jahren „bei der Entscheidung in kritischen Lockerungsfällen" ein, dabei habe sie sich „entwickelt und sich bewährt" – woran er diese „Bewährung" festmacht, bleibt freilich offen: Ihm jedenfalls verschaffe sie „Methodensicherheit" und damit nicht nur „innere Sicherheit im wortwörtlichen Sinn", sondern als Einzelfall-Kriminologie auch „mehr innere Sicherheit für unsere Gesellschaft": Wer sich daran halte, könne sich „auch dann nicht strafbar machen oder Staatshaftung mit Regress auslösen, wenn die Entscheidung unrichtig ist und einen Schaden verursacht (Straftat, Flucht, Suizid)".[1121] An eine Haftung für Freiheitsberaubung hat der Autor gar nicht erst gedacht ...

Zum Teil besonders hervorgehoben, zum Teil schlicht durch die Praxis belegt, erweist sich MIVEA – jenseits des Jugendkriminal- und Strafvollzugsrechts – als vielseitig einsatzfähig, etwa für die Auswahl der „richtigen" Teilnehmer am „Anti-Aggressivitäts-Training" (AAT) im Rahmen einer Interventionsprognose[1122] oder bei Personalauswahl und -entwicklung „in den Institutionen, die der >inneren Sicherheit< verpflichtet sind" im Rahmen eines „personalen Risikomanagements"[1123]; es kommt potentiell in allen Verfahrensstufen zum Einsatz, in denen in der Strafrechtspflege personenbezogene Entscheidungen zur Prognose und zur Interventionsplanung zu treffen sind,[1124] sogar im Maßregelvollzug.[1125] Schließlich wird es als „Prognoseinstrument" für den Hausgebrauch des Strafverteidigers[1126] gepriesen: Warum Strafverteidiger nicht nur in der Lage sein müssen, im Rahmen des Strafverfahrens präsentierte Prognosen (ggf. entsprechende Gutachten) kritisch hinterfragen zu können,[1127] sondern darüber hinaus „eigene prognostische Vorstellungen durchzusetzen", wird nicht problematisiert – das im Zusammenhang mit § 244 Abs. 4 S. 1 StPO genannte Beispiel macht jedoch skeptisch: „Wie sollte ein Richter beispielsweise ohne eine gleichwertige Analyse die kriminologische Relevanz des MIVEA-Kriteriums >inadäquates Anspruchsniveau< verneinen oder für dessen Beurteilung eigene Sachkunde in Anspruch nehmen?"[1128] Richtet sich dieses MIVEA-Angebot vielleicht doch eher an die Staatsanwaltschaft?[1129]

bb) Kritik

Die MIVEA hat vielfältige Kritik erfahren, sofern sie nicht schlicht ignoriert wurde, was freilich – nicht zuletzt auf Grund der eigenen, zunehmend erfolgreichen

---

[1120] *Wulf* aaO S. 151/152; diff. *Schallert* 1998, 23 (keine Checkliste).

[1121] *Wulf* aaO S. 152, vgl. auch *ders.* 2006 a.

[1122] *Cosmai/Hein* 2006, vgl. auch *Wulf* 2005.

[1123] *M. Bock* 2007 c, 35.

[1124] *M. Bock* 2007 c, 34, vgl. auch *Oetting* 2008.

[1125] *Vollbach* 2006, 325 ff.

[1126] *Brettel* 2005.

[1127] Vgl. dazu auch *Volckart/Pollähne/Woynar* 2008, 46 ff. und insb. *Tondorf/Tondorf* 2011, 242 ff., 281 ff., 291 ff.

[1128] *Brettel* 2005, 102.

[1129] Auch die MIVEA-Anpreisung durch den Mainzer Rechtsanwalt und Strafverteidiger *Schallert* (1998) hinterlässt entsprechende Irritationen.

Vermarktung[1130] – immer schwieriger wird. Exemplarisch soll auf die Kritik von *Graebsch* und *Burkhardt* verwiesen werden[1131]: Ausgangspunkt ist die Auseinandersetzung mit der Tübinger Jungtäter-Vergleichsuntersuchung (TJVU), dessen vermeintlich „vorurteils-“ und theoriefreier Mehrfaktorenansatz kritisiert wird, weil ihm „denknotwendig trotzdem kriminalitätstheoretische Annahmen zugrunde“ lägen, die aber „unausgesprochen (und unüberprüft!) bleiben“.[1132]

Gerade im Hinblick auf die Anwendung von MIVEA im jugendstrafrechtlichen Kontext wird die Alterszusammensetzung der Stichproben und die mangelnde Repräsentanz der sog. „H-Gruppe“ (junge Männer, die Ende der 70er Jahre eine mindestens sechsmonatige Jugendstrafe verbüßten) problematisiert: Offensichtlich handelte es sich nicht um „die >typischen< Jugenddelinquenten heutiger Tage“ – auch deshalb müsse verwundern, „wie bedenkenlos die MIVEA-Protagonisten ihr auf der TJVU basierendes Prognoseinstrument auf Jugendliche anwenden“.[1133] Gravierenden methodischen Bedenken begegne der Gruppenvergleich, bei dem einerseits relevante Einflussfaktoren unberücksichtigt blieben (insb. die Haftsituation bzw. -erfahrung der H-Gruppe), was sich bei der Anwendung von MIVEA auf Inhaftierte noch potenzieren könnte,[1134] andererseits die Selektionseffekte der formellen Strafverfolgung außer Acht gelassen wurden: Daraus ließen sich keine „Idealtypen im Hinblick auf Kriminalität“ ableiten, sondern eher im Hinblick auf Kriminalisierung: „Statt Vorhersagen über spätere Straftaten lassen sich allenfalls Vorhersagen über die Wahrscheinlichkeit späterer Strafverfolgung treffen. In diesem Fall allerdings ist die Methode ebenso zirkulär wie die von ihren Verfechtern kritisierten anderen Prognoseverfahren, die dieselben Variablen sozialer Herkunft immer wieder verwenden – denn auf indirektem Wege geschieht dies auch hier.“[1135]

Kritisiert wird weiterhin die „stark abwertende und stigmatisierende Wirkung“ negativer MIVEA-Prognosen und der letztlich – entgegen anderweitiger Beteuerungen – statische Ansatz, der unterschiedliche „soziale Bezüge“ zwischen den Vergleichsgruppen analysiere, nicht hingegen die Dynamik im Lebenslauf: „Die den von *Göppinger* und *M. Bock* gezogenen Schlussfolgerungen generell zugrun-

---

[1130] Krit. *Graebsch* 2009a, 731; exempl. die geradezu euphorisierende Darstellung neuer Zeiten in der Iserlohner Jugendstrafrechtspflege, in der „nun eine fröhliche interinstitutionelle Kommunikation möglich“ sei, und in der JVA Wiesbaden, die „auf die MIVEA verfallen“ sei (als >lingua franca<), um die eigenen Leistungen „im Sinne der Neuen Verwaltungssteuerung“ zu dokumentieren, „zentrale strafrechtliche Zielgrößen zu operationalisieren“ und die „Existenzberechtigung der diesen Zielgrößen verpflichteten Institutionen im Streichkonzert der Sanierung öffentlicher Haushalte zu sichern“ (*M. Bock* 2007c, 37ff.).

[1131] Die unausweichliche (vgl. auch *ders.* 2009 gegen *Schöch* 2008) Replik von *M. Bock* 2006 sei hier zum Selbstleseverfahren empfohlen.

[1132] *Graebsch/Burkhardt* 2006, 142, vgl. auch *Graebsch* 2009a, 729, *Pieth* 2001, 328ff. und *Kunz* 2004, 145f.

[1133] *Graebsch/Burkhardt* ebda, krit. auch *Meier* 2010, 190.

[1134] *Graebsch/Burkhardt* aaO S. 142f.

[1135] *Graebsch/Burkhardt* aaO S. 143 unter Verweis auf bereits in den 80er Jahren geäußerte Kritik (insb. von *H. J. Schneider* in der Erstauflage seiner Kriminologie S. 403); auch insofern bemerkenswert der Disput zwischen *Heinz* 1995, 126 und *M. Bock* 1997, 15ff.

deliegende Ausgangsunterscheidung zwischen kriminellen und nicht-kriminellen Individuen“ sei zumindest aus heutiger Sicht überholt.[1136] Den Typus „Hineinentwicklung zur Kriminalität“ mithilfe von MIVEA bereits in der Jugend vom Typus „Kriminalität im Rahmen der Persönlichkeitsreifung“ unterscheiden zu können, sei nicht nur „wissenschaftlich obsolet“, sondern wirke auch anmaßend. Schließlich werden nicht nur zentrale „kriminorelevante“ Kriterien auf der Grundlage neuerer Forschung in Frage gestellt (insb. die Bedeutung des sog. „Leistungsbereichs“, also Arbeitsbiographie und -moral),[1137] sondern auch die Übertragung von MIVEA auf Personengruppen, die gerade nicht Gegenstand der TJVU waren (insb. Frauen und Ausländer).[1138] Der Anspruch von MIVEA, nicht nur Diagnose- sondern auch Prognose-Instrument zu sein, lasse schließlich jegliche wissenschaftliche Absicherung vermissen, von Evaluation ganz zu schweigen.[1139]

Das Resümee fällt sowohl im Hinblick auf die TJVU als auch die MIVEA erwartungsgemäß vernichtend aus: „Insgesamt wurde in *Göppingers* Studie ebenso wie bei den daraus gezogenen Schlussfolgerungen das gefunden, wonach gesucht wurde. Es wurden die Vorurteile bestätigt, die (bürgerliche) Durchschnittsjuristen zu dieser Zeit hatten und die offenbar auch heute noch reproduziert werden können: Rückfällig wird, wer arbeitsscheu ist, kein Verhältnis zu Geld hat, und wer seine Sexualität außerhalb (seriell)monogamer Liebesbeziehungen oder der Ehe auslebt bzw. schon früh erkundet.“ MIVEA sei eine Methode, mit der auch im täglichen Umgang mit Einzelfällen in diesem Sinne „immer wieder gefunden werden kann, wonach man sucht“ (s.o.), was sich gerade bei Jugendlichen besonders problematisch auswirke.[1140]

b) Dimensionale und strukturelle Ansätze

Aus der Vielzahl von Prognoseverfahren, die als dimensionale Ansätze oder Strukturmodelle der „klinisch-idiographischen“ Kategorie zugeordnet werden können (mit fließenden Übergängen zu Checklisten und Kriteriologien, s.u. c), seien hier nur der ILRV[1141] von *Nedopil et al.* und das von *Dahle et al.* entwickelte Modell kurz vorgestellt:

Die „Integrierte Liste der Risikovariablen“ (ILRV)[1142] versteht sich als Weiterentwicklung der von *Rasch*, *F. Weber*, *Leygraf* u.a. aus gutachterlichen Erfahrungen extrahierten Kriteriologien, ergänzt durch Schätzwerte für Basisraten, und

---

[1136] *Graebsch/Burkhardt* aaO S. 143, unter Verweis u.a. auf die Tübinger Nachuntersuchungen von Stelly et al. (1998).

[1137] *Graebsch/Burkhardt* aaO S. 144 unter Verweis auf die Bremer Längsschnittstudien von Schumann (2003) zu „Berufsbildung, Arbeit und Delinquenz“ und zur „Delinquenz im Lebensverlauf“.

[1138] *Graebsch/Burkhardt* ebda.

[1139] *Graebsch/Burkhardt* aaO S. 145/146 m.w.N., ähnlich *Dahle* 2005, 70 und *Bliesener* 2007, 329, vgl. auch *Schöch* 2008, 984.

[1140] *Graebsch/Burkhardt* aaO S. 145.

[1141] Dazu *Nedopil* 2007, 294f. m.w.N., insb. zum Altersfaktor *ders.* 2006, 127ff.

[1142] Vgl. *Stadtland/Nedopil* 2004, *Nedopil* 2006, 122ff. und *ders.* 2007, 293f.

wurde insb. für die forensische Psychiatrie entwickelt, um „den Klinikern eine Liste wichtiger Aspekte in die Hand zu geben, die bei Prognosebeurteilungen berücksichtigt werden sollten“, wobei – im Gegensatz zu anderen Instrumenten – „nicht nur Risikofaktoren, sondern auch protektive Faktoren“ enthalten sind: „Da Instrumente das Denken ihrer Anwender beeinflussen, würde nach Ansicht des Autors eine Liste, die ausschließlich Risikofaktoren enthält, zwar die Beachtung dieser Risikofaktoren erhöhen, gleichzeitig aber dazu führen, dass protektive Faktoren übersehen werden.“[1143] Eine statistische Auswertung sei nur für die wissenschaftliche Evaluation vorgesehen, nicht aber für die individuelle Prognosestellung, bei der es wichtiger sei, die einzelnen Risikofaktoren „im Rahmen eines hypothesengeleiteten Vorgehens zu erfassen und sie transparent zu interpretieren, als eine Formel zur Errechnung eines Prognosescores zu entwickeln“.[1144] Um nicht falschen Vorstellungen weiter Vorschub zu leisten, müsse schließlich „betont werden, dass die aufgeführten Merkmale nicht Prognoseparameter, sondern Risikofaktoren“ seien; erst wenn beim untersuchten Probanden ein Risikofaktor „bislang mit Delinquenz verknüpft“ war, ließen sich daraus prognostische Schlussfolgerungen ziehen.[1145]

In dieser Kategorie verortet sich *Dahle* vor allem auch selbst mit seinem „allgemeinen Prozessmodell der klinisch-idiographischen Urteilsbildung“, bzw. „Strukturmodell klinisch-prognostischer Prognosebeurteilung“.[1146] Der erste Schritt bestehe darin, aus der Rekonstruktion der biografischen Entwicklung und der strafrechtlichen Vorgeschichte sowie aus der Tathergangsanalyse zum Anlassgeschehen eine individuelle Theorie der bisherigen strafrechtlichen Entwicklungen des Täters abzuleiten, wobei der Theoriebegriff auf „Gütekriterien“ verweise, an die sich „die Bewältigung dieser ersten diagnostischen Teilaufgabe zu messen habe“.[1147] So sei zu prüfen, inwieweit diese „Individualtheorie“ das Anlassgeschehen hinreichend erkläre („Erschöpfungsgrad“), inwieweit sie in sich selbst und im Verhältnis zu bewährten Theorien und empirischen Erfahrungen kompatibel sei („Widerspruchsfreiheit“), auf ein einheitliches Begriffssystem Bezug nehme („semantische Konsistenz“) und inwieweit nicht belegbare oder theoretisch nicht begründbare Vorannahmen eingehen („Einfachheit“).[1148]

Aus einer im vorgenannten Sinne „hinreichend vollständigen Individualtheorie“ ließen sich dann „die personalen Faktoren der bisherigen Delinquenz des Inhaftierten“ analysieren und die situationalen Rahmenbedingungen ihrer Realisierung beschreiben, womit gemäß § 454 StPO die „in der Tat zutage getretene Gefährlichkeit“ abgebildet sei.[1149] In den folgenden Schritten des Strukturmodells gehe es dann darum, das relevante Verhalten seit der letzten Tat zu erklären, den aktuellen

[1143] *Nedopil* 2007, 293.
[1144] *Nedopil* aaO S. 293/294.
[1145] *Nedopil* 2007, 294.
[1146] *Dahle* 2005, 73 unter Verweis auf eigene Vorveröffentlichungen und Inkaufnahme terminologischer Unschärfen.
[1147] *Dahle* 2008, 448.
[1148] *Dahle* ebda, unter Verweis u. a. auf Gadenne (1994), diff. *Brenneis* 2010, 64 ff.
[1149] *Dahle* ebda, ebenso *Kröber* 2006 a, 90 ff.

Entwicklungsstand resp. Persönlichkeitsquerschnitt und schließlich die Perspektiven der zukünftigen Lebensgestaltung zu analysieren.[1150] Damit ließen sich „Wenn-dann-Analysen über solche situationalen Rahmenbedingungen anstellen, die eine nochmalige Realisierung dieser Risiken in Form der Anlasstat vergleichbaren Handlungsdynamik befürchten lassen“,[1151] wobei auch aktuarische Instrumente Verwendung fänden. Die eigene Evaluation (im Rahmen der CRIME-Studie) habe ergeben, dass die idiographischen Beurteilungen nicht nur insgesamt besser (als die aktuarischen Instrumente) waren, deren Schwächen vielmehr „systematisch zu reduzieren vermochten“; vor allem bei jenen Probanden, die in der aktuarischen Prognose wenig profiliert erschienen und als unspezifisch klassifiziert wurden, sei „der durch die zusätzliche idiographische Beurteilung erzielbare Zugewinn an Prognosegüte beträchtlich“ gewesen.[1152] Über eine unabhängige Validitätsprüfung ist bisher nichts bekannt geworden.

c) Checklisten und Kriterienkataloge

Für die diversen – zum Teil auf *Rasch* zurückgehenden[1153] – Checklisten und Kriterienkataloge[1154] sind unabhängige Evaluationen nicht bekannt,[1155] weshalb sie hier lediglich Erwähnung finden sollen: (nicht nur) in der Schweiz ist einerseits seit einigen Jahren die sog. „*Dittmann*-Liste“ in Gebrauch,[1156] andererseits wurde von *Urbaniok et al.* erst TRET, sodann FOTRES entwickelt,[1157] angeblich eine „neue Generation von Prognoseinstrumenten“[1158]; beide Ansätze stehen im Zusammenhang mit amtlichen Fachkommissionen.[1159] In Essen wurde zunächst von *F. Weber* und *Leygraf* ein Prognosefragebogen erarbeitet[1160]; seit einigen Jahren liegt ein von *D. Seifert* entwickeltes – und evaluiertes – klinisches Inventar vor.[1161]

Vor- und Nachteile klinischer Prognoseverfahren werden von *D. Seifert* selbst treffend auf den Punkt gebracht: Korrespondierend zur geringen Operationalisierbarkeit sei auch die mitunter mangelnde Reliabilität klinischer Kriterien zu beach-

---

1150 *Dahle* aaO S. 448f. m.w.N.

1151 *Dahle* ebda. S. 449, ausf. *ders.* 2005, 73ff., ähnlich offenbar *P.-A. Albrecht et al.* 2010, 1021 (unter Verweis auf Konrad).

1152 *Dahle* 2008, 450.

1153 Dazu *Rasch/Konrad* 2004, 393ff. (vgl. auch das Beispiel eines Prognosegutachtens aaO S. 414ff.); krit. zum „Check“-Begriff *Kobbé* 1996, 179ff. und *Feuerhelm* 1999.

1154 *Frisch* 1994, 67ff. bezeichnet sie treffend als „dokumentiertes Erfahrungswissen“, vgl. auch *Pollähne* 1994.

1155 Vgl. u.a. *Bliesener* 2007, 328ff., *Nedopil* 2006, 114ff. und *Brettel* 2007, 51ff.

1156 *Dittmann* 2003, ähnlich *Foerster* 2000; dazu *Nedopil* 2006, 114ff., *Dahle* 2005, 63f. und *Bliesener* 2007, 328f.; Anwendungsbeispiel bei OLG Koblenz, Beschluss vom 19. 11. 2007 – 1 Ws 141/07 – juris (Abs. 25ff.).

1157 Dazu *Urbaniok* 2000 und 2005 sowie *Noll* 2007, 107ff., vgl. *Bliesener* 2007, 329, *Brettel* 2007, 63ff. und *Karanedialkova et al.* 2010, 248f., 259.

1158 *Noll* 2007, 115.

1159 Vgl. *Ermer/Dittmann* 2001 und *Dittmann/Graf* 2010, krit. *Stratenwerth* 2002.

1160 *F. Weber* 1996, dazu *Leygraf* 2009, vgl. dazu *Nedopil* 2006, 116f.

1161 *D. Seifert* 2007b und *ders. et al.* 2003.

ten, etwa in puncto „Deliktverarbeitung“.[1162] Ausgeprägte Diskrepanzen zwischen schwachen Interrating- und hohen Reratingwerten seien als Indiz für „stabile intrasubjektive Konstrukte“ zu werten: „Therapeuten nutzen sozusagen ihre ganz persönliche Definition klinischer Kriterien. Der Begriff verliert somit an Präzision.“[1163]

Beschränkt werde die Gültigkeit klinischer Prognosemerkmale letztlich auch von „der Qualität der ambulanten Nachbehandlung“: Eine Auswertung von Bewährungshelferberichten habe gezeigt, dass die nicht rückfällig gewordenen Patienten intensiver nachbetreut wurden, bei den gescheiterten Patienten schien zudem die Kommunikation zwischen Justiz und Psychiatrie verbesserungswürdig: „Eine unzureichende forensische Nachsorge limitiert jede noch so gut ausgefüllte Prognosecheckliste, unabhängig davon, ob sie auf vorwiegend klinischen oder aktuarischen Kriterien basiert.“[1164]

3. Diverse Instrumente und Verfahren

Zusätzlich zu den genannten Standard- und Spezialinstrumenten bieten sich mittlerweile aus ganz unterschiedlichen Perspektiven und Disziplinen weitere (zumeist ergänzende) Verfahren an – ohne Anspruch auf Vollständigkeit seien genannt: psychometrische Persönlichkeitsdiagnostik (für den Maßregelvollzug),[1165] bildgebende bzw. neuropsychologische Verfahren,[1166] neurologische „soft signs“,[1167] biokybernetische Ansätze,[1168] künstliche neuronale Netze[1169] und Tatort- bzw. Tathergangs-[1170] oder Kriminalakten-Analysen[1171] (s. o. B.I.3.c)bb) a.E. und II.4. a.E.).

Daneben wird div. Einzelaspekten mal mehr, mal weniger kriminalprognostische Qualität zugesprochen, etwa: Empathiedefizite und deren Behandelbarkeit.[1172] Schließlich wird bestimmten psychiatrischen Diagnosen (zur „Psychopathie“, deren diagnostische Qualität psychiatrisch umstritten ist, s. o. 1. b) eine kriminalprognostische Relevanz zugeschrieben, wie etwa den Persönlichkeitsstörungen.[1173] Ob da-

---

1162 *D. Seifert* 2007 a, 32.

1163 Ebda.

1164 *D. Seifert* ebda m. w. N., ähnlich *Pollähne* 1994.

1165 *Gebauer/Bartels* 2005; vgl. auch den impliziten Assoziationstest (IAT) bei *Bittner et al.* 2010.

1166 Vgl. nur *Münz* 2006, *Roth et al.* 2006, *Strüber et al.* 2006 sowie *J. L. Müller* 2006 und 2007; allg. zu biologischen Faktoren *Stolpmann et al.* 2010; extrem in den politischen Konsequenzen *Birbaumer* 2002, krit. *Urbaniok et al.* 2009.

1167 Zu NSS vgl. *Möller-Mussavi/Seifert* 2006 m. w. N.

1168 *Mitterauer* 1992.

1169 *Galow* 2005.

1170 Vgl. nur *Osterheider/Mokros* 2006, *S. Müller et al.* 2005, *Köhler et al.* 2007 und *Scheiner* 2008, diff. *Kröber* 2006 c, vgl. *Tondorf/Tondorf* 2011, 113 ff.

1171 *Stiefel* 1996.

1172 *Lübcke-Westermann* 2007 m. w. N.

1173 Exempl. dazu *Orlob* 2000, 183 ff., *Herpertz* 2004 und *Rössner* 2004, *Hinrichs/Köhler* 2006, *Kröber* 2006 a, 132 ff., *Leygraf* 2004 sowie *Nedopil* 1997 und 2004 b, 128 ff., vgl. auch *Frädrich/Pfäfflin* 2000 und *Reinmann* 2009.

rüber hinaus psychische Erkrankungen überhaupt mit einer höheren Gefahr der Begehung von (insb. Gewalt-)Straftaten (resp. mit entsprechenden Rückfällen) einhergehen, ist weiterhin stark umstritten.[1174]

4. Resumée

Fundierte Kriminalprognosen stellen erhebliche Anforderungen an den Beurteiler. Es wurden in jüngerer Zeit jedoch methodische Ansätze entwickelt, so *Dahles* Fazit, die „inhaltlich fortschrittlich, methodisch fundiert und empirisch vergleichsweise gut evaluiert" seien und wissenschaftlich deutlich besser begründete Einschätzungen ermöglichten, als dies noch vor einigen Jahren der Fall war: „Die den jeweiligen Verfahren zugrunde liegenden methodischen Grundkonzepte weisen dabei spezifische Stärken und Begrenzungen auf. Diese lassen es ratsam erscheinen, im Rahmen praktischer Prognosebegutachtungen die unterschiedlichen Ansätze zu nutzen und die jeweils gewonnenen Einschätzungen im Rahmen des Urteilsbildungsprozesses zu integrieren."[1175]

Zwar entspreche es heute sicherlich nicht mehr dem Stand der Wissenschaft, so *Nedopil*, auf den Einsatz von Prognoseinstrumenten zu verzichten oder die in diesen Instrumenten enthaltenen Variablen nicht zu berücksichtigen, es wäre „andererseits aber auch verfehlt, eine Prognose ausschließlich oder auch nur überwiegend mit einem Punktwert, der mit einem Prognoseinstrument erzielt wurde, zu begründen", zumal die meisten Instrumente eigentlich geschaffen wurden, um die aus der empirischen Forschung gewonnenen Erkenntnisse „zusammenzufassen und für den Praktiker anwendbar zu machen und um quantitative Grundlagen für neue Forschungen zu schaffen".[1176]

Der Humanwissenschaftler, dessen Aufgabe es sei, dem Entscheidungsträger „die erfahrungswissenschaftlichen Grundlagen für dessen Urteil zu vermitteln", könne, wenn er nicht selbst zum Entscheidungsträger werden will, nur „die Risikofaktoren benennen, die er beim Untersuchten vorfindet, und er kann den Untersuchten einer Gruppe von Tätern zuordnen, deren Rückfallrate er kennt und die er beziffern kann". Dies sei keine Individualprognose und auch keine Angabe von Wahrscheinlichkeit im Einzelfall, sondern lediglich „Vermittlung empirischer Erkenntnisse über die Gruppe, welcher der Untersuchte zugeordnet wurde".[1177] Zudem stimmt nachwievor, was *Böllinger* bereits 1980 zum Ausdruck brachte: „Sta-

---

[1174] Vgl. zuletzt *Zinkler* 2008 m. w. N., diff. *Nedopil* 2004a und *Haller* 2000, vgl. auch *Kröber* 2006a, 125 ff., *Blau* 1984, 8 ff., *Barnett/Richter* 1995, 337 f.

[1175] *Dahle* 2008, 451 unter Verweis auf sein eigenes Modell (s. o. 2. b), vgl. auch *Nedopil* 2004c.

[1176] *Nedopil* 2006, 125, ähnlich *Bliesener* 2007, 333; vgl. bereits *Leygraf/Nowara* 1992, 52 in Erwartung „spezifischer Kriteriencluster"; konsequenter in der Ablehnung aus strafrechtswissenschaftlicher Sicht *Tondorf* 2006, a. A. *H. J. Schneider* 2001, 412.

[1177] *Nedopil/Stadtland* 2006, 22 f., ähnlich *Boetticher et al.* 2009, ihnen folgend BGH NStZ-RR 2010, 203 und StraFo 2011, 62 (unter Verweis auf *A. König* 2010); vgl. aber auch *Krasmann* 2003, 92 f., die diesen Ansatz als Ausdruck „punitiver" Regierungstechnologie charakterisiert, ähnlich *P.-A. Albrecht* 2010b, 526.

tistiken sind tautologische Instrumente, die im Grunde nur das bestätigen, was man vorher schon wußte.“[1178]

Für eine Risikoabschätzung, die dem heutigen Wissenstand gerecht wird, erscheine es erforderlich, so *Nedopil* zusammenfassend, die „dynamischen Aspekte der Entwicklung des einzelnen Patienten mit dem aufgrund von Risikofaktoren erlangten Wissen zu kombinieren“. Da die Prognoseentscheidung ein komplexer Prozess sei, der selbst bei Anwendung von Kriterienkatalogen sehr weitgehend von der Erfahrung und Intuition der Gutachter abhänge, sei es wichtig, wenigstens „eine Struktur zu finden, welche die Gedankengänge der Gutachter durchschaubar macht und erlaubt, diese Gedankengänge am allgemein klinischen und kriminologischen Wissen zu überprüfen“. Die forensischen Psychiater sollten sich im Einzelfall auf „das Aufzeigen von Risikofaktoren künftiger Delinquenz beschränken, dabei protektive Faktoren nicht übersehen, aber auch nicht überbewerten, und darüber hinaus Zeitraum und Situation benennen, für die ihre Risikoeinschätzung gelten soll“. Gutachterliche Schlussfolgerungen, die dem heutigen Gesetzestext folgend formuliert seien, wären mit den „empirisch begründeten Aussagemöglichkeiten“ aber nicht zu vereinbaren: Sachverständige sollten sich nicht durch die Übernahme solcher Formulierungen in die Rolle des >Richters in Weiß< drängen lassen.[1179]

Bislang fehlen aussagekräftige Untersuchungen, die zeigen, dass Diagnostiker im Rahmen der klinischen Prognose die mit Hilfe von Kriterienkatalogen gewonnenen validen Einzelinformationen[1180] auch zu einer validen (zumindest den statistischen Prognosen in der Trefferquote vergleichbaren) Entscheidung verdichten können, so *Blieseners* Fazit.[1181] Vor dem Hintergrund dieser alten Debatte und den nach wie vor bestehenden Unzulänglichkeiten der beiden prognostischen Strategien seien in den letzten Jahren Vorgehensweisen vorgeschlagen worden, die beide Strategien integrieren.[1182] Es bleibe aber stets zu berücksichtigen, dass die Kriminalprognose, d.h. die Vorhersage des Eintretens eines seltenen Ereignisses im gesamten zukünftigen Verhaltensstrom einer Person, unter teilweise unvorhersehbaren situativen Bedingungen,[1183] eine sehr schwierige und komplexe Aufgabe ist: „Das beschriebene Vorgehen mag vor (handwerklichen) Prognosefehlern bewahren, ein Schutz vor Unwägbarkeiten und daraus resultierenden Prognoseirrtümern ist es dennoch nicht.“[1184] Das Fazit von *Nowara* ist denn auch ein eher reservierter Ausblick: „Wenn menschliches Verhalten schon nicht immer mit voller Sicherheit vorhergesagt werden kann, sollte doch das Handwerkszeug für die Vorhersagen möglichst optimal sein.“[1185] Anstelle von „pseudo-exakten Prognosen“ geht es, so *Böllinger* bereits 1980, eher um „Trendanalysen und Vorausprojektionen unter ge-

---

[1178] *Böllinger* 1980, 300.

[1179] *Nedopil* 2007, 301.

[1180] Dass aktuarische Prognoseinstrumente „blinde Flecken“ aufhellen können, betonen *Foerster/Winckler* 2009, 26.

[1181] *Bliesener* 2007, 335, vgl. *Boetticher et al.* 2009.

[1182] *Bliesener* aaO unter Verweis auf Dahle.

[1183] Vgl. auch *Pierschke* 2001, 257 und *Steller* 2010, 192.

[1184] *Bliesener* aaO S. 337.

[1185] *Nowara* 2004, 167.

nauer Benennung der historisch-sozialen und lebensgeschichtlichen Spezifität von Randbedingungen".[1186]

Konsens besteht immerhin dahingehend, dass bei der prognostischen Einschätzung der Rückfallgefahr von Rechtsbrechern „immer noch" eine „erhebliche Unsicherheit" herrsche, die jedoch „Ansporn" sein sollte, prognostische Methoden „weiter zu verbessern und an den Einzelfall angepasste Modelle zu entwickeln, die treffsicherere Risikoeinschätzungen ermöglichen".[1187] Das Bemerkenswerte ist nur, dass dies auch schon vor zehn, zwanzig oder dreißig Jahren so oder so ähnlich formuliert wurde, so dass die Prognose nicht zu gewagt erscheint, dass dies in zehn, zwanzig oder dreißig Jahren immer noch so oder so ähnlich formuliert werden wird.[1188] Dass der kriminalprognostische Optimismus derzeit deutlich stärker ausgeprägt ist, als etwa in den 1970er und 80er Jahren, wird abschließend zu erörtern sein (s. u. F.).

[1186] *Böllinger* 1980, 291.

[1187] Exempl. *Nedopil/Stadtland* 2006, 20f., vgl. bereits *Hinz* 1987, 76f.

[1188] Vgl. auch *Hartmann/Vogel* 2010, 11 über den Kontrast zwischen der „klassisch positivistischen Auffassung der Prognose" und den Ergebnissen von Studien, die belegten, dass „die Performanz der Prognosen gerade in kybernetisch-komplexen Bereichen in den letzten einhundert Jahren kaum gesteigert werden konnte".

D. Kriminalprognostik im Recht

In Anbetracht des Stellenwerts der Prognose im Strafverfahren und der im Rahmen der Arbeitsteilung den beteiligten Juristinnen und Juristen auferlegten Entscheidungsverantwortung[1189] (ausf. u. III.) muss es verwundern, wie unzureichend die juristische Prognose-Methodologie entwickelt wurde.[1190] Jedenfalls ist sie weder Gegenstand der Ausbildung (wo das gesamte Sanktionsrecht bekanntlich ohnehin zu kurz kommt[1191] und die Wahlfachgruppe >Kriminologie, Jugendstrafrecht, Strafvollzug< zusätzlich marginalisiert wird[1192]) noch gängiger Lehrbücher und Kommentare: Man muss schon Speziallehrbücher zum Sanktionsrecht[1193] und ebenso solche Kommentare etwa zum Beweisrecht bemühen,[1194] um den juristischen Dimensionen kriminalprognostischer Methodologie auf die Schliche zu kommen, und landet schließlich bei hoch spezialisierten Monographien,[1195] die zwangsläufig die – keineswegs vorwurfsvoll gemeinte – Frage aufwerfen, welcher Praktiker sie denn liest (was für das vorliegende Werk freilich erst recht gelten mag).[1196]

Nicht nur wegen der Letztverantwortung für die Prognoseentscheidung (übrigens auch im Hinblick auf Art. 104 Abs. 2 GG[1197]) wären es aber vor allem die Juristinnen und Juristen, die sich um die prognostische Methodologie zu kümmern haben, entweder weil sie sie selbst anwenden oder aber weil sie sie benötigen, um ein ggf. erstattetes Gutachten nachvollziehen und kritisch würdigen zu kön-

---

[1189] *Tondorf* 2005, 55f., vgl. *Steck-Bromme* 2010, 187 und bereits *Böllinger* 1980, 303.

[1190] Um was es hier nicht geht, aber auch nicht gehen muss, da es zur Lösung der virulenten Probleme nichts beiträgt („Der Bezug zur Wirklichkeit ist nämlich ein anderer“, so *Kerner* 1980, 308), ist die Exemplifizierung der kriminalprognostischen Subsumtionslogik im „syllogistischen“ Modell (exempl. *Volckart* 1997a und 1999), vgl. bereits *Böllinger* 1980, 288 und 296f.

[1191] Vgl. *Meier* 2009, V, *Brandenstein* 2006, 361, 393, zu einseitig allerdings *Wulf* 2006b, 148.

[1192] Vgl. auch *P.-A. Albrecht* 2010b, 5ff. sowie *ders. et al.* 2010, 1019; immerhin bleiben einschlägige Lehrbücher, vgl. nur *Eisenberg* 2007a § 21, *M. Bock* 2007a, 107ff., *Göppinger* 2008, 226ff. (*Brettel*) und *Meier* 2010, 176ff. sowie *Laubenthal* 2008, 175ff.

[1193] *Meier* 2009, *Streng* 2002.

[1194] *Eisenberg* 2011.

[1195] Insb. *Frisch* 1983 und *Volckart* 1997a; vgl. auch *H. Schneider* 1996, *Brettel* 2007, *Woynar* 2000.

[1196] *Tondorf/Tondorf* 2011, 78; vgl. im Übrigen: *Frisch/Vogt* 1994, *Dölling* 1995a/b, und aus dem älteren Schrifttum exempl. *v. Hippel* 1972.

[1197] Vgl. *Volckart* 2002, 109.

nen[1198] (zur Kontrollpflicht s. u. II. 3.). Schließlich sind die methodologischen Anforderungen dieselben, ob sie sich nun an das Gericht oder an den Gutachter richten, was auch deshalb betont werden muss, weil bisweilen der Eindruck entsteht, „Kriminalprognostik" sei primär ein Spezialthema für psychowissenschaftliche Sachverständige und als ginge es ‚nur' um „ihre Regeln der prognostischen Kunst".[1199] Es ist aber vorrangig die Justiz, die sich des Themas annehmen muss, denn erst wenn von Rechts und insbesondere von Gerichts wegen bestimmte Standards eingefordert werden,[1200] wird sich die gutachterliche Zunft daran orientieren (müssen): Die wegweisende Entscheidung des BGH aus dem Jahre 1999 zu den Mindeststandards der Glaubhaftigkeitsbegutachtung[1201] war denn auch weniger eine Kritik an mangelhaften Gutachten,[1202] als vielmehr an Tatgerichten, die sich damit zufrieden gegeben haben.[1203]

Bevor auf die erwähnten Prognosegutachten näher eingegangen wird (s. u. II.) und die zwischen Justiz und Sachverstand begründeten Spannungsverhältnisse problematisiert werden (s. u. III.), müssen – jenseits der bereits erörterten prognoserelevanten Aspekte des allgemeinen Beweisrechts (s. o. B. I. 1. c) – die beweisrechtlichen Grundlagen der Kriminalprognostik herausgearbeitet werden:

I. Kriminalprognostik im Beweisrecht

Normativer Ausgangspunkt einer juristischen Prognose-Methodologie muss das Beweisrecht der §§ 244 ff. StPO sein.[1204] Die materiellrechtlichen Rahmenbedingungen herauszuarbeiten, liefert zwar einige wertvolle Hinweise auf Anknüpfungspunkte und Grenzen der jeweiligen Prognoseentscheidungen (s. o. B. II.), sagt aber letztlich nichts darüber aus, wie diese zustande kommen sollen. Jenseits des Verweises auf die jeweilige Rechtsgrundlage können diese Entscheidungen der Öffentlichkeit, vor allem aber dem Betroffenen gegenüber letztlich nur prozedural legitimiert werden: In den analysierten (insb. Rechtsmittel-)Entscheidungen wurde nicht

---

1198 *Streng* 2002 Rn. 634, vgl. auch *Huber* 1994; entsprechend aus Verteidigersicht *Birkhoff* 2001, 402 ff.; zum gerichtlichen Kontrollumfang bei Prognoseentscheidungen in der Verwaltung (z. B. in puncto Zuverlässigkeit) *Schwabenbauer/Kling* 2010.

1199 Vgl. *Volckart* 2000 b, 201 und *Baltzer* 2002, 33 f.; ein erstes „Handbuch für die Praxis" betr. „Prognosen in der Forensischen Psychiatrie" hat *Nedopil* 2006 mit Kollegen vorgelegt (3. unveränderte Aufl. 2007).

1200 *Boetticher et al.* 2006 und 2009; konsequent ist die Kostenversagung für „Schlechtachten": LG Marburg NStZ-RR 2006, 156 mit einer beeindruckenden Mängelliste (vgl. aber auch *Konrad* 2010).

1201 BGHSt 45, 164 = R&P 2000, 30 (m. Anm. *Volckart*) = JZ 2000, 262 (m. Anm. *Müller*) = NStZ 2000, 100 (m. Anm. *Ziegert*), vgl. auch *Steller* 2002, 10 ff., krit. *Schoreit* 2004; zu den Auswirkungen *König/Fegert* 2009.

1202 *Nowara* 1995, vgl. auch *Pierschke* 2001, *A. Rose* 2003 sowie zur Qualitätssicherung *Suhling* 2003 und allg. *Pollähne* 2003 a.

1203 Besonders nachdrücklich in dieser Hinsicht OLG Karlsruhe R&P 2010, 113.

1204 Grundlegend *Volckart* 2001 a, 38 ff.; mit gewissen – hier aber belanglosen – Einschränkungen gilt das auch für das „Freibeweisverfahren" (*Voigtel* 1997).

nur – selbstverständlich – versucht, die jeweiligen materiellrechtlichen Maßstäbe zu konkretisieren (s. o. B.I.), sondern immer wieder darauf hingewiesen, welche Minimalanforderungen an Herstellung und Darstellung der Kriminalprognose im Einzelfall zu stellen sind.

Im Folgenden sollen zunächst einige Grundsätze herausgearbeitet werden, insb. zu Fragen der prognostischen Überzeugungsbildung, des Wahrheitsbegriffs der Kriminalprognostik und der Beweislastverteilung, bevor auf ausgewählte Details näher eingegangen wird (s. u. 2.).

1. Grundsätze

Die jeweilige (richterliche) Entscheidung beruht auf dem Ergebnis der Beweisaufnahme, das das Gericht „nach seiner freien … Überzeugung" würdigt, die sie „aus dem Inbegriff der Verhandlung" schöpft. Schlüsselbegriff dieses Grundsatzes der freien Beweiswürdigung nach § 261 StPO (vgl. o. B.I. 1.b) ist der der Überzeugung: Nach gängiger Auffassung in Lehre und Rechtsprechung genügt „ein nach der Lebenserfahrung ausreichendes Maß an Sicherheit, demgegenüber vernünftige Zweifel nicht mehr aufkommen, eine persönliche Gewißheit des Richters in diesem Sinne", wobei er sich „mit allen wesentlichen für und gegen den Angeklagten sprechenden Umständen auseinandergesetzt haben muss; seine Würdigung muss rationaler Argumentation standhalten".[1205] Das gilt es auf kriminalprognostische Entscheidungen zu übertragen (s. u.).[1206] Daneben sollen zwei weitere Prinzipien auf ihre kriminalprognostische Relevanz hin analysiert werden: das der materiellen Wahrheit (s. u. b) und – im strafprozessualen Kontext auf den ersten Blick irritierend[1207] – das der Beweislast (s. u. c).

a) Freiheit der prognostischen Überzeugungsbildung

Der missverständliche Verweis auf die Freiheit der richterlichen Überzeugungsbildung ist vor allem historisch zu erklären, denn spätestens seit dem 19. Jahrhundert gelten keine formal bindenden Beweisregeln mehr, denen zufolge etwa bestimmten Aussagen per se ein größeres Gewicht zukam als anderen oder bestimmte Beweismittel (insb. Geständnisse) per se anderen überlegen waren.[1208]

Dies ist nicht zu verwechseln mit bestehenden Beweiserhebungs- und -verwertungsverboten[1209] und erst recht nicht mit dem Zweifelsgrundsatz als Kehrseite der Überzeugungsmedaille: Ist das Gericht vom Vorliegen entscheidungserhebli-

---

1205 *Meyer-Goßner* § 261 Rn. 2 m. w. N., vgl. auch *Bender et al.* 2007 Rn. 360 ff. und *J. Bock* 2001, 179 ff.

1206 Zumindest missverständlich der Hinweis von *Zopfs* 1999, 301 (unter Verweis auf Schäfer), von einer zukünftigen menschlichen Entwicklung könne man nicht „überzeugt" sein, man könne nur seine Erwartung ausdrücken.

1207 *J. Bock* 2001, 25 ff.

1208 Vgl. dazu *Kühne* 2010 Rn. 946 ff. und *Beulke* 2010 Rn. 22 – freilich kannte das Strafrecht zu jener Zeit auch noch keine Prognoseentscheidungen i. e. S., vgl. *v. Hippel* 1972, 19 f.

1209 Überblick bei *Beulke* 2010 Rn. 454 ff.

cher Tatsachen nicht überzeugt, weil sog. „vernünftige Zweifel“ (s.o.) geblieben sind, so wirken sich diese nach dem aus der Unschuldsvermutung (Art. 6 Abs. 2 EMRK) folgenden Grundsatz „in dubio pro reo“ zu Gunsten des Angeklagten aus (ausf. u. 2.f).[1210]

Die Freiheit der richterlichen Überzeugungsbildung darf sicher – zumal gegenüber den anderen Verfahrensbeteiligten – nicht absolut gesetzt, muss aber stets verteidigt werden, auch und gerade gegen moderne Bedrohungen.[1211] Diese können im vorliegenden Kontext z.B. darin liegen, der Justiz statistisch und methodisch „dubiose“ Prognoseverfahren anzudienen, die nicht lediglich Wahrscheinlichkeitsaussagen ermöglichen (operationalisieren, objektivieren, strukturieren etc.),[1212] sondern die Prognoseentscheidungen gleich mitliefern wollen. Auch die richterliche „Freiheit“ der Überzeugung vom Ergebnis einer kriminalprognostischen Beweisaufnahme steht in der Gefahr, von modernen „Beweisregeln“ eingeengt zu werden, die als selbsternannte – wenn auch meta-analysierte – Standard-Instrumente daherkommen.[1213] Aufgabe des Prognostikers müsste zwar auch sein, dem Laien „die oft nicht bewussten Implikationen zu verdeutlichen, die sich aus der Entscheidung für bestimmte Standards der Prognoseerstellung ergeben“,[1214] Aufgabe der Justiz wäre jedoch, den Prognostiker danach zu fragen, um sich die nötige Freiheit in der prognostischen Überzeugungsbildung selbst zu verschaffen.

Insofern muss die selbstkritische Beobachtung eines Vollstreckungsrichters beunruhigen, „fachgerechte Prognosegutachten“ mit einer „konzentrierten und komprimierten Risikobeschreibung“ trügen ihrerseits das Risiko in sich, dass „die unterschiedlichen Gewichte der einzelne Prognosefaktoren aus dem Blick geraten“ und Gutachter wie Behandler, Staatsanwälte wie Richter „ihre Empfehlungen, Anträge und Entscheidungen auch dann vorrangig an den Negativmerkmalen orientieren, wenn diese durch womöglich nur wenige, im Einzelfall aber dennoch gewichtige Positivmerkmale an sich entkräftet sind“.[1215] Damit korrespondiert in beklemmender Weise das Resumée von *Nedopil*: „Es bleibt dabei, dass Freiheitsentzug nicht deswegen erfolgt, weil wir die Rückfallgefahr vorhersagen können, sondern weil

---

[1210] Welche Bedeutung dem im Prognosekontext zukommt, wird noch zu klären sein (s.u. 2. d) und f); grundlegend zur Reichweite der Unschuldsvermutung im Kontext spezialpräventiver Strafzwecke bereits *Mrozynski* 1978.

[1211] Zur Debatte über Verankerung und Eingrenzung der sog. „Verständigung im Strafverfahren“ exempl. *Weßlau* 2007 und *Schünemann* 2007 m.w.N., zur Gesetzesfassung vom 29. 7. 2009 (BGBl. I 2353) *Niemöller et al.* 2010: Den Einfluss der ‚Parteien‘ auf Reichweite und Intensität der kriminalprognostischen Überzeugungsbildung zu untersuchen, wäre zwar gerade im Zusammenhang mit strafjustiziellen Entscheidungen zur Gefahrenabwehr von Interesse (bekanntlich nimmt die Rechtsprechung insb. Maßregelentscheidungen von Absprachen aus, vgl. nur BGH NStZ 2005, 526, jetzt auch § 257c Abs. 2 S. 3 StPO, vgl. *Niemöller et al.* aaO S. 92), das kann und muss hier aber nicht geleistet werden.

[1212] Vgl. *Nowara* 2001, 104.

[1213] Krit. zu (anderweitigen) modernen Beweisregeln (zum Beispiel zur BAK, zur DNA-Analyse, zum Lügendetektor etc.) *Keller* 1999, vgl. *v. Hippel* 1972, 19f.

[1214] *G. Albrecht* 2004, 477.

[1215] *Koller* 2005, 239.

wir oft nicht die Ungefährlichkeit des Begutachteten prognostizieren können"[1216] (ausf. zur Beweislastumkehr s. u. c).

b) Formelle vs. materielle Prognose-Wahrheit

Die „Freiheit der Beweiswürdigung" ist auch dem Prinzip der materiellen Wahrheit geschuldet, selbst wenn sich die verfahrensrechtliche Realität oft anders darstellt.[1217] Es darf jedoch nicht übersehen werden, und das gilt auch und gerade für Prognoseentscheidungen an der prozessualen Schnittstelle zwischen Straf-Recht und Kriminal-Empirie, dass sowohl formalrechtliche wie pragmatische und ökonomische Verfahrensprinzipien der Prognostik Grenzen setzen.

Das Gericht muss – jenseits verbindlicher gesetzlicher Vorgaben wie etwa durch §§ 246a, 454 Abs. 2 StPO (s. u. II. 2.) – in jedem Einzelfall entscheiden, welcher Aufwand im Zusammenhang mit der Prognoseentscheidung angemessen ist, etwa im Hinblick auf die zeitlichen, personellen und finanziellen Ressourcen,[1218] aber insbesondere auch im Hinblick auf die mit einer eingehenden Kriminaldiagnostik und -prognostik verbundenen Eingriffe in die Rechte der jeweils Betroffenen,[1219] die nicht zum bloßen Objekt (Probanden) der Kriminalprognostik degradiert werden dürfen. Vielmehr ist ihr verfahrensrechtlicher Subjektstatus zu betonen: § 261 StPO stellt nicht zufällig auf den Inbegriff „der Verhandlung" ab,[1220] in deren Rahmen mehrere Beteiligte in unterschiedlichen Rollen an der prognostischen Wahrheits- und Rechtsfindung mitwirken und über die Prognosestellung verhandeln[1221] (ausf. zum Beweisantragsrecht u. 2. b).

c) Beweislastverteilung

Im strafprozessualen Kontext die Beweislast zu problematisieren, mag zunächst irritieren, scheint die Frage doch – nicht zuletzt unter Verweis auf die Unschuldsvermutung (Art. 6 Abs. 2 EMRK) – abschließend geklärt: Bis „zum gesetzlichen Beweis ihrer Schuld" gilt die angeklagte Person als unschuldig.[1222] Aber bereits der Hinweis darauf, jenseits dieser Unschuldsvermutung gebe es keine „Ungefähr-

---

1216 *Nedopil* 2006, 6.

1217 Dabei muss gar nicht in die – jedenfalls im vorliegenden Kontext – müßigen Auseinandersetzungen über den Gegenbegriff der „formellen Wahrheit" eingestiegen werden (Überblick bei *Roxin* 1998, 95); die Kriminalprognostik in den Kategorien materieller vs. formeller Wahrscheinlichkeit zu analysieren, wäre aber sicher ein spannendes Unterfangen (vgl. das Plädoyer von *Jung* 1986, 255 f. zur stärkeren Beachtung des Verfahrens der Prognosestellung).

1218 Vgl. auch *P.-A. Albrecht* 2000, 150, *Schall* 2003, 260 und *Keller* 1999, 263 f. (Begrenzung der wissenschaftlichen Rationalität, um Aufwand zu sparen); krit. *Esser* 2003, 468.

1219 *Volckart* 1985, 28 und 1997b, 170, vgl. auch *Frisch* 1994, 63 ff. und *Schall* 2003, 260.

1220 Dazu *Meyer-Goßner* § 261 Rn. 5 ff.

1221 Vgl. auch *Dahle* 2005, 226, der dabei allerdings – insb. im Interesse einer Erhöhung der Transparenz – eher an einen Zweitgutachter in der Rolle des „Rationalitätsprüfers" denkt; zu kriminalprognostischen Aushandlungsprozessen *Woynar* 2000, 282 ff., vgl. auch *Gohde/Wolff* 1992, 172 f. und *Brenneis* 2010, 105 ff.

1222 Ausf. zur Beweislast im Strafprozess *T. Walter* 2006 und *J. Bock* 2001.

lichkeitsvermutung" (ausf. u. 2.d), lässt erkennen, dass für Prognoseentscheidungen anderes gelten könnte[1223]:

Bereits im Zusammenhang mit der kriminalprognostischen Terminologie, die u.a. zwischen Positiv- und Negativ-Prognosen unterscheidet (s.o. A.II.3.), wurden Differenzen in der Beweislast sichtbar: Je nachdem ob es z.B. darum geht, Freiheitsentzug zu begründen oder bereits begründeten wieder zu beenden (vgl. dazu o. B.II.), sollen sich verbleibende Zweifel mal zu Gunsten, mal zu Lasten des Betroffenen auswirken – was im letzteren Fall für ihn darauf hinausläuft, die Beweislast dafür zu tragen, verbliebene Zweifel auszuräumen,[1224] eine Last, die er zumeist kaum wird (er)tragen können.

Bis zu welchem Punkt dem Betroffenen eine solche Beweislast zuzumuten ist, wird besonders im Zusammenhang mit der Vollstreckung der Sicherungsverwahrung deutlich. Soll diese über die (ursprünglich – jedenfalls bei erstmaliger SV-Anordnung – als absolute Höchstgrenze für alle Fälle geltende[1225]) Zehnjahresfrist hinaus vollstreckt werden, kommt es zur Beweislastumkehr: Eine danach noch bestehende qualifizierte „Gemeingefährlichkeit" (i.S.d. § 66 Abs. 1 Nr. 3 StGB, s.o. B. I.4.a) muss positiv festgestellt werden, denn die Maßregel ist „für erledigt" zu erklären, wenn „nicht die Gefahr besteht, dass der Untergebrachte infolge seines Hanges erhebliche Straftaten begehen wird" (§ 67d Abs. 3 S. 1 StGB).[1226]

Das BVerfG hat diese Regelung explizit als Bestandteil eines von Verfassungs wegen erforderlichen Gesamtkonzepts der „prozeduralen Rechtssicherheit" verortet,[1227] ohne sich dazu äußern zu müssen, ob die Festlegung der Zehnjahresgrenze angemessen war: Offenkundig hätte der Gesetzgeber auch einen deutlich früheren „Umschlagspunkt" bestimmen können[1228] – ob das BVerfG auch einen deutlich späteren Zeitpunkt akzeptiert hätte, soll hier nicht zum Gegenstand von Spekulationen gemacht werden. Dass die kriminalprognostische Beweislastverschiebung damit aber zum Gegenstand kriminalpolitischer ‚Willkür' wird, begegnet rechtsstaatlichen Bedenken. Noch bedenklicher ist, dass auf eine solche Beweislastumkehr bei anderen unbefristeten Freiheitsentziehungen, für die das Konzept der prozeduralen Rechtssicherheit gerade Bekräftigung fand,[1229] verzichtet wurde: So ist sie weder bei der Vollstreckung der Unterbringung in einem psychiatrischen Krankenhaus gemäß § 63 StGB vorgesehen, für deren Aussetzung ausschließlich (und ungeachtet der bisherigen Unterbringungsdauer) der Maßstab des § 67d Abs. 2 StGB

[1223] Gegen eine Beweismaßreduzierung bei Prognoseentscheidungen *J. Bock* 2001, 179ff.

[1224] So explizit OLG Bamberg, Beschluss vom 12. 10. 2010 – 1 Ws 561/10 – juris: Ein „Prognosedefizit" gehe mangels Mitwirkung an der Aufklärung „zu Lasten des Verurteilten".

[1225] Vgl. dazu NK-*Pollähne/Böllinger* § 67d Rn. 1a, 44 m.w.N.

[1226] Dazu *Pollähne* 2010b, 103.

[1227] BVerfGE 109, 133 >152, 161<, vgl. NK-*Pollähne/Böllinger* § 67d Rn. 50 m.w.N.

[1228] Die Setzung erfolgte offenbar in Anknüpfung an die ehedem absolut geltende Zehnjahresfrist (§ 67d Abs. 3 StGB a.F. bis 1998, vgl. BT-Drs 13/9062, 10), eine Verschiebung der Grenze wurde hingegen nicht diskutiert; zur Verwahrungsdauer *Dessecker* 2010, 27f.

[1229] Grundlegend *Kögler* 1988.

gilt,[1230] während deren Erledigung nur unter den in § 67d Abs. 6 StGB genannten Voraussetzungen stattfindet,[1231] noch bei der Vollstreckung der lebenslangen Freiheitsstrafe weit über die sog. „Mindestverbüßungsdauer" hinaus: Zu Recht hat *Kinzig* die Grundsatzentscheidung BVerfGE 117, 71 u.a. dafür kritisiert, keinen dem § 67d Abs. 3 StGB vergleichbaren Zeitpunkt der Beweislastumkehr gefordert zu haben (s.o. B.I.3.c).[1232]

Aber auch diesseits jener kriminalprognostisch begründeten Extremfälle unbefristeter Freiheitsentziehung ist die Beweislastverteilung zu problematisieren: Wenn die Verbüßung des jeweiligen Strafrests gemäß § 57 Abs. 1 StGB generell – einer Maßregel ähnlich[1233] – nurmehr kriminalprognostisch begründet ist, weil die Aussetzung „unter Berücksichtigung des Sicherheitsinteresses der Allgemeinheit" (noch) nicht „verantwortet" werden kann (genauer: soll), dann stellt sich in der Tat die Frage, warum eine solchc „Sicherheits"-Verbüßung durch den „Straf"-Ausspruch noch hinreichend legitimiert ist.[1234] Aus Gründen der „Ungefährlichkeit" vorzeitig entlassen zu werden, ist keine „Vergünstigung" (oder „Rechtswohltat"), die sich der Gefangene durch Nachweis einer günstigen Prognose verdienen müsste – vielmehr ist die Vollverbüßung aus Gründen der „Gefährlichkeit" ein schwerer Eingriff, für dessen Voraussetzung (ungünstige Prognose) der Staat die Beweislast zu tragen hat.

Zudem ist eine weitere Differenzierung zu beachten, die bei der Frage nach der Geltung des „in dubio pro reo"-Prinzips (s.u. 2.g) entscheidende Bedeutung erlangt: Jenseits des Wahrscheinlichkeits-‚Beweises', den das kriminalprognostische Gefahren-‚Urteil' selbst erbracht haben muss, kann es hinsichtlich der der jeweils erforderlichen Prognoseentscheidung zugrunde zu legenden Anknüpfungstatsachen keine Beweislastverschiebung geben. Diese Tatsachen müssen von Amts wegen erhoben werden (gemäß § 244 Abs. 2 StPO bzw. im Freibeweisverfahren) und zur Überzeugung des Gerichts feststehen (§ 261 StPO).

Exkurs: In Anbetracht der notorisch belegten Probleme sowohl statistischer als auch klinischer Prognoseverfahren (ausf. o. C.IV.) werden regelmäßig kombinierte oder integrative Vorgehensweisen als pragmatische Lösungen empfohlen. Dabei wird nicht selten die aktuarisch ermittelte Risikogruppen-Zugehörigkeit zum Ausgangspunkt individualprognostischer Kontrollüberlegungen: Wer eine statistisch ungünstige Prognose jedoch zur Nullhypothese aufwertet, die in weiteren kriminalprognostischen Prüfschritten widerlegt werden muss, sitzt einer Beweislastumkehr auf und läuft Gefahr, dem fragwürdigen Summenscore doch noch ‚zum Siege' zu verhelfen. Mag dies auch (noch) kein formales beweisrechtliches

---

1230 Krit. dazu *Volckart/Pollähne/Woynar* 2008 Rn. 491 m.w.N. auch unter Verweis auf das Verbot der Diskriminierung psychisch „Behinderter" (was von Rechts wegen für die meisten nach § 63 StGB zutreffen dürfte) in der sog. „UN-Behindertenrechtskonvention".

1231 Dazu NK-*Pollähne/Böllinger* § 67d Rn. 53ff.

1232 *Kinzig* (Anm. zu BVerfG) JR 2007, 168, vgl. auch *Kinzig/Steinhilber* 2010 und *Pollähne* 2010b, 103.

1233 *H. Schneider* 1999a, 400f. m.w.N.

1234 Ähnlich *H. Schneider* aaO S. 401.

Problem sein, so sollte es doch juristisch moniert werden. Umgekehrt kann es durchaus den Regeln der kriminalprognostischen Kunst entsprechen, eine ungünstig ausgefallene klinische (idiographische) Individualprognose einer aktuarischen Kontrolle zu unterziehen.

2. Details

Nach diesen Grundsätzen lassen sich die Grundzüge eines Prognose-Beweisrechts[1235] zunächst in drei Dimensionen entwickeln: Erstens müssen alle Tatsachen, Erfahrungssätze und Beweismittel, die für die jeweilige Prognoseentscheidung von Bedeutung sind, Gegenstände der Beweisaufnahme werden (§ 244 Abs. 2 StPO), zweitens müssen die Tatsachen und Erfahrungssätze nach Würdigung der Beweismittel zur Überzeugung des Gerichts feststehen (s.u. c) bis g) und drittens muss ihre Würdigung im Sinne der Prognosefrage „rationaler Argumentation standhalten", also insbesondere den „Denk-Gesetzen" der Logik, Plausibilität[1236] und Nachvollziehbarkeit (s.u. III.4.) folgen, womit auch die „Sachkunde" wieder ins Spiel kommt (s.o. C.II.; vgl. zu § 244 Abs. 4 S. 1 StPO u. II.1.).

a) Gegenstände der Beweisaufnahme

Die Reichweite der richterlichen Aufklärungspflicht in Prognosefragen, also die Festlegung der dafür erforderlichen Tatsachen und Erfahrungssätze und daraus folgend der für deren Feststellung erforderlichen Beweismittel, wäre zunächst juristisch abstrakt unter Bezugnahme auf die jeweiligen gesetzlichen Merkmale der Prognoseentscheidung zu bestimmen.

Dabei hat der Gesetzgeber den Rechtsanwender allerdings weitgehend im Stich gelassen,[1237] zumal die insofern zentralen Rechtsbegriffe der „Erwartung" und der „Gefahr" (s.o. A.III.4.) einer juristischen Konkretisierung auf der Basis ihrerseits methodisch fundierter Dogmatik kaum offenstehen.[1238]

Gegenüber solchen prognostischen Leerformeln erweisen sich die §§ 56 Abs. 1 S. 2 und 57 Abs. 1 S. 2 StGB – ansatzweise – als lobenswerte Ausnahmen, benennen sie doch immerhin bestimmte bei der Prognoseentscheidung „namentlich" zu berücksichtigende Umstände: Persönlichkeit des Verurteilten, sein Vorleben, die Umstände seiner Tat, sein Verhalten nach der Tat, seine Lebensverhältnisse und die Wirkungen, die von der Aussetzung für ihn zu erwarten sind und bei der Strafrestaussetzung zusätzlich das Verhalten des Verurteilten im

---

[1235] Grundlegend *Volckart* 1997a und 2001a.

[1236] In der Praxis müssen wir – so *Jung* 1986, 256 – „den Vorstellungen exakter Prognostizierbarkeit eine Absage erteilen", uns aber zugleich, „wollen wir nicht die Chancen einer empirischen Anleitung juristischer Entscheidungen von vorneherein verspielen, auf eine Ebene empirisch unterfütterter Plausibilität einlassen".

[1237] Ähnlich *Dahle* 2005, 11f.

[1238] Für „Verdacht" oder „Gefahr" gilt nichts anderes, vgl. *Eisenberg* 2011 Rn. 1814.

Vollzug und das Gewicht des bei einem Rückfall bedrohten Rechtsguts (ausf. o. B. I. 3. c).[1239]

Die Bedeutung solcher Auflistungen liegt freilich nicht in dem darin begründeten Erkenntnisgewinn für den Rechtsanwender, denn die genannten (bei der Entscheidung namentlich zu berücksichtigenden) Umstände[1240] – eigentlich eher Themenbereiche – bleiben so abstrakt und sind zugleich so selbstverständlich, dass es einer legislativen Weihe eigentlich nicht bedurft hätte. Ihre Bedeutung liegt eher darin zu betonen, dass die genannten Punkte in jedem Fall explizit Berücksichtigung finden müssen, womit sie den Charakter sog. ‚check-Listen' erhalten, wie sie auch sonst in der Ausdifferenzierung der Prognosemethoden mehr und mehr Verwendung finden (s. o. C. IV. 3.).[1241]

Entscheidend ist und bleibt, dass die im Einzelfall für prognoserelevant erachteten Tatsachen zum Gegenstand der Beweisaufnahme gemacht werden (§ 244 Abs. 2 StPO), denn nur so ist die für eine rationale Auseinandersetzung zwingend erforderliche Transparenz und Nachvollziehbarkeit herzustellen[1242] und nur so lässt sich verhindern, dass der prognostische Entscheidungsvorgang ausschließlich im Kopf des Entscheidenden stattfindet (oder gar aus dessen „Bauch" kommt[1243]).

b) Beweisanträge zur Kriminalprognostik

Die Bedeutung des Beweisantragsrechts (zu dessen Prognoselatenz s.o. B.I.1.c) für die kriminalprognostische Überzeugungsbildung und Entscheidungsfindung erschöpft sich nicht in der Auseinandersetzung über die Hinzuziehung von Sachverstand gemäß § 244 Abs. 4 StPO, wo solches nicht bereits von Gesetzes wegen gefordert ist (ausf. u. II.2.). Selbstverständlich können sich Beweisanträge (insb. gemäß § 244 Abs. 3 StPO) auch auf die Anknüpfungstatsachen richten, sei es dass der bereits im Rahmen der Amtsaufklärungspflicht (s.o.) festgestellte Tatsachenstoff – jedenfalls aus der Sicht des Antragstellers – Lücken aufweist, sei es dass einzelne festgestellte Anknüpfungstatsachen widerlegt oder relativiert werden sollen. Die Prognose an sich ist selbstverständlich nicht dem (insb. Zeugen-)Beweis zugänglich.[1244]

1239 Ausf. dazu u. a. NK-*Ostendorf* § 56 Rn. 7 ff. („Prognosekriterien") m. w. N., vgl. auch *Fischer* § 56 Rn. 5 ff. („Prognose-Gesichtspunkte") m. w. N. zur aktuellen Rechtsprechung und § 57 Rn. 15 ff. im Hinblick auf die Strafrestaussetzung.

1240 Vgl. NK-*Dünkel* § 57 Rn. 22 ff.; zu entsprechenden Ermittlungspflichten (im Freibeweisverfahren) vgl. u. a. *Voigtel* 1997, 240 ff.

1241 Dazu bereits *Pollähne* 1994, 120 ff., 291, 301 ff. m. w. N. sowie *Rasch/Konrad* 2004, 388 ff., *Bischof* 2000, *Foerster* 2000, *Seifert et al.* 2001, *Streng* 2002 Rn. 657, *Dittmann* 2003 und *K. M. Beier* 2003 – berechtigte Kritik wegen der „Gefahr pauschaler Sicherheits-Checks" allerdings bei *Feuerhelm* 1999 (vgl. *Rasch* aaO).

1242 Ähnlich *H. J. Schneider* 2002, 259.

1243 Vgl. die berechtigte Kritik von *K. M. Beier* 2003 daran, „intuitiv ein ‚gutes' oder ‚schlechtes' Gefühl zu Rate" zu ziehen, ähnlich *Tenckhoff* 1982, 95, vgl. auch *Seifert et al.* 2001, 78 und *Volckart* 1999, 59 f.

1244 *Eisenberg* 2011 Rn. 1003.

Fraglich ist hingegen, ob sich Beweisanträge auch auf Erfahrungssätze richten können. Dabei macht es zunächst einmal keinen Unterschied, ob sich das Gericht ihrer aus eigener „Sachkunde" bedient oder ob sie über Sachverständige eingebracht werden. Während die Aufforderung, die so oder so verwandten Erfahrungssätze offenzulegen (zum Transparenzproblem s. u. III. 4.), noch kein Beweisantrag ist, zielen Anträge auf Falsifizierung oder Relativierung angewandter bzw. Berücksichtigung alternativer Erfahrungssätze letztlich wiederum auf Hinzuziehung von (ggf. anderem) Sachverstand (s. u. II.).[1245]

c) Gesamtwürdigung von Tat (und Täter)

Zurück zur Frage nach den relevanten Gegenständen der kriminalprognostischen Beweiswürdigung: Die insb. in § 63 StGB explizit geforderte „Gesamtwürdigung des Täters und seiner Tat"[1246] hilft zwar – in all ihrer Abstraktion und Unbestimmtheit[1247] – methodisch nicht wirklich weiter, lenkt die Aufmerksamkeit aber zumindest auf die Verknüpfung („und") zweier wesentlicher Eckpunkte:

Die Prognose darf nicht allein oder auch nur vorrangig aus der Tat abgeleitet werden,[1248] auch wenn die Versuchung des Kurzschlusses von einer „schweren" Tat auf einen „gefährlichen" Täter groß ist – eine Versuchung, der auch der Gesetzgeber immer häufiger erliegt.[1249] In der Gefahr, dieser Versuchung zu erliegen, stehen aber auch (insbesondere statistische) Prognoseverfahren, die der Tat[1250] und ggf. vorangegangenen Taten einen zentralen Stellenwert einräumen und unter Verweis auf vermeintlich empirisch und methodisch abgesicherte generelle Erkenntnisse glauben, auch den individuellen Fall auf eine bereits durch die Tat(en) indizierte Tätergefährlichkeit (zur „Täterwürdigung" s. u. e) reduzieren zu können. Damit droht nicht nur prognostische Beweislastumkehr (s. o. 1. c), sondern auch die Einkehr des Talion-Prinzips in die Kriminalprognostik und damit letztlich deren Ende.[1251]

aa) Anlass-Taten!

Andererseits darf nicht in Vergessenheit geraten, dass erst die (strafrechtswidrige) Tat die Zuständigkeit der Strafjustiz begründet und ihr den Anlass – und damit

---

[1245] Vgl. auch *Frisch* 1983, 169; zur Notwendigkeit von „Alternativprognosen" auch *Pelzer/Scheerer* 2006, 200.

[1246] Ähnlich die Gesamtwürdigung in § 56 Abs. 2 S. 1 (Tat und Persönlichkeit), § 57 Abs. 2 Nr. 2 (Tat, Persönlichkeit und Entwicklung im Vollzug), § 66 Abs. 1 Nr. 3 StGB (Täter und seine Taten), § 66 a Abs. 2 S. 2 (der Verurteilte, seine Taten und Entwicklung im Vollzug), § 59 Abs. 1 Nr. 2 (Tat und Persönlichkeit) und § 70 Abs. 1 S. 1 StGB (Täter und Tat); vermeintlich diff. § 69 Abs. 1 S. 1 StGB: „wenn sich aus der Tat ergibt, dass", vgl. dazu aber *Fischer* § 69 Rn. 19 f. m. w. N.

[1247] Exempl. *Geerds* 1960, 113 f.; zur Kritik an der Kategorie „Gesamtwürdigung" vgl. nur *M. Bock* 2007 b, 273.

[1248] SaarlOLG StraFo 2007, 390 m. w. N., vgl. auch BVerfG NJW 1994, 378.

[1249] Vgl. zu § 66 StGB (in der Fassung des sog. ‚SexBG 1998') *Rzepka* 2003 (zu § 454 Abs. 2 StPO s. u. II. 2.b).

[1250] Neuerdings auch dem Tat-Ort bzw. -Hergang (s. o. C. IV. 3. m. w. N.).

[1251] Vgl. *Tondorf/Tondorf* 2011, 117 f.; ähnlich bereits *H.-M. Weber* 1988.

auch das Recht (!) – gibt, die Zulässigkeit strafprozessualer Zwangsmittel oder kriminalrechtlicher Sanktionen überhaupt zu prüfen (auch deshalb: Anlass-Tat).

In einem übergreifenden, ganzheitlichen Präventionsrecht kann dies leicht aus dem Blick geraten: „Warum muß immer erst etwas Furchtbares geschehen, ehe ein bedrohlicher Charakter psychologisch untersucht und behandelt werden kann?“, fragte *Plack* in seinem bekannten „Plädoyer für die Abschaffung des Strafrechts“, und hielt auch gleich Antworten parat, an die hier (ohne jenes Plädoyer überschätzen zu wollen) deshalb noch einmal erinnert sei, weil vergleichbar abolitionistische Forderungen – neuerdings insbesondere neurowissenschaftlich beflügelt – nicht selten unreflektierte Sozialverteidigungs-Implikationen liefern[1252]: „Weil Aggressivität in unserer Gesellschaft so allgegenwärtig ist, daß gefährliche und scheinbar sublimierte Aggressivität schwer auseinanderzuhalten sind. Aber auch, weil wir ein Schuldstrafrecht haben, das den Menschen immer erst schuldig werden läßt, ehe es sich – und dann noch sadistisch – mit ihm befaßt. Auch Verfechter eines Maßnahmerechts orientieren sich immer noch am Schuldprinzip, wenn sie den nur psychologisch zu bestimmenden Grad der Gefährlichkeit an der Tat messen, in der er sich bestätigt habe. Dies erklärtermaßen, um die Freiheit des sozial gefährlichen Menschen nicht mutwillig anzutasten. Dahinter könnte aber, verdrängt, das Triebmotiv stehen, das Verbrechen samt Prozeß als Spektakel für die Massen zu erhalten. Soweit dies der Beweggrund ist, den Schutz vor Gewaltverbrechern geringer zu veranschlagen als Freiheit und Menschenwürde des potentiell Kriminellen, sind solche Begriffe wie >Würde<, >Freiheit<, >Schuld< oder >Schuldlosigkeit< bloße Rationalisierungen uneingestandener Triebinteressen.“[1253]

Nicht eine fiktiv unterstellte Schuld sollte die soziale Isolierung schwerer Rechtsbrecher bedingen, so *Plack* abschließend, sondern „ihre Gefährlichkeit für die Gemeinschaft. Die psychologischen Kriterien potentieller Kriminalität mögen nur Prognosen von einiger Wahrscheinlichkeit erlauben; das wäre kein Grund, den manifest Gestörten nicht in Behandlung zu nehmen. Die Prognose wahrscheinlicher Gewaltakte soll ja gerade nicht sich erfüllen: dadurch nicht, daß wir den Menschen, von dem sie ausgesagt ist, von Stund an pfleglicher behandeln“, was bei besonders Bedrohlichen allerdings „noch ehe sie etwas verübt haben, stationär geschehen“ müsste.[1254] Gerade in kriminalpolitischen Zeiten, die die formalen Voraussetzungen der Anordnung einer Sicherungsverwahrung immer weiter reduzieren,[1255] ist an die Gefahren einer konsequenten „Sozialverteidigung“ zu erinnern, die die Allgemeinheit spezialpräventiv vor Ersttätern schützen will.[1256]

[1252] Besonders irritierend der Disput zwischen *Schumann* 1995 und *Frommel* 1995 über das Konzept der „selective incapacitation“.

[1253] *Plack* 1974, 349: Soziale Gefährlichkeit als Indikation für Einschließung!

[1254] *Plack* aaO S. 349/350.

[1255] Überblick bei *Pollähne* 2008 d.

[1256] Vgl. auch *Kröber* 1997, 103.

bb) Rückfall-Taten?

Soweit – wie in den meisten Fällen (s.o. A. II. 2.c) – der etwaige Rückfall im Zentrum des kriminalprognostischen[1257] Interesses steht, sei es dass geklärt werden muss, ob bereits die Anlasstat im Hinblick auf Vortaten als Rückfall zu werten ist, sei es dass die Wahrscheinlichkeit zukünftiger Rückfälligkeit bestimmt werden soll, kann dies ohne Würdigung der Tat nicht gelingen. Dies gilt umso mehr, wenn auf sog. „einschlägige" Rückfälle abgestellt wird.[1258]

So wenig alleine die Anlasstat eine ihr entsprechende Rückfälligkeit indiziert (mit der Gefahr der Beweislastumkehr, s.o. 1.c), so wenig ist von der Prognose eines Rückfalls zu halten, die sich noch nicht einmal auf eine Anlasstat berufen kann. Aber selbst ein festgestellter Rückfall ist nicht per se gleichbedeutend mit einer andauernden Rückfallgefahr: Dahingehende Erfahrungssätze existieren – verbreiteten Alltagsannahmen zum Trotz[1259] – weder für Sexualstraftaten[1260] noch für andere Taten.[1261]

cc) Tat-Verarbeitung?

Im Übrigen darf auch das Kriterium der „Tatverarbeitung" nicht überbewertet werden,[1262] welches sich bereits das Verdikt einer „Diagnostik mit beschränkter Haftung" eingehandelt hat (ausf. o. B. I. 3.c).[1263] In Anbetracht der Prognosepraxis kann freilich nicht verwundern, dass z.B. einem Patienten als „Wegweiser aus

---

1257 Exempl. zur kriminologischen Rückfallforschung die Beiträge in *Heinz/Jehle* 2004, vgl. auch *Hirtenlehner/Birklbauer* 2008 (Rückfall nach bedingter Entlassung) und bereits *v. Trotha* 1983 (Rückfall nach Strafvollzug) sowie *Jockusch* 1990, *Pollähne* 1996, *Ellerbrock* 2004, *Jehle* 2005, 12f., *Stolpmann* 2010 und *D. Seifert* 2010 a/b (Rückfall nach Maßregelvollzug), *Harrendorf* 2004 (Rückfall nach Gewalttaten), *Törnig* 2003 (Rückfall bei Raub); spez. zum Rückfall nach Sexualstraftaten *Egg* 1999, *Elz* 2002, *Ziethen/Dahle* 2005, *Schmucker* 2004 sowie *Pape* 2007 und *Bussmann et al.* 2008.

1258 Vgl. auch *T. Wolf* 2005, 80f.

1259 Zum Problem der in § 176a Abs. 1 StGB wieder eingeführten Rückfallstrafschärfung (nachdem die allgemeine Regelung des § 48 StGB 1983 aufgehoben worden war), vgl. SK-StGB-*Wolters/Horn* § 176a Rn. 4 m.w.N.

1260 Aus der – im Lichte der Gesetzgebung (vgl. *H.-J. Albrecht* 1999, *Rosenau* 1999, *Kobbé/Pollähne* 1999 und *Klimke/Lautmann* 2006) freilich nicht überraschend (exempl. *Schall/Schreibauer* 1997 und *H. J. Schneider* 1998) – überbordenden Literatur zur Kriminalprognose bei Sexualstraftätern exempl. *Pfäfflin* 1995, *K. M. Beier* 1995, 1997 und 2003, *Füllgrabe* 1996, *Leygraf* 1999, *Nedopil* 2001, *Eher* 2001, *H. J. Schneider* 2002, *A. Rose* 2003, *Schläfke et al.* 2005, *Pape* 2007, 86ff. und *Bussmann et al.* 2008 (zur Sozialtherapie), vgl. auch das Fallbeispiel einer therapeutischen Beeinflussung der Prognose bei *Fehlenberg* 2003.

1261 Deliktspezifische Darstellungen zur Kriminalprognostik u.a. bei *Rode/Scheld* 1986 (Tötungsdelikte) sowie *Pierschke* 2001 (desgl. nach „Fehlprognosen") und *Günter et al.* 2006 (desgl. bei Jugendlichen und Heranwachsenden); *Kröber et al.* 1993 (Gewaltkriminalität) sowie *Hermann* 2004 (desgl. geschlechtsspezifisch), *Barnett/Richter* 1995 und *Knecht* 2005 (Brandstifter), *Törnig* 2002 (Raub), *Dressing et al.* 2007 (Stalking).

1262 Vgl. *G. Hinrichs* 2003b, 436f., 443, *Kröber* 1999, 598.

1263 *Simons* 1996.

dem Maßregelvollzug" empfohlen wird, „Verantwortung für seine Straftat" zu übernehmen und sie nicht zu „bagatellisieren".[1264]

d) Unschuldsvermutung! Ungefährlichkeitsvermutung?

Im Hinblick auf „die Tat" ist auf einen weiteren juristischen resp. kriminalprognostischen Stolperstein hinzuweisen:

Der für die sanktionsbezogene Prognoseentscheidung verantwortliche Richter kann sich in die Lage versetzen, jene „Gesamtwürdigung" (s.o.) vorzunehmen, wenn die Tat nach seiner „freien Überzeugung" feststeht (s.o. I. 1. a) und u. f). Der mit einem Prognosegutachten (im Vor- oder Hauptverfahren[1265]) befasste Sachverständige sieht sich allerdings von Rechts wegen konfrontiert mit der aus seiner wissenschaftlichen Sicht möglicherweise als „Zumutung" empfundenen Vorgabe, dass der zu Begutachtende gerade im Hinblick auf „seine Tat" als unschuldig gilt (Art. 6 Abs. 2 EMRK). Eine prognostische Wahrscheinlichkeitsaussage ohne „Würdigung der Tat" abgeben zu sollen, wiese er voraussichtlich als Verstoß gegen seine „Regeln der kriminalprognostischen Kunst" zurück.[1266]

Dabei beruht das „Wissen" des Prognostikers über „die Tat" zunächst einmal auf dem Studium der ihm überlassenen Ermittlungsakten,[1267] die ihrerseits die „Folie" abgeben für die tatbezogene Exploration des zu Begutachtenden[1268]: Die Versuchung ist groß, insbesondere im Falle des Bestreitens durch den Beschuldigten[1269] zu einem eigenen „sachverständigen" Urteil über die Tat-Wahrheit zu kommen[1270] – das ist aber ebenso wenig Aufgabe des Gutachters wie der Versuch, tathergangsanalytisch noch akribischer zu ‚ermitteln' als Polizei und Staatsanwaltschaft,[1271] oder gar in der Rolle des kriminalprognostischen „Inquisitors" den zu Begutachtenden zum Geständnis zu bringen[1272] (zur str. Bedeutung der Tatleugnung s.o. B. I. 3. c) bb); solcherart Rollenüberschreitung ist bei manchen besonders eifrig um die ‚Wahrheit' bemühten Gutachtern noch in der Hauptverhandlung zu beobachten, ohne dass die Vorsitzenden ihrer Verantwortung gemäß § 78 StPO immer ganz gerecht werden.

Zwar ist der Einwand prinzipiell berechtigt, dass es unschädlich sei, wenn der Sachverständige entgegen der Unschuldsvermutung vom Vorliegen „der Tat" aus-

---

1264 *Seifert et al.* 2003, 304; vgl. auch *Brettel* 2007, *Kröber* 2007 und *Vanhoeck/v. Daele* 2007.

1265 S.u. II. 2., zum Vollstreckungsverfahren aaO b).

1266 Vgl. auch *Wegener* 1993.

1267 *Kröber* 1999, 594f., *G. Hinrichs* 2003b, 440; vgl. § 80 Abs. 2 StPO, dazu auch *Hübner/Quedzuweit* 1992.

1268 *Kröber* 1999, 595f.

1269 *Leygraf* 1993; zur Problematik von Geständnissen und ggf. deren Widerruf vgl. aber auch *Stern* 2005, zum nemo tenetur-Grundsatz (im Kontext der nachträglichen Sicherungsverwahrung) *Rzepka* 2003, 205.

1270 Zur Belehrungspflicht des Gutachters über die Aussagefreiheit des zu Begutachtenden *Eisenberg* 2011 Rn.1580 und *Tondorf/Tondorf* 2011, 226f.

1271 Vgl. auch *Kröber* 2006c.

1272 *Gerstenfeld* 2000, vgl. *Leygraf* 1993 m.w.N. und die Warnung von *Simons* 2002, 277f. vor dem fragwürdigen Wahrheitsgehalt entsprechender Angaben.

gehe, denn wenn am Ende der Beweisaufnahme der Tatnachweis nicht erbracht sei, würde ja auch das Prognosegutachten mangels Sanktionierungsmöglichkeit gegenstandslos. Der Einwand verkennt jedoch die faktische Auswirkung einer „positiven" Prognose (positiv nicht im Sinne des Beschuldigten, sondern im Sinne der Prognosefrage z.B. nach der Gefährlichkeit, s.o. A. III. 3.a) auf den weiteren Verlauf der Beweisaufnahme und auf die Würdigung ihrer Ergebnisse.

Solange § 246a StPO vorgibt, dass die für die Unterbringung des Angeklagten zwingend vorgeschriebene Begutachtung, genauer: die dafür erforderliche Untersuchung vor der Hauptverhandlung stattfinden soll (S. 3), erscheint der Vorschlag de lege lata zwar unrealistisch, die Begutachtung erst nach dem richterlichen Tatnachweis vorzunehmen, und es dürfte auch – zumal aus verfahrensökonomischen Gründen – kaum praktikabel sein, das schriftliche Gutachten erst zu diesem späten Zeitpunkt in das Verfahren einzuführen, es spricht jedoch nichts dagegen, mit der Beweisaufnahme zu den Rechtsfolgen erst zu beginnen, wenn diejenige zur Tat nach Einschätzung aller Verfahrensbeteiligten abgeschlossen ist (womit freilich nach geltendem Recht nicht der förmliche „Schluss der Beweisaufnahme" gemäß § 258 Abs. 1 StPO gemeint sein kann), und so die Vernehmung des Sachverständigen (§ 246a S. 1 StPO) an das Ende der Beweisaufnahme zu rücken (unter Beachtung von § 257 StPO, versteht sich).

aa) Ungefährlichkeitsvermutung?

So selbstverständlich die Unschuldsvermutung als „Nullhypothese"[1273] anerkannt wird, wenn auch ihr Wirkungskreis (z.B. im Vollstreckungsrecht, s.u.) umstritten bleibt, so selbstverständlich wird die Existenz einer vergleichbaren, genauer: gleichwertigen Ungefährlichkeitsvermutung abgelehnt.[1274] Dabei streitet gerade das Aktualitätsprinzip gegen die Rechtskraft von „Gefährlichkeitsurteilen" (s.u. D. III. 2.).

Demgegenüber ist das Vollstreckungsrecht (nicht nur, aber vorrangig im Bereich der freiheitsentziehenden Maßregeln) von Gefährlichkeitsvermutungen geprägt, die nur schwer zu widerlegen sind und tendenziell zur Beweislastumkehr führen (s.o. 1.c).[1275]

bb) Unschuldsvermutung im Vollstreckungsrecht?

Im Vollstreckungsverfahren stellt sich die Lage insofern anders dar, als bereits ein rechtskräftiges Urteil vorliegt – die Probleme verschieben sich hier aber nicht selten auf die Würdigung anderer Vorgänge (ggf. erneute Taten, z.B. im Rahmen des Vollzuges), deren Nachweis ebenfalls nicht gerichtlich abgesichert ist.[1276]

[1273] *Steller* 2002, 15.

[1274] Dazu NK-*Pollähne/Böllinger* vor § 67 Rn. 4 m.w.N. und *ders.* in: *Kammeier* 2010 Rn. B 57ff.

[1275] Vgl. insoweit zum Zivilrecht *Pollähne* 2004c, 150f. m.w.N. und zu § 67d Abs. 3 StGB NK-*Pollähne/Böllinger* § 67d Rn. 49f.; s. auch OLG Karlsruhe NStZ-RR 2006, 90 und OLG Koblenz v. 19.11.2007 – 1 Ws 141/07 – juris.

[1276] Zur Relevanz von „Überhaft" vgl. *Kölbel* 1998.

Soll der Widerruf der Strafaussetzung gemäß § 56f Abs. 1 S. 1 Nr. 1 StGB auf die Begehung einer Straftat in der Bewährungszeit gestützt resp. geprüft werden, ob die verurteilte Person „dadurch zeigt, dass die Erwartung, die der Strafaussetzung zugrunde lag, sich nicht erfüllt hat“ (s. o. B. I. 3. c), wurde spätestens mit der Grundsatzentscheidung des EGMR klargestellt, dass für jene neue Straftat Art. 6 Abs. 2 EMRK Beachtung finden muss, es also eines rechtskräftigen Schuldspruchs bedarf.[1277] Findet sich kein anderer Widerrufsgrund, bleibt es bei der Aussetzung der Vollstreckung.

Dem Widerruf ähnlich ist die Aufhebung einer vorzeitigen Aussetzungsentscheidung gemäß § 454a StPO, mit der „die rechtzeitige Entlassung eines Verurteilten“ erleichtert werden soll: Da hierzu „eine möglichst frühzeitige Entscheidung über die Aussetzung des Strafrestes erwünscht ist, steht zum Ausgleich der mit einer frühen Prognoseentscheidung verbundenen Risiken die Korrekturmöglichkeit des Aufhebungsverfahren nach § 454a Abs. 2 StPO zur Verfügung“, um sicherzustellen, dass „bei einer Vorverlagerung der Aussetzungsentscheidung die Beurteilungsgrundlage bis zur Entlassung nicht geschmälert wird“.[1278] Eine Aufhebung komme etwa in Betracht, wenn der Gefangene „in alte Verhaltensmuster zurückgefallen und im Rahmen gewährter Vollzugslockerungen erneut straffällig geworden ist“.[1279] Insoweit bedürfe es keiner rechtskräftigen Aburteilung, da dies dem Sinn und Zweck der Vorschrift nicht gerecht würde, denn damit sollten „die Befugnisse der Gerichts zur Korrektur der getroffenen Prognoseentscheidung über die Möglichkeit des Widerrufs hinaus“ erweitert werden.[1280] Bei § 454a Abs. 2 StPO handele es sich „lediglich um eine – weitere – Prognoseentscheidung auf veränderter Tatsachengrundlage“, und „aus dem Wesen der Prognosebeurteilung“ folge, dass „die Unschuldsvermutung der Berücksichtigung einer neuen, noch nicht rechtskräftig abgeurteilten Straftat“ nicht entgegenstehe.[1281]

Inwieweit sich die dem EGMR folgende Rechtsprechung auf die Aussetzungsentscheidung selbst übertragen lässt, ist umstritten, wobei Rechtsprechung und Lehre allerdings vermehrt dazu tendieren, dies zu verneinen:

Nach Auffassung des OLG Oldenburg ist die Rechtsprechung des EGMR zur Unzulässigkeit des Widerrufs auf der Grundlage eines bloßen Tatverdachts für die Frage der Strafaussetzung weder einschlägig noch entsprechend anwendbar: Die Vollstreckung einer Strafe dürfe zwar „nur ausgesetzt werden, wenn diese Erwartung im Sinne einer überwiegenden Wahrscheinlichkeit eindeutig zu bejahen“ sei; wegen des vorrangigen Schutzes der Allgemeinheit gelte insoweit aber „der Zweifelssatz zugunsten des Angeklagten nicht“, womit sich der Widerruf einer Strafaus-

---

[1277] Zu EGMR StV 2003, 82 u. a. *Peglau* 2003 m. w. N. und ausf. *Wita* 2006, diff. noch BVerfG NStZ 1987, 118; für § 67g Abs. 1 S. 1 Nr. 1 StGB (Widerruf der Maßregelaussetzung) kann nichts anderes gelten, vgl. NK-*Pollähne/Böllinger* § 67g Rn. 17 m. w. N.

[1278] KG, Beschluss vom 25. 11. 2003 – 1 AR 1472/03 – 5 Ws 560/03 – juris, unter Verweis auf OLG Schleswig NStZ 1988, 293, vgl. auch BVerfG NJW 2009, 1941 ff. und dazu *P.-A. Albrecht et al.* 2010.

[1279] ThürOLG NStZ-RR 2007, 283.

[1280] ThürOLG aaO unter Verweis auf BVerfG NJW 1994, 377.

[1281] ThürOLG aaO m. w. N.

setzung, die den nachträglichen Entzug einer dem Verurteilten zuvor rechtskräftig eingeräumten Rechtsposition darstelle, „entscheidend von der erstmaligen Bewilligung einer Strafaussetzung“ unterscheide.[1282] Dieser im Hinblick auf § 57 StGB entwickelte Grundgedanke (s.u.) gelte auch für § 56 StGB, denn in beiden Vorschriften gehe es „um eine gerichtliche Prognoseentscheidung dazu, wie wahrscheinlich eine Begehung künftiger Straftaten auch ohne Vollzug der an sich verwirkten Freiheitsstrafe“ sei.[1283] Bei der Entscheidung über eine Strafaussetzung zur Bewährung seien „insbesondere Straftaten zu berücksichtigen, von denen aufgrund rechtskräftiger Verurteilung oder wegen eines glaubhaften Geständnisses“ feststehe, dass der Angeklagte sie nach der Tat begangen habe. Aber auch wenn insoweit nur ein erheblicher Tatverdacht bestehe, könne dies bei der Prognoseentscheidung grundsätzlich zu Lasten des Angeklagten berücksichtigt werden, wobei freilich den Umständen des Einzelfalles maßgebliche Bedeutung zukomme.[1284]

Im Rahmen der Prognoseentscheidung des § 57 StGB kann zum Nachteil des Verurteilten verwertet werden, dass ein anderes Strafverfahren gegen ihn anhängig ist; dem stehe die Unschuldsvermutung des Art. 6 Abs. 2 EMRK ebenfalls nicht entgegen.[1285] Der ausschlaggebende Unterschied zur Widerrufsentscheidung nach § 56f StGB sei, dass sich dort der Zweifel über das Vorliegen einer neuen Straftat (als Widerrufsgrund) zu Gunsten des – auf freiem Fuß befindlichen – Verurteilten auswirke, während „Zweifel über das Prognoseurteil“ im Rahmen der Gesamtbetrachtung des § 57 StGB zu Lasten des – inhaftierten – Verurteilten gingen.[1286] Es gehe mithin nicht um die Anordnung einer Freiheitsentziehung wegen einer weiteren Straftat, sondern „allein um die Frage der Fortsetzung der Vollstreckung einer bereits rechtskräftig erkannten Strafe wegen ungünstiger Prognosebeurteilung“; damit betreffe die Entscheidung nach § 57 Abs. 1 Nr. 2 „einen anderen Lebenssachverhalt (Sozialprognose) und verfolgt eine andere Zielrichtung (Fortdauer der Vollstreckung)“.[1287]

Die Kommentarliteratur zu Art. 6 Abs. 2 EMRK stützt diese Rechtsprechung im Grundsatz, so *Gollwitzer*: „Bei Prognosebeurteilungen, wie etwa im Rahmen des § 57 StGB, dürfen nicht angeklagte und abgeurteilte frühere Handlungen oder eine noch nicht rechtskräftig abgeurteilte Tat mitberücksichtigt werden, wenn aufgrund einer den strengen Anforderungen für die Schuldfeststellung genügenden Beweiswürdigung deren Vorliegen auf Grund einer sicheren Beweislage erwiesen ist, vor allem aber, wenn sie vom Angeklagten selbst eingeräumt wird.“[1288] Einschränkend heißt es immerhin, eine ungünstige Sozialprognose dürfe „nicht allein darauf ge-

---

[1282] OLG Oldenburg NStZ-RR 2007, 197 unter Verweis auf BGH StV 1992, 106.

[1283] OLG Oldenburg aaO.

[1284] OLG Oldenburg aaO unter Verweis u.a. auf BGHR StGB § 56 Abs. 1 Sozialprognose 25.

[1285] So zuletzt OLG Hamm StRR 2008, 158 m.w.N. (und zust. Anm. *Lange*), vgl. auch dass. NStZ-RR 2005, 154 und NStZ 2004, 685 sowie ThürOLG, Beschluss vom 17. 3. 2005 – 1 Ws 64/5 – juris.

[1286] *Lange* (Anm. zu OLG Hamm) aaO.

[1287] OLG Frankfurt NStZ-RR 2005, 248, dem zufolge sogar ein Freispruch in der anderen Sache unschädlich sein soll.

[1288] *Gollwitzer* 2005 Art. 6 Rn. 149 m.w.N., insb. auf OLG Celle NdsRpfl 1991, 207 und OLG Düsseldorf StV 1997, 91, vgl. auch OLG Hamm NStZ-RR 2010, 219.

stützt werden, dass der Verdacht besteht, der Verurteilte habe weitere Straftaten begangen."[1289] Die bereits früher formulierte, noch weitergehende – und weiterhin berechtigte – Kritik an dieser Rechtsprechung von *Wagner*[1290] verhallte jedoch weitgehend unerhört.

e) Gesamtwürdigung von Täter (und Tat)

Die Prognose lässt sich aber – ebenso wie hinsichtlich der Tat (s.o. c) – auch nicht ausschließlich aus einer „Würdigung des Täters" ableiten, selbst wenn man den Einwand gelten lässt, zum „Täter" werde ein Mensch ja erst durch „seine Tat".[1291] Spätestens für den Richter stellt sich die prognostische Frage eben nicht losgelöst von der konkret zur Verhandlung stehenden Tat, vielmehr verlangt das Gesetz ja gerade aus Anlass dieser Tat die Beantwortung der Frage, wie groß die Wahrscheinlichkeit sei, dass „der Täter" eine „solche Tat" noch einmal begeht (s.o. c).[1292]

Will man auf die Folgenorientierung und damit auf Prognosen im Strafrecht nicht völlig verzichten (s.o. A. I.), kommt man – wie bereits bei der allgemeinen Strafzumessung (zu § 46 StGB s.o. B. I. 3.b) – an einer einzelfallorientierten Gesamtwürdigung des Täters und seiner Tat nicht vorbei. Für *Dahle* geht es vor diesem Hintergrund um den „Anspruch einer streng individualisierenden, d.h. auf den spezifischen Besonderheiten des Einzelfalles fußenden" Beurteilung.[1293]

Ein vorerst Letztes zu dem Täter und „seiner Tat": Es mag spitzfindig anmuten (und war vom Gesetzgeber sicherlich auch nicht in letzter Konsequenz durchdacht), auf das hierin possessivpronominal zum Ausdruck gebrachte Besitzverhältnis zwischen dem Täter und „seiner" Tat einzugehen, zumal es sich dabei letztlich um das Produkt eines gerichtlichen Zuschreibungsprozesses handelt, der einen Menschen erst zum „Täter" macht, indem er ihm ein Verhalten beweisrechtlich zuordnet und es ihm strafrechtlich als „Tat" zurechnet.[1294] Es darf aber nicht in Vergessenheit geraten, dass der Täter mit „seiner Tat" Teil der Gesellschaft war, ist und bleibt.[1295] Diese Gesellschaft, die Allgemeinheit, die vor dem Täter ggf. geschützt werden soll (§§ 57 Abs. 1, 63, 66 Abs. 1 Nr. 3 StGB), das Volk, in dessen Namen ggf. das Urteil gesprochen wird (§ 268 Abs. 1 StPO), muss nicht nur der Versuchung widerstehen, den Täter auszuschließen,[1296] sie muss sich vielmehr mit diesem Täter auch dessen Tat(en)

[1289] *Gollwitzer* aaO.

[1290] *Wagner* 1992 (gegen OLG Celle R&P 1992, 32).

[1291] In anderen Vorschriften wird im Übrigen auf „die Persönlichkeit" abgestellt, vgl. nur § 56 Abs. 1 S. 2, Abs. 2, § 57 Abs. 1 S. 2 und Abs. 2, § 56b Abs. 2 S. 1, § 59 Abs. 1 S. 1 sowie in § 67 Abs. 3 S. 1, Abs. 5 S. 2: „Umstände in der Person".

[1292] Zur Frage der sog. „Einschlägigkeit" der zu prognostizierenden Tat(en) vgl. nur (zu § 67d S. 2 StGB) NK-*Pollähne/Böllinger* § 67d Rn. 16 m.w.N. sowie (zu § 176a Abs. 1 StGB) *Fischer* § 176a Rn. 3.

[1293] *Dahle* 2005, 14.

[1294] Vgl. auch *M. Bock* 2007b, 272.

[1295] Zu unübersehbaren Exklusionstendenzen vgl. die Beiträge in *Klimke* 2008, insb. auch *Pollähne* 2008c (in puncto Führungsaufsicht).

[1296] Exemplarisch skandalös die Charakterisierung von Menschen, die wiederholt schwere Straftaten begangen haben, als „Bestien" (Innenminister Schäuble, Baden-Württemberg) oder „Zeitzurechnen lassen, sie muss die – mal mehr, mal weniger große, aber immer vorhandene – Mitverantwortung für „den Täter und seine Tat“ (an)erkennen und annehmen (was auch heißt, sie nicht ‚einfach‘ auf das individuelle Opfer abzuwälzen).[1297]

Soweit dies nicht bereits im Begutachtungsprozess zur Geltung kommt (Stichwort: Tat und Täter in den sozialen Bezügen[1298]), ist es auch Aufgabe des Gerichts, die unterschiedlichen „Verantwortungen“ zu gewichten und in der Sanktionsentscheidung zur Geltung zu bringen, z.B. im Rahmen der Verhältnismäßigkeit (§ 62 StGB, vgl. auch § 46 Abs. 1 S. 2 StGB).

f) Prognostische Überzeugungsbildung

Was nach Abschluss der Beweisaufnahme als deren Ergebnis im Rahmen der „Gesamtwürdigung“ zur Grundlage der Prognoseentscheidung gemacht werden soll, muss zur Überzeugung des Gerichts feststehen, das diese gemäß § 261 StPO „aus dem Inbegriff der Verhandlung“ schöpft (s.o. 1.).[1299] Zwar ist der damit ggf. verbundene Tatschuldspruch noch nicht rechtskräftig, aber das gilt auch für die darauf bezogene Sanktionsentscheidung, die mit dem Schuldspruch „steht und fällt“.[1300]

Dabei geht es nicht um den strukturellen Widerspruch zwischen justiziellem Dezisionismus und prognostischer Probabilität (s.u. g) und III.),[1301] sondern um eine – hie wie da erforderliche – gesicherte Tatsachengrundlage. Was nicht zur Überzeugung des Gerichts feststeht, weil „vernünftige Zweifel“ geblieben sind, darf nach dem Grundsatz „in dubio pro reo“ einer belastenden Prognoseentscheidung nicht zugrunde gelegt werden und scheidet damit auch als Anknüpfungstatsache für die Prognosestellung aus.[1302] Mit der kriminalpolitischen Devise „in dubio Prognose“ (s.o. A. I.) sind die Zweifelsfragen im Einzelfall nicht zu lösen – Differenzierungen sind angebracht:

Prognostische Zweifel

Das ist nicht zu verwechseln mit dem allenthalben zu lesenden – und nicht selten missverständlich formulierten – Hinweis, der Zweifelsgrundsatz gelte nicht für

---

bomben“ (Justizminister Wagner, Hessen); vgl. dazu *Rzepka* 2003, 192 und das BRIK-Memorandum „wider die nachträgliche Sicherungsverwahrung“ vom 11. 4. 2002 (dok. u.a. in DVJJ-Journal 2002, 194f.) sowie *Pfäfflin* 2007 und *ders./Lamott* 2010 zu den US-amerikanischen ‚Raubtier‘-Gesetzen, *Tondorf/Tondorf* 2011, 66ff. m.w.N. zur „Dämonisierung“ und *Kerner* 2007, 18f.

1297 Ähnlich *Haffke* 2006, 92f., vgl. auch *M. Walter* 2010, 247.

1298 Dieser berechtigte Anspruch der „MIVEA“ wird letztlich nicht konsequent eingelöst (s.o. C. IV. 2. a).

1299 *Huber* 1994, 52, vgl. auch *Upmeier* 2010, 123ff. und 147ff.

1300 Zur Vermengung der auf die Tat einerseits und die Rechtsfolgen andererseits bezogenen Beweisaufnahmen vgl. *Roxin/Schünemann* 2009, 322 m.w.N. auch zur Problematik daraus abgeleiteter Forderungen nach einer „Zweiteilung“ der Hauptverhandlung (s.o. d), vgl. auch *P.-A. Albrecht* 2000, 377ff. und *Schall* 2003, 260 sowie bereits *Mrozynski* 1978, 260 und *Jung* 1986, 260.

1301 Vgl. auch *Fabricius* 2007, 2f.

1302 *J. Bock* 2001, 179ff., 244ff.

Prognoseentscheidungen.[1303] Das jeweils Vorherzusagende (Rückfall, Legalbewährung, s.o. c) bb) und A. III. 2.c) muss nicht, kann aber auch gar nicht zweifelsfrei feststehen, da eine hundertprozentige Wahrscheinlichkeit des zukünftigen Eintritts ungewisser Ereignisse – auf nichts anderes liefe „Zweifelsfreiheit" hinaus – ausgeschlossen ist.[1304]

Nur insoweit gilt der Grundsatz „in dubio pro reo" nicht, würde freilich auch gar keinen Sinn ergeben, sondern auf das Ende von Prognostik hinauslaufen.[1305] So gesehen gilt für die prognostische Wahrheitsfindung und Überzeugungsbildung aber nichts anderes als für den Schuldspruch: Auch dort wird „hundertprozentige Sicherheit" gerade nicht gefordert, sondern nur das Ausräumen „vernünftiger" Zweifel – lassen sich Letztere jedoch „vernünftigerweise" nicht ausräumen, wirken sie „pro reum" (vgl. o. B. I. 1. c).

Welche Zweifel im Hinblick auf den zu prognostizierenden Rückfall noch „vernünftig" sind, ist vergleichsweise schwieriger zu beantworten und bedarf häufig sachverständiger Beratung (s.u. II.), darf aber nicht offenbleiben (zum sog. Mittelfeld-Problem s.u. E. II. 3.). Der Unterschied zur „in dubio"-Entscheidung beim Schuldspruch wird erst im Anschluss an die Feststellung vernünftiger Zweifel wirksam: Während der Rechtsstaat das „Risiko" des Freispruchs „Schuldiger" in Kauf nimmt, versucht er das „Risiko" der Freilassung „Gefährlicher" über die normative Kategorie der „Vertretbarkeit" zu steuern (zum „cut off"-Problem s.u. E. II. 1.).

Die jeweilige Wahrscheinlichkeit (der „Grad der Gefahr", vgl. § 62 StGB) muss für den Richter jedoch zweifelsfrei feststehen,[1306] so dass er – je nach Fragestellung – „pro reo" von dem günstigeren möglichen Wahrscheinlichkeitsgrad auszugehen hat.[1307] Dass Wahrscheinlichkeitsurteile im „Beweismaß" unterhalb der persönlichen Gewissheit lägen, kann in dieser Allgemeinheit nicht gelten,[1308] denn hinsichtlich des Grades der Wahrscheinlichkeit muss sich der Richter sehr wohl „gewiss" sein – dass „prognostische Gewissheit" jedenfalls „durch Erkenntnis" nicht erreicht werden kann, ist ein anderer Punkt.[1309]

Was aber die Tatsachengrundlage betrifft, auf der die Prognosestellung und ihre Wahrscheinlichkeitsaussagen beruhen sollen, gilt der Zweifelsgrundsatz zweifel-

---

1303 Statt vieler: *Fischer* § 56 Rn.4a, *Schall* 2003, 264 und *Meier* 2009, 106b f., jeweils m.w.N., diff. *Jung* 1986, 259f. und *Streng* 1995, 109ff., undiff. *T. Wolf* 2005, 79f. Hierzu war eigentlich von *Frisch* 1983 schon alles Nötige (wenn auch zum Teil nicht in der nötigen Klarheit) gesagt worden (insb. S. 161ff.)!

1304 *H.-J. Horn* 1999, 270, *Schüler-Springorum* 1994, 222 und *Zopfs* 1999, 301; ausf. *Michael* 1981, 11 und insb. *Montenbruck* 1985, 96ff. (zum seinerzeitigen Streitstand und einer eigenen, nicht durchweg nachvollziehbaren Lösung), vgl. *Kokott* 1993, 33ff.

1305 *Volckart/Pollähne/Woynar* 2008, 51f., vgl. auch *T. Walter* 2006, 342 und *Zopfs* 1999, 301ff.

1306 *Fischer* vor § 61 Rn. 3 unter Verweis auf BGHSt 5, 151 m.w.N. und allzu berechtigter Kritik an § 66a StGB (SV-Vorbehalt, vgl. aaO § 66a Rn. 5f.).

1307 *Meier* 2009, 107, vgl. auch *K. Becker* 2009, 56ff., diff. *T. Walter* 2006, 342 und *Streng* 2003, 626f.

1308 Zumindest missverständlich insofern *Bender et al.* 2007 Rn. 365, ungenau auch die ohnehin allzu oberflächliche Darstellung bei *Ferner* 2003, 27.

1309 *Kerner* 1980, 309, vgl. auch *P.-A. Albrecht et al.* 2010, 1019.

los uneingeschränkt (und nicht nur „grundsätzlich“[1310]). Prognoseentscheidungen seien, so *Stuckenberg*, „ihrer Natur als Wahrscheinlichkeitsaussagen über künftige Ereignisse nach keiner begründeten Überzeugung i.S.d. § 261 StPO fähig“, der Zweifelssatz gelte daher „nicht für das hypothetische Urteil selbst, jedoch nach h.M. für Tatsachen, die der Prognose zugrunde liegen“.[1311] Was also vor Gericht nicht bewiesen werden kann, darf einer Prognose nicht „contra reum“ zugrunde gelegt werden – lassen sich umgekehrt prognostisch günstige Tatsachen nicht ohne „vernünftige Zweifel“ ausschließen, sind sie in die Wahrscheinlichkeits-Analyse einzubeziehen.[1312]

Ersteres dürfte auch dem empirisch arbeitenden Prognostiker im Prinzip vertraut sein, dessen methodisch fundierten Schlussfolgerungen auf gesicherten (evidence based) Erfahrungssätzen und Befunden beruhen müssen.[1313] Die Empirie unterliegt freilich keinem normativen Beweisrecht, womit sich durchaus die Situation ergeben kann, dass etwa der prognostische Sachverständige (im Rahmen der Untersuchung vor der Hauptverhandlung, § 246a S. 3 StPO) seiner Wahrscheinlichkeitsaussage einen Befund zugrunde gelegt hat, der sich in der späteren gerichtlichen Beweisaufnahme nicht bestätigen lässt (zu spez. Problemen aktuarischer Risikomanuale s.u. g).[1314] Es ist dann Aufgabe aller Verfahrensbeteiligten und vor allem des Gerichts, darauf zu achten, dass das Prognosegutachten entsprechend korrigiert, die Prognosestellung ggf. revidiert wird. War ein Befund relevant für das Stellen einer ungünstigen Prognose, wird sie durch dessen beweisrechtlichen Wegfall erschüttert: Ohne weitere Ausführungen dazu, warum an der Prognose gleichwohl festzuhalten ist, hat sie keinen Bestand. Letzteres, also die Berücksichtigung prognostisch günstiger Anknüpfungstatsachen, die lediglich nicht mit vernünftigen Zweifeln ausgeschlossen werden können, dürfte dem Prognostiker schwerer fallen – insoweit gilt aber nichts anderes: Hat er sie seiner Begutachtung (noch) nicht zugrunde gelegt, wird er dies ggf. nachholen müssen, selbst wenn er „sachverständige“ Zweifel hegt.

Diesen Vorgaben wird die Rechtsprechung nicht durchweg gerecht: Eine günstige Sozialprognose dürfe zwar nicht allein deshalb verneint werden, weil der Angeklagte „vorbestraft und Bewährungsversager“ sei, so das OLG Düsseldorf, könne der Tatrichter aber noch nicht einmal die Erwartung künftiger Straffreiheit zu seiner Überzeugung feststellen, müsse er schon deshalb die Aussetzung ablehnen, weil der Grundsatz >in dubio pro reo< insoweit nicht gelte. Dabei biete gerade „das bisherige Verhalten des Angeklagten“ eine Beurteilungsgrundlage, weil es „zweifelsfreier Feststellung zugänglich“ sei und aus diesem Grunde „besondere

---

[1310] Diff. *Streng* 1995, 115 und *Zopfs* 1999, 303f., vgl. auch *Schall/Schreibauer* 1997, 2414, *Schall* 2003, 264 und *Herre* 1997, 123ff.

[1311] *Stuckenberg* 2000, 571, vgl. auch *Koller* 2005, 242 und *Detter* 2009, 37 sowie allg. *L. Schulz* 2001, 225ff.

[1312] Ähnlich *Meier* 2009, 106f., vgl. *Eisenberg* 2011 Rn. 126.

[1313] Ausf. zu „evidence-based“ Ansätzen (insb. in der Kriminalprävention) *Graebsch* 2009b.

[1314] Zu den Unterschieden zwischen wissenschaftlicher und juristischer Tatsachenfindung auch *Upmeier* 2010, 147ff.

Berücksichtigung“ finden müsse. Zwar gebe es keinen Erfahrungssatz des Inhalts, dass eine Rückfälligkeit innerhalb einer Bewährungszeit eine günstige Sozialprognose in jedem Fall ausschließe, es müssten dann aber „besondere Umstände vorliegen, die solches Gewicht haben, dass sie die von dem Vorleben des Angeklagten und insbesondere seinem Bewährungsversagen her ungünstige Zukunftserwartung in großem Maße positiv beeinflussen“.[1315]

In seiner – nicht ohne Empörung ob der Aussetzungsentscheidung des Tatrichters – zustimmenden Anmerkung fügt *Greger* hinzu: Da das Gesetz (realistischerweise) nur die Erwartung künftiger Straffreiheit fordere, genüge „die Überzeugung von einer (objektiven) Wahrscheinlichkeit solchen Verhaltens“.[1316] Die Prognose dürfe aber nicht in einem „ungebundenen Meinen, Schätzen, Glauben, Fürwahrscheinlichhalten“ bestehen, der Richter müsse sich vielmehr „eine Überzeugung (im Sinne des § 261 StPO) von der Wahrscheinlichkeit künftiger Rechtstreue“ bilden. Und doch lese man immer wieder Formulierungen, die allenfalls die „Nichtfeststellbarkeit einer Rückfallgefahr“ zum Ausdruck brächten, wonach dem Gesetz zufolge die Vollstreckung nicht ausgesetzt werden dürfte, denn das verlange „die positive Prognose; das >non liquet< reicht nicht!“[1317] Natürlich müsse „bei einer Prognoseentscheidung ein Irrtumsrisiko in Kauf genommen werden“, wenn aber die Irrtumsquote – so schließt *Greger* mit Verweis auf seine Interpretation der Rückfallstatistik ab – höher sei als die Trefferquote, dann deute dies „auf einen Fehler im System hin“.[1318]

Aus Anlass einer weiteren Entscheidung des OLG Düsseldorf, die auf der o.g. Linie liegt,[1319] stellte *Terhorst* klar: Zu den gemäß § 56 StGB zu beachtenden Umständen gehörten „nicht nur die Tatsachen, die auf Grund richterlicher Beweiswürdigung nach dem Inbegriff der Hauptverhandlung feststehen“, also insbesondere die Feststellungen zum Vorleben, vielmehr müssten auch solche „Tatsachen gleichberechtigt einbezogen werden, die nicht zweifelsfrei bewiesen worden sind, aber nach dem Grundsatz in dubio pro reo dem Angeklagten zugute gehalten werden müssen“; Entsprechendes gelte „für entlastende Tatsachen, die gemäß § 244 Abs. 3 S. 1 StPO als wahr unterstellt worden“ seien.[1320] Dies setze insbesondere dem Revisionsgericht Grenzen: Die als „nicht mit Tatsachen belegt“ bezeichneten und damit stark relativierten und herabgeminderten Faktoren stellten sich jedenfalls im vorliegenden Fall als „bindende und auch für das Revisionsgericht verbindliche Feststellungen dar, die überdies als durchaus aussagekräftig für eine Kriminalprognose“ verstanden werden könnten – die Praxis der Revisionsgerichte sei leider eine andere.[1321]

[1315] OLG Düsseldorf JR 1988, 72, 73.
[1316] *Greger* (Anm. zu OLG Düsseldorf) aaO S. 74.
[1317] Ebda.
[1318] *Greger* aaO S. 75.
[1319] OLG Düsseldorf JR 1994, 39.
[1320] *Terhorst* (Anm. zu OLG Düsseldorf) aaO S. 41.
[1321] Ebda.

g) Aktuarische Möglichkeit vs. juristische Sicherheit

Im Hinblick auf vermeintlich ‚moderne' sog. „Risiko-Manuale", die sich aber häufig nur als alter „Schlechtpunkte"-Wein in neuen Prognose-Schläuchen[1322] erweisen (ausf. o. C. IV. 1.), ist auf ein spezifisches Problem gesondert hinzuweisen:

Für wissenschaftliche statistische Auswertungen mag es – ob zur Reduktion von Komplexität oder zur Erweiterung der Varianz – als bedeutsam erachtet werden, ob ein „risk item" sicher nicht vorliegt (Wert 0), sicher vorliegt (Wert 2) oder nur möglicherweise vorliegt (Wert 1), so dass – rein „aktuarisch" – vier nur möglicherweise vorliegende „items" prognostisch so viel „wert" sind wie zwei sicher vorliegende.[1323] In der Anwendung auf den Einzelfall ist diese Vorgehensweise beweisrechtlich ausgeschlossen, ob es dem statistisch versierten Prognostiker nun passt oder nicht: Ein „item", dessen Vorliegen zwar möglich, aber eben nicht beweisbar ist, „zählt" nicht. Die verbleibenden Zweifel mögen der empirisch forschenden Vernunft nicht nachvollziehbar sein, genauer gesagt: kein hinreichender Anlass sein, den Fall dem >Wert 0< zuzuordnen,[1324] die juristische Vernunft aber muss ‚in dubio pro 0 scoren'.

Wahrscheinlichkeitsaussagen dürfen sich nur auf das Prognoseergebnis beziehen, nicht aber auf die ihm zugrundeliegenden Befunde. Wiederum werden die Verfahrensbeteiligten bei Verwendung solcher oder ähnlicher Prognoseinstrumente darauf zu achten haben, dass nur jene Werte in die Wahrscheinlichkeitsrechnung eingehen, die bewiesen werden können.[1325] Besonders problematisch ist in dieser Hinsicht das sog. „Pro-Rating-Verfahren", mit dem fehlende Werte hochgerechnet werden: unter welchen Bedingungen dies wissenschaftlich vertretbar ist, mag dahinstehen, gutachterlich vertretbar ist es keineswegs.[1326]

Das Vorstehende sei nicht dahingehend missverstanden, prognostisch relevante „items" dürften nicht – erfahrungssatzgeleitet – gewichtet werden (wenn sie denn vorliegen!), etwa weil sie unterschiedlich stark ausgeprägt sind: Wird etwa auf früheren Drogenkonsum abgestellt, so darf nicht nur dessen Intensität, Dauer, Verlauf etc. Berücksichtigung finden, es wäre sogar höchst fragwürdig, jegliche Form des Konsums pauschal mit einem Wert 2 in die Gesamtrechnung eingehen zu lassen; die jeweilige Intensität und Dauer bzw. der Verlauf müssen aber wiederum zweifelsfrei feststehen, wenn sie denn prognostisch ungünstig gewertet werden sollen.

[1322] Vgl. *G. Hinrichs* 2003 a und *Wendt/Stöver* 2011, 451; zur Kritik an den Prognosetafeln als statistische Verfahren der ersten Generation vgl. u. a. *Tenckhoff* 1982, 96 m. w. N. (sowie S. 98 f. zur ‚Schlechtpunkt'-Dynamik), *Eisenberg* 2005, 176, *Jung* 1986, 255, *Streng* 2002 Rn. 623 ff. und *M. Walter* 2010, 246.

[1323] So z. B. die Binnenlogik des HCR 20, dazu *Müller-Isberner et al.* 1998, 12 f., ebenso der SVR 20, vgl. *Müller-Isberner et al.* 2000, 40 f., zu beiden *Egg* 2002, 323 ff. und *G. Albrecht* 2003, 113 ff.; zum Vorbild der ‚Psychopathy Check List" (PCL) vgl. *Freese* 1998, krit. dazu u. a. *Frädrich/Pfäfflin* 2000, 101, *Ross/Pfäfflin* 2005 und *G. Hinrichs* 2003 a, 90 sowie *Pollähne* 2010 a (ausf. o. C. IV. 1. b).

[1324] Eine auch wissenschaftlich ‚sauberere' Lösung wäre freilich, den Fall als „missing value" zu verbuchen, diff. *Dahle* 2007, 106.

[1325] *Volckart* 2001 b m. w. N.

[1326] *Ross/Pfäfflin* 2005, 5, vgl. auch *H. Schneider* 2006, 102.

Dass eine solche Verwendung von Prognose-Checklisten in Konflikt mit dem Beweisrecht geraten kann, soll nicht darüber hinwegtäuschen, dass sie zugleich den Verfahrensbeteiligten die Möglichkeit einräumen, im Rahmen der Beweisaufnahme ihrerseits die Prognosestellung daraufhin zu „checken", welche Kriterien Berücksichtigung gefunden haben und welche nicht (Transparenz), ob sich die damit korrespondierenden Befundtatsachen zweifelsfrei feststellen lassen (Überzeugung) und ob die prognoserelevanten Verknüpfungen schlüssig sind (Nachvollziehbarkeit; s.u. II.).[1327] In der Praxis müssen wir – so *Jung* – „den Vorstellungen exakter Prognostizierbarkeit eine Absage erteilen", uns aber zugleich, „wollen wir nicht die Chancen einer empirischen Anleitung juristischer Entscheidungen von vorneherein verspielen, auf eine Ebene empirisch unterfütterter Plausibilität einlassen".[1328]

h) Doppelverwertungsverbot! Bestimmtheitsgebot?

Ein vorerst letztes beweisrechtliches (eigentlich: sanktionsrechtliches) Problem sei in diesem Zusammenhang nur angedeutet, nämlich das sog. „Doppelverwertungsverbot" (vgl. § 46 Abs. 3 StGB).[1329] Danach dürfen Umstände, die bereits Merkmale des gesetzlichen Straftatbestandes sind, in der Strafzumessung nicht noch einmal zu Lasten des Verurteilten Berücksichtigung finden (vgl. das Pendant des Verbots der Doppelverwertung zu seinen Gunsten in § 50 StGB).

Die Übertragung dieses Prinzips auf die Kriminalprognostik mag zwar eher fernliegen, umso mehr jedoch Prognoseinstrumente mit tatbestandlich abgefassten „items" Verwendung finden (s.u.), desto mehr muss auch darauf geachtet werden, dass nicht gewisse Befunde doppelt verwertet werden[1330] und zur Bejahung von mehreren „items" führen, die dann aufaddiert zu Buche schlagen.[1331] Und umso normativer solche Prognose-Manuale ausgestaltet[1332] und angewandt werden, desto eher muss man sogar daran denken, ihre Bestimmtheit an Art. 103 Abs. 2 GG[1333] zu messen. Das mag auf den ersten Blick ähnlich ‚absurd' anmuten, dass das Bestimmtheitsgebot aber grundsätzlich auch für das Sanktionsrecht gilt, ist weithin unbestritten, nur dessen Reichweite nicht.[1334]

[1327] Gegen eine solche Verwendung von Check-Listen wird sich nichts einwenden lassen (ähnlich *Haller* 2005, 24, *Kröber* 1997, 105, vgl. auch *Pollähne* 1994).

[1328] *Jung* 1986, 256.

[1329] Ausf. dazu u.a. NK-*Streng* § 46 Rn. 125ff. m.w.N.

[1330] Zur Kritik an der Tautologie mancher Prognose-Manuale vgl. u.a. *G. Hinrichs* 2003a, 90 und *Ross/Pfäfflin* 2005, 4f. (am Beispiel der PCL-R) sowie bereits *Böllinger* 1980, 300; die Gefahr der Redundanz (sog. Interkorrelationen) versucht *Gretenkord* (2000) methodisch durch „logistische Regression" in den Griff zu kriegen (positiv aufgenommen von den Rezensenten *Volckart* in R&P 2002, 130 und *Hommers* in MschrKrim 2002, 76, vgl. auch *Egg* 2002, 327f.).

[1331] Ähnlich bereits *Tenckhoff* 1982, 96f., vgl. *Eisenberg* (Anm. zu OLG Frankfurt/M.) in StV 2005, 346 und *H. Schneider* 2006, 102; a.A. *Dahle* 2007, 106.

[1332] Explizit zur „Normierung" der PCL *Freese* 1998, 82.

[1333] Ausf. *Paeffgen* 2007.

[1334] Vgl. nur *Rzepka* 2003, 198ff., zum Bestimmtheitsgebot *Paeffgen* 2007.

Wenn den Summenscores aktuarischer Kriminalprognoseinstrumente jedoch überhaupt ein eigenständiger Beweiswert zukommen soll, muss das Vorliegen der aufaddierten „items" umso sorgfältiger festgestellt worden sein. Die prognosebeweisrechtliche Besonderheit dieser aktuarischen „items" liegt in ihrer Zwitterstellung zwischen zweifelsfrei festzustellenden Anknüpfungs-Tatsachen und normativ verfassten Merkmalen eines Risiko-Tatbestands. Wegen der bereits beschriebenen Gefahr der Beweislastumkehr (s. o. 1.c) nach Passieren des „cut off"-Werts im Summenscore, oder juristisch gewendet: wegen der Subsumtion unter den Tatbestand der Zugehörigkeit zu einer „Gruppe Gefährlicher", ist eine restriktive Anwendung geboten.[1335]

II. Prognosegutachten im Kriminalrecht

Es dürfte nicht nur deutlich geworden sein, welche Bedeutung die Prognostik für Strafrecht und Strafverfahren erlangt hat (s. o. B.), sondern auch, welche straf- und prozessrechtsimmanenten Spannungen durch Folgenorientierung und daran anknüpfend Prognoseabhängigkeit geschaffen werden. Nunmehr soll es um jene Spannungen gehen, die in der Arbeitsteilung bei Prognosestellung und -entscheidung und in prinzipiellen Differenzen zwischen erfahrungswissenschaftlich begründeter Prognostik (s. o. C.) und rechtswissenschaftlich begründeter Methodik angelegt sind.

Zunächst aber dazu, um was es beim Thema Arbeitsteilung nicht geht, oder jedenfalls nicht in erster Linie, nämlich um die politische Entscheidung einerseits, individualpräventive Freiheitseingriffe zuzulassen, die prognostisch legitimiert werden sollen, und die Zuweisung der Aufgabe an Justiz, Verfahrensbeteiligte und Sachverständige andererseits, die damit verbundenen ethischen, praktischen und methodischen Probleme „auszubaden",[1336] zusätzlich erschwert durch die erweiterte Vereinnahmung der Richter für die staatliche Sicherheitspolitik (ausf. u. F.).[1337]

Die Gutachtenproblematik ist nur eine Facette davon, aber exemplarisch: Immer häufiger verweist (und vertraut?) der Gesetzgeber auf gutachterlichen Sachverstand, so dass schon vor „Gutachterei" gewarnt wird,[1338] aber mindestens ebenso häufig fehlen den zur Entscheidung Berufenen die geeigneten sachverständigen Gutachter[1339] und zudem der eigene Sachverstand, deren Eignung zu beurteilen.[1340]

1335 Ähnlich *H. Schneider* 2006, 102 und *Pelzer/Scheerer* 2006, 208 f., vgl. BGH StraFo 2011, 62.

1336 Vgl. *Mokros et al.* 2010, 76 f. und *A. König* 2010, 72; zum Risiko von Prognosen vgl. auch *Woynar* 2000 und *Cornel* 2002 a einerseits, *Grünebaum* 1996 und *Verrel* 2001 andererseits, sowie *Pollähne* in: *Kammeier* 2010 Rn. F 23 ff. – bezeichnend auch die Frage von *G. Albrecht* 2003, 122, „wer uns vor der Gefährlichkeit der Gefährlichkeitsprognostiker schützt", und die Forderung von *Streng* 2003, 621 nach „Sicherheit der Gefährlichkeitsfeststellung".

1337 *P.-A. Albrecht* 2010, 283; insoweit ist die Warnung von *Graebsch* 2009 a vor dem Gesetzgeber als „gefährlichem Wiederholungstäter" durchaus angebracht.

1338 *Oetting* 2003.

1339 *Rasch/Konrad* 2004, 393, *Kreuzer* 2008, 81; kritisch dazu u. a. SK-StPO-*Paeffgen* § 454 Rn. 2.

Auch prognostisch fundierte (insb. freiheitsentziehende) Entscheidungen sind von den dazu berufenen Juristinnen und Juristen (vgl. Art. 104 Abs. 2 GG) zu treffen und zu verantworten. Die anderen Verfahrensbeteiligten können daran mitwirken, so wie auch sonst im Rahmen der Beweisaufnahme üblich, also etwa durch Beweisanträge (s. o.), Fragen an Zeugen und Sachverständige, Stellungnahmen zu Beweisergebnissen etc. – das als Arbeitsteilung zu bezeichnen, würde jedoch die Machtverteilung im Strafverfahren ignorieren: Die „Arbeit" der Findung, Verkündung und Begründung der Entscheidung verbleibt dem Gericht, muss dem Gericht verbleiben.[1341]

Wenn hier (s. auch u. 3.) gleichwohl von Arbeitsteilung die Rede ist, dann geht es um die Hinzuziehung von Sachverständigen bzw. die Einholung von Gutachten.[1342] Ausgangspunkt ist die grundsätzlich vorhandene, im Einzelfall aber möglicherweise nicht (mehr) ausreichende „Sachkunde" des Gerichts, die die Hinzuziehung eines Sachverständigen ggf. gebietet (s. u. 1.), wenn sie nicht ausnahmsweise ohnehin gesetzlich vorgeschrieben ist (s. u. 2.).

1. Sachkunde

Nach wie vor kommen die allermeisten strafrechtlichen Prognoseentscheidungen ohne externen[1343] Sachverstand aus (s. o. C. III. 3.), die Einholung eines Prognosegutachtens ist und bleibt die Ausnahme.[1344] Das Gericht kann im Rahmen der freien Beweiswürdigung selbständig oder aus Anlass eines entsprechenden Beweisantrages entscheiden, ein solches einzuholen, und muss dies ggf. auch, um der Revision standzuhalten. Maßstab ist dabei gemäß § 244 Abs. 4 S. 1 StPO aber letztlich die Frage, ob das Gericht „die erforderliche Sachkunde" selbst besitzt.[1345] Demgegenüber ist die (für das Gericht allerdings auch nicht bindende) Richtlinie, einen Sachverständigen nur zuzuziehen, wenn „sein Gutachten für die vollständige Aufklärung des Sachverhalts unentbehrlich ist" (Nr. 69 S. 1 RiStBV), zumindest missverständlich.[1346]

1340 Exempl. zur „Qualität" von Gutachten *Schnoor* 2009, *König et al.* 2005, *Thalmann* 2002, *Nowara* 1995, *Gohde/Wolff* 1992, Forschungsüberblick bei *Pfäfflin* 2006 a.

1341 *Schöch* 1998, 1256, *Fabricius* 2008, 48, *Steck-Bromme* 2010, 187, vgl. bereits *v. Hippel* 1972, 14 ff. (unter Verweis auf das Prinzip der andernfalls bedrohten Rechtssicherheit; ausf. u. F. II. 2.) und *Naucke* 2002, 104 zu den unterschiedlichen Rollen im System der Zweispurigkeit (zum Ausschluss des ‚deals' im Maßregelrecht vgl. § 257 c Abs. 2 S. 3 StPO und o. I. 1. a)

1342 Grundlegend aus juristischer Sicht: *Peters* 1967, *Zipf* 1992, 11 ff., *Tondorf* 2004, *Kühne* 2010 Rn. 859 ff. und *Eisenberg* 2011 Rn. 1824 ff., vgl. auch *Keller* 1999; aus Gutachtersicht: *Leygraf* 2009, *Kröber* 2006 a/b, *Endres* 2002, 311 ff.

1343 Vgl. *Kröber* 2003; zur Qualität externer Gutachten *Nowara* 1995, vgl. auch *Schüler-Springorum et al.* 1996, 169 ff., *Bischof* 2000, *Volckart* 1999, 61 ff., *Suhling* 2003, *A. Rose* 2003, *Dahle* 1997 und *Prittwitz* 2003, 234 f.

1344 *Huber* 1994; kritisch zum Mythos des Externen *M. Beier* 2000.

1345 *Tondorf/Tondorf* 2011, 1, *Trück* 2007, 379; *P.-A. Albrecht* (2000, 150) zufolge ist der Richter „bei schwierig gelagerten Fällen ... in allen wesentlichen prognostischen Beurteilungsfragen Laie", diff. *Ingelfinger* zu BayObLG JR 2003, 294 ff.

1346 Zur justiziellen Realität der Hinzuziehung u. a. *Rössner et al.* 2000, *Marneros et al.* 1999.

Während aber die Entscheidung, einen Sachverständigen von Amts wegen zu bemühen, kaum angreifbar ist,[1347] unterliegt nicht nur die Ablehnung eines entsprechenden Beweisantrages der vollen revisionsrechtlichen Überprüfung, vielmehr kann die Überschätzung der eigenen Sachkunde auch in anderen Fällen als Verstoß gegen die richterliche Aufklärungspflicht (§ 244 Abs. 2 StPO, s. o. B. I. 1. c) gewertet werden.[1348]

Die Behauptung einer positiven Legalprognose ist „jedenfalls dann, wenn sie nicht völlig abstrakt aufgestellt, sondern mit Tatsachen über Eigenschaften, Entwicklungen und Lebensumstände des Angeklagten konkretisiert wird, eine dem Beweis zugängliche Wahrscheinlichkeitsbehauptung“,[1349] so das OLG Celle in einer wegweisenden Entscheidung. Die Auffassung, Beweisanträge mit einer Prognosebehauptung seien unzulässig, lasse sich „mit der Tatsachennatur von Wahrscheinlichkeitsaussagen nicht vereinbaren“.[1350] Dahingehende Beweisanträge würden allerdings oft vom „Ablehnungsgrund der eigenen Sachkunde des Gerichts“ (§ 244 Abs. 4 S. 1 StPO) erfasst: „Persönlichkeitsbezogene Prognosen sind eine tägliche Aufgabe der Strafgerichte. Grundsätzlich erwartet das Gesetz von dem Strafrichter, dass er diese Aufgabe erfüllen kann. In der Masse der vorkommenden Fälle sind die Richter auch durchaus in der Lage, Legalprognosen aus eigener Sachkunde zu stellen.“[1351]

Der Ablehnungsgrund der eigenen Sachkunde setze allerdings voraus, so das OLG Celle weiter, dass das Gericht „diese Sachkunde tatsächlich hat. Seine Mitglieder brauchen dazu nicht in der Lage zu sein, die Persönlichkeit des Angeklagten mit den Mitteln der klinischen Psychologie oder durch psychiatrisches Interview zu erforschen. Sie müssen aber aufgrund ihrer Erfahrung fähig sein, die für die Prognose relevanten Umstände als solche zu erkennen und zu bewerten“. Ein erfahrenes Strafgericht werde sich die eigene Sachkunde bei der Prognose in erster Linie dann selbst zutrauen können, wenn „die prognoserelevanten Umstände besonders deutlich und zahlreich in dieselbe Richtung weisen. Je weniger einander widersprechende, unklare oder ambivalente Faktoren vorliegen und je eindeutiger der Angeklagte eine Vielzahl von Hinweisen auf eine positive oder auch auf eine negative Prognose aufweist, desto eher kann das Gericht das aus eigener Sachkunde selbst beurteilen“. Die „richterliche Prognosetüchtigkeit“ beschränke sich aber nicht auf diese „statistischen Randbereiche“, vielmehr könne sich ein Gericht auch im Bereich „mittlerer Rückfallwahrscheinlichkeit … bei hinreichender Erfahrung die eigene Sachkunde für die Prognose ohne Rechtsfehler zutrauen“, jedenfalls wenn es „einen besonders gründlichen Überblick über die psychosozialen Umstände des Angeklagten gewonnen“ habe, weshalb hier „besonders hohe Anforde-

[1347] Vgl. auch *Deutsch* 2005, 34; zu Fragen der Gutachterauswahl *Tondorf/Tondorf* 2011, 173 ff., 185 ff. m. w. N., vgl. auch *Müller-Metz* 2003.

[1348] *Meyer-Goßner* § 244 Rn. 73 ff. m. w. N., ausf. *Trück* 2007, vgl. auch *Pollähne* 2005 b, 174 und *Keller* 1999, 257 ff.

[1349] OLG Celle JR 1985, 33 m. w. N., vgl. *Volckart* 1985.

[1350] OLG Celle ebda (gegen Alsberg/Nüse/Meyer).

[1351] OLG Celle ebda.

rungen an die Aufklärung des Persönlichkeit des Angeklagten zu stellen“ seien. So werde die Berufung auf die eigene Sachkunde einerseits dann auszuscheiden haben, wenn die Gerichte „selbst keine ausreichende Erfahrung haben und wenn andere Beweismittel zur Aufklärung der psychosozialen Verhältnisse des Angeklagten nicht ausreichen“, andererseits insbesondere dann, wenn der Angeklagte „Charakterzüge aufweist, deren Bedeutung für sein künftiges Verhalten ohne sachverständige Hilfe nicht abzuschätzen“ sei.[1352]

Generell sei zu fordern, so *Meyer* in seiner zu Recht zustimmenden Anmerkung, dass der Richter sich „in allen Zweifelsfällen, die sich auch z.B. aus der Lebensentwicklung des Angeklagten oder aus Besonderheiten des Tatgeschehens ergeben können, statt der üblichen intuitiven Methode der modernen kriminologischen Methoden bedient“.[1353]

Noch ganz anders das Berliner KG anno 1972: Ein Gutachten über die Frage einzuholen, ob bei dem Verurteilten „noch die erhebliche Gefahr besteht, dass er künftig rechtswidrige Taten begeht, verbietet sich schon deshalb, weil die Wissenschaft in ihrem heutigen Erkenntnisstand damit überfordert wäre“.[1354] Selbst nach Abschluss einer Sozialtherapie könne „der behandelnde Arzt, der doch über weit mehr Einsicht in die Persönlichkeitsstruktur des Delinquenten“ verfüge, nicht mit der notwendigen Sicherheit behaupten, dass sein Patient nicht mehr rückfällig würde; aber auch die auf Prognosestatistiken beruhenden Verfahren gäben keine sichere Auskunft über die Wahrscheinlichkeit einer Rückfälligkeit, denn sie hätten sich bisher „den auf Erfahrung und Menschenkenntnis gestützten intuitiven Voraussagen jedenfalls keinesfalls überlegen gezeigt“.[1355]

Ob sich die hierin zum Ausdruck kommende Skepsis hinsichtlich der seinerzeit gängigen Prognosemethoden historisch tatsächlich überholt hat, sei einmal dahingestellt (s.o. C. IV.) – beweisrechtlich war die Entscheidung schon damals nicht haltbar: Die vom OLG Celle aufgezeigte Linie wurde unlängst vom BayObLG fortgeschrieben, das aber zugleich die Grenzen solcher Beweisanträge aufzeigte:

Die bloße Behauptung, der Angeklagte habe sich „schon die erstinstanzliche Verurteilung zur Warnung dienen lassen und werde künftig auch ohne die Einwirkung des Strafvollzugs keine Straftaten mehr begehen“, genüge mangels Bestimmtheit den an einen Beweisantrag zu stellenden Anforderungen nicht.[1356] Der Antrag, zum Beweis dieser Tatsache ein psychoanalytisches Sachverständigengutachten einzuholen, habe das Tatgericht deshalb zurückweisen dürfen: Die Behauptung einer günstigen Sozialprognose sei zwar grundsätzlich „eine dem Sachverständigenbeweis zugängliche Wahrscheinlichkeitsbehauptung aufgrund gegenwärtigen und

---

1352 OLG Celle ebda; diff. OLG Köln NStZ-RR 2007, 266 zur Sachkunde des Gerichts, die „Mimik und Gestik“ des Angeklagten „zuverlässig deuten zu können“. Vgl. auch *Böllinger* 1980, 302: „Längerfristig ist eine Aus- und Fortbildung erforderlich, die den Juristen zumindest soviel sozialwissenschaftliches Fachwissen vermittelt, daß sie beurteilen können, wo die Grenzen ihrer Kompetenz liegen.“

1353 *Meyer* (Anm. zu OLG Celle) aaO S. 34 m.w.N.

1354 KG NJW 1972, 2228f., krit. dazu *Böllinger* 1980 m.w.N.

1355 KG aaO S. 2229, krit, auch *Kerner* 1980, 317ff.

1356 BayObLG JR 2003, 294, Ls.

vergangenen Verhaltens“,[1357] es müssten aber „bestimmte Beweistatsachen“ im Sinne „konkreter Geschehnisse“ behauptet werden. Weder „Kriminologie noch Psychologie, Psychiatrie oder Soziologie“ seien derzeit in der Lage, „verlässliche Methoden für eine sichere Prognose zu entwickeln“, weshalb der Tatrichter seine Prognoseentscheidung „nach wie vor aufgrund der von der Rechtsprechung unter Berücksichtigung der von der Kriminalprognoseforschung je nach Tat- und Tätertyp entwickelten, im Einzelnen nicht sicheren Erfahrungssätze“ treffe, was aber nichts daran ändere, dass „als Sachverhalt die Wahrscheinlichkeit zukünftigen Verhaltens jedenfalls als solche – >tatsächlich< – festzustellen“ sei.[1358]

Ebenso wie ein Gericht „die Glaubwürdigkeit erwachsener Zeugen grundsätzlich selbst“ beurteilen könne, dürfe sich das Gericht bei der Beurteilung der Sozialprognose „die eigene Sachkunde zutrauen“; nach ständiger höchstrichterlicher Rechtsprechung habe allein der Tatrichter die Prognosefrage zu entscheiden: „Persönlichkeitsbezogene Prognosen sind eine tägliche Aufgabe der Strafgerichte. Grundsätzlich erwartet das Gesetz von dem Tatrichter, dass er diese Aufgabe aus eigener Sachkunde erfüllen kann.“[1359]

In seiner durchweg zustimmenden Anmerkung fügt *Ingelfinger* hinzu, wollte man den Gerichten die eigene Sachkunde in Prognosefragen „generell absprechen“, dann wäre nicht nur dahin gehenden Beweisanträgen ausnahmslos stattzugeben (resp. im Rahmen der Amtsaufklärungspflicht von Gerichts wegen entsprechende Gutachten regelmäßig einzuholen), vielmehr wäre dies „schon aus ökonomischen Gründen unmöglich“, denn es fehle bereits an einer „ausreichenden Zahl qualifizierter Gutachter, die die zusätzliche Arbeit bewältigen könnten“.[1360] Allerdings sei dem Gericht „abzuverlangen, bei der Erstellung der Prognose systematisch vorzugehen, die maßgebenden Prädiktoren zu ermitteln, vorhandene Risikofaktoren rational zu gewichten und in Beziehung zueinander zu setzen sowie eine nachvollziehbare Entscheidung zu treffen“, denn eine „undurchschaubare Anwendung der in der Praxis beliebten >intuitiven< Methode“, die – wie bereits ihr Name zum Ausdruck bringe – auf einer „unsystematisch gewonnenen Eingebung des Urteilenden“ beruhe und genau genommen „überhaupt keine Methode“ sei, könne nicht genügen.[1361]

Einem Beweisantrag zur Kriminalprognose muss (in Anknüpfung an das OLG Celle, s.o.) also nachgegangen werden, wenn dem Gericht die erforderliche Sachkunde „tatsächlich“ fehlt oder „besondere Charakterzüge in der Persönlichkeit des Angeklagten vorliegen, deren Auswirkungen auf das zukünftige Verhalten nur von einem Spezialisten abzuschätzen“ sind: Kenne die Verteidigung derartige Besonderheiten, sei sie gehalten, diese im Rahmen der Beweisbehauptung mitzuteilen. Fehlten hingegen entsprechende Anhaltspunkte und lägen „deutliche Prädik-

---

[1357] BayObLG ebda unter Verweis auf OLG Celle JR 1985, 33 (s. o.).

[1358] BayObLG ebda m. w. N., vgl. auch *Frommel* 2010.

[1359] BayObLG aaO S. 29 m. w. N.

[1360] *Ingelfinger* (Anm. zu BayObLG) aaO S. 296/297, vgl. auch *P.-A. Albrecht et al.* 2010, 1022 f.

[1361] Ebda.

toren vor, die in dieselbe Richtung weisen", genüge die eigene Sachkunde eines erfahrenen Gerichts, um eine hinreichend qualifizierte Prognose zu stellen – auch in den „problematischen, zahlenmäßig großen >Mittelfeld-Fällen<, bei denen die prognoserelevanten Umstände auf der Grundlage der Anwendung herkömmlicher Prognosetafeln kein eindeutiges Bild bieten", dürfe es einem „erfahrenen Spruchkörper nicht verwehrt sein, aufgrund eigener Sachkunde zu entscheiden".[1362]

2. Begutachtungspflichten

Das zwischen Amtsaufklärungspflicht, Beweisantragsrecht und revisionsgerichtlicher Kontrolle liegende Konfliktpotenzial hat der Gesetzgeber (wenn auch zum Teil anders intendiert) an einigen besonders heiklen Punkten vorab entschärft, indem er die Hinzuziehung eines Sachverständigen vorgeschrieben hat.

a) Erkenntnisverfahren

Dies gilt zunächst dann, wenn eine freiheitsentziehende Unterbringung (§§ 63 ff. StGB) in Betracht kommt,[1363] und erstreckt sich so auf alle damit in Zusammenhang stehenden Prognosefragen, auch wenn die einschlägigen Rechtsvorschriften (§§ 80a, 81, 246a, 415 Abs. 5 StPO) dies nicht auf Anhieb erkennen lassen:

Die insoweit zentrale Vorschrift des § 246a StPO fordert die „Vernehmung" des Sachverständigen über „den Zustand des Angeklagten und die Behandlungsaussichten".[1364] Sieht man einmal von den Behandlungsaussichten ab, deren explizite Erwähnung in § 246a S. 1 StPO gerade im Zusammenhang mit den Unterbringungen gemäß §§ 63 und 66 StGB irritiert,[1365] zumal mit – im Vergleich zum materiellen Sanktionsrecht – seltener Deutlichkeit auf eine Behandlungsprognose abgestellt wird (s.o. A. III. 2. f), gehen Rechtsprechung und herrschende Lehre davon aus, dass mit dem „Zustand" des Angeklagten[1366] nicht nur der im Zusammenhang mit § 63 StGB relevante der §§ 20, 21 StGB bzw. der für § 66 StGB vorausgesetzte „Hang" gemeint ist, sondern vor allem auch die in beiden Fällen letztlich ausschlaggebende „Gefährlichkeit".[1367]

1362 *Ingelfinger* aaO S. 297.

1363 Für eine Ausweitung der tatrichterlichen Gefährlichkeitsprüfung *Jacobsen* 2005 m.w.N., vgl. auch *Böhm/Boetticher* 2009.

1364 „Vernehmung" bedeutet selbstverständlich (auch) Anhörung in der Hauptverhandlung, vgl. *Eisenberg* 2011 Rn. 1827f. (zum Erfordernis einer mündlichen Anhörung im Vollstreckungsverfahren, ggf. gemäß § 454 Abs. 2 S. 3 StPO, s.u.), krit. *Schnoor/Kemper* 2010, 185.

1365 Ausf. dazu *Pollähne* 2005b; der Passus wurde auch in der Neufassung von 2007 (dazu *Pollähne* 2007, 392) – womöglich unreflektiert – beibehalten, die § 64 StGB betreffende Änderung ist im vorliegenden Kontext ohne Bedeutung.

1366 In den §§ 81 und 415 Abs. 5 StPO ist überhaupt nur von „Zustand" die Rede.

1367 Vgl. *Pollähne* 2005b m.w.N. und BGH StV 2004, 601.

b) Vollstreckungsverfahren

Vorgeschrieben sind Prognosegutachten darüber hinaus – wie bereits erwähnt (s.o. B. I. 3. c) und 4.b) – bei den vollstreckungsgerichtlichen Entscheidungen über die bedingte Entlassung, und zwar einerseits bei Freiheitsstrafen von mehr als zwei Jahren wegen bestimmter Taten und bei der lebenslangen Freiheitsstrafe (§ 454 Abs. 2 StPO); andererseits bei den Maßregeln, wo seit 2007 allerdings eine verwirrende Differenzierung gilt (§ 463 Abs. 3 StPO): Während für die Vollstreckung der Sicherungsverwahrung die o.g. Regel des § 454 Abs. 2 StPO „unabhängig von den dort genannten Straftaten" gilt,[1368] findet sie für die Vollstreckung der §§ 63, 64 StGB nur (noch) in den genannten Fällen Anwendung.[1369] Der Gutachter ist in diesen Fällen regelmäßig auch mündlich anzuhören (§ 454 Abs. 2 S. 3 StPO, Ausnahme gemäß S. 4), auch dies dient – wie es das OLG Karlsruhe treffend vermerkte – der „Qualitätssicherung der Prognosebasis".[1370]

aa) Erwägung der Aussetzung

Dies gilt jedoch jeweils nur, wenn die Aussetzung der Vollstreckung „erwogen" wird,[1371] nicht hingegen, wenn das Gericht die Fortdauer erwägt (s.u. bb). Wird die Aussetzung vom Gericht – ggf. auf Grund entsprechender Stellungnahmen von Vollstreckungs- und Vollzugsbehörde – hingegen nicht einmal erwogen, soll es eines Gutachtens nicht bedürfen; für diese „Erwägung" wird dem Vollstreckungsgericht die erforderliche „Sachkunde" (s.o.) also allemal zugetraut: Überzeugend ist das nicht.[1372]

Die ebenfalls prognostisch orientierte Frage, wann in diesen Fällen auf ein Gutachten deshalb verzichtet werden kann, weil „auszuschließen ist, dass Gründe der öffentlichen Sicherheit einer vorzeitigen Entlassung des Verurteilten entgegenstehen" (§ 454 Abs. 2 S. 1 Nr. 2 StPO), muss hier nicht vertieft werden; die Rechtsprechung scheint dazu zu tendieren, den Anwendungsbereich dieser Ausnahmeklausel gegen „null" zu steuern.[1373] Wer aber fragt danach, ob „Gründe der öffentlichen Sicherheit" der Vollverbüßung entgegenstehen?[1374]

Strafrestaussetzung

Gerade im Zusammenhang mit der Aussetzung des Restes einer mehr als zweijährigen Strafe (bei den in § 454 Abs. 2 S. 1 Nr. 2 StPO i.V.m. § 66 Abs. 3 S. 1 StGB ge-

[1368] Was schon deshalb irritiert, weil die „dort genannten Straftaten" gerade jene des § 66 Abs. 3 S. 1 StGB sind.

[1369] Vgl. dazu *Pollähne* 2007, 399f.

[1370] OLG Karlsruhe R&P 2010, 113.

[1371] *Neubacher* 2001, 451ff., *Koller* 2005, 245ff.; vgl. auch *Volckart* zu OLG Jena StV 2001, 26ff.

[1372] *Neubacher* 2001, 451; diff. jüngst auch BVerfG, Beschluss vom 8. 7. 2010 – 2 BvR 1771/09 – juris.

[1373] Überblick zum Streitstand bei *Meyer-Goßner* § 454 Rn. 37 m.w.N., vgl. auch SK-StPO-*Paeffgen* § 454 Rn. 18, *Rosenau* 1999, 395 sowie *Dahle* 2005, 223.

[1374] *Kröber* 1999, 593, ähnlich *Frisch* 1996, vgl. auch *Streng* 2007, 72f.

nannten Taten) wurde die seit 1998 geltende Begutachtungspflicht immer wieder problematisiert (vgl. o. B. I. 3.c) und 4.b).[1375] Insbesondere ist nicht zuletzt von Seiten der Sachverständigen mit einer gewissen Berechtigung gefragt worden, welcher Wert einer aufwändigen Begutachtung zukomme, wenn der Gefangene – in aller Regel[1376] – ohnehin in absehbarer Zeit nach Erreichen der Endstrafe ‚prognosefrei' entlassen würde.[1377]

Aussetzung der lebenslangen Freiheitsstrafe

Die Begutachtungspflicht vor Strafrestaussetzung war – wie erwähnt – im Zusammenhang mit § 57a StGB eingeführt worden, um die Aussetzung der lebenslangen Freiheitsstrafe (gegenüber vordem geltendem Gnadenrecht auch rechtsstaatlich[1378]) abzusichern. Bei einem Täter, der durch seine Tat erkennbar habe werden lassen, dass bei ihm die Tötungshemmungsbarriere geschwächt ist, so brachte das OLG Hamm die ratio legis auf den Punkt, sei eine Prognoseentscheidung bezüglich seiner Gefährlichkeit „besonders vorsichtig anzugehen", weshalb durch spätere Kriminalität zutage getretene Gewalthandlungen, „mögen sie auch erklärbar sein", zumindest angetan seien, „Zweifel an der Ungefährlichkeit aufkommen zu lassen", die die Einholung eines Gutachtens erforderlich machen.[1379]

Laubenthal hat dies bekräftigt: Die „ausschließlich dem Schutz der Allgemeinheit dienende Norm" solle das Rückfallrisiko verringern,[1380] denn wegen jener „in der mit lebenslanger Freiheitsstrafe geahndeten Tat zum Ausdruck kommenden Gefährlichkeit" habe der Gesetzgeber die Anhörung eines Sachverständigen für erforderlich erachtet. Die in § 57 StGB enthaltene „gleitende Skala ermöglicht ein Abstellen auf Wahrscheinlichkeit und Risiko des Umfangs weiterer Straftaten"; dabei bedinge aber „die besondere Schwere der der Verurteilung zugrundeliegenden Tat als ein Basiselement das Stellen von besonders strengen Anforderungen, d.h. die Notwendigkeit einer qualifiziert günstigen Prognose spezieller Legalbewährung bei Lebenszeitgefangenen". Bestehe auch nur eine entfernte Gefahr, dass der Inhaftierte unter bestimmten Voraussetzungen erneut ein schweres Verbrechen, insbesondere ein Tötungsdelikt begehen wird, existiere somit ein konkretisierbares Risiko des Scheiterns in der postinstitutionellen Phase, scheide eine bedingte Entlassung aus: „Gerade bei der Anlasstat Mord vermag deshalb etwa eine

---

[1375] Vgl. aus dem unübersehbaren einschlägigen Schrifttum nur *Jansen* 2002 und *Lissner* 2002, *Neubacher* 2001 und *Streng* 2003, 619 sowie *Deutsch* 2005 und *Immel* 2007 und zur Rolle der Staatsanwaltschaften (wenn nicht gar der Justizministerialbürokratie) *Linden* 2004.

[1376] Die ‚Gefahr' eines Verbleibs im Vollzug gemäß § 66b StGB, der sich viele Gefangene ausgesetzt sehen (vgl. *Bartsch/Kreuzer* 2009), hat sich bisher nur selten realisiert (s. o. B. I. 4. a); ausf. zur sich ggf. an die Vollverbüßung anschließenden Führungsaufsicht (§ 68f StGB) vgl. *Pollähne* 2008c m. w. N.

[1377] Vgl. nur *Nedopil* 2002b und *ders.* 1999.

[1378] Zu BVerfG NJW 1977, 1525 u.a. *Pollähne* 2010b, 85ff. m.w.N., vgl. auch BVerfGE 86, 288.

[1379] OLG Hamm JR 1989, 434.

[1380] *Laubenthal* (Anm. zu OLG Hamm) aaO S. 435.

auf Menschenkenntnis und Werteordnung beruhende intuitive Prognose nicht als ausreichend zu erscheinen. Wegen der besonderen Höhenmarke der Prognosebasis erfordert jede positive Entscheidung über die Strafrestaussetzung somit ein vom Vollstreckungsgericht veranlasstes Sachverständigengutachten, welches eine fortdauernde Gefährlichkeit und damit ein konkretisierbares Rückfallrisiko des zu lebenslanger Freiheitsstrafe Verurteilten ausschließt."[1381]

Letztlich ist nicht der formale Begutachtungszwang das Problem der Vorschrift,[1382] sondern die vermeintliche Verschiebung der materiellrechtlichen Messlatte (ausf. dazu o. B. I. 4.b): Die gemäß § 454 Abs. 2 StPO geforderte Feststellung bringt viele Prognostiker „an den Rand ihrer Möglichkeiten."[1383]

Maßregelaussetzung

Seit dem sog. „SexBG 1998" gilt jene Klausel gemäß § 463 Abs. 3 StPO zudem für die Maßregelaussetzung nach § 67d Abs. 2 StGB. Wegen der (auch damit) erhöhten Gutachtenlast wurde die Pflichtbegutachtung 2007 geringfügig zurückgenommen, indem sie gemäß § 463 Abs. 3 S. 3 Hs. 2 StPO bezüglich der Anlasstaten auf den Tatenkatalog des § 454 Abs. 2 S. 1 Nr. 2 StPO i.V.m. § 66 Abs. 3 S. 1 StGB reduziert wurde (ausf. o. B. I. 4.b).

bb) Erwägung der Fortdauer

Jenseits der formalen „Vergutachtung" der Entscheidung pro Aussetzung sollte nicht vergessen werden, dass sich – insbesondere im Bereich der unbefristeten Freiheitsentziehung – auch die Notwendigkeit ergeben kann, die wiederholte Entscheidung contra Aussetzung von einer externen Begutachtung abhängig zu machen,[1384] nicht zuletzt um den verfassungsrechtlichen Anforderungen gerecht zu werden: Es greift dann ggf. die „von Zeit zu Zeit"-Rechtsprechung des BVerfG zur Einholung externer Gutachten.[1385] Nur für die Vollstreckung des § 63 StGB wurde dies nunmehr in § 463 Abs. 4 StPO auch gesetzlich verankert.[1386]

3. Arbeitsteilung?

Einen Teil der prognoserelevanten Beweisaufnahmearbeit kann der Sachverständige dem Gericht abnehmen, einen gewissen Teil der Beweiswürdigungsarbeit ebenfalls – die Arbeit der Entscheidungsfindung hingegen nicht.[1387] In der dem Entschei-

---

1381 Ebda.

1382 Diff. *H.-M. Weber* 1988 und 1990.

1383 *Neubacher* 2005, 862.

1384 *Neubacher* 2001 – vgl. auch *Tondorf 2000* gegen die Hinzuziehung von Behandlern als Sachverständige; zur externen Begutachtung im Maßregelvollzug *Pollähne* in: *Kammeier* 2010 Rn. F 142ff.

1385 Vgl. dazu *Volckart/Pollähne/Woynar* 2008 Rn. 501 m.w.N. und jüngst BVerfG, Beschluss vom 8. 7. 2010 – 2 BvR 1771/09 – juris.

1386 Ausf. *Pollähne* 2007, 395f. und 2010b, 96ff. sowie *Schnoor/Kemper* 2010, 198.

1387 *Leygraf* 2009, 496f., vgl. auch *Kühne* 2010 Rn. 872ff. und *Deutsch* 2005, 40f.

dungsvorgang immanenten rechtlichen Bewertung kann und darf keine Arbeitsteilung stattfinden.[1388] Ob etwa Taten, die nach Auffassung des Gutachters zukünftig drohen, erheblich (genug) sind, hat nur das Gericht zu beurteilen[1389]; dasselbe gilt für die Frage, ob der dargelegte Grad der Wahrscheinlichkeit ausreicht, eine bestimmte Entscheidung zu legitimieren[1390] (zum „Umschlagspunkt" s. u. E. II.).

Das Gericht muss dem (Gutachten des) Sachverständigen – um eine Formulierung des BVerfG aufzugreifen – „richterliche Kontrolle entgegensetzen"[1391] und das Ergebnis der Begutachtung „kritisch hinterfragen".[1392] Es dürfe sich – so das OLG Karlsruhe, dieser Linie folgend – der „gutachterlichen Wahrscheinlichkeitsaussage ... nicht einfach anschließen"; die richterliche Kontrolle beziehe sich „nicht allein auf das Untersuchungsergebnis, sondern auch auf die Qualität der gesamten Wahrscheinlichkeitsprognose", wobei u. a. auch zu prüfen sei, ob das Gutachten „wissenschaftlichen Mindeststandards genügt", denn die Gefährlichkeitsprognose zu stellen (in jenem Fall gemäß § 67d Abs. 3 StGB) sei „Sache des Gerichts, nicht des Sachverständigen".[1393]

Was das kriminalprognostische Gutachten in diesem Rahmen leisten kann und soll, hat *Nedopil* treffend wie folgt zusammengefasst: Es müsse „für die Beteiligten transparent verfasst werden", auf „empirischer Basis beruhen und die Verfahrensregeln für ihre Schlussfolgerungen offen legen", solle aber auch „die Grenzen aufzeigen, die mit Prognosen und insbesondere mit individuellen Prognosen prinzipiell verbunden sind", und deutlich machen, dass Prognosen in der Forensischen Psychiatrie „nur dann Sinn machen, wenn sie aus beiden Bestandteilen, Risikoeinschätzung und dem aus der Risikoeinschätzung abgeleiteten adäquaten Risikomanagement, zusammengesetzt sind".[1394]

Vor diesem Hintergrund sind die Versuche zu bewerten, eine Mindeststandardisierung kriminalprognostischer Gutachten durchzusetzen.[1395] Solange es dabei vorrangig um die Bekräftigung „formaler" Mindestanforderungen geht (in puncto Darstellung – Transparenz, Nachvollziehbarkeit etc. – und Abfassung), wird dagegen kaum etwas einzuwenden sein. Problematischer wird es, wenn der gutachterliche Erkenntnisprozess reglementiert werden soll (Informationsgewinnung, Exploration)[1396] und verbindliche Vorgaben für die „Prüfschritte" formuliert wer-

---

[1388] *Schöch* 1998, 1256, *Tondorf/Tondorf* 2011, 235, vgl. auch *K. Becker* 2009, 76 ff., 112 f.

[1389] *Fischer* § 63 Rn.16 ff., vgl. auch *P.-A. Albrecht* 2000, 150 und *Mokros et al.* 2010, 76.

[1390] *Dittmann* 2003, 178, vgl. *Nedopil* 2008, 520 ff., *Boetticher et al.* 2006, 540, vgl. auch OLG Karlsruhe R&P 2010, 113.

[1391] Vgl. nur BVerfGE 70, 297 (319) und 109, 133 (164).

[1392] So BGH StV 2005, 124.

[1393] OLG Karlsruhe R&P 2010, 113 (zu den Mindeststandards s. u.).

[1394] *Nedopil* 2006, 6, vgl. *ders.* 2010.

[1395] Vgl. insb. *Boetticher et al.* 2006; zu dahin gehenden Forderungen u. a. *Koller* 2005, 250 ff., *Tondorf* 2004, 281 ff. und *Birkhoff* 2001, 404 ff., der gar eine „autoritative Klärung" reklamiert, zurückhaltender *Thalmann* 2002, 261, 269 f.

[1396] Ob *Boetticher et al.* 2006, 541 ff. hiermit schon „inhaltliche Mindestanforderungen" meinen, ist weder dieser Darstellung noch *Boetticher et al.* 2009 zu entnehmen; vgl. auch *Kröber* 2006 b mit „handwerklichen Mindeststandards" und *Schöch* 2008, 980 ff.

den.[1397] Schon im Vorfeld der Formulierung von Mindestanforderungen an Schuldfähigkeitsgutachten[1398] und in der Folge ihrer Publikation war eine sehr kontroverse Debatte um Nutzen und Gefahren solcher Standards zu verfolgen.[1399] Aber auch die Etablierung von Mindeststandards für Prognosegutachten stößt auf Kritik.[1400] Obwohl (oder weil?) die nicht zuletzt justizielle Standardisierung der Glaubhaftigkeitsbegutachtung[1401] weithin begrüßt wurde, sollte die Warnung von *Steller* umso mehr beunruhigen, der die „boomende Leitlinien-(Un)kultur" kritisiert und eine „Reduktion von Komplexität" beklagt, die keine „qualitätssichernden Maßnahmen, sondern ... imageschädigende Peinlichkeiten" darstellten.[1402]

III. Spannungsverhältnisse

Die Vorgänge der normativen (objektiven wie subjektiven) Zurechnung sowie der Schuld- (und ggf. Gefährlichkeits-)Zuschreibung erscheinen unvereinbar mit erfahrungswissenschaftlich fundierter Prognostik. Während sich das Strafverfahren der Wahr-heit verpflichtet sieht (s.o. I. 1.b), bietet die Prognostik Wahr-scheinlichkeit[1403] – kein direkter Gegensatz (s. o. B. I. 1.c), aber mehr als nur ein Wortspiel:

1. Ergebnisse und Entscheidungen

Die strafrechtliche Wahrheitssuche endet zunächst in einer dichotomen bzw. binären Entscheidung: schuldig oder nicht schuldig, Strafaussetzung oder Vollstreckung, gefährlich oder nicht etc.[1404] Die prognostische Wahrscheinlichkeitssuche endet hingegen[1405] mit Angaben zum „Grad der Gefahr" (so explizit § 62 StGB), zur Sicherheit der Prognose, zur Höhe der Wahrscheinlichkeit etc., gegebenenfalls auch – hier treffen sich beide Seiten wieder[1406] – zu Bedingungen oder Voraussetzungen

---

[1397] *Boetticher et al.* 2006, 543 ff.; das gilt auch für die – freilich ‚fachgerechte' – Empfehlung, Prognoseinstrumente anzuwenden (*Boetticher et al.* 2009).

[1398] *Boetticher et al.* 2005.

[1399] Vgl. einerseits den Disput zwischen *Pfäfflin* und *Fegert* in *Fegert/Häßler* 2000, andererseits *Eisenberg* 2006a; dass die Einhaltung der Standards keineswegs „Schlechtachten" verhindert, hat *Konrad* 2010 eindrucksvoll an einem Beispiel verdeutlicht.

[1400] Exempl. *Pfäfflin* 2006a, 261 ff., vgl. auch *M. Bock* 2007b (gegen diesen „bemerkenswert aggressiven Aufsatz" *Schöch* 2008, dagegen wiederum *M. Bock* 2009; zum Disput auch *Boetticher et al.* 2009).

[1401] BGHSt 45, 164 (s. o. D. vor I.).

[1402] *Steller* 2002, 22 (u. a. gegen *Fegert/Häßler* 2000).

[1403] Vgl. auch *Kühne* 2010 Rn. 327 ff. und *Volckart* 1993; zur Unterscheidung von Wahrscheinlichkeit und Gefährlichkeit *Brenneis* 2010, 62 ff.

[1404] *Volckart* 2000b, 201, 2002, 106 f. und 2004, 137 f., *Kühl/Schumann* 1989, 129, *Brandenstein* 2006, 360, *Sessar* 1997, 1.

[1405] Vgl. auch *Schöch* 1999, 228, *Dittmann* 2003, 178, diff. *D. Seifert* 2007b, 28, missv. *Urbaniok* 2005, 147 ff.

[1406] Insb. im Hinblick auf die ggf. erforderlichen Entscheidungen zu Führungsaufsicht und Bewährung (z. B. Weisungen), vgl. *Volckart/Pollähne/Woynar* 2008 Rn. 157 ff., 313 ff. m. w. N.

einer eher „günstigen“ oder eher „ungünstigen“ Prognose.[1407] Die „dichotome Entscheidungslogik“ vertrage sich nicht, so *Böllinger* bereits 1980, mit den „notwendig subtilen, aus experimentellen und hermeneutischen Elementen zusammengesetzten Erkenntnismethoden moderner Sozialwissenschaften“, denn Letztere produzierten „in der Tat zumeist nur Annäherungs-, Wahrscheinlichkeitswerte und Beschreibungen von Varianzbreiten und Spielräumen“.[1408]

Die strafrichterliche Tätigkeit muss zwar der umfassenden Aufklärungspflicht genügen (s.o. I. 1.), bleibt aber immer entscheidungsorientiert, denn zur Erforschung „der Wahrheit“ ist die Beweisaufnahme von Amts wegen auf alle Tatsachen und Beweismittel zu erstrecken, die „für die Entscheidung“ von Bedeutung sind (§ 244 Abs. 2 StPO). Das Gericht muss dem Anspruch der angeklagten Person gerecht werden, dass „über eine gegen sie erhobene strafrechtliche Anklage von einem unabhängigen und unparteiischen auf Gesetz beruhendem Gericht in einem fairen Verfahren, öffentlich und innerhalb angemessener Frist verhandelt wird“ (Art. 6 Abs. 1 S. 1 EMRK), und kann – auch deshalb – weder Schuld- noch Rechtsfragen offenlassen: Bei Zweifeln hinsichtlich der Schuld wirkt sich der Grundsatz ‚in dubio pro reo‘ zu Gunsten des Beschuldigten im Sinne der für ihn günstigeren Entscheidung aus (s.o. I. 2. f); hingegen können offene Rechtsfragen nur in Ausnahmefällen im Wege der sog. „wahlweisen“ Feststellung „gelöst“ werden,[1409] während im Übrigen der hehre Anspruch gilt: „Der Richter (er)kennt das Recht“ (zur Behandlung der Zweifel hinsichtlich der „Gefährlichkeit“ s.o. I. 2. f).[1410]

Der Prognostiker mag im Sinne einer Ergebnisorientierung effektiv und zügig arbeiten, und wenn er vom Gericht als Sachverständiger hinzugezogen wird, dann ist er dazu auch anzuhalten (RiStBV Nr. 72 i.V.m. § 78 StPO).[1411] Gleichwohl steht er nicht – oder doch jedenfalls nicht unmittelbar – unter Entscheidungszwang, sondern eben ‚nur‘ unter Ergebniszwang: Er hat darzulegen, auf Grund welcher Befunde und unter Verwendung welcher Methoden er zu welchem Resultat gekommen ist, wobei dieses freilich nicht nur darin bestehen kann, eine Wahrscheinlichkeit zu bestimmen (z.B. 30 oder 70%), sondern auch darin, dass sich eine solche Wahrscheinlichkeit (eines Rückfalls, der Straffreiheit, eines Lockerungsmissbrauchs …) nur sehr vage eingrenzen lässt (z.B. 30 bis 70%). Die dann naheliegende Aufforderung des Gerichts, sich doch möglichst genauer festzulegen,[1412] mag den Prognostiker dazu verleiten, seinen fachlichen Rahmen zu ver-

---

[1407] Zur Problematik dieser (vermeintlich ebenfalls dichotomen, ungenau *Schüler-Springorum* 1994, 221, vgl. auch *T. Walter* 2006, 342f.) Kategorisierung s.u.; *H.-J. Horn* 1999, 261 jedenfalls ist die „eine Alternativbeurteilung verlangende Frage … höchst unangenehm“.

[1408] *Böllinger* 1980, 297, vgl. auch *Kerner* 1980, 310 und 322.

[1409] Vgl. *Fischer* § 1 Rn. 18ff. m.w.N.

[1410] Vgl. auch den Hinweis von *Kerner* 1980, 310 (unter Verweis auf Göppinger) auf die richterlichen Entscheidungszwänge: „Dabei muß in Kauf genommen werden, daß die Prognose nicht zutrifft.“

[1411] Dazu *Eisenberg* 2011 Rn. 1602ff.

[1412] Auch wenn sich der Grundsatz „iudex non calculat“ aufdrängt (im Sinne von: der Gutachter möge dem Gericht doch bitte das ‚Rechnen‘ abnehmen), ging es dabei eigentlich um etwas anderes: Die nachträgliche Korrektur der prognoserelevanten Urteilsgründe analog § 319 lassen, um den richterlichen Entscheidungszwängen entgegenzukommen, er riskiert aber zugleich eine Verletzung der Regeln prognostischer Kunst[1413] und läuft Gefahr, einen „Pakt zur wechselseitigen Gewissensberuhigung“[1414] zu schließen.

Auch wegen dieser Spannungsverhältnisse ist eine allzu enge Verzahnung zwischen der Justiz (incl. Justizvollzug) und einem ihr zugeordneten „Psychiatrisch-Psychologischen Dienst“[1415] nicht unproblematisch, zumindest müsste gewährleistet sein, dass ggf. erforderliche „externe“ Gutachten auch unabhängige sind, also außerhalb eines solchen „PPD“ angefertigt werden.[1416]

Die Schnittstelle zwischen beiden Referenzsystemen ist der sog. „Umschlagspunkt“ im Wahrscheinlichkeitskontinuum (statistisch auch „cut off“ oder „cutting score“,[1417] ausf. u. E. II.): Ob das vom Prognostiker ermittelte Ergebnis die vom Richter zu ermittelnde Entscheidung trägt, hat Letzterer zu bestimmen[1418] – Ersterer hat sich entsprechender Vor-Urteile zu enthalten[1419] und „normative Enthaltsamkeit“ zu üben.[1420]

2. Aktualität und Rechtskraft

Die strafrichterliche Rechtsfolgenentscheidung erwächst auch dann in (prinzipiell ewige) Rechtskraft,[1421] wenn sie prognostisch programmiert ist, was bei den Sicherungsmaßregeln besonders deutlich wird: Die rechtskräftige Anordnung freiheitsentziehender Maßregeln (insb. §§ 63, 64 StGB) kann und muss zwar – nicht zuletzt

---

ZPO ist – auch bis zum Zeitpunkt des § 275 Abs. 1 S. 3 StPO – freilich ausgeschlossen (zu den Grenzen einer Urteilsberichtigung auch BVerfG JuS 2011, 83).

1413 Ähnlich *G. Hinrichs* 2003b, 435 und *Pfäfflin* 2009, 352.

1414 *Moser* 1971, 54, vgl. auch *Horstkotte* 2005, 20, *Simons* 2002, 274 und *Gohde/Wolff* 1992, 170f.

1415 Zum schweizerischen „PPD“ *Urbaniok* 2000 („mächtigster Psychiater der Schweiz“, ZEIT v. 14. 7. 2005 S. 34); allg. zu Fachkommissionen *Ermer/Dittmann* 2001 und *Dittmann/Graf* 2010 (Schweiz, krit. dazu *Stratenwerth* 2002), *Kobbé* 1997 (Maßregelvollzug, intern), krit. *Fehlenberg* 2003, 151 und *Schott* 2002; vgl. auch *Böhm* 2006 (Strafvollzug, interdisziplinär), *Wulf* 2006a, 551 und *Steller* 2002, 22 sowie *Rehder/Wischka* 2009 und *Steinhilper* 2008 (zum niedersächsischen Prognosezentrum).

1416 Vgl. zur Befangenheit auch *Tondorf/Tondorf* 2011, 255ff. und 306ff.; dass gleich noch die Schweigepflicht in die Unterwelt ideologischer Mythen verbannt wird (*Urbaniok* 2000, 629), passt ins Bild und bestärkt die Bedenken – zur Schweigepflicht im Strafvollzug umfassend *Böllinger* 2000 und *Holländer* 2010.

1417 Vgl. *Endres* 2000.

1418 *Volckart/Pollähne/Woynar* 2008, 48.

1419 Vgl. auch *Schöch* 1998, 1256.

1420 *Tondorf/Tondorf* 2011, 233f.

1421 In diesem Zusammenhang bedeutet „ewig“ einerseits bis zum Erlass der Freiheitsstrafe gemäß § 56g StGB (vgl. auch § 59b Abs. 2 StGB) bzw. bis zur Erledigung der Maßregel gemäß §§ 67c Abs. 2 S. 5, 67d Abs. 3 S. 1, Abs. 4 S. 2 oder 67g Abs. 5 StGB, andererseits bis zur Tilgung der Eintragungen im Bundeszentralregister (§§ 45ff. BZRG); das Urteil an sich hat jedoch Bestand (arg. § 51 Abs. 1 BZRG und § 361 Abs. 1 StPO); vgl. auch den Hinweis von *J. Bock* 2001, 247 auf den „endgültigen“ Charakter der Maßregelanordnung.

aus Gründen der Verhältnismäßigkeit – vollstreckungs- und vollzugsrechtlich so umgesetzt werden, dass sie dem jeweils aktuellen Grad der Gefahr entspricht,[1422] aufgehoben werden kann sie aber nur unter den engen Voraussetzungen des Wiederaufnahmerechts[1423] – im Bereich der freiheitsentziehenden Maßregeln z. T. abgelöst durch ein (nicht widerspruchsfreies) Erledigungsrecht.[1424]

Prognostik beruht demgegenüber auf einer aktuellen Momentaufnahme und unternimmt den Versuch, auf der Grundlage des jeweils verfügbaren Wissens über Tat, Täter, Umwelt etc. eine Vorhersage über die weitere Entwicklung zu treffen – um es zuzuspitzen: Diese Prognose kann auf Grund der weiteren Entwicklung bereits dann überholt sein, wenn die strafrichterliche Entscheidung gerade rechtskräftig wird (vgl. o. B. II.).[1425]

3. Auflösungen und Abwägungen

Die hier sichtbar werdenden Spannungsverhältnisse zwischen dem empirisch begründeten Bezugsrahmen der Prognostiker und dem normativ begründeten Entscheidungsrahmen der Richter haben zwar (in einer gewissen Arbeitsteilung, s. o. II. 3.) beide auszuhalten, Letztere jedoch ggf. aufzulösen. Die richterliche Entscheidungsfindung gerät damit nicht – um ein naheliegendes Wortspiel mit der Prognostik zu bemühen – zur Contragnostik (weshalb es für die Zunft der Gutachter auch keinen Anlass zum „Jammern" gibt[1426]), die Richter müssen jedoch das Recht und ggf. auf Strafe „erkennen" (vgl. §§ 28 Abs. 2 S. 2, 305 S. 1 StPO, § 169 GVG und §§ 49, 52 ff. StGB), müssen also gewissermaßen „nomognostisch" tätig werden, entsprechende „Feststellungen" treffen (vgl. §§ 267 Abs. 2, 353 Abs. 2 StPO) und schließlich Recht sprechen (Jurisdiktion gemäß Art. 92 GG, vgl. auch § 268 StPO: Verkündung und Verlesung). Der Richter hat das Ergebnis der Prognose (z. B. im Sinne von „Grad der Gefahr", vgl. § 62 StGB) schließlich ins Verhältnis zu setzen zum Anlass der Entscheidung (insb. der Anlasstat), zum ggf. damit verfolgten Zweck und den Folgen der Entscheidung für den Betroffenen.

Eine vergleichbare Abwägung verbietet sich dem Prognostiker: Weder darf er im Hinblick auf die relative Geringfügigkeit von Anlass und/oder Rechtsfolge seine prognostischen Maßstäbe relativieren, noch sich im Hinblick auf die Schwere der (Anlass-)Tat dazu verleiten lassen, auf „Nummer sicher" zu prognostizieren.[1427] Er

---

1422 Zum Aktualitätsprinzip NK-*Pollähne/Böllinger* vor § 67 Rn. 27 ff.

1423 §§ 359 ff. StPO, vgl. insbesondere § 359 Nr. 2 und 5; zwar kann es vollstreckungsrechtlich gemäß § 67 g Abs. 5 StGB zur Erledigung kommen, das ist aber – zumal registerrechtlich (vgl. § 16 BZRG einerseits und §§ 45, 49 andererseits) – mit einer Aufhebung nicht zu vergleichen.

1424 Dazu NK-*Pollähne/Böllinger* vor § 67 Rn. 43 ff. m. w. N.

1425 Ähnlich gelagert BGH R&P 2002, 192 m. Anm. *Pollähne*; vgl. auch den Hinweis von *Erb* 2001, 1 darauf, dass „die letztinstanzliche Entscheidung auch dann verbindlich [ist], wenn sie vom wissenschaftlichen Standpunkt aus betrachtet noch so falsch erscheint".

1426 *G. Hinrichs* 2003 a.

1427 Vgl. *Schöch* 1999, 228, *Kröber* 1999, 599, vgl. auch den Hinweis von *Streng* 2003, 619 auf „naheliegende Eigensicherungs-Strategien", sowie *Mokros et al.* 2010 zum „utility"-Ansatz der Folgenorientierung.

ist verantwortlich für die Einhaltung der Regeln prognostischer Kunst, nicht für die darauf basierenden justiziellen Entscheidungen; deswegen ist auch das Ansinnen entschieden zurückzuweisen, Gutachtern „eine stärkere Berücksichtigung des Sicherungsinteresses der Allgemeinheit anzuempfehlen“[1428] – von der populistischen Schmähkritik eines Altbundeskanzlers an „zu liberalen Gutachterkartellen“ (organisierte Prognosekriminalität?) ganz zu schweigen.[1429]

Der Gutachter wird den jeweiligen Prognosezeitraum methodisch zu berücksichtigen haben – die Dauer einer damit ggf. zu legitimierenden Freiheitsentziehung hat das Gericht in seine Abwägung einzubeziehen. Er wird sich sachverständig zur Geeignetheit etwaiger Maßnahmen äußern (gemäß § 246a S. 1 StPO auch zu den „Behandlungsaussichten“,[1430] s.o. II. 2.a) – deren Erforderlichkeit ist wiederum juristisch zu entscheiden. Dass eine solche Entscheidung ggf. „nicht auf Sachverstand“ beruht, sondern „von Verfassungs wegen erfolgt“,[1431] ist dem rechtsstaatlichen Versuch geschuldet, unbefristet freiheitsentziehende Prognosefehler[1432] in Grenzen zu halten.

4. Transparenz, Nachvollziehbarkeit und Überprüfbarkeit

Die (auch an Prognosegutachten gestellten, s.o. II. 3.) Mindestanforderungen in puncto Transparenz, Nachvollziehbarkeit und Überprüfbarkeit der Prognoseentscheidung[1433] haben zumindest bei den Obergerichten Anklang gefunden:

Das Gericht habe seine Erwägungen im Urteil „in einem die Nachprüfung ermöglichenden Umfang darzulegen“, denn eine revisionsgerichtliche Nachprüfung im Hinblick auf Rechtsfehler[1434] sei nur möglich, wenn die Urteilsfeststellungen „überhaupt eine tragfähige Grundlage für die Anwendung des Rechts bieten“[1435]; ggf. müsse der Inhalt der mündlichen Anhörung wiedergegeben werden.[1436] Insbesondere sei der Tatrichter gehalten, im Urteil „nachvollziehbar darzulegen, worauf sich seine Erwartung stützt, der Angeklagte werde sich schon die Verurteilung als solche zur Warnung dienen lassen“: Er müsse darlegen, dass „eine durch Tatsachen begründete Wahrscheinlichkeit straffreier Führung“ bestehe, wobei auch zu würdigen sei, ob diese Tatsachen „schon zur Tatzeit vorgelegen haben oder erst später aufgetreten sind“; sei der Täter „gewichtig vorbestraft und mehrfacher Be-

---

1428 *Rautenberg* 2001, 2609; ebenso *Kröber* 1999, 599.

1429 Vgl. *Rautenberg* aaO m.w.N.; krit. *Nedopil* 2004c.

1430 Vgl. *Pollähne* 2005b.

1431 So zu §§ 66, 67d Abs. 3 StGB: *Kröber* 2004, 270 in einer unangemessenen Mischung aus Resignation und Belustigung.

1432 Allg. dazu auch *Kögler* 1988, 304ff. und *Pollähne* 2010b.

1433 Exempl. *Tondorf* 2004, 283 m.w.N. und die Beschlüsse der 8. Alsberg-Tagung (dok. in *Frisch/Vogt* 1994, 137 und DRiZ 1992, 81), vgl. *Boetticher et al.* 2006, 539, 541.

1434 Vgl. dazu bereits BGHSt 6, 298 >300< und 391 >392<.

1435 KG, Beschluss vom 13. 12. 2006 – (5) 1 Ss 305/96 (49/06) – juris, m.w.N., vgl. insb. OLG Düsseldorf NStZ 1988, 325.

1436 KG StV 2007, 596.

währungsversager", bedürfe die Prognose einer besonders sorgfältigen Begründung.[1437]

Die Gebote der Transparenz, Nachvollziehbarkeit und Überprüfbarkeit beinhalten mehr als ‚bloße' Formalitäten und sind auch nicht mit den unanfechtbaren sog. „Ordnungsvorschriften" der StPO zu vergleichen: Es handelt sich vielmehr um eine essentielle Grundlage prozeduraler Rechtssicherheit (s. u. F. II.), worauf gerade auch höchstrichterlich mehrfach hingewiesen wurde.[1438]

[1437] BayObLGSt 2003, 69; vgl. *Fischer* § 56 Rn. 6 m. w. N.

[1438] Vgl. nur BGHSt 49, 347 sowie NStZ-RR 2009, 72 und zuletzt 2011, 78 m. w. N.; BVerfG R&P 2010, 163 (Anforderungen an die Begründung einer Entscheidung nach §§ 67e, 67d Abs. 2 StGB).

E. Kriminalprognostische Methodologie

Nach Darlegung allgemeiner methodologischer Grundlagen der Kriminalprognostik (s.o. C.) sowie verfahrens- und insb. beweisrechtlicher Rahmenbedingungen der Prognosestellung (s.o. D.) sollen nun Essentials einer spezifischen kriminalprognostischen Methodologie herausgearbeitet werden, mit deren Hilfe nach „Regeln der kriminalprognostischen Kunst“ gesucht werden kann. Solche Essentials sind den Problemkomplexen „Cutting Scores und Unschärferelationen“ (s.u. II.), den sog. „Basisraten“ (s.u. III.) und schließlich einer Reihe unausweichlicher „Kontrollüberlegungen“ zuzuordnen (s.u. IV.). Den Ausgangspunkt aber bildet die methodologische Fehler-Lehre:

I. Prognosefehler und Fehl(er)prognosen

Die allgemeine Fehlerträchtigkeit der Prognostik ist etwa im Zusammenhang mit Wettervorhersagen für jeden unmittelbar erfühlbar – dass ausgerechnet die spezielle Kriminalprognostik weniger problematisch und fehlerträchtig sein soll als jene, ist alles andere als plausibel.[1439] Hier soll kein Vergleich der meteorologischen mit der kriminologischen Prognose vorgenommen werden,[1440] wohl aber ist auf einige spezifische methodologische Probleme gerade der Kriminalprognostik hinzuweisen: Dabei geht es um zahlreiche „virulente“ Fehlerquellen und Rückkopplungseffekte (s.u. 4.) sowie Dunkelfeld-Probleme (s.u. 3.). Bevor Einblick in die Methodologie der Prognosefehler genommen wird (s.u. 2.), jedoch zur Treffsicherheit:

1. Treffsicherheit?

Die Kriminalprognose ergeht unter denkbar ungünstigen Rahmenbedingungen für die Treffsicherheit, indem sie sich zumeist auf einen relativ langen Zeitraum

---

1439 Vgl. auch *Verrel* 2001 und *Dölling* 1995b, 138.

1440 Zumal ein solcher bereits an anderer Stelle aufschlussreich erfolgt ist (*Dahle* 1997, *Endres* 2000, vgl. auch *Dittmann* 2003, 173 und *Kerner* 1980, 323f.): Auch dort, wo alle vom Wetter reden, gibt es das bekannte Phänomen selektiver Wahrnehmungen von Vorhersagefehlern, die nicht wenige an die relative Verlässlichkeit von Bauernregeln glauben lässt – dass „Regen“ prognostiziert wurde (als „hohe Niederschlagswahrscheinlichkeit“), besagt noch lange nicht, dass es auch in meinen Garten regnen wird!

erstrecken soll (s. u. IV. 2.) und den Eintritt relativ seltener Ereignisse vorherzusagen hat[1441] – das Ganze in relativer Unkenntnis über die zukünftigen situativen Bedingungen und die auf den „Probanden" und sein Leben wirkenden Einflüsse.[1442]

Macht man sich diese Relativität, die Pluralität und Interdependenz der Bedingungen menschlichen Verhaltens und Handelns – Veranlagung, Persönlichkeit, Situationen, Zufälle, Interaktionen, Motive etc.[1443] – und den Umstand bewusst, dass dieses Verhalten und Handeln auch noch den normativen Zuschreibungsprozessen der Kriminalisierung und Perikularisierung unterliegt,[1444] so drängt sich die Frage auf, welcher Gutachter oder Richter es hinnähme, überzöge ein Kollege ihn mit einer Prognose, die auf derart unsicheren Grundlagen basiert.[1445]

Der Hinweis, angesichts der geringen Trefferquoten von Kriminalprognosen könne man genauso „gut" würfeln,[1446] denn Prognose„qualität" beginne erst jenseits von Zufallswahrscheinlichkeiten, war weder als praktische Alternative noch lediglich „polemisch" gemeint,[1447] sondern als Aufforderung, bei der Begründung von Grundrechtseingriffen auf der Basis solcher Prognosen die rechtsstaatlich gebotene Zurückhaltung walten zu lassen.[1448]

Woraus *Dittmann* den Optimismus schöpft, mit „neuer" Methodik dürfte „eine durchschnittliche (!) Richtigkeit von etwa 90% erreichbar sein",[1449] bleibt unerfindlich, sieht man einmal von dem offen gelassen ‚Hintertürchen' ab, dies gelte „unter optimalen Bedingungen".[1450] Offenbar sind die Bedingungen weiterhin allenfalls „suboptimal", denn er konzediert selbst „ein nicht unerhebliches Restrisiko".[1451] Zusätzlich bliebe zu klären, um jene „mutige" Aussage einmal ganz ernst zu nehmen, ob bzw. in welchen Fällen der richterlichen Entscheidungsfindung eine „Richtigkeit von etwa 90%" denn hinreichen darf, wie in jenen Fällen zu verfahren wäre, die unterhalb dieses Durchschnitts lägen (immerhin die Hälfte) und vor allem: welche Fälle das sind – also offenbar eine „Prognose", die vor allem den Prognostikern und Gerichten (wieder?) „Mut" machen sollte. Eher sibyllinisch die Bilanzierung von *Nedopil*, die forensische Psychiatrie habe „in wissenschaftli-

---

[1441] Sowohl in generalisierender als auch in individualisierender Hinsicht sind und bleiben (insbesondere schwerwiegende) Straftaten äußerst seltene Ereignisse, vgl. *Dahle* 1997, *Rasch/Konrad* 2004, 391, *Foerster* 2000, 293, *Steinböck* 1997, 68f., *H.-J. Albrecht* 1998, 144f. (ausf. zur sog. „Basisrate" s. u. III.).

[1442] *Dahle* 1997, 122, vgl. auch *Volckart/Pollähne/Woynar* 2008, 56f., *Pierschke* 2001, 257, *Stolpmann* 2001, 303, *Steller* 2010, 291 und *Schüler-Springorum* 1994, 221.

[1443] Vgl. auch *Steinböck* 1997, *Rehder* 2001, 96, *Dittmann* 2003, 173 und *Steller* 2010, 192; diff. *Streng* 1995, 105f.

[1444] *Gohde/Wolff* 1992, *Rzepka* 2003, 212, vgl. auch *Nedopil* 2000, 840 (zum Krankheitsbegriff) sowie *C. Löhr* 2005, 131ff. zu den Konsequenzen des *Rosenhan*-Experiments.

[1445] Vgl. auch *Feltes/Putzke* 2005, 82.

[1446] Statt vieler: *Murach* 1989.

[1447] So aber *Dittmann* 2003, 178.

[1448] Vgl. auch *P.-A. Albrecht* 2000, 148ff.

[1449] *Dittmann* 2003, 178f.

[1450] *Dittmann* aaO.

[1451] Vgl. auch *G. Albrecht* 2003, *Schöch* 2003 und *Pieth* 2001, 339f.

cher Hinsicht enorme Fortschritte gemacht, durch welche die Sicherheit der Allgemeinheit gegen Rückfälle von psychisch gestörten Rechtsbrechern verbessert werden kann, ohne dass es im Prinzip zu einer globalen Mehrbelastung der Untergebrachten kommen müsste".[1452] Was der einzelne Untergebrachte oder Gefangene als „globale" Mehr- oder Minderbelastung verbucht, steht auf einem anderen Blatt.

Zentrales Problem der Prognostik ist und bleibt der Schluss von der abstrakten Theorie und/oder Statistik auf den konkreten Einzelfall.[1453] Beides lässt sich allenfalls annähern, aber niemals zur Deckung bringen. Eine Theorie für alle Fälle bliebe ausschließlich Theorie und „löste" keinen Fall – eine je spezifische Theorie für jeden Einzelfall wäre gar keine Theorie mehr.[1454] „Das entscheidende Defizit ist der methodisch zugrundeliegende ‚theorielose Empirismus'. Die meisten Prognosen basieren auf nichts anderem als trivialen Zeitreihenverlängerungen" – diese Kritik an Ölpreisprognosen[1455] ließe sich ohne Weiteres auf ganze Bereiche der Kriminalprognostik übertragen. Die dahin gehende Kritik von *Dahle* überzeugt … nur ihn selbst offenbar nicht hinreichend: Sein Lösungsversuch der Konstruktion einer „individuellen Theorie" tendiert dazu, „den Teufel der Statistik mit dem Beelzebub der Intuition auszutreiben".[1456]

Hinter den Einzel-Fällen verbergen sich (auf Täter- und Opferseite, soweit diese Seiten im Einzelfall ‚treffsicher' auseinander gehalten werden können) Einzel-Menschen, und der „Faktor Mensch" bleibt der wesentliche Unsicherheitsfaktor, auch und gerade in der Kriminalprognostik.[1457] Zudem dürften kriminologisch geschulten Prognostikern die ihrer „Kunst" innewohnenden Selektions-, Stigmatisierungs- und Perikularisierungsprozesse ebenso vertraut sein[1458] wie die daran anknüpfenden Prozesse kriminalprognostischer Zuschreibung,[1459] sanktionierender Aufschaukelung und Rückkopplung[1460]: Insofern könne kein Zweifel bestehen, so *G. Albrecht*, dass das „Problem der Rückkopplung bei Prognosen sehr virulent ist, wobei viel dafür spricht, dass aus ursprünglich falsch positiven Prognosen sich ergebende Sanktionierungen dazu beitragen, die ursprünglich falsch positiven zu wahr positiven Prognosen werden zu lassen. Dass die Studien zu kriminellen Kar-

---

1452 *Nedopil* 2004c, 356f.

1453 *Hassemer* 1990, 41, *Dahle* 1997, *Mauthe* 1999, 270, *Pelzer/Scheerer* 2006, 208ff.; exempl. der Disput zwischen *Heinz* 1995, 126 und *M. Bock* 1997, 15ff.

1454 Ähnlich *Dahle* 2005, 15.

1455 *Fulda/Härter* 1997, 7; ausf. zur statistischen Modellierung, Schätzung und Prognose von Zeitreihen *Rinne/Specht* 2002.

1456 *M. Bock* 2007b, 273; vgl. bereits die Kritik von *Böllinger* 1980, 289 an „neopositivistischen" Erklärungsansätzen (Popper, Albert), deren Prognostik auf „rein deduktive Sprachspiele" hinausliefen.

1457 Vgl. *Tenckhoff* 1982, 96, prinzipieller gewendet bei *Sack* 1996, 370.

1458 *Dahle* 1997, *G. Hinrichs* 2003b, *P.-A. Albrecht* 2000, 149, *Heinz* 1985, 51ff.; diff. *Streng* 1995, 104, vgl. unter methodischen Aspekten auch *Endres* 2000, 70 sowie jüngst *Ross/Pfäfflin* 2005, 4 zum „Psychopathen-Titel".

1459 Vgl. auch *Eisenberg* 2011 Rn. 1814a und *Rzepka* 2003, 212.

1460 *G. Albrecht* 2004, 510 (vgl. auch *Sessar* 1997, 1f.).

rieren auch 40 Jahre nach dem Aufkommen labeling-theoretischer Argumente die für den Karriereverlauf relevanten Determinanten fast nur in der Person und dem kriminellen sozialen Umfeld der Täter, nicht aber auch bei den informellen und formellen gesellschaftlichen Reaktionen suchen", sei ebenso skandalös wie fatal.[1461] Da bei negativen Prognosen „die bis heute propagierten negativen Prädiktoren einer nicht geregelten Lebensführung eine erhebliche Rolle spielen", sei eine „schichtspezifische Selektion von der polizeilichen Registrierung bis zur Inhaftierung" geradezu vorprogrammiert.[1462]

Je differenzierter – und damit vermeintlich prognostisch treffsicherer – die klassifizierende Typologie daherkommt, desto größer wird das Problem, einen neuen „Fall" einer der zahlreichen Kategorien zuzuordnen; am Ende stünde eine vollends unübersichtliche Prognose-Kasuistik, die in Anbetracht eines weiteren „neuen" Falles ihre praktische Relevanz endgültig eingebüßt hätte.[1463] Ebenso aufschlussreich wie hilflos wirken die beständigen Versuche einer immer ausgefeilteren „differential-typologischen Differenzierung"[1464] bzw. differenzierenden Klassifikation,[1465] ähnlich aus der Rückfallstatistik abgeleitete Delikt-Differenzierungen[1466] (vgl. o. C. IV. 1. c). *Schumann* äußerte bereits 1994 die Vermutung, „echte Vorhersagen" seien gar nicht (mehr) beabsichtigt, sollten vielmehr durch Klassifizierungen abgelöst werden, deren Typologie dann „als Prognose verkleidet" werde[1467]; in eine ähnliche Richtung geht die Vorstellung, den Rückfall auf der Grundlage einer hoch spezifizierten sog. „Basisrate" vorhersagen zu können (s.u. III. 3.).

2. Fehler-Methodologie

Die möglichen Fehler („falsche" Prognosen, s.o. A. III. 3.) im Abgleich zwischen vorhergesagtem und eingetretenem Ereignis werden – zunächst einmal völlig unabhängig von der ggf. angewandten Prognosemethode – üblicherweise wie folgt veranschaulicht (sog. *Bayes*-Matrix),[1468] wobei „positiv" dafür steht, dass das Ereignis vorhergesagt wird bzw. tatsächlich eintritt (und „negativ" dementsprechend für das jeweilige Gegenteil):

1461 *G. Albrecht* ebda.
1462 *Frommel* 2007, 109, vgl. auch *Kunz* 2004, 343.
1463 Ähnlich *Nell* 1983, 25.
1464 *K. M. Beier* 2003.
1465 Insb. am Beispiel der Sexualstraftäter, vgl. *Kraus/Berner* 2000 (unter Verweis auf Knight/Prentky) sowie *Egg* 1999, *Mauthe* 1999, *Rehder* 2001.
1466 Vgl. *Harrendorf* 2004.
1467 *Schumann* 1994, 41.
1468 Exempl. *Kühl/Schumann* 1989, 129 und *Volckart* 2002, 107 m.w.N., vgl. auch *Amelang/Zielinski* 2006 Kap. 6.4, *Eisenberg* 2005, 177f., *Nedopil* 2006, 48ff., *Kunz* 2004, 348, ähnlich *Dahle* 2005, 23ff., *Urbaniok* 2005, 145 und *Mokros et al.* 2010, 74; zum *Bayes*-Theorem auch *Nell* 1983, 50ff., *Steinke* 1994, 17ff. und *Bender et al.* 2007, 173ff. (Darstellung als „Wahrscheinlichkeitsbaum" bei *A. König* 2010, 70).

Prognose-Fehler (allg. Modell)		**Prognose**	
		positiv	*negativ*
Realität	*positiv*	richtig	falsch
	negativ	falsch	richtig

Übertragen auf die kriminalprognostische Rückfallvorhersage – zunächst einmal unabhängig von Vorhersagezeiträumen, Art des Rückfalls etc. – bedeutet das:

Kriminalprognose-Fehler (spez. Modell)		**Kriminalprognose: Rückfall zu erwarten?**	
		ja	*nein*
Realität: Rückfall eingetreten?	*ja*	richtiger Positiver	falscher Negativer
	nein	falscher Positiver	richtiger Negativer

Noch einmal in Fließtext übersetzt, zunächst die Prognosetreffer: Der richtige Positive (zur Terminologie auch A. II. 3.) begeht tatsächlich (zum Dunkelfeld s.u.) die vorhergesagte Rückfalltat, der richtige Negative wird – wie vorhergesagt – tatsächlich nicht (oder doch jedenfalls nicht im Vorhersagezeitraum, vgl. auch A. I. 1. b und u. IV. 2.) rückfällig; demgegenüber die beiden Prognosefehler: Der falsche Positive begeht die vorhergesagte Rückfalltat tatsächlich nicht, der falsche Negative wird – entgegen der Vorhersage – tatsächlich doch rückfällig.

Danach ließe sich die ‚Qualität' der Prognosemethode zunächst einmal trivial[1469] und ungenau[1470] (s.u.) dahingehend bestimmen, dass sie umso besser ist, je mehr Treffer sie insgesamt landet, egal in welchem Feld, und umso schlechter, je mehr Fehler auftreten. Dass dies nur ein theoretisches Modell sein kann (das zudem weiterer Korrekturen bedarf unter Berücksichtigung von „cutting scores" und „Basisraten", s.u. II. und III.), machen aber bereits folgende Überlegungen deutlich:

[1469] *Kühl/Schumann* 1989, 132f.; Einblick in die ökonomische Prognosefehleranalyse bieten *Rinne/Specht* 2002, 129ff.

[1470] Die von *Urbaniok* 2005, 147f. formulierte methodische Kritik an dieser Prognosefehler-Systematik ist nicht schlüssig und sein Versuch, „richtige" falsch Positive von „falschen" falsch Positiven zu unterscheiden, so nicht durchzuhalten.

3. Dunkelfeld-Probleme

Ein erheblicher Teil der Rückfall-Realität bleibt ohnehin verborgen (Dunkelfeld), so dass im Hellfeld die Zahl der Positiven tendenziell zu Gunsten der Falschen verzerrt wird (die Anzahl richtiger Positiver also kleiner ausfällt), während die Gruppe der richtigen Negativen tendenziell zu groß ausfallen muss.[1471] Es gibt allerdings auch gegenläufige Effekte (wenn auch vielleicht nicht in der gleichen Größenordnung): Das „self-fulfilling-prophecy"-Phänomen[1472] läuft Gefahr, die „positiv" Prognostizierten in den Rückfall zu steuern.

Im Hellfeld der strafjustiziellen Realität bleiben hingegen die falschen Positiven „im Dunkeln": Wenn positive Rückfallprognosen in den Freiheitsentzug führen,[1473] bleibt den Betroffenen in einem sehr wahren Sinn des Wortes die Möglichkeit verschlossen, die Prognose zu falsifizieren,[1474] also „unter Beweis" zu stellen, dass sie – vorhersagewidrig – gar nicht rückfällig geworden wären (was sie in einem strafprozessualen Sinne freilich auch gar nicht „unter Beweis" stellen könnten). Sie werden zu theoretisch realen, praktisch aber doppelt unsichtbaren Opfern: sozial unsichtbar hinter Mauern und individuell unsichtbar (übrigens auch in der Selbstwahrnehmung) in der „Gruppe" der falschen Positiven.

Demgegenüber fallen die falschen Negativen – zumal im grell ausgeleuchteten Hellfeld der öffentlichen und medialen Wahrnehmung – umso mehr ins Gewicht[1475]: Sie strafen vermeintlich nicht nur die Prognostik Lügen, sondern produzieren auch reale und vor allem sichtbare Opfer (s.u. IV. 3.). Die Prognose-Opfer falscher Negativer könnte man zumindest im Hellfeld registrieren – die eingeschlossenen falschen Positiven bleiben als Prognose-Opfer (außerhalb nicht intendierter Realexperimente, s.u.) eine theoretische Rechengröße: Ihre ideelle Gesamt-Existenz ist gewiss, individualisierbar sind sie nicht[1476]; ob sie wenigstens quantifizierbar sind, was die Allgemeinheit nicht interessieren mag, Prognostik und Justiz aber umso mehr interessieren, wenn nicht beunruhigen muss, hängt u.a. von der Auflösung des Basisraten-Problems ab (s.u. III.).

Die Quantifizierbarkeit der falschen Negativen (und ihrer Opfer) erscheint der Allgemeinheit hingegen aus ganz anderen Gründen als irrelevant: Gerade im Zu-

---

1471 Vgl. auch *Urbaniok* 2005, 149; indem statistische Prognose-Instrumente zumeist aus Hellfeld-Populationen gewonnen werden, kommt es auch insofern zur Verzerrung, als „entdeckungs- oder überführungsresistente Merkmale" tendenziell unberücksichtigt bleiben (*Eisenberg* 1972, 184; vgl. *M. Walter* 2005 Rn. 286 zum Problem zirkulärer Prognostik, ähnlich *Kaiser* 1972, 67).

1472 Allg. dazu *Watzlawick* 2007 und *Merton* 1981, vgl. auch *Hüttner* 1986, 2f.; eher drastisch *Plack* 1974, 370: Wenn „moralische Indoktrination und Überwachung" die pädagogische Konsequenz des Heraussiebens der „gefährdeten Kinder" wäre, dann „brächte sie jedesmal eine satanische Erfüllung der schlimmen Vorhersage", vgl. auch *C. Löhr* 2005, 133 und *Böllinger* 2007, 77 (zu § 66a StGB) und *ders.* bereits 1980, 291, 294.

1473 *Volckart* 2002, 111.

1474 Vgl. auch *G. Albrecht* 2003, 102.

1475 Vgl. *Kühl/Schumann* 1989, 133.

1476 Insb. auch nicht entschädigungsrechtlich, vgl. *Volckart* 2004, 152.

sammenhang mit gravierenden Sexual- und Gewaltdelikten sei jeder Rückfall mindestens ein Fall zu viel; der kriminologische Verweis auf niedrige bis sehr niedrige generelle Rückfallraten[1477] gilt als purer Zynismus gegenüber den – wenn auch seltenen – individuellen und vor allem realen Rückfallopfern.

Falsche Positive aus dem Dunkelfeld ins Licht gerückt:

Da sich kriminologische Opfer-Experimente verbieten,[1478] muss auf sog. Realexperimente verwiesen werden. Einmal abgesehen davon, dass auch bedingte Entlassungen aus Straf- oder Maßregelvollzug bisweilen als – vermeintlich unverantwortliche – Realexperimente skandalisiert werden (s.o.), ist im vorliegenden Kontext immer wieder der berühmte *Baxstrom*-Fall in Erinnerung zu rufen: Nachdem US-amerikanische Gerichte aus formalen Gründen 967 unrechtmäßig inhaftierte, als „gefährlich psychisch krank" eingestufte Straftäter entlassen hatten, wurden nur 2,6% einschlägig rückfällig[1479] – ob alle anderen (97,4%) als falsche Positive einzustufen waren, blieb umstritten,[1480] nicht hingegen, dass es sich um eine rechtsstaatlich unerträglich und menschenrechtlich deprimierend große Gruppe handelte.[1481] Ebenso aufschlussreich war die Nachuntersuchung von nach BVerfG-Entscheidungen von 1992 und 1995 aus dem bundesdeutschen Maßregelvollzug zu entlassenden, ursprünglich nach DDR-Recht untergebrachten Patienten[1482]: Trotz ungünstiger Prognose (und gegenüber regulär aus dem Maßregelvollzug Entlassener „signifikant mehr und ausgeprägterer kriminogener Merkmale") wurden sie deutlich seltener, nämlich nur in 15,6% der Fälle „mit gefährlicher (Gewalt)Delinquenz rückfällig" (gegenüber rund 30% in der ‚regulären' Vergleichsgruppe).[1483]

Die hohen Hürden in § 66b StGB für die nachträgliche Anordnung der Sicherungsverwahrung, von BGH und BVerfG konsequent hochgehalten,[1484] führten schließlich zu einem weiteren Realexperiment: Zahlreiche vom Justizvollzug und von Gutachtern als „gefährlich" deklarierte Gefangene ‚mussten' nach Endstrafe freigelassen werden, weil staatsanwaltschaftliche Anträge gemäß § 275a StPO scheiterten. Die Nachuntersuchung dieser Gruppe durch *Alex* bestätigte in der Tendenz die oben referierten Ergebnisse: Von der auswertbaren Gesamtgruppe (n = 77)

1477 Z. B. nach Entlassung aus lebenslanger Strafe, vgl. *H.-M. Weber* 1988 m.w.N.

1478 *Neubacher/Walter* 2005, vgl. auch *Mokros et al.* 2010, 75; allg. zu kriminologischen (und bisweilen kriminalpolitischen) Experimenten *Graebsch/BRIK* 2000 und *Graebsch* 2009b. Mit einer irritierenden Experiment-Idee wartet *Schumann* 1995 auf: Entlassung aus sicherndem Freiheitsentzug nach Lotterieverfahren, um die prognostischen Fehlerquellen aufzudecken, dagegen *Frommel* 1995.

1479 Vgl. u.a. *G. Albrecht* 2003, 106, *Grünebaum* 1996, 105f., *Hinz* 1986, 125, *Streng* 2003, 622 und *Kühl/Schumann* 1989, 134 m.w.N.

1480 Dazu u.a. *Leygraf* 2009, 484 m.w.N., ausf. *Rusche* 2004, 78ff.

1481 Vgl. auch *Baltzer* 2005, 223f. zum ähnlich gelagerten *Dixon*-Fall m.w.N., vgl. auch *Rusche* 2004, 83ff.

1482 *Rusche* 2004, 34ff., 87ff., vgl. *Nedopil* 2006, 43f.

1483 *Rusche* aaO S. 126.

1484 Dazu *Ullenbruch* 2006 und 2007.

fanden innerhalb des Untersuchungszeitraums 27 (ca. 35%) einen neuen Eintrag im BZR, 12 Entlassene waren immerhin erneut zu unbedingten Freiheitsstrafen verurteilt worden (16%), allerdings nur vier SV-Kandidaten (also 5% bzw. jeder Zwanzigste) wegen eines Delikts, dass die Anordnung der Sicherungsverwahrung (resp. Fortdauer der Freiheitsentziehung) hätte legitimieren können (Raub- oder Sexualdelinquenz).[1485] Das Fazit von *Alex*: „Die relativ niedrige Rückfalldelinquenz von erheblicherer Bedeutung bei attestierter hoher Gefährlichkeit erhärtet die Zweifel an der Zuverlässigkeit von Kriminalprognosen." Bestätigt wurde damit auch die nicht selten geäußerte Schätzung, in der Sicherungsverwahrung würden 10 bis 20 Menschen verwahrt, um die Gesellschaft vor einem ‚wirklich' gefährlichen unter ihnen zu schützen.

4. „Virulente" Fehlerquellen (nach *G. Albrecht*)

„Die repressive Funktion der Toleranz einer hohen Rate falsch Positiver ist schwer zu belegen, da die restriktive Prognostik nur im Ausnahmefall zu dokumentieren ist: der falsch positiv klassifizierte Gefangene bleibt in Haft oder der vermeintlich gefährliche Patient bleibt in der Psychiatrie – und wenn man ihn nach Jahrzehnten doch freilässt und er im hohen Alter ohne Delikte bleibt, wird dies – Ironie der Geschichte – noch als Erfolg der Haft oder Behandlung gedeutet."

So *G. Albrecht*,[1486] der die „virulenten Fehlerquellen" der statistischen Kriminalprognostik dahingehend zusammengefasst hat, dass sie „auf einer Reihe von pragmatischen Unterstellungen" beruhe: Zum einen „auf den beiden Annahmen, dass biographische Verläufe bestimmten typischen Mustern folgen und dass Personenmerkmale von entscheidender Bedeutung für Verhalten sind, und zum anderen auf den beiden Prämissen, dass die zukünftigen Lebensumstände von Menschen hinreichend gut voraussehbar und dass Rückkopplungen zwischen Prognose und Verhalten nicht relevant sind".[1487] Wegen der kriminologischen Selektivität der analysierten Verlaufsmuster sei aber bereits fraglich, ob die Kriminologie „wirklich weiß, welche Art von Menschen unter welchen Bedingungen kriminelle Handlungen begeht".[1488]

Hinzu komme, dass das Strafverfahren nur wenig gesicherte Erkenntnisse über die Persönlichkeitsmerkmale des Probanden hervorbringen könne,[1489] ganz abgesehen davon, dass die Reduktion der Gesetzmäßigkeit menschlichen Handelns auf kategoriale Persönlichkeitseigenschaften kaum haltbar sei.[1490] Des Weiteren seien die erwarteten Lebensumstände „prinzipiell unsicher, und sie sind es umso mehr, je weiter sie in der Zukunft liegen": Die von *Rasch* so genannten „sozialen Unfäl-

---

[1485] *Alex* 2010, dazu auch *Alex/Feltes* 2010.

[1486] 2003, 105f.

[1487] AaO S. 100, vgl. auch *Hermann/Janssen* 1990, 242 und *Pelzer/Scheerer* 2006, 200f.

[1488] AaO S. 101, vgl. *Spiess* 1993, 290.

[1489] AaO S. 102.

[1490] Vgl. *Pelzer/Scheerer* 2006, 209; die Vorstellung einer „faktorenbedingten Gefährlichkeitskausalität" (*Orlob/Gillner* 2001, 340) erscheint einigermaßen abwegig.

le“ ließen sich nicht vorhersagen.[1491] „Prognosen sind prekäre Urteile; sie haben eine gute Chance, falsch zu sein, und bedürfen deshalb ständiger Überprüfung, sie veralten schnell.“[1492]

Schließlich werden die Rückkopplungseffekte zwischen Prognose und Verhalten systematisch ausgeblendet: Bei der Analyse möglicher Prognosefehler (false negative vs. false positive) und ihrer möglichen Ursachen müssten immer auch die Wechselwirkungen bedacht werden: Rückkopplungen der beschriebenen Art[1493] „können nie ausgeschlossen werden und man kann nicht wissen, welcher Effekt bei wem eintreten wird“.[1494]

Damit ist die kriminalprognostische Zwickmühle perfekt: Dass Prognosefehler auftreten werden ist gewiss, quantifizieren lassen sie sich auch, jedenfalls annähernd, aber treffsicher prognostizieren (sic!) lassen sie sich nicht.[1495]

II. „Cutting Scores“ und Unschärferelationen

Jeder Prognostiker, am Ende aber vor allem der durch ihn beratene Entscheider muss sich darüber im Klaren werden, wann auf einem Kontinuum zunehmender Rückfallwahrscheinlichkeit der Punkt erreicht ist, jenseits dessen die negative in eine positive Prognose umschlägt. Von „cutting scores“ (s. u.) kann zwar vorrangig nur bei statistischen Verfahren gesprochen werden, das darin begründete normative Problem tritt aber letztlich bei jeder Prognose, insb. auch bei der sog. „klinischen“ auf.[1496]

Dieser „Umschlagspunkt“ (*Volckart*) wird in der internationalen Prognosewissenschaft als „cut off“-Wert oder „cutting score“ bezeichnet.[1497] Die dichotome Trennschärfe (positiv/negativ; ungünstig/günstig; gefährlich/ungefährlich etc., s. o. A. III. 3.) täuscht freilich: Unterhalb dieses Wertes besteht nicht etwa keine Rückfallwahrscheinlichkeit (0%), sondern nur eine, die als (noch) nicht hoch genug eingeschätzt wird, und oberhalb dieses Wertes besteht keine Rückfallgewissheit (100%), sondern ebenfalls nur eine gewisse Rückfallwahrscheinlichkeit, die aber (schon) als hoch genug gilt resp. gelten soll. So wird wohl auch der missverständliche Hinweis von *Volckart* verständlich, die *Bayes*'sche Matrix (s. o. I. 2.) dürfe nicht auf Wahrscheinlichkeitsaussagen übertragen werden, da eine erfahrungswissenschaftliche „Ja-Nein-Aussage über künftiges kriminelles Verhalten“ nicht möglich sei.[1498]

[1491] *G. Albrecht* aaO S. 102 unter Anknüpfung an *Volckart* 1998, 5, vgl. *Leygraf* 2009, 484; zu Problemen der Unterscheidung von „Unglück“ und „Unrecht“ (insb. in der sog. „Risikogesellschaft“) *Prittwitz* 1993, 378 ff. m. w. N.

[1492] *Hassemer* 1990, 261.

[1493] *G. Albrecht* 2003, 103, vgl. auch *Sessar* 1997, 1 f. sowie *Pfäfflin* 2007, 37 zu vergleichbaren Rückkopplungseffekten in „moral panic“-Kampagnen.

[1494] Vgl. auch *G. Albrecht* 2004, 484 f. und *Eisenberg* 1972, 184 ff.

[1495] Ähnlich *Dahle* 2005, 162 f.

[1496] *Kühl/Schumann* 1989, 133.

[1497] *Endres* 2000, 69.

[1498] *Volckart* 2002, 108 (vgl. auch sein erstes „Gesetz“ aaO S. 105).

Im Folgenden geht es dementsprechend nicht nur um „Trennschärfe“ (s.u. 1.) und die (auch) damit verknüpften Fehlerraten kriminalprognostischer Instrumente (s.u. 2.), sondern zugleich um das sog. „Mittelfeld“-Problem und dafür angebotene Lösungsversuche (s.u. 3.).

1. Trennschärfe

Dass die Prognosen umso fehlerträchtiger werden, je näher sie diesem „cutting score“ kommen, liegt auf der Hand (zum „Mittelfeld“-Problem s.u. 3.). Jenseits der bereits damit begründeten Unschärfe des Umschlagspunktes besteht das entscheidende Problem allerdings darin, dass es nicht nur theoretisch wie praktisch unmöglich ist, ihn trennscharf zu bestimmen (zu den ernüchternden Erträgen dahingehender wissenschaftlicher Projekte s.u. 2. und o. C. IV.), sondern dass diese Bestimmung erheblich von „kriminalpolitischer Zensur“[1499] und ähnlichen Einflüssen abhängig ist: „Der Umschlagspunkt zwischen günstig und ungünstig ist nicht naturgegeben. Der Rechtsanwender hat die Grundlagen für den Ort des Umschlagspunktes zu ermitteln und diesen dann selbst zu bestimmen.“[1500]

So ist die prognoserechtliche und/oder kriminalpolitische Verschiebung der „Schnittstelle“ in Richtung der sog. „Sicherheitsinteressen der Allgemeinheit“ nicht zum „Nulltarif“ zu haben, geht sie doch zwangsläufig zu Lasten der (Rechts-) Sicherheitsinteressen des jeweils Betroffenen – dass dies derzeit in der Öffentlichkeit, jedenfalls aber bei den verantwortlichen Kriminal-Politikern keine „Irritationen“ auslöst (s.o. B. I. 4.c), ist das eigentliche Problem und korrespondiert mit der gezielt protegierten Eindimensionalität ihres Sicherheitsbegriffs: Es bräuchte nur eines Hinweises auf Art. 5 Abs. 1 EMRK um daran zu erinnern, dass der menschenrechtliche Sicherheitsbegriff zuvörderst den Schutz vor ungerechtfertigter Freiheitsentziehung und damit die Rechtssicherheit meint, „die jede Willkür ausschließen soll“.[1501] Wer kollektive Sicherheitsinteressen zum individuellen Grundrecht erhebt, hinterlässt immer mehr Sonderopfer (ausf. u. F. II.).[1502]

Es handelt sich dabei jedoch nicht lediglich um rechtspolitische und verfassungsrechtliche Rahmenbedingungen, die den Prognostikern das Leben schwer machen, sondern um einen neuralgischen Punkt der prognostischen Methodologie schlechthin.[1503] *Volckart* als (fachlich zweifellos legitimierter) kriminalprognostischer „Gesetzgeber“ hat diese Dialektik in seinem vierten Gesetz wie folgt formuliert:

1499 *Kühl/Schumann* 1989, 136.

1500 *Volckart* 2002, 108f.; *Mokros et al.* 2010 kritisieren zu Recht die subjektive Uneinheitlichkeit dieses Vorhabens – die Forderung, dass deshalb „aus Gründen der Verfahrensgerechtigkeit“ (Rawls) „derselbe Standard für alle zu beurteilenden Probanden gelten“ müsse (aaO S. 82), erscheint gleichwohl naiv.

1501 *Gollwitzer* 2005 MRK Art. 5 Rn. 7ff. m.w.N.

1502 *P.-A. Albrecht* 2007, 6.

1503 *Volckart/Pollähne/Woynar* 2008, 59ff., *Endres* 2000, 69; diff. *Schall* 2003, 264.

„Bei der kriminalprognostischen Beurteilung als günstig oder ungünstig ist Vorsicht in der einen Richtung immer zugleich Rücksichtslosigkeit in der anderen.“[1504]

Und er hat zu Recht auf die Gefahr hingewiesen, durch den Versuch des Ausschlusses einer der möglichen Fehlerarten – derzeit zielt dieser Versuch praktisch immer auf die falschen Negativen – die vom Gesetz gebotene Kriminalprognose „hinterrücks wieder abzuschaffen“.[1505] Mit anderen Worten: Wer in der vom Gesetzgeber via Prognose geforderten Risikoverteilung[1506] eines der Risiken ausschließen will, handelt nicht nur einseitig rücksichtslos riskant, sondern auch gesetzeswidrig. Bei der unausweichlichen Bestimmung der noch vertretbaren Fehlertoleranz hilft das kriminalpolitisch popularisierte „Null-Toleranz“-Konzept[1507] nicht weiter; der Übergang von der „Null-Hypothese“ zur „Null-Toleranz“-Hypothese markiert den Ausstieg aus den anerkannten Regeln der kriminalprognostischen Kunst.[1508]

Ziel müsste sein, die Treffergenauigkeit insgesamt (Summe der richtigen Vorhersagen in Relation zur Testhäufigkeit[1509]) zu optimieren, also die Summe der falschen Positiven und Negativen zu minimieren: „Je niedriger man den Cut Off wählt, desto sicherer kann man sein, die wahr Positiven zu entdecken, aber man muss auch mit erhöhten Anteilen von falsch Positiven rechnen. Will man extrem sicher sein, alle Positiven zu identifizieren, kann man das nur mit einem außerordentlich hohen Risiko von falsch positiven Klassifikationen erkaufen.“[1510] Trivial auf die Spitze getrieben: Ein extrem niedriger „cut off“-Wert bei Entlassungsprognosen führt dazu, überhaupt niemanden mehr (ggf. vorzeitig) zu entlassen. Damit wird zwar – jedenfalls für den Zeitraum der Internierung – die Rückfallrate außerhalb des Vollzuges[1511] optimal minimiert, zugleich aber die Zahl illegitimer Freiheitsentziehungen, also die theoretische „Freiheitsberaubungsrate“ optimal maximiert. Dass das nicht bloße Theorie ist, sondern – zumal für die Betroffenen alles andere als triviale – Realität, kann phasenweise im Maßregelvollzug beobachtet werden, wenn Medien, Politik, Gutachter, Kliniken und Gerichte in mehr oder weniger bewusstem und gewolltem Zusammenwirken den „cut off“-Regler nach unten ziehen.[1512]

[1504] *Volckart* 2002, 109, vgl. auch *G. Hinrichs* 2003b, 435.

[1505] *Volckart* ebda.

[1506] Ähnlich *Jung* 1986, 253.

[1507] *H.-J. Albrecht* 1999, 876, vgl. *M. Walter* 2007, 312.

[1508] Ähnlich *M. Walter* 2010, 248, vgl. auch *D. Seifert* 2010b, 101.

[1509] Vgl. *G. Albrecht* 2003, 105.

[1510] Ebda, vgl. *Mokros et al.* 2010, 76ff.

[1511] Die absehbare Zunahme von Zwischenfällen im Vollzug (insb. Aggressionen gegen Mitinsassen, Beschäftigte oder gegen sich selbst) wird dabei gerne ausgeblendet, vgl. auch *Pollähne* in: *Kammeier* 2010 Rn. F 18 und *A. König* 2010, 71.

[1512] Vgl. *Jehle* 2005, 12f.; beispielhaft für die rechnerischen Veränderungen der Treffergenauigkeit bei unterschiedlichen „cut off“-Werten *G. Albrecht* 2003, 111f. m.w.N. sowie *Kühl/Schumann* 1989, 132f., 135 und *Mokros et al.* 2010, 77f.

2. Instrumente und Fehlerraten

Die von *G. Albrecht* bilanzierten[1513] Prognoseleistungen verschiedener statistischer Instrumente (insb. VRAG, PCL-R und HCR-20) sind – mit relevanten Differenzierungen je nach Verwendungszusammenhang – insgesamt ernüchternd:

So erzielte der VRAG in einer Studie zwar „hohe negative Prädiktionswerte", die positive Prädiktionsleistung war aber „eher bescheiden, d.h.: Die Wahrscheinlichkeit, mit der eine positive Prognose zutreffend ist", relativ niedrig, wenn maximal bei 40% der positiv prognostizierten Probanden diese Prognose zutraf. Die diagnosespezifische Prognoseleistung mache deutlich, dass „populationsspezifische Instrumente entwickelt und eingesetzt werden müssten, aber auch dann belegen die sehr niedrigen positiven Prädiktionswerte eine noch (!?) durchaus zweifelhafte Qualität der erzielten Prognosen".[1514] Das „(!?)" ist dem Original entnommen und soll wohl signalisieren, dass der Autor auch in absehbarer Zeit nicht mit einer relevanten Qualitätssteigerung rechnet.[1515]

Noch drastischer ist das Resumée in Bezug auf eine andere Studie, die gerade darauf angelegt war, die methodischen Schwächen früherer Ansätze auszugleichen: „Erschreckend sind die Befunde, dass die Variablen, die für das tatsächliche Auftreten späterer Gewalt kausal sind, nicht diejenigen sind, die für eine Risikoeinschätzung durch die Prognostiker relevant sind (zwischen der Risikoprognose und der tatsächlichen Rückfallgewalt bestehen praktisch keine relevanten Beziehungen) und dass die Prognosen der Kliniker insgesamt nicht besser waren als die der Nicht-Kliniker; eher im Gegenteil. Insgesamt war die Prognose offensichtlich ein einziger Reinfall, obwohl die Rückfallrate (Basisrate) so hoch war, dass es eigentlich zu besseren Prognosen hätte kommen können."[1516] Ähnliche Ergebnisse fand der Verfasser bei der Analyse im Maßregelvollzug verwandter Beurteilungsbögen für Lockerungsentscheidungen: Eine besondere Vorhersagekraft für ungünstige Verläufe kam ihnen nicht zu,[1517] die Rate falscher Negativer war gleichwohl niedrig.[1518] Bemerkenswert – oder bezeichnend? – dass ein Soziologe in diesem Zusammenhang „Fairneß" reklamiert.[1519] *A. König* schlägt vor (jedenfalls zwischen den Zeilen), den prognostischen Spieß umzudrehen, denn „die verbreiteten Prognoseinstrumente können Nicht-Rückfälligkeit sicherer vorhersagen als Rückfälligkeit".[1520]

Das Fazit von *G. Albrecht* ist demgemäß düster: Angesichts der „ganz erheblichen Fehleranfälligkeit von Prognosen müsste der Prognostiker eigentlich alle entsprechenden Probanden für gefährlich erklären, wenn er nicht in einem Sinne irren

---

[1513] *G. Albrecht* 2003, 107ff. und 2004, 497ff. mit zahlreichen Nachweisen.
[1514] *G. Albrecht* 2003, 117f. unter Verweis auf Grann et al. (2000).
[1515] Skeptisch auch *Ross/Pfäfflin* 2005.
[1516] *G. Albrecht* 2003, 121 unter Verweis auf Menzies & Webster (1995).
[1517] *Pollähne* 1994, 294, vgl. auch *Nedopil* 2006, 139ff.
[1518] Vgl. auch *Seifert et al.* 2003 zur selektiven Verwendung von Prognosekriterien [HCR 20, VRAG; PCL-R] für Entlassungsprognosen im Maßregelvollzug.
[1519] *G. Albrecht* 2004, 510, vgl. auch *Simons* 2002, 275.
[1520] *A. König* 2010, 72.

will, den ihm die Öffentlichkeit oder die Justiz vorwerfen könnte. Wenn der Gesetzgeber dem Prognostiker bei seiner statistischen Prognose nicht bestimmte, nicht zu gering zu veranschlagende Irrtumswahrscheinlichkeiten einräumt, kann dieser nur durch eine äußerst restriktive/repressive Prognosepraxis reagieren. Dann aber stellt sich die Frage, wer uns vor der Gefährlichkeit der Gefährlichkeitsprognostiker schützt, denn die Prognostiker stehen selbst durch die Gesetzgebung und die Hysterie in der Öffentlichkeit unter schwerstem Druck, teilweise mit fatalen Folgen“.[1521]

3. Normative Mittelfeld-Lösungen?

Nach einer in Rechtswissenschaften und Strafjustiz verbreiteten Vorstellung soll sich das Prognosedilemma auf ein sog. „Mittelfeld“-Problem reduzieren lassen,[1522] ohne dass angegeben werden könnte, wie klein es damit wird resp. wie groß es bleibt. Demnach gebe es einerseits klare Fälle, sog. „Extremgruppen“,[1523] in denen die Prognose eindeutig zu einem positiven oder negativen Ergebnis führe, weshalb eine darauf basierende juristische Entscheidung unproblematisch erscheine (und in der Regel auch ohne externen Sachverstand auskomme)[1524]; andererseits existiere aber ein Mittelfeld unklarer Fälle, die sich als „eindeutig weder noch“ erweisen und letztlich nur normativ entschieden werden könnten.[1525]

Diese Vorstellung hilft aber nicht wirklich weiter,[1526] denn weder ist geklärt, wodurch sich die „Eindeutigkeit“ ausweist, die aus normalen Fällen „klare“ macht (das „cut off“-Problem bleibt), noch dient es letztlich der rechtlichen Klärung, die Zahl der problematischen Fälle ‚nur‘ zu reduzieren,[1527] von der Lösung des Einzelfalles ganz zu schweigen. Die Unschärferelation des „cutting score“ löst sich auch im Mittelfeld nicht in prognostisches Wohlgefallen auf.

III. „Was zum Teufel soll die Basisrate?“

Seinen Ausführungen zur „Bedeutung der Basisrate in der Kriminalprognose“ stellte *Volckart* (2002) die teils ungläubige, teils provokante Frage voran: „Was

---

[1521] *G. Albrecht* 2003, 122 m.w.N., ähnlich *Kühl/Schumann* 1989, 134 und *M. Walter* 2010, 248, vgl. auch *Woynar* 2000; vor diesem Hintergrund erscheint es in der Tat bedenklich, dass die Betroffenen für solche Gutachten auch noch zahlen müssen, vgl. *Eisenberg* 2006b, 60 m.w.N.

[1522] Ausf. *Frisch* 1983, 39ff., vgl. auch *Kerner* 1980, 324f.

[1523] Vgl. *Kaiser* 1990, 18.

[1524] Ähnlich *Böllinger* 1980, 303.

[1525] Zu dieser „normativen Prognosemethode“ (*Frisch* et al.) u.a. *Weinbrenner* 2003, 80ff., *H. Schneider* 1996, 26ff. und *M. Bock 1990*, 458ff. m.w.N., vgl. auch *Pieth* 2001, 331ff., *Herre* 1997, 86ff., *H. J. Schneider* 2001, 411, *T. Walter* 2006, 342f. und *Schall* 2003, 261ff.

[1526] Ähnlich *Streng* 1995, 109ff. und *Zopfs* 1999, 302, krit. auch *Kühl/Schumann* 1989, *Schumann* 1995, 94 und *Baltzer* 2005, 230ff.

[1527] Vgl. auch *Streng* 2002 Rn. 663ff.

zum Teufel ist eine Basisrate?" Wer glaubt, darauf eine methodologisch überzeugende Antwort gefunden zu haben, wird sich früher oder später die hier vorangestellte Folgefrage stellen, was die Basisrate „soll": Dabei wird das Basisraten-Argument (s.u. 1.) nicht selten missverstanden, bisweilen gar missbraucht, insbesondere wird nicht unterschieden von dem, was *Volckart* anschaulich „Erfahrungsrate" nannte[1528] (zumeist die „Rückfallrate", s.u. 2.).

1. Basisraten

Kühl & Schumann haben bereits 1989 darauf verwiesen, dass das Ausmaß der Treffsicherheit einer Prognosemethode (s.o. I. 1.) für die Legitimität einer darauf basierten Entscheidung nicht alleine ausschlaggebend sein könne, relevant sei ferner „die Basisrate", die die Häufigkeit wiedergebe, mit der das jeweilige Kriterium „in der Population auftritt, auf die die Prognosemethode angewendet wird".[1529]

So wird am Beispiel der Tötungsdelikte,[1530] die eine sehr geringe Basisrate aufweisen, eindrucksvoll belegt, wie sich dieser Umstand – zumindest im statistischen Modell – zwangsläufig in hohen Raten falscher Positiver niederschlägt, selbst wenn eine Prognosemethode mit außergewöhnlicher Treffergenauigkeit zugrunde gelegt wird: „Die recht hohe Wahrscheinlichkeit, gefährliche Personen identifizieren zu können (Treffsicherheit), wird durch die niedrige Wahrscheinlichkeit, bei dem Testverfahren überhaupt gefährliche Personen anzutreffen (Basisrate), gleichsam unterlaufen."[1531] Das kann sich allerdings umkehren: „Je höher die Basisrate, desto mehr wahre Positive im Verhältnis zu den falschen Positiven und desto mehr falsche Negative im Verhältnis zu den wahren Negativen treten auf", so *Volckarts* drittes „Gesetz".[1532]

Am Beispiel des Versuchs, die Quote der sog. „Urlaubsversager" im Strafvollzug zu prognostizieren, expliziert er das Problem, die Basisrate zu berechnen: Zunächst muss die Bezugs-Population bestimmt werden, was hier noch relativ leicht fällt, weil die Zahl aller formal Urlaubsberechtigten objektiv feststellbar ist; wie viele dieser potenziellen Urlauber im Falle der tatsächlichen Beurlaubung zu „Versagern" würden, also die Basisrate, bleibt im Regelfall unbekannt (s.u.).[1533] Klar sind zunächst nur die Eckpunkte: Sie liegt höher als die Zahl realer Urlaubsversager, die sich ja nur aus der Gesamtheit jener Gefangenen ergibt, die auf der Grundlage einer günstigen Lockerungsprognose tatsächlich Urlaub erhalten haben, und sie liegt niedriger als die Zahl derer, denen auf der Grundlage einer ungünstigen Lockerungsprognose der Urlaub versagt wurde (sog. Auswahlrate). Die Ab-

---

[1528] *Volckart* 2002, 111, vgl. *Nedopil* 2002b, 347f., exempl. *Wulf* 2006a, 546f.

[1529] *Kühl/Schumann* 1989, 131.

[1530] Das Beispiel, das von *Hinz* 1987, 71f. übernommen wurde, der es seinerseits von Livermore/Malmquist/Meehl übernahm, wird regelmäßig rezipiert, vgl. u.a. *G. Albrecht* 2003, 104 und *Volckart* 2002, 106ff.

[1531] *Kühl/Schumann* 1989, 131, ebenso *G. Albrecht* 2003, 104.

[1532] *Volckart* 2002, 108.

[1533] Vgl. aber auch *Kühl/Schumann* 1989, 134ff.

weichung zwischen Basisrate und Auswahlrate wird wiederum durch den Cut Off-Wert bestimmt (s.o.): Je größer diese Abweichung, je größer auch die Rate der falschen Positiven.

2. Rückfallraten

„Bei kriminalprognostisch begründetem Freiheitsentzug bleibt die Basisrate der Rückfälligkeit unbekannt“, lautet *Volckarts* zweites „Gesetz“,[1534] aber auch sonst weiß man über sie nicht so viel, wie das o.g. Beispiel zur besonders niedrigen Basisrate der Tötungskriminalität impliziert.

Das liegt zum einen daran, dass sie (wie bereits im Zusammenhang mit den „Urlaubsversagern“ angedeutet, s.o.) aus drei variablen Komponenten besteht: Der jeweiligen Bezugs-Population (a) und dem durchschnittlichen Vorkommen (b) der zu prognostizierenden Ereignisse (c), bei der Rückfallprognose also bestimmter Delikte in dieser Population. Und zum anderen liegt das gerade bei den besonders brisanten Entlassungsprognosen daran, dass sich die Bezugspopulation in Unfreiheit befindet (s.o.).

Demgegenüber beschreibt die Erfahrungsrate „das Verhalten bekannter Personen, also bekannter Taten, die diese Personen tatsächlich begangen haben“,[1535] wobei es sich zumeist um Rückfalltaten handelt, so dass auch von Rückfallraten gesprochen werden kann, die aber ebenfalls nicht mit den Basisraten verwechselt werden dürfen[1536]: Die den statistischen Prognoseinstrumenten zugrundeliegenden Erfahrungs- oder Rückfallraten[1537] unterliegen systematisch selektiven Verzerrungen,[1538] die sie von den nur statistisch existenten Basisraten unterscheiden.[1539]

3. Basisraten-Prognostik?

Die – nicht nur terminologische – Verwirrung um die Basisraten tritt spätestens dann zutage, wenn versucht wird, die Erfahrungs- bzw. Rückfallraten „durch Aufsplitterung in Tatbesonderheiten und eine große Zahl von Prädiktoren“ den Basisraten anzunähern, um sie zugleich relativ zu vergrößern.[1540]

Dahinter verbirgt sich allenfalls das Bemühen, die Bezugs-Population zu verkleinern und die zu prognostizierenden Ereignisse zu konkretisieren – das durch-

---

1534 *Volckart* 2002, 107, ähnlich *Leygraf* 2009, 485.
1535 *Volckart* 2002, 111.
1536 So aber z.B. *Baltzer* 2005.
1537 Zu deren methodischen Schwächen *Groß/Nedopil* 2006, 66ff.
1538 Vgl. auch *Haller* 2005, 23.
1539 *Volckart* 2002, 111f., diff. *Nedopil* 2002b, 347f.; den aktuellen Forschungsstand zu solchen Rückfall(basis)raten haben *Groß/Nedopil* 2006 akribisch zusammengestellt, krit. zur Methodik *A. König* 2010, 68.
1540 Exempl. *Boetticher et al.* 2006, 543/544 und *Wulf* 2006a, 547, dazu auch *A. König* 2010, 70f.

schnittliche Vorkommen dieser Ereignisse in jener spezifizierten Population bleibt aber nicht nur weiterhin systematisch verborgen, vielmehr lässt sich auch auf diesem Wege die Schwierigkeit nicht ausräumen, dass „besonders selten vorkommende Delikte eine erfahrungswissenschaftliche Aussage über die Wahrscheinlichkeit eines Rückfalls kaum ermöglichen".[1541]

Indem die Erfahrungsgrundlage verkleinert und damit die Validität des Erfahrungssatzes vermindert wird, handelt man sich eher das Risiko ein, die erfahrungswissenschaftliche Wahrscheinlichkeitsaussage noch weiter zu erschweren. „Wer nur Prädiktoren sammelt, ohne sich um die Häufigkeit ihres sonstigen Vorkommens in der bei dem Probanden gegebenen Kombination zu kümmern, der hat für eine Aussage über die Wahrscheinlichkeit eines Rückfalls keine rationale Grundlage."[1542] Deswegen führt die Aufnahme immer weiterer Prädiktoren in immer ausdifferenziertere Risiko-Instrumente nicht zur Lösung der Probleme, sondern eher in die kriminalprognostische Sackgasse.[1543] Die Vorstellung, der Einzelfall ließe sich auf diese Weise besser „im kriminologischen Erfahrungsraum" verorten, um ihn vor diesem „Erfahrungshintergrund anders diskutieren" zu können,[1544] lässt völlig offen, was dies für die schließlich notwendige Entscheidung über diesen Einzelfall bedeuten soll.[1545]

Der Versuch, so das Fazit *Volckarts*, bei längeren Freiheitsstrafen und freiheitsentziehenden Maßregeln „Basisraten für die zu prognostizierende Kriminalität zu finden, wird aufgegeben werden müssen".[1546] Ob allerdings sein Optimismus begründet ist, „auf dem Weg zu rationalen Kriminalprognosen auch hier Fortschritte zu erzielen", nämlich „immer wieder Items aufzuspüren, die als Prädiktoren in Betracht kommen", erscheint nicht nur fraglich, sondern auch widersprüchlich: Die von ihm bemühte „Vergleichsgruppe der Nichtrückfälligen", die für notwendige Kreuzvalidierungen in der Tat vonnöten wäre, unterliegt ebenfalls selektiven Verzerrungen (s.o. I. 3.). Dass „Untersuchungen, die sich auf die Rückfälligen beschränken, nur einen sehr beschränkten Wert" haben, ist aber sicher ebenso richtig, wie sein abschließender Appell vor allem an die Justiz: „Das methodologische Wissen über Basisraten ist nicht geeignet, die Zuversicht der Erfahrungswissenschaftler im Hinblick auf die Qualität ihrer Wahrscheinlichkeitsaussagen zu steigern. Den kriminalprognostischen Rechtsanwender, der über Freiheit oder Unfreiheit zu entscheiden hat, sollte dieses methodologische Wissen bei seiner Abwägung selbstkritischer und sorgfältiger machen."[1547]

[1541] *Volckart* 2002, 112.

[1542] Ebda; diff. *Pfeiffer et al.* 2005 als Vorschlag de lege ferenda für DNA-Analysen.

[1543] Vgl. auch die Kritik von *Nedopil* 2006, 276ff. an *Urbaniok* (z.B. 2005, 151) sowie *Singelnstein/Stolle* 2008, 34f.

[1544] *Boetticher et al.* 2006, 544.

[1545] Vgl. auch *M. Bock* 2007b, 272 sowie BGH NStZ-RR 2010, 504: Ungeachtet der Frage, ob der im Einzelfall mitgeteilte Wert der „Rückfall-Basisrate" stimme, dürfe nicht verkannt werden, dass es „auf vorhandene statistische Werte gerade nicht maßgeblich ankommt, weil allein die jeweilige individuelle Prüfung für Gefährlichkeit entscheidend ist".

[1546] *Volckart* 2002, 113, diff. *Kröner* 2005.

[1547] Ebda.

Das Dilemma, das sich dabei gerade für Gewaltprognosen ergibt, resümiert *G. Albrecht* so: „Da, wo angesichts der bescheidenen Treffergenauigkeit nur eine hohe Basisrate des zu prognostizierenden Verhaltens zu Prognoseleistungen führt, bei denen z. B. das Verhältnis von >richtig< identifizierten Problemfällen zu >falsch< identifizierten >Unschuldigen< gesellschaftlich akzeptabel scheint, ist das Interesse an Prognosen gering, denn dann geht es um >Allerweltsverhalten<, von dem sich keiner bedroht fühlt. Da, wo es um gravierende Formen der Gewalt geht, die Prognose also sehr gefragt ist, ist die Basisrate so niedrig, dass auch bisher noch nicht erreichte Treffergenauigkeiten zu Ergebnissen führen würden, die vor dem Hintergrund der vorgestellten Qualitätsanforderungen nicht vertretbar sind.“[1548]

IV. Kontrollüberlegungen

Wann immer mit Hilfe statistisch er- und gemittelter Kriterienkataloge die Wahrscheinlichkeit bestimmt werden soll, mit der die „Träger“ bestimmter „Kriteriencluster“[1549] z. B. erneut eine bestimmte Straftat begehen werden, weil den retrospektiv-Analysen früherer Fälle zufolge soundsoviel Prozent derer, die solche „Risikofaktoren“ auf sich vereinigten, ebenfalls rückfällig geworden sind,[1550] so ist und bleibt doch die viel spannendere Frage, warum der (zumeist deutlich größere,[1551] vgl. o. C. IV.) Rest jener Gruppe nicht rückfällig geworden ist. Dieser Umkehrschluss ist gerade im Umgang mit dem Einzelfall vor dem Hintergrund der Prognoseforschung (s. o. 3.) und Methodologie (s. o. 4.) nicht nur allzu berechtigt, sondern eine – ihrerseits methodologisch – unverzichtbare Kontrollüberlegung[1552]:

1. Risikoverteilungen

Aus der Angabe einer bestimmten Rückfallwahrscheinlichkeit folgt eben auch die Angabe einer Differenzwahrscheinlichkeit dafür, dass der Betroffene dem (ob gruppenstatistisch ermittelt, ob erfahrungsbasiert) ungünstigen „Risikoprofil“[1553] zum Trotz nicht rückfällig wird. Wird diese methodische Falle nicht beachtet, so erfährt der Betroffene die Doppeldeutigkeit der Risikofaktoren sprichwörtlich am

---

[1548] *G. Albrecht* 2004, 511; auch *Kröner* 2005, 57 nimmt an, die Basisraten seien eher für die Extremwerte aussagekräftiger.

[1549] Vgl. *Leygraf/Nowara* 1992.

[1550] Vgl. auch *Stolpmann* 2001, 305 f., *G. Albrecht* 2003, 102.

[1551] Ähnlich *Nedopil* 2006, 276.

[1552] Zur Notwendigkeit von „Alternativprognosen“ auch *Pelzer/Scheerer* 2006, 200.

[1553] *Dittmann* 2003, 174, vgl. BGH StraFo 2011, 62; aufschlussreich auch der Hinweis von *Pfäfflin* 2003, 52, die aktuarischen Verfahren böten allenfalls „Risikowahrscheinlichkeiten“, während zugleich kaum ein Prognostiker mehr wagen würde, etwa vom „kalkulierten Risiko“ (vgl. auch *Pollähne* in: *Kammeier* 2010 Rn. F 26 f. m. w. N.) zu sprechen, denn die Allgemeinheit – so *Prittwitz* 2003, 239 – wolle (!) überhaupt kein (!) Risiko eingehen, vgl. auch *H.-J. Albrecht* 1999, 877.

eigenen Leibe: Werden solche Faktoren auf ihn vereinigt, trägt er das Risiko,[1554] als „Positiver“ einer freiheitsentziehenden Maßnahme unterworfen zu werden und fürderhin unter Beweis stellen zu müssen, dass er ein „Falscher“ ist[1555] (zur Beweislast o. D. I. 1.c).

Auch jüngste Untersuchungen haben erneut bestätigt, dass – gerade bei den öffentlich besonders aufmerksam begleiteten Gewaltdelikten – die Zahl der falschen Positiven die der falschen Negativen regelmäßig übersteigt.[1556] Sogar bei Probanden mit einem besonders hohen PCL-Score sei z.B. auch nach sehr langen follow-up-Zeiträumen eine Gruppe von mehr als 20% festgestellt worden, die strafrechtlich nicht mehr in Erscheinung getreten ist, so dass dringend untersucht werden müsste, welche „protektiven Faktoren bei den ‚unauffälligen‘ Psychopathen wirksam“ werden.[1557]

2. Protektion und Resilienz im Zeitlauf

Im Zeithorizont gewinnt dieses Problem an Brisanz[1558]: Statistisch nimmt die Rückfallwahrscheinlichkeit zu, je länger der Vorhersagezeitraum bestimmt wird (während zugleich die prognostische Treffsicherheit abnimmt).[1559] Umso mehr drängt sich jedoch die Frage auf, warum die demgemäß als rückfallgefährdet Prognostizierten während des weitaus größten Teils dieser Zeit keine Straftaten begehen (werden), oder auch: welcher Zusammenhang noch bestehen soll zwischen Prädiktionen und Straftaten, die zeitlich weit auseinander liegen.[1560]

Auch dies lenkt die Aufmerksamkeit von täterbezogenen statischen Merkmalskombinationen (Zustand) auf Situationen, Täter-Opfer-Beziehungen, Lebens-/Umweltbedingungen und ähnlich dynamische Unwägbarkeiten einer im Konjunktiv gedachten Zukunft,[1561] die zu allem Überfluss auch noch von der Prognoseentscheidung selbst beeinflusst wird: Ein weiteres Merkmal der kriminalprognostischen Unschärferelation.[1562]

[1554] Vgl. *Woynar* 2000, ähnlich *Cornel* 2002a, *G. Albrecht* 2003, 122; dass eine „interessenorientierte Bewertung“ von „Risikosachverhalten“ die Probleme löst (so ähnlich *Schall* 2003, 261 f.), erscheint fraglich.

[1555] Zur systematisch-notorischen Überschätzung der Gefährlichkeit beispielhaft *Schöch* 1998, 1248 ff. m.w.N., vgl. auch *Gottwald* 1993, 120, *M. Walter* 2010, 247, *Eisenberg* 2011 Rn. 1838, *Rusche* 2004, *G. Hinrichs* 2003b, 435 f. unter Verweis auf *Rösler et al.* 1991 sowie *P.-A. Albrecht* 2000, 263 mit Hinweisen auf deren methodische Bedingtheit.

[1556] *Ross/Pfäfflin* 2005, 2 ff. zur PCL-R, vgl. *A. König* 2010, 72.

[1557] AaO S. 3 m.w.N.

[1558] Vgl. *Dittmann* 2003, 174 f., *Schumann* 1994, 33, ähnlich *M. Bock* 2006, 287.

[1559] Vgl. *Nedopil* 2002b, 348, *Baltzer* 2005, 220 f., *Hassemer* 1990, 261 und *Hahn* 2007a, 142 f.

[1560] Diesbezüglich auch zu BGH JR 2004, 427 ff. die Anm. von *Pollähne* (S. 434); zur bes. Problematik sog. „Frühprognosen“ *G. Albrecht* 2004, 501 ff. m.w.N. und *Spiess* 1993, 291.

[1561] *Kühl/Schumann* 1989, 132, vgl. auch *Sessar* 1997 und *Pelzer/Scheerer* 2006, 202, diff. *Foerster* 2000, 294.

[1562] *Pieth* 2001, 335 ff. spricht in diesem Kontext von „offenen Prognosen“, *Hahn* 2007a, 134 ff. von den „Prognoseverhältnissen nach Entlassung“.

Damit entsteht jedoch zugleich ein juristisch kaum lösbares Problem: Während die statischen Prädiktoren der Vergangenheit (Biographie) und Gegenwart (Konstitution) im Rahmen der Beweisaufnahme – jedenfalls prinzipiell – feststellbar sind (weshalb es auch nicht verwundern kann, dass just darauf fokussierende und zudem normativ-typisierende Manuale in der Justiz vermehrt Akzeptanz finden[1563]), entziehen sich dynamische und prospektive Prädiktoren weitgehend dem justiziellen Erkenntnisprozess, erscheinen damit suspekt bis spekulativ, nachträglich angreifbar und so als Grundlage für Prognoseentscheidungen insgesamt wenig geeignet, wenn nicht gar von Rechts wegen unbeachtlich.[1564] In der Tat wäre die Anordnung freiheitsentziehender Sanktionen (resp. ihrer Fortdauer) auf einer derart spekulativen Grundlage äußerst fragwürdig, weshalb solche Prädiktoren eher als sog. „protektive Faktoren“ wirken,[1565] die allerdings nur mit Mühe gegen die Indizwirkung des „Statischen“ standhalten können.[1566]

Wenn die Prognoseforschung der letzten Jahre – insb. auf den ‚Nebengleisen‘ der Resilienz- und Desistance-Forschung[1567] – etwas belegt hat, dann jedenfalls die große Bedeutung protektiver Faktoren, die vor dem ‚Aufstieg‘ in kriminellen Karrieren schützen können, vor allem aber den Ausstieg aus Delinquenzentwicklungen fördern[1568]: Solche „salutogenetischen“ Faktoren[1569] können jede ungünstige Prognose – sei sie mit noch so viel Risikofaktoren ‚gespickt‘ – unvorhersehbar desavouieren.[1570]

[1563] Vgl. *Boetticher* 2000, 71f.

[1564] Vgl. *Dahle* 2005, 12.

[1565] *Suhling* 2003, 86 m.w.N.

[1566] Vgl. *Tenckhoff* 1982, 98, *G. Hinrichs* 2003a, 91, vgl. auch *Seifert et al.* 2001.

[1567] Exempl. *Stelly/Thomas* 2001, vgl. auch *Maruna* 2001, *Maruna/Farell* 2004.

[1568] Überblick bei *Lösel/Bender* 2000 und *Kerner* 1998 m.w.N., vgl. auch *Vollbach* 2006, 298ff.

[1569] *Hahn* 2007a, 160ff. (auf S. 392ff. werden insg. 53 Faktoren aufgeführt).

[1570] Vgl. bereits *Kaiser* 1972, 13; das gilt übrigens auch bei Sexualstraftätern, vgl. *Vanhoeck/v. Daele* 2007.

F. Kriminalprognostik zwischen Sicherheitsrecht und Rechtssicherheit

Bevor die Probleme der Kriminalprognostik abschließend in dem Spannungsfeld zwischen Sicherheitsrecht und Rechtssicherheit diskutiert werden (s. u. II.), sollen zentrale Erkenntnisse der vorliegenden Untersuchung knapp bilanziert werden:

I. Kriminalprognostik: eine Bilanz

Die methodologisch wie empirisch belegten (s.o. C. und E.) Unzulänglichkeiten der Kriminalprognostik[1571] fordern Opfer – was denen wie blanker Zynismus in den Ohren klingen mag, ist eine (im Einzelfall freilich bittere) Realität menschlichen Lebens und gesellschaftlichen Zusammenlebens. Eine Realität, die im Übrigen auch nicht dadurch aus der Welt zu schaffen wäre, dass das Kriminalrecht auf Prognosen ganz verzichtet, denn der Zynismus wäre dann nur geringfügig umzuformulieren: Auch die Unzulänglichkeit des Strafrechts fordert Opfer (die Bilanz würde sich womöglich nicht sonderlich unterscheiden[1572]) – und die Unzulänglichkeiten des Polizei- und Unterbringungsrechts (die ggf. ‚einspringen' müssten) erst recht.

Bevor die „absehbaren Rechtsprobleme" beim Einsatz der Kriminalprognostik bilanziert werden (s. u. 2.), sollen ihre „vorhersehbaren Opfer" in Erinnerung gerufen werden:

1. Vorhersehbare Opfer

Dass erhebliche Anstrengungen zur Verringerung der Prognosefehler gerechtfertigt sind, selbst wenn „pro Jahr durch verbesserte Prognosestellung nur ein oder zwei Morde oder Vergewaltigungen verhindert werden können",[1573] trifft sicher auf allgemeine Zustimmung. Aber abgesehen davon, dass jene verhinderten Taten nur theoretisch existieren, stellt sich doch die Frage, ob eine solche Rechtfertigung auch dann noch anzunehmen ist, wenn diese „Verbesserung" der Prognosestel-

[1571] Deutlich die Aussage von *Nedopil* 2007, 242, es werde „immer ein ganz erhebliches Maß an Unsicherheit geben" (m. w. N.).

[1572] Vgl. auch *Kühl/Schumann* 1989.

[1573] *Gretenkord* 1998, 170.

lung[1574] zwangsläufig zu häufigeren und längeren Freiheitsentziehungen führt,[1575] von denen immer mehr „falsche Positive" betroffen werden (aber auch das freilich eher eine theoretische Größe).

Das Thema „Kriminalprognostik" wird derzeit beherrscht von der Angst vor Fehlprognosen zu Lasten der Allgemeinheit, eine Angst, die auch die Prognostiker selbst und sogar die Wissenschaften befallen hat. Die weitere Suche nach der Methode, die solche Fehlprognosen ausschließen (oder auch nur auf ein rechtsstaatlich erträgliches Maß minimieren) kann, ist jedoch – das haben diese Untersuchungen einmal mehr belegt – zum Scheitern verurteilt.[1576]

Noch einmal: Aus der Angabe einer bestimmten Rückfallwahrscheinlichkeit folgt eben auch die Angabe einer Differenzwahrscheinlichkeit dafür, dass der Betroffene dem ungünstigen „Risikoprofil" zum Trotz nicht rückfällig wird (s.o. E. IV. 1.). Bleibt diese methodische Falle außer Betracht, so erfährt er die Doppeldeutigkeit der Risikofaktoren sprichwörtlich am eigenen Leibe: Werden solche Faktoren auf ihn vereinigt, trägt er das Risiko, als „Positiver" einer freiheitsentziehenden Maßnahme unterworfen zu werden und fürderhin unter Beweis stellen zu müssen, dass er ein „Falscher" ist.

2. Vorhersehbare Rechtsprobleme

Was bietet das Kriminalrecht an, um solche Opfer – soweit ihm und ‚seiner' Justiz möglich – zu vermeiden? Auf der Grundlage umfassender normativer Analysen (s.o. B. I.) ergaben sich drei Problemlinien, die sich wie rote Fäden durch dieses Recht ranken:

Je nachdem, ob die kriminalprognostischen Entscheidungen den jeweiligen Eingriff begründen, aufrechterhalten oder beenden sollen, stellen sich richtungsweisende juristische Konsequenzen ein: Nicht nur im Bereich freiheitsentziehender Eingriffe (insb. im Sanktionsrecht), sondern auch bei ‚nur' freiheitsbeschränkenden, erhält die Frage, ob sie durch die jeweilige Entscheidung begründet, aufrechterhalten oder beendet werden, für die Anforderungen an die spezifische Kriminalprognostik maßgebliche Bedeutung. Besonders anschaulich wird dies freilich bei der Gegenüberstellung freiheitsentziehungsbegründender und -beendender Prognosen, und gerade bei diesen Dauereingriffen erhalten die sog. „Fortdauerentscheidungen" (vgl. Art. 104 Abs. 2 S. 1 GG) ihre explizite Relevanz/Brisanz.

Dabei wird zunächst einmal im Zusammenhang mit Entscheidungen über die Fortdauer unbefristeter Maßnahmen (lebenslange Freiheitsstrafe sowie Unterbringungen nach §§ 63 und 66 StGB) ersichtlich, dass jede kriminalprognostisch determinierte Fortdauerentscheidung die Legitimation der weiteren Freiheitsentzie-

---

[1574] Berechtigte Kritik an der darin liegenden wissenschaftlichen Einseitigkeit auch bei *Prittwitz* 2003, 234f.

[1575] Vgl. *Pollähne* 2003b zu dahin gehenden (nicht ausschließbar missverständlichen) Äußerungen der ehemaligen Leiterin des Bremer Maßregelvollzuges.

[1576] *Dahle* 1997, vgl. *Bung* 2006, 265.

hung erneuern muss.[1577] In keinem Fall ist ‚ewiger' Freiheitsentzug durch die rechtskräftige Ausgangsentscheidung hinreichend legitimiert:

- Das ist im Fall des § 63 StGB offenkundig, muss für die Sicherungsverwahrung aber gleichermaßen gelten: Auch die Vollstreckbarkeitsentscheidung nach § 67c StGB legitimiert den weiteren Freiheitsentzug nur bis zur nächsten Fortdauerentscheidung (also gemäß § 67e Abs. 2 StGB für maximal zwei Jahre), denn die Frage nach der ggf. fortbestehenden „Gefährlichkeit" (vgl. § 454 Abs. 2 StPO) kann immer nur aktuell beantwortet werden und entzieht sich damit der Rechtskraft.
- Schließlich muss dies aber auch gelten für die Fortdauer lebenslanger Freiheitsstrafe über die sog. „Mindestverbüßungsdauer" (§ 57a Abs. 1 S. 1 Nr. 1 StGB) hinaus. Die Ausführungen des BVerfG (E 117, 71) überzeugen nicht, wenn darauf verwiesen wird, die nurmehr kriminalprognostisch begründete Freiheitsentziehung sei gleichwohl bis ans Lebensende durch das auf „lebenslange" Freiheits-Strafe lautende rechtskräftige Urteil hinreichend legitimiert. Das gilt umso mehr, als diesem Urteil (anders als im Falle des § 66 StGB) gar keine Gefährlichkeitsprognose zugrunde lag (so wie umgekehrt die Verhängung dieser „absoluten" Strafe nicht unter Verweis auf das Fehlen einer Rückfallgefahr abgewendet werden kann).
- Schwieriger ist diese Frage zu beantworten bei Entscheidungen über die Aussetzung der (ggf. weiteren) Vollstreckung.[1578] Bei der primären Aussetzung (vorrangig bei der Strafaussetzung, gemäß § 67b StGB aber auch bei freiheitsentziehenden Maßregeln) wäre der Freiheitsentzug ‚bis auf Weiteres' durch das rechtskräftige Urteil hinreichend legitimiert; soweit dem im Bereich der §§ 63, 64 StGB eine Gefahrenprognose zugrunde liegt, ist diese noch aktuell genug (andernfalls bedürfte es ohnehin einer Vollstreckbarkeitsentscheidung nach § 67c StGB).
- Bei der Strafrestaussetzung gemäß § 57 Abs. 1 StGB (zu § 57a StGB s.o.) ist der Grenzfall erreicht: Wenn die Verbüßung des jeweiligen Strafrests generell – einer Maßregel ähnlich – nurmehr kriminalprognostisch begründet ist, weil die Aussetzung „unter Berücksichtigung des Sicherheitsinteresses der Allgemeinheit" (noch) nicht „verantwortet" werden kann, dann stellt sich in der Tat die Frage, warum eine solche „Sicherheits"-Verbüßung durch den „Straf"-Ausspruch noch hinreichend legitimiert sein soll. Aus Gründen der „Ungefährlichkeit" vorzeitig entlassen zu werden, ist keine „Vergünstigung", die sich der Gefangene durch Nachweis der nötigen Voraussetzung (günstige Prognose) verdienen müsste – vielmehr ist die Vollverbüßung aus Gründen der „Gefährlichkeit" ein schwerer Eingriff (Sonderopfer), für dessen Voraussetzung (ungünstige Prognose) der Staat die Beweislast zu tragen hat.[1579] Ihre besondere Brisanz erlangen diese Überlegungen – wie gerade der letztgenannte Punkt zeigt – im Hin-

---

[1577] Ausf. *Pollähne* 2010b.

[1578] Dazu auch schon *Frisch* 1983, 84ff. und 133ff.

[1579] Ähnlich *H. Schneider* 1999a, 400f., vgl. auch *Kaiser* 1990, 21 Fn. 58 und *Frisch* 1983, 142ff.

blick auf die damit unmittelbar verknüpften Fragen der jeweiligen Beweislastverteilung resp. der Reichweite des Zweifelsgrundsatzes (ausf. o. D. I. 1. c und 2. f; vgl. u. II. 3.).

Des Weiteren fallen durchweg die Unterscheidungen zwischen materiell- und formellrechtlichen Aspekten auf, wobei Letztere zunehmend Bedeutung gewinnen: Versuche, aus den jeweiligen materiellrechtlichen Vorgaben der spezifischen gesetzlichen Kriminalprognoseklauseln in ihrer Auslegung durch Rechtsprechung und einschlägige Fachliteratur hinreichend „rechtssichere" Maßstäbe abzuleiten, haben sich als nicht sonderlich ertragreich erwiesen (zur Relevanz der jeweiligen Eingriffstiefe s.u.).[1580] Zugleich erkennen Lehre und Rechtsprechung durchaus die Grenzen kriminalprognostischer Entscheidungssicherheit: Je schwerwiegender der jeweils gleichwohl zu legitimierende (insb. unbefristet freiheitsentziehende) Eingriff, desto stärker wird auf Einhaltung formeller Mindestanforderungen gedrungen (ausf. zum Konzept prozeduraler Rechtssicherheit s.u. II. 2.).

Schließlich erhält die jeweilige Eingriffstiefe ein besonderes Gewicht: An zahlreichen Stellen wurde deutlich, dass zunehmende Eingriffstiefe (nicht nur im Gefälle zwischen freiheitsbeschränkenden und -entziehenden Maßnahmen, sondern auch innerhalb dieser Kategorien) den Wahrscheinlichkeitsmaßstab ‚nach oben' verschiebt, was in Rechtssetzung und -sprechung mit einer ausdifferenzierten Terminologie zum Ausdruck gebracht werden soll, ohne dadurch die Einzelfallentscheidung aber hinreichend programmieren zu können.[1581] Dabei reichen – ungeachtet der jeweiligen Eingriffstiefe – bloße Gefahr-„Möglichkeiten" (Risiken) jedoch keineswegs aus, Grundrechtseingriffe hinreichend zu legitimieren, erst recht nicht der (ohnehin immer zutreffende) Verweis darauf, eine Gefahr oder ein Risiko (gar ein Restrisiko) sei nicht auszuschließen. Die Wahrscheinlichkeit des Eintritts der jeweils eingriffstatbestandlichen Gefahr muss also (wenn auch nur knapp, soweit sich dies überhaupt präzisieren lässt) über 50% liegen, um eine höhere Wahrscheinlichkeit des Nichteintritts hinter sich zu lassen.[1582]

Erst von diesem generellen Umschlagspunkt (ausf. o. E. II.) ausgehend müssen die Wahrscheinlichkeitsmaßstäbe in Anbetracht der jeweiligen Eingriffstiefe nach oben (tendenziell in Richtung 100%, diese ‚absolute' Sicherheit freilich nie erreichend) verschoben werden. Prekär wird diese Relation am oberen Ende des Eingriffsschwere-Spektrums, bei den unbefristeten Freiheitsentziehungen: In Anbetracht der Unmöglichkeit, eine hundertprozentige Wahrscheinlichkeit zu fordern, bei gleichzeitig rechtsstaatlichem Unbehagen ob der verbleibenden Prognoseunsicherheit, wird – mit verfassungsrichterlichem ‚Achselzucken' – auf die Unumgänglichkeit sowohl der Fristlosigkeit als auch der kriminalprognostischen Programmierung verwiesen, um das ‚Heil' in prozeduraler Rechtssicherheit zu suchen (s.u. II. 2.).

[1580] So bereits *Frisch* 1983, 16f. in puncto „Voraussehbarkeit staatlicher Eingriffe".

[1581] *di Fabio* 1994, 68 spricht in diesem Zusammenhang von einer „normativen Flexibilisierung des Wahrscheinlichkeitsurteils"; vgl. zur „Programmierung" der Prognoseentscheidung auch *Böllinger* 1980, 287ff.

[1582] Diff. *T. Walter* 2006, 243f., vgl. auch *Mokros et al.* 2010, 76 und *A. König* 2010, 72.

Eher gegenläufig wirkt die verbreitete Annahme, der Wahrscheinlichkeitsmaßstab (der „cut off"-Regler) verschiebe sich (wieder) nach unten, umso größer der vorhergesagte Schaden zu werden droht.[1583] Dabei droht jedoch vor allem eines, nämlich ein gefährlicher Zirkelschluss: Die für die jeweilige Maßnahme erforderliche Prognosesicherheit kann sich nicht ihrerseits aus dem Prognostizierten ergeben – wie auch immer das Präventionsbedürfnis ausfällt.

II. Kriminalprognostik, Sicherheitsrecht und Rechtssicherheit

Abschließend muss es also darum gehen, die kriminalprognostische Problematik im Spannungsfeld zwischen Sicherheitsrecht und Rechtssicherheit zu verorten und soweit möglich aufzulösen. Die Prognoselatenz eines zunehmend sicherheitspolitisch ausgerichteten Kriminalrechts, das auf Gefahrenabwehr und Risikomanagement programmiert ist (s. u. 1.), wurde bereits an zahlreichen Stellen deutlich: Kriminalprognostik erweist sich geradezu als konstitutives Merkmal des Programms „Sicherheit durch Strafrecht". Diese Entwicklung – gerade auch unter kriminalprognostischen Aspekten – mit dem Konzept der Rechtssicherheit zu konfrontieren (s. u. 2.), ist weit mehr als nur ein naheliegendes Wortspiel: Der Status des von sicherheitsrechtlicher Kriminalprognostik Betroffenen ist in mehrfacher Hinsicht mindest so unsicher, wie die ihn (be)treffende Prognose.

1. Sicherheitsrecht

Die jüngere Entwicklung des Kriminalrechts (zum Begriff o. B. vor I.) als Herausbildung eines umfassenden Risiko- und Sicherheitsrechts zu beschreiben, ist nicht (mehr) besonders originell: Im Verfahrensrecht wird die zunehmende Verpolizeilichung beklagt,[1584] im materiellen Strafrecht die Häufung von Gefährdungs- und Risikotatbeständen,[1585] im Sanktionsrecht (incl. Vollstreckungs- und Vollzugsrecht) die wachsende Vorherrschaft des Prinzips „in dubio pro securitate".[1586]

Dieser kriminalpolitische ‚Zeitgeist' prägt auch die wissenschaftliche Wahrnehmung und führt dazu, dass das Erkenntnisinteresse sich wandelt und neue Erklärungsmodelle bevorzugt werden. „Stichworte zu den Veränderungen in den letzten dreißig Jahren lauten: Kriminalität wurde von einem sozialschädlichen Verhalten, das nach Reaktionen verlangt, zu einem Risiko, welches vor Schadenseintritt zu kalkulieren und kontrollieren ist"; dementsprechend hätten sich die regulierenden Praktiken der Kriminalpolitik von nach- zu vortatbezogenen Interventionen verlagert, wobei das staatliche Gewaltmonopol zugunsten von Eigenvorsorge und einer Marktöffnung für nichtsstaatliche Sicherheitsanbieter durchbrochen wurde: „Die

---

[1583] Ähnlich *Pütter* 2007, 12.

[1584] Vgl. nur *P.-A. Albrecht* 2001, *Schünemann* 2007 und *Krauß* 2008, 57.

[1585] Exempl. *Herzog* 1991 und *Prittwitz* 1993.

[1586] Statt vieler *Braum* 2004, vgl. auch *Zabel* 2008 (in historischer Ableitung).

Kriminalpolitik hat ihren politisch-moralischen Bezug zur Schaffung einer gerechteren Welt aufgegeben und konzentriert sich auf ein technologisch betriebenes Sicherheitsmanagement."[1587]

Die Gesetzgebung hat mit einer Reihe von Neuregelungen versucht, die Voraussetzungen dafür zu schaffen, dass bei Strafzumessung, Strafvollstreckung und Strafvollzug „die mögliche von Straftaten ausgehende Gefahr für neue Opfer und im Gesamtergebnis die Gesellschaft insgesamt besser diagnostiziert, prognostiziert, durch sichere Unterbringung kontrolliert und ggf. auch therapiert werden kann"; ob all dieses „in der Substanz wirklich nötig war, also in bisher nicht ernst genommenen bzw. in jüngerer Zeit erstmalig in dieser Deutlichkeit aufgetretenen >Realphänomenen< der Kriminalität begründet ist, oder ob nicht vielmehr kriminalpolitische Klimaänderungen auf der Basis veränderter >Deutungsphänomene< die treibenden Kräfte waren", bleibe in der fachlichen Diskussion – so *Kerner* – bis heute umstritten.[1588] Dieser kriminologische Streit soll hier weder aufgerollt noch gar entschieden werden, so er denn überhaupt zu entscheiden ist. Es gilt vielmehr, diese Entwicklungen in ihrer Bedeutung für den Stellenwert der Kriminalprognostik einerseits und ihrer Auswirkungen auf die Rechtssicherheit andererseits zur Kenntnis zu nehmen:

a) Der Sicherheitsstaat und sein Kriminal-Recht

„Strafrecht ist ein Agent der bürgerlichen Sicherheit" geworden, so begann *Hassemer* seinen Eröffnungsvortrag zum 30. Strafverteidigertag 2006 unter dem Titel „Sicherheit durch Strafrecht".[1589] Das Konzept der Prävention habe das Strafrecht funktionalisiert und aus ihm ein Instrument gemacht, einen „gefügigen Diener". Am Beispiel der Maßregeln und präventiven Haftgründe (§§ 112 Abs. 3, 112a StPO) wird exemplifiziert, dass das präventive Paradigma das Strafrecht zu einem „Instrument der Bekämpfung von Problemen und der Beherrschung von Risiken" gemacht habe, womit es an „innenpolitischer Verfügbarkeit und Schlagkraft" gewann: „In seinen wichtigen, in seinen modernen Reformen ist das Strafrecht auf dem Weg zu einem Recht der Gefahrenabwehr", wobei die Gefahren dieser Entwicklung die möglichen Chancen überträfen: gerade die Maßregeln hätten sich zu einem „U-Boot der Gefahrenabwehr in den Gewässern des Schuldstrafrechts" entwickelt.[1590]

Die Kriminalpolitik werde beherrscht von Gefahrenabwehr-Diskursen, die ihre Plausibilität ausschließlich aus dem Paradigma von Sicherheit und ihrer Bedrohung beziehen: „Strafrechtliche Denkweisen und Begrifflichkeiten tauchen in diesen Diskursen – obwohl es doch vor allem um den Einsatz des Strafrechts geht – bloß als Pappkameraden auf, die zum Abschuss frei gegeben werden sol-

---

[1587] *Kunz* 2008, 90.

[1588] *Kerner* 2007, 33/34 (u.a. mit Verweis auf die Änderungen der §§ 57 StGB, 454 StPO und die Einführung der §§ 66a und b StGB), vgl. auch *H.-J. Albrecht* 2006 zur sicherheitspolitischen Lückenschließung sowie *Kreuzer* 2008, 78f. und *Pollähne* 2008a.

[1589] *Hassemer* 2006, 322.

[1590] AaO S. 324, vgl. *Jasch* 2010.

len."[1591] Dabei würden Freiheitsrechte und „strafrechtliche Traditionen schonender Eingriffe" in Bedrohungsszenarien zerrieben, denn Instrumente, die der inneren Sicherheit dienen sollen, hätten mehr Überzeugungskraft und setzten sich gegen strafrechtliche Garantien mühelos durch.[1592]

Verhältnismäßigkeit müsse der Prävention im Rechtsstaat zwar erst noch beigebracht werden,[1593] allein damit wären die Probleme aber zweifellos noch nicht gelöst: Nicht verhandelbar sei „das Proprium des Strafrechts", also „die Gesamtheit der Garantien und Eingriffsschranken", die „strafrechtlichen und verfassungsrechtlichen Verbürgungen von Schutz und Schonung". Die Formalisierung der strafrechtlichen Konfliktverarbeitung stehe einer konzentrierten, effizienten und prompten Produktion von Sicherheit durch Strafrecht im Wege.[1594] Ein rechtsstaatliches Sicherheitsstrafrecht, über das nachgedacht werden müsse, weil sich die beschriebene Entwicklung als „stabiler Trend" erweise, so *Hassemer* abschließend, habe die grundlegenden Traditionen des Strafrechts zu bewahren: „den Bezug auf die Person, die Angemessenheit einer Antwort auf Unrecht und Schuld, die Ziele von Schutz und Schonung", denn nur in diesem Rahmen gebe es „Sicherheit durch Strafrecht".[1595]

Damit dürften die vielfältigen und langjährigen kriminalpolitischen und strafrechtswissenschaftlichen Analysen und Diskussionen zur sicherheitsrechtlichen Auf- und Umrüstung des Strafrechts (nicht nur in Frankfurt am Main) auf einen mehrheitsfähigen Nenner gebracht worden sein.[1596] Die Konsequenzen werden freilich nicht von allen geteilt: Dass es sich eine rationale Kriminalpolitik nicht leisten könne, „irrationale normative Verständigung, weil eben irrational, einfach beiseite zu lassen", weil nicht „die reale Bedrohung durch das Verbrechen, sondern die >gefühlte< Bedrohung, die Verbrechensfurcht der Wählerinnen und Wähler", am Ende über die reale Kriminalpolitik entscheiden, „und das, im demokratischen Staat, mit Recht",[1597] wertet *P.-A. Albrecht* – zumal „aus der Feder eines Hüters der Verfassung" – als weiteren Beleg für „die fortschreitende Erosion des Rechtsstaates". Es sei nicht Aufgabe des Rechts, durch kontraproduktive Rechtssetzung den Bürgern fragliche Ängste zu nehmen: „Gefragt ist vielmehr eine breite Aufklärung über Wandlungsprozesse der sozialen Kontrolle und deren Ursachen, die den Souverän – die Bürgerinnen und Bürger – nur durch Information und Bildung erreichen können." Neben dem unabdingbaren Festhalten an einem Würdebegriff im Sinne staats- und gesellschaftskritischer Absolutheitsregeln sei eine „komplexe, dauerhafte Kritik der Sicherheitsgesellschaft erforderlich,

---

[1591] AaO S. 326.

[1592] AaO S. 328.

[1593] Ähnlich *Haffke* 2006, 89 unter Verweis auf die „totalitäre" Maßlosigkeit der Präventions- und Sicherheitslogik.

[1594] AaO S. 330.

[1595] AaO S. 332; zum Sicherheitsstrafrecht auch *Jasch* 2010.

[1596] Vgl. nur *Haffke* 2006 und *Krauß* 2008, 54 ff. m. w. N.

[1597] AaO S. 329.

welche die gesellschaftlichen Bedingungen, die Risikologik und die herrschende Rationalität der Sicherheit in den Blick nimmt".[1598]

Schließlich geraten – wie bereits angedeutet – problematische Übergänge zu dem „Postulat Freiheit durch Sicherheit"[1599] in den Blick: Wenn einerseits Bürger-Freiheit zunehmend durch Staats-Sicherheit gewährleistet werden soll, andererseits „Sicherheit durch Strafrecht" dabei als rechtsstaatlich noch handhabbares Konzept angeboten wird, dann erscheint am Horizont ‚rationaler' oder zumindest ‚realer' Kriminalpolitik die Parole „Freiheit durch Strafrecht" – als Gegenstück zur Forderung nach einem freiheitlichen Strafrecht: Ein solches Verständnis von Bürger- und Staatssicherheit habe weit reichende Folgen, so *Rzepka*, denn es führe zu einer „Entgrenzung staatlicher Macht und Eingriffsbefugnisse gegenüber dem Bürger", wobei stets eine „Abwägung zwischen den Abwehrrechten des Einzelnen und den Schutzpflichten des Staates stattfinde" (ausf. u. 2. d).[1600]

Das Konzept kann politisch nur aufgehen, solange sich der freie Bürger nicht als potenzielles ‚Zielobjekt' jener Staats-Sicherheit begreift, sich vielmehr mit dem Staat identifiziert im Kampf gegen einen gemeinsamen Gegner: So entstehen einerseits fließende Übergänge zum Bekämpfungs- und Feindstrafrecht (s.u. d), andererseits wird damit die „Dichotomie zwischen Anpassung und Abweichung, Gut und Böse, Inkludierten und Exkludierten" und die Konstruktion des „gefährlichen Anderen" befördert[1601] – ein wesentlicher Beitrag zur Weiterentwicklung des Sicherheitsstaates zur Sicherheitsgesellschaft.[1602]

Bevor jene Entwicklung in den Kategorien des präventionsstaatlichen (und deshalb nach-präventiven) Strafrechts (s.u. c) und des bereits erwähnten sog. „Feindstrafrechts" weiterverfolgt wird, lohnt der Blick auf eine analytische Kategorie, die sich im Kontext Kriminalprognostik geradezu aufdrängt: das Risikostrafrecht.

b) Die Risikogesellschaft und ihr Kriminal-Recht

In Anknüpfung an die soziologischen Analysen zur „Risikogesellschaft" (*Beck*) sind deren Auswirkungen auf das Rechtssystem im Allgemeinen und das Strafrechtssystem im Besonderen wiederholt Gegenstand eingehender Untersuchungen gewesen.[1603] Das müsste hier schon deshalb nicht ausführlich nachgezeichnet werden, weil die dort diskutierten Risiken (die „Schattenseiten des Fortschritts in einer Epoche des Industrialismus"[1604]) nicht diejenigen sind, die im vorliegenden Kontext zum Gegenstand kriminalprognostischer Entscheidungen gemacht werden, und weil die risikogesellschaftlichen Auswirkungen insb. im materiellen Strafrecht ausgemacht werden (exempl. die Zunahme von Gefährdungstatbestän-

---

[1598] *P.-A. Albrecht* 2006, 15 und *ders.* 2010b, 810, ähnlich *Singelnstein/Stolle* 2008, 156ff.

[1599] Krit. dazu *Rzepka* 2003, 212 m.w.N.

[1600] *Rzepka* aaO.

[1601] *Singelnstein/Stolle* 2008, 35, vgl. *Streng* 2007, 73 und *L. K. Sander* 2007, 19ff. sowie *Pollähne* 2008c.

[1602] *Singelnstein/Stolle* 2008, 112ff. m.w.N., vgl. *P.-A. Albrecht* 2010b.

[1603] *Beck* 1986, exempl. *Herzog* 1991 und *Prittwitz* 1993.

[1604] *Kunz/Mona* 2006, 221.

den).[1605] Es ist vielmehr die Weiterentwicklung des Risikodiskurses im Bereich des Sozialstaates, genauer: der sozialen Kontrolle, die Berücksichtigung verdient (s. u.); zunächst aber zum Risiko(straf)recht:

Wesentlich ist der Perspektivenwechsel von der Gefahr eines Schadens hin zum Risiko des Entscheidens: Damit wird das Recht zum Instrument der gesellschaftlichen Risikoregulierung und verändert sich unter den Vorzeichen von Flexibilisierung und Pluralisierung sowie in experimentellen und kooperativen Formen.[1606] Am Ende bleibe das Recht aber, so *Kunz* und *Mona*, „zwischen den Stühlen von Steuerungsbedürfnissen und Kooperationsstrategien sitzen"; die „organisierte Unverantwortlichkeit", um deren Bewältigung sich das Risikorecht bemüht, werfe einen Schatten auf dieses zurück: „Am deutlichsten zeigt sich dies beim Recht der hoheitlichen Intervention gegen Normabweichungen", also etwa beim Strafrecht. Ähnlich wie bei schädigenden Ereignissen im Straßenverkehr werde normabweichendes Verhalten als objektive Wahrscheinlichkeit sich wiederholender Ereignisse verstanden; diese „Akzeptanz der Gegebenheit von Straftaten" als regelhafte und numerisch fassbare Faktoren der Gesellschaft verändere die Aufgabe der mit ihrer Eindämmung befassten Rechtsgebiete grundlegend: „Einerseits verlangt sie einen flexiblen Bearbeitungsmodus des klugen Vorbeugens, des selektiven Intervenierens und der kollektiven Risikoverteilung", welcher bislang unbekannte Freiräume der Exekutive voraussetze; andererseits führten die Offenheit des Risikobegriffs und seine Abhängigkeit von der jeweiligen gesellschaftlichen Definition dazu, dass sich die Zuständigkeitsbereiche der traditionellen hoheitlichen Rechtsgebiete erweitern.[1607]

Um die neuen Aufgaben zu erfüllen, müsse das Strafrecht „von der punktuellen Repression konkreter Rechtsbrüche zur flexiblen und flächendeckenden Risikosteuerung umschwenken und dabei seine rechtsstaatlichen Fesseln lockern", wobei der Verlust an rechtsstaatlicher Bindung im Gegenzug nicht durch eine erhöhte Effizienz ausgeglichen werde.[1608] Werde hingegen versucht, auch in der Risikogesellschaft an den Essentials eines rechtsstaatlichen Strafrechts festzuhalten (insb. an individuell gerechter Zuschreibung),[1609] wird es den politischen Steuerungsansprüchen nicht gerecht und gerät leicht in die „symbolische" Ecke.[1610]

Ähnlich die Analyse *di Fabios* für das öffentliche Recht: „Das gemeinsame Kennzeichen von Risikoentscheidungen, das dieser Begriff wie ein Merkposten

---

1605 Vgl. auch *Singelnstein/Stolle* 2008, 113.

1606 *Kunz/Mona* 2006, 225 ff. m. w. N., vgl. auch *Vormbaum* 1995, 741 f. sowie *Ewald* 1989 über den Aufstieg des Risikos zum Schlüsselbegriff der „Versicherungs-Gesellschaft"; die politischen Wechselspiele zwischen Risiko und Gefahr werden bei *Evers/Nowotny* 1987, 41 ff. anschaulich, vgl. auch *Bonß* 1993 und *Castel* 1983 sowie *Kade/Seitter* 2003 zu pädagogischen und bildungspolitischen Implikationen.

1607 *Kunz/Mona* 2006, 229.

1608 *Kunz/Mona* 2006, 229 f.; ausf. zu Flexibilisierung/Informalisierung als wesentliche Merkmale symbolischen Risikostrafrechts *P.-A. Albrecht* 2010 a, 69 ff.

1609 *Prittwitz* 1993, 384 ff.

1610 Zum symbolischen Charakter der Neuregelungen im Recht der Sicherungsverwahrung (insb. § 66 a StGB in 2002 und § 66 b in 2004) vgl. *Böllinger* 2007 und *Kreuzer* 2008, 81.

mit sich führt, ist im Vergleich zu Maßnahmen der klassischen Gefahrenabwehr ein besonderes Maß an kognitiver Unsicherheit bei der Beurteilung der Schadenswahrscheinlichkeit oder auch die Lockerung der Konnexität von Ursache und Schadenserfolg." Folge dieser Entscheidungsschwierigkeiten sei „eine besondere Abhängigkeit von wissenschaftlichem Sachverstand", ferner der Zwang, im Bereich hoher Komplexität „selektive Ordnung zu schaffen, das heißt eine Auswahl der vorrangig zu bekämpfenden Risiken zu treffen, vereinheitlichende Vorgaben für die Risikoermittlung zu erstellen (Risk-Assessment) und eine nachvollziehbare Bewertungslogik in bezug auf die zu treffenden Maßnahmen zu entwickeln (Risk-Management)".[1611]

Mit der Veränderung des Gefahrtatbestandes hin zu Möglichkeitsprognosen und der Absenkung von erwartbaren auf theoretisch denkbare Schäden sei die Frage aufgeworfen, ob nicht das juristische System zumindest mit seiner herkömmlichen Dogmatik die Grenzen seiner Definitionsmacht deutlich erreicht habe: Bei näherer Betrachtung konzentrierten sich die diesbezüglichen Bedenken auf den prinzipiellen Verlust an Eindeutigkeit von Risikoentscheidungen; eine „an die Stelle der Gefahrprognose tretende, außerordentlich voraussetzungsreiche, wertungsabhängige Nutzen-Risiko-Bilanz kann schon von ihrer Anlage her nicht mehr – auch nicht mehr im Sinne einer regulativen Idee oder einer methodischen Fiktion von Eindeutigkeit – als alternativlose Rechtsinterpretation verstanden werden."[1612]

Auf diese Herausforderungen komplexer Verwaltungsentscheidungen gebe die öffentlich-rechtliche Dogmatik zwei weiterführende Antworten: „Die eine Antwort versucht die Lockerung gesetzlicher Steuerung und eingriffszentrierten Rechtsschutzes durch die Lehre vom Beurteilungsspielraum zu rezipieren", ohne den Anspruch auf das Gesetzmäßigkeitsprinzip aufgeben zu wollen. Die zweite Antwort bevorzuge „eine Ausweichbewegung hin zum Verfahren. Wenn eine Verwaltungsentscheidung nicht mehr unter rechtsrationalen Gesichtspunkten ausreichend beurteilt werden kann, weil im Grenzbereich des Wissens nur noch Sachverständigengremien tastend und wertend Festlegungen zu treffen vermögen, sollen Kompensationen für die schwindende Sachkontrolle dahingehend vorgesehen werden, dass an die Auswahl und Unabhängigkeit der Sachverständigen, das Entscheidungsverfahren und die Begründung der hier getroffenen Entscheidungen besondere Anforderungen gestellt werden".[1613] Die Feststellung gesetzlicher Beurteilungsermächtigung soll Begründungs- und Darstellungslasten erhöhen, die Gerichte könnten und müssten von der Verwaltung die Vorlage nachvollziehbarer Risikoeinschätzungen und -vergleiche verlangen: „Damit aber die Gerichtskontrolle nicht kursorisch wird, muss das Gericht die Anforderungen an die getroffene Verwaltungsentscheidung hinsichtlich Begründung, Dokumentation und Nachvollziehbarkeit im Kontext eines Behördenkonzepts, das Vergleiche erlaubt, bei Beurteilungsermächtigungen verschärfen."[1614]

[1611] *di Fabio* 1994, 115/116.
[1612] *di Fabio* aaO S. 460.
[1613] AaO S. 461f.
[1614] AaO S. 462f.

Die Parallelen zum Konzept der Prozeduralisierung, das auch im Bereich der Kriminalprognostik zunehmend Verbreitung findet (s.u. II. 2.), sind auffällig: Selbst wenn die unterschiedlichen Risikosachverhalte (hier gefahrträchtige Großtechnologien, dort individuelle Tatbegehungsgefahr) kaum zur Deckung gebracht werden können, ist doch die Komplexität der technologischen Risiken – gerade in puncto Prognostizierbarkeit – durchaus vergleichbar mit der Komplexität menschlichen Verhaltens (zumal im Zeitverlauf).

Im sozialpolitischen Sektor wird die Individualisierung von Risiken zu Recht kritisiert, während gerade das Strafrecht zum Instrument eines generalisierenden „Gefahren- und Risikomanagements" zu werden drohe: Der Logik einer „Risikominimierung" entspreche es, als ‚gefährlich' etikettierte Gruppen „einer besonderen sozialen Kontrolle zu unterwerfen".[1615] Wenn Täter und Kriminalität zu Risiken werden, bedeutet das, sie als Probleme einzustufen, mit denen man rechnen muss, die man aber auch berechnen kann – und muss: „Deshalb sind Risikotechnologien gleichwohl moralische Technologien, indem das Wissen um die Wahrscheinlichkeit des Eintretens unerwünschter Ereignisse samt der zur Verfügung stehenden Techniken ihrer Bearbeitung zu entsprechendem Handeln auffordern."[1616]

Es sind aber weniger methodische Probleme der Wahrscheinlichkeitsrechnung noch der gerne beklagte Mangel an Daten, welche die Risikoentscheidungen und Optimierungsstrategien „der neuen Sicherheitsmanager" zu einer Gefahr für die BürgerInnen werden lassen, so *Funk*, die zentrale Gefahr erwachse „vielmehr aus den zumeist unterschlagenen Prämissen, auf denen das neue Sicherheitsregime beruht". Einerseits würden die „aus den Höhen zentraler Steuerungsinstanzen erkannten Muster riskanten Verhaltens faktisch zur zweiten Natur der BürgerInnen erklärt", wobei zur Risikoperson wird, wer die von den Sicherheitsbehörden als Risiko ‚erkannten' Merkmale aufweise; andererseits komme es auch gar nicht mehr auf individuell abweichendes, störendes, kriminelles etc. Verhalten (oder gar auf entsprechende Persönlichkeitsmerkmale) an, sondern nurmehr auf die Zugehörigkeit zu einer durch Risikofaktoren definierten Gruppe.[1617]

Diese im Kontext der Kritik sicherheitsbehördlicher Kontrollpolitiken entwickelten Analysen finden bemerkenswerte Parallelen in der aktuellen Entwicklung der Kriminalprognostik in Richtung aktuarischer Risikomanuale (s.o. C. IV.), die sich mit der Zuordnung zu gruppenstatistischen Risikoclustern begnügen. Ein konsequent spezialpräventiv orientierter Gesetzgeber könnte gar auf die Idee kommen, an die Stelle der Taten „ein mehr oder weniger abgrenzbares Gesamtverhalten zu setzen, weil empirisch das Gesamtverhalten vielleicht die bessere Basis für Diagnose und Prognose im Rahmen eines präventionsorientierten Sanktionsrechts abgibt".[1618]

1615 Vgl. nur *Dorschky/Wagner* 2004, 134ff. m.w.N. und *Schmidt-Semisch* 2000, ähnlich *M. Walter* 2010, 248.

1616 *Krasmann* 2003, 92f., vgl. *Luhmann* 1993.

1617 *Funk* 2007, 19f. m.w.N., ähnlich *Singelnstein/Stolle* 2008, 33f.; zu den gegenteiligen Erfordernissen kunstgerechter Individualprognostik *A. König* 2010, 69.

1618 *Lüderssen* 2006, 362, vgl. auch *Pawlik* 2004, 32f. m.w.N.

Für Individuen, die neben dem Bedürfnis nach Sicherung durch das Recht auch das Bedürfnis nach Sicherheit vor dem Recht hätten, so *Pawlik*, sei ein spezialpräventiv ausgerichtetes Strafrecht „von vornherein allenfalls dann akzeptabel, wenn dieses Strafrecht als auslösendes Moment der staatlichen Reaktion eine schuldhafte Tat" verlange.[1619]

c) Der Präventionsstaat und sein Kriminal-Recht

Von (Spezial- oder General-, positiver oder negativer) Prävention war in Strafrecht und Kriminalpolitik die Rede, lange bevor der Präventionsstaat beschrieben wurde.[1620] Dass das Kriminalrecht einen erheblichen Teil seiner Prognostik dem spezialpräventiven Paradigma[1621] – insb. im Sanktionsrecht, verschärft im Maßregelrecht – zu verdanken hat, wurde bereits hervorgehoben (s.o. B. I. 3. und 4.) und gerade im Kontext der Gefahrenabwehr im „Sicherheitsrecht" noch einmal vertieft (s.o. a).

Hier geht es um (Straf-)Rechtsentwicklungen im modernen Präventionsstaat, die schon als „nach-präventiv" charakterisiert werden: Nach dem Wandel von der repressiv-limitierenden zur präventiv-gestaltenden Sozialkontrolle im präventiven Strafrecht[1622] sei eine – in Teilen konsequente – Weiterentwicklung in Richtung einer „globalen Sicherung ohne Recht" zu verzeichnen, die für *P.-A. Albrecht* mit dem Niedergang des Bürgerstrafrechts einhergehe und den Weg in Richtung Feindstrafrecht einschlage (s.u. d).[1623]

Zum „destruktiven Potential des vom Präventionsstaat instrumentalisierten Rechts"[1624] gehöre, so *Prittwitz*, nicht nur ein Trend „von der Rechtssicherheit zur Rechtsgütersicherheit", sondern damit sei zwangsläufig ein Trend zum Abbau von Rechtssicherheit verbunden.[1625] Damit nimmt er Bezug auf die Analyse von *Denninger*: „Wo besondere Gefährdungslagen auftreten, trifft der Gesetzgeber Regelungen mit unmittelbarer Intention auf Rechtsgüterschutz. Auch altbewährte, dem Einzelnen Rechtssicherheit qua Rechtsgewißheit verbürgende rechtsstaatliche Verfahrensgestaltungen werden dann der Prävention geopfert."[1626] Der „Aufstieg einer freiheitsverkürzenden Rechtsgütersicherheit" verdankt sich auch der „argumentationsstrategischen Positionierung" jenseits grundrechtlicher Schutzpflichten in Richtung eines vermeintlichen Grundrechts auf Sicherheit, parallel zum Übergang von der Gefahr zum Risiko.[1627]

[1619] *Pawlik* aaO S. 33.
[1620] *Krauß* 2008, 57; ausf. *L. K. Sander* 2007, 48ff.
[1621] Vgl. *P.-A. Albrecht* 2010a, 45f. und 52ff. m.w.N. sowie *Pawlik* 2004, 29ff., *Brandenstein* 2006, 380ff.; allg. zur Kritik an aktuellen sozialpolitischen Präventionsansätzen *Ziegler* 2001, *Bröckling* 2002 und *Pütter* 2007.
[1622] Ausf. *P.-A. Albrecht* 2010a, 66ff. m.w.N.
[1623] AaO S. 69ff. (vgl. auch *A. Albrecht* 2007, 59ff.) und *ders.* 2010b, 810f.
[1624] Grundsätzlicher zum destruktiven Potenzial der Prävention *Bröckling* 2002, 40.
[1625] *Prittwitz* 1993, 147.
[1626] *Denninger* 1988, 9, vgl. *v. Arnauld* 2006, 92f. m.w.N.
[1627] *v. Arnauld* 2006, 93f. m.w.N.

Auch die präventive Eigendynamik und zirkuläre Plausibilität des Vorbeugungsansatzes sind nicht zu unterschätzen.[1628] Dabei sind Prävention und Repression durchaus keine Gegensätze: Prävention bedeute allein, dass „eine Haltung eingenommen wird, die aufgrund einer Prognose etwas in der Gegenwart unternehmen will, damit das Vorhergesagte nicht eintritt"; reduziert auf eine solche Haltung, auf eine bestimmte Perspektive, erlaube die Präventionsidee, „jedes Vorhaben als >Prävention< zu deklarieren": Dass Prävention das mildere Mittel gegenüber der traditionellen reaktiven Repression sei, so *Pütter*, sei „das größte Missverständnis der Präventionseuphorie".[1629] Das Prinzip einer auf Prävention eingeschworenen Strafrechtsstrategie führe im Ergebnis zur einer „durchgehenden Verpolizeilichung des Strafrechts": Dass die Sicherheit im Präventionsstaat zum wichtigsten Steuerungsinstrument wird, zeige sich in der Ausprägung ihrer Privatisierung, Vermarktung, Instrumentalisierung, Vergesellschaftung, Kommunalisierung und Ökonomisierung.[1630]

Das nach-präventive Sicherheits-,Strafrecht' überwindet die letzten strafgesetzlichen Hürden von Tatverdacht und -schuld und setzt auf verdachtsunabhängige Sicherungszugriffe: „In der Orientierung auf reine Sicherungsmaßregeln kommt es zur Verneinung und schließlich zur Vernichtung von Recht."[1631] Das aktuelle Strafrecht befinde sich in einem beschleunigten Veränderungsprozess, der mit neurowissenschaftlichen Argumenten nichts, mit kriminalpolitischen Sicherheitsinteressen jedoch umso mehr zu tun hat, so *Günther* zu den vermeintlichen Implikationen der neuen Hirnforschung: „Aus dieser Perspektive wird der strafrechtliche Schuldbegriff schlicht obsolet, weil der Delinquent nur noch unter dem Aspekt seiner Gefährlichkeit für die Interessen einer vor allem ihre wirtschaftlichen Freiheiten genießenden Mehrheit konfiguriert wird." Das wohlfahrtsstaatlich-präventionsorientierte, durch das Schuldprinzip limitierte Strafrecht werde zu einem ausschließlich auf Sicherheit und globalen Systemschutz ausgerichteten nach-präventiven Strafrecht; die Unterscheidung zwischen normaler und anormaler Determination des Verhaltens werde hinfällig, denn die Bekämpfung von Gefahren setze weit vor dieser Unterscheidung an.[1632]

d) Der Bekämpfungsstaat und sein Kriminal-Recht

Wo die vorgenannten Ansätze konsequent zu Ende gedacht werden – das gilt jedenfalls für die sicherheits- und präventionsstaatlichen Konzepte, weniger für das Risikostrafrecht – tritt des Bekämpfungsrecht hervor, und wo der kriminalrechtli-

---

[1628] Ausf. *Bröckling* 2002.

[1629] *Pütter* 2007, 6, 15, vgl. auch den Hinweis von *P.-A. Albrecht* 2010b, 810 auf die Entwicklung der „Präpression" (unter Verweis auf Heine) in der Sicherheitsgesellschaft.

[1630] *Krauß* 2008, 57f. mit Beispielen, vgl. auch *M. Walter* 2007 und *Pollähne* 2010e; zur zunehmenden Verpolizeilichung des Strafrechts durch Ausweitung der Sicherungsverwahrung *Böllinger* 2007, 75.

[1631] *P.-A. Albrecht* 2010a, 65, 78f.

[1632] *Günther* 2006, 131.

che Kampfeinsatz konsequent zu Ende gedacht wird, ist das sog. „Feindstrafrecht" nicht mehr weit (s. u.):

Für die Bekämpfungs-Metapher hat der Gesetzgeber selbst die meisten Vorlagen geliefert, im vorliegenden Kontext am anschaulichsten mit dem Gesetz „zur Bekämpfung" von Sexualdelikten und anderen gefährlichen Straftaten von 1998. Auch wenn nominell „Taten" bekämpft werden sollen, so wenden sich die Maßnahmen doch zweifellos gegen Täter (resp. Verdächtige, Angeklagte, Verurteilte, Gefangene): „Bekämpft" aber werden nicht Mit-Bürger, sondern Gegen-Spieler: Gegner oder – je nach Mitteleinsatz – Feinde.[1633] Dass dieser Kampf (resp. Krieg) gar nicht gewonnen werden kann, sehen wohl auch die verantwortlichen Akteure,[1634] so dass angenommen werden muss, er werde zumindest auch (aber keineswegs ‚nur' symbolisch) um seiner selbst willen geführt.

>Schuld< ist eine Kategorie, die ex post zugeschrieben wird. An deren Stelle ist die vorbeugende Bekämpfung von Gefahren getreten. Es gehe in einer ex ante-Perspektive darum, so *Günther*, den frühestmöglichen Zeitpunkt zu finden, an dem sich in einen Ursache-Wirkungs-Mechanismus verhindernd intervenieren lässt, der ansonsten mit einer gewissen Wahrscheinlichkeit zu einem Schaden führe: „Werden Menschen nur als potentielle Gefahrenquelle konfiguriert, die unter staatlicher Beobachtung steht, dann interessieren allein jene verhaltenssteuernden Determinanten, aus denen sich potentielle Gefahren prognostizieren lassen." Das sei die Logik der Sicherungsverwahrung: Sie vertraue auf Indikatoren, die jenseits der selbsttätigen Einsichts- und Steuerungsfähigkeit gefährliche Verhaltensdispositionen erkennen – oder auch nur vermuten – lassen. „Das gefährliche Individuum wird also nur als ein Komplex von gefahrträchtigen Kausalzusammenhängen in den Blick genommen, in die der Staat mit kausal wirkenden Gegenfaktoren eingreift, nicht zuletzt durch das schlichte Wegsperren zum Schutz der Allgemeinheit vor künftigen Straftaten."[1635]

Jakobs hat diese Depersonalisierung des (potentiellen) Delinquenten als „Feindstrafrecht" markiert. Im Gegensatz zum Bürgerstrafrecht, das den Delinquenten als Person behandele, werde der Feind mit strafrechtlichen Mitteln „weit im Vorfeld" abgefangen und seiner Gefährlichkeit wegen bekämpft.[1636] Bis wann *Jakobs* die Thematisierung des „Feindstrafrechts" ‚nur' deskriptiv-analytisch und ab wann (zumindest auch) affirmativ betrieben hat, kann hier dahinstehen: Dazu beigetragen, die Auseinandersetzungen um ein vermeintliches Feindstrafrecht (und damit um es selbst) ‚hoffähig' zu machen, hat er allemal.[1637] Bekämpft werden sollen demnach „Individuen", die sich „vermutlich dauerhaft, zumindest aber entschieden vom Recht abgewandt haben, also die kognitive Mindestgarantie nicht leisten, die für die Behandlung als Person erforderlich ist" – dann gehe es nurmehr um

[1633] *Jakobs* 2004, 92, vgl. *Frankenberg* 2005, 382 und *L. K. Sander* 2007, 16ff.

[1634] *M. Walter* 2007, 306.

[1635] *Günther* 2006, 132.

[1636] *Jakobs* [2003], dt. Publikation 2004, vgl. *Günther* aaO.

[1637] Ausf. div. Beiträge in *Uwer/Organisationsbüro* 2006, vgl. auch *Frankenberg* 2005, 381f., *P.-A. Albrecht* 2010a, 76ff. und 2007, 9ff. sowie *Streng* 2007, 73.

„die Beseitigung einer Gefahr".[1638] Wer aber „dem Bürgerstrafrecht seine rechtsstaatlichen Eigenschaften" nicht nehmen wolle, sollte das, was man gegen solche „gefährlichen Individuen" (Widerspenstige) tun muss, wenn man nicht untergehen will, anders nennen, eben „Feindstrafrecht, gebändigten Krieg".[1639] Wer keine „hinreichende kognitive Sicherheit personalen Verhaltens" leiste, könne nicht nur „nicht erwarten, noch als Person behandelt zu werden", der Staat dürfe ihn auch gar nicht mehr als Person behandeln, so *Jakobs* abschließend und durchaus pejorativ,[1640] weil er – also der Staat – ansonsten „das Recht auf Sicherheit [s.u. 2. a] der anderen Personen verletzen würde".[1641]

Durch eine solche Aufspaltung in Bürgerstrafrecht für „kognitive Mindestgarantie-Personen" und Feindstrafrecht für „gefährliche Individuen" wird ein demokratisches Strafrecht im Kern ausgehöhlt.[1642] Das gilt nicht nur im Prinzipiellen, sondern – darauf muss hingewiesen werden, weil es sich keineswegs mehr nur um akademische ‚Kriegsspiele' handelt – auch in der Rechtspraxis: Es gibt keinen „willkürfrei-rechtssicher definierbaren Umschlagspunkt" vom Bürger- ins Feindstrafrecht.[1643]

Die „Sicherheitslogik" – der auch die Konzeption eines „hartnäckig dissentierende" Personen zu Unpersonen degradierenden und gesellschaftlich exkludierenden Strafrechts[1644] gehorcht – hat zudem den entscheidenden „Schönheitsfehler, von der Angst gezeichnet zu sein". Angst sei jedoch nicht nur ein schlechter Ratgeber, so *Bung*, sondern beeinträchtige überhaupt „die Freiheit der Entscheidung, die doch eigentlich das ist, was uns Menschen in unserem Selbstverständnis als Personen wesentlich ausmacht".[1645] Ein Gedanke, der sich ohne Weiteres auf die aktuelle „Sicherheitslogik" der Kriminalprognostik übertragen lässt: Die Angst hat nicht nur die Prognostiker (und insb. auch die Sachverständigen unter ihnen) erfasst und sie zur Vernachlässigung der Regeln ihrer ‚Kunst' verführt, insbesondere hat sie die für Rechtsentscheidungen Verantwortlichen in der Freiheit der kriminalprognostischen Beweiswürdigung und Überzeugungsbildung beeinträchtigt (s.o. D. 2. f).

e) „in dubio pro securitate"?

Wo privates Handeln den Staat veranlasste, eine Garantenstellung zu übernehmen, wo „risikobelastete Dritte unter Berufung auf ihre subjektiven Rechte die Einschränkung subjektiver Rechte des Risikoerzeugers verlangten", passte die Bipolarität des status negativus, der einfachen Relation von Bürger und Staatsgewalt,

---

[1638] *Jakobs* 2004, 92, vgl. dazu auch *Neumann* 2006, 305ff.

[1639] *Jakobs* aaO, der an dieser Stelle zwar ‚nur' mehr von ‚Terroristen' spricht, diese aber kurz vorher noch in einem Atemzug mit ‚Hangtätern, Drogendealern und Mafiosi' nannte.

[1640] Zutreffend *Frankenberg* 2005, 382 und *Krauß* 2006, diff. *Frommel* 2006, 71ff.

[1641] *Jakobs* 2004, 93, sich dafür auf Kant berufend.

[1642] Statt vieler: *Krauß* 2006 und *Streng* 2007, 73 m.w.N. sowie ausf. *ders.* 2006a.

[1643] *Streng* 2006a, 246.

[1644] Exempl. dazu *Jasch* 2006.

[1645] *Bung* 2006, 265 m.w.N.

nicht länger mehr, so *di Fabio*: „Die Begrenzungskraft verwaltungsrechtlicher Regelbildung, angefangen von der Gesetzesbindung, über den Gesetzesvorbehalt, die Festigkeit von Eingriffsstatbeständen hin zur Rechtsförmlichkeit von Verwaltungshandeln und der Bestandskraft von Verwaltungsentscheidungen, wurde geschwächt, weil die Freiheit weniger der Sicherheit vieler zu weichen hat. Der moderne Grundsatz >in dubio pro libertate< wich wieder dem älteren Grundsatz >in dubio pro securitate<."[1646]

Diese für das öffentliche Recht formulierte Analyse lässt sich nur bedingt auf das Strafrecht übertragen: Ungeachtet der Frage, ob der Grundsatz dort ehedem – und ggf. bis wann – galt, ist festzuhalten, dass „in dubio pro securitate" sowohl in der Kriminalpolitik als auch im Kriminaljustizsystem durchaus als modern gilt.[1647] Das Reden über „in dubio"-Prinzipien impliziert Regeln der Beweislastverteilung: Ein Bürgerstrafrecht ‚pro libertate' bleibt „im Zweifel" sich selbst treu, also der Freiheit, dem Bürger und der Strafgesetzlichkeit – ein Kriminalrecht ‚pro securitate' setzt „im Zweifel" auf Sicherheit gegen gefährliche Kriminelle und damit die Strafgesetzlichkeit aufs Spiel: Umso besser, wenn es sich dabei „im Zweifel" auf die Schutzansprüche freier Bürger berufen könnte:

f) Staatliche Schutzpflichten?

Herauszustellen, dass dem Staat – selbstverständlich – auch Schutzpflichten obliegen,[1648] löst in dem kriminalpolitischen Spannungsfeld zwischen Sicherheitsrecht und Rechtssicherheit, zumal in puncto Kriminalprognostik, noch keine Probleme, ist in der Zuspitzung allerdings dazu angetan, zusätzliche Probleme zu verursachen. Versuche, die Gewichte in Richtung ‚Sicherheitsrecht' zu verschieben, indem die Freiheitsgrundrechte der von kriminalprognostisch determinierten Entscheidungen Betroffenen unter Verweis auf ein vermeintliches ‚Grundrecht auf Sicherheit' potentieller Opfer relativiert werden (s.u. 2. a), oder indem das Prinzip der Rechtssicherheit sicherheitsrechtlich neutralisiert wird (s.u. 2. c) und d), sind zurückzuweisen.[1649]

Die staatliche Schutzpflicht ist vom BVerfG unlängst in der Entscheidung zum sog. „Luftsicherheitsgesetz" herausgestellt worden, nicht zuletzt weil dabei die Sicherheit in der Luft befindlicher Passagiere eines entführten und „gegen das Leben von Menschen" eingesetzten Flugzeuges durch staatliche Waffengewalt mit „an Sicherheit grenzender Wahrscheinlichkeit" negiert werden sollte (§ 14 Abs. 3 LuftSiG).[1650] Der Staat sei – so der 1. Senat – im Hinblick auf das Verhältnis von Lebensrecht und Menschenwürde (Art. 2 Abs. 2 S. 1 und Art. 1 Abs. 1 GG) gehalten, „jedes menschliche Leben zu schützen". Diese Schutzpflicht gebiete es dem Staat und seinen Organen, sich „schützend und fördernd vor das Leben jedes Ein-

---

[1646] *di Fabio* 1994, 51.

[1647] *Braum* 2004.

[1648] Exempl. *Kammeier* 2006, *Volckart* 2004 sowie *Calliess* 2002 und 2003, vgl. auch *P.-A. Albrecht* 2010a, 110 und *v. Arnauld* 2006, 95f. m.w.N.

[1649] *P.-A. Albrecht* 2010a, 110ff.

[1650] BVerfGE 115, 118 Abs. 122.

zelnen“ zu stellen; das heiße vor allem, es auch „vor rechtswidrigen An- und Eingriffen von Seiten Dritter zu bewahren“. Ihren Grund habe diese Schutzpflicht in Art. 1 Abs. 1 S. 2 GG, der den Staat ausdrücklich „zur Achtung und zum Schutz der Menschenwürde“ verpflichte.[1651]

Was diese Verpflichtung für das staatliche Handeln konkret bedeute, lasse sich aber selbstverständlich nicht ein für allemal abschließend bestimmen: Art. 1 Abs. 1 GG schütze den einzelnen Menschen nicht nur generell „vor Erniedrigung, Brandmarkung, Verfolgung, Ächtung und ähnlichen Handlungen durch Dritte oder durch den Staat selbst“, vielmehr schließe die Verpflichtung zur Achtung und zum Schutz der Menschenwürde es generell aus, den Menschen „zum bloßen Objekt des Staates zu machen“, weshalb „jede Behandlung des Menschen durch die öffentliche Gewalt, die dessen Subjektqualität, seinen Status als Rechtssubjekt, grundsätzlich in Frage stellt“, schlechthin verboten sei.[1652]

Der 1. Senat betont auch die gefahrenprognostischen Probleme, die einen solch schwerwiegenden Eingriff (gezielter Abschuss des Verkehrsflugzeuges unter Inkaufnahme des Todes unschuldiger Passagiere und Besatzungsmitglieder) unvertretbar erscheinen lassen: Die Entscheidungssituation sei „von großen Unsicherheiten geprägt“, die Tatsachengrundlage von Anfang an „mit dem Makel der Fehlinterpretation behaftet“, die Einschätzung bleibe „bis zuletzt spekulativ“. Zwar ließen sich im Bereich der Gefahrenabwehr Prognoseunsicherheiten vielfach nicht gänzlich vermeiden, es sei unter der Geltung des Art. 1 Abs. 1 GG aber „schlechterdings unvorstellbar“, auf der Grundlage einer gesetzlichen Ermächtigung unschuldige Menschen, die sich „in einer hoffnungslosen Lage befinden, gegebenenfalls sogar unter Inkaufnahme solcher Unwägbarkeiten vorsätzlich zu töten“.[1653]

Selbstverständlich sind die verfassungsrichterlichen Ausführungen zu einer solchen Extremsituation der Gefahrenabwehr nicht auf die allgemeinen Probleme kriminalprognostisch determinierter Grundrechtseingriffe zu übertragen – das gilt jedoch in zweierlei Hinsicht: Im Zusammenhang mit anderen Grundrechtseingriffen, auch freiheitsentziehenden, können Prognoseunsicherheiten einerseits eher hingenommen werden, weil die Eingriffe wieder beendet und deren Folgen (zumindest ansatzweise) beseitigt werden können; andererseits erstrecken sich konkrete (ggf. sogar einklagbare) staatliche Schutzpflichten auch nur auf die Abwehr konkreter, unmittelbar bevorstehender Gefahren. Je unspezifischer die Gefahren (z.B. die allgemeine Rückfallgefahr strafjustiziell Verurteilter bzw. aus dem Justizvollzug Entlassener), desto weniger lässt sich aus einer allgemeinen staatlichen Schutzpflicht – auch gegenüber „rechtswidrigen An- und Eingriffen von Seiten Dritter“ – eine Legitimation für präventive ‚An- und Eingriffe‘ zu Lasten der Grundrechte Straffälliger ableiten.[1654]

1651 BVerfG aaO Abs. 118 m.w.N.

1652 BVerfG aaO Abs. 119 m.w.N.

1653 BVerfG aaO Abs. 125f. und 129.

1654 Vgl. auch *Naucke* 2002, 87f. zur diesbezüglichen Beliebigkeit der Bezugnahme auf das Grundgesetz.

Im Kontext der Analysen zum Risko-Strafrecht (s.o. b) wurde bereits auf „unheilige Allianzen“ zwischen den Beschwörern eines vermeintlichen „Grundrechts auf Sicherheit“ (*Isensee*) und ‚wertkonservativen‘ ökologischen Ansätzen hingewiesen, wobei sich die Variante eines Anspruchs auf „Schutz durch den Staat“ als spezifisch deutsche Ausprägung, wenn nicht: Verfälschung des traditionellen menschenrechtlichen Anspruchs auf „Schutz vor dem Staat“ erweise.[1655]

Die staatsrechtliche Debatte um Schutzpflichten oder Sicherheitsgewährleistungen ist fortgeschritten: Eine dem „Vorsorgestaat“ seit jeher innewohnende „Schutzfunktion, die vor dem Hintergrund des liberalen Rechtsstaats zurückgedrängt worden war“ (sic!), wird wieder stärker betont und die „Staatsaufgabe Sicherheit“ durch grundrechtliche Schutzpflichten – so *Calliess* unter Inkaufnahme zumindest terminologischer Paradoxien – in begrenztem Umfang subjektiviert.[1656] In Gestalt von Art. 2 Abs. 2 S. 1 GG werde, auf dem Umweg über Art. 1 Abs. 1 S. 2 GG, der staatliche Schutz „des Lebens und der körperlichen Unversehrtheit, mithin die physische Sicherheit subjektiviert“; der Bürger habe insoweit einen grundrechtlich begründeten Anspruch auf Sicherheit, den er auch gerichtlich durchsetzen könne.[1657] Alles Weitere sei eine Frage der „Abwägung“ in einer „mehrpoligen Verhältnismäßigkeitsprüfung“ im Korridor eines „Übermaßverbots des Abwehrrechts auf der einen Seite und des Untermaßverbots der Schutzpflicht auf der anderen Seite“. Im Bereich der physischen Sicherheit, die für die Entfaltung der Menschenwürde unabdingbar und daher in besonderer Weise zu schützen sei, habe der Staat unter rechtsstaatlichen Gesichtspunkten daher die weitreichendsten Eingriffsbefugnisse in die – rechtsstaatlich ja ebenfalls geschützte – grundrechtliche Freiheit Dritter, die ihre Abwehrrechte gegen die staatliche Schutzmaßnahme ins Feld führen – dabei gelte als „Faustregel: Je mittelbarer der Bezug der staatlichen Maßnahme zur physischen Sicherheit der Bürger ist, desto höher sind die Anforderungen an ihre Rechtfertigung“, es bedürfe also für jedes konkrete Sicherheitsproblem einer „Freiheitsverträglichkeitsprüfung“.[1658]

Dass das so verstandene Rechtsstaatsprinzips „ein verlässlicher Steuerungsmodus“ ist, weil es auf dem „mehrpoligen Verfassungsrechtsverhältnis“ von Gewaltmonopol, Schutzpflichten und – womöglich nicht zufällig an letzter Stelle genannt – freiheitswahrenden Abwehrrechten basiert,[1659] muss doch bezweifelt werden. Oder anders gewendet: Es dürfte letztlich vor allem ein verlässlicher Steuerungsmodus für den Sicherheitsstaat sein. Sehe man einmal von dem „dümmlichen Argument“ ab, zwischen Sicherheit und Freiheit könne es schon deshalb keine Spannung geben, weil es ohne Sicherheit Freiheit gar nicht geben könne, führt es auch nicht viel weiter, Spannungsverhältnisse zuzugestehen und

---

1655 Exempl. *Prittwitz* 1993, 135f. (u.a. unter Verweis auf *Robbers*).

1656 *Calliess* 2003, 1101 in vertragstheoretischer Absicht.

1657 *Calliess* aaO S. 1101/1102 m.w.N.; diff. zur ideengeschichtlichen und philosophischen Begründung der Menschenwürde *A. Albrecht* 2007, 28ff. und 130ff. sowie *L. K. Sander* 2007, 281ff.

1658 AaO S. 1104/1105.

1659 AaO S. 1105, ihm teilweise folgend *Kammeier* 2006.

damit die Freiheitsrechte zunächst einmal ernst zu nehmen, um sie sogleich „in Bedrohungsszenarien gefährdeter Sicherheit herabzustufen".[1660]

Die „Spurwechsel von Freiheit zu Sicherheit, von kognitiver zu existenzieller Sicherheit, oder: von gesicherter Unsicherheit zu unsicherer Sicherheit" sind nicht mehr nur rhetorisch: Sie führen im Rahmen eines gerade auch kriminalpolitisch ausgeweiteten Bekämpfungsrechts, das „die herkömmlichen rechtsstaatlichen Strukturen und Schranken des Rechts der Gefahrenabwehr durchbricht", zur Relativierung der individuellen Freiheit im Wege der Abwägung mit einem Kollektivgut Sicherheit.[1661]

Was bei *Calliess* als „mehrpoliges Verfassungsverständnis" daherkommt, wird andernorts als „notwendige Trias" reklamiert, freilich mit entscheidenden Divergenzen: Der Zusammenhang von Freiheit, Sicherheit und Gesellschaftsvertrag dürfe nicht verloren gehen, so *P.-A. Albrecht*, dabei entspreche die Sicherheit – als >security< im Sinne des Art. 5 Abs. 1 EMRK – aber nicht der inneren Sicherheit eines Staatswesens (was letztlich zur ‚Staatssicherheit' führe), sondern dem Sicherheitsbegriff, wie ihn „die Philosophie der Aufklärung verstanden wissen wollte", nämlich als „persönliche Sicherheit des Menschen vor staatlichen Eingriffen".[1662] Demgegenüber verortet *Haffke* die Sicherheitsgewährleistung „durch den Staat" zwischen dessen Gewaltmonopol (als Ausdruck des Gesellschaftsvertrages) und der „Fundierung von Freiheit in Sicherheit".[1663]

Während Sicherheit aber in der Tat als „verschwiegene Selbstverständlichkeit" des freiheitlichen Rechtsstaates charakterisiert werden kann,[1664] ohne deshalb schon Sicherheits- und Rechtsstaat ineinander aufgehen lassen zu müssen,[1665] sollte neben der Freiheit im Rechtsstaat die Sicherheit vor dem Sicherheitsstaat aber nicht verschwiegen werden, denn beide Ansätze gehen keineswegs ineinander auf.[1666]

2. Rechtssicherheit

Abschließend soll zur Abwehr der Gefahren, die den Betroffenen in einem zunehmend auf Gefahrenabwehr orientierten kriminalpolitischen Sicherheitsrecht drohen (s.o.), der Gedanke der Rechtssicherheit in Erinnerung gerufen und damit gestärkt werden, bevor seine Bedeutung für die rechtsstaatlichen Grenzen der Kriminalprognostik herausgearbeitet wird.

[1660] *Hassemer* 2006, 325 mit zahlreichen Beispielen, ähnlich *Krauß* 2008; es ist ‚sicher' kein Zufall, dass gerade in den Auseinandersetzungen über die Umsetzung der EGMR-Entscheidung zur Konventionswidrigkeit der rückwirkenden Entfristung der Sicherungsverwahrung (EGMR R&P 2010, 38) u.a. das OLG Stuttgart die gebotene Entlassung eines Betroffenen in einem sog. „Parallelfall" ablehnte auch unter Verweis auf ein „mehrpoliges Grundrechtsverhältnis", krit. dazu *Pollähne* 2010d, 262 m.w.N.

[1661] *Frankenberg* 2005, 375ff. m.w.N., vgl. *P.-A. Albrecht* 2010b, 810.

[1662] *P.-A. Albrecht* 2010a, 111, vgl. *ders.* 2006, 45ff.

[1663] *Haffke* 2006, 88f.

[1664] Ähnlich *P.-A. Albrecht* 2010a, 110, vgl. auch *L. K. Sander* 2007, 245ff.

[1665] So – zumindest missverständlich – *Haffke* 2006, 88 unter Verweis auf *di Fabio*.

[1666] Vgl. auch *Rzepka* 2003, 212.

In Anknüpfung an die „antinomischen Tendenzen" der *Radbruch*schen „Rechtsidee" gerät das „Spannungsverhältnis zwischen der Rechtssicherheit, der individualisierenden und generalisierenden Gerechtigkeit und der Zweckmäßigkeit" in den Blick.[1667] Nur von der Forderung der Rechtssicherheit, die „auf Klarheit, Durchsichtigkeit, Stetigkeit der Rechtsregelung und Voraussehbarkeit der Rechtsfolgen" abziele, könne man von vornherein sagen, dass sie eine eindeutige Stellungnahme zu diesem Spannungsverhältnis abgebe: Sie widerstreitet „ganz entschieden einer Berücksichtigung der nicht voraussehbaren, in ihrer Vielfalt undurchsichtigen und infolgedessen einen wesentlichen Unsicherheitsfaktor in sich bergenden Individualität".[1668] Jenseits der unbestreitbaren Probleme eines generalisierenden Gerechtigkeitsbegriffs sei – so *Henkel* – die Gefahr allerdings größer, die sich „aus einer Beschränkung auf die rein individualisierende Tendenz des Gerechtigkeitsbegriffes" ergebe, und er erinnert in diesem Zusammenhang an die Warnung von *Engisch*: „Je mikroskopischer ich einen Lebensfall betrachte, umso schwieriger wird es für mich, ihn treffsicher zu betrachten. Je mehr Umstände ich zu berücksichtigen und gegeneinander abzuwägen habe, umso mehr verwirrt sich mein Blick. Damit erhöht sich also die Gefahr einer falschen Entscheidung."[1669]

Hierbei hatten *Henkel* und *Engisch* offenkundig weder Prognose- noch überhaupt strafrichterliche Sanktionsentscheidungen vor Augen. Die Markierung eines Spannungsverhältnisses zwischen individualisierender und generalisierender Gerechtigkeit unter Rechtssicherheitsaspekten ist zwar auch im vorliegenden kriminalprognostischen Kontext nicht belanglos, ertragreicher ist aber das zunächst nur angedeutete Spannungsverhältnis zwischen Rechtssicherheit und Zweckmäßigkeit: Die Kriminalprognose als konstitutives Merkmal des individualisierenden (spezialpräventiven) Zweckstrafrechts berührt – das haben die normativen und empirischen Analysen hinreichend illustriert – die Rechtssicherheit des der strafrechtlichen Prognoseentscheidung Unterworfenen im Kern; das gilt nicht nur, aber insb. im Falle kriminalprognostisch determinierten Freiheitsentzuges, und noch einmal verschärft unter Bedingungen der Unbestimmtheit und Fristlosigkeit.

Die triangulären Spannungsverhältnisse zwischen Freiheit, Sicherheit und Recht (Freiheitsrecht, Sicherheitsrecht, Rechtssicherheit, Rechtsfreiheit etc.) legen es nahe, die Untersuchungen zur Rechtssicherheit im Kontext kriminalprognostisch begründeter Freiheitsentziehung mit dem ältesten fundamentalen Menschenrecht schlechthin zu beginnen, so wie es in Art. 5 EMRK seinen Ausdruck gefunden hat, dem „Recht auf Freiheit und Sicherheit" (s. u. a).

Im verfassungsrechtlichen Diskurs wird das Prinzip der Rechtssicherheit zumeist aus dem Rechtsstaatsprinzip abgeleitet bzw. diesem zugeordnet, weshalb es angezeigt ist, diese Fäden – und die jüngst durch *A. v. Arnauld* eingeflochtenen – aufzunehmen (s. u. b) und die einschlägige Rechtsprechung des BVerfG zu analysieren (s. u. c), bevor das ‚Schicksal' der Rechtssicherheit im (insb. kriminalpolitischen) Sicherheitsrecht beleuchtet wird (s. u. d).

[1667] *Henkel* 1958, 16.
[1668] *Henkel* ebda.
[1669] *Henkel* aaO S. 18f. und S. 21.

In Anknüpfung an einschlägige Rechtsprechung des BVerfG liegt es schließlich nahe, auf die Tragweite des Konzepts prozeduraler Rechtssicherheit einzugehen (s. u. e), bevor abschließend zum Spannungsverhältnis zwischen Kriminalprognostik und Rechtssicherheit Stellung genommen wird (s. u. 3.).

a) Recht auf Freiheit und Sicherheit (Art. 5 Abs. 1 EMRK)

Die – nicht zuletzt wegen ihrer Auswirkungen für den Betroffenen – im Zentrum des Interesses stehenden freiheitsentziehungsbegründenden resp. -aufrechterhaltenden Kriminalprognosen rechtfertigen es, die Probleme der Rechtssicherheit zunächst einmal im Lichte des Art. 5 Abs. 1 S. 1 EMRK zu thematisieren: „Jede Person hat das Recht auf Freiheit und Sicherheit". Eine Analyse einschlägiger EGMR-Rechtsprechung[1670] und EMRK-Literatur lässt erkennen, dass nicht nur – selbstverständlich – das Recht auf Freiheit im Mittelpunkt des Interesses steht, sondern auch die Rechtssicherheit (s. u. aa und cc); nur vermeintlich quer dazu liegt ein Recht auf Sicherheit, das – zumal im sicherheitsrechtlichen Kontext – analysiert werden muss (s. u. bb).

aa) Recht auf Freiheit (und Rechts-Sicherheit)

Dieses Recht sei in einer „demokratischen Gesellschaft" im Sinne der EMRK von „grundsätzlicher Bedeutung", so der EGMR im Jahre 2004[1671]; jede Person habe „Anspruch auf Schutz dieses Rechts, nämlich darauf, dass ihr nur unter den Voraussetzungen von Art. 5 Abs. 1 EMRK die Freiheit entzogen oder sie weiter festgehalten wird". Nur eine enge Auslegung sei „mit Ziel und Zweck dieser Vorschrift vereinbar, nämlich sicherzustellen, dass niemandem willkürlich die Freiheit entzogen wird".[1672] Die Haft einer Person für unbestimmte und unvorhersehbare Zeit „ohne Grundlage in einer eindeutigen Rechtsvorschrift oder gerichtlichen Entscheidung" sei mit dem Grundsatz der Rechtssicherheit unvereinbar und willkürlich: „Sie läuft den Grundsätzen des Rechtsstaats zuwider".[1673]

Diese Leitlinien wurden 2005 noch einmal bekräftigt: „Wo es um Freiheitsentziehung geht, ist es von besonderer Bedeutung, dass dem allgemeinen Grundsatz der Rechtssicherheit entsprochen wird."[1674] Deshalb sei entscheidend, dass „die Voraussetzungen für eine Freiheitsentziehung nach staatlichem Recht klar festgelegt sind und die Anwendung des Gesetzes vorhersehbar ist, so dass es den von der Konvention gewollten Standard der >Rechtmäßigkeit< erfüllt, wonach alles Recht ausreichend zugänglich und so bestimmt sein muss, dass jedermann – notfalls mit

---

[1670] Vgl. auch *v. Arnauld* 2006, 534 ff.

[1671] EGMR (Große Kammer), Urteil vom 8. 4. 2004 – 71503/01 (Assanidzé ./. Georgien) Nr. 169, NJW 2005, 2207 (2211) m. w. N.

[1672] EGMR aaO Nr. 170 m. w. N., auch auf EGMR NVwZ 1997, 1102.

[1673] EGMR aaO Nr. 175 m. w. N.

[1674] EGMR (II. Sektion), Urteil vom 25. 1. 2005 – 56529/00 (Enhorn ./. Schweden) Nr. 36, NJW 2007, 2313 (2314); vgl. auch *v. Arnauld* 2006, 536 f. zur Entscheidung vom 28. 3. 2000 in Sachen Baranowski ./. Polen.

sachkundiger Hilfe – die Folgen eines bestimmten Verhaltens in einem nach den Umständen angemessenen Maße vorhersehen kann".[1675] Außerdem sei ein wesentliches Element der „Rechtmäßigkeit" einer Freiheitsentziehung „das Fehlen von Willkür": Sie stelle einen so schwerwiegenden Eingriff dar, dass sie nur gerechtfertigt sei, wenn „andere, weniger einschneidende Maßnahmen erwogen und für unzureichend befunden worden sind, die Interessen des Betroffenen zu schützen oder das Interesse der Allgemeinheit, das die Freiheitsentziehung des Betroffenen verlangen mag", wenn sie also „notwendig und verhältnismäßig" sei.[1676]

Ein die Freiheitsentziehung im Sinne des Art. 5 Abs. 1 EMRK legitimierendes Gesetz muss demnach „hinreichend präzise sein, um es dem Betroffenen zu ermöglichen, gegebenenfalls unter Einholung von Rechtsrat die Folgen seines Handelns vorauszusehen"; deshalb betone der EGMR in diesem Zusammenhang „die Bedeutung der Rechtssicherheit, die als Teil des Rechtsstaatsprinzips implizit in der Konvention enthalten sei".[1677]

bb) Recht auf Sicherheit?

Es mag semantisch nahe liegen, dem aus Art. 5 Abs. 1 EMRK abzuleitenden Anspruch auf Rechtssicherheit vor willkürlicher Freiheitsentziehung (ausf. u. cc)[1678] jedenfalls dann das eben dort nachzulesende „Recht auf Sicherheit" entgegenzuhalten, wenn jene Freiheitsentziehung gerade dem Zweck dienen soll, die Sicherheit Dritter zu wahren.[1679] Solche Versuche hat es gegeben, sowohl rechtspolitisch argumentativ[1680] als auch qua gerichtlicher Geltendmachung als Rechtsanspruch (s.u.). Eine „eigenständige Herleitung mitgliedstaatlicher Schutzpflichten allein aus dem Recht auf Sicherheit" könnte allenfalls teleologisch begründet werden, ließe sich im Übrigen aber – so *Renzikowski* – weder mit Wortlaut, Systematik und Genese der EMRK[1681] noch mit der einschlägigen Rechtsprechung des EGMR vereinbaren.[1682]

1675 EGMR aaO m.w.N., u.a. auf EGMR NVwZ 1997, 1102.

1676 EGMR aaO m.w.N.

1677 *Grabenwarter* 2009 § 21 Rn. 8 m.w.N.

1678 Eine der ältesten rechtlichen Gewährleistungen (vgl. die „habeas-corpus-Akte von 1679) individueller Freiheit, dazu *Zippelius* 2010, 236 und IK-EMRK-*Renzikowski* Art. 5 Rn. 3ff. m.w.N.

1679 Welche Formen der Sicherungs- und Vorbeugehaft ggf. durch Art. 5 Abs. 1 S. 2 lit. c EMRK legitimiert werden, muss hier nicht erörtert werden, vgl. dazu u.a. *Gollwitzer* 2005 Art. 5 Rn. 70, sowie insb. bzgl. der nachträglichen Sicherungsverwahrung *Rzepka* 2003, 207ff. und eines etwaigen polizeirechtlichen „Sicherheitsgewahrsams" *v. Denkowski* 2006, 14f.

1680 Dazu *Jaeckel* 2001, 117f. und IK-EMRK-*Renzikowski* Art. 5 Rn. 17 m.w.N.; exempl. zum vermeintlichen „Grundrecht auf Sicherheit" *Isensee* 1983, ähnlich *Brugger* 2004, z.T. missv. *Volckart* 2004, 143f. und *Kammeier* 2006, diff. *Robbers* 1987, krit. *Krauß* 2008, 50ff. m.w.N.

1681 Überzeugend *Jaeckel* 2001, 118f. m.w.N., vgl. *Leutheusser-Schnarrenberger* 2004, 104, *Bielefeldt* 2004, 13.

1682 IK-EMRK-*Renzikowski* Art. 5 Rn. 18 m.w.N.

Ziel der unübersichtlich ausgestalteten Norm sei „der Schutz vor ungerechtfertigter und willkürlicher Festnahme und Inhaftierung, indem ihre Zulässigkeit unter den doppelten Vorbehalt einer materiellrechtlichen und einer verfahrensrechtlichen Regelung" gestellt werde. Staatliche Eingriffe in die Freiheit müssten „möglichst strikt formalisiert und berechenbar gehalten werden, damit sie kontrollierbar bleiben".[1683]

Das Recht auf Sicherheit habe demgegenüber, so *Grabenwarter*, „nur in geringem Maße eigenständige Bedeutung erlangt"; der EGMR sah es z.B. als betroffen an, wenn eine Verhaftung durch Organe eines Konventionsstaats auf dem Territorium eines anderen Staates ohne dessen Einverständnis erfolge, womit das Recht auf Sicherheit „einen gewissen Schutz vor staatlichen Maßnahmen außerhalb des Hoheitsgebiets eines Mitgliedsstaats" bewirke.[1684] Aus der Erwähnung der Sicherheit in Art. 5 EMRK folge hingegen „keine Pflicht des Staates, dem Einzelnen Schutz zu gewährleisten", auch nicht gegenüber Personen, die in einem Konventionsstaat Schutz vor Bedrohung ihrer Sicherheit durch staatliche oder nichtstaatliche Organisationen suchten.[1685] Die Sicherheit des Art. 5 EMRK bedeute gerade nicht „die Sicherheit der Bürger voreinander, sondern die Sicherheit der Bürger vor willkürlicher staatlicher Gewalt."[1686]

Werde die Freiheitsentziehung von Privatpersonen begründet und ausgeübt (z.B. durch eine psychiatrische Privatklinik), müsse die ausnahmsweise Verantwortlichkeit des Staates gemäß Art. 5 EMRK gesondert festgestellt werden: Sie könne sich aber ergeben aus dessen Mitwirkung an der Aufrechterhaltung einer rechtswidrigen Unterbringung oder aus Mängeln bei der Überwachung und Kontrolle einschlägiger Institutionen zu Gunsten besonders schutzbedürftiger Personengruppen.[1687]

Nur im Hinblick auf den letztgenannten Punkt hat der EGMR die „Einhaltung der dem Staat obliegenden positiven Verpflichtungen" angemahnt, dabei aber zunächst allgemein auf Art. 1 EMRK Bezug genommen.[1688] Zu Art. 5 Abs. 1 S. 1 EMRK wird sodann ausgeführt, er sei „auch so auszulegen, dass er dem Staat eine positive Pflicht auferlegt, die Freiheit seiner Bürger zu schützen", denn andere Auffassungen hinterließen „eine große Lücke beim Schutz vor willkürlicher Freiheitsentziehung …, die im Widerspruch zu der Bedeutung der persönlichen Freiheit in einer demokratischen Gesellschaft stehen würde"; der Staat sei daher „verpflichtet, Maßnahmen zum wirksamen Schutz besonders schutzbedürftiger

---

[1683] IK-EMRK-*Renzikowski* Art. 5 Rn. 1.

[1684] *Grabenwarter* 2009 § 21 Rn. 3 m.w.N., auch unter Verweis auf die Öcalan-Entscheidung des EGMR vom 12. 3. 2003 – 46221/99 Nr. 88.

[1685] *Grabenwarter* aaO.

[1686] *Leutheusser-Schnarrenberger* 2004, 104.

[1687] EGMR (III. Sektion), Urteil vom 16. 6. 2005 – 61603/00 (Storck ./. Deutschland) in R&P 2005, 186ff.; vgl. auch IK-EMRK-*Renzikowski* Art. 5 Rn. 30ff.; zu weit gehende Interpretation bei *Kammeier* 2006.

[1688] EGMR aaO S. 192 Nr. 101 unter Verweis auf div. Entscheidungen zu Art. 2, 3 und 8 EMRK; vgl. auch IK-EMRK-*Renzikowski* Art. 5 Rn. 33ff. m.w.N. zur EGMR-Rechtsprechung.

Personen zu ergreifen sowie angemessene Vorkehrungen zu treffen, um eine Freiheitsentziehung zu verhindern, die den Behörden bekannt ist oder bekannt sein sollte".[1689] Ein vom Recht auf Freiheit isoliertes „Recht auf Sicherheit" wird hier ersichtlich nicht bemüht, auch wenn die Entscheidung dazu beitragen mag, die Entwicklung positiver staatlicher Schutzpflichten aus der EMRK noch intensiver zu diskutieren.[1690]

Die Schutzfunktion des Staates bezieht sich jedenfalls auf sämtliche Rechte und steht nicht als separater Rechtsanspruch neben diesen. Eine solche kategoriale Nebenordnung, so *Bielefeldt* aus menschenrechtlich-philosophischer Sicht, berge „die Gefahr, dass die Sicherheitsaufgabe sich aus ihrer funktionalen Zuordnung zu den Freiheitsrechten herauslöst und zum Selbstzweck wird. Das Verhältnis von Sicherheit und Freiheit wäre dann nicht mehr als Relation von Mittel und Zweck gedacht, sondern als Verhältnis gleichwertiger und potenziell konkurrierender letzter politischer Entscheidungen".[1691] Damit aber würde sich das Gefüge des Rechtsstaats erheblich verschieben. Sicherheitspolitik stünde nicht mehr im Dienst der Freiheitsrechte, an die sie zugleich normativ rückgebunden wäre, sondern hätte ihren eigenen Sinn neben den Freiheitsrechten. Im Konfliktfall zwischen Sicherheitspolitik und Freiheitsrechten läge die Argumentationslast folglich nicht mehr bei denjenigen, die freiheitsbeschränkende Maßnahmen befürworten. Es wäre nicht mehr an ihnen, konkret aufzuzeigen, dass die vorgeschlagenen Maßnahmen sowohl erforderlich als auch mit den Freiheitsrechten zumindest im Kern kompatibel sind. „Stattdessen bestünde die Gefahr, dass Freiheitsrechte und Sicherheitsinteressen – Letztere aufgewertet unter dem Titel des Rechts auf Sicherheit – mehr oder weniger beliebig gegeneinander verrechnet werden könnten."[1692]

Es ist bezeichnend, dass der EGMR die Beschwerde eines italienischen Verbrechensopfers, genauer: des Vaters eines von einem beurlaubten Strafgefangenen Getöteten, auf Feststellung einer EMRK-Verletzung durch die verantwortlichen Behörden (auch wegen Verwehrung von Schadensersatz und Schmerzensgeld) nicht an Art. 5 Abs. 1 S. 1, sondern an Art. 2 Abs. 1 S. 1 EMRK gemessen hat.[1693] Bemerkenswert aber auch die Begründung, mit der die Beschwerde zurückgewiesen wurde:

Zunächst einmal verpflichte Art. 2 Abs. 1 S. 1 EMRK die Staaten „nicht nur dazu, vorsätzliches und rechtswidriges Töten zu unterlassen, sondern auch dazu, notwendige Maßnahmen zum Schutz des Lebens von Personen zu treffen, die ihrer Hoheitsgewalt unterstehen". Dabei gehe die Verpflichtung der Staaten „über ihre hauptsächliche Pflicht hinaus, das Recht auf Leben durch wirksame strafrechtliche Vorschriften zu schützen, um vor Angriffen gegen eine Person abzuschrecken, Vorschriften, die durch ein Vollzugssystem zur Vorbeugung, Verhin-

[1689] EGMR aaO Nr. 102 m. w. N.
[1690] Vgl. auch *Kammeier* 2006.
[1691] *Bielefeldt* 2004, 14.
[1692] *Bielefeldt* aaO m. w. N.
[1693] EGMR (Große Kammer), Urt. v. 24. 10. 2002 – 37703/97 (Mastromatteo ./. Italien) in NJW 2003, 3259.

derung und Bestrafung von Verstößen begleitet sein müssen".[1694] Vielmehr könne Art. 2 EMRK „unter besonderen, genau umschriebenen Umständen den Behörden die positive Verpflichtung auferlegen, vorbeugend praktische Maßnahmen zu treffen, um eine Person zu schützen, deren Leben durch Straftaten anderer bedroht ist". Das bedeute aber nicht, dass aus dieser Vorschrift eine positive Verpflichtung abgeleitet werden könne, jede mögliche Gewalttat zu verhindern. Eine solche Verpflichtung müsse vielmehr so verstanden werden, dass sie „den Behörden keine unmögliche oder übermäßige Last auferlegt, wobei die Schwierigkeiten der Polizei berücksichtigt werden müssen, ihre Aufgaben in der heutigen Gesellschaft zu erfüllen, sowie die Unberechenbarkeit menschlichen Verhaltens und die Notwendigkeit, die Mittel nach Prioritäten und Möglichkeiten einzusetzen".[1695] Daraus folge, dass die Behörden nicht bei jeder angeblichen Gefahr für das Leben nach der Konvention verpflichtet seien, konkrete Gegenmaßnahmen zu treffen, damit sie sich nicht realisiert; eine solche Verpflichtung bestehe nur, wenn bewiesen sei, dass die Behörden „das Bestehen einer wirklichen und unmittelbaren Gefahr für das Leben einer oder mehrerer Personen kannten oder hätten kennen müssen, und dennoch nicht im Rahmen ihrer Möglichkeiten Maßnahmen getroffen haben, die nach vernünftiger Beurteilung die Gefahr hätten vermeiden können".[1696]

Übertragen auf den Strafvollzug: Es sei eines der wesentlichen Ziele der Gefängnisstrafe, die „Gesellschaft zu schützen, zum Beispiel einen Straftäter daran zu hindern, rückfällig zu werden und weiteren Schaden anzurichten"; andererseits sei es ein berechtigtes Ziel, Personen, die zu Gefängnisstrafen verurteilt worden sind, „langsam wieder in die Gesellschaft einzugliedern".[1697] Unter diesem Gesichtspunkt seien Maßnahmen berechtigt, die, wie eine befristete Beurlaubung, die soziale Eingliederung des Gefangenen erlauben, auch wenn er wegen Gewalttaten bestraft worden sei. Die diesbezüglichen Regelungen in Italien seien auch unter dem Aspekt des notwendigen Schutzes der Allgemeinheit nicht zu beanstanden: Bevor ein Gefangener beurlaubt werden könne, müsse er nach dem dortigen Vollzugssystem nicht nur eine Mindeststrafe verbüßt und sich im Vollzug „wohl verhalten" haben, vielmehr dürfe seine Beurlaubung insbesondere „keine Gefahr für die Gesellschaft" darstellen: Dass keine Disziplinarstrafe verhängt worden sei, reiche allein nicht aus, vielmehr müsse der Gefangene „den ernsthaften Willen zur Teilnahme am Wiedereingliederungs- und Resozialisierungsprogramm zeigen".[1698] Seine Gefährlichkeit werde von einem Richter beurteilt, der für den Strafvollzug zuständig sei und eine Stellungnahme der Gefängnisverwaltung einzuholen habe: Die Beurteilung dürfe sich aber nicht allein auf diese Stellungnahme stützen, sondern, wenn der Richter das für notwendig halte, auch auf Informationen durch die Polizei.

Das italienische System, so der EGMR abschließend, sehe demnach „ausreichende Maßnahmen vor, um den Schutz der Gesellschaft zu gewährleisten." Dafür

[1694] EGMR aaO S. 3260 Abs. 67 m. w. N.
[1695] EGMR aaO Abs. 68 m. w. N.
[1696] EGMR aaO Abs. 68 ff. m. w. N. (insb. auf die Fälle Osman, Edwards und Bromily ./. UK).
[1697] EGMR aaO Abs. 72.
[1698] EGMR aaO.

sprächen auch die vorgelegte Statistik, die zeige, dass der Prozentsatz der von Gefangenen im offenen Vollzug begangenen Straftaten sehr niedrig ist, und ebenso der Prozentsatz der Fluchtfälle während eines Urlaubs.[1699] Auch in den konkreten Fällen hätten den Behörden „keine Anhaltspunkte" dafür vorgelegen, dass es notwendig sein könnte, zusätzliche Maßnahmen zu treffen, um sicherzustellen, dass die Gefangenen außerhalb des Gefängnisses keine Gefahr für die Gesellschaft darstellten; keine „der den Behörden bekannten Tatsachen gab Anlass zu befürchten", der Ausgang könne tatsächlich und unmittelbar das Leben gefährden und erst recht nicht den tragischen Tod „als Ergebnis einer zufälligen Verknüpfung von Umständen, wie sie sich hier ergeben hat", zur Folge haben.[1700]

Fazit: Eine Konventionsverletzung (gemäß Art. 1 und 2, nicht aber gemäß Art. 5 Abs. 1 EMRK) kann vorliegen, wenn der Staat einem Bürger trotz konkreter (wirklicher und unmittelbarer) Bedrohung den erforderlichen Schutz verweigert – das allgemeine Rückfallrisiko (bei Gefangenen bzw. Entlassenen) wird davon aber nicht erfasst: Ob die Nichteinhaltung von Mindeststandards der Kriminalprognostik bereits die Verantwortung des Vertragsstaates begründen könne, blieb offen – letztlich entscheidend wurde auf konkrete „Anhaltspunkte" abgestellt.

cc) Recht auf Rechtssicherheit!

Ein neben dem „Recht auf Freiheit" stehendes oder gegen dieses gar ausspielbares „Recht auf Sicherheit" gibt die EMRK jedenfalls nicht her. Mit der „Sicherheit", die sowohl in Art. 5 Abs. 1 EMRK als auch in Art. 9 Abs. 1 IPBPR neben der persönlichen Freiheit besonders erwähnt werde, sei gemeint – so *Gollwitzer* – „die bei Eingriffen in die Freiheit besonders wichtige Rechtssicherheit, die jede Willkür ausschließen soll".[1701] Der Einzelne solle nicht „in ständiger Furcht davor leben, dass ihn der Staat seiner Freiheit berauben kann", eine „Ausdehnung der Garantien auf ein anderes Schutzgut" liege darin aber nicht, insbesondere werde damit „keine allgemeine Schutzpflicht des Staates" begründet: „Ein allgemeines Recht des einzelnen auf staatlichen Schutz vor anderen Gefährdungen, wie etwa ein Schutz vor Ausweisung oder auf Sicherheit vor Kriminalität", könne daraus nicht hergeleitet werden.[1702]

Es geht also um „die Sicherheit des einzelnen vor einem willkürlichen Entzug seiner persönlichen physischen Freiheit": Entsprechend dem Bekenntnis der EMRK-Präambel zur Rechtsstaatlichkeit werde „für diesen besonders sensiblen Bereich die allgemeine Forderung nach Rechtssicherheit verdeutlicht". Staatliche Eingriffe in die Freiheit der Person seien nur zulässig, wenn sie „auf hinreichend bestimmten und damit für den einzelnen vorhersehbaren Vorschriften des nationalen Rechts" beruhten, und wenn eine Haftkontrolle durch unabhängige Stellen, vor allem durch Gerichte, ausschließe, dass dieses Recht „von den Staatsorganen will-

---

[1699] EGMR aaO S. 3261 Abs. 72 a.E.
[1700] EGMR aaO Abs. 76.
[1701] *Gollwitzer* 2005 Art. 5 Rn. 7, vgl. *v. Arnauld* 2006, 653f.
[1702] *Gollwitzer* aaO m.w.N.

kürlich ausgelegt oder missachtet wird".[1703] Völlig unbestimmte und unberechenbare gesetzliche Haftgründe, welche die Entscheidung über die Freiheitsentziehung weitgehend dem Belieben ausführender Organe überlassen, gewähren dem Einzelnen keine Sicherheit; sie genügen deshalb nicht den Anforderungen, die der Gesetzesvorbehalt der Konventionen an eine den Freiheitsentzug rechtfertigende nationale Regelung stellt.[1704]

Dabei gehöre zur Sicherheit auch „der verfahrensrechtliche Schutz der Freiheit", so *Gollwitzer* abschließend: Vor einer willkürlichen Freiheitsentziehung sei der Einzelne „nur dann wirklich gesichert, wenn für ihn nicht nur ersichtlich ist, unter welchen Voraussetzungen er in Haft genommen und gehalten werden darf, sondern auch, wenn er bei Inhaftierung die Möglichkeit hat, die strikte Beachtung des Rechts in einem geregelten, seine Verteidigungsrechte wahrenden gerichtlichen Verfahren überprüfen zu lassen".[1705] Entsprechend rechtsstaatlichen Anforderungen müssten die Gründe für die Freiheitsentziehung im nationalen Recht „ausreichend deutlich festgelegt sein, damit Willkür ausgeschlossen und die von Art. 5 Abs. 1 geforderte Sicherheit gewährleistet ist".[1706]

Da nach Art. 5 Abs. 1 S. 2 EMRK die Freiheit „nur auf die gesetzlich vorgeschriebene Weise" entzogen werden darf, läuft die Garantie der Sicherheit letztlich „auf den Gesetzesvorbehalt hinaus", so *Renzikowski*: Auf diese Weise werde „die allgemeine Forderung nach Rechtssicherheit für den sensiblen Bereich der persönlichen Freiheit entsprechend dem Bekenntnis der Präambel der EMRK zur Rechtsstaatlichkeit (rule of law, prééminence du droit) nochmals besonders hervorgehoben".[1707] Damit seien „Freiheit und Sicherheit zwei Seiten ein und derselben Münze": Der Staat habe sich nicht nur grundsätzlich aller Eingriffe in die Freiheit der Bürger zu enthalten, es bedürfe auch „einer Leistung von staatlicher Seite, um die Institutionen zu schaffen, die diese Freiheit erst wirksam sichern können. Diese Verbindung eines materiellen Freiheitsrechts mit prozeduralen Garantien ist das Resultat der geschichtlichen Entwicklung des Habeas Corpus-Grundsatzes".[1708] Art. 5 EMRK verleihe also, so *Renzikowski* auch unter Verweis auf Wortlaut und Entstehungsgeschichte zusammenfassend, „kein allgemeines >Grundrecht auf Sicherheit<, verstanden als ein umfassendes Recht auf Schutz"[1709] – wohl aber, so ließe sich ergänzen, ein Grundrecht auf Rechtssicherheit.

b) Rechtssicherheit als Rechtsstaatsprinzip

Im verfassungs- und staatsrechtlichen Diskurs wird der Grundsatz der Rechtssicherheit regelmäßig dem Rechtsstaatsprinzip zugeordnet bzw. aus ihm abgeleitet

[1703] *Gollwitzer* aaO m. w. N.
[1704] *Gollwitzer* aaO Rn. 8.
[1705] *Gollwitzer* aaO Rn. 9 m. w. N.
[1706] *Gollwitzer* aaO Rn. 30 m. w. N.
[1707] IK-EMRK-*Renzikowski* Art. 5 Rn. 18.
[1708] IK-EMRK-*Renzikowski* Art. 5 Rn. 19 unter Verweis auf Fawcett und ausführlich aaO Rn. 32ff. m. w. N.
[1709] IK-EMRK-*Renzikowski* Art. 5 Rn. 21 m. w. N. zur deutschen Debatte.

(s.u. aa).[1710] Davon ausgehend werden einzelne – im Kontext Kriminalprognostik relevante – Elemente herausgearbeitet (s.u. bb), bevor abschließend eine Auswertung und Analyse der einschlägigen Rechtsprechung des BVerfG zur Rechtssicherheit im Kriminalrecht erfolgt (s.u. cc).

aa) Element des Rechtsstaatsprinzips: „idée directrice"?

Zur Rechtsstaatlichkeit gehört auch Rechtssicherheit; denn „zur Freiheit gehört die Möglichkeit, sein Leben nach eigenen Plänen zu gestalten", was wiederum voraussetze, dass „der Einzelne verlässliche Dispositionsgrundlagen hat und sich insbesondere auf die Rechtslage verlassen" könne.[1711] Positiv gewendet bedeute der Grundsatz übergreifend, dass „hoheitliche Maßnahmen möglichst messbar, voraussehbar sind und dass ein schutzwürdiges Vertrauen in ihre Beständigkeit nicht enttäuscht werden darf".[1712]

Als wesentliches Element des Rechtsstaatsprinzips bilde die Rechtssicherheit „nicht nur eine verfassungspolitische Forderung, sondern auch ein verfassungsrechtliches Gebot" und sei in doppeltem Sinne zu verstehen: Zum einen beziehe es sich auf die Funktion des Rechts und solle durch „verbindliche Regelungen eine feste und verlässliche Ordnung schaffen und damit Sicherheit im bürgerlichen und gesellschaftlichen, im staats-bürgerlichen und im staatlichen Bereich schaffen und erhalten (Sicherheit durch das Recht)"; zum andere bilde sie „ein formales Strukturprinzip des Rechts, das sowohl die inhaltliche Bestimmtheit des Rechts als auch den Bestand des Rechts betreffe (Sicherheit des Rechts)".[1713] So werde durch die Rechtssicherheit auch „ein hinreichender interner Friedenszustand hergestellt".[1714]

Historisch wurde es „geradezu für den Hauptzweck des Rechts" erklärt, Rechtssicherheit „und damit eine verlässliche Basis für Dispositionen" zu schaffen.[1715] „Orientierungsgewissheit" erforderte also nicht nur, dass „allgemein und verbindlich entschieden" wurde, sie verlangte auch „ein größtmögliches Maß an Kontinuität" sowie „Klarheit und Transparenz des Rechts: Klarheit der einzelnen Rechtsnormen und Übersichtlichkeit der Rechtsordnung".[1716]

Ob es rechtshistorischer Zufall ist, dass die seit geraumer Zeit gründlichste und anspruchsvollste rechtswissenschaftliche Analyse der „Rechtssicherheit" durch *A. v. Arnauld* neueren Datums ist (2006), soll hier nicht zum Gegenstand von Spekulationen gemacht werden: Primär aus öffentlich-rechtlicher Perspektive hat er dieses „Grundelement der Rechtsidee"[1717] phraseologisch, genealogisch, physiognomisch, topologisch, komparatistisch, antinomisch und schließlich morphologisch

---

[1710] Vgl. nur *Zippelius/Würtenberger* 2008, 119ff., *Berg* 2007, 76f., *Maurer* 2007, 220ff. und *Stein/Frank* 2010, 156, jeweils m.w.N.; in historischer Ableitung *Zippelius* 2010, 238f., vgl. auch *Kunz/Mona* 2006, 60f., 120ff.

[1711] *Zippelius/Würtenberger* 2008, 107 und 119f.

[1712] *Berg* 2007, 76.

[1713] *Maurer* 2007, 220; in rechtshistorischer Perspektive *Zabel* 2008, 78ff., 92ff.

[1714] *N. Horn* 2007, 17.

[1715] *Zippelius* 2010, 238 unter Verweis auf Bentham, vgl. *v. Arnauld* 2006, 143ff.

[1716] *Zippelius* aaO m.w.N.

[1717] *v. Arnauld* 2006, 691 in Anlehnung an Radbruch.

umfassend durchleuchtet. All das kann und muss hier nicht nachgezeichnet und strafrechtsspezifisch sowie Kriminalprognostik-relevant aufgearbeitet werden. Erwähnung finden sollen jedoch die von ihm herausgestellten topologischen Strukturmerkmale Verlässlichkeit, Berechenbarkeit und Erkennbarkeit (s.u. bb).[1718] Vorab soll jedoch sein „idée directrice“-Ansatz aufgegriffen werden:

Versuche, Rechtssicherheit zu definieren, seien weitgehend zum Scheitern verurteilt, denn wie solle „ein Zustand, der nur angestrebt, aber niemals erreicht werden kann“, abschließend beschrieben werden? „Wie ihr >Schwesterprinzip<, die Gerechtigkeit, ist die Rechtssicherheit ein Zustand, der Leitprinzip, idée directrice, nicht Mittel des Rechtsstaats ist.“[1719] Der mit der Sicherheitsidee „auf das Engste verknüpfte Gedanke der Erwartungssicherung“ ist auf die Sicht des Subjekts gerichtet; diese Aufgabe könne nur erfüllt werden, wenn und soweit das Recht, das eben nur Mittel zum Zweck ist, sich „als ein taugliches Mittel erweist, wenn es erkennbar, verlässlich und berechenbar ist“.[1720] Dass das Recht für den Einzelnen sicher ist, sei, zumindest aus heutiger Perspektive, auch Inhalt der Vorstellung von einer >rechten< Ordnung und verbinde sich mit Forderungen der Gerechtigkeit. So besehen, strebe jede einigermaßen entwickelte Rechtsordnung Rechtssicherheit an und werde versuchen, sie durch verschiedenartige Institutionen näherungsweise zu verwirklichen. Damit werde die Rechtssicherheit – zumal vor dem Hintergrund ihrer Verankerung in den europäischen Rechtsordnungen und im Gemeinschaftsrecht – zu einer „idée directrice“ des Rechts, dem positiven Recht vorgelagert.[1721]

bb) (Struktur-)Elemente der Rechtssicherheit

A. v. Arnauld unterscheidet drei Strukturelemente der Rechtssicherheit: die Erkennbarkeit, die Verlässlichkeit und die Berechenbarkeit des Rechts. In puncto Erkennbarkeit des Rechts geht es um Fragen der Bekanntgabe, der Überschaubarkeit und Klarheit, der inhaltlichen Bestimmtheit und Widerspruchsfreiheit (Konsistenz)[1722]; die Verlässlichkeit des Rechts wird in den Kategorien der (relativen, absoluten und prozeduralen) Beständigkeit und der Effektivität (insb. Durchsetzbarkeit) ausgearbeitet[1723]; für die Berechenbarkeit des Rechts wird auf Aspekte der Prognostizierbarkeit (künftiger Rechtsakte), auf inhaltliche Bindungen und schließlich auf prozedurale Methoden eingegangen.[1724]

Diese Strukturanalyse deckt sich weitgehend mit den gängigen staatsrechtlichen Darstellungen: Die Rechtssicherheit gebiete „Klarheit, Bestimmtheit, Widerspruchsfreiheit und Übersichtlichkeit des Rechts“; insbesondere müssten „Ermächtigungen zu belastenden Verwaltungsakten nach Inhalt, Zweck und Ausmaß so bestimmt sein, dass die Eingriffe nachprüfbar und soweit möglich für den Be-

[1718] AaO S. 104ff., 167ff.
[1719] AaO S. 103.
[1720] AaO S. 661.
[1721] AaO S. 495, 661/662.
[1722] *v. Arnauld*, aaO S. 167ff.
[1723] AaO S. 271ff.
[1724] AaO S. 391ff.

troffenen voraussehbar und berechenbar werden".[1725] Der Grundsatz beinhaltet „das Gebot der Vermeidung von Unsicherheiten bei der Anwendung des Rechts. Jeder Mensch muss erkennen können, welche Rechtsnormen von ihm zu beachten sind und was von ihm verlangt wird, damit er sich danach richten und sicher sein kann, nicht versehentlich das Recht zu verletzen".[1726] Gesetze müssten deshalb „hinreichend klar und bestimmt gefasst, d.h. in Voraussetzungen und Inhalt so formuliert sein", dass die Betroffenen die Rechtslage erkennen und ihr Verhalten danach einrichten könnten.[1727]

Die Forderung nach „klaren, präzisen Normen, welche die konkreten Maßnahmen der Staatsgewalt genau vorprogrammieren und dadurch vorhersehbar und berechenbar machen", fänden allerdings eine Grenze darin, dass „die meisten Rechtsbegriffe semantisch nicht exakt bestimmbar" seien. Das „Streben nach allzu starrer Präzision" würde zudem „dem Bedürfnis nach Sachgerechtigkeit" zuwiderlaufen, sei es doch „prinzipiell unmöglich, für alle Wechselfälle des Lebens eine gerechte Entscheidung durch generelle Normen genau vorherzubestimmen". Daher räumten Gesetze den Behörden „oft nicht nur Beurteilungs-, sondern auch Ermessens-(Handlungs)-spielräume ein, damit von Fall zu Fall nach sachgerechten Erwägungen" entschieden werden könne.[1728] Die für Rechtsnormen entwickelten Grundsätze gelten „in noch stärkerem Maße für die Vollzugsakte der Verwaltung", durch die verbindlich festgestellt werden solle, was in Vollzug der allgemeinen Gesetze „für den konkreten Fall" gelte.[1729]

Die Bestimmtheits- und damit Berechenbarkeitsgrenzen der Normen weisen der juristischen Methodenlehre und Dogmatik einen wichtigen Stellenwert zu zur Wahrung der Rechtssicherheit: Auch die Beachtung einer einheitlichen Methodenlehre gewährleiste Gerechtigkeit und Rechtssicherheit,[1730] dies gelte gerade auch für die Strafrechtsdogmatik.[1731]

Weitere zentrale Elemente des Grundsatzes der Rechtssicherheit sind der Vertrauens-[1732] bzw. Bestandsschutz[1733] und das Rückwirkungsverbot.[1734] Bestehen-

---

[1725] *Zippelius/Würtenberger* 2008, 119, vgl. auch *Zippelius* 2010, 238, *Berg* 2007, 76, *Maurer* 2007, 220f., ähnlich *N. Horn* 2007, 25.

[1726] *Stein/Frank* 2010, 156.

[1727] *Berg* 2007, 76.

[1728] *Zippelius* 2010, 238 m.w.N., vgl. *Zippelius/Würtenberger* 2008, 119, zur Vorhersehbarkeit (im Kontext Art. 103 Abs. 2 GG) *Paeffgen* 2007, vgl. auch *Rüthers* 2009, 114.

[1729] *Maurer* 2007, 222.

[1730] *Rüthers* 2006, 53 und *ders.* 2009, 114, ähnlich *Wenzel* 2008, 347f.

[1731] *Robles Planas* 2010; wenn der BGH allerdings darauf verweist, seine Änderung der Rechtsprechung zur Strafbarkeit nach § 138 StGB bei Beteiligungsverdacht schaffe „die für das Verteidigungsverhalten des Angeklagten notwendige Rechtssicherheit" (BGHSt 55, 148 Rn. 16 unter Verweis auf Joerden), so ist dem mit Recht entgegengehalten worden, geschaffen werde dadurch vor allem „Verurteilungssicherheit", so *Hohmann* in NStZ 2011, 33.

[1732] *Zippelius/Würtenberger* 2008, 120ff., *Berg* 2007, 76, *Maurer* 2007, 222, vgl. auch *Zippelius* 2010, 238 zu den historischen Wurzeln dieser „Orientierungsgewissheit" und „Dispositionssicherheit".

[1733] *Berg* 2007, 76f., *Maurer* 2007, 221f., ausf. *Riechelmann* 2009, 182ff.

[1734] *Berg* 2007, 76f., vgl. auch *v. Arnauld* 2006, 327ff.

des Recht müsse auch „angewendet, befolgt und bei Bedarf zwangsweise durchgesetzt“ werden (Durchsetzbarkeit des Rechts): Die „Sicherheit von Anwendung und Durchsetzung der Rechtsordnung“ sei Rahmenbedingung für „die Verfestigung sozialer Beziehungen in Formen des Rechts, für die Gewährleistung von Rechtsgüterschutz sowie für die Geltung des Rechts insgesamt“.[1735]

Begründungspflichten dienen „der Rationalität und Kontrollierbarkeit von Entscheidungen“ und sollen „willkürliche, d.h. nicht einsichtig begründbare Entscheidungen verhindern, auch erkennbar machen, dass die Bindungen an Verfassung, Gesetz und Recht eingehalten wurden, und gewährleisten, dass jeder, der von einer ihm ungünstigen Entscheidung betroffen wird, deren Gründe erfährt, damit er sich sachgemäß gegen sie verteidigen kann“. Sie erleichterten es nicht nur den Kontrollinstanzen, eine Entscheidung daraufhin zu überprüfen, ob sie auf nachvollziehbaren, einsichtigen Erwägungen beruht, sondern nötigten schon die Entscheidungsinstanzen zu einer Selbstkontrolle: „Begründungspflichten stehen also nicht nur im Dienste der Rechtsstaatlichkeit, sondern auch der demokratischen Legitimität, insbesondere der Akzeptanz und der Transparenz staatlicher Entscheidungen.“[1736]

c) Rechtssicherheit im Kriminalrecht

In der Rechtsprechung des BVerfG zum materiellen und formellen Kriminalrecht spielte die Idee der Rechtssicherheit als Element des Rechtsstaatsprinzips[1737] von Anfang an eine erhebliche Rolle. Dabei lassen sich – zum Teil in Anlehnung an die Systematik der Strukturelemente von *A. v. Arnauld* (s.o. b) – folgende Problemkreise identifizieren: Fragen der Erkennbarkeit und Berechenbarkeit des Rechts (incl. Bestimmtheit und Einheitlichkeit; s.u. aa), Aspekte der Verlässlichkeit (Bestands- und Vertrauensschutz incl. Gerechtigkeits-Antinomien; s.u. bb) sowie schließlich prozedurale Ansätze, zum Teil als Ausgleich für – vermeintlich unverzichtbare resp. hinzunehmende – materielle Rechtsunsicherheiten (incl. Verrechtlichungsgebot; s.u. cc). Quer dazu liegen argumentativ eher beiläufige Bezugnahmen auf „gefühlte Rechtssicherheit“ (s.u. dd).

aa) Erkennbarkeit und Berechenbarkeit

Diese beiden bei *v. Arnauld* getrennt dargestellten Strukturelemente gehen – zumal in der Rechtsprechung des BVerfG – zu sehr ineinander über, als dass eine Differenzierung angezeigt wäre. Es geht um Fragen der Bestimmtheit und Klarheit von Tatbeständen und Rechtsfolgen, sowohl zur Orientierung an den materiell-

---

[1735] *Zippelius/Würtenberger* 2008, 120.

[1736] *Zippelius* 2010, 240, vgl. auch BVerfG R&P 2010, 163 (zu §§ 67e, 67d Abs. 2 StGB).

[1737] Ausf. *v. Arnauld* 2006, 664ff. m.w.N.; dem strafrechtswissenschaftlichen Fachdiskurs scheint die Entwicklung hingegen etwas aus dem Blick geraten zu sein, wird jedenfalls kaum in der Kategorie „Rechtssicherheit“ geführt (vgl. aber *Zabel* 2008 in historischer Perspektive sowie *Grünwald* 2008 zum Wiederaufnahmerecht, ebenfalls stark historisch ausgerichtet).

rechtlichen Grenzen des Erlaubten resp. Verbotenen als auch zur Einstellung auf etwaige Rechtsfolgen bei Überschreitung dieser Grenzen.

In einer unlängst ergangenen Entscheidung zu den Grenzen der Strafbarkeit gemäß § 113 StGB verweist das BVerfG auf die Bedeutung des Art. 8 GG, der gebiete, die für den Schutz des Grundrechtsträgers wesentlichen Förmlichkeiten (hier: gemäß VersG) „nicht geringer zu gewichten als die Förmlichkeiten, deren Verletzung eine Bestrafung nach § 113 StGB in anderen Fällen" ausschließe, denn es handele sich „um Anforderungen der Erkennbarkeit und damit der Rechtssicherheit, deren Beachtung für die Möglichkeit einer Nutzung des Grundrechts der Versammlungsfreiheit wesentlich" sei. In Versammlungen ergäben sich häufig „Situationen rechtlicher und tatsächlicher Unklarheit": Könnten Versammlungsteilnehmer nicht wissen, ab wann der Schutz der Versammlungsfreiheit endet, und dürften sie gleichwohl wegen eines ihrer Ansicht nach von der Versammlungsfreiheit geschützten Verhaltens negativ sanktioniert werden, könnte „diese Unsicherheit sie einschüchtern und von der Ausübung des Grundrechts abhalten".[1738]

In ähnliche Richtung gehen Entscheidungen zu Art. 103 Abs. 2 GG, speziell zum Bestimmtheitsgebot. In der Grundsatzentscheidung zum Europäischen Haftbefehl wurden die verfassungsrechtlichen Anforderungen an die Auslieferung Deutscher präzisiert: Die „Grundsätze der Rechtsklarheit und Rechtssicherheit" geböten es, dass ein Ausführungsgesetz zu Art. 16 Abs. 2 S. 2 GG „aus sich heraus verständlich ist und die Auslieferungsentscheidungen hinreichend vorherbestimmt"; deshalb bedürfe die verfassungsrechtlich gebotene Konkretisierung „einer Abbildung im Gesetzestext", die aber durch eine verfassungskonforme Auslegung des (auch deshalb für nichtig erklärten) EU-Haftbefehlsgesetzes nicht erreichbar gewesen sei.[1739]

In seinem Urteil zur Nichtigkeit der Vermögensstrafe (ehedem § 43a StGB) betonte das BVerfG, das Grundgesetz wolle durch Art. 103 Abs. 2 sicherstellen, dass „jedermann sein Verhalten auf die Strafrechtslage eigenverantwortlich einrichten kann und keine unvorhersehbaren staatlichen Reaktionen befürchten muss". Mit der strengen Bindung der Staatsgewalt an das Gesetz gewähre das – auch für die Strafandrohung geltende – Bestimmtheitsgebot „Rechtssicherheit" und schütze zur Wahrung ihrer Freiheitsrechte das Vertrauen der Bürger, dass der Staat nur dasjenige Verhalten als strafbare Handlung verfolgt und bestraft, das zum Zeitpunkt der Tat gesetzlich bestimmt war.[1740] Werden die dem Richter offenstehenden Möglichkeiten auf Grund einer unklaren Gesetzeslage im Einzelfall nicht gesetzlich bestimmt und damit „für den Normadressaten nicht vorhersehbar", so stehe dies „im Widerspruch zu den Zielen von Belastungsgleichheit und Rechtssicherheit, die im Rahmen des Bestimmtheitsgebots vom Gesetzgeber verlange, solche weit reichenden Entscheidungen selbst zu treffen".[1741]

[1738] BVerfG StV 2008, 71; vgl. auch BGHSt 54, 61 zu den Grenzen der Strafbarkeit gemäß § 86 Abs. 2 S. 2 StGB.

[1739] BVerfGE 113, 273 >299ff. und 315f.<, vgl. auch BVerfG StraFo 2009, 455 >457<.

[1740] BVerfGE 105, 135 Abs. 67, 69.

[1741] BVerfG aaO Abs. 118, vgl. auch *v. Arnauld* 2006, 152f. und 242ff.

Bei der Frage, welche Anforderungen an die Bestimmtheit von Rechtsfolgenregeln zu stellen sind,[1742] geraten zudem zwei Verfassungsprinzipien in ein Spannungsverhältnis, das weder durch einen allgemeinen Verzicht auf Strafrahmen noch durch eine grundsätzliche Entscheidung für möglichst weite richterliche Strafzumessungsspielräume aufgelöst werden könne, so der 2. Senat in jener Entscheidung zur Vermögensstrafe: „Schuldprinzip und Einzelfallgerechtigkeit auf der einen Seite sowie Rechtsfolgenbestimmtheit und Rechtssicherheit auf deren anderen Seite müssen abgewogen und in einen verfassungsrechtlich tragfähigen Ausgleich gebracht werden, der beiden für das Strafrecht unverzichtbaren Prinzipien möglichst viel an Substanz belässt."[1743]

Die Berechenbarkeit von Rechtsakten kann durch eine Vereinheitlichung ihrer Anwendung, insb. auch durch die Gerichte gefördert werden[1744] – dies hat das BVerfG verschiedentlich beschäftigt: So sei Sinn der Vorlagepflicht gemäß Art. 100 Abs. 2 GG, im Interesse „sowohl der staatenübergreifenden Einheitlichkeit und Verläßlichkeit der allgemeinen Regeln des Völkerrechts [Art. 25 GG] als auch der innerstaatlichen Rechtssicherheit" eine divergierende Handhabung dieser Rechtssätze in Deutschland zu verhindern und der Gefahr ihrer Verletzung durch deutsche Gerichte vorzubeugen.[1745]

Bei Massenerscheinungen (z.B. bei Verkehrsverstößen) erscheine es sinnvoll, „typisierende Regelungen" zur Ordnung einzusetzen, indem etwa die Bestimmung von Fallgestaltungen für die Verhängung eines Fahrverbots dem Verordnungsgeber überlassen werde: „Die Typisierung vereinfacht das Verkehrsrecht und macht es praktikabler, vermindert den Begründungsaufwand des Richters, erhöht die Rechtssicherheit und führt schließlich zu mehr Anwendungsgleichheit."[1746] Ähnlich in der ersten Cannabis-Entscheidung: Das BtMG folge „aus Gründen der Rechtssicherheit dem Prinzip der sog. Positivliste, d.h. es werden alle nach dem Betäubungsmittelrecht verbotenen Stoffe und Zubereitungen in Anlagen zu dem Gesetz einzeln aufgeführt" und im Übrigen Verfahren vorgeschrieben zum Zustandekommen (ggf. zur Ergänzung bzw. Änderung) der Anlagen.[1747]

Eine eher zynische Wendung nimmt dieser Argumentationsstrang in der ersten Grundsatzentscheidung des BVerfG zur lebenslangen Freiheitsstrafe (zu anderen Aspekten s.u. cc): Gerade bei einem so schwerwiegenden Verbrechen wie dem Mord sei es „ein durch das Gebot der materiellen Gerechtigkeit gerechtfertigtes Anliegen, auf eine möglichst gleichmäßige Strafpraxis hinzuwirken"; dabei stelle „die absolute Strafdrohung einen Beitrag zur Rechtssicherheit und gleichmäßigen Be-

---

[1742] Vgl. *Rzepka* 2003, 198 sowie die Verwunderung von *Frisch* 1983, 16 (Fn. 67) darüber, dass Prognoseklauseln noch nicht im Hinblick auf ihre Vereinbarkeit mit dem Bestimmtheitsgebot geprüft worden seien.

[1743] BVerfGE 105, 135 Abs. 73 (und Ls. 2), vgl. auch die Ausführungen aaO Abs. 70f. zur Legitimation absoluter Strafen bzw. Strafandrohungen.

[1744] Zu den prognostischen (!) Problemen einer Berechenbarkeit gerichtlicher Entscheidungen *Eisenberg* 2007c.

[1745] BVerfGE 96, 68 (zur diplomatischen Immunität bei Staatennachfolge).

[1746] BVerfG NJW 1996, 1809 (zu § 2 BKatV).

[1747] BVerfGE 90, 145.

strafung der Straftäter" dar.[1748] Freilich führt die Aussetzungsregelung des § 57a StGB dazu, die „gleichmäßige Strafpraxis" oberhalb der gesetzlichen Mindestverbüßungsdauer von 15 Jahren vollstreckungs- und vollzugsrechtlich wieder aufzulösen, sei es wegen der Schuldschwere-Klausel, sei es auf der Grundlage einer ungünstigen Prognose. In diesem Zusammenhang stellte das BVerfG 1992 klar, dass das Rechtsstaatsprinzip „als wesentlichen Bestandteil die Gewährleistung der Rechtssicherheit in einem spezifischen Sinne" enthalte: „Es verbietet, den von einem staatlichen Eingriff in die Freiheit der Person Betroffenen über das Ausmaß dieses Eingriffs im Ungewissen zu lassen" – dies gelte jedenfalls, so der 2. Senat einschränkend, wenn und sobald nach der jeweiligen gesetzlichen Grundlage „das zulässige Ausmaß des Eingriffs einer abschließenden Beurteilung zugänglich" sei.[1749] Das Gebot der Rechtssicherheit verlange vielmehr „einen Verlauf des Rechtsfindungsverfahrens, in dem der von einem solchen Eingriff Betroffene Gewißheit über dessen Ausmaß" erlange, jedenfalls, so der Senat abermals einschränkend und etwas kryptisch, zu demjenigen Zeitpunkt, der „nach der vom Gesetzgeber gewählten Grundstruktur des Verfahrens eine verbindliche Entscheidung erlaubt".[1750] Dabei konnte insoweit an die vorgenannte Entscheidung von 1977 angeknüpft werden, als dort bereits herausgearbeitet worden war, dass „sowohl das Prinzip der Rechtssicherheit als auch die Forderung nach materieller Gerechtigkeit" es geböten, „die Voraussetzungen, unter denen die lebenslange Freiheitsstrafe ausgesetzt werden kann, und das dabei anzuwendende Verfahren" gesetzlich zu regeln.[1751] In der jüngsten einschlägigen Entscheidung beschied der 2. Senat dem Gesetzgeber, dem „Prinzip der Rechtssicherheit und dem Gebot materieller Gerechtigkeit" dadurch Rechnung getragen zu haben, dass „die Voraussetzungen, unter denen die lebenslange Freiheitsstrafe ausgesetzt werden kann, und das dabei anzuwendende Verfahren" hinreichend bestimmt gesetzlich geregelt worden seien.[1752]

Mit den letztgenannten Erwägungen werden bereits prozedurale Ansätze benannt, die in späteren Entscheidungen ausformuliert worden sind (s. u. cc). Entscheidend bleibt aber – jenseits der tatbestandsbezogenen Aspekte von Erkennbarkeit und Bestimmbarkeit – die Dimension der Berechenbarkeit der Rechtsfolgen, sowohl was deren Eintritt als auch ggf. deren (insb. zeitliches) Ausmaß betrifft. Ersichtlich wird diese rechtsstaatliche Forderung umso wichtiger, je langfristiger und unbestimmter (ggf. sogar unbefristet) die jeweilige Rechtsfolge ausfällt. Hier fordert das BVerfG auch ein Mindestmaß an materieller und prozeduraler Verrechtlichung, was umso mehr gelten muss, als es gerade ein „Kennzeichen des Sonderpolizei>rechts<" ist, sich gegen seine Verrechtlichung zu sperren.[1753]

[1748] BVerfGE 45, 187; dass die „Strafpraxis" bei Mord gleichwohl alles andere als „gleichmäßig" war (und ist), nicht zuletzt wegen der Absolutheit der Strafandrohung, wurde ignoriert.
[1749] BVerfGE 86, 288 >327<.
[1750] BVerfG aaO m. w. N.
[1751] BVerfGE 45, 187.
[1752] BVerfGE 117, 71 Abs. 126.
[1753] Dazu *Frankenberg* 2005, 380, vgl. auch *Schall* 2003, 265.

bb) Verlässlichkeit und Antinomien

Das Strukturelement der Verlässlichkeit des Rechts zeichnet sich durch Antinomien aus: So kann der Normadressat bzw. von einer Entscheidung Betroffene ein Vertrauensschutzinteresse geltend machen, um sich gegen nachträgliche (insb. rückwirkende) Veränderungen der Rechtslage oder die Wiederaufnahme rechtskräftiger Entscheidungen zu seinem Nachteil zu wehren. Ein generelles Bestandsschutzinteresse hat aber auch die Rechtsgemeinschaft, die Rechtskraftdurchbrechungen zum Vorteil des Betroffenen allenfalls in eng gefassten Ausnahmefällen anerkennt.[1754] Mit diesen Spannungsfeldern war das BVerfG mehrfach befasst:

Im Zusammenhang mit Verjährungsregelungen wurden Abstriche an materieller Gerechtigkeit bzw. der Durchsetzung des Legalitätsprinzips thematisiert: Sinn des Instituts der Verjährung sei es, nach Ablauf einer gesetzlich bestimmten Zeit „Rechtssicherheit für den Beschuldigten herzustellen und diesem Bedürfnis höheres Gewicht beizumessen als der materiellen Gerechtigkeit".[1755] Besonders ‚spannend' wird es, wenn Verjährungsregelungen rückwirkend geändert werden sollen[1756]: Rückwirkende Gesetze seien zwar – außerhalb des durch Art. 103 Abs. 2 GG erfassten Sachbereichs – nicht schlechthin unzulässig, aus dem „im Rechtsstaatsprinzip enthaltenen Gebot der Rechtssicherheit" ergäben sich aber verfassungsrechtliche Grenzen. Das dem Rechtsstaatsprinzip (als Leitidee) immanente Postulat der Rechtssicherheit fordere, dass der Staatsbürger „die ihm gegenüber möglichen staatlichen Eingriffe voraussehen und sich dementsprechend einrichten kann. Er soll sich grundsätzlich darauf verlassen können, dass der Gesetzgeber an abgeschlossene Tatbestände keine ungünstigeren Folgen knüpft, als im Zeitpunkt der Vollendung dieser Tatbestände voraussehbar war (echte Rückwirkung)"; Rechtssicherheit bedeute für den Bürger „in erster Linie Vertrauensschutz".[1757]

Zur Rechtsstaatlichkeit gehöre jedoch „nicht nur die Rechtssicherheit, sondern auch die materielle Gerechtigkeit", und „diese beiden Seiten des Rechtsstaatsprinzips" könnten vom Gesetzgeber nicht immer gleichmäßig berücksichtigt werden; liege die Rechtssicherheit mit der Gerechtigkeit in Widerstreit, so sei es in erster Linie seine Sache, sich für die eine oder andere Seite zu entscheiden – geschehe dies ohne Willkür, so könne die gesetzgeberische Entscheidung aus Verfassungsgründen nicht beanstandet werden.[1758]

Im Zusammenhang mit der verfassungsrichterlichen Legalisierung der rückwirkenden Verlängerung (speziell: Entfristung) der Vollstreckung von Sicherungsverwahrung gemäß § 67d Abs. 3 StGB äußerte sich der 2. Senat zu den Grenzen des Vertrauensschutzgebots (nachdem Art. 103 Abs. 2 GG für unanwendbar er-

---

[1754] Ausf. *Grünwald* 2008.

[1755] BVerfG NJ 2002, 587.

[1756] Krit. *Naucke* 2002, 72f.

[1757] BVerfGE 25, 269 Abs. 95ff. m.w.N., vgl. auch BVerfG BJW 2009, 3570 (Rn. 18) zu den Grenzen eines Widerrufs des Straferlasses (§ 56g Abs. 2 StGB).

[1758] BVerfG aaO Abs. 98 m.w.N.

klärt wurde[1759]): Zwar sei „die Verlässlichkeit der Rechtsordnung“ eine Grundentscheidung freiheitlicher Verfassungen, denn „der Staatsbürger muss die ihm gegenüber möglichen staatlichen Eingriffe grundsätzlich voraussehen und sich dementsprechend einrichten können“. Der Bürger werde in seinem Vertrauen auf die Verlässlichkeit der Rechtsordnung enttäuscht, wenn der Gesetzgeber an Tatbestände nachträglich ungünstigere Folgen knüpfe als diejenigen, von denen der Bürger bei seinen Dispositionen ausgehen durfte.[1760] Der Schutz dieses Vertrauens finde (jedenfalls in Fällen sog. „echter“ Rückwirkung) seinen verfassungsrechtlichen Grund vorrangig „in den allgemeinen rechtsstaatlichen Gründsätzen, insbesondere des Vertrauensschutzes und der Rechtssicherheit“. Bei Gesetzen mit ‚nur‘ tatbestandlicher Rückanknüpfung (sog. „unechte“ Rückwirkung) aber werde „den allgemeinen Grundsätzen des Vertrauensschutzes und der Rechtssicherheit kein genereller Vorrang vor dem jeweils verfolgten gesetzgeberischen Anliegen eingeräumt“, es bedürfe lediglich einer Abwägung.[1761]

Im Zusammenhang mit der beschränkten Rechtskraft des Strafbefehls betonte der 1. Senat bereits 1953, der „vor allem zugunsten des Beschuldigten wirkende Grundsatz der Rechtssicherheit“ müsse zurückstehen „vor dem allgemeinen öffentlichen Interesse an einer gerechten Bestrafung des Täters“.[1762] Art. 103 Abs. 3 GG versuche, die Grenzen der materiellen Rechtskraft abzustecken, die sich auf das „Gebot der Rechtssicherheit und Rechtsruhe“ gründe: sie schütze den Verurteilten davor, wegen des „in der Anklage bezeichneten und individualisierten Sachverhalts nochmals gerichtlich belangt zu werden.“[1763] Der Staat habe sich „um der Rechtssicherheit willen eine freiwillige Begrenzung in seinem Recht auf Verfolgung strafbarer Handlungen auferlegt und damit insoweit auch auf die Durchsetzung des die Gleichmäßigkeit der Rechtsanwendung sichernden Legalitätsprinzips verzichtet“. Auch wenn dies im Einzelfall zu als ungerecht empfundenen Ergebnissen führen könne, so sei doch „vor dem Hintergrund der geschichtlichen Erfahrungen allen Versuchen entgegenzutreten, den Tatbegriff je nach der Schwere der unberücksichtigt gebliebenen Umstände zu verändern, um nachträglich eine gerechte Bestrafung zu ermöglichen“.[1764]

Das Prinzip der Rechtssicherheit liegt mit der Forderung nach materialer Gerechtigkeit häufig im Widerstreit, und es ist „in erster Linie Aufgabe des Gesetzgebers, einen solchen Widerstreit bald nach der Seite der Rechtssicherheit, bald

---

[1759] Exempl. dazu *Rzepka* 2003, 195 ff. m. w. N., vgl. auch *v. Arnauld* 2006, 327 ff. Trotz der gegenläufigen Entscheidung des EGMR (R&P 2010, 38) hielt das BVerfG an seiner Linie fest (Urteil vom 4. 5. 2011 – 2 BvR 2333/08 et al., vgl. auch *Pollähne* 2010 d).

[1760] BVerfGE 109, 133 Abs. 167.

[1761] AaO Abs. 169 und 171 f., vgl. auch BVerfG, Beschluss vom 30. 11. 2010 – 1 BvL 3/07 – juris (Rn. 49), a. A. *Rzepka* 2003, 198; in BVerfG R&P 2009, 209 (Verfassungsmäßigkeit der nachträglichen Sicherungsverwahrung gemäß § 66 b Abs. 3 StGB a. F.) wurde der Beschwerdeführer mit dem Argument eines Verstoßes gegen das Prinzip der Rechtssicherheit schon gar nicht mehr gehört.

[1762] BVerfGE 3, 248; zurückhaltender BVerfGE 65, 377.

[1763] BVerfGE 56, 22.

[1764] BVerfG aaO Abs. 22.

nach der Seite der materialen Gerechtigkeit hin zu entscheiden“: Das Rechtsinstitut der Wiederaufnahme eines rechtskräftig abgeschlossenen Verfahrens[1765] sei eine typische Ausprägung dieser Konfliktsituation, denn in ihm werde „um des Grundsatzes der materialen Gerechtigkeit willen“ das Prinzip der Rechtssicherheit durchbrochen, das sich jedoch dahin auswirke, dass „die Durchbrechung an eine eng begrenzte Anzahl besonderer Ausnahmetatbestände gebunden“ sei; ein Verstoß gegen das Rechtsstaatsprinzip liege daher nicht vor, wenn das Gesetz bei vergleichsweise geringfügigen Straftaten das Prinzip der Rechtssicherheit in den Vordergrund stelle und deshalb die Wiederaufnahmemöglichkeit ausschließe.[1766]

Freilich müsse dies für den Staat erst recht gelten, der sich nicht selbst – so der 1. Senat 1953 in einer seiner ersten Grundsatzentscheidungen zur „Leitidee“ der Rechtsstaatlichkeit und zur Rechtssicherheit als deren wesentlicher Bestandteil[1767] – das ‚Recht‘ einräumen dürfe, rechtskräftige Entscheidungen (in jenem Fall zur NS-Häftlingsentschädigung) zu beanstanden: „Keinesfalls ist ein bloßer Wandel in der Rechtsauffassung, insbesondere in der Auslegung unbestimmter Rechtsbegriffe, dazu geeignet, die Wiederaufnahme eines abgeschlossenen Verfahrens zu rechtfertigen.“ Die legitime Funktion, die Rechtsfolgen abgeschlossener Tatbestände endgültig klarzustellen und damit „Rechtssicherheit zu gewährleisten“, könnte die Rechtsfindung dann nicht mehr erfüllen, vielmehr würde eine „unerträgliche Rechtsunsicherheit eintreten und das Vertrauen in staatliches Handeln aufs schwerste erschüttert“.[1768] Die Rechtssicherheit „verlange nicht nur einen geregelten Verlauf des Rechtsfindungsverfahrens, sondern auch einen Abschluss, dessen Rechtsbeständigkeit gesichert ist“; Rechtsfriede und Rechtssicherheit seien „von so zentraler Bedeutung für die Rechtsstaatlichkeit, dass um ihretwillen die Möglichkeit einer im Einzelfall vielleicht unrichtigen Entscheidung in Kauf genommen werden muss“.[1769] Die seinerzeit geprüfte Vorschrift des sog. „Beanstandungsgesetzes“ (NRW) verstieß „durch die Erweiterung der Wiederaufnahmegründe über jedes voraussehbare Maß hinaus gegen das Prinzip der Rechtssicherheit und damit der Rechtsstaatlichkeit“ und wurde deshalb für nichtig erklärt.[1770]

Ebenfalls in den Kontext „Verlässlichkeit“ gehört schließlich die Frage, in welchem Ausmaß (resp. durch wie viele Instanzen) eine Gerichtsentscheidung anfechtbar sein muss, bevor sie rechtskräftig wird. Ein „Instanzenzug“ sei von Ver-

---

1765 Ausf. *Grünwald* 2008; vgl. auch BGHSt 54, 1 zur (begrenzten) Rechtskraft einer Einstellung nach § 154 Abs. 1 StPO (wenn auch als Begründung zur Aushöhlung des Zeugnisverweigerungsrechts aus § 52 Abs. 1 Nr. 3 StPO).

1766 BVerfGE 22, 322, vgl. auch BVerfGE 11, 263 sowie BVerfG JuS 2011, 83 (zu den Grenzen einer Urteilsberichtigung).

1767 BVerfGE 2, 380.

1768 BVerfG aaO Abs. 52.

1769 BVerfG aaO Abs. 81 und Ls. 6.

1770 BVerfG aaO Abs. 83; vgl. auch BVerfGK 7, 363 m.w.N. und *Grünwald* 2008 zu den Grenzen einer Wiederaufnahme zuungunsten des Angeklagten, allerdings mit dem bedenklichen Vorschlag, diese zuzulassen, wenn der Angeklagte den Anspruch auf Rechtssicherheit selbst „durch rechtswidriges Verhalten verwirkt“ habe (aaO S. 574f.).

fassungs wegen nicht geboten, so der 2. Senat: „Im Interesse der Rechtssicherheit und des Rechtsfriedens" nehme das verfassungsrechtlich gewährleistete Rechtsschutzsystem bei der gerichtlichen Überprüfung „ein verbleibendes Risiko falscher Rechtsanwendung durch das Gericht in Kauf".[1771]

cc) Prozedurale Ansätze

Zum Teil quer zu den o.g. Ansätzen zur Konkretisierung und Strukturierung der Elemente der Rechtssicherheit, zum Teil ergänzend oder überlappend, hat das BVerfG – gerade auch in den letzten Jahren (einem allgemeinen Trend zur Prozeduralisierung folgend, s.u. e) aa) – prozedurale Ansätze entwickelt. Sie zeichnen sich zum Teil dadurch aus, dass sie materiell begründete Rechtsunsicherheiten, die als unverzichtbar eingestuft wurden resp. hinzunehmen seien, prozedural abfedern oder doch zumindest legitimieren sollen. Es ist kein Zufall, dass diese Logik gerade bei den schwerwiegendsten kriminalrechtlichen Sanktionen greifen soll, nämlich bei den unbefristeten und in letzter Konsequenz nurmehr kriminalprognostisch determinierten Freiheitsentziehungen (lebenslange Freiheitsstrafe und Maßregeln nach §§ 63, 66 StGB).

So gewährleiste das „System wiederkehrender Überprüfungen von Aussetzungs- und Erledigungsreife" (bei der Vollstreckung der Sicherungsverwahrung) dem Betroffenen die „angemessene prozedurale Rechtssicherheit".[1772] Er könne bereits vor Vollstreckungsbeginn (gemäß § 67c StGB) voraussehen, zu welchen Zeitpunkten sich „eine Chance auf Entlassung realisieren kann"; dabei sei auch zu berücksichtigen, dass nach Ablauf von zehn Jahren nach dem Willen des Gesetzgebers die Erledigung der Sicherungsverwahrung die Regel und eine Fortdauer nur ausnahmsweise gestattet sei – damit sei insb. den Anforderungen des Art. 1 Abs. 1 GG Genüge getan.[1773]

Ähnliches soll für die Vollstreckung der lebenslangen Freiheitsstrafe gelten: Für die Verfassungsmäßigkeit des grundsätzlich unbefristet wirkenden Freiheitsentzuges sei von zentraler Bedeutung, dass die Gefährlichkeit des Verurteilten und damit auch die Verhältnismäßigkeit des weiteren Freiheitsentzuges „regelmäßig nach den Grundsätzen bestmöglicher Sachaufklärung" überprüft werde (ausf. o. B. I. 3. c). Nur dadurch sei sicherzustellen, dass auch nach Verbüßung von fünfzehn oder mehr Jahren die Freiheitsentziehung nur so lange dauert, wie dies unabdingbar erforderlich erscheint: „Die regelmäßige Überprüfung ist zudem auch deshalb notwendig, weil es bei der lebenslangen Freiheitsstrafe keine absolute Höchstfrist des Vollzuges gibt und eine Gefährlichkeitsprognose nicht für unbeschränkte Zeit

---

[1771] BVerfG StV 2004, 409 m.w.N. (zum Ausschluss der weiteren Beschwerde gemäß § 310 StPO gegen einen dinglichen Arrest); vgl. aber auch *Meyer/Rettenmaier* 2009, 1242f. zum effektiven (nachträglichen) Rechtsschutz gegen strafprozessuale Zwangsmaßnahmen, um zu verhindern, dass „Rechtsfrieden und Rechtssicherheit zu bloßen Argumentationshülsen mutieren", und BVerfGK 13, 218 zur ausnahmsweisen Widerruflichkeit eines Rechtsmittelverzichts „aus Gründen der Gerechtigkeit" bei „schwerwiegenden Willensmängeln".

[1772] BVerfGE 109, 133 Abs. 77 und 109ff.

[1773] BVerfGE aaO Abs. 78 und 100ff., vgl. auch OLG Karlsruhe R&P 2010, 113.

aussagekräftig ist. Die wiederkehrende Überprüfung der Aussetzungsreife gewährleistet dem Betroffenen eine prozedurale Rechtssicherheit und die Perspektive, dass sich seine Chance auf Entlassung in bestimmten Zeitabständen realisieren kann.“[1774] In der ebenfalls zu § 57a StGB ergangenen Entscheidung von 1992 hatte es noch – etwas kryptisch – geheißen, das Gebot der Rechtssicherheit verlange „einen Verlauf des Rechtsfindungsverfahrens, in dem der von einem solchen Eingriff Betroffene Gewissheit über dessen Ausmaß jedenfalls zu demjenigen Zeitpunkt erlangt, der nach der vom Gesetzgeber gewählten Grundstruktur des Verfahrens eine verbindliche Entscheidung erlaubt“.[1775]

Bereits zwischen den Zeilen dieser Formulierungen wird deutlich, wie wenig Sicherheit das Recht den unbefristet Eingesperrten prozedural zu bieten hat: Dass der latent (und potenziell lebenslänglich) Gefangene bzw. Verwahrte voraussehen könne, zu welchen Zeitpunkten sich die Entlassungschance „realisieren kann“, ist nicht mehr als der Verweis auf vom Gesetz versprochene theoretische Möglichkeiten – noch dazu irreführend, denn die Entlassungschance „kann“ sich nur jederzeit realisieren. Vorauszusehen ist lediglich, dass sich ein Gericht von Amts wegen spätestens zu bestimmten Zeitpunkten mit der Frage der Realisierbarkeit zu befassen hat, Ergebnis offen.[1776]

Im Falle einer nachträglichen Sicherungsverwahrung spitzt sich diese Problematik noch einmal zu mit einer weiteren Belastung der Rechtssicherheit: § 66b StGB habe eines ‚mit Sicherheit‘ bewirkt, so *Ullenbruch*, nämlich „eine verbreitete Rechtsunsicherheit“ bei Strafgefangenen (die sich nicht mehr auf die ‚Endstrafe‘ verlassen können), bei der Staatsanwaltschaft (die einschlägige Fälle nur noch mit ‚spitzen Fingern‘ anfasse), bei der Anstaltsleitung (die sachdienliche ‚Erkenntnisse‘ zu sammeln habe) und bei Gutachtern (die riskierten, am ‚Pranger‘ zu stehen).[1777]

dd) Gefühlte Rechtssicherheit?

Außerhalb der vorab entwickelten Systematik von Strukturelementen der Rechtssicherheit in der Rechtsprechung des BVerfG fallen einige wenige Entscheidungen auf, die auf ein diffuses „Gefühl der Rechtssicherheit“ in der Öffentlichkeit bzw. Rechtsgemeinschaft abstellen:

Zur Konkretisierung des (zunehmend verwandten) Begriffs der „Straftaten von erheblicher Bedeutung“ hat das BVerfG – soweit ersichtlich – erstmals in der Grundsatzentscheidung zum sog. „genetischen Fingerabdruck“ (§ 81g StPO, s.o. B. I. 1. b) die in Gesetzgebung und Kommentarliteratur gebräuchliche Definition aufgegriffen, solche Taten müssten „mindestens dem Bereich der mittleren Krimi-

1774 BVerfGE 117, 71 Abs. 100, 104ff. und 126.

1775 BVerfGE 86, 288 Abs. 118, krit. *Rzepka* 2003, 202.

1776 Vgl. auch die Kritik von *Singelnstein/Stolle* 2008, 146 an formalen Rechtsstaatsargumenten; für den lebenslang Gefangenen existierte noch nicht einmal eine dem § 67e StGB (für die freiheitsentziehenden Maßregeln) entsprechende Regelung, krit. dazu *Kinzig/Steinhilber* 2010, 49, vgl. auch *Pollähne* 2010b, 95f.

1777 *Ullenbruch* 2006, 1377f.

nalität zuzurechnen sein, den Rechtsfrieden empfindlich stören und dazu geeignet sein, das Gefühl der Rechtssicherheit der Bevölkerung erheblich zu beeinträchtigen", ohne dies weiter zu erörtern oder auch nur im Kontext der oben dargestellten Rechtsprechung zu problematisieren.[1778] In den Folgeentscheidungen zum sog. „Lauschangriff" und zum GPS-Einsatz wurde hieran formelhaft angeknüpft.[1779] In einem anderen Kontext war derselbe Ansatz bereits 1994 bemüht, genauer: referiert worden: Eine Entscheidung zur Reichweite der Bedrohungs-Strafbarkeit gemäß § 241 StGB zitiert den Gesetzgeber zum Schutzgut der Vorschrift u.a. mit den Worten, die Androhung eines Verbrechens stelle „einen Angriff auf den subjektiven Rechtsfrieden des einzelnen dar", der sich „in seinem Gefühl der Rechtssicherheit beeinträchtigt fühlen" könne.[1780]

Dieser Ansatz kann nicht unkommentiert bleiben, jedoch wird darauf in anderem Zusammenhang zurückzukommen sein (s.u. d) bb).

d) Rechtssicherheit und Sicherheitsrecht

Mit anderen rechtsstaatlichen Prinzipien kann die Rechtssicherheit – wie gesehen – in Konflikt bzw. in Widerspruch geraten, z.B. mit der Rechtmäßigkeit (etwa hinsichtlich Widerruf oder Rücknahme von Verwaltungsakten).[1781] Rechtssicherheit und materielle Gerechtigkeit können im Widerstreit stehen, insbesondere dann, wenn es um „die Frage der Rechtskraft einer materiell unrichtigen Gerichtsentscheidung oder der Bestandskraft eines materiell unrichtigen Verwaltungsaktes geht"; dabei sei „die Rechtssicherheit und mit ihr auch der Rechtsfrieden" von so hoher Bedeutung, dass je nach den Umständen „um ihretwillen auch die Möglichkeit einer im Einzelfall unrichtigen Entscheidung in Kauf genommen werden muss".[1782] Das Streben nach „Gesetzesstaatlichkeit, von Haus aus auch dazu bestimmt, der Rechtssicherheit zu dienen", könne schließlich sogar „geradewegs zu Rechtsunsicherheit führen, wenn die Gesetze unkontrolliert zu wuchern beginnen".[1783]

Einige dieser Punkte wurden im Rahmen der Analyse der einschlägigen BVerfG-Rechtsprechung analysiert (s.o.). Hier sei jedoch ein anderes Spannungsfeld thematisiert, das im vorliegenden Kontext weitaus mehr Brisanz entfaltet: der Widerspruch zwischen dem Schutzprinzip Rechtssicherheit und sicherheitsstaatlichen Schutzpflichten.[1784]

[1778] BVerfGE 103, 21 m.w.N., insb. auf BT-Drs 13/10791, 5.

[1779] BVerfGE 109, 279 und 112, 304 und jüngst 124, 43 (Rn. 73).

[1780] BVerfG NJW 1995, 2776 unter Verweis auf BT-Drs 7/3030, 9.

[1781] Ausf. *Maurer* 2007, 222f.

[1782] *Zippelius/Würtenberger* 2008, 107, ähnlich *Berg* 2007, 77; zur Antinomie mit einem ggf. gebotenen „richterrechtlichen Rechtswandel" vgl. *Zippelius/Würtenberger* aaO S. 123 und *N. Horn* 2007, 280f.

[1783] *Zippelius* 2010, 238f., vgl. auch *Stefan* 2002, 153ff.

[1784] Vgl. auch *v. Arnauld* 2006, 82ff. und 92ff.

aa) Welche Gerechtigkeit für „Falsche Positive"? *(Volckart)*

Im Rahmen seiner Untersuchungen über die „falschen Positiven und die Gerechtigkeit" hat *Volckart* das „kriminalprognostische Einsperren" unter Inkaufnahme falscher Positiver als Element eines utilitaristischen Konzepts beschrieben: „Sie bilden die Minderheit, für die der Utilitarismus keinen Schutz vorsehen kann", womit Gerechtigkeit freilich noch nicht begründet sei.[1785] Der Staat habe jedoch nicht nur die Freiheitsgrundrechte der Betroffenen zu wahren, er habe auch eine Schutzpflicht zu erfüllen: Sie beruhe aber nicht auf „den Bedürfnissen der Mehrheit der Bevölkerung, sondern auf den Grundrechten der potentiellen Opfer", denn man könne „die staatliche Schutzpflicht ohne einen Katalog von Grund- und Menschenrechten nicht denken", weshalb „Rechtsfigur und Praxis des kriminalprognostischen Freiheitsentzugs" grundsätzlich Verfassungsrang zukämen.[1786] Damit heraufbeschworene Missverständnisse versucht er sogleich wieder zu zerstreuen: Auch wenn demnach „falsche Positive von Rechts und Verfassungs wegen" vorkommen dürften, könne man „diese Opfer doch nicht aus den Grundrechten der vom Staat Geschützten ableiten, denn das würde ja bedeuten, willkürlich die Individualrechte der im Vorhinein nicht identifizierbaren einen Menge den Individualrechten der ebenfalls nicht identifizierbaren anderen Menge vorzuziehen"; vielmehr bleibe es dabei, dass man „den kriminalprognostischen Freiheitsentzug einschließlich der dabei vorkommenden falschen Positiven nur aus dem Gemeinwohlinteresse, also utilitaristisch" begründen könne.[1787]

Die in einem solchen Konzept unter Gerechtigkeitsgesichtspunkten gleichwohl unverzichtbare Wahrung der Grund- und Menschenrechte versucht *Volckart* abschließend so in den Griff zu kriegen: Die falschen Positiven bräuchten (über die Verwirklichung der Grundrechte durch das jeweilige Vollzugsrecht hinaus) „etwas Zusätzliches": Sie bräuchten einen „zusätzlichen Vorteil, auch wenn er zugleich den von ihnen nicht zu unterscheidenden wahren Positiven zukommt, weil sie sonst den strafrechtlich schuldig gewordenen und Bestraften völlig gleichgeachtet würden", und das könne man nicht als gerecht bezeichnen. Das von Gerechtigkeits wegen zusätzlich Erforderliche müsse in einer „Verteilung der Fehlerrisiken, also in einer Risikoabschätzung nach beiden Seiten hin, verwirklicht werden". Jenseits der zur Bestimmung des Umschlagspunktes zu beachtenden Aspekte „Schwere der befürchteten Tat" und ggf. der „Dauer des bereits erlittenen Freiheitsentzuges" habe eine dritte Variable hinzuzutreten: „Der kriminalprognostische Rechtsanwender hat zusätzlich unter Berücksichtigung aller Möglichkeiten, die Basisrate zu schätzen, auf eine angemessene Verteilung der Fehlerrisiken Bedacht zu nehmen. Die Unmöglichkeit, die jeweilige Basisrate zuverlässig zu ermitteln, darf dem nicht entgegenstehen; an dieser Stelle muss die Unsicherheit zu Lasten der Allgemeinheit gehen."[1788]

1785 *Volckart* 2004, 142 f.

1786 AaO S. 143 f.

1787 AaO S. 144 und 152.

1788 AaO S. 154 f.

Jedenfalls im Ergebnis ähnlich *Kammeier*: Der Anspruch auf Schutz vor gefährlichen Mitmenschen, den die Verfassung dem Bürger gewähre, beschränke sich grundsätzlich auf „die Einhaltung und Sicherung von Mindeststandards. Eine Risikovorsorge unterhalb einer rational bestimmbaren Gefahrenschwelle ist verfassungsrechtlich nicht geboten. Wie das Grundgesetz keine unbegrenzte Freiheit garantiert, so ist ihm ebenso wenig ein Anspruch auf unbegrenzte Sicherheit zu entnehmen. Freiheit und Sicherheit sind miteinander abwägungsbedürftig. Die grundgesetzliche Entscheidung lautet auf ein gewisses Maß an Risiko und gegen einen Sicherheitsstaat. Sozialadäquate Risiken sind dem Bürger, der in einem sozialen Gemeinwesen und nicht einsam und allein auf einer Insel lebt, zumutbar und müssen von ihm hingenommen werden".[1789]

Der Wille zu einer „gerechten" Risikoverteilung ist erkennbar, die verbleibenden Probleme werden benannt, die angebotenen Lösungen bleiben schwach: Die von *Volckart* vorgeschlagene Basisraten-Lösung überrascht in Anbetracht der gerade von ihm vorgebrachten treffenden Kritik an ‚Basisraten-Prognostik' (ausf. o. E. III. 3.). Nimmt man seinen Hinweis auf die Unmöglichkeit, die jeweilige Basisrate zuverlässig zu ermitteln, ernst, so hinterlässt die empfohlene Schätzung immer ein gehöriges Maß an Unsicherheit (gerade bei jenen Fällen, in denen die Allgemeinheit am wenigsten Risiko tragen möchte): Dies in jedem Fall zu Lasten der Allgemeinheit gehen zu lassen, ist mutig – aber konsequent! Die von *Kammeier* bemühten Maßstäbe einer „rational bestimmbaren Gefahrenschwelle", eines „gewissen Maßes an Risiko" oder schlicht „sozialadäquater Risiken" erweisen sich hingegen eher als Ausdruck der allgemeinen kriminalprognostischen Rat- und Hilflosigkeit denn als Benennung justiziabler „Mindeststandards": Die reklamierte „Abwägungsbedürftigkeit" öffnet letztlich wieder das Tor für die kriminalpolitisch motivierte Zuteilung von Sozialadäquanz-Risiken zu Lasten der Freiheit.[1790]

bb) Öffentliche Rechtssicherheit?

Im Rahmen neuerer Entscheidungen zu strafprozessualen Informationseingriffen (Lauschangriff, DNA-Analyse, GPS, s.o. c) dd) verwendet das BVerfG eine im vorliegenden Kontext gegenläufig wirkende Formulierung im Hinblick auf Straftaten „von erheblicher Bedeutung" (z.B. in § 100c Abs. 1 Nr. 1 lit. b StPO): Diese müssten „mindestens dem Bereich der mittleren Kriminalität zuzurechnen sein, den Rechtsfrieden empfindlich stören und dazu geeignet sein, das Gefühl der Rechtssicherheit der Bevölkerung zu beeinträchtigen".[1791]

Ungeachtet der verfassungsrechtlich irritierenden Unbestimmtheit solcher Kategorien wie ‚Rechtssicherheitsgefühl' und ‚Gefühlsbeeinträchtigung' (und der völlig offenen Frage, wie denn die „Bevölkerung" fühlt, von den sich aufdrängenden Assoziationen zum „Volksempfinden" ganz zu schweigen[1792]), ist diese Ver-

---

1789 *Kammeier* 2006, 136.
1790 Vgl. auch *Mokros et al.* 2010.
1791 BVerfGE 112, 304 (GPS-Entscheidung) Rn. 46 m.w.N., vgl. *N. Horn* 2007, 16f.
1792 Vgl. *Schmitz-Berning* 2000, 270.

wendung des Rechtssicherheits-Prinzips im kriminalrechtlichen Kontext bisher vereinzelt geblieben: Ob das BVerfG damit an die o.g. Diskussionen zu einem „Recht auf Sicherheit" (vor ‚mittlerer Kriminalität') anknüpfen wollte oder an die Ausführungen (auch des EGMR) zu den diesbezüglichen Schutzpflichten des Staates (s.o. a) bb), bleibt offen – kann hier aber auch offen bleiben, da das Gericht diesen Gedanken, soweit ersichtlich, selbst an keiner anderen Stelle ausführt.[1793]

Anknüpfen könnte eine solche Argumentation einerseits an Diskussionen zu Beginn des letzten Jahrhunderts: So stellte *Aschaffenburg* stellvertretend die Frage, wie denn der Rechtsgrundsatz, dass ein Geisteskranker nicht bestraft werden kann, „mit den Bedürfnissen der öffentlichen Rechtssicherheit zu vereinigen" sei.[1794] Andererseits könnte angeknüpft werden an eine Verwendung, die der Begriff der Rechtssicherheit in der DDR gefunden hatte, wonach diese u.a. dann gewährleistet sei, wenn nicht nur Wohnung und Arbeitsplatz gesichert, für Krankheit und Alter vorgesorgt und die effektive Durchsetzung des ‚sozialistischen Rechts' garantiert war, sondern wenn auch die Kriminalität niedrig war.[1795]

Auf diesem Weg wird die Rechtssicherheit mindestens neutralisiert, wenn nicht zwischen individuellen und öffentlichen Sicherheitsinteressen zerrieben; noch näher liegt jedoch die Verschiebung der Gewichte in Richtung Staatssicherheit und damit die tendenzielle Preisgabe der Rechtssicherheit Einzelner. Zwar mag Sicherheit, insbesondere die Sicherheit vor Kriminalität, eine der Voraussetzungen für Freiheit sein: „Sicherheit vor Kriminalität mit den Mitteln des Polizei- und Strafrechts kann jedoch nur gewährt werden durch Maßnahmen, die auch Eingriffe in Freiheitsrechte von Bürgern beinhalten", was zu dem bekannten Dilemma führe, dass eine Staatstätigkeit, welche Sicherheit als Voraussetzung für Freiheit anstrebt, zugleich und untrennbar die Freiheit und damit die Sicherheit Einzelner reduziert.[1796]

„Gefühlte" Rechtssicherheit in der Bevölkerung[1797] mag einen mehr oder weniger großen Einfluss auf die „Gefühle" vermeintlich rationaler Kriminalpolitiker haben, was man konstatieren und demokratisch legitimieren oder bedauern und kriminologisch delegitimieren mag.[1798] Bedenklich wird dies spätestens dann, wenn sich solche Gefühle – wie im Falle des „SexBG 1998" – in Gesetzesänderungen Bahn brechen (§§ 57, 67d StGB, 454 StPO, s.o. B. I. 3. c) und 4. b), die

---

1793 Im Kontext der „Störung des öffentlichen Friedens" (z.B. in § 126 Abs. 1 Nr. 2 StGB) hat der BGH wiederholt die Auslegung bekräftigt, dieser sei gestört, wenn „das Vertrauen der Bevölkerung in die öffentliche Rechtssicherheit erschüttert wird" (vgl. zuletzt BGH NStZ 2010, 570 und NStZ-RR 2011, 78).

1794 Aschaffenburg (1912, 1) zit. nach *Gohde/Wolff* 1992, 163.

1795 Dazu *v. Arnauld* 2006, 82f., 95f. m.w.N., vgl. auch *Krauß* 2008, 52ff.

1796 *Kühne* 2003, 3.

1797 Krit. zum (Un-)Sicherheitsgefühl (insb. in puncto sog. „Verbrechensfurcht") und dessen sicherheitspolitischer Instrumentalisierung *Stolle* 2011 m.w.N., vgl. auch *Jasch* 2010, 226f. und *P.-A. Albrecht* 2010b, 810.

1798 Exempl. die Kontroverse zwischen *Hassemer* 2006, 329 und *P.-A. Albrecht* 2006, 14f., vgl. auch *v. Arnauld* 2006, 96f.

die davon Betroffenen in ihrer Rechtssicherheit beeinträchtigen und dem „Gefühl“ der Bevölkerung nach wohl auch beeinträchtigen sollen.[1799] Unter dem Aspekt der Verlässlichkeit des Rechts in seiner Ausprägung als Effektivität kann die öffentliche Rechtsgemeinschaft das Prinzip der Rechtssicherheit allenfalls geltend machen als Anspruch auf Durchsetzung von Entscheidungen, die der Gefahrenabwehr dienen.[1800] Alles andere sind rechtsstaatlich unerträgliche Relativierungen zu Lasten der individuellen Rechtssicherheit: Sie muss an „die Perspektive des Rechtsunterworfenen“ gebunden bleiben und ihre rechtliche Relevanz an „die Anerkennung von dessen subjektiven Rechten“ koppeln.[1801]

cc) Kriminalpolitische Relativierungen

Gegen ein „Gefährlichkeitsstrafrecht“ (etwa in Gestalt der ehedem propagierten „Neuen Sozialverteidigung“) und die damit einhergehende spezialpräventive Individualisierung wurde häufig der Bestimmtheitsgrundsatz des Art. 103 Abs. 2 GG ins Feld geführt, demgegenüber wiederum der Gleichbehandlungsgrundsatz geltend gemacht wurde, der im Zweifel „als echtes Grundrecht“ vorgehe.[1802] „Bei einer freiheitlichen Grundauffassung dürfen deshalb Bestimmtheit und Rechtssicherheit allein zugunsten des Individuums die individuelle Gerechtigkeit einschränken.“[1803] Abgesehen davon habe „das klassische Verständnis der Rechtssicherheit“ aber weitgehend außer Acht gelassen, ob die Strafe „auch ihren Sinn erreichte und dem Menschen zum Guten diente“: Allein die „nach den Resozialisierungs- und Schutzbedürfnissen individualisierte Strafe“ bringe „wenigstens annähernd die Sicherheit, dass die Strafe zweckvoll und menschenschützend ist“.[1804] Bemerkenswert daran ist die terminologisch unauffällige, in ihrer Konsequenz aber weitreichende Verschiebung der Aufmerksamkeit von „dem Menschen“, dem die Strafe „zum Guten“ dienen möge, hin zu „den Menschen“, die damit „geschützt“ werden sollen.[1805] Diese Vergemeinschaftung der individuellen Rechtssicherheitsinteressen ist Merkmal eines politischen Zweckstrafrechts[1806] und führt zu rechtsstaatlich und menschenrechtlich bedenklichen Relativierungen der Rechtssicherheit.

Im klassischen Straf-Rechtsverständnis wird die Rechtssicherheit in der Regel dem Tatbestand zugedacht, der Strafrahmen diene hingegen der Verwirklichung

---

[1799] Dazu *Singelnstein/Stolle* 2008, 156.

[1800] Vgl. auch *v. Arnauld* 2006, 368f. zur Ahndung von Rechtsverstößen als Mittel der Rechtsdurchsetzung.

[1801] So in historischer Ableitung *v. Arnauld* 2006, 146 (vgl. auch aaO S. 115ff., 162, 651ff. zur „Sicherung eines autonomen Eigenbereichs“ und S. 122ff. zum Begriff des „Rechtsunterworfenen“ im Sinne einer „Staat-Bürger-Dichotomie“).

[1802] Exempl. *Melzer* 1970, 127f. m.w.N.

[1803] *Melzer* aaO S. 127 unter Verweis auf Baumann.

[1804] *Melzer* aaO S. 128.

[1805] Ähnlich im Ergebnis *Schall/Schreibauer* 1997; exempl. zu den Auseinandersetzungen um die Vollzugszielbestimmung in § 2 StVollzG einerseits und den neuen Landesgesetzen zum Strafvollzug andererseits AK-StVollzG-*Feest/Lesting* § 2 Rn. 7ff. und *Köhne* 2009.

[1806] Vgl. *Vormbaum* 1995, 746.

materialer Gerechtigkeit: „Während der Tatbestand im Interesse der Freiheitssicherung des Bürgers Rechtssicherheit vor nicht vorhersehbarem strafendem Zugriff des Staates gewährleisten soll, steckt der Strafrahmen des Feld möglicher Strafreaktionen ab, das eine richtige Entscheidung im Einzelfall, eine gerechte Strafe, ermöglichen soll."[1807] Deshalb stehe der Tatbestand „einer rechtsanwendenden Kriminalpolitik an sich nicht offen", denn seine Merkmale „definieren die durch den Gesetzgeber Gesetz gewordene Kriminalpolitik"; demgegenüber bestehe „auf Seiten der Rechtsfolgen bei der Strafzumessung, die den Einzelfall mit seiner Detailliertheit einer individuellen Bewertung zugänglich macht, und die ein der Berechenbarkeit und Vorhersehbarkeit der staatlichen Reaktion verpflichteter Straftatbestand nicht als gesetzliche Regelsetzung hinreichend zu erfassen vermag", eine „rechtlich gebundene kriminalpolitische Offenheit".[1808]

Die damit heraufbeschworenen Missverständnisse – keine Rechtssicherheit bei der Rechtsfolgenbestimmung? – werden nur ansatzweise wieder ausgeräumt: Die Rechtssicherheit könne „als eine Forderung an den Tatbestand beschrieben werden, die auf Klarheit, Durchsichtigkeit und Stetigkeit der Rechtsregelung sowie die Voraussehbarkeit der Rechtsfolgen" abziele. Dabei drücke die Rechtssicherheit „ein formalisiertes Rechtsprinzip" aus, das in einer „gleichmäßigen, kalkulierbaren und rationalen Entscheidungstätigkeit des strafenden Staates seinen Ausdruck" finde, wobei „die Gleichsetzung von Rechtssicherheit und objektiv verstandener, im Unterschied zur subjektiven Vorhersehbarkeit der staatlichen Reaktion" der freiheitssichernden Aufgabe von Art. 103 Abs. 2 GG entspreche.[1809] Rechtssicherheit – „als normativer Inhalt des Tatbestandes Ausdruck des Vertrauens der Bürger in festgelegte Entscheidungsregeln" – bedeute im Strafrecht demnach, dass „die Grenzen strafbaren Verhaltens für den Bürger objektiv vorhersehbar festgelegt werden, damit der einzelne einerseits sein Verhalten entsprechend einrichten kann und er andererseits – was praktisch gesehen von größerer Bedeutung ist – bei einem gegen ihn erhobenen strafrechtlichen Vorwurf seine Verteidigung auf eine objektiv gesicherte Unterscheidung von Recht und Unrecht stützen kann".[1810] Erkenne man jedoch „die (deutliche) Relativierung der Gesetzesbindung des Richters bei der Festlegung der konkreten Rechtsfolge" an, so werde ersichtlich, dass sich „Tatbestand und Rechtsfolge anhand der Rechtssicherheit und materialen Gerechtigkeit unterscheiden lassen".[1811]

Die Komponente „Rechtssicherheit" der *Radbruch*schen Rechtsidee[1812] begrenze – so *Vormbaum* – „expansive Tendenzen sowohl des Gerechtigkeitsdenkens als

---

[1807] *Krahl* 1999, 214.

[1808] *Krahl* aaO S. 215.

[1809] *Krahl* aaO S. 216f. m.w.N.

[1810] *Krahl* aaO S. 217. m.w.N.; vgl. zu den besonderen Problemen der Rechtssicherheit im Bereich der Strafbarkeit auf Grund unbestimmter Begriffe *v. Hippel* 1972, 14ff.

[1811] *Krahl* aaO S. 220; krit. zur zunehmenden Flexibilisierung der Rechtsfolgen *Naucke* 2002, 73f.

[1812] Dazu u.a. *Henkel* 1958, 16ff., *v. Arnauld* 2006, 18ff., 637ff., 691f.; vgl. auch *Vormbaum* 1995, 735, 745ff. und *Kunz/Mona* 2006, 143ff. jeweils m.w.N. zu den Grenzen der sog. *Radbruch*schen Formel.

auch des Zweckmäßigkeitsdenkens“: Der Grundsatz „nullum crimen sine lege“ werde meist dann aktuell, wenn „unser Gerechtigkeitsempfinden eine Gleichbehandlung zu Lasten des Beschuldigten“ fordere, andererseits weise er „durch seine strenge Förmlichkeit Zweckmäßigkeitsüberlegungen im Einzelfall in ihre Schranken“; so sei etwa Entkriminalisierung durch Erweiterung des Opportunitätsprinzips besonders unter dem Gesichtspunkt der Rechtssicherheit problematisch, weil sie „Sanktionierung der kriminalpolitischen Beurteilung durch Strafverfolgungsorgane“ anheimgebe.[1813] Im Strafrecht als dem rechtsstaatlich sensibelsten Rechtsbereich müssten „Gerechtigkeit und Rechtssicherheit als die >allgemeingültigen Elemente der Rechtsidee< stärkeres Gewicht gegenüber ihrem >relativistischen Element<, der Zweckmäßigkeit“ haben als in anderen Rechtsgebieten.[1814] Die daraus abgeleitete „abolitionistische Perspektive“ könne sich auch auf *Radbruch* berufen, der bekanntlich gefordert habe, das Strafrecht durch etwas zu ersetzen, das besser sei als Strafrecht: Dabei geht es *Vormbaum* jedoch nicht um ein „Besserungs- und Bewahrungsrecht“, sondern um „Reaktionsformen, die weniger in die Autonomie von Bürgern und Bürgerinnen eingreifen als Strafen“, denn das Strafrecht sollte eben nur durch „etwas Besseres“ ersetzt werden.[1815]

dd) Gesetzlichkeitsprinzip

Schützte bei *Beccaria* und *Feuerbach* die Gesetzlichkeit jedenfalls als Nebenprodukt einer zweckmäßigen Kriminalpolitik noch jeden Bürger gegen den Staat, so wurde bei *v. Liszt* die Gesetzlichkeit ein vermeintlicher Schutz des Verbrechers gegen den Staat: „Das macht die Gesetzlichkeit auf die Dauer lächerlich“, so *Naucke*,[1816] der zugleich trefflich herausarbeitet, dass *v. Liszt* damit seine eigene Devise, das Strafrecht sei „die unübersteigbare Schranke der Kriminalpolitik“, lächerlich machte.[1817] Eines der fortwährend aktuellen Beispiele für die Einbußen des Gesetzlichkeitsprinzips unter kriminalpolitischer Zweckrationalität ist für *Naucke* das „rückwirkende Maßregelrecht“: Die Beruhigung, es handle sich „nur um eine zweckmäßige, verbrechensbekämpfende Ausnahme“, sei nicht leicht zu haben.[1818] Auch *Vormbaum* sieht das Maßregelrecht als herausragendes Beispiel für eine Gesetzgebungstendenz der letzten (nun mehr als) 100 Jahre „zur Entformalisierung, Flexibilisierung und Ausweitung des Strafrechts“.[1819]

Das bereits Ende der 1980er Jahre formulierte Fazit *Nauckes* fällt resignativ aus: „Die aktuelle strafrechtliche Gesetzlichkeit ist die Gesetzlichkeit der Straftatenbekämpfung, ist nur Konturierung von Machtmengen mit der Neigung zur Öffnung von Durchlaßstellen. Die kritische Aufgabe der Gesetzlichkeit ist weggefallen. Das Gesetz begrenzt die Kriminalpolitik nicht. Die Kriminalpolitik kann sich

---

[1813] *Vormbaum* 1995, 755/756.
[1814] *Vormbaum* 1995, 746 unter Verweis auf *Radbruch*.
[1815] *Vormbaum* aaO S. 748 f.
[1816] *Naucke* 1989, 864, vgl. *Rzepka* 2003, 196 f.
[1817] Vgl. auch *Vormbaum* 1995, 735 ff. sowie *Pawlik* 2004, 30 f.
[1818] *Naucke* aaO S. 865.
[1819] *Vormbaum* 1995, 737, 740.

nur noch selbst begrenzen. Das ist ein nicht ungefährlicher Zustand. Das Strafrecht kann schlimme Inhalte annehmen, ohne die Gesetzlichkeit aufgeben zu müssen; es bedarf nur einer kräftigen Kriminalpolitik."[1820] Das Verständnis davon, dass Gesetzlichkeit „Freiheitsschutz für Täter und Opfer" sei, gehe verloren.[1821] Wie die Entwicklung der nächsten 20 Jahre gezeigt hat, haben seine Analysen und Warnungen nichts an Aktualität eingebüßt: Die Kriminalpolitik ist „kräftiger" geworden, als *Naucke* selbst es befürchtet haben mag.[1822]

Auch *P.-A. Albrecht* setzt gegen den „freiheitsverzehrenden Sicherheitsstaat" auf die schützenden Formen eines rechtsstaatlichen Strafrechts, insb. auf die formalen und inhaltlichen Komponenten des Prinzips der Strafgesetzlichkeit (Art. 103 Abs. 2 GG): „Gesetzlichkeit schafft Garantien, setzt Grenzen, ermöglicht der Freiheit ihren größtmöglichen Gebrauch. So gesehen stiftet Strafgesetzlichkeit auch Sicherheit."[1823]

e) Prozedurale Rechtssicherheit

In einigen einschlägigen Entscheidungen der letzten Jahre bemüht das BVerfG – insb. zur Legitimation kriminalprognostisch begründeter, unbefristeter Freiheitsentziehung (lebenslange Freiheitsstrafe, Sicherungsverwahrung, s.o. c) cc) – die Klausel der prozeduralen Rechtssicherheit (s.u. cc). Ein einheitlicher Sprachgebrauch ist insoweit nicht auszumachen, die Übergänge zu prozeduraler Gerechtigkeit oder Verfahrensgerechtigkeit (s.u. bb) sind offenbar fließend; ihnen gemeinsam scheint das allgemeine rechtstheoretische Konzept der Prozeduralisierung:

aa) Prozeduralisierung

Im Rahmen dessen, was als „reflexive Wende des Naturrechtsdenkens" (ausgerichtet an den Maximen der „reflexiven Rechtstheorie") thematisiert wird, kommt für *Kunz* und *Mona* das angemessene Vorgehen zur Bestimmung potenziell konsensfähiger moralischer Vorstellungen in den Blick: „Nicht die Materie oder die Substanz der Gerechtigkeit, sondern die Prozedur zu ihrer Auffindung ist benennbar. Es geht also um eine Art Qualitätssicherung moralischer Urteile durch die Einhaltung prozeduraler Prinzipien", die bestimmen, wann ein Verfahren zur Aufstellung moralischer Aussagen als vernünftig gilt.[1824] Wenn die Sachrichtigkeit zu treffender Entscheidungen einerseits bestimmungsbedürftig, andererseits jedoch nicht objektiv bestimmbar ist, dann bleibe nur die Möglichkeit, wenigstens die Prozedur anzugeben, mit deren Hilfe man zu richtigen Entscheidungen gelangt.

[1820] *Naucke* aaO S. 867.
[1821] Ebda.
[1822] Das wird nicht zuletzt in den anhaltenden Auseinandersetzungen um die Reichweite des Rückwirkungsverbots im Maßregelrecht deutlich: Ob und ggf. wie weit der deutsche Rechts- und Sicherheitsstaat dem EGMR (R&P 2010, 38) folgen wird, steht noch dahin (vgl. *Pollähne* 2010 d m. w. N. einerseits und BVerfG, Urteil vom 4. 5. 2011 andererseits).
[1823] *P.-A. Albrecht* 2010 a, 119, vgl. *ders.* 2006, 53 ff.
[1824] *Kunz/Mona* 2006, 159.

Nicht das Ergebnis, jedoch zumindest der Weg zu ihm könne allgemeingültig ausgewiesen werden.[1825] Am Ende ihrer kritischen Analysen zur prozeduralen Theorie der Gerechtigkeit bei *Rawls* gehen sie auf die Notwendigkeit der Einrichtung „staatlicher Instanzen mit Entscheidungsgewalt" ein[1826]: Auch staatliche Organe der Rechtserkenntnis, also insb. Gerichte und Verwaltungsbehörden, müssten „ihre Richtigkeitsvorstellungen diskursiv entwickeln und, zumindest auf Verlangen, begründen. Richterliche Rechtserkenntnis ist auf Konsensfähigkeit ausgerichtet: Sie beruht auf rechtlichem Gehör, nachvollziehbarer Prüfung von Beweisen, prinzipiengebundener Entscheidung und öffentlicher Begründung".[1827]

A. v. Arnauld behandelt die „prozeduralen Methoden" fast ausschließlich im Kontext der „Berechenbarkeit des Rechts" (jenseits inhaltlicher Fremd- und Selbstbindungen) entlang der drei Aspekte: Transparenz des Verfahrens, Information und Hinweise sowie zeitlicher Aufschub.[1828] Die Berechenbarkeit künftiger Rechtsakte könne nicht nur durch inhaltliche Determinierung und Präjudizierung gefördert werden, sondern auch durch den Einsatz von Verfahren, die es dem Betroffenen ermöglichen, die Entscheidung kommen zu sehen, die ihm die zu treffende Rechtsentscheidung – im Wortsinne – vorhersehbar machen: „Während der materielle Modus der Berechenbarkeit auf Beständigkeit des Entscheidungsprogramms zielt, ist deren prozeduraler Modus vorzüglich auf die Erkennbarkeit des Entscheidungsprozesses bzw. seiner Stadien angewiesen."[1829] In puncto „Transparenz" (Publizität) geht es ihm vorrangig um die Öffentlichkeit solcher Prozesse, sei es auf legislativer Ebene, im Verwaltungsverfahren oder vor Gericht.[1830] Informationen und Hinweise könnten schließlich auch im gerichtlichen Verfahren zur „prozeduralen Gewährleistung berechenbaren Rechts" beitragen.[1831]

bb) Prozedurale (bzw. Verfahrens-)Gerechtigkeit

Prozedurale Gerechtigkeit, oder auch Verfahrensgerechtigkeit (s.u.), meine – hier wird Bezug genommen auf die Ausführungen von *Schatz* – etwas anderes als ‚nur' die „verfahrensmäßige Absicherung einer materiell gerechten Entscheidung", denn sie habe „ihre materiale Basis im Verfahrensablauf und ist damit von der Verwirklichung des materiellen Rechts unabhängig".[1832] Rechtsstaatliche und

---

[1825] Ebda.

[1826] Zu den „prozeduralen Sicherungen (des Grundrechtsschutzes)" z.B. durch den Richtervorbehalt vgl. BVerfGE 112, 304 (GPS-Entscheidung) Rn. 56 m.w.N.

[1827] *Kunz/Mona* aaO S. 172 (vgl. auch S. 164ff. zur Theorie Rawls).

[1828] *v. Arnauld* 2006, 458ff. – der letztgenannte Aspekt bedarf hier keiner weiteren Erörterung, weil die (auch vom Autor genannte) Möglichkeit des Vollstreckungsaufschubs (§ 456 StPO) keine kriminalprognostischen Besonderheiten aufweist, sieht man einmal davon ab, dass dessen Anwendung gemäß § 463 Abs. 5 S. 3 StPO bei angeordneter Sicherungsverwahrung ausscheidet.

[1829] *v. Arnauld* 2006, 458f., vgl. auch *Eisenberg* 2007c zu den Grenzen der Prognostizierbarkeit strafrichterlicher Entscheidungen.

[1830] *v. Arnauld* 2006, 460ff.

[1831] AaO S. 466f.

[1832] *Schatz* 1999, 195 m.w.N. zum Diskussionsstand.

grundrechtsschützende Sicherungen des Prozessrechts können der Wahrheitserforschung dabei durchaus entgegenstehen: Die „prozessuale Verfälschung des Richtigen“ zeige, so *Schatz*, dass „das Verfahrensrecht hier offensichtlich anderen Vorgaben als denen materieller Ergebnisgerechtigkeit folgt“.[1833] Mit eigenen verfahrensrechtlichen Wertentscheidungen belegten die prozessualen Schutzprinzipien „die angesprochene verfahrenszentrierte Selbständigkeit und sind Ausdruck prozeduraler Gerechtigkeit“.[1834]

Da die Normen des materiellen Rechts „grundsätzlich interpretationsfähige Sätze sind, die die Entscheidung keineswegs vollständig determinieren“, erhalte es seine konkrete Gestalt „erst im Prozess, in dem die mangelnde materielle Programmierung kompensiert“ werde; dies rechtfertige sich nicht zuletzt daraus, dass „die finale Ergebnisgerechtigkeit nicht garantiert werden“ könne: Angesichts „pragmatischer wie erkenntnistheoretischer Defizite bei der Wahrheitserforschung“ werde die Wirklichkeit als Entscheidungsbasis zwangsläufig mehr oder weniger verfehlt. Die Entscheidung legitimiere sich sonach nicht allein durch das – nach menschlicher Erkenntnis stets zweifelhafte – Endergebnis, sondern auch durch das Verfahren selbst.[1835] Ähnlich *Hassemer*: „Wenn das Vorverständnis eine Bedingung der Möglichkeit von Verstehen ist, dann kann die Richtigkeit richterlichen Verstehens nicht substantiell, sondern nur procedural hergestellt und nachgeprüft werden.“[1836]

Als Elemente prozeduraler Gerechtigkeit können *Schatz* zufolge gelten: „Die im Gebot der Justizförmigkeit des Verfahrens enthaltenen Beschränkungen der Wahrheitserforschung, die richterliche Unabhängigkeit, das Recht des Beschuldigten auf Beistand eines Verteidigers, das rechtliche Gehör, die prozessuale Waffengleichheit, die Öffentlichkeit des Verfahrens, die Einrichtung eines gerichtlichen Instanzenzuges“ und ferner das Beweisantragsrecht. Ein weiteres Gebot prozeduraler Gerechtigkeit sei schließlich „die Schaffung von Rechtssicherheit“: Rasch für klare Verhältnisse zu sorgen und „ein für allemal Verfahrensbeendigung herbeizuführen, ist deshalb ebenso ein Ausdruck von Verfahrensgerechtigkeit, wie bestimmte Gebote der Verfahrensdurchführung“.[1837]

Nach allem lasse sich „die Emanzipation des Verfahrensrechts vom materiellen Recht“ wie folgt auf den Punkt bringen: „Nicht allein die Endentscheidung, das finale >Was<, ist von Bedeutung, sondern auch das Verfahren der Ergebnisfindung, das modale >Wie<.“ Gerechtigkeit als Verfahrensziel umschließe deshalb „sowohl die Forderung nach materieller Ergebnisgerechtigkeit als auch das Gebot, durch bestimmte Strukturanforderungen an das Verfahren“ prozedurale Gerechtigkeit herzustellen: „Beide >Gerechtigkeiten<, die materielle wie die prozedurale

[1833] AaO S. 197 m.w.N.

[1834] AaO S. 198, vgl. auch *Neumann* 1989, 52 und *Stefan* 2002, 28ff. zu prozeduralen Gerechtigkeitstheorien.

[1835] AaO S. 199ff. m.w.N.; vgl. auch *Rzepka* 2003, 209f. m.w.N. zu einer ähnlichen Bedeutung des fair trial-Prinzips sowie *Haffke* 2006, 92.

[1836] *Hassemer* 2001, 33.

[1837] *Schatz* aaO S. 202 m.w.N.

Komponente, sind als Emanationen der umfassenden Gerechtigkeitsidee anzusehen.“[1838]

Vereinzelt werden in der Rechtsprechung (insb. des BVerfG) Grundsätze der Verfahrensgerechtigkeit bemüht, wobei wesentliche Unterschiede zur Bezugnahme auf prozedurale Gerechtigkeit (s.o.) oder Rechtssicherheit (s.u. cc) nicht auszumachen sind, wenn etwa die Öffentlichkeit mündlicher Verhandlungen als Beitrag „zur Gewährleistung von Verfahrensgerechtigkeit“ gewertet wird.[1839] Einen wieder anderen Akzent setzt die Bezugnahme auf die nach Art. 25 GG zu beachtenden „Grundsätze elementarer Verfahrensgerechtigkeit des allgemeinen Völkerrechts“, die als „allgemeine Regeln des Völkerrechts“ unmittelbare Bestandteile des Bundesrechts sind und den Gesetzen vorgehen, weshalb sie insb. im Auslieferungsrecht Beachtung finden müssen.[1840]

cc) Prozedurale Rechtssicherheit

Wenn das BVerfG – wie erwähnt – im Zusammenhang mit der Legitimation unbefristeter, kriminalprognostisch determinierter Freiheitsentziehungen (Sicherungsverwahrung; lebenslange Freiheitsstrafe jenseits der Mindestverbüßungsdauer) das Prinzip „prozeduraler Rechtssicherheit“ bemüht, dann wird damit die Kehrseite der erkannten, aber gleichwohl „hinzunehmenden“ Unsicherheiten der Kriminalprognostik sichtbar (s.u. 3.).

Das Prinzip prozeduraler Rechtssicherheit wird verfassungsgerichtlich exemplifiziert (ausf. o. B. I. 3. c) und 4. b) sowie D. I. 1. c), aber nicht näher fundiert. Bei *v. Arnauld* erhält es keinen vergleichsweise herausgehobenen Stellenwert (s.o. aa), die Prozeduralität bildet bei ihm aber in mehrfacher Hinsicht Anknüpfungspunkte für die Ausgestaltung der Strukturelemente (s.o. b. bb): Im Rahmen der Erkennbarkeit von Recht komme der Klarheit von Rechtsakten ein herausgehobener Stellenwert zu, wobei auch formale und prozedurale Dimensionen zu beachten seien.[1841]

f) Rechtssicherheit als „idée directrice“ des Kriminalrechts

Individuelle Rechtssicherheit erweist sich nach allem als eine der zentralen Leitideen, als „idée directrice“ (*v. Arnauld*) für ein rechtsstaatliches und freiheitliches Kriminalrecht. Daran kommt auch die Kriminalprognostik nicht vorbei (s.u. 3.). Sicherheitsrechtliche Relativierungen, Neutralisierungen oder Sozialisierungen des Anspruchs auf Rechtssicherheit sind zurückzuweisen: Er streitet gegen die Zumutungen der Sicherheitsgesellschaft und muss umso vehementer gestärkt wer-

---

[1838] AaO S. 203/204 m.w.N.

[1839] BVerfGE 103, 44 (Fernsehaufnahmen im Gericht) zu § 169 GVG; vgl. zur Verfahrensgerechtigkeit als Element des allg. Gerechtigkeitsprinzips *Stefan* 2002, 279 (und insb. im Strafrecht S. 291 ff.).

[1840] Exempl. BVerfGK 2, 165 m.w.N.

[1841] *A. v. Arnauld* 2006, 236ff., auch wenn dabei primär auf Feststellungsverfahren zur Normgeltung verwiesen wird.

den, je eingreifender diese Zumutungen daherkommen.[1842] Ein handlungsorientiertes Modell staatlicher Reaktionen auf Unrecht setzt besondere und verlässliche Schutzvorkehrungen für die Betroffenen voraus: „Das hängt zum einen damit zusammen, dass der Staat mit diesen Reaktionen die Freiheitsspielräume des Einzelnen verkürzt. Zum anderen verlangt gerade die intendierte Steuerungswirkung nach solchen Bindungen", denn auf ein ungebundenes staatliches Interventionsrecht kann sich kein Bürger einstellen.[1843]

3. Kriminalprognostik und Rechtssicherheit

Im Vorfeld der Verabschiedung des „SexBG 1998" äußerten sich *Schall* und *Schreibauer* ausführlich zu „Prognose und Rückfall bei Sexualstraftätern", worauf in Gesetzgebung, Fachliteratur und Rechtsprechung häufig Bezug genommen wird. Ihr Ausgangspunkt – in Anknüpfung an *Frisch*[1844] – lautete wie folgt: Trotz der zahlreichen Probleme und Unsicherheitsfaktoren seien prognostische Sanktionsentscheidungen „in einem Strafrecht, das sich nicht nur dem effektiven Rechtsgüterschutz, sondern auch dem Freiheitsinteresse und der Personenwürde der Rechtsunterworfenen verpflichtet fühlt", unverzichtbar. Zwar seien durch die individualpräventive Ausprägung auch Einbußen in der Berechenbarkeit der staatlichen Sanktion hinzunehmen, mit der größeren Flexibilität aber habe „auch ein Stück Humanität und Rationalität in das Strafrecht Eingang gefunden; das sollte nicht vorschnell aufgegeben werden".[1845]

Wer diese „Rechtsunterworfenen" sind,[1846] deren Freiheitsinteresse prognostische Sanktionsentscheidungen unverzichtbar machen soll, erscheint noch vorstellbar: Solche Verurteilten, denen andernfalls absolute Sanktionsentscheidungen drohten, die ihre Freiheitsinteressen noch weitergehend beeinträchtigen würden (z.B. wegen der Unmöglichkeit einer Strafrestaussetzung oder bedingten Entlassung aus unbefristetem Maßregelvollzug). Ob sie die mit der Prognose verbundenen „Einbußen an Berechenbarkeit" in Anbetracht zahlreicher „Probleme und Unsicherheitsfaktoren" als Humanitäts- und Rationalitätsgewinn verbuchen, steht allerdings dahin, genauer: Solches dürfte wohl nur für die ‚Gewinner' günstiger Prognosen gelten.

Wenn *Schall* und *Schreibauer* damit auch die Frage aufwerfen, „ob und wie gleichwohl die verbleibende Unsicherheit der Prognoseentscheidungen zumindest verringert werden kann und welche darüber hinausgehenden Maßnahmen die Chance zu einem wirkungsvolleren Schutz der Allgemeinheit vor gefährlichen

[1842] Ähnlich *Pawlik* 2006, 369; davon scharf zu trennen ist die Frage der „Zumutbarkeit" eines etwaigen Rest-Risikos bei Prognoseentscheidungen für „die gefährdeten Bürger", vgl. *Kammeier* 2006, 127f.

[1843] *Jung* 2002, 40.

[1844] *Schall/Schreibauer* 1997, 2415 unter Verweis auf *Frisch* 1983, sowie spez. *ders.* 1988, 359; 1990, 707 und 1992, 111.

[1845] *Schall/Schreibauer* aaO mit Zitat *Frisch* 1992, 111, erneut *Schall* 2003, 265.

[1846] Zum Begriff *v. Arnauld* 2006, 122ff. m.w.N.

Sexualstraftätern erhöhen können",[1847] dann wird nicht nur die Kriminalprognostik einmal mehr in den Dienst der öffentlichen Sicherheit gestellt,[1848] vielmehr wird der kriminalpolitische Umgang mit „verbleibenden Unsicherheiten" zum Thema. Hierum soll es abschließend gehen: Unsicherheiten auszuräumen, ist ein zentrales Anliegen des Beharrens auf Rechtssicherheit. Es beruhte aber auf einem Missverständnis dieser menschenrechtlich und rechtsstaatlich fundierten „idée directrice" (s.o.), verbleibende Unsicherheiten – getreu der Devise „in dubio pro securitate" – zu Lasten des o.g. „Rechtsunterworfenen" ausräumen zu wollen: Die Ausrichtung der Rechtssicherheit auf seine Freiheit und Autonomie (s.o. 2. b) gebietet vielmehr, verbleibende Unsicherheiten getreu der Devise „in dubio pro libertate" aufzulösen. Dies gilt sowohl für die kriminalpolitische Ebene der Rechtssetzung als auch – nicht zuletzt in puncto Beweislastverteilung – für die kriminaljustizielle Ebene der Rechtsanwendung, muss schließlich aber gleichermaßen für die Kriminalprognostik schlechthin gelten.

Ein Bericht über die 8. Alsberg-Tagung (Bonn 1991) zum Thema „Prognosen im Strafrecht" wurde noch unter die Überschrift gestellt „Mehr Rechtssicherheit bei der Einschätzung zukünftigen Verhaltens".[1849] Dabei hatte man die kriminalprognostisch bedingten Unsicherheiten im Rechtsstatus der von entsprechenden Entscheidungen Betroffenen vor Augen. *Frisch* hatte die gängigen Prognoseklauseln sowohl in ihrer gesetzlichen Umschreibung als auch vor dem Hintergrund von Kommentierungen und Rechtsprechung im Hinblick auf den Grundsatz der „Voraussehbarkeit staatlicher Eingriffe" im „Zwielicht" gesehen – für die den Prognoseentscheidungen zugrunde liegenden Erfahrungssätze könne in Sachen „Rechtsgleichheit und Voraussehbarkeit" nichts anderes gelten.[1850] Letztlich wandte er sich gegen prognostische Entscheidungen und Wahrscheinlichkeitsgrade: „Denn damit ist dem Problem weder praktisch beizukommen, noch ist es auf dieser Ebene überhaupt adäquat lösbar – von den Gefahren für Rechtsgleichheit und Rechtssicherheit ganz zu schweigen."[1851]

Im Ansatz noch ähnlich *Kaiser* im Hinblick auf das Maßregelrecht: Lasse sich die Gefährlichkeit eines Menschen „unter Anwendung rechtsstaatlich vertretbarer Methoden" nicht voraussagen, dann würde die Legitimationsgrundlage des Maßregelrechts[1852] erschüttert; Maßregeln würden rechtsstaatlich aber „nur erträglich durch weitere Formalisierung, sei es durch Einschränkung in der Anordnung, durch Begrenzung und Kontrolle in Vollstreckung und Vollzug oder sei es durch Therapie- bzw. Sozialisationsangebote und deren Dokumentation".[1853] Soweit und solange jedoch das Risiko berechenbar und empirisch prüfbar bleibe, könne und

[1847] *Schall/Schreibauer* aaO S. 2415.

[1848] Ebenso deutlich *Schall* 2003, 264f.

[1849] *V. Weber* 1992, offenbar unter Anknüpfung an *Frisch*.

[1850] *Frisch* 1983, 16f. und 31.

[1851] *Frisch* 1992, 119.

[1852] Ähnlich *Streng* 2003, 612: „Die Tragfähigkeit jeder Maßregelrechtfertigung steht und fällt im Übrigen mit der Sicherheit der Gefährlichkeitsstellung."

[1853] *Kaiser* 1990, 18.

müsse – so dann auch *Kaiser* – die der Prognose innewohnende Unsicherheit hingenommen werden: „Eine solche Voraussetzung lässt sich durch die erwähnten Erfordernisse der Begrenzung erfüllen, und d.h. durch Beschränkung auf die Gruppe der chronisch Kriminellen und der krankheitsbedingten Straftäter, also auf die sogenannten kriminologischen Extremgruppen“, denn für diese sei eine treffsichere Prognose noch am ehesten möglich.[1854]

Dass letztere Annahme damals (wie heute) empirisch nicht hinreichend „geprüft“ war resp. ist, um eine im Einzelfall treffsichere Prognoseentscheidung zu legitimieren, muss nicht noch einmal herausgestellt werden – es geht um die kriminalpolitischen Konsequenzen, die letztlich auch das BVerfG und die Gesetzgebung gezogen haben: Selbst wenn zuzugeben sei, dass die Anwendung der Gefährlichkeitsprognose im Maßregelrecht schwer lösbare Wertungsprobleme aufwirft, da sie stets das Risiko in sich berge, einem nicht (mehr) gefährlichen Menschen den Rückweg in die Freiheit zu versperren, zeichne sich – so *Kaiser* – „eine überlegene Lösung mit Ausnahme der Formalisierung und Befristung noch nicht ab“.[1855] Oder in den Worten des BVerfG anlässlich der Entscheidungen zur Sicherungsverwahrung und zur lebenslangen Freiheitsstrafe: Die verbleibenden kriminalprognostischen Unsicherheiten sind hinzunehmen, alles Weitere ist eine Frage prozeduraler Rechtssicherheit.

Das überzeugt nicht, denn es vernachlässigt bereits auf der Ebene der Rechtssetzung, an der sich das BVerfG hier maßgeblich beteiligt (hat), das Prinzip „in dubio pro libertate“. Vielmehr müssen die kriminalprognostischen Unsicherheiten so weit wie möglich und unter Beachtung der aus dem Prinzip der Rechtssicherheit abgeleiteten Vorgaben in puncto Vorhersehbarkeit und Bestimmtheit eingegrenzt werden[1856]:

- Kriminalprognostisch determinierte Rechtseingriffe sind auflösend zu befristen, das gilt nicht ausschließlich, aber insbesondere für freiheitsentziehende Eingriffe[1857]: Diesseits gesetzlicher Höchstfristen sollte den Gerichten die Möglichkeit eröffnet werden, im Einzelfall eine davon abweichende niedrigere Befristung festzusetzen; relative Höchstfristen sind auch dann unzureichend, wenn sie mit einer Beweislastumkehr einhergehen (wie im Falle des § 67d Abs. 3 StGB).
- Kriminalprognostisch determinierte Rechtseingriffe sind zusätzlich, genauer: vorgängig an hohe formelle Hürden zu binden, also (wie etwa im Fall der ‚klassischen‘ Sicherungsverwahrung[1858]) an bestimmte schwerwiegende Vortaten und -verurteilungen in einem bestimmten Zeitraum (incl. Rückfallverjährung);

[1854] AaO S. 19.

[1855] *Kaiser* aaO S. 21.

[1856] Vgl. *Pollähne* 2010b m.w.N.; siehe auch *Rüthers* 2009, 114: „Mit der Unvorhersehbarkeit des Rechts geht die Rechtssicherheit verloren.“

[1857] Zur Diskussion auch *Streng* 2003, 628f. m.w.N.

[1858] Dass die Hürden in § 66 Abs. 1 StGB durch das „Gesetz zur Neuordnung des Rechts der Sicherungsverwahrung und zu begleitenden Regelungen“ vom 22. 12. 2010 mit Wirkung vom 1. 1. 2011 (BGBl. 2010 I 2300) erhöht worden sind, ist sicher ein Schritt in die richtige Richtung.

das Vorliegen dieser Voraussetzungen alleine kann aber selbstverständlich weder den Eingriff legitimieren[1859] noch zu einer Beweislastumkehr führen.[1860]

- Längerfristige, insb. unbestimmte kriminalprognostisch determinierte Eingriffe sind von Amts wegen regelmäßig (und in kürzeren Abständen als bisher z.B. in § 67e StGB vorgesehen) auf die Notwendigkeit ihrer Fortdauer hin zu prüfen und – zumindest im Falle von Freiheitsentziehungen – richterlich zu bestätigen (vgl. Art. 104 Abs. 2 GG); ohne eine fristgerechte richterliche Anordnung ist der Eingriff bzw. die Freiheitsentziehung zu beenden.
- Am Nachweis einer individuellen Negativprognose ist festzuhalten, unabhängig davon, ob der Eingriff begründet oder ‚nur' (im Rahmen der Fortdauerentscheidung, s.o.) aufrechterhalten werden soll: Dies gilt selbstverständlich für kriminalprognostisch determinierte freiheitsentziehende Maßnahmen,[1861] muss aber in gleicher Weise gelten für die Vollstreckung von Strafen oder Strafresten, die ebenfalls nurmehr kriminalprognostisch legitimiert werden sollen (wie insb. im Falle des § 57a StGB jenseits der sog. Mindestverbüßungsdauer, letztlich aber auch bei der Strafrestaussetzung gemäß § 57 Abs. 1 StGB).
- Gewissenhaft und mit Gewissheit nachzuweisen sind erhebliche, konkrete und gegenwärtige Gefahren: Das Abstellen auf (insb. statistisch belegte) Risiken reicht nicht, der Prognosezeitraum muss möglichst eng begrenzt werden; der Verweis darauf, es könne auch noch nach vielen Jahren zu einem ‚Rückfall' kommen, kann in einem Rechtsstaat keine Grundrechtseingriffe legitimieren.[1862]
- Beweislastregeln (wie etwa die Rückfallverjährung, s.o.) können nur zu Gunsten des Betroffenen gelten (vgl. auch § 59 StGB): Ungeachtet der Tatsache, dass Prognoseentscheidungen immer mit einem gewissen Mangel an Gewissheit behaftet sind, dass (nur insoweit) also Zweifel verbleiben (müssen), gilt der Grundsatz „in dubio pro reo" im Übrigen uneingeschränkt, und zwar nicht nur hinsichtlich der Anknüpfungstatsachen, sondern insbesondere auch hinsichtlich der Überschreitung des jeweiligen Umschlagspunktes.
- Kriminalprognosen veralten schnell und bedürfen daher regelmäßiger Überprüfung (s.o.); es gilt das Aktualitätsprinzip, die Rechtskraft der jeweiligen Prognoseentscheidung reicht nicht weit.

In seinen Ausführungen zur „Rechtsgutslehre als Theorie des Verbrechens" entwickelte *Hassemer*[1863] „Leitlinien einer rationalen Kriminalpolitik" und verwies dabei u.a. auf die „Schutztechnik: Formalisierung der Konfliktverarbeitung"[1864]:

[1859] Zum Problem der sog. „three strikes"-Regel vgl. nur *Kunz* 2004, 350ff. m.w.N.

[1860] Gegen Konzepte einer „collective incapacitation" – ungeachtet der bereits durch die sog. „selective incapacitation" begründeten Bedenken (vgl. auch *Frommel* 1995) – *Kunz* 2004, 340ff. m.w.N.

[1861] Ebenso *K. Becker* 2009, 114f.

[1862] Genau dies geschieht aber zunehmend zu Lasten der wegen eines Sexualdelikts Verurteilten, sei es bei der Entfristung der Führungsaufsicht (§ 68c Abs. 3 Nr. 2 StGB; krit. dazu *Pollähne* 2007, 413) oder jüngst bei der Ausdehnung der sog. „Rückfallverjährung" (§ 66 Abs. 4 S. 3 Hs. 2 StGB i.d.F. des BGBl. 2010 I 2300) auf 15 Jahre.

[1863] 1973, 99ff.

[1864] AaO S. 192ff., vgl. *Haffke* 2006, 92.

Strafrechtliche Konfliktverarbeitung sei „in einem hohen Grade formalisiert"; das Strafrechtssystem als Teil der sozialen Kontrolle informiere über die Art und Weise, wie es menschliches Verhalten als Delinquenz bewertet und wie es auf Delinquenz bestimmten Grades reagieren wird: „Strafrechtliche Konfliktverarbeitung ist somit ihrer Qualität nach in einem hohen Maße prognostizierbar. Die strafrechtliche Reaktion auf Abweichung erfolgt nicht als Einbruch instinktiver Abwehr, sondern sie erscheint als überlegte und vorhergesagte Antwort."[1865] Diese Antwort binde sich zudem an inhaltliche Prinzipien der Reaktion, welche die strafrechtliche Verarbeitung von Delinquenzkonflikten von anderen Instrumenten sozialer Kontrolle wesentlich unterscheiden: Hier seien zu nennen „die Grundsätze der Gleichbehandlung, der Schuldstrafe, der Verhältnismäßigkeit, der Erforderlichkeit strafrechtlicher Reaktion", konkretisiert in dem Prinzip „in dubio pro libertate". Mit Anerkennung dieser Grundsätze als Bedingungen einer Rechtsgüterpolitik sei ein Doppeltes erreicht: Zum einen schaffe das Strafrechtssystem „eine Ebene, auf der die Zweckmäßigkeit einer Delinquenzreaktion diskutiert werden muss, zum zweiten eine Ebene, auf der auch die zweckmäßigen Reaktionen noch einmal auf ihre Übereinstimmung mit übergeordneten Rechtswerten (etwa dem Grundsatz der Verhältnismäßigkeit) zu überprüfen sind".[1866]

Angesichts der neuen Sanktionen und Sanktionsmodalitäten, so *Streng* bereits 1999, müsse freilich der Eindruck entstehen, dass die Gesellschaft „auf dem Weg ist, auch in der Strafrechtsanwendung noch weiter auseinanderzudriften. Denn die noch relativ >braven Bürger<, d.h. die sozial gut Eingegliederten und Belastungsfähigen unter den Straftätern, erhalten immer weitergehende Privilegien unter Berücksichtigung der ihnen zugute zu haltenden positiven Sozialprognose", während auf der anderen Seiten die Unterprivilegierten stehen, an denen „die spezialpräventive und auch generalpräventive Zielsetzung des Strafrechts ohne weiteres exekutiert wird".[1867] Zwar gebe die Folgenorientierung des modernen Strafrechts für die Differenzierung der Sanktionen eine im Ansatz schlüssige Begründung, und man könne *Arzt* zunächst einmal gar nicht widersprechen, wenn er hervorhebt, dass „die für das moderne Strafrecht charakteristische Individualisierung nur auf Kosten der Rechtssicherheit" erreicht werden könne – doch sollte man, so *Streng* weiter, die Konsequenzen einer „im Nachvollzug gesellschaftlicher Ungleichheit immer weiter sich öffnenden Sanktionsschere" bedenken, denn die Glaubwürdigkeit und damit „die normbestätigende Funktion des Strafrechtssystems" würden zwangsläufig leiden.[1868]

Die prognoserechtliche und/oder kriminalpolitische Verschiebung der sog. „Umschlagspunkte" (s.o. E. II.) in Richtung der „Sicherheitsinteressen der Allgemeinheit" ist nicht zum „Nulltarif" zu haben, geht sie doch zwangsläufig zu Lasten der (Rechts-)Sicherheitsinteressen des jeweils Betroffenen – dass dies derzeit in der Öffentlichkeit, jedenfalls aber bei den verantwortlichen Kriminal-Politikern

[1865] *Hassemer* 1973, 196.
[1866] AaO S. 196/197.
[1867] *Streng* 1999, 859/860.
[1868] *Streng* aaO unter Verweis auf Arzt.

keine „Irritationen“ auslöst (vgl. o. B. I. 4. c), ist das eigentliche Problem und korrespondiert mit der gezielt protegierten Eindimensionalität ihres Sicherheitsbegriffs: Es bedürfte nur eines Hinweises auf Art. 5 Abs. 1 EMRK (ausf. o. 2. a), um daran zu erinnern, dass der menschenrechtliche Sicherheitsbegriff zuvörderst den Schutz vor ungerechtfertigter Freiheitsentziehung und damit die Rechtssicherheit meint, die „jede Willkür ausschließen“ soll.[1869] Wer jedoch allgemeine Sicherheits-Interessen (oder gar -Gefühle) zum individuellen Grundrecht erhebt, hinterlässt immer mehr Sonderopfer.[1870]

Mit nach-präventiven[1871] sicherheitsrechtlichen Heilsversprechen werden nicht nur hie wie da weitere Opfer vorprogrammiert, sondern auch gesellschaftliche Ängste chronifiziert. Politik, Justiz, Wissenschaft und Gesellschaft werden nicht umhin kommen, mindestens so viel Energie in einen aufgeklärten und unaufgeregten Umgang mit Fehlprognosen, Rückfällen und Risiken zu investieren.[1872] „In der Öffentlichkeit muss für die Normalität von Prognosen Verständnis geweckt werden, d.h. auch für die Erwartbarkeit von Fehlern.“[1873] Geklärt werden müsste also, wie die Gesellschaft mit den (Sonder-)Opfern der Kriminalprognostik[1874] umzugehen gedenkt – wohlgemerkt: Es geht dabei sowohl um die Tatopfer der falschen Negativen als auch – und im Hinblick auf die Quantitäten und Realitäten zuvörderst – um die Opfer, die falsche Positive durch Freiheitseinbußen erbringen,[1875] also um die „Opfer einer ‚Prognosepolitik‘, die Sicherheit unter allen Umständen maximieren will und durch unangemessene Sicherheitsstandards eine enorme Zahl zu Unrecht Verdächtigter produziert, deren Freiheitsrechte missachtet wer-

---

1869 *Gollwitzer* 2005 MRK Art. 5 Rn. 7ff. m.w.N.

1870 Vgl. *P.-A. Albrecht* 2007, 6.

1871 *P.-A. Albrecht* 2010a, 146ff. (s.o. 1. c).

1872 Beispielhaft die bei *Slobodian/Stiels-Glenn* 2003 dokumentierte Essener Fachtagung zum „Umgang mit dem Rückfall“; zum Maßregelvollzug insoweit *Pollähne* in: *Kammeier* 2010 Rn. F 23ff. und 122ff., vgl. auch *T. Bock* 2002, 74 zum Umgang mit dem psychotischen Rückfall und *D. Seifert* 2010b, 98ff. Der Gesetzgeber selbst war realistisch genug, zumindest im Rahmen der Bewährung Regelungen zum Umgang mit der ‚Fehlprognose‘ vorzusehen (vgl. §§ 56f, 67g, 67h StGB sowie § 14 Abs. 2 StVollzG im Rahmen von Vollzugslockerungen), vgl. auch *Neubacher* 2001, 453 und *Jasch* 2010, 228f. sowie *Prittwitz* 2003 zum Umgang mit Risiken, *Jung* 1986, 261 zu Fragen der „Nachbesserung“ und *v. Hippel* 1972, 114 zur „Kurskorrektur“ (krit. zur Neuregelung der Kriseninterventíon in § 67h StGB und § 463 Abs. 6 S. 2 StPO in puncto Rechtssicherheit allerdings NK-StGB-*Pollähne/Böllinger* § 67h Rn. 5ff.).

1873 *Schumann* 1994, 40, vgl. auch *Pieth* 2001, 338ff.

1874 *Cornel* 2002b, 104ff.

1875 *Volckart* 1998, 6 und 2002, 109, *Schumann* 1994, 32, ähnlich *G. Albrecht* 2004, 511; geschieht Letzteres zudem im freiheitsentziehenden Maßregelvollzug, erbringen „falsche Positive“ gewissermaßen ein doppeltes Sonderopfer, vgl. dazu *Pollähne* in: *Kammeier* 2010 Rn. B 34ff. m.w.N.; für den verbreitet einseitigen Opferbegriff ebenso exemplarisch wie apodiktisch *H. J. Schneider* 2002, 259: „Die Kriminalprognose ist zum Schutz potentieller Opfer erforderlich.“ Eher zynisch als ironisch auch der Hinweis von *Mauthe* 1999, 270: „Es mag zur Beruhigung beitragen, dass Fehlprognosen vor allem im Sinne falsch positiver Aussagen getroffen werden“ – nurmehr zynisch die Bemerkung von *Kröber* 1999, 599: „Nur wenige Gutachter bekommen davon schlaflose Nächte“, krit. *Deutsch* 2005, 45.

den".[1876] Die Suche nach „Kategorien, Begriffen, Konzepten und Theorien, die es erlauben, Gefahren, Unvollkommenheiten, Destruktives, Negatives im Leben des Menschen und der Gesellschaft nicht beständig den Kampf anzusagen, sondern sie als erwartbare und >normale< Eigenschaften und Ereignisse menschlicher, sozialer und gesellschaftlicher Existenz zu betrachten",[1877] muss fortgesetzt wenn nicht überhaupt erst wieder aufgenommen werden.

Auch ein „rechtsstaatliches Sicherheitsstrafrecht" (*Hassemer*) muss „die Besonderheit, die Personalität und die Würde des Betroffenen in den Mittelpunkt" rücken, muss seine Eigenständigkeit wahrnehmen und schützen und „die Perspektive der Freiheit" stark machen – nicht erst durch die Schranke der Verhältnismäßigkeit.[1878] Darin liegt aber zugleich „die Pflicht zur Überzeugungsarbeit, dass auch ein sicherheitsorientiertes Strafrecht Sicherheit nicht verlässlich gewährleisten kann, dass Sicherheit auch im Strafrecht empirische und normative Grenzen hat, dass wir mit dem Risiko zu leben haben."[1879] Jede Begrenzung durch >Unverfügbares<, d.h. durch Werte, die einer Interessenabwägung schlechterdings entzogen sind, produziert zwangsläufig Sicherheitslücken: Wer sie aber einreiße, so *Haffke*, vernichte „die Kultur des Rechtsstaats und der Freiheit. Absolute Sicherheit lässt sich, wenn überhaupt, nur um den Preis des Verlustes an Freiheit garantieren".[1880]

Für die Realisierung einer solchen dem menschenrechtlichen Prinzip „in dubio pro libertate" verpflichteten Kriminalprognostik stehen – wie gesagt – Gesellschaft, Politik, Wissenschaft und Justiz in der Verantwortung vor dem Rechtsstaat. Und doch geht es am Ende um justizielle Einzelfallentscheidungen, weshalb den Richtern, die für die Justizförmigkeit des Verfahrens verantwortlich sind, eine herausgehobene Rolle zukommt: „In der Kontrolle legislativer und exekutiver Macht weist der Gesellschaftsvertrag in der Form der verfassungsrechtlichen Gewaltenkontrolle der dritten Gewalt eine bedeutsame verfassungspolitische Funktion zu. Es geht um die Stiftung von Rechtssicherheit und Rechtsfrieden. Gemeint ist die Sicherheit des Bürgers vor staatlichem Zugriff, und gemeint ist der Frieden, welcher durch die Begrenzung gesellschaftlicher Macht die individuelle Freiheit erst zur Entfaltung kommen lässt."[1881]

Dies auch und gerade im Zusammenhang mit kriminalprognostisch determinierten Entscheidungen zur Geltung zu bringen, war Anliegen dieser Untersuchung.

[1876] *G. Albrecht* 2003, 97; demgegenüber darauf zu verweisen, die Betroffenen hätten „das sie belastende Prognoserisiko selbst provoziert", weil sie „durch ihr eigenes deliktisches Vorverhalten zu prognostischen Erwägungen vorwerfbar Anlass gegeben" hätten (so explizit *Streng* 2002 Rn. 615; dagegen *Volckart* 2002, 109 Fn. 22 und *ders.* 2004, 144), entbehrt nicht eines gewissen Sarkasmus (missv. *Kammeier* 2006, 129f.).

[1877] *Sack* 1996, 369.

[1878] *Hassemer* 2006, 331 (unter Verweis u.a. auf BVerfGE 109, 133 und die dortigen Verweise auf die Gewährleistung prozeduraler Rechtssicherheit, s.o. 2. e).

[1879] *Hassemer* aaO, vgl. *Kammeier* 2006, 127 m.w.N.

[1880] *Haffke* 2006, 93; vgl. auch *Beulke* 2008, 655 zu den Abwägungsgefahren für die Rechtssicherheit im Bereich der Schwerkriminalität, wo die Abwägung immer zugunsten des Verfolgungsinteresses (am Beispiel der Beweiserhebungs- und -verwertungsverbote) ausfalle.

[1881] *P.-A. Albrecht* 2006, 178f.

Literaturverzeichnis

Adams, M. (2003) Zur nachträglichen Sicherungsverwahrung nach Landesrecht, StV S. 51

Albrecht, A. (2007) Zur Erosion der Menschenrechte im demokratischen Rechtsstaat, Frankfurt/M.

Albrecht, G. (2003) Probleme der Prognose von Gewalt durch psychisch Kranke, Journal für Konflikt- und Gewaltforschung S. 97

Albrecht, G. (2004) Sinn und Unsinn der Prognose von Gewaltkriminalität, in: Heitmeyer/Soeffner (Hg.) Gewalt, Frankfurt/M. S. 475

Albrecht, H.-J. (1998) Kriminologische und rechtspolitische Desiderate in der Gestaltung der Forschungsperspektiven Forensischer Psychiatrie, in: *Kröber/Dahle* (Hg.) Sexualstraftaten und Gewaltdelinquenz, Heidelberg S. 135

Albrecht, H.-J. (1999) Die Determinanten der Sexualstrafrechtsreform, ZStW S. 863

Albrecht, H.-J. (2006) Antworten auf Gefährlichkeit – Sicherungsverwahrung und unbestimmter Freiheitsentzug, in: FS Schwind S. 191

Albrecht, P.-A. (1977) Zur sozialen Situation entlassener „Lebenslänglicher", Göttingen

Albrecht, P.-A. (1981) Kriterien zur Sozialprognose nach langer Strafhaft, Psychiatrische Praxis S. 1 (Reprint in ders. 2010b S. 53)

Albrecht, P.-A. (2000) Jugendstrafrecht, 3. Aufl. München

Albrecht, P.-A. (2001) Vom Unheil der Reformbemühungen im Strafverfahren, StV S. 416

Albrecht, P.-A. (2006) Die vergessene Freiheit, Berlin

Albrecht, P.-A. (2007) Abschied vom Recht. Das nach-präventive Strafrecht, Vorgänge H. 2 S. 27

Albrecht, P.-A. (2010a) Kriminologie. Eine Grundlegung zum Strafrecht, 4. Aufl. München

Albrecht, P.-A. (2010b) Der Weg in die Sicherheitsgesellschaft. Auf der Suche nach staatskritischen Absolutheitsregeln, Berlin

Albrecht, P.-A. et al. (2010) Der schwierige Weg der Dritten Gewalt zwischen Freiheit und Sicherheit, FPPK H. 2 (Reprint in ders. 2010b S. 1009)

Alex, M. (2010) Nachträgliche Sicherungsverwahrung – ein rechtsstaatliches und kriminalpolitisches Debakel, Holzkirchen/Obb.

Alex, M./Feltes, T. (2010) Nachträgliche Sicherungsverwahrung, FS S. 159

Alperstedt, R. (2001) Gefahrbegriff und Gefährlichkeitsfeststellung im Unterbringungsrecht, FamRZ S. 467

Amelang, M./Zielinski, W. (2006) Psychologische Diagnostik und Intervention, 4. Aufl. Heidelberg

Amelung, K. (1992) Über die Einwilligungsfähigkeit, ZStW S. 543

Amelung, K. (2001) Die Entscheidung des BVerfG zur „Gefahr im Verzug" i.S. des Art. 13 II GG, NStZ S. 337

Anders, R. P. (1998) Beweiserhebungskontrollen des Tatgerichts und Autonomie der Verteidigung durch Präsentation von Entlastungsbeweisen in der Hauptverhandlung des Strafprozesses, Berlin

v. Arnauld, A. (2006) Rechtssicherheit, Tübingen

Arnoldi, O. (2008) Bewährungswiderruf und Zeitablauf, StRR S. 84

Bach, F. (2007) Der Verdacht im Strafverfahren – abstrakt, Jura S. 12

Baltzer, U. (2002) Psychologen im Strafverfahren aus der Sicht des Richters, oder Der juristische Blick in den Abgrund, in: Fabian/Nowara S. 25

Baltzer, U. (2005) Die Sicherung des gefährlichen Gewalttäters, Wiesbaden

Bandemer, D. (1992) Die Einstellung wegen geringer Schuld nach § 153 StPO, ZfJ S. 179

Barnett, W./Richter, P. (1995) Zur Kriminalprognose psychisch kranker Brandstifter, MschrKrim S. 330

Barton, S. (2006) (Hg.) „... weil er für die Allgemeinheit gefährlich ist!" Prognosegutachten, Neurobiologie, Sicherungsverwahrung (3. Bielefelder Verfahrenstage), Baden-Baden

Bartsch, T./Kreuzer, A. (2009) Auswirkungen stetiger Verschärfungen der Sicherungsverwahrungsvorschriften auf den Straf- und Maßregelvollzug, StV S. 53

Baumbach, A. et al. (2010) Zivilprozessordnung, 68. Aufl. München

Baur, F. R. (1990) Probleme der unbefristeten Unterbringung und der Entlassungsprognose bei psychisch kranken Tätern (§ 63 StGB), MDR S. 473

Beck, U. (1986) Risikogesellschaft, Frankfurt/M.

Becker, K. (2009) Sicherungsverwahrung: die Bedeutung des Sachverständigen für die gerichtliche Prognoseentscheidung, Holzkirchen/Obb.

Becker, N. (1993) Der gute und der schlechte Sachverständige, in: FS Rasch S. 69

Beier, K. M. (1995) Dissexualität im Lebenslängsschnitt, Berlin/Heidelberg

Beier, K. M. (1997) Prognose und Therapie von Sexualstraftätern aus sexualmedizinischer Sicht, KrimPäd H. 37 S. 13

Beier, K. M. (2003) Prognose bei sexuellen Verhaltensabweichungen, in: Lempp et al. S. 446

Beier, M. (2000) Über den Mythos des Externen, ZfStrVo S. 285

Bender, R. et al. (2007) Tatsachenfeststellung vor Gericht. 3. Aufl. München

Berg, W. (2007) Staatsrecht, 5. Aufl. Stuttgart et al.

Bergemann, N./Hornung, G. (2007) Die DNA-Analyse nach den Änderungen der Strafprozeßordnung – Speicherung bis auf Widerruf? StV S. 164

Beulke, W. (2008) Beweiserhebungs- und Beweisverwertungsverbote im Spannungsfeld zwischen den Garantien des Rechtsstaates und der effektiven Bekämpfung von Kriminalität und Terrorismus, Jura S. 653

Beulke, W. (2010) Strafprozessrecht, 11. Aufl. Heidelberg

Biedermann, T. (2007) Beiträge zur Aggressionsdiagnostik, Hamburg

Bielefeldt, H. (2004) Freiheit und Sicherheit im demokratischen Rechtsstaat (Deutsches Institut für Menschenrechte, Essay No. 1), Berlin

Birbaumer, N.-P. (2002) Furcht und Furchtlosigkeit: Zur Neurobiologie des Bösen, Mainz/ Stuttgart

Birkhoff, H. (2001) Probleme des Strafverteidigers mit Prognosegutachten, StraFo S. 401

Bischof, H.-L. (2000) Deliktrückfälligkeit von extern psychiatrisch Begutachteten im Vergleich zwischen Untergebrachten im Maßregelvollzug (§§ 63, 66 StGB) und „Lebenslänglichen", MschrKrim S. 346

Bittmann, F. (2001) Gefahr im Verzug, wistra S. 451

Bittmann, F./Kühn, M. (2002) Der Arrestgrund beim strafprozessualen dinglichen Arrest, wistra S. 248

Bittner, J. V. et al. (2010) Indirekte Verfahren zur Messung der impliziten Risikoeinstellung von Straftätern, MschrKrim S. 1

Blau, G. (1984) Schuld und Gefährlichkeit des psychisch abnormen Täters, in: Blau/Kammeier (Hg.) Straftäter in der Psychiatrie, Stuttgart S. 1

Bliesener, T. (2007) Psychologische Instrumente für Kriminalprognose und Risikomanagement, Praxis der Rechtspsychologie S. 323

Bock, J. (2001) Begriff, Inhalt und Zulässigkeit der Beweislastumkehr im materiellen Strafrecht, Frankfurt/M. et al.

Bock, M. (1990) Zur dogmatischen Bedeutung unterschiedlicher Arten empirischen Wissens bei prognostischen Entscheidungen im Strafrecht, NStZ S. 457

Bock, M. (1992) Gegenwärtiger Stand der kriminologischen Prognoseforschung, Forensia-Jahrbuch 3 S. 29
Bock, M. (1995) Die Methode der idealtypisch-vergleichenden Einzelfallanalyse und ihre Bedeutung für die Kriminalprognose, in: Dölling S. 1
Bock, M. (1997) Jugendstrafrecht im Bann der Sanktionsforschung, GA S. 1
Bock, M. (2006) MIVEA als Hilfe für die Interventionsplanung im Jugendstrafverfahren, ZJJ S. 282 (korr. S. 402)
Bock, M. (2007a) Kriminologie, 3. Aufl. München
Bock, M. (2007b) Das Elend der klinischen Kriminalprognose, StV S. 269
Bock, M. (2007c) Standortbestimmung der Angewandten Kriminologie, in: Liebl (Hg.) Kriminologie im 21. Jahrhundert, Wiesbaden S. 28
Bock, M. (2009) Gibt es noch Platz für die Angewandte Kriminologie in der Gesamten Strafrechtswissenschaft? ZStW S. 450
Bock, M./Schneider, H. (2003) Die Bedeutung des Leugnens einer Straftat im Verfahren nach § 57 StGB, NStZ S. 337
Bock, T. (2002) Anforderungen an eine dialogische Psychiatrie, in: FS Schottky S. 67
Bode, H. J. (2004) Entziehung der Fahrerlaubnis im Strafverfahren und Besserung der Kraftfahreignung auffälliger Kraftfahrer, NZV S. 7
Böhm, K. M. (2005) Der Anspruch auf Behandlung gefährlicher Gewalt- und Sexualstraftäter im Strafvollzug, StraFo S. 184
Böhm, K. M. (2006) Der Behandlungsvollzug und die Notwendigkeit seiner Reform – zur Einführung interdisziplinärer Fachkommissionen im Strafvollzug, ZfStrVo S. 4
Böhm, K. M./Boetticher, A. (2009) Unzureichende Begutachtung gefährlicher Gewalt- und Sexualstraftäter im Strafverfahren, ZRP S. 134
Böhm, A./Erhard, C. (1988) Strafrestaussetzung und Legalbewährung, in: Kaiser et al. S. 481
Böllinger, L. (1980) Prognoseprobleme bei der Strafaussetzung zur Bewährung, in: Lüderssen/Sack (Hg.) Vom Nutzen und Nachteil der Sozialwissenschaften für das Strafrecht (Teilband 1), Frankfurt/M. S. 283
Böllinger, L. (2000) Offenbarungspflicht des Therapeuten im Strafvollzug – ein Schlag gegen die forensische Psychotherapie, MschrKrim S. 11
Böllinger, L. (2007) Gefährlichkeit als iatrogene Krankheit, Vorgänge Nr. 2 S. 73
Boetticher, A. (2000) Kann die Strafjustiz die erhöhten Anforderungen des „Gesetzes zur Bekämpfung von Sexualdelikten und anderen gefährlichen Straftaten“ erfüllen?, in: Egg S. 47
Boetticher, A. (2005) Aktuelle Entwicklungen im Maßregelvollzug und bei der Sicherungsverwahrung, NStZ S. 417
Boetticher, A. et al. (2005) Mindestanforderungen für Schuldfähigkeitsgutachten, NStZ S. 57
Boetticher, A. et al. (2006) Mindestanforderungen für Prognosegutachten, NStZ S. 537
Boetticher, A. et al. (2009) Zum richtigen Umgang mit Prognoseinstrumenten durch psychiatrische und psychologische Sachverständige und Gerichte, NStZ 2009, 478
Bonß, W. (1993) Ungewißheit als soziologisches Problem, Mittelweg 36 S. 15
Bornewasser, M. et al. (2008) (Hg.) Demografie und Kriminalität: eine Prognose zur Kriminalitätsentwicklung in Mecklenburg-Vorpommern, Frankfurt/M.
Brandenstein, M. (2006) Strafzweckerfüllungen als abhängige Variable der Zeit, in: FS Kury S. 357
Braum, S. (2004) Nachträgliche Sicherungsverwahrung: In dubio pro securitate? ZRP S. 105
Brauneck, A.-E. (1974) Allgemeine Kriminologie, Reinbek
Brenneis, V. M. (2010) Rechtspolitische Implikationen von Gefährlichkeitsprognosen im Vollzug von Maßregeln nach § 63 StGB, Frankfurt/M.
Bresser, P. H. (1992) Sozialprognose und Rückfallgefährdung bei jungen Straftätern, Forensia-Jahrbuch 3 S. 65
Brettel, H. (2005) Angewandte Kriminologie als Prognoseinstrument des Verteidigers, StV S. 99
Brettel, H. (2007) Tatverleugnung und Strafrestaussetzung, Berlin
Brettel, H. (2010) Offene Fragen der Sicherungsverwahrung im Jugendstrafrecht, R&P S. 19

Brettel, H./Bock, M. (2005) Angewandte Kriminologie als Ergänzung der Planung und Behandlung im Maßregelvollzug, in: Saimeh S. 67

Bröckling, U. (2002) Die Macht der Vorbeugung, widersprüche 86 S. 39

Brugger, W. (2004) Freiheit und Sicherheit: eine staatstheoretische Skizze mit praktischen Beispielen, Baden-Baden

Buchholz, E. et al. (1971) Sozialistische Kriminologie, Berlin

Bukowski, J. (2001) Mehrfachtäter können identifiziert werden, BewHi S. 399

Bung, J. (2006) Feindstrafrecht als Theorie der Normgeltung und der Person, in: Uwer/Organisationsbüro S. 249

Busch, R. (2002) Einwilligung in die DNA-Analyse als Ersatz einer richterlichen Anordnung? StraFo S. 46

Bussmann, K.-D. et al. (2008) Probanden im sozialtherapeutischen Strafvollzug: Delinquenzbelastung, Biographie und Persönlichkeitsmerkmale, MschrKrim S. 6

Calliess, C. (2002) Sicherheit im freiheitlichen Rechtsstaat, ZRP S. 1

Calliess, C. (2003) Gewährleistung von Freiheit und Sicherheit im Lichte unterschiedlicher Staats- und Verfassungsverständnisse, DVBl S. 1096

Castel, R. (1983) Von der Gefährlichkeit zum Risiko, in: Wambach (Hg.) Der Mensch als Risiko, Frankfurt/M. S. 51

Cornel, H. (2002a) Die Gefährlichkeit von Gefährlichkeits-Prognosen, in: ders. (Hg.) Neue Kriminalpolitik und Soziale Arbeit, Baden-Baden S. 97

Cornel, H. (2002b) Klarstellung oder Verschärfung der Bedingungen zur Strafrestaussetzung zur Bewährung, MschrKrim S. 424

Cosmai, A./Hein, K.-C. (2006) Anti-Aggressivitäts-Training mit jungen Gewalttätern, BewHi S. 396

Dahle, K.-P. (1997) Kriminalprognosen im Strafrecht. Psychologische Aspekte individueller Verhaltensvorhersagen, in: Steller/Volbert (Hg.) Psychologie im Strafverfahren, Bern et al. S. 119

Dahle, K.-P. (2005) Psychologische Kriminalprognose. Wege zu einer integrativen Methodik für die Beurteilung der Rückfallwahrscheinlichkeit bei Strafgefangenen, Herbolzheim

Dahle, K.-P. (2006) Grundlagen und Methoden der Kriminalprognose, in: Kröber et al. S. 1

Dahle, K.-P. (2007) Methodische Grundlagen der Kriminalprognose, FPPK S. 101

Dahle, K.-P. (2008) Kriminal(rückfall)prognose, in: Volbert/Steller S. 444

Dahle, K.-P./Haase, N. (2008) Psychopathie, in: Volbert/Steller S. 68

Dahle, K.-P./Volbert, R. (2005) (Hg.) Entwicklungspsychologische Aspekte der Rechtspsychologie, Göttingen et al.

Dahle, K.-P./Ziehten, F. (2010) Externe Begutachtung des Behandlungserfolges bei Patienten des psychiatrischen Maßregelvollzuges, in: Hammerstein et al. (Hg.) Medizinrechtliche Probleme des Maßregelvollzugs, Berlin S. 177

Dahle, K.-P. et al. (2007) Standardisierte Instrumente zur Kriminalprognose, FPPK S. 15

Dahle, K.-P. et al. (2008a) Jugendliche Sexualstraftäter: Spezialfälle der Prognoseerstellung? FPPK S. 213

Dahle, K.-P. et al. (2008b) Integrative psychologische Kriminalprognose, Report Psychologie S. 184

Dahle, K.-P. et al. (2009) Tatcharakteristika, Rückfallrisiko und Rückfallprognose bei Sexualstraftätern vom Jugend- bis ins Seniorenalter, FPPK S. 210

Dahs, H. (1983) Der Haftgrund der Fluchtgefahr, AnwBl S. 418

Dahs, H. (1995) Das Verbrechensbekämpfungsgesetz vom 28. 10. 1994 – ein Produkt des Superwahljahres, NJW S. 553

Deckers, R. (1983) Die Vorschrift des § 112 Abs. 3 StPO, sogenannter „Haftgrund der Tatschwere", AnwBl S. 420

v. Denkowski, C. (2006) Mehrmonatiger Sicherheitsgewahrsam: Staatsschutz im Geiste des Grundgesetzes oder präventiver Schutz neuer Art durch Feindmaßnahmen? Krim S. 11

Denninger, E. (1988) Der Präventionsstaat, KJ S. 1

Dessecker, A. (1998) Strafrestaussetzung und Vollzugslockerungen bei lebenslanger Freiheitsstrafe, BewHi S. 406

Dessecker, A. (2004) Gefährlichkeit und Verhältnismäßigkeit, Berlin

Dessecker, A. (2005) Die Überlastung des Maßregelvollzugs: Folge von Verschärfungen im Kriminalrecht? NK S. 23

Dessecker, A. (2007) Die Reform der Führungsaufsicht und ihre Grenzen, BewHi S. 276

Dessecker, A. (2010) Unbefristete Strafrechtsfolgen – ein normativer und kriminologischer Überblick, in: Pollähne/Rode (Hg.) Probleme unbefristeter Freiheitsentziehungen, Berlin S. 15

Dessecker, A./Spöhr, M. (2007) Entwicklung der Sozialtherapie in Deutschland und im Rahmen der sozialtherapeutischen Behandlung angewandte Diagnoseverfahren, Praxis der Rechtspsychologie S. 305

Detter, K. (2009) Einführung in die Praxis des Strafzumessungsrechts, Köln

Deutsch, C. C. (2005) Prognosegutachten bei Strafaussetzung, in: Schläfke et al. S. 33

Diemer, H./Schatz, H./Sonnen, B.-R. (2011) Jugendgerichtsgesetz, 6. Aufl. Heidelberg (zit. D/S/S-Autor)

Diemer-Nicolaus, E. (1972) Das geänderte Haftrecht, NJW S. 1692

Di Fabio, U. (1994) Risikoentscheidungen im Rechtsstaat, Tübingen

Dimmek, B. et al. (2010) Bewährungsverlauf und Wiedereingliederung suchtkranker Rechtsbrecher, Lengerich

Dittmann, V. (2003) Was kann die Kriminalprognose heute leisten? in: Häßler et al. S. 173

Dittmann, V./Graf, M. (2010) Strafrechtliche Aspekte der forensischen Psychiatrie in der Schweiz, in: Kröber et al. S. 691

Dolde, G. (1993) Theorie und Erklärung, in: Kaiser et al. S. 541

Dölling, D. (1995 a) (Hg.) Die Täter-Individualprognose, Heidelberg

Dölling, D. (1995 b) Perspektiven kriminologischer Prognoseforschung, in: ders. S. 129

Dönisch-Seidel, U. (1998) Prognosen im Maßregelvollzug, in: Fabian et al. (Hg.) Rechtspsychologie kontrovers, Bonn S. 138

Dopslaff, U. (1988) Abschied von den Entscheidungsfreiräumen bei Ermessen und unbestimmten Rechtsbegriffen mit Beurteilungsspielraum im Strafvollzugsgesetz, ZStW S. 567

Dorschky, L./Wagner, H. (2004) Anmerkungen zur Strafe, Sozialdisziplinierung und sozialen Kontrolle im aktivierenden Sozialstaat, in: Liedke/Robert (Hg.) Neue Lust am Strafen? Aachen S. 129

Dressing, H. et al. (2007) Forensisch-Psychiatrische Begutachtung bei Stalking, NStZ S. 253

Dünkel, F. (1983) Rechtliche, rechtsvergleichende und kriminologische Probleme der Strafaussetzung zur Bewährung, ZStW S. 1039

Dünkel, F./Kunkat, A. (2001) Der Staat als Sicherheitsrisiko? NK H. 3 S. 16

Dünkel, F./van Zyl Smit, D. (2004) Nachträgliche Scherungsverwahrung, KrimPäd H. 43 S. 47

Egg, R. (1999) Zur Rückfälligkeit von Sexualstraftätern, Krim S. 367

Egg, R. (2000) (Hg.) Behandlung von Sexualstraftätern im Justizvollzug, Wiesbaden

Egg, R. (2002) Prognosebegutachtung im Straf- und Maßregelvollzug. Standards und aktuelle Entwicklungen, in: FS Rolinski S. 309

Egg, R. (2005) (Hg.) „Gefährliche Straftäter". Eine Problemgruppe der Kriminalpolitik? Wiesbaden

Eher, R. (2001) Zur kriminalprognostischen Begutachtung des Sexualstraftäters – die Bedeutung neuer nordamerikanischer Einflüsse, BewHi S. 221

Eher, R. et al. (2008) Validität oder praktischer Nutzen? Rückfallvorhersagen mittels Static-99 und SORAG. Eine prospektive Rückfallstudie an 275 Sexualstraftätern, R&P S. 79

Eher, R. et al. (2009) Aktuarische Prognose bei Sexualstraftätern, MschrKrim S. 18

Eisenberg, U. (1972) Einführung in Probleme der Kriminologie, München

Eisenberg, U. (2004) Die Maßregel der Unterbringung in einem psychiatrischen Krankenhaus gemäß § 63 StGB und so genannte „Nicht-Therapiegeeignetheit", NStZ S. 240

Eisenberg, U. (2005) Kriminologie, 6. Aufl. München

Eisenberg, U. (2006a) Zur Tragweite psychiatrischer Gutachten bei der Anwendbarkeit materiellen Jugendstrafrechts auf Heranwachsende (§ 105 I Nr 1 JGG) – erörtert an Hand von zwei Originalfällen, JA S. 140

Eisenberg, U. (2006b) Gutachterkosten in Verfahren zur Prüfung der Voraussetzungen der (vorzeitigen) Entlassung aus dem Vollzug freiheitsentziehender Rechtsfolgen, JR S. 57

Eisenberg, U. (2007a) Kriminologie, Jugendstrafrecht, Strafvollzug, 8. Aufl. München

Eisenberg, U. (2007b) Nachträgliche Sicherungsverwahrung bei zur Tatzeit Jugendlichen bzw. Heranwachsenden? JZ S. 1143

Eisenberg, U. (2007c) Aspekte bei der Prognose strafgerichtlicher Entscheidung aufgrund von Persönlichkeits- und Verhaltensmerkmalen Amtierender, in: FS Jung S. 127

Eisenberg, U. (2010) Jugendgerichtsgesetz, 14. Aufl. München

Eisenberg, U. (2011) Beweisrecht der StPO. Spezialkommentar, 7. Aufl. München

Eisenberg, U./Schlüter, S. (2001) Extensive Gesetzesauslegung bei Anordnung von Sicherungsverwahrung, NJW S. 188

Eißer, W. (2001) Maßnahmen zur DNA-Identitätsfeststellung, BewHi S. 317

Ellerbrock, M. (2004) Lebensqualität und Legalbewährung ehemals gemäß § 63 StGB untergebrachter Maßregelvollzugspatienten, Aachen

Elz, J. (2002) Legalbewährung und kriminelle Karrieren von Sexualstraftätern, Wiesbaden

Endres, J. (2000) Die Kriminalprognose im Strafvollzug, ZfStrVo S. 67

Endres, J. (2002) Zur Qualitätssicherung bei Prognosegutachten, in: Fabian/Nowara S. 301

Endres, J. (2005) Diagnostische Zugänge zur Erfassung von Dissozialität im Erwachsenenalter, in: Dahle/Volbert S. 192

Erb, V. (2001) Strafrechtswissenschaft, höchstrichterliche Rechtsprechung und tatrichterliche Praxis des Strafrechts, ZStW S. 1

Ermer, A./Dittmann, V. (2001) Fachkommissionen zur Beurteilung „gemeingefährlicher" Straftäter in der deutschsprachigen Schweiz, R&P S. 73

Ernst, C. (2011) Die Rechtswirklichkeit der einstweiligen Unterbringung nach § 126a StPO, Berlin

Esser, R. (2003) Videoanhörungen im Verfahren der Strafrestaussetzung, NStZ S. 464

Eucker, S. (1998) Prognosebildung im psychiatrischen Maßregelvollzug, in: Müller-Isberner/Gonzales Cabeza S. 149

Eucker, S. et al. (1994) Prognosebildung im Psychiatrischen Maßregelvollzug, ZfStrVo S. 154

Evers, A./Nowotny, H. (1987) Über den Umgang mit Unsicherheit, Frankfurt/M.

Ewald, F. (1989) Die Versicherungs-Gesellschaft, KJ S. 385

Fabian, T. et al. (2002) (Hg.) Qualitätssicherung in der Rechtspsychologie, Münster

Fabricius, D. (2007) „Da gibt es kein Ausweichen", unveröff. Vortragsmanuskript, Bremen

Fabricius, D. (2008) Forensische Psychiatrie: Blinde Flecken, neuralgische Punkte, StV S. 45

Fegert, J. M./Häßler, F. (2000) (Hg.) Qualität forensischer Begutachtung, insbesondere bei Jugenddelinquenz und Sexualstraftaten, Herbolzheim

Fehlenberg, D. (2003) Therapie und Sicherheit in den Zeiten von „Sicherheit vor Therapie", R&P S. 145

Feltes, T. (2000) Rückfallprognose und Sicherungsverwahrung: Die Rolle des Sachverständigen, StV S. 281

Feltes, T./Putzke, H. (2005) Die forensische Begutachtung im Zusammenhang mit der Anordnung der Sicherungsverwahrung – eine interdisziplinäre Aufgabe? in: Saimeh S. 76

Fenn, R. (1981) Kriminalprognose bei jungen Straffälligen, Freiburg

Ferner, W. (2003) Strafzumessung, Bonn

Feuerhelm, W. (1999) Pauschaler Sicherheits-Check statt individueller Prognose? Die Neuregelung der Strafrestaussetzung zur Bewährung, in: FS Böhm S. 463

Fincke, M. (1983) Zum Begriff des Beschuldigten und den Verdachtsgraden, ZStW S. 918

Fischer, T. (2011) Strafgesetzbuch und Nebengesetze, 58. Aufl. München

Fluck, P. (2000) DNA-Identitätsfeststellung, Krim S. 479

Fluck, P. (2001) Anwendung und Auslegung der DNA-Identifizierung, NJW S. 2292
Flümann, B. (1984) Die Vorbewährung nach § 57 JGG, BewHi S. 340
Foerster, K. (2000) Gefährlichkeitsprognose gemäß § 454 StPO, in: Egg S. 293
Foerster, K. (2002) Der psychiatrische Sachverständige zwischen Proband, Justiz und Öffentlichkeit, WsFPP H. 3 S. 29
Foerster, K./Winckler, P. (2009) Forensisch-psychiatrische Untersuchung, in: Venzlaff/Foerster S. 17
Folkers, S. (2006) Die nachträgliche Sicherungsverwahrung in der Rechtsanwendung, NStZ S. 426
Forster, B./Joachim, H. (1997) Alkohol und Schuldfähigkeit, Stuttgart
Frädrich, S./Pfäfflin, F. (2000) Zur Prävalenz von Persönlichkeitsstörungen bei Strafgefangenen, R&P S. 95
Frankenberg, G. (2005) Kritik des Bekämpfungsrechts, KJ S. 370
Freese, R. (1998) Die ‚Psychopathy Checklist' (PCL-R und PCL-SV) von R. D. Hare und Mitarbeitern in der Praxis, in: Müller-Isberner/Gonzales Cabeza S. 81
Frisch, W. (1983) Prognoseentscheidungen im Strafrecht, Heidelberg et al.
Frisch, W. (1988) Unsichere Prognose und Erprobungsstrategie – am Beispiel der Urlaubsgewährung im Strafvollzug, StV S. 359
Frisch, W. (1990) Dogmatische Grundfragen der bedingten Entlassung und der Lockerungen des Vollzugs von Strafen und Maßregeln, ZStW S. 707
Frisch, W. (1992) Prognostisch fundierte Entscheidungen im Strafrecht, R&P S. 110
Frisch, W. (1994) Strafrechtliche Prognoseentscheidungen aus rechtswissenschaftlicher Sicht, in: Frisch/Vogt S. 55
Frisch, W. (1996) Verantwortbare Risiken? NK H. 1 S. 24
Frisch, W./Vogt, T. (1994) (Hg.) Prognoseentscheidungen in der strafrechtlichen Praxis, Baden-Baden
Frister, H. (1993) Das Verhältnis von Beweisantragsrecht und gerichtlicher Aufklärungspflicht im Strafprozeß, ZStW S. 340
Fröhlich, J. (1999) Fluchtprognose durch Strafprognose? NStZ S. 331
Frommel, M. (1995) „Eene meene muh – drin bist Du". Zur Wiederkehr der Sicherungsstrafe in der gegenwärtigen Diskussion, KJ S. 226
Frommel, M. (2006) Rebellen, Räuber und Intriganten, in: Uwer/Organisationsbüro S. 59
Frommel, M. (2008) 40 Jahre Strafrechtsreform, NK S. 133
Frommel, M. (2010) Reform der Sicherungsverwahrung, NK S. 82
Füllgrabe, U. (1996) Pädophile Sexualtäter. Probleme bei Diagnose, Therapie und Prognose sexueller Neigungen von Erwachsenen zu Kindern, Krim S. 771
Füllgrabe, U. (2001) Gefahrenprognosen. Krim S. 799
Fulda, E./Härter, M. (1997) Neue Ansätze der Prognostik, Frankfurt/M.
Funk, A. (2007) Risiko- und Sicherheitsmanagement, CILIP 86 S. 16
Galow, A. (2005) Neuronale Netze und Kriminalprognose: Entwicklungs-psychologische Moderatoren der Prognosegüte, in: Dahle/Volbert S. 175
Gebauer, G. F./Bartels, A. (2005) Psychometrische Persönlichkeitsdiagnostik im forensischen Kontext, in: Saimeh S. 91
Geerds, F. (1960) Zur kriminellen Prognose, MschrKrim S. 92
Gehmacher, E. (1971) Methoden der Prognostik, Freiburg
Gerstenfeld, C. (2000) Der Psychiater als Inquisitor, MschrKrim S. 280
Giesen, T. (2008) Und bist du nicht willig, so brauch' ich Gewalt, in: FS Hamm S. 107
Gluba, A./Wolter, D. (2009) Nachwuchssorgen bei der Kriminalität, Krim S. 284
Göppinger, H. (1997) Kriminologie, 5. Aufl. München
Göppinger, H. (2008) Kriminologie (M. Bock, Hg.), 6. Aufl. München
Goerdeler, J. (2004) Die Sicherungsverwahrung wird ausgeweitet, ZJJ S. 191
Goerdeler, J. (2006) Begutachtungen und Prognosen im Jugendstrafrecht, ZJJ S. 120

Goerdeler, J./Pollähne, H. (2008) Das Urteil des Bundesverfassungsgerichts vom 31. Mai 2006 als Prüfmaßstab für die neuen (Jugend-)Strafvollzugsgesetze der Länder, in: Goerdeler/ Walkenhorst (Hg.) Jugendstrafvollzug in Deutschland, Mönchengladbach S. 55

Gohde, H./Wolff, S. (1992) „Gefährlichkeit" vor Gericht, KrimJ S. 162

Gollwitzer, W. (2005) Menschenrechte im Strafverfahren. MRK und IPBR, Kommentar, Berlin

Gottwald, U. (1993) Kommunikation von Justiz und Psychiatrie im Maßregelvollzug, in: Gebauer/ Jehle (Hg.) Die strafrechtliche Unterbringung in einem psychiatrischen Krankenhaus, Wiesbaden S. 117

Graalmann-Scheerer, K. (2000) DNA-Analyse – „Genetischer Fingerabdruck", Krim S. 328

Grabenwarter, C. (2009) Europäische Menschenrechtskonvention, 4. Aufl. München

Graebsch, C./BRIK (2000) (Hg.) Experimente im Strafrecht (Universität Bremen: Materialien zur Kriminalpolitik Bd. 8)

Graebsch, C. (2009a) Der Gesetzgeber als gefährlicher Wiederholungstäter, in: FS Eisenberg S. 725

Graebsch, C. (2009b) „Evidence-Based Crime Prevention" (EBCP): Bedeutung, Möglichkeiten und Grenzen einer auf experimentelle Forschung gestützten Kriminalpolitik, Diss. Bremen

Graebsch, C./Burkhardt, S.-U. (2006) MIVEA – Young Care? ZJJ S. 140

Greiner, A. (2001) Wegschließen, und zwar für immer? Krim S. 650

Gretenkord, L. (1998) Verhalten im Maßregelvollzug und Legalprognose, in: Müller-Isberner/Gonzales Cabeza S. 163

Gretenkord, L. (2000) Empirisch fundierte Prognosestellung im Maßregelvollzug nach § 63 StGB – EFP 63, Bonn

v. Groote, E. (2002) Prognose von Täterverhalten bei Geiselnahmen, Frankfurt/M.

Groß, G./Nedopil, N. (2006) Basisraten für kriminelle Rückfälle – Ergebnisse einer Literaturübersicht, in: Nedopil S. 65

Grubitzsch, S. (1983) Psychiatrische Risikoabwehr, in: Wambach (Hg.) Der Mensch als Risiko, Frankfurt/M. S. 107

Grünebaum, R. (1996) Zur Strafbarkeit des Therapeuten im Maßregelvollzug bei fehlgeschlagenen Lockerungen, Frankfurt/M.

Grünwald, A. (2008) Die Wiederaufnahme des Strafverfahrens zuungunsten des Angeklagten, ZStW S. 545

Günter, M. et al. (2006) Jugendliche und heranwachsende Tötungsdelinquenten – Charakteristika aus der psychiatrischen Begutachtung und späteres Rezidivrisiko, in: FS Venzlaff S. 147

Günther, K. (2006) Hirnforschung und strafrechtlicher Schuldbegriff, KJ S. 116

Guthke, K./Jasch, M. (2003) Intensivtäterermittlung in Frankfurt und die Grenzen der Karriereforschung, ZJJ S. 175

Gutschner, D. et al. (2006) BARO – Screeninginstrument zur Erstbeurteilung von jugendlichen Straftätern, ZJJ S. 133

Habermeyer, E. (2005) Psychiatrische Kriminalprognose in einer „fachfremden" Maßregel: Erfahrungen mit Probanden vor bzw. in Sicherungsverwahrung, MschrKrim S. 12

Habermeyer, E./Herpertz, S. C. (2005) Bedeutung des „Psychopathy"-Konzepts von Hare für Sexualstraftaten, in: Schläfke et al. S. 131

Habermeyer, E. et al. (2004) Bedeutung des „Psychopathy"-Konzepts von Hare für die Maßregel der Sicherungsverwahrung, AfK H. 213 S. 65

Habermeyer, E. et al. (2007) Kriminologische und diagnostische Merkmale von Häftlingen mit angeordneter Sicherungsverwahrung, MschrKrim S. 317

Haffke, B. (2006) Vom Rechtsstaat zum Sicherheitsstaat? in: Saimeh S. 88

Haffke, B. (2008) Der Grundsatz der Verhältnismäßigkeit und die Entziehung der Fahrerlaubnis, in: FS Hamm S. 137

Haffner, H.-T./Blank, J. H. (2002) Berechnung und Stellenwert der Blutalkoholkonzentration bei der Schuldfähigkeitsbeurteilung, in: Schneider/Frister S. 69

Hahn, G. (2007a) Rückfallfreie Sexualstraftäter. Salutogenetische Faktoren bei ehemals im Maßregelvollzug behandelten Patienten, Bonn

Hahn, G. (2007b) Anmerkungen zur Reform der Führungsaufsicht aus Sicht des Maßregelvollzugs, NK S. 7

Haller, R. (2000) Epidemiologie der Gefährlichkeit psychisch Kranker, in: Jehle S. 169

Haller, R. (2005) Evaluation der Gefährlichkeitsprognose im Straf- und Maßregelvollzug (NKG-Vortrag v. 1. 10. 2005), www.vorarlberg.biz/cms/files/userdocs/Gefaehrlichkeitsprognose_NKG_Haller.pdf (22. 5. 2008)

Hamm, R. (1986) Zur Prognosegenauigkeit der Haftentscheidungen, StV S. 499

Happel, E. (1986) Aufhebung des Haftbefehls nach § 121 StPO, StV S. 501

Harcourt, B. E. (2007) Against prediction: profiling, policing and punishment in an actuarial age, Chicago

Hardtung, B. (2004) Das gefährliche Beisichführen eines Werkzeugs beim Diebstahl, StV S. 399

Hare, R. D. (1978) Psychopathie und Soziopathie (dt. Übersetzung von K. Siegfried), Frankfurt/M.

Hare, R. D. (2005) Gewissenlos. Die Psychopathen unter uns (dt. Übersetzung von K. Petersen), Wien/New York

Hartmann, H./Vogel, J. (2010) Prognosen: Wissenschaftliche Praxis im öffentlichen Raum, in: dies. (Hg.) Zukunftswissen, Frankfurt/New York S. 7

Harrendorf, S. (2004) Rückfälligkeit und kriminelle Karrieren von Gewalttätern, in: Heinz/Jehle S. 289

Harrendorf, S. (2008) Wo sind die Adressaten der Sicherungsverwahrung? Zur Rückfallgefahr schwerer Gewalttäter, JR S. 6

Hassemer, W. (1973) Theorie und Soziologie des Verbrechens, Frankfurt/M.

Hassemer, W. (1990) Einführung in die Grundlagen des Strafrechts, 2. Aufl. München

Hassemer, W. (2001) Freiheitliches Strafrecht, Berlin

Hassemer, W. (2006) Sicherheit durch Strafrecht, StV S. 321

Hassemer, W. et al. (1983) Fortschritte im Strafrecht durch die Sozialwissenschaften, Heidelberg

Häßler, F. et al. (2003) (Hg.) Forensische Kinder-, Jugend- und Erwachsenenpsychiatrie. Aspekte der forensischen Begutachtung, Stuttgart et al.

Hefendehl, R. (2002) Kollektive Rechtsgüter im Strafrecht, Köln

Heghmanns, M. (2008) Anklageentscheidung, in: Heghmanns/Scheffler S. 409

Heghmanns, M./Scheffler, U. (2008) (Hg.) Handbuch zum Strafverfahren, München

Heinz, G. et al. (1996) 25 Jahre offene Maßregelbehandlung in Göttingen – Klinische Erfahrungen und Ergebnisse, R&P S. 38

Heinz, W. (1985) Was kann die Kriminologie zur Kriminalitätsprognose beitragen? in: BKA (Hg.) Zweites Symposium: Wissenschaftliche Kriminalistik, Wiesbaden S. 31

Heinz, W. (1995) Aufnahmebereitschaft, Kritik und Widerstände von Richtern und Staatsanwälten bei der Konfrontation mit kriminologischen Befunden, in: BMJ (Hg.) Das Jugendkriminalrecht als Erfüllungsgehilfe gesellschaftlicher Erwartungen? Bonn/Mönchengladbach S. 99

Heinz, W. (2004) Rückfall als kriminologischer Forschungsgegenstand – Rückfallstatistik als kriminologisches Erkenntnismittel, in: Heinz/Jehle S. 11

Heinz, W. (2011) Wie weiland Phönix aus der Asche – die Renaissance der freiheitsentziehenden Maßregeln der Besserung und Sicherung in rechtstatsächlicher Betrachtung, R&P S. 63

Heinz, W./Jehle, J.-M. (2004) (Hg.) Rückfallforschung, Wiesbaden

Hellerich, G./Wambach, M. M. (1983) Risikoprognose als Prävention, in: Wambach (Hg.) Der Mensch als Risiko, Frankfurt/M. S. 126

Henkel, H. (1958) Recht und Individualität, Berlin

Herdegen, G. (2003) Strafrichterliche Aufklärungspflicht und Beweiswürdigung, NJW S. 3513

Hermann, D. (2004) Geschlechtsspezifische Unterschiede hinsichtlich Gewaltkriminalität, in: Schöch/Jehle S. 567

Hermann, D./Janssen, H. (1990) „Selective Incapacitation“ – eine Kritik, MschrKrim S. 227

Herpertz, S. C. (2004) Dissoziale Persönlichkeitsstörungen – Diagnose, Prognose, Therapie, in: Schöch/Jehle S. 367

Herre, S. (1997) Die Prognoseklauseln der §§ 56 StGB und 21 JGG, Sinzheim

Herzog, F. (1991) Gesellschaftliche Unsicherheit und strafrechtliche Daseinsvorsorge, Heidelberg

Hinrichs, G. (2003a) Prognosebegutachtung: Neue Ansätze oder doch „alter Wein in neuen Schläuchen“?, NK S. 89

Hinrichs, G. (2003b) Grundlagen der Prognosestellung. Gutachten zur Prognose, in: Lempp et al. S. 433 und 439

Hinrichs, G./Köhler, D. (2006) Psychische Störungen bei Straftätern, NK S. 59

Hinrichs, U. (2006) Der gläserne Mensch und sein verfassungsrechtlicher Mantel, KJ S. 60

Hinz, S. (1986) Gefährlichkeitsprognose im Maßregelvollzug, R&P S. 122

Hinz, S. (1987) Gefährlichkeitsprognosen bei Straftätern: Was zählt? Frankfurt/M. et al.

v. Hippel, R. (1972) Gefahrurteile und Prognoseentscheidungen in der Strafrechtspraxis, Berlin/New York

Hirtenlehner, H./Birklbauer, A. (2008) Rückfallsprävention durch Entlassungspolitik? – Ein natürliches Experiment, NK S. 25

Hoffmann, K. (2002) Restaussetzung der Jugendstrafe und Schwere der Schuld, StV S. 449

Hohmann, R./Matt, H. (1989) Tatfrequenz und Wiederholungsgefahr i.S. des § 112a I Nr. 2 StPO, NStZ S. 211

Holländer, C. (2010) Was die Anstalt bewegt – läuft der Datenschutz im Justizvollzug leer? in: Pollähne/Rode (Hg.) Schweigepflicht und Datenschutz, Berlin S. 83

Horn, E. (1981) Der Aussetzungswiderruf und das Absehen davon, JR S. 5

Horn, H.-J. (1989) Die prognostische Beurteilung im Strafverfahren: Mängel, Irrtümer, Fehlinterpretationen, MschrKrim S. 97

Horn, H.-J. (1999) Täterpersönlichkeit und Prognose aus der Sicht der Psychiaters, in: Rössner/Jehle S. 261

Horn, N. (2007) Einführung in die Rechtswissenschaft und Rechtsphilosophie, 4. Aufl. Heidelberg

Horstkotte, H. (1986) Strafrechtliche Fragen zur Entlassungspraxis nach § 67d Abs. 2 StGB, MschrKrim S. 332

Horstkotte, H. (1994) Juristische Gesichtspunkte, R&P S. 81

Horstkotte, H. (2005) Einführung, in: Egg S. 15

Hoyer, J. (2001) Psychodiagnostische Kategorisierung von gefährlichen Sexualdelinquenten, WzFPP H. 1 S. 13

Huber, M. (1994) Prognoseentscheidungen im Strafrecht aus der Sicht des Richters, in: Frisch/Vogt S. 43

Hübner, G.-E./Quedzuweit, M. (1992) Prognose anhand von Kriminalakten, Holzkirchen/Obb.

Hüttner, M. (1986) Prognoseverfahren und ihre Anwendung, Berlin/New York

Immel, M. (2007) Die Einholung und Verwertung von Prognosegutachten gemäß § 454 II StPO, JR S. 183

Isensee, H. (1983) Das Grundrecht auf Sicherheit, Berlin

Jacobsen, G. (2005) Gefangen zwischen Besserung und Sicherung – Ein Plädoyer für die regelmäßige Prüfung der Gefährlichkeit in der Hauptverhandlung, NK H. 3 S. 92

Jaeckel, L. (2001) Schutzpflichten im deutschen und europäischen Recht, Baden-Baden

Jakobs, G. (2004) Bürgerstrafrecht und Feindstrafrecht, HRRS S. 88

Jansen, G. (2000) Aussetzung eines Strafrestes, § 57 StGB, in: DAV-Strafrechtsausschuß (Hg.) Reform des strafrechtlichen Sanktionensystems, Bonn S. 73

Jansen, G. (2002) Reststrafenentscheidungen und Begutachtungszwang, in: 25. Strafverteidigertag, Berlin S. 164

Jansen, G. (2005) Sexualstrafrecht – ein Fall der Aussagepsychologie, StraFo S. 233

Jasch, M. (2006) Alltägliche Feinde. Die Expansion der Ausschließung mit den Mitteln des Rechts, in: Uwer/Organisationsbüro S. 267

Jasch, M. (2007) Staatlicher Zugriff auf die Gene: Die Ausweitung der DNA-Analyse für Zwecke künftiger Strafverfahren, in: Institut für Kriminalwissenschaften und Rechtsphilosophie Frankfurt am Main (Hg.) Jenseits des rechtsstaatlichen Strafrechts, Frankfurt/M. S. 571

Jasch, M. (2010) Maßregeln der Besserung und Sicherung als Bausteine eines neuen Sicherheitsstrafrechts, in: 33. Strafverteidigertag, Berlin S. 219

Jehle, J.-M. (2000) (Hg.) Täterbehandlung und neue Sanktionsformen, Mönchengladbach

Jehle, J.-M. (2004) Die deutsche Rückfallstatistik – Konzeption und Ertrag, in: Heinz/Jehle S. 145

Jehle, J.-M. (2005) Strafrechtliche Unterbringung in einem psychiatrischen Krankenhaus, BewHi S. 3

Jöckel, D. (1998) HCR-20: Ein Prognoseschema zur Vorhersage gewalttätigen Verhaltens, in: Müller-Isberner/Gonzales Cabeza S. 185

Jöckel, D. (2004) Behandelbar, aber nicht entlassbar? KrimPäd H. 43 S. 31

Jockusch, U. (1990) Therapeutischer Maßregelvollzug – Leistungsfähigkeit und Grenzen, R&P S. 14

Julius, K.-P. et al. (2008) Strafprozessordnung. Heidelberger Kommentar, 4. Aufl. Heidelberg (zit. HK-*Bearbeiter* mit § und Rn.)

Jung, H. (1981) Die jugendrichterlichen Entscheidungen – Anspruch und Wirklichkeit, ZRP S. 36

Jung, H. (1986) Die Prognoseentscheidung zwischen rechtlichem Anspruch und kriminologischer Einlösung, in: FS Pongratz S. 251

Jung, H. (2002) Was ist Strafe? Baden-Baden

Jürgens, A. et al. (2007) Betreuungsrecht kompakt, 6. Aufl. München

Kade, J./Seitter, W. (2003) Jenseits des Goldstandards. Über Erziehung und Bildung unter den Bedingungen von Nicht-Wissen, Ungewissheit, Risiko und Vertrauen, in: Helsper et al. (Hg.) Ungewissheit. Pädagogische Felder im Modernisierungsprozess, Weilerswist S. 50

Kaiser, G. (1972) Strategien und Prozesse strafrechtlicher Sozialkontrolle, Frankfurt/M.

Kaiser, G. (1990) Befinden sich die kriminalrechtlichen Maßregeln in der Krise? Heidelberg

Kaiser, G./Schöch, H. (2010) Kriminologie, Jugendstrafrecht, Strafvollzug, 7. Aufl. München

Kaiser, G. et al. (1988) (Hg.) Kriminologische Forschung in den 80er Jahren, Freiburg

Kaiser, G. et al. (1993) (Hg.) Kleines Kriminologisches Wörterbuch, Heidelberg

Kammeier, H. (1996) Maßregelrecht. Kriminalpolitik, Normgenese und systematische Struktur einer schuldunabhängigen Gefahrenabwehr, Berlin/New York

Kammeier, H. (2006) Leben als Risiko – In welchem Maße und in welcher Weise lässt sich aus der Verfassung ein Schutzanspruch vor gefährlichen Mitmenschen begründen? in: Saimeh S. 122

Kammeier, H. (2010) (Hg.) Maßregelvollzugsrecht. Kommentar, 3. Aufl. Berlin/New York

Karanedialkova, D. et al. (2010) Prognoseinstrumente im Maßregelvollzug in Mecklenburg-Vorpommern, in: Fegert/Schläfke (Hg.) Maßregelvollzug zwischen Kostendruck und Qualitätsanforderungen, Lengerich S. 240

Karanedialkova-Krohn, D./Fegert, J. M. (2007) Prognoseverfahren und Prognosepraxis im Jugendstrafverfahren, ZJJ S. 285

Kargl, W. (1975) Krankheit, Charakter und Schuld, NJW S. 558

Karl, W. (2002) (Hg.) Internationaler Kommentar zur Europäischen Menschenrechtskonvention, Köln et al. (Loseblatt; zit. IK-EMRK-*Bearbeiter*)

Keller, R. (1980) Verwissenschaftlichung versus Rationalität der strafprozessualen Beweiswürdigung? GA S. 255

Kemper, A. (2009) Die Unterbringung in der Entziehungsanstalt zwischen Fehleinweisung und Fehlkonstruktion, Diss. Bremen

Kerner, H.-J. (1980) Können und dürfen Therapeuten prognostizieren? Strafaussetzung zur Bewährung in der Praxis als Konfliktfeld für Vollzugsanstalten und Gerichte in: Lüderssen/Sack (Hg.) Vom Nutzen und Nachteil der Sozialwissenschaften für das Strafrecht (Teilband 1), Frankfurt/M. S. 307

Kerner, H.-J. (1993) Rückfall, Rückfallkriminalität, in: Kaiser et al. S. 432

Kerner, H.-J. (1998) Vom Ende des Rückfalls, in: FS Kaiser S. 141

Kerner, H.-J. (2007) Das Böse im Verbrechen, in: Klosinski (Hg.) Über Gut und Böse, Tübingen S. 13

Kett-Straub, G. (2009) Die Kombination von lebenslanger Freiheitsstrafe und Sicherungsverwahrung, GA S. 584

Kim, H.-J. (2000) Gefährlichkeitsprognose im Maßregelrecht des StGB, Göttingen

Kindhäuser, U. (1988) Das Beweismaß des Strafverfahrens, Jura S. 290

Kindhäuser, U. et al. (2010) (Hg.) NomosKommentar zum StGB, 3. Aufl. Baden-Baden (zit. NK-*Bearbeiter* mit § und Rn.)

Kinzig, J. (2001) Als Bundesrecht gescheitert – als Landesrecht zulässig? NJW 2001, 1455

Kinzig, J. (2011) Die Neuordnung des Rechts der Sicherungsverwahrung, NJW S. 177

Kinzig, J./Steinhilber, B. (2010) Lebenslange Freiheitsstrafe: Zwischen Mindestverbüßungsdauer und Dauerverwahrung, in: Pollähne/Rode (Hg.) Probleme unbefristeter Freiheitsentziehungen, Berlin S. 43

Klimke, D. (2008) (Hg.) Exklusion in der Marktgesellschaft, Wiesbaden

Klimke, D./Lautmann, R. (2006) Die neoliberale Ethik und der Geist des Sexualstrafrechts, ZfSexualforschung S. 97

Knecht, T. (1996) Das Problem der Gefährlichkeitsprognose, Krim S. 439

Knecht, T. (2005) Zur psychiatrischen Begutachtung von Brandstiftern, AfK H. 215 S. 129

Kobbé, U. (1996) Zwischen gefährlichem Irresein und gefahrvollem Irrtum, Lengerich et al.

Kobbé, U. (1997) Die Prognoseberatende Fachgruppe im Westf. Zentrum für Forensische Psychiatrie Lippstadt: Eine deskriptiv-statistische Zwischenbilanz, R&P S. 95

Kobbé, U. (2001) Psychopathieforschung: Neue Einseitigkeit oder Update der forensischen Psychotherapie? Stand und Rezeption biologisch-psychiatrischer Forschung (Teil II), WsFPP H. 2 S. 92

Kobbé, U. (2003) Über Zuständigkeiten ... Das Imaginäre (in) der Forensischen Behandlung: eine subjektzentrierte Reflektion, in: Slobodian/Stiels-Glenn S. 9

Kobbé, U./Pollähne, H. (1999) RechtsSicherheit oder Die Neuordnung des Sozialen. Gesellschaftspolitische Aspekte des Sexualstrafrechts. Eine Disputation, ZfPP SH S. 237

Kögler, M. (1988) Die zeitliche Unbestimmtheit freiheitsentziehender Sanktionen des Strafrechts, Frankfurt/M. et al.

Köhler, D. et al. (2005) Die Tatortanalyse auf dem Prüfstand, in: Saimeh S. 148

Köhler, D. et al. (2007) Die Tathergangsanalyse in der forensischen Praxis? MschrKrim S. 360

Köhne, M. (2009) 3 Landesstrafvollzugsgesetze – Beiträge zum Wettbewerb der Schäbigkeit? NStZ S. 130

Kokott, J. (1993) Beweislastverteilung und Prognoseentscheidungen bei der Inanspruchnahme von Grund- und Menschenrechten, Berlin et al.

Kölbel, R. (1998) Strafrestaussetzung bei Überhaft, StV S. 236

Koller, M. (2005) Die bedingte Entlassung aus der Unterbringung nach den §§ 63, 64 StGB – Voraussetzungen, Verfahren, Praxis, BewHi S. 237

König, A. (2010) Der Nutzen standardisierter Risikoprognoseinstrumente für Einzelfallentscheidungen in der forensischen Praxis, R&P S. 67

König, C. et al. (2005) Modellprojekt forensisch-psychiatrischer Gutachtertätigkeit in Mecklenburg-Vorpommern bei Sexualdelikten, in: Schläfke et al. S. 57

König, C./Fegert, J. M. (2009) Zur Praxis der Glaubhaftigkeitsbegutachtung unter Einfluss des BGH-Urteils (1 StR 618/98), Interdisziplinäre Fachzeitschrift S. 16

König, P./Seitz, H. (1995) Die straf- und strafverfahrensrechtlichen Regelungen des Verbrechensbekämpfungsgesetzes, NStZ S. 1

Konrad, N. (1995) Der sogenannte Schulenstreit, Bonn

Konrad, N. (2010) Schlechtachten trotz Einhaltung der „Mindestanforderungen an Prognosegutachten", R&P S. 30

Krahl, M. (1999) Tatbestand und Rechtsfolge, Frankfurt/M.

Krasmann, S. (2003) „Punitivität" als Regierungstechnologie, in: Stangl/Hanak (Hg.) Innere Unsicherheiten, Baden-Baden S. 81

Kraus, C./Berner, W. (2000) Die Klassifikation von Sexualstraftätern nach Knight und Prentky, MschrKrim S. 395

Kraus, C. et al. (1999) Bezüge der „Psychopathy Checklist-Revised" (PCL-R) zu den DSM-III-R- und ICD-10-Klassifikationen bei Sexualstraftätern, MschrKrim S. 36

Krauß, D. (2006) Vom Bürgerstrafrecht zum Feindstrafrecht? in: Uwer/Organisationsbüro S. 79

Krauß, D. (2008) Menschenrechte zwischen Freiheit und Sicherheit, in: Sessar (Hg.) Herrschaft und Verbrechen, Berlin S. 49

Krawietz, W. (2001) Ausdifferenzierung von Praxis und Theorie in juristischer systemtheoretischer Perspektive, Rechtstheorie S. 345

Krehl, C. (2001) Gefahr im Verzug, JR S. 491

Kreuzer, A. (2008) Zur Entwicklung äußerster kriminalpolitischer Instrumente, in: Schüler-Springorum/Nedopil (Hg.) Blick über den Tellerrand (FS Katoh), Lengerich S. 61

Kreuzer, A. (2010) Strafrecht als präventiver Opferschutz? NK S. 89

Kreuzer, A./Bartsch, T. (2008) Zu einer neuen Strukturierung des Sicherungsverwahrungsrechts, GA S. 655

Kröber, H.-L. (1993) Die prognostische Bedeutung der „Auseinandersetzung mit der Tat" bei der bedingten Entlassung, R&P S. 140

Kröber, H.-L. (1994) Das psychiatrische Gutachten zwischen Psychoanalyse und Strafrecht, R&P S. 64

Kröber, H.-L. (1997) Täter, Tod und Deuter – Zur Rolle des forensischen Psychiaters, R&P S. 100

Kröber, H.-L. (1999) Gang und Gesichtspunkte der kriminalprognostischen psychiatrischen Begutachtung, NStZ S. 593

Kröber, H.-L. (2003) Externe und interne Gutachten im psychiatrischen Maßregelvollzug, in: Häßler et al. S. 188

Kröber, H.-L. (2004) Psychiatrische Aspekte der Sicherungsverwahrung, MschrKrim S. 261

Kröber, H.-L. (2006a) Kriminalprognostische Begutachtung, in: ders. et al. S. 69

Kröber, H.-L. (2006b) Praxis der kriminalprognostischen Begutachtung: handwerkliche Mindeststandards und kasuistische Illustration, in: ders. et al. S. 173

Kröber, H.-L. (2006c) Der Psychiater als Profiler? Pflichten und Grenzen bei der Berücksichtigung des Tatgeschehens im Gutachten, in: Saimeh S. 176

Kröber, H.-L. (2007) Die Auseinandersetzung mit der Tat, FPPK S. 162

Kröber, H.-L. (2010) Leugnen der Tat und Tatbearbeitung in der prognostischen Begutachtung, FPPK S. 32

Kröber, H.-L. et al. (1993) Ätiologie und Prognose von Gewaltdelinquenz, Regensburg

Kröber, H.-L. et al. (2006) (Hg.) Handbuch der Forensischen Psychiatrie, Band 3: Psychiatrische Kriminalprognose und Kriminaltherapie, Darmstadt

Kröber, H.-L. et al. (2010) (Hg.) Handbuch der Forensischen Psychiatrie, Band 2: Psychopathologische Grundlagen und Praxis der Forensischen Psychiatrie im Strafrecht, Darmstadt

Kropp, C. (2001) Neuere Rechtsprechung zum DNA-Identitätsfeststellungsgesetz, NJ S. 576

Krüger, M. (2008) Zur Deeskalationshaft in Fällen von Stalking, NJ S. 150

Kube, E. (1976) Was geschieht auf dem Gebiet der Kriminalitätsprognose? Krim S. 350

Kühl, J. (1984) Prozeßgegenstand und Beweisthema im Strafverfahren, Diss. Hannover

Kühl, J./Schumann, K. F. (1989) Prognosen im Strafrecht – Probleme der Methodologie und Legitimation, R&P S. 126.

Kühne, H.-H. (2003) Bürgerfreiheit und Verbrecherfreiheit. Der Staat zwischen Leviathan und Nachtwächter, IRP-Rechtspolitisches Forum 21 S. 3

Kühne, H.-H. (2010) Strafprozessrecht, 8. Aufl. Heidelberg

Kulisch, S. (2001) Psychiater oder Psychologe? StraFo S. 337

Kunert, K. H. (1979) Strafprozessuale Beweisprinzipien im Wechselspiel, GA S. 401

Kunz, K.-L. (2004) Kriminologie, 4. Aufl. Bern et al.

Kunz, K.-L. (2006) Die Sicherung als gefährlich eingestufter Rechtsbrecher: Von der Strategie der Inklusion zur strafrechtlichen Exklusion, in: Barton S. 71

Kunz, K.-L. (2008) Die wissenschaftliche Zugänglichkeit von Kriminalität, Wiesbaden

Kunz, K.-L./Mona, M. (2006) Rechtsphilosophie, Rechtstheorie, Rechtssoziologie, Bern et al.

Kury, H./Adams, B. (2010) Prognosegutachten im Strafvollzug, FS S. 81

Lammel, M. (2004) Über den „Hang“ zu erheblichen Straftaten, Jahresheft für Forensische Psychiatrie, Regensburg S. 3

Lau, S./Peters, K. (2008) Anwendung des § 67h StGB in der Praxis, R&P S. 75

Laubenthal, K. (1987) Lebenslange Freiheitsstrafe, Lübeck

Laubenthal, K. (2008) Fallsammlung zur Wahlfachgruppe Kriminologie, Jugendstrafrecht und Strafvollzug, 4. Aufl. München

Laugwitz, C. (2005) „Sind dringende Gründe für die Annahme vorhanden ...“, R&P S. 67

Laule, J. (2009) Berücksichtigung von Angehörigen bei der Auswahl und Vollstreckung von Sanktionen, Berlin

Lempp, R. (1994) Die Begutachtung von jugendlichen und heranwachsenden Gewalttätern, DVJJ-J S. 255

Lempp, R. et al. (2003) (Hg.) Forensische Psychiatrie und Psychologie des Kindes- und Jugendalters, 2. Aufl. Darmstadt

Leutheusser-Schnarrenberger, S. (2004) Rechtsstaat und großer Lauschangriff, in: FS Lisken S. 99

Leygraf, N. (1993) Probleme der psychiatrischen Begutachtung bei nichtgeständigen Beschuldigten, in: FS Rasch S. 78

Leygraf, N. (1994) Psychoanalyse zwischen Gutachten, Prognose und Jurisprudenz, R&P S. 76

Leygraf, N. (1999) Probleme der Begutachtung und Prognose bei Sexualstraftätern, in: Egg (Hg.) Sexueller Mißbrauch von Kindern, Wiesbaden S. 125

Leygraf, N. (2004) Persönlichkeitsauffällige Täter im Straf- und Maßregelvollzug – wer gehört wohin? PS S. 93

Leygraf, N. (2006) Persönlichkeitsgestörte Rechtsbrecher, in: Kröber et al. (Hg.) Handbuch der Forensischen Psychiatrie, Band 3: Psychiatrische Kriminalprognose und Kriminaltherapie, Darmstadt S. 271

Leygraf, N. (2009) Die Begutachtung der Gefährlichkeitsprognose, in: Venzlaff/Foerster S. 483

Leygraf, N./Nowara, S. (1992) Prognosegutachten. Klinisch-psychiatrische und psychologische Beurteilungsmöglichkeiten der Kriminalprognose, Forensia-Jahrbuch 3 S. 43

Linden, G. (2004) Zur Rolle der Staatsanwaltschaft bei Prognosen im Straf- und Maßregelvollzug vor dem Hintergrund der Einschaltung der Landesjustizministerien, in: Rode et al. S. 101

Lindenberg, M./Lutz, T. (2008) Kein Ich. Nirgends. Anmerkungen zur Biologisierung von Abweichung und Kriminalität, Sozial Extra H. 1/2 S. 42

Lingemann, M. (1985) Die Gefahrenprognose als Basis eines polizeilichen Beurteilungsspielraumes? Bochum

Lissner, O. (2002) Reststrafenaussetzung und Begutachtungszwang, in: 25. Strafverteidigertag, Berlin S. 190

Löffelmann, M. (2005) Die Neuregelung der akustischen Wohnraumüberwachung, NJW S. 2033

Löhr, C. (2005) Die Relevanz von Vorverständnis und Diagnose für den Umgang mit abweichendem Verhalten – Lehren aus dem Rosenhan-Experiment, in: Neubacher/Walter (Hg.) Sozialpsychologische Experimente in der Kriminologie, 2. Aufl. Münster S. 127

Löhr, H. E. (1997) Kriminologisch-rationaler Umgang mit jugendlichen Mehrfachtätern, ZRP S. 280
Lösel, F./Bender, D. (2000) Protektive Faktoren gegen Delinquenzentwicklungen, in: Jehle S. 117
Lübcke-Westermann, D. (2007) Die Trainierbarkeit von Empathie bei Erwachsenen, MschrKrim S. 11
Lück, M. et al. (2005) Psychobiologische Grundlagen aggressiven und gewalttätigen Verhaltens, Oldenburg
Lüderssen, K. (1977) Strafaussetzung zur Bewährung und Bewährungshilfe in Deutschland, in: ders./Sack (Hg.) Seminar Abweichendes Verhalten III: Die gesellschaftliche Reaktion auf Kriminalität 2, Frankfurt/M. S. 366
Lüderssen, K. (2006) Die ewige Versuchung des Täterstrafrechts, KJ S. 361
Lüderssen, K./Sack, F. (1980) Vom Nutzen und Nachteil der Sozialwissenschaften für das Strafrecht, Frankfurt/M.
Luhmann, N. (1993) Die Moral des Risikos und das Risiko der Moral, in: Bechmann (Hg.) Risiko und Gesellschaft, Opladen S. 327
Macha, T./Petermann, F. (2006) Entwicklungsdiagnostik, in: Petermann/Eid (Hg.) Handbuch der Psychologischen Diagnostik, Göttingen et al. S. 594
Mannheim, H. (1974) Vergleichende Kriminologie, Stuttgart
Markwardt, M./Brodersen, K. (2000) Zur Prognoseklausel in § 81 g StPO, NJW S. 692
Marneros, A. et al. (1999) Was unterscheidet psychiatrisch begutachtete von psychiatrisch nicht begutachteten Angeklagten? R&P S. 117
Marshall, W. L. (2005) Grenzen der Phallometrie, R&P S. 11
Maruna, S. (2001) Making Good. How ex-Convicts Reform and Rebuild their Lives, Washington D. C.
Maruna, S./Farrell, S. (2004) Desistance from Crime: A Theoretical Reformulation, in: Oberwittler/Karstedt (Hg.) Soziologie der Kriminalität, Wiesbaden S. 171
Maurer, H. (2007) Staatsrecht I, 5. Aufl. München
Mauthe, J.-H. (1999) Zur psychiatrischen Begutachtung von Sexualstraftätern, DRiZ S. 262
Meier, B.-D. (2009) Strafrechtliche Sanktionen, 3. Aufl. Berlin/Heidelberg
Meier, B.-D. (2010) Kriminologie, 4. Aufl. München
Meinen, G. (2008) Untersuchungshaft, in: Heghmanns/Scheffler S. 321
Melzer, M. (1970) Die Neue Sozialverteidigung und die deutsche Strafrechtsreformdiskussion, Diss. Tübingen
Merk, H. (2004) Ländergesetze zur nachträglichen Sicherungsverwahrung, KritV S. 150
Merton, R. K. (1981) Die Eigendynamik gesellschaftlicher Voraussagen, in: Topitsch S. 144
Meurer, D. (1989) Beweiswürdigung, Überzeugung und Wahrscheinlichkeit, in: FS Tröndle S. 533
Meyer, F./Rettenmaier, F. (2009) Die Praxis des nachträglichen Rechtsschutzes gegen strafprozessuale Zwangsmaßnahmen – Rückkehr der prozessualen Überholung? NJW S. 1238
Meyer-Goßner, L. (2010) Strafprozessordnung, 53. Aufl. München
Michael, A. (1981) Der Grundsatz in dubio pro reo im Strafverfahrensrecht, Frankfurt/M.
Middendorf, W. (1967) Die kriminologische Prognose in Theorie und Praxis, Neuwied
Mitterauer, B. (1992) Die Logik der Relevanz prognostischer Aussagen – aufgezeigt am Beispiel der Gefährlichkeitsprognose, Forensia-Jahrbuch 3 S. 17
Mokros, A. et al. (2010) Rückfallrisiko oder Freiheitsentzug? In: Saimeh (Hg.) Kriminalität als biografisches Scheitern (Forensik 2010: 25. Eickelborner Fachtagung), Bonn S. 73
Molketin, R. (1982) Zum Prognosezeitraum bei Strafaussetzung, BA S. 443
Möller-Mussavi, S./Seifert, D. (2006) Neurological Soft Signs (NSS) – für die legalprognostische Einschätzung psychisch kranker Rechtsbrecher gemäß § 63 StGB zu vernachlässigen oder sinnvolle Ergänzung? in: Saimeh S. 244
Montenbruck, A. (1985) In dubio pro reo, Berlin

Moser, T. (1971) Repressive Kriminalpsychiatrie. Vom Elend einer Wissenschaft. Eine Streitschrift, Frankfurt/M.

Mrozynski, P. (1978) Die Wirkung der Unschuldsvermutung auf spezialpräventive Zwecke des Strafrechts, JZ S. 255

Mrozynski, P. (1984) Resozialisierung und soziales Betreuungsverhältnis, Heidelberg

Müller, C. (1997) Das Gewohnheitsverbrechergesetz vom 24. November 1933, Baden-Baden

Müller, J. L. (2006) Strukturelle und funktionelle MRT-Befunde bei „Psychopathy", WsFPP H. 2 S. 95

Müller, J. L. (2007) Stand und Stellenwert bildgebender Verfahren im Rahmen der Diagnostik von Persönlichkeitsstörungen am Beispiel der „Psychopathy", in: Lammel et al. (Hg.) Forensische Begutachtung bei Persönlichkeitsstörungen, Berlin S. 57

Müller, P. et al. (2006) Vergleich interner und externer Prognose-Gutachten im Maßregelvollzug Sachsen-Anhalts, R&P S. 174

Müller, S. et al. (2005) Täterverhalten und Persönlichkeit, Franfurt/M.

Müller-Dietz, H. (1983) Mord, lebenslange Freiheitsstrafe und bedingte Entlassung, Jura S. 628

Müller-Isberner, R. et al. (1998) Die Vorhersage von Gewalttaten mit dem HCR 20, Haina

Müller-Isberner, R. et al. (2000) Die Vorhersage sexueller Gewalttaten mit dem SVR 20, Haina

Müller-Isberner, R./Gonzales Cabeza, S. (1998) (Hg.) Forensische Psychiatrie, Mönchengladbach

Müller-Metz, R. (2003) Die Sicherungsverwahrung, StV S. 42

Munkwitz, W. (1967) Die Prognose der Frühkriminalität, Neuwied

Münz, H. (2006) Forensische Gefährlichkeitsprognosen aus (neuro-)biologischer Sicht, in: Barton S. 269

Murach, M. (1989) Zwischen Würfeln und Wissenschaft. Zur Mißbrauchsprognose im Strafvollzug, R&P S. 57

Murmann, U. (2008) Zwangsmittel, in: Heghmanns/Scheffler S. 191

Mushoff, T. (2008) Strafe – Maßregel – Sicherungsverwahrung, Frankfurt/M.

Musolff, C./Hoffmann, J. (2006) (Hg.) Täterprofile bei Gewaltverbrechen. Mythos, Theorie, Praxis und forensische Anwendung des Profilings, 2. Aufl. Heidelberg

Nack, A. (1995) Strafprozessuale Beweislehre, JA S. 320

Naucke,W. (1981) Der Tatverdacht, in: FS der Wissenschaftlichen Gesellschaft an der Johann Wolfgang Goethe-Universität Frankfurt/M., Wiesbaden S. 293

Naucke, W. (1989) Gesetzlichkeit und Kriminalpolitik, JuS S. 862

Naucke, W. (2002) Strafrecht: eine Einführung, 10. Aufl. Neuwied et al.

Naucke, W. (2008) Die Erzeugung prozessualer Gewalt durch die Auslegung des materiellen Rechts, in: FS Hamm S. 497

Nedopil, N. (1995) Neues zur Kriminalprognose – Gibt es das? in: Dölling S. 83

Nedopil, N. (1997) Die Bedeutung der Persönlichkeitsstörungen für die Prognose künftiger Delinquenz, MschrKrim S. 79

Nedopil, N. (1998) Folgen der Änderung des § 67d II StGB für den Maßregelvollzug und die Begutachtung, MschrKrim S. 44

Nedopil, N. (1999) Begutachtung zwischen öffentlichem Druck und wissenschaftlicher Erkenntnis, R&P S. 120

Nedopil, N. (2000) Grenzziehung zwischen Patient und Straftäter, NJW S. 837

Nedopil, N. (2001) Risikoeinschätzungen bei Sexualstraftätern, BewHi S. 341

Nedopil, N. (2002a) Prognostizierte Auswirkungen der Gesetzesänderungen vom 26. 1. 1998 auf die Forensische Psychiatrie und was daraus geworden ist, MschrKrim S. 208

Nedopil, N. (2002b) Prognosebegutachtungen bei zeitlich begrenzten Freiheitsstrafen – Eine sinnvolle Lösung für problematische Fragestellungen? NStZ S. 344

Nedopil, N. (2004a) Glauben und Wissen über die Gefährlichkeit psychisch Kranker, P&W H. 3 S. 31

Nedopil, N. (2004b) Prognosen bei Persönlichkeitsstörungen – klinische und forensisch-psychiatrische Aspekte, PS S. 123

Nedopil, N. (2004c) Forensische Psychiatrie: Schutz oder Risiko für die Allgemeinheit? in: Schöch/Jehle S. 347

Nedopil, N. (2006) Prognosen in der Forensischen Psychiatrie – Ein Handbuch für die Praxis, 3. (unveränd.) Aufl. Lengerich et al.

Nedopil, N. (2007) Forensische Psychiatrie, 3. Aufl. Stuttgart/New York

Nedopil N. (2008) Fort- und Weiterbildung in Forensischer Psychiatrie, in: FS Hamm S. 515

Nedopil, N. (2010) Risiko und Sicherheit – Prognoseforschung zur bedingten Entlassung aus Straf- und Maßregelvollzug, ZJJ S. 283

Nedopil, N./Stadtland, C. (2006) Rückfallforschung und Prognosen in der Forensischen Psychiatrie, WsFPP H. 2 S. 7

Nell, E. L. (1983) Wahrscheinlichkeitsurteile in juristischen Entscheidungen, Berlin

Neubacher, F. (2001) Die Einholung eines Sachverständigengutachtens bei der Entscheidung über die Aussetzung des Strafrestes gemäß § 57 I StGB, § 454 II StPO, NStZ S. 449

Neubacher, F. (2005) Zur Konkretisierung von Sorgfaltspflichten beim fahrlässigen Erfolgsdelikt – Überlegungen im Anschluss an BGHSt 49, 1, Jura S. 857

Neubacher, F./Walter, M. (2001) Speicherung des „genetischen Fingerabdrucks" trotz günstiger Bewährungsprognose? StV S. 584

Neubacher, F./Walter, M. (2005) Sozialpsychologische Experimente in der Kriminologie, 2. Aufl. Münster

Neumann, U. (1989) Materiale und prozedurale Gerechtigkeit im Strafverfahren, ZStW S. 52

Neumann, U. (2006) Feindstrafrecht, in: Uwer/Organisationsbüro S. 299

v. Nerée, C. (1993) Zur Zulässigkeit der Sicherungshaft gemäß § 112a StPO, insbesondere bei Anwendung von Jugendstrafrecht, StV S. 212

Niemöller, M. et al. (2010) Gesetz zur Verständigung im Strafverfahren, München

Noll, T. (2007) Statistische Prognosemethoden zur Ermittlung der Rückfallgefahr bei Gewalt- und Sexualstraftätern: Aktueller Forschungsstand – Methoden – Evaluation, Bern

Noll, T. et al. (2006) Die Risikokalkulation für die Begehung von Gewalt- und Sexualstraftaten mit Hilfe des Static-99, MschrKrim S. 24

Nowara, S. (1995) Gefährlichkeitsprognosen bei psychisch kranken Straftätern, München

Nowara, S. (2001) Die Beurteilung der Gefährlichkeit von Straftätern, in: Rehn et al. S. 104

Nowara, S. (2004) Probleme der Kriminalprognose – insbesondere bei vorzeitiger Entlassung aus der Haft, in: Kohlmann (Hg.) Entwicklungen und Probleme des Strafrechts an der Schwelle zum 21. Jahrhundert, Berlin S. 155

Nuhn-Naber, C./Rehder, U. (2005) Psychopathie – Gegenindikation für Sozialtherapie? MschrKrim S. 257

Oetting, J. (2003) Prognosebegutachtung: Über die Wiederkehr des homo criminalis durch psychiatrische Etikettierungen, NK S. 87

Oetting, J. (2008) Das wahre Leben pocht zwischen den Idealtypen, NK S. 124

Opp, K.-D. (1973) Soziologie im Recht, Reinbek

Orlob, S. (2000) Zur forensisch-psychiatrischen Relevanz von Persönlichkeitsstörungen, in: Nissen (Hg.) Persönlichkeitsstörungen. Ursachen – Erkennung – Behandlung, Stuttgart et al. S. 168

Orlob, S./Gillner, M. (2001) Effektive Behandlung im Maßregelvollzug – von der Kriminalprognose zur Therapie, ZfStrVo S. 338

Ostendorf, H. (2000) Neue Rechtsprobleme bei der Entlassung auf Bewährung aus dem Jugendstrafvollzug, NJW S. 1090

Ostendorf, H. (2009) Jugendgerichtsgesetz, 8. Aufl. Baden-Baden

Osterheider, M. (2003) „Tatortanalyse" – Ein Beitrag der Kriminalpsychologie zur forensischen Prognosefindung?! in: ders. (Hg.) Wie sicher kann Prognose sein? (Forensik 2002: 17. Eickelborner Fachtagung) S. 157

Osterheider, M./Mokros, A. (2006) Tatortanalyse in der forensischen Psychiatrie, in: Musolff/Hoffmann S. 325

Paeffgen, H.-U. (2007) Art. 103 II GG, namentlich das Bestimmtheitsgebot, und komplementäre Rechtssätze in der Entwicklung, StraFo S. 442

Pape, B. (2007) Legalverhalten nach Sexualdelinquenz, Frankfurt/M. et al.

Pawlik, M. (2004) Person, Subjekt, Bürger. Zur Legitimation von Strafe, Berlin

Pawlik, M. (2006) Strafe oder Gefahrenbekämpfung? in: FS Schroeder S. 357.

Pawlowski, H.-M. (2000) Einführung in die Juristische Methodenlehre, 2. Aufl. Heidelberg

Peglau, J. (2003) Unschuldsvermutung und Widerruf der Strafaussetzung zur Bewährung. ZRP S. 242

Peglau, J. (2004) Prognose (§§ 56, 64 StGB) bei Aburteilung einer in laufender Bewährungszeit begangenen neuen Straftat und Widerrufsentscheidung nach § 56f I Nr. 1 StGB, GA S. 288

Peglau, J. (2007) Das Gesetz zur Reform der Führungsaufsicht und zur Änderung der Vorschriften über die nachträgliche Sicherungsverwahrung, NJW S. 1558

Pelzer, R./Scheerer, S. (2006) Terrorismus-Prognosen: Fehlerquellen und Rechtsstaatlichkeit, in: Kemmensies (Hg.) Terrorismus und Extremismus – der Zukunft auf der Spur, München S. 199

Penners, B.-M. (1987) Zum Begriff der „Aussichtslosigkeit einer Entziehungskur" in § 64 II StGB, Berlin

Petermann, F. (2005) Entwicklungspsychopathologie aggressiv-dissozialen und gewalttätigen Verhaltens, in: Dahle/Volbert S. 92

Petermann, F./Petermann, U. (2006) Aggressionsdiagnostik, in: Petermann/Eid (Hg.) Handbuch der Psychologischen Diagnostik, Göttingen et al. S. 522

Peters, K. (1967) Die prozeßrechtliche Stellung des psychologischen Sachverständigen, in: Undeutsch (Hg.) Forensische Psychologie (Handbuch der Psychologie, 11. Band), Göttingen S. 768

Pfäfflin, F. (1995) Rückfallprognose bei Sexualdelinquenz, R&P S. 106

Pfäfflin, F. (2003) Therapeutische Entdeckungsreisen mit Straftätern, in: LWL-Gesundheitsabteilung (Hg.) Grenzüberschreitungen, Münster S. 47

Pfäfflin, F. (2006a) Mängel im Prognosegutachten, in: Barton S. 259

Pfäfflin, F. (2006b) Drei Fragen zum Maßregelvollzug, gestellt von außen, in: FS Venzlaff S. 266

Pfäfflin, F. (2007) Sexualstraftäter und Moral Panic, WsFPP H. 1 S. 33

Pfäfflin, F. (2009) Sexualstraftaten, in: Venzlaff/Foerster S. 329

Pfäfflin, F./Lamott, F. (2010) Von tierischen und menschlichen Raubtieren, in: Böllinger et al. (Hg.) Gefährliche Menschenbilder, Baden-Baden S. 138

Pfeiffer, C. et al. (2005) Ausweitung von DNA-Analysen auf Basis einer kriminologischen Gefährlichkeitsprognose, ZRP S. 113

Pierschke, R. (2001) Tötungsdelikte nach – scheinbar – günstiger Legalprognose, MschrKrim S. 249

Pießkalla, M./Leitgeb, S. (2006) Fahrerlaubnisentziehung nach § 69 I 1 2. Alt. StGB auch bei „nicht verkehrsspezifischen" Straftaten? NZV S. 185

Piesker, H. (2002) Fahrverbot statt Entziehung der Fahrerlaubnis auch bei Trunkenheitsdelikten und anderen Katalogtaten des § 69 II StGB, NZV S. 297

Pieth, M. (2001) Bedingte Freiheit. Disziplinierung zwischen Gnade und Kontrolle, Basel et al.

Plack, A. (1974) Plädoyer für die Abschaffung des Strafrechts, München

Platz, W. E. (1996) Dissozialität oder Sucht: Die Prognose, StV S. 234

Pollähne, H. (1994) Lockerungen im Maßregelvollzug, Frankfurt/M.

Pollähne, H. (1996) Legalbewährung nach Entlassung aus dem Maßregelvollzug, WzFPP H. 2 S. 71

Pollähne, H. (1999) Maßregelvollzug zwischen Strafvollzug und Psychiatrie, in: Weigand (Hg.) Der Maßregelvollzug in der öffentlichen Diskussion, Münster S. 37

Pollähne, H. (2002) Die einstweilige Unterbringung des § 126a StPO im Recht, Teil 1: Grundlagen, Verfahren, Anordnung, R&P S. 229

Pollähne, H. (2003a) Besserungsqualität und Qualitätssicherung im Maßregelvollzug, WsFPP H. 3 S. 103

Pollähne, H. (2003b) Mit Sicherheit Expansion? Eine Replik, SozPsychInfo H. 4 S. 4

Pollähne, H. (2004a) Forensische Psychiatrie als „ultima ratio", in: Osterheider (Hg.) Krank und/oder kriminell? (Forensik 2003: 18. Eickelborner Fachtagung), Dortmund S. 241

Pollähne, H. (2004b) MRVGmbH, in: FS Tondorf S. 95

Pollähne, H. (2004c) Probleme des Gewaltschutzgesetzes aus strafrechtlicher Sicht, in: Barton (Hg.) Verfolgen – Vermitteln – Verklagen (2. Bielefelder Verfahrenstage), Baden-Baden S. 133

Pollähne, H. (2004d) Sicherungsverwahrung, Rückfallverjährung und Rechtsstaat, StraFo S. 156

Pollähne, H. (2005a) Trendwende im Strafrecht? SchlHA S. 135

Pollähne, H. (2005b) Gutachten über „die Behandlungsaussichten" im Maßregelvollzug, R&P S. 171

Pollähne, H. (2005c) Rot-grüne Kriminal(isierungs)politik. Eine atypische Moralunternehmensbilanz, ansprüche H. 3 S. 13

Pollähne, H. (2006) Strafverfolgungsvorsorge-Register (§ 484 StPO), GA S. 807

Pollähne, H. (2007) Effektivere Sicherheit der Bevölkerung und schärfere Kontrolle der Lebensführung, KritV S. 386

Pollähne, H. (2008a) Endstation Unrechtsstaat? Mit der Sicherungsverwahrung auf Zeitreise, in: Komitee für Grundrechte und Demokratie (Hg.) Die globale Transformation menschenrechtlicher Demokratie (Jahrbuch 2008), Münster S. 122

Pollähne, H. (2008 b) Führungsaufsicht nach Vollverbüßung einer Jugendstrafe? ZJJ S. 4

Pollähne, H. (2008 c) Führungsaufsicht als ‚Grenzwache'? Gefährliche Tendenzen in der ambulanten Kontrolle ‚Gefährlicher', in: Klimke (Hg.) Exklusion in der Marktgesellschaft, Wiesbaden S. 87

Pollähne, H. (2010a) Die ‚neue' *psychopathy* im Recht der Sicherungsverwahrung, in: Böllinger et al. (Hg.) Gefährliche Menschenbilder, Baden-Baden S. 397

Pollähne, H. (2010b) Unbefristete Freiheitsentziehungen – prozedurale und materielle Rechtssicherheit im Sicherheitsrecht, in: Pollähne/Rode (Hg.) Probleme unbefristeter Freiheitsentziehungen, Berlin S. 85

Pollähne, H. (2010c) Schweigepflicht und Datenschutz: Neue kriminalpolitische Herausforderungen – alte Antworten? in: Pollähne/Rode (Hg.) Schweigepflicht und Datenschutz, Berlin S. 5

Pollähne, H. (2010d) Europäische Rechtssicherheit gegen Deutsches Sicherheitsrecht? KJ S. 255

Pollähne, H. (2010e) New Economies in the Prison System, in: Pollähne/Stöver (Hg.) Komplemente in Sachen: Kriminologie, Drogenhilfe, Psychotherapie, Kriminalpolitik, Berlin S. 226

Pollähne, H./Kemper, A. (2007) Fehleinweisungen in die Entziehungsanstalt (§ 64 StGB), Berlin et al.

Poseck, R. (2004) Das Gesetz zur Einführung der nachträglichen Sicherungsverwahrung, NJW S. 2559

Prittwitz, C. (1993) Strafrecht und Risiko: Untersuchungen zur Krise von Strafrecht und Kriminalpolitik in der Risikogesellschaft, Frankfurt/M.

Prittwitz, C. (2003) Prognosefragen und Öffentlichkeit. Nachdenken über ein Kanzlerwort, in: Häßler et al. S. 231

Pütter, N. (2007) Prävention. Spielarten und Abgründe einer populären Überzeugung, CILIP 86 S. 3

Puschke, J. (2007) „Intensivtäter". Neuartige Kontrolle mittels tradierter Zuschreibung, Vorgänge Nr. 2 S. 63

Quenzer, C. (2010) Jugendliche und heranwachsende Sexualstraftäter: eine empirische Studie über Rückfälligkeit und Risikofaktoren im Vergleich mit Gewaltstraftätern, Berlin

Rackow, P. (2001a) Das DNA-Identitätsfeststellungsgesetz und seine Probleme, Frankfurt/M.

Rackow, P. (2001b) DNA-Identitätsfeststellung: Das Problem der Negativprognose des § 81g StPO, Krim S. 700
Rackow, P. (2003) Rechtsprobleme bei einer Ausweitung der DNA-Analyse, Krim S. 474
Rasch, W. (1984) Zur Praxis des Maßregelvollzugs. Verhalten in der Institution als Basis der Prognosebeurteilung, in: Eisenbach-Stangl/Stangl (Hg.) Grenzen der Behandlung, Opladen S. 128
Rasch, W./Konrad N. (2004) Forensische Psychiatrie, 3. Aufl. Stuttgart
Rautenberg, E. C. (2001) Wegschließen für immer!? NJW S. 2608
Regenbogen, A./Meyer, U. (2005) Wörterbuch der philosophischen Begriffe, Hamburg
Rehder, U. (2001) Sexualstraftäter: Klassifizierung und Prognose, in: Rehn et al. S. 81
Rehder, U. (2009) Kriminalprognose = Vorhersage von Straftaten? KrimPäd S. 4
Rehder, U./Wischka, B. (2009) Prognosen im Strafvollzug, KrimPäd S. 38
Rehder, U. et al. (2004) Behandlungsindikation bei Sexualstraftätern, MschrKrim S. 371
Rehn, G. et al. (2001) (Hg.) Behandlung „gefährlicher Straftäter“. Grundlagen, Konzepte, Ergebnisse, Herbolzheim
Reich, K./Wulf, R. (2007) Kriminologische und viktimologische Basisdaten zur Kindeswohlgefährdung, ZKJ S. 343
Reichel, R./Marneros, A. (2008) Prognostische Validität der PCL:SV zur Vorhersage krimineller Rückfälle bei deutschen Straftätern? MschrKrim S. 405
Reinmann, M. (2009) Persönlichkeitsgestörte Sexualstraftäter in der forensischen Psychiatrie, Hamburg
Remschmidt, H./Walter, R. (2009) Die Bedeutung psychosozialer Risikofaktoren für die Entwicklung der Delinquenz, MschrKrim, S. 187
Rettenberger, M. (2009) Kriminalprognose und Sexualdelinquenz – Möglichkeiten und Grenzen standardisierter Kriminalprognosemethoden bei Sexualstraftätern, Diss. Ulm
Rettenberger, M./Eher, R. (2006) Die deutsche Übersetzung und Adaptierung des Static-99 zur aktuarischen Kriminalprognose verurteilter Sexualstraftäter, MschrKrim S. 352
Rettenberger, M./Eher, R. (2007) Aktuarische Kriminalprognosemethoden und Sexualdelinquenz: Die deutsche Version des SORAG, MschrKrim S. 484
Rettenberger, M. et al. (2009) Die Vorhersage der Rückfälligkeit entlassener Sexualstraftäter mittels des Sexual Offender Appraisal Guide (SORAG) und dessen Screening-Version (SORAG-SV), FPPK S. 318
Rettenberger, M. et al. (2010) Entwicklung eines Screeninginstruments zur Vorhersage der einschlägigen Rückfälligkeit von Gewaltstraftaten, MschrKrim S. 346
Richter, T. (2003) Nachträgliche Sicherungsverwahrung und kein Ende, ZfStrVo S. 201
Riechelmann, F. (2009) Rechtssicherheit als Freiheitsschutz: Struktur des verfassungsrechtlichen Bestandsschutzes, Norderstedt
Rinne, H./Specht, K. (2002) Zeitreihen, München
Rissing-van Saan, R. (2002) Beeinträchtigung der Schuldfähigkeit bei der Begehung von Straftaten und deren strafrechtliche Folgen, in: Schneider/Frister S. 103
Robbers, G. (1987) Sicherheit als Menschenrecht, Baden-Baden
Robles Planas, R. (2010) Das Wesen der Strafrechtsdogmatik, ZIS S. 357
Rode, I. A./Scheld, S. (1986) Sozialprognose bei Tötungsdelikten, Berlin et al.
Rode, I. A. et al. (2004) (Hg.) Prognosen im Strafverfahren und bei der Vollstreckung, Münster
Rogall, K. (2005) Die akustische Wohnraumüberwachung nach dem Urteil des BVerfG vom 3. März 2004, ZG S. 164
Roggan, F. (2004) (Hg.) Lauschen im Rechtsstaat (GS H. Lisken), Berlin
Rohmann, J. A. (2005) Entwicklung antisozialen Verhaltens: ein kritischer Überblick, Praxis der Rechtspsychologie S. 320
Rose, A. (2003) Qualitätsstandards der Begutachtung bei Sexualstraftätern, StV S. 101
Rosenau, H. (1999), Tendenzen und Gründe der Reform des Sexualstrafrechts, StV S. 388
Rosenau, H. (2006) Die nachträgliche Sicherungsverwahrung – Feindstrafrecht oder Bewährungsprobe für den Rechtsstaat? in: FS Venzlaff S. 286

Ross, T. (2005) Der Behavioural Status Index (BEST-Index), in: Schläfke et al. S. 233
Ross, T./Pfäfflin, F. (2005) Risk Assessment im Maßregelvollzug: Grenzen psychometrischer Gefährlichkeitsprognose im therapeutischen Umfeld, MschrKrim S. 1
Rossegger, A. et al. (2010) Prädiktive Validität LSI-R bei entlassenen Gewalt-Sexualstraftätern, WzFPP H. 2 S. 71
Rössner, D. (2004) Dissoziale Persönlichkeit und Strafrecht, in: Schöch/Jehle S. 391
Rössner, D./Jehle, J. M. (1999) (Hg.) Kriminalität, Prävention und Kontrolle, Heidelberg
Rössner, D. et al. (2000) Auslesefaktoren für Begutachtung und Therapie, in: Jehle S. 155
Rotermann, I. et al. (2009) Legalbewährung jugendlicher und heranwachsender Sexual- und Gewaltstraftäter, Frankfurt/M.
Roth, G. et al. (2006) „Freier Wille" und Schuld von Gewaltstraftätern aus Sicht der Hirnforschung und Neuropsychologie, NK S. 55
Röttle, R./Wagner, A. (2009) Strafvollstreckung, 8. Aufl. München
Roxin, C. (2006) Strafrecht, Allgemeiner Teil, Band 1, 4. Aufl. München
Roxin, C./Schünemann, B. (2009) Strafverfahrensrecht, 26. Aufl. München (25. Aufl. *Roxin* 1998)
Rudolf, G. A. E./Röttgers, H. R. (1997) Praxisleitfaden Psychiatrie: Rechtsfragen in der Psychiatrie, Wiesbaden
Rudolphi, H.-J. et al., Systematischer Kommentar zum StGB, 3. Aufl. Neuwied (Loseblatt; zit. SK-StGB-*Bearbeiter* mit § und Rn.)
Rusche, S. (2004) In Freiheit gefährlich? Eine Untersuchung zu Häufigkeit und Gründen falscher Kriminalprognosen bei psychisch kranken Gewaltverbrechern, Regensburg
Rüthers, B. (2006) Methodenrealismus in Jurisprudenz und Justiz, JZ S. 53
Rüthers, B. (2009) Das Ungerechte an der Gerechtigkeit. Fehldeutungen eines Begriffs, 3. Aufl. Tübingen
Rzepka, D. (2003) Sicherheits- statt Rechtsstaat. Überblick und Anmerkungen zu bundes- und landesrechtlichen Konzepten einer nachträglichen Sicherungsverwahrung, R&P S. 127 (Teil 1) und S. 191 (Teil 2)
Sack, F. (1996) Des Menschen Ordnung oder Der vergebliche Kampf gegen das Böse, in: FS Sack S. 367
Saimeh, N. (2005) (Hg.) Was wirkt? Prävention, Behandlung, Rehabilitation (Forensik 2005: 20. Eickelborner Fachtagung), Bonn
Saimeh, N. (2006) (Hg.) Gesellschaft mit beschränkter Haftung. Maßregelvollzug als soziale Verpflichtung (Forensik 2006: 21. Eickelborner Fachtagung), Bonn
Saimeh, N. (2007) (Hg.) Maßregelvollzug in Zeiten ökonomischer Begrenzung (Forensik 2007: 22. Eickelborner Fachtagung), Bonn
Sander, G. M. (1997) Ist eine Strafbarkeit exhibitionistischer Handlungen gerechtfertigt? ZRP S. 447
Sander, L. K. (2007) Grenzen instrumenteller Vernunft im Strafrecht. Eine Kritik der Präventionsdoktrin aus strafrechtsgeschichtlicher und empirischer Perspektive, Franfurt/M. et al.
Schäfer, G./Sander, G. M. (2000) Strafaussetzung zur Bewährung in der Rechtsprechung des Bundesgerichtshofs, BewHi S. 186
Schäfer, V. et al. (1995) Prognosebedeutsame Kognitionen von Patienten einer Entziehungsanstalt (§ 64 StGB), R&P S. 118
Schalast, N. (2006) Anmerkungen zum Gesetzentwurf des Bundesjustizministeriums zur Neuregelung der Führungsaufsicht, R&P S. 59
Schall, H. (2003) Strafrechtliche Prognoseentscheidungen im Spannungsfeld zwischen Sicherung und Resozialisierung, in: Osterheider (Hg.) Wie sicher kann Prognose sein? (Forensik 2002: 17. Eickelborner Fachtagung), Dortmund S. 256
Schall, H./Schreibauer, M. (1997) Prognose und Rückfall bei Sexualstraftätern, NJW S. 2412
Schallert, C. (1998) Erkennen krimineller Gefährdung und wirksames Eingreifen, DVJJ-J S. 17

Schatz, H. (1999) Das Beweisantragsrecht in der Hauptverhandlung: Reformgeschichte und Reformproblematik, Berlin
Scheerer, S. (2006) Mythos und Mythode, in: Musolff/Hoffmann S. 51
Scheffler, U. (2008) Hauptverhandlung, in: Heghmanns/Scheffler S. 593
Scheiner, Y. (2008) Die anstaltspsychologische Analyse der Anlasstat im Erwachsenenstrafvollzug – eine Anleihe bei der polizeilichen Fallanalyse? Praxis der Rechtspsychologie S. 49
Scheithauer, H. et al. (2007) Prävention von Verhaltensproblemen und Förderung prosozialen Verhaltens bei Hoch- und Niedrig-Risikokindern im Kindergarten, Praxis der Rechtspsychologie S. 376
Schläfke, D. et al. (2005) (Hg.) Sexualstraftaten, Stuttgart
Schlothauer, R./Weider, H.-J. (2010) Untersuchungshaft, 4. Aufl. Heidelberg
Schmidt, M. H. et al. (2004) Schuldfähigkeit, Dissozialität und Psychopathie – eine Gutachtenanalyse, MschrKrim S. 103
Schmidt, M. H. et al. (2009) Die Bedeutung psychischer und familiärer Faktoren für die Delinquenzentwicklung bis ins Erwachsenenalter, MschrKrim S. 174
Schmidt-Semisch, H. (2000) Selber schuld. Skizzen versicherungsmathematischer Gerechtigkeit, in: Bröckling et al. (Hg.) Gouvernementalität der Gegenwart, Frankfurt/M. S. 168
Schmitz-Berning, C. (2000) Vokabular des Nationalsozialismus (Nachdruck von 1998), Berlin/New York
Schmucker, M. (2004) Kann Therapie Rückfälle verhindern? Herbolzheim
Schneider, F./Frister, H. (2002) (Hg.) Alkohol und Schuldfähigkeit, Berlin et al.
Schneider, H. (1996) Grundlagen der Kriminalprognose, Berlin
Schneider, H. (1999a) Die Verwandlung des § 57 StGB. Rückwirkungsverbot bei der Strafrestaussetzung zur Bewährung in der Fassung des „Gesetzes zur Bekämpfung von Sexualdelikten und anderen gefährlichen Straftaten“? StV S. 398
Schneider, H. (1999b) Prognosevoraussetzungen und Rückwirkungsverbot bei der Strafrestaussetzung zur Bewährung – eine (noch) ungeklärte Problematik, BewHi S. 310
Schneider, H. (2006) Die Kriminalprognose bei der nachträglichen Sicherungsverwahrung, StV S. 99
Schneider, Heike (2010) Das Leugnen der Tat bei der Entscheidung über die Aussetzung der Reststrafe, FPPK S. 23
Schneider, H. J. (1998) Die Verbesserung des Schutzes der Gesellschaft vor gefährlichen Sexualstraftätern, JZ S. 436
Schneider, H. J. (2001) Kriminologie für das 21. Jahrhundert, Münster et al.
Schneider, H. J. (2002) Rückfallprognose bei Sexualstraftätern, MschrKrim S. 251
Schneider, K. (2007) Klinische Psychopathologie (hg. von *Huber, G./Gross, G.*), 15. Aufl. Stuttgart/New York
Schneider, U. (2007) Die Reform der Führungsaufsicht, NStZ S. 441
Schnoor, K. (2009) Beurteilung der Schuldfähigkeit. Eine empirische Untersuchung zum Umgang der Justiz mit Sachverständigen, Bonn
Schnoor, K./Kemper, A. (2010) Rechtliche Grundlagen der Unterbringung im Maßregelvollzug unter Berücksichtigung der Änderungen durch die Reform des Maßregelrechts aus dem Jahr 2007, in: Fegert/Schläfke (Hg.) Maßregelvollzug zwischen Kostendruck und Qualitätsanforderungen, Lengerich S. 178
Schöch, H. (1998) Kriminologische Grenzen der Entlassungsprognose, in: FS Kaiser S. 1239
Schöch, H. (1999) Individualprognose und präventive Konsequenzen, in: Rössner/Jehle S. 223
Schöch, H. (2003) Kriminalprognose, in: Dittmann/Jehle (Hg.) Kriminologie zwischen Grundlagenwissenschaft und Praxis, Mönchengladbach S. 407
Schöch, H. (2008) Mindestanforderungen für Schuldfähigkeits- und Prognosegutachten, in: FS Widmaier S. 967
Schöch, H./Jehle, J.-M. (2004) (Hg.) Angewandte Kriminologie zwischen Freiheit und Sicherheit, Mönchengladbach

Schönberger, G. (2002) Zur justitiellen Handhabung der Voraussetzungen der Unterbringung gemäß §§ 63, 66 StGB, Berlin
Schoreit, A. (2004) Einsatz von Polygraphen und Glaubhaftigkeits-Gutachten psychologischer Sachverständiger im Strafprozeß, StV S. 284
Schott, M. (2002) Integrieren oder ausstoßen? Wie wirklich Sicherheit entsteht, R&P H. 4 Einhefter
Schreiber, H.-L./Rosenau, H. (2009) Rechtliche Grundlagen der psychiatrischen Begutachtung, in: Venzlaff/Foerster S. 77
Schulenburg, J. (2002) Das Verbot der vorweggenommenen Beweiswürdigung im Strafprozeß, Berlin
Schüler-Springorum, H. (1994) Kriminalprognose und Vertrauen, in: Hof et al. (Hg.) Recht und Verhalten, Baden-Baden S. 215
Schüler-Springorum, H. (2008) Die dritte Spur im Kriminalrecht, in: ders./Nedopil (Hg.) Blick über den Tellerrand (FS Katoh), Lengerich S. 168
Schüler-Springorum, H. et al. (1996) Sexualstraftäter im Maßregelvollzug. Gutachten der unabhängigen Expertenkommission vom 31. 1. 1996, MschrKrim S. 147
Schulz, J. (1991) Die Erosion des Beweisantragsrechts, StV S. 354
Schulz, L. (2001) Normiertes Misstrauen. Der Verdacht im Strafverfahren, Frankfurt/M.
Schumann, K. F. (1994) Prognosen in der strafgerichtlichen Praxis und deren empirische Grundlagen, in: Frisch/Vogt S. 31
Schumann, K. F. (1995) Schutz der Allgemeinheit vor rückfälligen Tätern durch ‚selective incapacitation' – eine Skizze zur Subversivität eines Strafprinzips, KJ S. 88
Schumann, V. et al. (1992) (Hg.) Das Risiko kalkulieren ... Patientenbeurteilung und Lockerungsentscheidung als implizite Gefährlichkeitsprognose, Lippstadt
Schünemann, B. (2007) Die Zukunft des Strafverfahrens – Abschied vom Rechtsstaat? ZStW S. 945
Schwabenbauer, T./Kling, M. (2010) Gerichtliche Kontrolle administrativer Prognoseentscheidungen am Merkmal der „Zuverlässigkeit", VerwArch S. 231
Seifert, D. (2007a) Helfen uns klinische Prognosekriterien bei der Gefährlichkeitseinschätzung behandelter forensischer Patienten (§ 63 StGB)? FPPK S. 27
Seifert, D. (2007b) Gefährlichkeitsprognosen, Darmstadt
Seifert, D. (2010a) Zur Gefährlichkeit ehemaliger Patienten des Maßregelvollzugs (§ 63 StGB), FPPK S. 60
Seifert, D. (2010b) Rückfallfaktoren bei entlassenen Maßregelpatienten, in: Hammerstein et al. (Hg.) Medizinrechtliche Probleme des Maßregelvollzugs, Berlin S. 93
Seifert, D. et al. (2001) Zur momentanen Entlassungssituation forensischer Patienten (§ 63 StGB), Fortschritte Neurologie und Psychiatrie S. 245
Seifert, D. et al. (2003) Wegweiser aus dem Maßregelvollzug (gemäß § 63 StGB), StV S. 301
Seifert, J. (2008) § 56f I 1 Nr. 1 StGB – Der Bewährungswiderruf infolge einer neuerlichen Straftat in der Praxis, Jura S. 684
Senge, L. (1999) Gesetz zur Änderung der Strafprozeßordnung (DNA-Identitätsfeststellungsgesetz), NJW S. 253
Sessar, K. (1997) Zu einer Kriminologie ohne Täter, MschrKrim S. 1
Sevecke, K./Krischer, M. (2006) „Psychopathy" bei Jugendlichen und jungen Erwachsenen: Empirische Ergebnisse und forensische Aspekte, MschrKrim S. 455
Sevecke, K. et al. (2005) Psychopathy, Impulsivität und ADHS als Prädiktoren für delinquentes Verhalten bei delinquenten Jugendlichen – Ergebnisse aus der Kölner GAP-Studie, in: Saimeh S. 256
Sëyfi, N. (2002) Das Sicherungsverfahren (§§ 413–416 StPO), Frankfurt/M. et al.
Simons, D. (1996) „Tatverarbeitung" – Diagnostik mit beschränkter Haftung, ZfStrVo S. 10
Simons, D. (2002) Kriminalprognostik – Intuition bei der Beantwortung der Gutachterfrage? ZfStrVo S. 273

Singelnstein, T./Stolle, P. (2008) Die Sicherheitsgesellschaft, 2. Aufl. Wiesbaden

Singer, W. (2005) Grenzen der Intuition: Determinismus oder Freiheit? in: FS Simon S. 529

Skirl, M. (2005) Die Renaissance der Sicherungsverwahrung – vom Auslaufmodell zur Mode-Maßregel? ZfStrVo S. 323

Slobodian, R./Stiels-Glenn, M. (2003) (Hg.) Vom Umgang mit dem Rückfall (Tagungsdokumentation), WsFPP H. 1

Solbach, G. (1995) Die Verdachtsstufen der Strafprozeßordnung, JA S. 964

Spiess, G. (1993) Kriminalprognose, in: Kaiser et al. S. 286

Stadtland, C./Nedopil, N. (2004) Vergleichende Anwendung heutiger Prognoseinstrumente zur Vorhersage krimineller Rückfälle bei psychiatrisch begutachteten Probanden, MschrKrim S. 77

Stadtland, C./Nedopil, N. (2007) Prognosebegutachtung bei Sexualstraftätern – Der Static-99, WsFPP H. 2 S. 53

Starke, T. (1991) Die einstweilige Unterbringung in einem psychiatrischen Krankenhaus nach der Strafprozeßordnung, Baden-Baden

Steck-Bromme, G. (2007) Strafe und Maßregel ohne Maß, in: Rode et al. (Hg.) Einsperren statt behandeln? Berlin S. 155

Steck-Bromme, G. (2010) Verteidigung im Maßregelvollzug des § 63 StGB, in: 33. Strafverteidigertag, Berlin S. 181

Stefan, M. (2002) Die Verwendung des Begriffs der „Gerechtigkeit" in der Rechtsprechung des Bundesverfassungsgerichts, Hamburg

Steffen, W. (2003) Mehrfach- und Intensivtäter: Aktuelle Erkenntnisse und Strategien aus dem Blickwinkel der Polizei, ZJJ S. 152

Stein, E./Frank, G. (2010) Staatsrecht, 21. Aufl. Tübingen

Steinberg, G. (2006) Verdacht als quantifizierbare Prognose? JZ S. 1045

Steinböck, H. (1997) Das Problem schwerer Gewalttaten und deren Prognostizierbarkeit, R&P S. 67

Steinböck, H. (2005) Therapie im Maßregelvollzug, in: Schläfke et al. S. 243

Steinhilper, M. et al. (2008) Prognosezentrum für den gesamten niedersächsischen Justizvollzug bei der JVA Hannover eröffnet, FS S. 163

Steinke, W. (1994) Der Beweiswert forensischer Gutachten, NStZ S. 16

Steller, M. (2002) Standards forensisch-psychologischer Begutachtung – Anmerkungen zu neuen Entwicklungen, in: Fabian/Nowara S. 7

Steller, M. (2010) Gegenstandsbereiche und Methodik der psychologischen Begutachtung, in: Kröber et al. S. 185

Stelly, W./Thomas, J. (2001) Einmal Verbrecher – immer Verbrecher? Wiesbaden

Stern, S. (2005) Verteidigung in Mord- und Totschlagsverfahren, 2. Aufl. Heidelberg

Stiefel, G. (1996) Prognose krimineller Karrieren, Holzkirchen/Obb.

Stiels-Glenn, M. (2003) Interaktionelle Risikoprognostik – Erarbeiten einer Risikoprognose mit dem Klienten als Teil des therapeutischen Prozesses, in: Osterheider (Hg.) Wie sicher kann Prognose sein? (Forensik 2002: 17. Eickelborner Fachtagung), Dortmund S. 249

Stolle, P. (2011) Das (Un-)Sicherheitsgefühl – ein untauglicher Begründungszusammenhang für eine Politik der Inneren Sicherheit, KJ S. 16

Stolpmann, G. (1996) Maßregelbehandlung und Qualitätssicherung, R&P S. 44

Stolpmann, G. (2001) Psychiatrische Maßregelbehandlung. Eine Einführung, Göttingen et al.

Stolpmann, G. (2010) Psychiatrische Maßregelbehandlung, ParlBeilage Nr. 7 S. 28

Stolpmann, G. et al. (2010) Biologische Faktoren bei forensisch-psychiatrischen Prognosen, MschrKrim S. 300

Störmer, R. (1996) Beurteilungsspielräume im Strafverfahren, ZStW S. 494

Strasser, P. (1984) Verbrechermenschen. Zur kriminalwissenschaftlichen Erzeugung des Bösen, Frankfurt a. M./New York

Stratenwerth, G. (2002) Zur Rolle der sog. „Fachkommissionen", in: FS Trechsel S. 887

Stratenwerth, G. (2008) Lebenslängliche Verwahrung, NK S. 23
Streng, F. (1995) Strafrechtliche Folgenorientierung und Kriminalprognose, in: Dölling S. 97
Streng, F. (1999) Modernes Sanktionenrecht? ZStW S. 827
Streng, F. (2002) Strafrechtliche Sanktionen, 2. Aufl. Stuttgart et al.
Streng, F. (2003) Das Legitimations-Dilemma sichernden Freiheitsentzugs – Überlegungen zur neueren Rechtsentwicklung, in: FS Lampe S. 611
Streng, F. (2006a) Vom Zweckstrafrecht zum Feindstrafrecht? in: Uwer/Organisationsbüro S. 227
Streng, F. (2006b) „Erkennbar gewordene Tatsachen" und rechtsstaatliche Anforderungen an nachträgliche Sicherungsverwahrung, StV S. 92
Streng, F. (2007) Idee und Wirklichkeit des Strafzweckeinsatzes, 30. Strafverteidigertag, Berlin S. 59
Strüber, D. et al. (2006) Tatort Gehirn, G&G H. 9 S. 44
Stuckenberg, C.-F. (2000) In dubio pro reo, JA S. 568
Suhling, S. (2003) Begutachtung bei Lockerungsentscheidungen, NK S. 85
Sutterer, P./Spiess, G. (2004) Rückfall und Sanktion – Möglichkeiten und Grenzen statistischer Auswertungen mit Bundeszentralregisterdaten, in: Heinz/Jehle S. 215
Tenckhoff, J. (1982) Die Kriminalprognose bei Strafaussetzung und Entlassung zur Bewährung, DRiZ S. 95
Thalmann, T. (2002) Wirklichkeit und gutachterliche Erkenntnis, ZfStrVo S. 259
Thalmann, T. (2007) Was tun mit dem Psychopathen? KrimPäd H. 45 S. 45
Tondorf, G. (2000) Behandler sind keine Sachverständigen, StV S. 171
Tondorf, G. (2004) Zur Einführung von Mindeststandards für Schuldfähigkeits- und Prognosegutachten durch den BGH, StV S. 279
Tondorf, G. (2006) Bedenken der Strafrechtswissenschaft gegen Prognosetafeln aus dem angelsächsischen Raum, in: Saimeh S. 362
Tondorf, G. (2005) Psychologische und psychiatrische Sachverständige im Strafverfahren, 2. Aufl. Heidelberg
Tondorf, G./Tondorf, B. (2010) Psychologische und psychiatrische Sachverständige im Strafverfahren, 3. Aufl. Heidelberg
Törnig, U. (2002) Legalbewährung nach Raubverurteilung, München
v. Trotha, T. (1983) Strafvollzug und Rückfälligkeit, Heidelberg
Trück, T. (2007) Die Rechtsprechung des BGH zur Ablehnung von Beweisanträgen auf Vernehmung eines Sachverständigen, NStZ S. 377
Ullenbruch, T. (2001) Nachträgliche Sicherungsverwahrung durch die Polizei. Das StrUBG BW – (k)ein Modell für Deutschland? NStZ 2001, 292
Ullenbruch, T. (2006) Nachträgliche Sicherungsverwahrung – heikle Materie in den Händen des BGH! NJW S. 1377
Ullenbruch, T. (2007) Nachträgliche Sicherungsverwahrung – ein legislativer „Spuk" im judikativen „Fegefeuer"? NStZ S. 62
Ullenbruch, T. (2008) Vorbehaltene Sicherungsverwahrung – noch eine „Norm ohne Land"? NStZ S. 5
Upmeier, A. (2010) Fakten im Recht: eine Untersuchung zur Tatsachenfeststellung im Rechtsprozess, Baden-Baden
Urbaniok, F. (2000) Das Zürcher PPD-Modell, Krim S. 562 und 629
Urbaniok, F. (2005) Validität von Risikokalkulationen bei Straftätern – Kritik an einer methodischen Grundannahme und zukünftige Perspektiven, in: Schläfke et al. S. 143 (und in: Egg S. 85)
Urbaniok, F. et al. (2007) Die prädiktive Qualität der Psychopathy Checklist-Revised (PCL-R) bei Gewalt- und Sexualstraftätern in der Schweiz, FPPK S. 155
Urbaniok, F. et al. (2009) Neurobiologischer Determinismus, in: Schleim et al. (Hg.) Von der Neuroethik zum Neurorecht? Göttingen S. 164

Uwer, T./Organisationsbüro (2006) (Hg.) Bitte Bewahren Sie Ruhe. Leben im Feindstrafrecht, Berlin

Vanhoeck, C. (2005) Rückfallproblematik versus Rückfallrisiko: Was ist das Anliegen eines Therapeuten? WsFPP H. 1 S. 107

Vanhoeck, C./Van Daele, E. (2007) Das Leugnen von Sexualstraftaten – eine systemische Untersuchung, WsFPP H. 1 S. 123

Verrel, T. (2001) Strafrechtliche Haftung für falsche Prognosen im Maßregelvollzug? R&P S. 182

Voigtel, S. (1997) Zum Freibeweis bei Entscheidungen der Strafvollstreckungskammer, Frankfurt/M. et al.

Volbert, R./Steller, M. (2008) (Hg.) Handbuch der Rechtspsychologie, Göttingen et al.

Volckart, B. (1985) Sachverständigenbeweis zur Kriminalprognose – darf das Gericht den Beweisantrag ablehnen? R&P S. 25

Volckart, B. (1993) Beweisrechtliche Beschränkungen der Prognosebegutachtung, in: FS Rasch S. 103

Volckart, B. (1997a) Praxis der Kriminalprognose, München

Volckart, B. (1997b) Gutachtenforum: Der kindliche Riese, R&P S. 168

Volckart, B. (1998) Die Aussetzungsprognosen nach neuem Recht, R&P S. 3

Volckart, B. (1999) Zur Bedeutung des hermeneutischen Verstehens in der Kriminalprognose, R&P S. 58

Volckart, B. (2000a) Zur Methodologie der Kriminalprognose, in: Strafverteidigervereinigungen (Hg.) 23. Strafverteidigertag, Köln S. 233

Volckart, B. (2000b) Die Aussetzung des Strafrests, ZfStrVo S. 195

Volckart, B. (2001a) Verteidigung in der Strafvollstreckung und im Vollzug, 3. Aufl. Heidelberg

Volckart, B. (2001b) Erfahrungswissenschaften und Recht (Editorial), R&P S. 122

Volckart, B. (2002) Zur Bedeutung der Basisrate in der Kriminalprognose, R&P S. 105

Volckart, B. (2004) Die falschen Positiven und die Gerechtigkeit, in: FS Tondorf S. 133

Volckart, B./Pollähne, H./Woynar, I. (2008) Verteidigung in Vollstreckung und Vollzug, 4. Aufl. Heidelberg

Vollbach, A. (2006) Der psychisch kranke Täter in seinen sozialen Bezügen, Berlin

Vormbaum, T. (1995) „Politisches" Strafrecht, ZStW S. 734

Wagner, B. (1992) Kriminalprognose bei neuem Tatverdacht, R&P S. 16

Walter, M. (2004) „Mehrfach- und Intensivtäter" in der öffentlichen Diskussion, KrimPäd H. 43 S. 25

Walter, M. (2005) Jugendkriminalität, 3. Aufl. Stuttgart et al.

Walter, M. (2007) Wahrnehmung und Bekämpfung „gefährlicher Straftäter" in Zeiten ökonomisch geprägten Denkens, in: Saimeh S. 302

Walter, M. (2010) Verfeinerung der Prognoseinstrumente in einer neuen Kontrollkultur: Fortschritt oder Gefahr? ZJJ S. 244

Walter, R./Remschmidt, H. (2004) Die Vorhersage der Delinquenz im Kindes-, Jugend- und Erwachsenenalter, MschrKrim S. 333

Walter, T. (2006) Die Beweislast im Strafprozeß, JZ S. 340

Warmuth, M. (1995) Die Prognose von Urlaub und Ausgang – ein Vergleich zwischen Maßregelpatienten und Strafgefangenen, R&P S. 15

Watzlawick, P. (2007) Die erfundene Wirklichkeit, 3. Aufl. München/Zürich

Weber, F. (1996) Gefährlichkeitsprognose im Maßregelvollzug, Pfaffenweiler

Weber, H.-M. (1988) Gefährlichkeitsprognosen bei „Lebenslänglichen" – Gefahr für wen? in: Weber/Scheerer (Hg.) Leben ohne Lebenslänglich, Bielefeld S. 85

Weber, H.-M. (1990) Abschaffung der lebenslangen Freiheitsstrafe über Tatschuld und positive Generalprävention, MschrKrim S. 65

Weber, V. (1992) Mehr Rechtssicherheit bei der Einschätzung zukünftigen Verhaltens, DRiZ S. 80

Wegener, H. (1993) Die Unschuldsvermutung: Normative Forderung und empirische Befunde, in: FS Rasch S. 178

Weigelt, E./Hohmann-Fricke, S. (2006) Führungsaufsicht – Unterstellungspraxis und Legalbewährung, BewHi S. 216

Weinbrenner, E. (2003) Transformation psychologisch-psychiatrischer Tatsachen und Theorien im Rahmen juristischer Prognosen, Aachen

Welzel, T. (1990) Lockerungen im Maßregelvollzug, BewHi S. 253

Wendt, F./Stöver, A. (2011) Kriminalprognostische Bewertung, in: Häßler et al. (Hg.) Praxishandbuch Forensische Psychiatrie des Kindes-, Jugend- und Erwachsenenalters. Grundlagen, Begutachtung und Behandlung, Berlin S. 441

Wenzel, J. (2008) Die Bindung des Richters an Gesetz und Recht, NJW S. 345

Weßlau, E. (2007) Konsensprinzip als Leitidee des Strafverfahrens, StraFo S. 1

Weßlau, E. (2008) Der blinde Fleck. Eine Kritik der Lehre vom Beweisantragsrecht, in: FS Fezer S. 289

Westf. Arbeitskreis „Maßregelvollzug" (1991) Lockerungen im Maßregelvollzug (§ 63 StGB) – ein „kalkuliertes Risiko"? NStZ S. 64 (Reprint in P.-A. Albrecht 2010b S. 445)

Westhoff, J. (1997) Verfahren, Voraussetzungen und Zuständigkeiten einer Unterbringung nach § 126a StPO, §§ 63, 64 StGB, JA S. 50

Wiss, A. (1989) Verwarnung mit Strafvorbehalt, Jura S. 622

Wita, B. (2006) Widerruf der Strafaussetzung zur Bewährung vor Aburteilung der Anschlusstat, Diss. Bochum

Wolf, F. (2008) Die Strafbarkeit des Psychiaters bei Zwischenfällen mit untergebrachten Patienten, Berlin

Wolf, T. (2005) Gefährliche Straftäter – Gesichtspunkte der Strafvollstreckungsgerichte, in: Egg S. 73

Wolf, T. (2007) Reform der Führungsaufsicht, Rpfleger S. 293

Wolf, T. (2009) Rechtliche Gesichtspunkte zur Rückfallprognose und Vollstreckung bei älteren Straftätern, FPPK S. 231

Wolf, T./Nedopil, N. (2006) Rechtliche Grundlagen, in: Nedopil S. 19

Wollweber, H. (2001) Der genetische Fingerabdruck auf dem Prüfstand, NJW S. 2304

Wolter, J. (2010) (Hg.) Systematischer Kommentar zur StPO, 4. Aufl. Köln (zit. SK-StPO-*Bearbeiter* mit § und Rn.)

Wößner, G. (2006) Typisierung von Sexualstraftätern, Berlin

Woynar, I. (2000) Das Risiko von Gefährlichkeitsprognosen, Herbolzheim

Wulf, R. (2005) Gute kriminologische Prognosen: Rückfall, Flucht, Suizid, MschrKrim S. 290

Wulf, R. (2006a) Prognoseforschung, in: FS Kury S. 535

Wulf, R. (2006b) Einzelfall Kriminologie in der Jugendstrafrechtspflege, ZJJ S. 147

Wulf, R./Reich, K. (2007) Kindeswohlprognose, ZKJ S. 266

Würtenberger, T./Sydow, G. (2001) Die nachträgliche Anordnung der Sicherungsverwahrung, NVwZ S. 1201

Zabel, B. (2008) Die ordnungspolitische Funktion des Strafrechts, ZStW S. 68

Ziegler, H. (2001) Prävention – Vom Formen der Guten zum Lenken der Freien, widersprüche 79 S. 7

Zieschang, F. (1998) Die Gefährdungsdelikte, Berlin

Ziethen, F./Dahle K.-P. (2005) Rückfallentwicklung bei Sexualdelinquenz, in: Dahle/Volbert S. 209

Zinkler, M. (2008) Früher entlassen – schneller im Maßregelvollzug? Zum Verhältnis von allgemeiner und forensischer Psychiatrie, R&P S. 102

Zipf, H. (1980) Kriminalpolitik, 2. Aufl. Heidelberg/Karlsruhe

Zipf, H. (1992) Die Bedeutung der Kriminalprognose im deutschen, österreichischen und schweizerischen Strafrecht, Forensia-Jahrbuch 3 S. 5

Zippelius, R. (2010) Allgemeine Staatslehre, 16. Aufl. München

Zippelius, R./Würtenberger, T. (2008) Deutsches Staatsrecht, 32. Aufl. München
Zopfs, J. (1999) Der Grundsatz „in dubio pro reo", Baden-Baden
Zschieschack, F./Rau, I. (2006) Probleme der nachträglichen Sicherungsverwahrung unter besonderer Berücksichtigung der aktuellen Rechtsprechung des Bundesgerichtshofes, JR S. 8
van Zyl Smit, D. (2006) Life Imprisonment: Recent Issues in National and International Law, Int. J. of Law & Psychiatry

Sachregister

Bei Fragen zur Produktsicherheit wenden Sie sich bitte an:
If you have any questions regarding product safety,
please contact:

Walter de Gruyter GmbH
Genthiner Straße 13
10785 Berlin
productsafety@degruyterbrill.com